DIX-HUIT LEÇONS SUR LA POLITIQUE ÉCONOMIQUE

Des mêmes auteurs

JEAN-CLAUDE PRAGER

La Politique économique aujourd'hui.
Introduction à la macroéconomie appliquée
Éditions Ellipses, 2002

Villes et économie
(codirection)
La Documentation française, 2004

J.-C. PRAGER ET F. VILLEROY DE GALHAU

DIX-HUIT LEÇONS SUR LA POLITIQUE ÉCONOMIQUE

À la recherche de la régulation

Préface de Michel PÉBEREAU

Deuxième édition mise à jour

ÉDITIONS DU SEUIL
*27, rue Jacob, Paris VIe*

OUVRAGE PUBLIÉ SOUS LA DIRECTION ÉDITORIALE
DE JACQUES GÉNÉREUX

ISBN 2-02-082274-1

www.seuil.com

« La condition première de l'objectivité est de ne pas confondre les schémas avec la réalité. »

R. ARON, Dix-Huit Leçons sur la société industrielle, *1962*

« Le marché autorégulateur du XIXe *siècle diffère radicalement de celui qui l'a précédé, en ce qu'il compte sur l'égoïsme économique pour assurer sa régulation. »*

K. POLANYI, La Grande Transformation, *1944*

À Marie,
à Florence,
pour leur patience et leur soutien.
Nous savons ce que nous leur devons,
pour hier, pour aujourd'hui et pour demain.

PRÉFACE

Au cours des deux dernières décennies, l'économie mondiale s'est profondément transformée.

La chute du mur de Berlin a marqué la fin du mythe de l'économie centralisée et le triomphe de l'économie de marché : comme la démocratie pour la politique, le marché est pour l'économie le moins mauvais des systèmes. L'ampleur des échecs des économies communistes et la rapidité de la transformation et du développement de la Chine par l'économie de marché en ont apporté l'éclatante démonstration.

Dans le même temps, les échanges internationaux ont connu un extraordinaire développement. Biens et services, capitaux, et même hommes et femmes circulent de plus en plus librement dans le cadre d'ensembles toujours plus vastes. Sur les continents européen et américain, et même au niveau de la planète, la mondialisation de l'économie est en marche.

Enfin, les nouvelles technologies, nées du formidable essor du progrès scientifique et technique, permettent d'offrir des gammes de biens et de services sans cesse renouvelées à des consommateurs toujours plus exigeants. En particulier la révolution du traitement et du transport de l'information provoquée par les progrès de l'informatique et de l'Internet bouleverse les *process* de la production et de la commercialisation.

Ces trois facteurs se sont conjugués pour créer de nouvelles richesses, soutenir le développement économique et alimenter le progrès social. Une décennie de croissance américaine, l'émergence des économies des « tigres » de l'Asie du Sud-Est, du Brésil et des candidats à l'Union européenne, le réveil de la Chine et de l'Inde, sont apparus comme autant de promesses de prospérité pour notre planète. Certains en étaient venus à rêver à l'émergence d'une « nouvelle économie », exempte de cycles et donc de crises.

Le principe de réalité est venu, à partir de 2000, tempérer ces enthousiasmes : toute médaille a un revers.

Le cycle est inhérent à l'économie de marché : l'esprit d'entreprise et l'innovation technologique, qui sont les moteurs de la croissance, finissent par provoquer les surinvestissements qui déséquilibrent l'économie. Après la maladie de langueur du Japon, le ralentissement des économies américaine et européenne a mis fin au mythe de la nouvelle économie. Et faute d'éthique, certains comportements isolés peuvent dévoyer la recherche de performance économique, indispensable aiguillon de l'entreprise. « Science sans conscience n'est que ruine de l'âme », dit le philosophe. Sans intégrité, l'entreprise peut ruiner l'efficacité du marché : trop d'affaires, d'Enron à Revco, sont venues le démontrer.

Les problèmes posés à la croissance et à l'équilibre des économies et des sociétés occidentales par le vieillissement de leur population, à la stabilité financière du monde par l'ampleur du déficit courant et de l'endettement net américains et à l'avenir de notre planète par les évolutions écologiques sont là pour rappeler la nécessité de visions à long terme, de décisions collectives. Enfin et surtout, la violence aveugle du terrorisme et le drame du 11 Septembre ont mis en évidence la fragilité des démocraties, de la sécurité et de la paix sans lesquelles il n'y a pas de prospérité.

Jamais, sans doute, notre planète n'a connu, dans son ensemble, des perspectives aussi favorables de développement économique et de progrès social. Mais ses habitants ont probablement rarement eu le sentiment de vivre sous la menace d'autant de risques à court, moyen et long termes.

L'ampleur de ces transformations met en cause les fondements mêmes des politiques économiques. Chacun comprend bien aujourd'hui que restreindre le champ du marché ou créer des distorsions de concurrence par un interventionnisme excessif, qu'il soit fiscal ou réglementaire, ne peut qu'affecter le potentiel de croissance. Mais chacun peut aussi constater que l'intervention publique est indispensable pour la régulation macroéconomique du cycle et pour mettre en place et gérer le cadre juridique et les structures qui conditionnent le bon fonctionnement de l'entreprise et du marché. De même, la mondialisation, qui rend vaines ou contre-productives certaines interventions nationales, rend indispensables des modes de régulation nouveaux fondés sur la coordination des politiques des États ou l'instauration de centres de décision et d'action internationaux.

En pratique, la politique économique doit intégrer deux novations essentielles :

– dans un monde qui efface de plus en plus les frontières, entreprises et ménages auront de plus en plus le choix de leurs lieux de vie et de travail, surtout s'ils sont susceptibles de créer de la valeur. Les territoires nationaux seront de plus en plus en compétition pour attirer les centres de création de richesse, comme l'étaient naguère villes et régions au sein de chaque espace national. Les politiques économiques sont des armes décisives dans cette compétition internationale. C'est le cas en particulier des politiques structurelles qui déterminent la qualité de l'environnement d'infrastructures et de superstructures de l'entreprise et du marché, et qui fixent le poids réglementaire et fiscal de l'État dans l'économie ;

– face à des entreprises et à un marché qui se mondialisent, qui se globalisent, l'État-nation n'est plus un cadre suffisant de régulation. Les États doivent coopérer pour réguler des cycles économiques et des marchés qui se continentalisent, ou se mondialisent. La politique économique doit être plus attentive à la promotion de l'entreprise et du marché, c'est-à-dire à l'économie d'en bas, au moment même où elle doit se concevoir ou se coordonner plus haut, au niveau des continents – et en particulier de l'Europe –, des grands pays industrialisés, ou du monde.

C'est ce contexte nouveau qu'éclaire l'ouvrage de Jean-Claude Prager et François Villeroy de Galhau. Leurs *Dix-Huit Leçons sur la politique économique* sont nourries de la double expérience qui est la leur : celle d'enseignants de talent, notamment à l'Institut d'études politiques de Paris, et celle de praticiens de la vie et de la politique économiques, « sur le terrain », en entreprise, à Bercy ou à Bruxelles. Pour avoir professé le même enseignement de politique économique parallèlement à mes responsabilités d'entreprise, et après une assez longue expérience au niveau de l'État, je puis témoigner de l'enrichissement que ce double éclairage intellectuel et pratique représente pour ceux qui s'y exercent et – je l'espère – pour ceux qui en bénéficient. Les pages qui suivent montrent brillamment que l'économie n'est pas science abstraite, mais débat vivant, et passionnant.

C'est ce qui explique, me semble-t-il, le succès de la première édition et l'intérêt de cette deuxième livraison. Entre les deux, sont intervenues en Europe, comme en France, des évolutions négatives et liées entre elles : la montée des doutes sur la construction européenne, cristallisée dans l'échec du référendum du 29 mai 2005 ; dans trois des grands pays d'Europe continentale, la difficulté des gouvernements à réformer pour retrouver la croissance et l'emploi ; dans notre pays, singulièrement, le triomphe, au niveau du débat public, de la recherche de réponses de court terme, au coup par coup, aux problèmes qui surgissent, sur les visions de long terme et l'effort des transformations en profondeur.

C'est le moment de redire, avec une conviction forte, que l'Europe ne surmontera pas sa langueur actuelle dans le retour au chacun pour soi, ni dans l'incantation conservatrice sur les modèles sociaux. Nos meilleures chances restent l'euro et la réforme : l'un et l'autre ont besoin de pédagogie.

Les trois leçons sur la politique conjoncturelle en Europe me paraissent heureusement dépasser les polémiques récentes sur le Pacte de stabilité pour essayer de dessiner un meilleur *policy-mix* de la zone euro. La partie sur les réformes structurelles constitue par son importance même une originalité bienvenue : les leçons sur la santé, les retraites, la réforme de l'État ou l'éducation et la recherche ne figurent pas toujours dans les ouvrages d'économie ; elles y sont pourtant bien nécessaires. C'est en effet dans la mesure où les implications économiques des interventions publiques dans ces différents secteurs seront comprises et maîtrisées que la France pourra assurer la compétitivité de son territoire national dans l'espace européen et dans le monde. C'est aussi dans la mesure où les politiques structurelles intégreront bien la nécessité de cette compétitivité que l'Europe pourra réellement promouvoir le modèle humaniste et solidaire d'économie de marché qui est le sien, face aux concurrents efficaces que celui-ci aura à affronter : les modèles américain et japonais bien sûr, mais aussi, très vite, les nouveaux modèles en gestation sur d'autres continents, brésilien, chinois ou indien.

Michel Pébereau

Président du conseil de direction
de l'Institut d'études politiques de Paris,
président de BNP-Paribas

AVANT-PROPOS

Ce livre est largement issu d'un cours de politique économique donné à l'Institut d'études politiques de Paris depuis 1996 et d'enseignements divers. Il s'adresse donc notamment à un public d'étudiants en économie, pour les guider dans la compréhension des grandes questions actuelles. Compte tenu de la variété de leurs formations de base, l'appareil théorique est aussi limité que possible et certains développements plus techniques se font sous forme d'encadrés, ou de notes en bas de page. C'est à ce titre que nous souhaitons qu'il puisse aussi intéresser « l'honnête homme » d'aujourd'hui. Chaque leçon s'ouvre par un « chapeau » d'actualité, pour illustrer combien l'économie est un débat vivant et non pas un champ de connaissances désincarnées. Et cette seconde édition paraît à un moment où la crise de conscience en Europe continentale remet la discussion économique sur le devant de la scène.

Le plan retenu innove, parce que la politique économique d'aujourd'hui – la régulation – ne peut être celle plus « mécaniste » d'hier. Après l'introduction sur les finalités de la régulation économique et une première leçon qui permet de situer globalement l'ampleur du défi économique européen, le livre comporte cinq parties :

– la première présente les fondements : le fonctionnement des trois marchés de base (biens et services, travail, capital), fortement libéralisés, et leurs dysfonctionnements majeurs que sont respectivement les atteintes à la concurrence, le chômage et l'instabilité financière ;

– la deuxième partie s'attache aux trois ruptures transversales, qui ont changé le système économique depuis deux décennies : l'interdépendance par la mondialisation, l'innovation, notamment par Internet, et les inégalités ;

– les trois parties suivantes portent sur la politique économique proprement dite, dans les axes nouveaux d'action qu'elle doit désormais privilégier : les réformes structurelles – essentiellement nationales – de longue portée, mais urgentes ; la politique européenne de soutien à la croissance – grâce à l'euro ; la recherche d'une régulation mondiale. Le débat en économie risque en effet d'être trop centré sur des préoccupations de très court terme, autour du bouclage du prochain budget, ou des derniers indicateurs de conjoncture, alors que beaucoup des grandes questions se situent dans une autre échelle de temps ; le débat français pèche aussi parfois par excès de simplisme, selon des clivages usés. Il nous semble également qu'il reste encore trop hexagonal : notre horizon est désormais mondial et chaque leçon s'inscrit, sauf exception, dans un éclairage au moins européen et américain.

Au vu du bon accueil de la première édition, nous en avons conservé le plan pour cette deuxième édition ; l'ensemble des données factuelles et statistiques ont été actualisées. Les débats les plus récents, autour notamment des difficultés de la construction européenne, comme de celles des réformes structurelles en France, ont été intégrés. Cette réédition a été ainsi l'occasion d'un constat, celui du décalage croissant entre notre pays et nombre d'autres nations avancées, qui manifestent une forte volonté et une grande capacité d'adaptation aux données de l'économie de ce début du XXIe siècle.

Nous sommes redevables à beaucoup et aurions du mal à parfaire notre liste de remerciements. Quelques mentions spéciales : à Michel Pébereau d'abord, « passeur de témoin » de cet enseignement il y a quelques années, président du conseil de direction de l'IEP aujourd'hui, et qui a accepté de préfacer ce livre. À nos maîtres en économie, par leur parole et surtout par leur action : ils se reconnaîtront. Ils nous ont appris que l'économie était peut-être une discipline, mais surtout une exigence, celle d'un engagement pour améliorer le monde. À ceux et celles qui nous ont permis de publier ce livre, par leur support matériel ou leurs discussions constructives ; Guillaume Sarrat de Tramezaigues, maître de conférences à Sciences-Po, qui nous a aidés dans le travail statistique de certains chapitres de cette édition. À nos étudiants, enfin, qui nous remettent en question à chaque séance. Les opinions exprimées ici n'engagent bien entendu que nous et pas les institutions où nous travaillons ; les limites, les erreurs sont les nôtres.

Un mot pour finir : nous n'avons pas la prétention de nous comparer à Raymond Aron, ni de lui emprunter une doctrine. Juste nous sommes-nous permis, à notre modeste niveau, de nous inspirer d'une méthode – préférer la réalité aux schémas, selon l'exergue initiale – et d'un titre qui a marqué les étudiants que nous étions.

J.-C. P. – F. V. G.

INTRODUCTION

LA RÉGULATION ÉCONOMIQUE, POUR QUOI FAIRE ?

L'économie, pour quoi faire ? La politique économique, comment faire ?

La science économique est toujours présentée sous deux faces, comme Janus. Pour les uns, c'est une mécanique implacable aux lois d'airain qui échappent au pouvoir des hommes, et que ceux-ci se doivent de respecter sous peine de désordres graves. Pour les autres, la prétendue logique du marché a pour seul but d'imposer les règles des plus forts, mais n'est qu'un tyran au talon d'Achille, qui peut et doit être dominé par le politique. Quand un Premier ministre ose dire la vérité, à savoir que l'État n'administre plus l'économie, il suscite un tollé général. C'est un débat récurrent dans l'histoire de la pensée. Ne pas confondre les schémas théoriques, même les plus séduisants, avec la réalité, mais ne pas sous-estimer le pouvoir des hommes sur leur destin : c'est également un des grands enjeux des sciences humaines et de toute action politique.

La question de la relation de l'homme à la société, de la société à l'État, et de l'État à l'économie est vieille comme la civilisation occidentale[1], comme les premiers traités de politique et de morale. Aristote, dans les deux premiers chapitres de l'*Éthique à Nicomaque*, donne la réponse : « [...] La richesse est la fin de la science économique [...] Toutes les sciences sont subordonnées à une science maî-

1. Cette interrogation concerne également les autres époques et les autres civilisations, car, durant l'Antiquité, le développement économique était à peu près homogène, comme le montre Maddisson dans ses travaux. Les mêmes préoccupations sur le rôle de l'économie se retrouvent dans les civilisations orientales (comme le rappelle Amartya Sen dans son ouvrage *Éthique et économie*).

tresse [...] La science organisatrice et souveraine est apparemment la science politique [...] La fin que poursuit (*cette dernière*) est le bien suprême de l'homme. » En quelques extraits, on constate que le terrain de nos préoccupations est balisé de longue date. La réponse apportée par Aristote, tournée vers la finalité humaine de l'économie, est la première étape de cette longue route d'interrogations. En scientifique, il aurait adhéré, comme les économistes d'aujourd'hui, à l'idée de mécanismes régis par des lois qu'il vaut mieux bien connaître, car « pour ceux qui règlent leurs penchants et leurs actions sur la raison, la connaissance de ces questions est profitable ». Comme promoteur du « souverain bien », il aurait cherché à comprendre les limites de ces mécanismes, parce que l'économie n'est pas une fin ultime. En politique réaliste, il aurait reconnu qu'elle contribue grandement au bien-être des hommes et des nations : « La priorité de l'État, c'est d'abord d'assurer la nourriture[1]. »

Depuis Aristote, bien du chemin a été parcouru dans l'art de penser et de gouverner l'économie ; nous sommes aujourd'hui à un tournant. Un monde est en train de se créer, un monde nouveau et déroutant, où l'on cherche des repères face aux peurs et incertitudes. Nous voulons apporter, dans cet ouvrage, quelques clés, variées, comme le sont les questions d'aujourd'hui, pour mieux appréhender les enjeux, les risques, les solutions possibles. C'est parce que la donne change que nous avons volontairement accolé dans le titre, le terme de « régulation », aux côtés du terme consacré de « politique économique » : la régulation se rapporte au pilotage[2] complexe d'un système plus ou moins bien connu, plutôt qu'à un pouvoir mécanique qui nous semble dépassé par les circonstances de ce début du XXIe siècle. Au demeurant, nous utiliserons parfois et indifféremment les termes de régulation ou de politique économique dans le texte.

Aux yeux de beaucoup, le concept même de politique économique est en effet en péril. Associé aux « trente glorieuses » de

1. Aristote, *Politique*.

2. L'anglais a un terme plus précis, celui de *control*, qui n'a malheureusement pas d'équivalent en français. Le terme « régulation » a été introduit, dans une autre acception, par des économistes français comme M. Aglietta, J. Mistral et R. Boyer. On reviendra sur les caractéristiques de la régulation comme pilotage de l'économie en fin d'ouvrage.

l'interventionnisme public, il serait aujourd'hui trois fois remis en cause. Par la mondialisation et la construction européenne d'abord, qui mineraient les pouvoirs économiques des États nationaux. Par l'échec des théories successives du « prêt à gérer » – le keynésianisme dans les années 1970, le monétarisme dix ans plus tard –, qui ne laisseraient de place qu'à un pragmatisme du quotidien. Par le triomphe espéré, enfin, d'une « nouvelle économie », proche par la grâce d'Internet du marché pur et parfait, qui marquerait l'avènement attendu d'*Homo economicus* et la fin du politique. Passé l'âge de la politique économique, le temps est-il donc venu de l'impuissance publique ? Il est de bon ton de le croire de tous bords. Les uns pour s'en réjouir, du côté des libéraux de doctrine, chez qui le marché seul est vertu et l'intervention péché. Les autres pour le dénoncer, du côté des nostalgiques de tempérament, pour qui le retour aux frontières et réglementations d'antan est la condition du salut face à « l'horreur économique ».

Aucune de ces évolutions, aucune de ces interrogations ne peut être ignorée. Mais en déduire la mort de la politique économique serait très exagéré. Cet ouvrage part d'une conviction : pas plus qu'il n'y a de « nouvelle économie » aujourd'hui, il n'y a pas et il n'y aura jamais d'économie sans politique. Le marché est sans conteste la meilleure des techniques ; mais il n'y a pas de marché sans règles du jeu, et de marché international sans régulation internationale. Et plus profondément, l'économie n'est pas à elle-même sa propre fin. Elle sera toujours ordonnée à ce que les hommes politiques du XIXe siècle appelaient déjà la « question sociale » : celle de la croissance du bien-être de chacun et celle de la solidarité entre tous, face aux inégalités de toute forme, chômage, revenu, savoir.

I. LES GRANDS ENJEUX : DÉVELOPPEMENT, JUSTICE SOCIALE, STABILITÉ, EFFICACITÉ

La régulation, ou la politique économique, poursuit plusieurs objectifs sociaux majeurs, qui contribuent au bien-être collectif et des personnes : le niveau de vie, la justice, la sécurité.

Le premier objectif est celui du **développement et du bien-être**, en général estimés par le niveau de vie des habitants ; c'est la recherche du niveau de croissance du revenu par tête le plus élevé. Une croissance durablement élevée a des effets considérables sur le revenu par habitant. Sur une période de deux siècles, le revenu par tête des habitants de la planète a été multiplié par dix environ. Cette multiplication correspond à un rythme annuel moyen de croissance de 2,2 %, et de 1,2 % du revenu par tête. Sur quelques décennies, les changements peuvent être très marquants. Un taux de croissance annuel de 3 % du PIB, à population stable, permet de doubler le revenu en vingt-cinq ans, et de le multiplier par plus de trois sur l'espace d'une vie active ; avec de forts investissements et une politique économique soigneusement dosée, entre ouverture et maintien du contrôle de l'État, la Chine est devenue la deuxième puissance économique du monde, à un rythme de 8 % à 10 % par an, en moins de deux décennies.

La **justice sociale** est un des buts les plus fondamentaux de toute activité collective, celle qui donne à l'action politique sa finalité, sa dimension humaine, au-delà du simple exercice du pouvoir. Il s'agit d'un concept de définition et d'application complexes et difficiles[1], et toujours controversées. Cependant, comme pour l'efficacité économique, il y a là un impératif de gestion publique, dont on ne peut s'écarter durablement, du moins dans des régimes démocratiques, sans, dans un premier temps, remettre en cause la cohésion sociale et l'efficacité de toute politique, et, à la longue, risquer de graves désordres. Les crises d'Amérique latine montrent bien comment des politiques économiques peuvent être rejetées par toute une population dans la mesure où les efforts demandés se concentrent sur les couches défavorisées. Une politique de redistribution des revenus peut, à l'inverse, exercer un effet positif sur la consommation et contribuer au soutien de l'activité économique[2].

La sécurité, c'est-à-dire, dans le domaine qui nous concerne, la **stabilité économique**[3], est un élément essentiel du bien-être col-

1. Cette notion sera précisée dans la leçon 7.

2. C'est un sujet de débat théorique, même si les données empiriques vont dans ce sens ; voir la leçon 7, pages 222 et suivantes.

3. On a placé délibérément la stabilité derrière la croissance et la justice : autant les économistes ne peuvent qu'être d'accord quant aux effets arithmétiques sur le

lectif : l'être humain, à moins d'être un maniaque du jeu, montre une certaine aversion pour le risque, aussi bien dans sa vie personnelle que dans son activité économique. La stabilité est désirable en soi. Et il est patent en outre que la croissance est meilleure en moyenne quand l'horizon des décideurs économiques est plus lisible[1]. Quand la conjoncture est incertaine, les consommateurs et les chefs d'entreprise sont prudents et l'affaiblissement de la demande globale qui en résulte contribue à la réduction générale du taux de croissance. Les autorités économiques poursuivent donc une politique de régulation qui tend à prolonger au maximum les périodes de croissance soutenable et abréger les périodes de ralentissement ou de récession et, ce faisant, à stabiliser les cycles de l'économie. Une mauvaise politique de régulation conjoncturelle peut entraîner des conséquences durablement préjudiciables sur l'économie, comme le montrent les exemples de la politique japonaise de la décennie 1990-2000 ou des politiques suivies après le choc pétrolier de 1973[2].

La stabilité économique consiste également à savoir prévenir les crises, ou, quand celles-ci, causées par des facteurs imprévisibles, sont survenues, à savoir appliquer les traitements susceptibles d'en limiter les effets. C'est l'ignorance économique qui a été à l'origine de l'amplification de la crise de 1929 dans de nombreux pays développés.

La recherche permanente de **l'efficacité économique** est un moyen dans la recherche du bien-être ; mais elle est trop souvent

---

niveau de vie d'une croissance à long terme plus élevée, autant il y a un débat sur l'importance de la perte de PIB entraînée par une politique conjoncturelle non optimale. R. Lucas, un des théoriciens des anticipations rationnelles, a calculé que les gains d'un taux de croissance annuel de 1 point de plus apporteraient globalement beaucoup plus à l'économie américaine que la suppression des fluctuations cycliques. Plus récemment, J. Wolfers a estimé à 1/4 de point de chômage l'amélioration du « bien-être » entraînée par une suppression des fluctuations de ce même chômage. Certains avancent également la thèse que les récessions peuvent avoir un effet de régénération du tissu économique, en contribuant à éliminer les entreprises les moins performantes.

1. Ce point est particulièrement net dans les décisions d'investissement : une forte incertitude sur les produits attendus amènera l'investisseur à demander une prime de risque plus élevée, c'est-à-dire qu'il appliquera un taux d'actualisation plus important à ses revenus futurs escomptés et donc aura tendance à limiter ses engagements.

2. Voir la leçon 16, page 477.

perdue de vue et c'est la raison pour laquelle elle mérite aussi une place dans les objectifs de politique économique. Elle consiste à lutter contre les gaspillages les plus évidents, mais également à rechercher, pour tous les problèmes posés, les solutions les plus avantageuses pour la collectivité : un service public bien géré, avec des effectifs adaptés, est préférable à une gestion entraînant des surcoûts pour le budget de l'État ou les usagers ; dans ce cas, des ressources humaines et budgétaires supplémentaires pourraient être avantageusement affectées à des besoins mal satisfaits. Il en va de même pour un équipement surdimensionné par rapport aux besoins. Les autorités doivent donc veiller en permanence à l'efficacité du fonctionnement de l'économie, ce qui passe par de multiples actions de caractère structurel. La poursuite systématique d'objectifs contradictoires avec l'efficacité économique entraîne des surcoûts pour l'ensemble de l'économie, et contribue à un surcroît d'inflation, une perte de compétitivité des entreprises, et un taux de croissance plus faible [1]. Dans la plupart des cas, les désordres économiques finissent dans la crise, comme en Argentine, à la suite de décennies de laxisme économique, puis d'une erreur grave d'appréciation sur la politique de change, et parfois dans la tragédie. L'objectif d'efficacité économique peut néanmoins se trouver, dans certains cas, en opposition avec les objectifs de justice sociale.

II. PENSER SES CHOIX GRÂCE À UN CORPUS DE CONNAISSANCES ORGANISÉES

L'économie est une activité humaine fondamentale, celle qui est consacrée à la recherche de la satisfaction des **besoins**, à la gestion intelligente des **raretés** et à la création de **richesses** : les êtres humains sont amenés individuellement, en groupes ou à l'échelle de collectivités nombreuses et structurées, à prendre des décisions, à

1. La démonstration peut en être faite grâce au modèle *Aggregate Supply-Aggregate Demand*, qui est une extension de l'analyse keynésienne simple IS-LM ; voir J.-C. Prager, *La Politique économique aujourd'hui*, Ellipses, 2002.

faire des choix pour atteindre un meilleur degré de satisfaction de leurs besoins individuels et collectifs. Pour autant, les aspirations humaines ne se réduisent pas à des besoins et des désirs matériels, l'activité économique n'est pas une fin en soi. La vie en société comporte nombre de dimensions spirituelles, affectives ou culturelles qui ne peuvent en aucune manière être résumées à la seule perspective économique. Dans la vie économique, nombre de comportements ont un aspect extra-économique non négligeable, et quelquefois dominant (phénomènes de solidarité, d'ostentation, de pouvoir, de consommations ritualisées, sans parler de l'importance du don dans toute société...).

Il n'en reste pas moins que l'économie est une discipline qui se construit comme science des choix individuels et collectifs, et obéit à des lois dont on ne peut s'abstraire sans conséquences quelquefois catastrophiques. C'est un ensemble de connaissances, quantitatives et qualitatives, organisées d'une manière scientifique, sur **les trois niveaux de la construction scientifique : la mesure et la description, l'explication, et la prescription**.

Ainsi, un exposé économique, comme tout discours scientifique, doit-il pouvoir être « réfutable » et ne peut-il être pris en compte que dans la mesure où il s'appuie sur « un ensemble de propositions cohérentes dont on peut déduire au moins un exposé singulier désignant une épreuve empirique qui pourrait le réfuter [1] ». La construction du savoir scientifique se fait dans le champ de la conjecture théorique mais prend toute sa valeur dans l'épreuve des faits. Des points de vue scientifiques différents peuvent ainsi se trouver en concurrence entre eux, dans la mesure où leur consistance interne et leurs vérifications empiriques sont équivalentes. Les économistes, contrairement à une apparence trompeuse, sont à peu près d'accord aujourd'hui sur l'essentiel des fondements de l'analyse et de la macroéconomie. La science économique actuelle s'appuie sur un corpus considérable d'observations et d'études empiriques. Cependant, comme la vérification empirique ne peut pas s'appuyer sur des expérimentations contrôlées, comme dans les sciences dites « dures », les conclusions ne sont jamais totalement convergentes ou probantes à 100 % ; ce qui fait que les débats sont riches et variés. Ils portent sur :

1. D. Lecourt, *La Philosophie des sciences*, PUF, novembre 2001.

– l'**analyse descriptive** de certaines tendances, comme la question de la croissance des inégalités au cours des décennies récentes ;

– l'**appréciation fine** de mécanismes concrets dont le principe ne soulève pas de controverse théorique majeure (paramètres, élasticité, forme et pente des courbes, délais d'ajustement de certaines caractéristiques fondamentales – par exemple, l'effet réel de la flexibilité des salaires sur l'emploi et non pas le fondement du lien entre ces deux éléments) ;

– des **problèmes théoriques nouveaux** sur lesquels, faute de faire des expériences contrôlées significatives, on ne peut pas donner d'indications autres que conjecturales, comme le fonctionnement des phénomènes de mimétisme dans la formation des prix des actifs financiers ;

– les analyses de la conjoncture et les **prévisions à court et moyen termes**, ainsi que les conclusions à en tirer pour la politique économique ;

– enfin, le débat récurrent de ce livre, et le plus difficile, celui de la recherche de l'équilibre entre les avantages et inconvénients respectifs du jeu du marché et de la régulation publique.

Plus on va de la connaissance empirique vers l'analyse théorique, et de la théorie vers la politique économique, plus les débats sont vifs. En particulier, quand on s'intéresse aux effets à long terme des décisions économiques sur les structures et les comportements, on commence à toucher des points de doctrine économique fortement connotés sur les plans idéologique et politique. La difficulté est en outre que l'économie, comme toute science sociale, comporte une rhétorique immédiate facile d'accès et souvent trompeuse.

III. LE RÔLE DE LA POLITIQUE ÉCONOMIQUE. LES CLASSIQUES ; KEYNES ET LA MACROÉCONOMIE ; SCHUMPETER ET LE RETOUR DE LA MICROÉCONOMIE

L'économie met en scène un système complexe d'**acteurs économiques**, dont chacun peut remplir des fonctions multiples : producteurs-consommateurs, prêteurs ou apporteurs de capitaux-emprunteurs, dirigeants ou actionnaires-salariés. Ces acteurs sont regroupés dans la comptabilité nationale en quatre grandes catégories : entreprises, ménages, intermédiaires financiers et administrations. Les économies modernes sont des économies de marché, fonctionnant d'une manière **décentralisée**, dont la coordination d'ensemble passe par l'ajustement de l'offre à la demande et les prix, sur chacun des marchés. Si l'offre est excédentaire pour un produit, les prix ont tendance à baisser, la demande augmente et un équilibre tend à se produire plus ou moins vite en fonction des structures de chaque marché.

La notion d'efficacité économique est liée au bon fonctionnement de ces marchés. On définit « la frontière d'efficacité » comme un état de l'économie que l'on ne peut pas améliorer, c'est-à-dire où l'on ne peut pas augmenter la production d'un produit sans être amené à devoir réduire la production d'un autre produit. En passant de l'efficacité de la production à la satisfaction des acteurs économiques, on appelle ensuite « optimum de Pareto [1] » la situation économique telle qu'on ne peut rien modifier – les niveaux d'activité de certains agents, les niveaux des prix, ou le montant des échanges – sans altérer le sort d'autres agents économiques, sans compensation possible : la perte des agents lésés est plus importante que le gain de ceux qui ont profité de ce changement. Pour illustrer cela d'une manière élémentaire, supposons, par exemple, que les pouvoirs publics décident de baisser les prix des logements au-dessous

1. Économiste de la fin du XIXe siècle, fondateur de la théorie économique contemporaine avec L. Walras, dont il a pris la succession comme professeur à l'université de Lausanne en 1893.

du prix du marché, grâce à une subvention, pour améliorer la situation des résidants. Les constructeurs vont augmenter leurs ventes en volume, les consommateurs vont y gagner, mais l'État va devoir financer la subvention nécessaire par l'impôt ou l'emprunt. Le calcul économique établit que le bilan global des effets directs de l'opération, c'est-à-dire la différence entre le coût supplémentaire pour l'État et le gain net pour les autres agents, est négatif et d'autant plus fort que le prix décidé s'écarte de celui du marché. On peut démontrer, en généralisant cet exemple étudié sur un marché particulier, qu'un équilibre de concurrence pure et parfaite[1] est un optimum de Pareto. Réciproquement tout optimum de Pareto peut être réalisé, d'une certaine manière, par un équilibre de marché. Il faut toutefois bien insister sur le fait que cette définition de l'optimum est un concept strictement « économique » : la collectivité peut avoir un intérêt majeur à subventionner la construction de logements comme dans le cas évoqué plus haut, ou, au contraire, à taxer certains biens, malgré la perte d'efficacité économique directe qui résulte de cette décision. L'analyse économique permet simplement dans ce cas de donner une évaluation du coût de ce choix pour la collectivité et donc d'obliger celle-ci à vérifier que l'avantage social supposé est bien la contrepartie du coût économique constaté.

Ainsi, dans cette économie « idéale » qu'est l'économie de concurrence pure et parfaite, les marchés sont en équilibre, et l'économie dans son ensemble est efficace, à l'optimum : ce modèle qui sert de représentation théorique de référence s'appelle le modèle classique ou « walraso-parétien ». Cette construction est le point d'aboutissement formalisé de la pensée d'Adam Smith, le « père fondateur » de l'économie moderne, et de ses descendants du XIXe siècle, principalement Jean-Baptiste Say et David Ricardo. L'intérêt bien compris de chacun débouche sur le bien-être collectif.

1. L'équilibre de concurrence pure et parfaite, développé par L. Walras, est une représentation abstraite de l'économie dans laquelle les agents économiques, ménages et entreprises, recherchent la maximisation de la satisfaction de leurs besoins pour les premiers, de leurs profits pour les seconds, dans un contexte de concurrence et d'information parfaites.

1. Les défaillances du marché

Cette vision classique repose sur les conditions très strictes de la concurrence pure et parfaite, entre autres la divisibilité des biens, l'existence de marchés complets, la transparence totale de l'information, l'indépendance des décisions des agents économiques, l'absence d'externalités, l'absence d'économies d'échelle dans la production : ces conditions ne sont pas remplies dans la réalité de la vie économique. Les **économies d'échelle** font que les coûts moyens de production d'un produit décroissent avec l'importance de la quantité produite. Elles favorisent les concentrations d'unités de production et la formation d'oligopoles. Dans la vie courante, on rencontre donc surtout des situations de concurrence imparfaite.

Les **biens dits « publics »** sont un deuxième cas de défaillance du marché : ce sont des biens dont, dès lors qu'ils ont été produits, la consommation peut être effectuée par un grand nombre de personnes pour un coût additionnel négligeable, voire nul : l'exemple caractéristique est celui de la radiodiffusion. Les coûts de production ne peuvent donc pas servir de repère pour la fixation d'un prix de vente sur un marché. Le jeu normal du marché amène à produire les biens publics en quantité inférieure au niveau considéré comme économiquement efficace. Le phénomène est le même pour les biens dotés d'**externalités** qui peuvent être positives, quand, par exemple, une grande entreprise de pointe forme, dans un bassin d'emploi où elle est dominante, une main-d'œuvre de haute qualification dont peuvent ensuite profiter les petites entreprises du voisinage, ou, à l'opposé, négatives si une entreprise fortement polluante oblige les habitants ou les autres entreprises des environs à des mesures particulières de protection. Le marché a tendance à produire naturellement trop de biens à externalités négatives et insuffisamment de biens à externalités positives.

La théorie moderne insiste également sur les **asymétries d'information** entre les parties prenantes d'une même transaction, l'importance de ses coûts, ou le caractère conventionnel et instable de certaines appréciations nécessaires aux décisions économiques. On peut donner comme exemple le marché du crédit : le prêteur dispose de moins d'informations que l'emprunteur sur la capacité et la volonté réelle de ce dernier de rembourser le crédit consenti. Cela amène les banques à prendre des précautions particulières, comme demander des garanties réelles ou des cautions, et à conditionner l'octroi des prêts à des critères restrictifs. Les **incertitudes** sont également des facteurs majeurs de défaillance des marchés : l'équilibre de concurrence pure et parfaite est construit sur des marchés intertemporels dits « complets », c'est-à-dire dans lesquels les acteurs connaissent par avance tous les prix, même contingents, selon tous les états envisageables possibles. On voit bien le caractère très théorique de cette hypothèse : l'incertitude est le lot commun de l'activité économique et les prix futurs, sur les marchés financiers en particulier, dépendent des anticipations des opérateurs. Enfin, dernière grande catégorie de défaillance, celle des **instabilités du marché**. La théorie de la concurrence pure et parfaite affirme que les prix d'équilibre peuvent être obtenus selon un processus convergent d'ajustements successifs quelle que soit la situation de départ, et que l'équilibre est stable en cas de perturbations. On a pu démontrer que les conditions mathématiques de la stabilité sont restrictives et n'ont pas *a priori* de raison d'être vérifiées dans la réalité.

2. Dans la vision classique, un rôle limité de la politique économique

La macroéconomie représente, dans sa vision simplifiée, l'économie dans son ensemble par les trois marchés globaux des biens et services, du travail et des capitaux. Sur chaque marché global, le prix à l'équilibre du produit est en théorie égal à son coût marginal de production : le salaire réel est égal à la productivité marginale du travail, et le taux d'intérêt réel, élément de l'arbitrage entre le présent et le futur, permet d'équilibrer l'offre et la demande de capitaux et est égal au coût d'usage du capital. Les déséquilibres sur chacun des marchés se résorbent à la longue par l'ajustement des prix dans ce modèle classique : le chômage n'est pas possible, sauf en cas de contraintes « exogènes [1] », comme par exemple la fixation

1. Certaines contraintes « institutionnelles », considérées comme « exogènes » dans le modèle classique du marché du travail, sont « endogènes » dans les schémas de représentation modernes.

réglementaire d'un salaire minimum. Ce modèle walraso-parétien est le support d'une représentation de l'économie où tous les ajustements se font en principe sans entraves, avec le temps nécessaire pour laisser fonctionner la « main invisible ». Le chômage doit se résorber naturellement, en cas de récession, car les salaires réels baissent à cause de l'excédent d'offre de travail, et l'emploi doit augmenter naturellement et compenser au moins partiellement la baisse de la demande de travail. Les crises de surproduction doivent se résorber toutes seules, avec le temps, et l'intervention de l'État doit se réduire au strict minimum, tout au plus aller dans le sens du marché quand il y a un déséquilibre, comme par exemple aider à la baisse des salaires quand il y a du chômage : c'était le remède des « classiques » face à la crise de 1929, celui du président Hoover ou de Jacques Rueff en France.

3. La révolution keynésienne

« Nous sommes tous devenus keynésiens[1]. » Cet hommage est celui de l'intelligence de Milton Friedman, pourtant chantre du libéralisme, au génie de celui[2] qui a révolutionné la vision de l'économie. L'analyse keynésienne est basée sur la nécessité d'expliquer le niveau élevé du chômage et son maintien, dans certaines circonstances, et en particulier au cours de la crise de 1929, contrairement aux conclusions de la théorie walraso-parétienne. Elle part du constat qu'**à court terme certains prix, comme les salaires, sont rigides** et ne permettent pas l'ajustement rapide de l'offre et de la demande sur les marchés de biens et services ou du travail ; c'est la demande effective qui détermine à court terme le niveau de l'offre des entreprises et du PIB. L'ajustement ne peut donc pas se faire par la baisse des prix et des salaires si la demande baisse, et un certain niveau de chômage subsistera tant que la demande effective n'aura pas augmenté à nouveau jusqu'au niveau qui assure une pro-

1. Milton Friedman, *Inflation et systèmes monétaires*, Calmann-Lévy, 1969.

2. J. M. Keynes (1883-1946), professeur d'économie, financier, conseiller du Trésor, administrateur de la Banque d'Angleterre, négociateur du gouvernement britannique aux conférences financières qui ont suivi les deux guerres mondiales, sans d'ailleurs voir ses thèses l'emporter, ni en 1919, ni en 1945.

duction de plein-emploi. Les prescriptions de la doctrine classique peuvent donc s'avérer contre-productives en cas de chômage élevé : inciter à la baisse du niveau des salaires en espérant réduire le chômage peut avoir pour effet, à court terme, de réduire le revenu, le niveau de consommation des ménages et encore plus la demande effective. De même, l'idée de réduire les dépenses publiques pour rétablir l'équilibre budgétaire affecté par la baisse du taux de croissance peut avoir également comme effet de réduire la demande effective et d'accentuer le chômage. Ces politiques classiques, appliquées ainsi à tort, ont amplifié la crise de 1929.

La révolution keynésienne a donc ouvert la voie à une approche plus réaliste du fonctionnement de l'économie, qui tient compte de l'imperfection des marchés : les seuls marchés où les ajustements sont instantanés sont les marchés financiers et monétaires. Le marché du travail est plus rigide, car l'inertie des contrats de travail et le comportement des salariés font que les salaires ne sont pas flexibles à la baisse à court terme. Les marchés de biens et services sont régis par des cycles de production spécifiques à chaque catégorie de produits ; ils répondent avec une certaine inertie aux variations de prix ou de demandes, et la formation de goulots d'étranglement sectoriels peut renforcer les tensions inflationnistes. La vision keynésienne donne ainsi un rôle important à l'État dans le pilotage de l'économie, par la régulation de la demande : il doit augmenter la demande publique si la demande privée (consommation et investissement) est insuffisante pour assurer le plein-emploi.

4. Le débat ouvert sur le rôle de l'État

Ainsi, entre la vision walraso-parétienne et la vision keynésienne est posée une des questions les plus fondamentales de l'économie, celle de savoir quel doit être le degré de pilotage de l'ensemble du système par des institutions collectives, et quels doivent être les objets, les instruments et la forme de ce pilotage collectif. Il s'agit de trouver, en permanence, le « juste milieu » : d'un côté, la vision « libérale » veut que l'économie soit un système très fragile et trop complexe pour pouvoir être maîtrisé par des institutions. Les interactions spontanées des agents économiques, par le libre jeu de la

« main invisible », y feraient toujours mieux, à la longue, que toute espèce d'intervention, malgré les imperfections reconnues du fonctionnement spontané du marché. À l'opposé, on a cru très longtemps que l'organisation collective de la production pouvait à la fois assurer un meilleur bien-être collectif et une plus grande justice sociale. Cette grande utopie du XXe siècle reste encore vivace, dans son esprit, auprès de la classe politique et dans l'opinion publique, malgré les échecs souvent douloureux de toutes les formes de communisme.

Aujourd'hui, la vision dominante partagée par les économistes est celle de la nécessité d'une intervention limitée et ciblée de l'État, indirecte pour respecter la capacité d'initiative des agents économiques, ciblée là où elle est nécessaire et efficace. L'approche moderne est donc celle d'un compromis pragmatique, intermédiaire pour la régulation conjoncturelle entre ces deux visions. Elle insiste par contre sur l'importance de la dynamique de l'innovation et du rôle de l'entrepreneur dans la croissance à long terme (ou croissance tendancielle) des entreprises et de l'économie.

5. Un consensus : la part déterminante de l'innovation

L'entrepreneur est l'homme du risque et de l'innovation, ce qui a remis les thèses de Joseph Schumpeter[1] à l'ordre du jour : l'amélioration des organisations des entreprises, la mise au point de produits développant des marchés nouveaux et de techniques plus performantes, entraînant des gains de productivité, favorisent des taux de croissance plus élevés et sont à l'origine de la création d'emplois durables. La dynamique de l'économie est entretenue par un processus de **« destruction créatrice »** permanente, faite de disparitions d'activités dépassées et d'apparitions de nouvelles techniques et entreprises, qui créent des situations provisoirement monopolistiques. L'État peut influencer la croissance, moins par le pilotage conjoncturel que par des politiques publiques structurelles. Celles-ci sont destinées à favoriser le niveau et la qualité des investisse-

1. L'Autrichien J. Schumpeter (1883-1950), un des plus grands économistes du XXe siècle. Son œuvre maîtresse est : *Capitalisme, socialisme et démocratie*, Payot.

ments productifs, par des mesures de caractère général. L'importance des investissements en équipements collectifs (télécommunications aujourd'hui) et dans l'éducation joue un rôle central, comme l'aide à la recherche fondamentale et l'incitation à la recherche privée et à l'innovation technologique. Les éléments considérés comme les plus importants de la politique de croissance des pays développés sont un tissu économique favorable à l'éclosion et à la diffusion des innovations, un système financier stable qui améliore l'efficacité dans l'allocation des ressources et favorise un abaissement des primes de risque, la stabilité macroéconomique, en particulier une inflation modérée et stable. Il y a ainsi, dans les économies modernes, **un cercle vertueux de l'innovation et de la productivité**.

Globalement, l'histoire montre que les gains de productivité ont été porteurs d'emplois pour la collectivité. Le processus de destruction créatrice est tout autant celui de la création destructrice, puisque c'est la création de produits nouveaux qui précède et cause la destruction des activités obsolètes. Il est à l'origine d'une croissance de la production et des revenus. L'augmentation de la demande qui en résulte se porte largement sur les autres secteurs d'activité, dont la productivité augmente moins vite ; leur développement absorbe les surplus temporaires d'emplois dégagés par les gains de productivité des secteurs en restructuration.

Les prescriptions de politique économique que Schumpeter en a déduites n'ont pas été explicitées. Elles masquent cependant, dans la logique de la promotion de la capacité innovatrice, un scepticisme à l'égard du bon fonctionnement des organismes politiques en démocratie : il était enclin à considérer que le politique n'est pas porteur d'innovations économiques et a même plutôt tendance à éroder l'esprit d'entreprise et d'innovation. Il concluait que « le domaine effectif des décisions politiques ne doit pas être excessivement élargi », et que « la démocratie n'exige nullement que chaque fonction de l'État soit soumise à la méthode politique » [1], en citant le fonctionnement d'organes publics indépendants comme la Banque d'Angleterre jusqu'à la Première Guerre mondiale ou les agences de régulation américaines.

1. *Capitalisme, socialisme et démocratie*, *op. cit.*, conclusion.

IV. ÉTHIQUE ET CHOIX DE POLITIQUE ÉCONOMIQUE

L'éthique de l'économiste est de promouvoir des choix politiques favorables à l'efficacité et à la création de richesses. Cependant, la rationalité sous-jacente aux théories économiques, le paradigme d'*Homo economicus*, peut apparaître comme une rationalité utilitariste difficilement compatible avec une doctrine sociale. Ce serait succomber à l'erreur de « l'économisme » que de limiter les individus à leur dimension économique. Erreur au regard de l'exigence d'humanité que Kant énonçait déjà fortement comme l'impératif catégorique : « Agis de telle manière à traiter toujours l'humanité, soit dans ta personne, soit dans celle d'autrui, comme une fin et jamais comme un moyen[1]. » Erreur aussi au regard de la finalité de toute politique économique.

Pour revenir à Aristote, « la richesse n'est évidemment pas le bien que nous recherchons, c'est seulement une chose utile, un moyen en vue d'autre chose[2] ». Aujourd'hui, cette dimension éthique inspire largement la recherche de l'économiste indien Amartya Sen, prix Nobel : il décrit la pauvreté comme « une privation de capacités de base plutôt que simplement comme un revenu faible[3] ». Amartya Sen propose en conséquence de définir, au-delà des seules statistiques usuelles, « le développement comme liberté », c'est-à-dire « un processus d'expansion des libertés réelles dont jouissent les individus[4] » : il renvoie à ce titre aussi bien aux libertés politiques qu'aux « opportunités sociales » (éducation et santé).

En fait, la rationalité développée dans la théorie classique ne doit être considérée que comme une simplification intellectuelle commode, car elle a permis de décrire pour la première fois dans un cadre mathématique toute la logique d'une représentation de l'économie. Il y a un large accord pour considérer aujourd'hui que cette

1. *Fondements de la métaphysique des mœurs*, deuxième section.

2. *Éthique à Nicomaque*, I.

3. Dans *Un nouveau modèle économique. Développement, justice, liberté*, Odile Jacob, 2000.

4. *Ibid.*

vision simplificatrice n'a qu'une pertinence limitée. Le paradigme d'*Homo economicus* ne peut pas être posé comme exemple d'un comportement idéal auquel les êtres humains devraient se conformer du mieux qu'ils peuvent. On a d'ailleurs développé des théories basées sur d'autres formes de comportements : en particulier ceux qui cherchent à se conformer à des normes ou des conventions sociales, dont on montre qu'ils altèrent la signification des prix du marché[1]. Ces comportements « mimétiques » seront d'ailleurs vus plus en détail dans la partie consacrée aux marchés financiers.

Jamais aucune décision économique ne s'impose par des seuls critères de caractère scientifique : il y a toujours place pour une certaine appréciation des situations, pour une certaine marge d'action du politique sur les comportements. C'est la difficulté du responsable qui, de bonne foi ou par facilité, peut se laisser entraîner par le mirage d'appréciations optimistes, pensant pouvoir dépasser par la volonté une approche trop « mécaniste » à ses yeux de l'économie. Le poids de l'éthique ne doit pas occulter celui des vérités scientifiques et des réalités même déplaisantes. La « mécanique » économique se charge en général de faire payer très rapidement ces rêveries au prix le plus élevé, et malheureusement ce sont en général les catégories les plus défavorisées qui sont les plus touchées. La dimension la plus importante de l'éthique en économie est celle des dirigeants qui se doivent de se tenir à la lucidité la plus grande et de contribuer à celle de leurs mandants. Si l'économie a ses **nécessités** qu'il serait dangereux de nier, elle laisse également beaucoup de **degrés de liberté**, qu'il serait tout aussi grave de ne pas utiliser.

L'économie est un champ de connaissances scientifiques et a donc naturellement tendance à « passer sous silence toutes sortes de considérations éthiques complexes qui influent sur le comportement humain réel[2] ». Pourtant, l'économie comporte par elle-même une dimension normative non négligeable, fondement de la politique économique : la vocation première de l'économiste, compte tenu de sa matière éminemment sociale, est d'agir sur les choix collectifs par une meilleure information de l'opinion publique, facile-

1. K. Arrow, « De la rationalité, de l'individu et des autres, dans un système économique », *Revue française d'économie*, hiver 1987.

2. A. Sen, *Éthique et économie*, PUF, « Quadrige », 2001.

ment influençable dans des directions préjudiciables au bien-être collectif. Il est en tout cas nécessaire de peser en permanence les valeurs, les motivations humaines et les représentations sociales dans les mesures structurelles proposées. La plus grande difficulté, dans les choix de politique économique, est de faire la part du « culturel », qui s'impose à court terme et ne peut être transformé qu'à la longue, avec des effets toujours incertains, et des mécanismes et marges d'action à court terme, considérés comme « naturels ». C'est là que l'éthique prend une place importante, sans que les intéressés en aient toujours conscience : l'incertitude sur la capacité des hommes et des sociétés à évoluer laisse en général une large marge d'appréciation qui finit par s'appuyer sur des considérations subjectives dans lesquelles, comme le dit Amartya Sen, la part de l'éthique doit prendre le dessus.

V. LES DÉBATS SUR LA POLITIQUE ÉCONOMIQUE

Les débats de politique économique sont nombreux et reflètent la complexité de la matière sociale à laquelle ils s'appliquent. L'ensemble de ces dix-huit « leçons » permettra de cerner les contours des principaux problèmes posés aujourd'hui aux pays les plus avancés de la planète, et notamment à ceux de la zone euro. Si l'on voulait en faire une synthèse, on pourrait avancer les points suivants.

1. Quelles conséquences des « défaillances du marché » pour les doctrines économiques ? De quelles institutions et de quelles règles l'économie de marché a-t-elle besoin pour fonctionner correctement ? Du krach des pays émergents de 1997-1998 à la crise boursière de 2000-2002, le constat des défaillances, fondamental sur les plans théorique et pratique, n'a pas amené à ce jour à remettre en cause le modèle d'économie concurrentielle de marché comme doctrine de base de l'économie. Au contraire, les succès de l'économie libérale et l'effondrement des systèmes d'économie planifiée laissent le capitalisme de marché sans opposition doctrinale crédible. La connaissance approfondie des limites du marché doit permettre de définir les règles de jeu économique les plus efficaces pour réduire leurs inconvénients, sans altérer les avantages fondamentaux du marché comme mode principal d'allocation. Comment articuler, dans une société d'initiative économique, la nécessaire régulation d'ensemble exercée par la collectivité et la liberté d'action des agents économiques, compte tenu de la réalité des comportements microéconomiques ?

2. Quels sont **les mécanismes fins du système économique** dans son ensemble ? On sait que, si la description des rouages macroéconomiques fait l'objet d'un consensus relativement établi au sein de la communauté des économistes, les paramètres des différentes composantes sont difficiles à apprécier, et notamment sur trois points essentiels pour le décideur :

– les conjonctures et les tendances à court terme de l'évolution économique (comment savoir si un repli de l'activité est le précurseur d'un retournement profond ou ne sera que passager ?) ;

– l'estimation prévisionnelle des effets des mesures de régulation conjoncturelle (comment savoir avec un minimum d'erreurs quel sera l'effet sur le taux de croissance de la réduction de 1 point, par exemple, du taux du marché monétaire ?) ;

– la connaissance des incidences des grands choix collectifs sur la croissance tendancielle (selon quels critères abonder le budget de la recherche de 1 milliard d'euros, plutôt que celui de l'éducation supérieure ?).

3. Quels sont les termes de l'arbitrage entre **efficacité et justice ?** Cette question essentielle pour le politique se retrouve en permanence dans les décisions fiscales en particulier, dans le mode d'organisation des services publics, mais aussi, plus largement, dans la plupart des décisions de l'État. C'est, par exemple, l'interrogation sur le niveau du revenu minimum : un revenu plutôt élevé correspond à un impératif de justice distributive, mais peut entraîner des effets de désincitation au travail ; il en est de même de la question, redoutable sur le plan politique, posée par les chèques-éducation aux États-Unis.

4. Comment arbitrer entre le présent et l'avenir, entre les avantages à court terme d'une politique et ses inconvénients éventuels à long terme sur l'économie, entre la consommation immédiate et la croissance tendancielle et le bien-être futur ? En particulier la question des choix intergénérationnels se pose avec force dans le cadre des options possibles sur les systèmes de santé et de retraite. Dans l'ensemble, les économistes d'aujourd'hui, d'accord sur la manière de poser les problèmes et sur leur analyse, se rangent, *grosso modo*, en deux grandes écoles doctrinales, entre ceux qui donnent la priorité au traitement urgent des problèmes de l'emploi, et ceux qui considèrent que les mesures prises à cette fin ne sont que temporaires, et qu'il faut donner la priorité aux réformes structurelles et au long terme. La boutade de Keynes [1] sur ce sujet reste toujours d'actualité, et particulièrement à l'appui de politiques de relance de la demande. Pourtant, l'état tendanciel de l'économie s'impose toujours et peut revenir très vite, surtout si les anticipations des agents économiques s'y réfèrent fortement. Entre ces deux conceptions complémentaires, les discussions sont nécessaires car l'erreur d'appréciation peut être extrêmement coûteuse, comme le montre l'incapacité des autorités japonaises à sortir leur pays du marasme profond qu'il connaît depuis dix ans.

5. Quelle place respective pour les politiques économiques internationales et nationales ? Le cadre politique reste largement national, au mieux européen, dans une économie globalisée. Les marchés financiers sont mondiaux, les marchés de biens et services ou le marché du travail très qualifié au minimum européens, alors que le marché du travail peu qualifié reste local, avec d'énormes différences de prix à l'échelle de la planète. Jusqu'à quel point peut-on et faut-il coordonner les politiques économiques nationales dans des ensembles de décision supranationaux, alors que les démocraties reposent encore très largement sur le principe de la responsabilité des États-nations, et que la compétitivité économique mondiale reste très vive ? La science économique a encore apporté peu de réponses sur ce sujet.

1. « À la longue, nous serons tous morts. Les économistes se donnent une tâche trop facile et trop inutile, si, dans une période orageuse, ils se contentent de nous dire que lorsque la tempête est passée l'océan redevient calme. », *La Réforme monétaire*, Éditions du Sagittaire, 1924.

LEÇON 1

LA COMPÉTITION ÉCONOMIQUE MONDIALE ET LES DÉFIS DE L'EUROPE

L'Europe est désormais notre première ligne d'horizon. Elle tend à être, de plus en plus mais selon une progression trop lente, un lieu de solidarité politique pour les citoyens ; c'est d'abord notre terrain de jeu économique, l'espace de vie quotidien pour la plupart des chefs d'entreprise. L'Europe, avec la mise en place de l'euro, est devenue un pôle structuré de l'économie mondiale. Le Japon et l'Asie de l'Est sont des espaces économiques majeurs, malgré la crise que traverse le Japon depuis le début de la décennie 1990 et la moindre unification économique de la zone. L'économie mondiale est l'objet d'un jeu triangulaire aujourd'hui inégal entre d'une part, l'Europe, et de l'autre, les États-Unis et, de plus en plus, l'Asie : les comparaisons montrent que les progrès économiques à accomplir par les Européens sont encore nombreux. Le décalage reste mineur dans une **comparaison « statique »**, mais devient très marqué dans l'étude des **différentiels de « dynamique »**. La distance est encore grande, enfin, en termes de **niveau d'intégration des politiques**, entre l'espace économique complètement unifié que constituent les États-Unis et la réalité actuelle de l'Union européenne.

I. LA COMPARAISON « STATIQUE » : UN POIDS ÉCONOMIQUE ÉQUIVALENT À CELUI DES ÉTATS-UNIS

1. L'Europe est un pôle de dimensions comparables à celles des États-Unis

Tableau de comparaison Europe, États-Unis, Japon, Chine et Inde

2004	EU-25	États-Unis	Japon	Chine	Inde
Nombre d'habitants (en millions)	457	294	127	1 290	1 070
PIB 2003 (en milliards de dollars[1])	11 374	11 612	3 798	7 277	3 240
Population active (en millions)	198	142	65	743	431
PIB/habitant (en dollars[2])	25 000	39 500	29 900	7 200	3 200
Taux de croissance annuelle moyen 1995-2004	2,2 %	3,4 %	1,2 %	8,3 %	5,9 %
Taux de chômage	9,0 %	5,5 %	4,7 %	7,1 %	–
Recettes fiscales (en % du PIB)	45,6	31,7	31,2	15[3]	19
Balance courante (en % du PIB)	1,2	– 5,2	1,9	10	0

Sources : OCDE, FMI et Banque mondiale

1. Le PIB est corrigé des parités des pouvoirs d'achat (PPA) pour tenir compte des différences de prix entre les pays (deux pays dont le PIB est identique, mais dont les prix intérieurs corrigés par les changes sont différents, bénéficient de revenus réels différents). Cette correction est essentielle pour la Chine et l'Inde dont les prix intérieurs sont faibles, représentant le quart des prix moyens des pays avancés.

2. *Id.*

3. Estimations.

L'Europe unie est désormais l'espace économique le plus important du monde développé par son nombre d'habitants (457 millions). Son intégration s'affirme par l'accroissement régulier des échanges intracommunautaires, qui ont augmenté environ de 50 % [1] au cours des années 1990-2000.

2. L'Europe est devenue un espace très hétérogène de 25 États de poids et de structures très variés

Dans cet ensemble, on peut distinguer plusieurs groupes de pays :

– de nombreux pays en rattrapage – la Grèce, le Portugal et tous les nouveaux entrants de mai 2004 –, qui se distinguent par des PIB par tête encore inférieurs de 20 à 50 % à la moyenne européenne, des taux de croissance ainsi qu'un taux d'inflation un peu plus élevés. Il faut noter que ces pays, entrés tardivement dans l'Union, ont connu pendant de nombreuses années des dictatures politiques ; le retour à la démocratie s'y accompagne du développement de l'économie de marché ;

– les grands pays continentaux à l'origine de la construction européenne (Allemagne, Benelux, France, Italie), au développement économique et social globalement comparable ;

– les pays nordiques avancés, d'abord le Danemark, puis la Suède et la Finlande lors de l'élargissement de 1995, à haut niveau de vie et de protection sociale, et forte présence de l'État ;

– enfin les pays anglo-saxons de modèle libéral depuis la révolution thatchérienne au Royaume-Uni, avec une mention particulière à l'Irlande. Ce pays, qui partait en 1980 d'une situation de faible revenu par tête et fort taux de chômage, a connu une croissance spectaculaire. Il se situe maintenant, en partie grâce à une politique de compétition fiscale destinée à renforcer considérablement l'attractivité de son territoire, parmi les pays avancés.

À ces clivages s'est ajoutée, depuis 1999, une distinction cardinale quant à la politique économique : celle entre les douze pays de la zone euro, qui représentent environ 70 % de la population et du PIB

1. Source : Eurostat. Cette donnée est à rapprocher de l'évaluation faite par la Commission de la mise en œuvre du marché unique en 1996, qui avait avancé une augmentation des échanges intracommunautaires de 20 % à 30 % entre 1985 et 1995.

européens, les trois pays « hors zone », par volonté de leurs dirigeants, au moins temporairement (Danemark, Royaume-Uni, Suède), et les nouveaux entrants qui aspirent à rejoindre la zone euro et dont les changes sont liés par un mécanisme spécifique à l'euro.

Les économies européennes

2004	Population estimée en millions	PIB par habitant EU-25 = 100	Taux de croissance moyen du PIB depuis 2000	Productivité de la main-d'œuvre (1) EU-25=100	Taux de chômage
UE-25	456,8	100,0	2,0	100,0	9,0
Allemagne	82,5	108,8	1,2	100,9	9,5
Autriche	8,1	121,1	1,7	103,4	4,5
Belgique	10,4	118,3	1,9	129,2	7,8
Chypre	0,7	81,2	3,4	72,3	5,0
Danemark	5,4	121,5	1,5	104,0	5,4
Espagne	42,3	98,1	3,3	100,2	11,0
Estonie	1,4	49,8	6,5	49,8	9,2
Finlande	5,2	114,3	2,9	110,5	8,8
France	59,9	110,2	2,1	120,4	9,7
Grèce	11,0	81,6	4,3	96,8	10,5
Hongrie	10,1	60,9	3,9	68,5	5,9
Irlande	4,0	138,4	6,2	132,2	4,5
Italie	57,9	104,8	1,3	108,5	8,0
Lettonie	2,3	43,2	7,5	43,3	9,8
Lituanie	3,4	47,8	6,7	49,8	10,8
Luxembourg	0,5	222,0	4,1	146,3	4,2
Malte	0,4	71,1	1,2	83,7	7,3
Pays-Bas	16,3	119,2	1,2	103,2	4,6
Pologne	38,2	46,7	3,1	59,6	18,8
Portugal	10,5	72,5	1,1	66,3	6,7
République tchèque	10,2	70,0	3,1	64,0	8,3
Royaume-Uni	59,7	118,4	2,7	108,4	4,7
Slovaquie	5,4	52,0	4,1	59,5	18,0
Slovénie	2,0	77,8	3,4	76,0	6,0
Suède	9,0	115,9	2,5	105,4	6,3

(1) par personne occupée PPA
Source : Commission européenne

3. Les différences de structures économiques

La comparaison des structures économiques générales montre que les États-Unis sont toujours nettement plus « tertiarisés » que l'Union européenne et le Japon. Cela vaut aussi bien en termes d'emplois que de valeur ajoutée. La proportion des industries à base technologique (industrie pharmaceutique, équipements de bureau et ordinateurs, équipements électroniques, téléviseurs et émetteurs radio, équipements médicaux, etc.) est également plus faible dans l'Union européenne qu'aux États-Unis.

En 1998, on a pu estimer que les industries de technologie avancée représentaient plus du tiers de la valeur ajoutée manufacturière aux États-Unis contre environ un quart dans l'Union à 15. C'est un handicap européen, car ces industries sont plus dynamiques, pour l'innovation et l'efficacité industrielle, que les industries à forte intensité capitalistique (fibres textiles, pâte à papier, fibres artificielles, chimie lourde, produits sidérurgiques, métaux non ferreux, etc.). Cependant, la qualité moyenne des produits fabriqués (*grosso modo* ceux dont la valeur ajoutée est importante dans le prix des produits) est à peu près la même aux États-Unis et en Europe, comme l'a montré une étude comparative faite sur la base d'indicateurs synthétiques[1].

Les évolutions des parts de marché des grands pays avancés dépendent autant des avantages comparatifs dont leurs entreprises nationales peuvent disposer, économies d'échelle, productivité... que de leur spécialisation dans les secteurs porteurs du commerce international. Ce sont les produits traditionnels qui sont à l'origine des excédents du commerce extérieur européen, comme les véhicules automobiles, la chimie, les industries mécaniques ; par contre, la balance commerciale américaine est structurellement déséquilibrée depuis de nombreuses années, plus en raison d'une demande intérieure forte qu'à cause d'une compétitivité insuffisante. Un élément intéressant est que les structures industrielles des États-Unis comme celles du Japon se sont renouvelées d'une manière plus importante

1. K. Aiginger, *Europe's Position in Quality Competition*, Austrian Institute of Economic Research, Wifo, Commission européenne, septembre 2000.

que celles de l'Europe, ce qui peut être considéré comme l'indice d'une moins bonne adaptabilité des structures industrielles européennes aux évolutions des marchés les plus porteurs.

II. LA DYNAMIQUE : UNE VITESSE AMÉRICAINE TRÈS SUPÉRIEURE SUR LA PÉRIODE 1990-2005

1. Un déclin démographique de l'Europe

Si la population européenne est aujourd'hui assez nettement supérieure à celle des États-Unis, les tendances vont dans le sens de la croissance du nombre d'Américains au cours des prochaines décennies et de la diminution du nombre d'Européens : en 1960, l'Europe des 25 comptait 380 millions d'habitants contre 190 millions outre-Atlantique, soit le double de population ; le rapport actuel est de 457 millions contre 294 millions, soit un rapport de 3 à 2. Les projections faites montrent que l'Europe, dans son périmètre actuel, et à politique d'immigration inchangée, doit stagner alors que les États-Unis doivent dépasser les 400 millions entre les années 2020 et 2040 suivant les hypothèses démographiques. Les pays nouveaux entrants devraient même voir leur population régresser au cours de prochaines décennies. Ce « décrochage européen » date des dernières décennies. Longtemps passé inaperçu, il a deux raisons : d'une part, le taux de fécondité (nombre d'enfants par femme) a diminué régulièrement en Europe, presque divisé par 2 entre 1970 et aujourd'hui, où il est de l'ordre de 1,5, alors qu'il est resté globalement stable, entre 1,8 et 2,0 aux États-Unis. D'autre part l'immigration a été plus importante aux États-Unis, alors qu'elle s'est ralentie en Europe du fait de politiques et de contrôles plus restrictifs. D'après les données du FMI, l'immigration moyenne annuelle avait été de 1 million de personnes environ aux États-Unis sur la période 1990-2000, et de moins de 900 000 personnes dans l'Union européenne, dont la moitié en Allemagne. Les données les plus récentes ont mis en évidence la poursuite générale de cette tendance, avec un léger reflux aux États-Unis, en raison des restrictions dues au renforcement des mesures de sécurité à la suite des événements du 11 septembre 2001, notamment pour les étudiants, qui se sont reportés sur le Royaume-Uni ou la France[1].

2. Une croissance européenne nettement inférieure au cours de la dernière décennie

Les taux de croissance des trois grandes économies avancées du monde ont été très différents au cours de la décennie passée. La décennie 1990 est celle d'une reprise de la croissance tendancielle aux États-Unis et à un moindre degré dans la zone euro, mais du marasme au Japon : le PIB des États-Unis a augmenté de 50 % entre 1990 et 2005, comparé aux 30 % de celui de la zone euro. Plus encore, les investissements ont été multipliés par deux aux États-Unis, contre une augmentation de 20 % en Europe. La comparaison des PIB par tête, qui est un indicateur du niveau de vie comparé, met nettement en évidence que la décennie 1990 a été une période de recul relatif de l'Europe par rapport aux États-Unis (il en a été de même d'ailleurs, et d'une manière plus prononcée, pour le Japon). Le revenu moyen japonais par tête équivalait, en 1991, à 85 % de celui des Américains ; en 2005, il n'était plus que de 75 %. Pour les Européens, on est resté stable à environ 65 % ; mais ce résultat est dû à la forte croissance des pays nouveaux entrants, car le PIB par tête de l'Europe des 15, corrigé des pouvoirs d'achat, est passé de presque 75 % en 1991 de la moyenne américaine à 70 % en 2005. Depuis vingt ans, le taux de croissance des États-Unis a été, en moyenne, supérieur d'un point par an à celui de l'Europe. Tout s'est donc passé comme si, sur cette période, le supplément de croissance américaine avait généré une production économique équivalente à celle de l'Allemagne, soit environ 20 % du PIB de l'Union européenne.

1. Trends International Migration in 2004, OCDE, mars 2004.

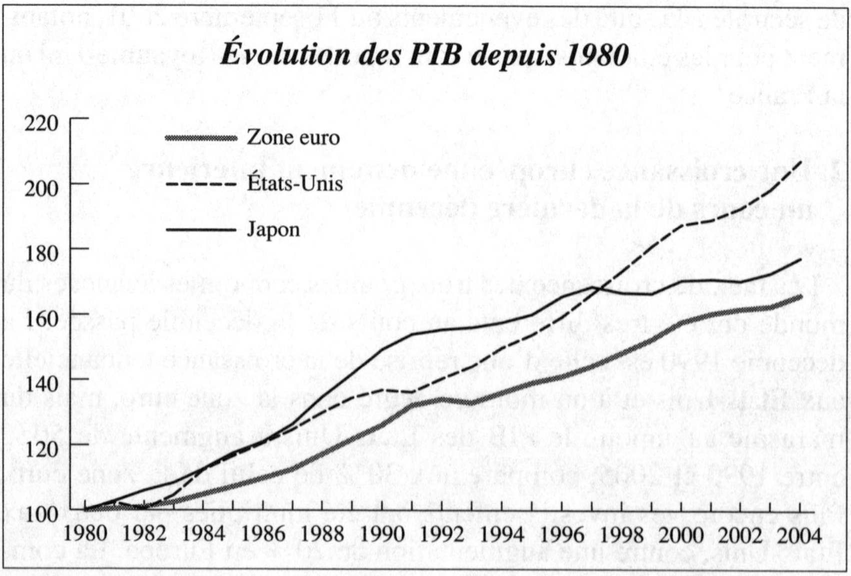

Source : OCDE

3. Le chômage, un fléau européen

En matière de chômage, les grandes tendances des pays anglo-saxons et de l'Europe continentale sont opposées : le taux de chômage des États-Unis – équivalent au taux européen il y a vingt ans – a diminué sensiblement en tendance depuis 1980, et atteint en 2005 un taux de l'ordre de 5 %, en raison de la remontée des années récentes. Celui de la zone euro, malgré le reflux des dernières années de la décennie 1990, se situe encore à un peu plus de 9 % en 2005. Cette question est l'une des plus cruciales de la zone euro. De son côté, le Japon a connu un chômage croissant, et a dépassé le taux de 5 % en 2002, avec un reflux à 4,5 % depuis cette date.

4. L'évolution des inégalités

Dans l'ensemble, l'Union européenne est moins inégalitaire que les États-Unis : les synthèses des études disponibles mettent en évidence le caractère marqué de la dispersion dans la distribution des revenus disponibles après redistribution aux États-Unis. On verra, dans la leçon 7, que l'on peut mesurer l'importance des inégalités par différents indicateurs, dont le plus courant est le rapport interdéciles, c'est-à-dire, *grosso modo*, le rapport entre le revenu des 10 % les plus riches et le revenu des 10 % les plus pauvres : ce chiffre est de près de 6 aux États-Unis, de 4 environ pour le Royaume-Uni, le Canada et l'Italie, 3,5 pour la France, 3 pour l'Allemagne et inférieur pour les pays nordiques, considérés comme les plus égalitaires. Rompant avec les tendances des décennies précédentes, les inégalités de revenu disponible ont tendance à augmenter dans la plupart des pays développés, depuis une vingtaine d'années. La progression[1] des inégalités est forte aux États-Unis et au Royaume-Uni, pays où « la révolution libérale » a entraîné une élévation sensible des hauts revenus. Elle est moindre en Allemagne, en Italie et au Japon, avec une tendance à la stabilité au Canada, voire à la diminution en France.

5. La comparaison des facteurs de la croissance

La croissance de la production est la somme de la contribution à la croissance de chaque facteur, capital et travail, à laquelle s'ajoute un terme caractéristique du progrès technique d'ensemble. La productivité du travail est l'indicateur le plus courant pour apprécier l'efficience de l'économie et son évolution permet d'évaluer le progrès technique. À ce titre, la différence entre les grands pays de la zone euro et les autres est marquante sur la dernière décennie : en France et en Allemagne, la croissance de la productivité du travail ralentit fortement et devient, fait nouveau, nettement inférieure à celle des États-Unis et du Royaume-Uni.

1. Voir les études de l'OCDE et du Luxemburg Income Studies citées dans la leçon 7.

Évolution des taux annuels de croissance de la productivité du travail

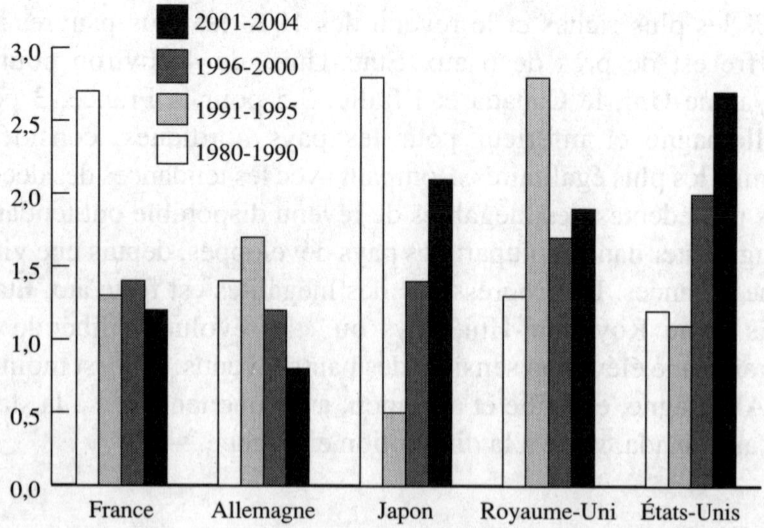

Source : OCDE

Le taux élevé de croissance de la dernière décennie aux États-Unis est donc imputable à une forte croissance de la productivité, associée à un développement de la population active plus important qu'en Europe : on peut considérer approximativement que la différence de croissance entre les États-Unis et l'Europe provient pour deux tiers d'une plus grande participation au travail de la population en âge de travailler et pour un tiers de l'augmentation de la productivité du travail [1].

1. Rapports de la Commission européenne sur la compétitivité en Europe.

La comptabilisation de la productivité : productivité globale et productivité du travail

Les analyses statistiques de la croissance, en distinguant la contribution des facteurs, permettent d'apprécier la part spécifique imputable à la croissance de chaque facteur (la quantité de travail et de capital) et la part de la productivité globale (la part des progrès de l'organisation et de l'innovation dans la croissance du PIB). Le taux de croissance de la productivité du travail est l'évolution du rapport entre le volume de la production et le nombre d'heures travaillées. Le taux de croissance de la productivité du travail est la somme de deux termes : le taux de croissance de la productivité globale des facteurs, qui est un terme d'efficience générale, et l'accroissement du capital par tête, qui est l'intensité capitalistique.

Le taux de croissance de la productivité du travail est égal à celui de la productivité globale des facteurs si les taux de croissance du travail et du capital sont égaux ; si le capital croît plus vite que le travail, le taux de croissance de la productivité du travail est plus important. Dans le cas contraire, la croissance est plus riche en emplois.

Le rôle de la productivité globale dans l'analyse de la croissance est déterminant dans toutes les études faites sur tous les pays. Elle provient principalement de la capacité innovatrice de l'économie, de l'éducation, de la recherche, de la formation permanente, et de la capacité à valoriser les résultats de la recherche ; elle vient également du niveau d'investissement matériel, à la fois de l'investissement directement productif et des équipements collectifs. Il est cependant très difficile de comparer les productivités globales des facteurs des différents pays car les estimations dépendent fortement des modèles économétriques utilisés ; les études disponibles sur les États-Unis et la zone euro convergent cependant autour du décrochage important du taux de croissance de la productivité globale des facteurs de la zone euro par rapport à celui des États-Unis depuis 1995.

La croissance de la productivité du travail a pour conséquence l'augmentation des salaires réels et des revenus du travail. On constate ainsi le lien entre la croissance plus rapide du revenu réel par tête aux États-Unis et la progression de la productivité du travail. La baisse de la productivité du travail dans la zone euro correspond à une modification de l'intensité capital-travail. La croissance de la productivité du travail a ralenti sur les années 1995-2000, mais l'emploi, qui avait reculé sur la période précédente, a augmenté en moyenne de 1,2 % par an. La baisse relative de la productivité du travail en Europe s'accompagne donc en partie d'une croissance plus riche en emplois. Par exemple, le taux de croissance de la productivité des services est passé, aux États-Unis, d'une moyenne de 1,3 % au cours de la période 1990-1995 à une moyenne de 3,1 % au cours de la période 1995-1999 ; au contraire, en Europe, il a reculé durant la première moitié de la décennie, et n'a progressé ensuite que de 0,1 % à 0,3 %. Les études récentes confirment ce décrochage de la productivité des services dans les pays de la zone euro[1].

6. Les retards de la e-économie et de l'innovation

La croissance de la productivité globale trouve son origine dans l'innovation et le progrès technique, c'est-à-dire l'introduction de processus de production plus performants, ou de nouveaux produits. La plus faible croissance de la productivité en Europe apparaît dès lors imputable à son retard dans la production et la diffusion des technologies de l'information et de la communication (TIC). La contribution des TIC à la croissance est, au cours de la seconde moitié des années 1990, de 0,4 % à 0,5 % en Europe, contre 0,8 % à 1 % aux États-Unis. Les dépenses de TIC n'ont représenté que 5,6 % du PIB de l'Union européenne, contre 8,1 % aux États-Unis et l'écart se creuse au cours du temps entre l'Union européenne et les États-Unis.

Le taux d'équipement des ménages en micro-ordinateurs est de plus de 70 % aux États-Unis en 2004, comme au Royaume-Uni ou en Allemagne, contre moins de 50 % en France[2] ; il y a ainsi 30 % d'internautes en France, contre plus de 50 % aux États-Unis, en Allemagne ou au Royaume-Uni.

Dans l'ensemble, l'indicateur synthétique d'innovation établi chaque année par la Commission européenne met en évidence la forte différence, qui a tendance à s'accentuer au cours des dernières années, entre les pays européens et le Japon ou les États-Unis ; de

1. Les services et la croissance économique, OCDE, novembre 2005.
2. OCDE, indicateurs clés des TIC, 2005.

même, la différence est importante entre les pays nordiques, comme la Finlande ou la Suède, dont l'indice synthétique se situe à égalité avec le Japon et les États-Unis en 2004, alors que l'Allemagne a un indice de 0,56, le Royaume-Uni 0,49, et la France, un indice de 0,46, à peine au-dessus de la moyenne européenne.

Index synthétique d'innovation de la Commission européenne

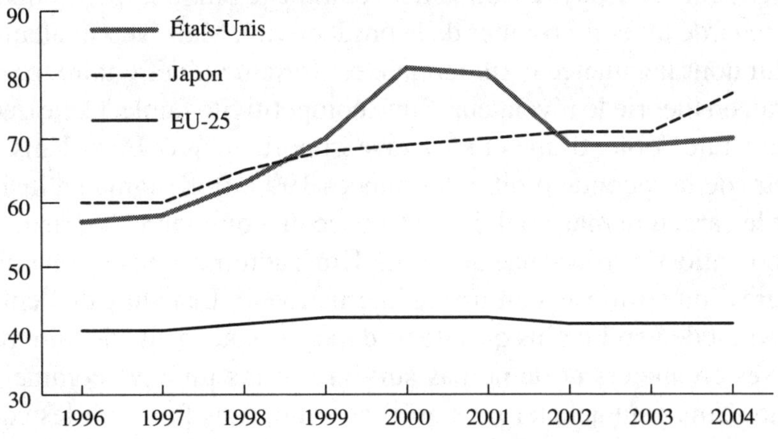

7. Peut-on comparer les compétitivités ?

La compétitivité d'un pays est une image séduisante, largement utilisée par les observateurs et les hommes politiques. L'idée est simple : comme pour une entreprise, le pays qui se porte bien est celui qui réussit sur ses marchés, intérieur et étranger, et bénéficie ainsi d'un taux de croissance élevé du PIB. Mais transposer la notion de compétitivité à l'échelle d'un pays n'est pas aussi simple. Certes, l'analyse des facteurs de la productivité du pays, tant des facteurs internes aux entreprises elles-mêmes que des facteurs collectifs, comme le niveau de l'éducation, les dépenses de recherche, la qualité des infrastructures, etc., est régulièrement publiée par des organismes comme l'Institut international du management de

.usanne, la société Lehman Brothers, le World Economic Forum, ou le Centre international du développement de l'Université Harvard[1]. Ces études montrent la suprématie des États-Unis toujours en tête des pays du G7, nettement devant le Canada et le Royaume-Uni, suivis par un bloc formé par l'Allemagne, la France et le Japon, et détachée, l'Italie. Il faut cependant considérer ces conclusions avec des nuances, car les critères utilisés ont tendance à prendre comme normes de référence les pratiques en œuvre aux États-Unis, et ne font donc souvent que mesurer les distances par rapport au « modèle américain ». Ce pays est considéré comme le plus compétitif quand on regarde les composantes de la productivité. Mais il est également celui dont la balance commerciale est fortement déficitaire, ce qui serait en théorie le révélateur d'une compétitivité faible. Cette question a fait l'objet d'une controverse importante aux États-Unis, au cours de la seconde moitié des années 1990. P. Krugman a insisté sur le caractère marginal de l'influence du commerce extérieur sur le potentiel de croissance des États-Unis, compte tenu de son faible degré d'ouverture au commerce international[2]. La nature de l'entreprise est de vendre plus qu'elle ne dépense, sous peine de faire partir ses créanciers et de ne pas survivre ; mais un pays comme les États-Unis peut acheter plus qu'il ne vend, sans faire fuir les capitaux, mais au contraire en continuant d'attirer les prêteurs internationaux. Le reflux du dollar au cours des années 2003-2004 montre cependant les limites de la confiance de ces derniers face à la persistance du double déficit des États-Unis[3].

* * *

Pour expliquer l'écart de « vitesse » entre les États-Unis et l'Europe, l'économiste français D. Cohen[4] propose une distinction directement inspirée des pères fondateurs de l'analyse économique : l'économie américaine serait aujourd'hui « schumpété-

1. J. Sachs, M. Porter, A. Warner, *Global Competitiveness Report*, Oxford University Press, 2002.
2. Voir P. Krugman, *Competitiveness, an International Economic Reader*, Foreign Policy, 1994.
3. Voir la leçon 14, page 441, sur la parité euro-dollar.
4. « Le déclin de l'Europe ? », *Le Monde* du 10 septembre 2002.

rienne », mue par l'innovation, alors que l'économie européenne serait « smithienne », par référence à Adam Smith et en raison de la priorité donnée au développement du grand marché intérieur. Cette dernière tirerait sa prospérité de la taille de ses marchés sans privilégier l'inventivité. On verra, à plusieurs reprises dans la suite, qu'il y a là une part d'explication intéressante, même si les processus d'innovation et de concurrence actuelle doivent amener à nuancer l'idée que le système d'innovation en Europe doive nécessairement suivre le modèle américain. Le fait est que, à l'appui de la logique smithienne, l'Europe a accéléré son intégration depuis vingt ans ; mais celle-ci n'est pas encore suffisante.

III. LE DEGRÉ D'INTÉGRATION DE L'EUROPE : ENCORE LOIN DES ÉTATS-UNIS

L'Union européenne tend progressivement à devenir un espace économique intégré, dont les politiques économiques des pays membres sont étroitement reliées entre elles : elles sont communes pour certaines d'entre elles, coordonnées pour la plupart, sur le chemin de la convergence et de l'harmonisation pour les autres (politiques sociales et fiscales). L'objet de la présentation qui suit n'est pas de détailler chacune des politiques européennes : on y revient, pour les principales, dans les différentes leçons de ce livre. Il est de mesurer combien, dans l'ensemble, l'espace européen reste encore loin du degré d'intégration de l'espace économique américain. La réussite de nombreux petits États, souvent avancée comme argument pour freiner le développement de l'intégration, ne saurait être transposée à des nations qui ambitionnent de peser sur la scène internationale : la puissance économique passe nécessairement par la perspective d'indépendance que représente l'Europe. Elle ne peut être assurée que par la mise en commun du potentiel d'États qui, autrement, resteraient trop sensibles au bon vouloir des puissances dominantes, pour l'accès aux technologies, et le maintien de leur modèle culturel et social.

1. La réalisation du marché intérieur

L'union douanière prévue par le traité de Rome a été achevée le 1er juillet 1968. Elle a été suivie par la libre circulation des travailleurs salariés, et la généralisation de la TVA en 1970. Les réglementations techniques nationales ont cependant continué de se multiplier et la libre circulation des services de se heurter aux pratiques nationales. Le coût de la « non-Europe » avait ainsi été évalué à environ 4 % à 6 % du PIB de la Communauté au début des années 1980 et le Livre blanc de juin 1985 avait considéré que quelque trois cents mesures devaient être prises pour réaliser un marché intérieur réel. Sous l'impulsion de Jacques Delors, alors président de la Commission, l'Acte unique européen, signé en février 1986, entré en vigueur le 1er juillet 1987, avait ainsi pour objectif de créer un marché intérieur, « espace sans frontières intérieures avec la libre circulation des marchandises, des personnes, des services et des capitaux », avant le 31 décembre 1992. Il s'appuyait sur un mécanisme de décision efficace, soumettant à la règle de la majorité qualifiée la plupart des matières du marché intérieur, alors qu'elles étaient soumises jusque-là à l'unanimité.

En 1992, à l'échéance, environ 90 % des mesures prévues par le Livre blanc de 1985 avaient été adoptées, grâce à la règle de la majorité qualifiée. Depuis la fin de 1992, de nouveaux progrès ont été réalisés : adoption des textes assurant l'ouverture complète des services de transport et de télécommunications, l'ouverture significative des autres services publics (électricité, gaz, poste), le contrôle des fusions d'entreprises et la protection des inventions biotechnologiques. La politique de la concurrence a constitué un levier majeur d'action de ce progrès, en améliorant les règles du jeu en matière d'aides d'États et en harmonisant la notion de secteur public. Les effets du marché unique sont significatifs : les travaux de la Commission européenne ont avancé, à titre indicatif, que le PIB dans l'Union européenne a été plus élevé [1], que les créations d'emplois supplémentaires ont été de 300 000 à 900 000 selon les modèles uti-

1. De 1 % à 1,5 % sur six ans d'après l'étude « Analyse du marché unique », document de travail de la Commission européenne, décembre 1996.

lisés, et que les taux d'inflation ont été inférieurs de 1 % à 1,5 %, par rapport à ce qui se serait passé sans marché unique. Ce dernier avait ainsi agi comme un choc d'offre positif. Reste que des projets importants, comme l'harmonisation fiscale ou l'élaboration du statut de la société européenne, au-delà de l'accord de principe au Sommet de Nice en décembre 2000, sont toujours en suspens.

2. Les politiques communes

Trois politiques communes ont le maximum d'effets économiques : il s'agit des politiques monétaire, commerciale extérieure et de celle de la concurrence. Elles ne pèsent pas en termes budgétaires. À l'inverse, les politiques qui coûtent le plus sont de rationalité économique plus incertaine : ce sont la politique agricole commune, et la politique régionale.

• *La politique monétaire*

Le 1er janvier 1999 a marqué le démarrage de l'union économique et monétaire, avec une politique monétaire unique, et l'introduction de l'euro comme monnaie unique. Le Système européen des banques centrales, qui a la charge de définir et mettre en œuvre la politique monétaire unique, est composé de la Banque centrale européenne et des banques centrales nationales des pays participant à la monnaie unique. Sa mission principale est de maintenir la stabilité des prix et, sans préjudice de cette priorité, d'apporter son soutien aux politiques économiques générales dans l'Union, en vue de contribuer à la réalisation des objectifs de celle-ci. Il a toutes les prérogatives et dispose de tous les instruments de politique monétaire d'une banque centrale classique[1].

• *La politique commerciale extérieure*

Depuis le traité de Rome, un tarif extérieur commun s'applique aux importations en provenance des États tiers et la politique

1. On reviendra plus en détail sur la politique monétaire de la zone euro dans la leçon 14, page 411.

commerciale commune constitue une compétence exclusive de la Communauté ; depuis 1970, les décisions relevant de la politique commerciale commune sont prises à la majorité qualifiée au sein du Conseil, « notamment en ce qui concerne les modifications tarifaires, la conclusion d'accords tarifaires et commerciaux, l'uniformisation des mesures de libération, la politique d'exportation, ainsi que les mesures de défense commerciale, dont celles à prendre en cas de dumping et de subventions », en vertu de l'article 133 nouveau du traité. Le traité de Nice a étendu la possibilité de la majorité qualifiée aux services et aux droits de propriété intellectuelle, sauf exceptions, comme la culture, l'éducation, la santé humaine, ou le secteur des transports. L'expansion du commerce international fait de la politique commerciale extérieure l'une des politiques les plus importantes de l'Union. Des mesures antidumping ou antisubventions permettent à la Commission de faire respecter les règles de la concurrence ; elles passent par le rétablissement temporaire de droits de douane sur les importations en cause. Des accords commerciaux préférentiels concernent l'espace économique européen (avec la Norvège, l'Islande et le Liechtenstein), les pays d'Europe centrale et orientale, les États du bassin méditerranéen, les pays ACP (Afrique-Caraïbes-Pacifique). La crise du début de 2005, entraînée par les « bouffées » d'importation de textiles en provenance de la Chine, au moment de la fin des accords multifibres, a permis de montrer le bon fonctionnement de la mécanique bruxelloise, confrontée à une pression protectionniste forte au sein de l'Union, notamment en France à la veille du référendum constitutionnel de mai, et une position chinoise durcie au lendemain du vote négatif français. Le commissaire Peter Mandelson a réussi à négocier, en deux temps, un accord d'autolimitation de la croissance des exportations chinoises sur une dizaine de produits textiles jusqu'à la fin de 2007.

• ***La politique de la concurrence***

La politique de la concurrence vise à favoriser l'efficience économique, et protéger les intérêts des consommateurs en leur permettant de se procurer les biens et les services aux meilleures conditions. Elle concerne les ententes et pratiques concertées, les aides d'État, incompatibles avec le marché intérieur « dans la mesure où elles affectent les échanges entre les États membres, faussent ou menacent de fausser la concurrence en favorisant certaines entreprises ou certaines productions » et la libéralisation des entreprises publiques. La Commission dispose ainsi de leviers d'action considérables sur les structures économiques. Ces pouvoirs ont été contestés à l'occasion de l'annulation de certaines décisions de la Commission par la Cour de justice (affaire Schneider-Legrand) ; la Commission a été ainsi amenée à réorganiser ses procédures d'autorisation des concentrations[1].

• ***La politique agricole commune***

Entrée en vigueur en 1962, elle comprend un ensemble de règles et de mécanismes qui régissent la production, les échanges et le traitement des produits agricoles. Ses objectifs étaient notamment d'accroître la productivité de l'agriculture en développant le progrès technique et un emploi optimum des facteurs de production, d'assurer un niveau de vie correct à la population agricole, de stabiliser les marchés, de garantir la sécurité des approvisionnements et des prix raisonnables. Les marchés sont unifiés et organisés au niveau communautaire, bénéficient d'une préférence et d'un avantage en matière de prix par rapport aux produits importés, avec une prise en charge des dépenses de soutien par le budget communautaire. La PAC a réalisé ses objectifs au prix d'excédents et d'une croissance des dépenses agricoles qui représentent encore aujourd'hui près de la moitié du budget européen ; elle a connu plusieurs réformes difficiles, la dernière en 2003 avec le passage aux aides directes au revenu, à la sécurité alimentaire et à la préservation du milieu rural, plutôt que le soutien à la production. La prochaine sera celle qui suivra l'élargissement, à partir de 2006 en vertu du compromis franco-allemand acté au Conseil européen d'octobre 2002. La PAC, dont le budget a été en principe « sanctuarisé » en 2002, fait cependant l'objet d'une double remise en question, en raison de son poids élevé dans le budget de l'Union, au détriment des investissements de

1. Voir leçon 2, page 81.

recherche et développement[1], et de la nécessité de réduire les aides agricoles dans les pays développés dans le cadre de la négociation de Doha.

• ***La politique de cohésion sociale***

Les fortes disparités territoriales de revenus (les dix régions les plus dynamiques ont un PIB près de cinq fois plus élevé que les dix régions les moins développées) sont à l'origine d'une politique régionale de l'Union importante, en complément des politiques nationales. Très fortement développée sous la décennie de Jacques Delors, elle a pour but de favoriser la réduction des écarts de développement, la reconversion des zones industrielles en difficulté, la diversification des campagnes et la revalorisation des quartiers en crise, au moyen de quatre fonds structurels : le Fonds européen de développement régional pour les infrastructures, les investissements productifs porteurs d'emplois, les aides aux PME et les projets de développement local ; le Fonds social européen, pour l'adaptation de la population active et l'insertion professionnelle ; le Fonds européen d'orientation et de garantie agricole (section orientation) pour les actions de développement rural et d'aide aux agriculteurs. Le Fonds de cohésion, né à Maastricht, en contrepartie de l'Union monétaire, a pour but de financer des projets liés à l'environnement et à l'amélioration des réseaux de transport dans les États membres de l'Union dont le PIB est inférieur à 90 % de la moyenne européenne.

3. Le budget européen, une masse modeste

Le budget communautaire, de 116 milliards d'euros en 2005, est assuré par des ressources propres dont le total représente environ 1 % du PIB des États membres. Les grandes lignes de la période 2000-2006 ont été fixées par « l'Agenda 2000 » adopté au Conseil européen de Berlin en 1999. Le budget de 2005 se situe d'ailleurs légèrement en retrait de cette perspective financière.

1. A. Sapir, « An Agenda for a Growing Europe, Making the EU Economic System Deliver », rapport à la Commission européenne, juillet 2003.

Les dépenses administratives des institutions (rémunération des personnels, parc immobilier, matériel…) sont limitées à 6,3 milliards d'euros (par comparaison, le budget des « moyens des services » du seul ministère de l'Agriculture français est de 2 milliards d'euros). L'essentiel du budget est donc consacré aux dépenses des politiques européennes avec :

– 49,6 milliards d'euros pour la politique agricole commune ;

– 42,4 milliards d'euros pour les actions structurelles : 37,2 milliards pour les fonds structurels et 5,2 milliards pour le fonds de cohésion ;

– 7,9 milliards d'euros dédiés aux politiques diverses : recherche (4 milliards), réseaux transeuropéens (0,6 milliard), éducation, formation professionnelle, jeunesse (0,9 milliard), emploi (0,2 milliard), environnement (0,2 milliard), etc. ;

– 7,3 milliards d'euros destinés aux actions extérieures et à la préadhésion, la moitié à destination du bassin méditerranéen et des pays d'Europe centrale et orientale.

Le niveau et la répartition du budget européen sont devenus naturellement le lieu majeur de cristallisation des débats sur les orientations des politiques de l'Union après l'élargissement et le rejet du projet constitutionnel. La stagnation du budget européen, décidée en décembre 2005 représente un compromis peut-être inévitable, mais sûrement un nouveau recul de la volonté politique commune.

IV. L'ÉLARGISSEMENT DE L'UNION EUROPÉENNE

L'élargissement aux pays de l'Europe centrale et orientale, de Chypre et de Malte a concerné 75 millions de nouveaux citoyens au 1er mai 2004. Il place l'Union européenne devant des défis institutionnels et politiques sans précédent. L'adhésion de pays nouveaux dans les structures et programmes existants pose la question très délicate du rythme d'intégration effective dans l'Union. Ces dix nouveaux pays sont dotés d'une agriculture traditionnelle importante et de niveaux de vie en général inférieurs de plus de la moitié à celui de l'Union actuelle, alors que leur potentiel de contribution budgétaire est encore faible. Les critères, auxquels les pays candidats ont dû en principe satisfaire pour leur adhésion, concernaient la présence d'institutions démocratiques stables, l'existence d'une économie de marché viable, ainsi que la capacité à assumer les obligations liées à l'appartenance à l'Union. La stratégie de préadhésion a eu pour objet de rapprocher davantage les pays ; elle a reposé sur des mesures clés dans chaque secteur du marché intérieur, des priorités dans le rapprochement des législations.

Ainsi, chacun des 380 millions d'Européens de l'Ouest a contribué pour environ 25 euros par an pour l'élargissement. Par ailleurs, la question du fonctionnement des institutions à plus de vingt-cinq États est une question centrale, pour éviter la dissolution du projet européen dans ce qui ne serait plus qu'une zone de libre-échange à géométrie variable. Elle avait été posée par la convention présidée par Valéry Giscard d'Estaing. Mais la ratification du projet de « constitution européenne » a été refusée par la France et les Pays-Bas et reportée par le gouvernement du Royaume-Uni.

L'élargissement représente donc pour l'Union existante un choc démographique, budgétaire et institutionnel plus qu'un choc macroéconomique.

Le choc macroéconomique, difficile à apprécier, devrait rester faible, malgré un discours un peu convenu sur les délocalisations[1]. Le PIB total des pays concernés, de l'ordre de 5 % de celui de l'Union actuelle, est inférieur à celui que représentaient ceux de l'Espagne et du Portugal au moment de leur adhésion. La concurrence concerne des secteurs à main-d'œuvre relativement peu qualifiée (textile-habillement, chaussures, meubles…) ; l'écart de coût salarial est en moyenne de 1 à 4 par rapport à des pays membres comme la Grèce ou le Portugal, et deux fois plus important encore vis-à-vis des pays membres les plus développés. On peut avancer l'hypothèse que les pays actuels de l'Union devront accélérer leur spécialisation dans des secteurs capitalistiques à main-d'œuvre qualifiée, avec donc un léger accroissement des difficultés pour le travail non qualifié. La Commission s'était essayée à un calcul de l'effet global[2] ; il repré-

1. Voir la leçon 5, page 183.
2. Voir *The Economic Impact of Enlargement*, DG2, juin 2001.

senterait un supplément de 0,5 % à 0,7 % de PIB cumulé sur les dix prochaines années pour les 15 pays de l'Union d'avant l'élargissement –, principalement l'Allemagne et l'Autriche –, mais l'effet espéré serait de 1,3 % à 2,1 % sur le taux de croissance annuel des pays nouveaux entrants. Les tensions, limitées, sur l'emploi s'étaleraient sur une période de réduction de la population active dans nombre de pays de l'Union, en raison du départ à la retraite des générations du boom démographique de l'après-guerre. À terme, certes, les nouveaux marchés offerts seront considérables et faciliteront le renforcement de l'Union économique.

Le problème de l'intégration concerne principalement les pays candidats. Le passage à l'économie de marché a déjà entraîné des réformes considérables : privatisations, réformes du système bancaire, instauration de la libre concurrence, réformes à caractère juridique et administratif, qui cependant sont loin d'être achevées. Le chômage élevé de beaucoup de pays candidats, la Pologne en premier lieu, est un frein social à leur adaptation structurelle. Le coût de la solidarité nécessaire pour faciliter la modernisation des ex-pays de l'Est représentera donc un effort considérable, qui reste à effectuer soit en augmentant le budget européen, soit par redéploiement interne de la PAC et des aides de cohésion accordées à l'Espagne, au Portugal et à la Grèce, si on veut éviter que l'intégration n'entraîne à la longue des réactions politiques majeures. Demain, une fois cette intégration avancée, se posera la question de l'entrée des nouveaux pays dans la zone euro[1].

C'est donc un défi lourd, presque existentiel pour l'équilibre politique de l'Union. L'expérience de l'entrée de l'Espagne et du Portugal qui émergeaient, eux aussi, à peine de leurs années noires, est là pour montrer que cela peut être un jeu gagnant pour tous.

***

Depuis le référendum de 2005 en France, le débat sur l'élargissement a refait surface, avec d'autant plus de violence qu'il avait été escamoté avant 2004. Les polémiques à connotation xénophobe sur

1. Voir la leçon 14, page 445, note en bas de page.

le désormais trop fameux « plombier polonais », ou les discours protectionnistes sur les délocalisations, la légèreté avec laquelle sont envisagées les perspectives d'adhésion de nouveaux membres comme la Bulgarie, la Roumanie, et demain la Turquie, tantôt pour s'enthousiasmer de cette construction de l'Europe de l'Atlantique à l'Oural, tantôt pour susciter des réflexes de peur à des fins politiques internes, n'incitent guère à l'optimisme. Le projet européen reste encore à redéfinir, une fois le grand marché réalisé. Encore faut-il que les débats prennent une tournure suffisamment réfléchie pour laisser à la pédagogie le temps de faire son œuvre, au-delà de la manière très hexagonale d'aborder le débat sur le modèle social européen vu comme une projection européenne du modèle français ; et pour éviter aussi aux passions de prendre trop facilement le dessus. L'élargissement aux pays rattachés autrefois au bloc soviétique passe au moins par une amélioration de la gouvernance européenne et un nouveau projet budgétaire. La possibilité d'y parvenir sera un révélateur de la maturité démocratique de l'espace européen, région considérée comme une des plus avancées de la planète sur ce registre. Certains commentateurs, qui s'inscrivent résolument à contre-courant de la thèse du déclin européen, y voient même, de ce fait, la région la plus prometteuse à l'orée du XXIe siècle [1].

1. M. Leonard : *Why Europe Will Run the 21th Century ?*, Harper Collins, 2005 ; voir également le débat entre O. Blanchard et J. Pisani-Ferry, *L'Europe déclassée ?* « En temps réel », Flammarion, 2005.

PREMIÈRE PARTIE

LES MARCHÉS

Les deux dernières décennies du XXe siècle ont été celles de la libéralisation des trois grands marchés, les biens et services, le travail et le capital. Le début de cette période a été marqué par l'arrivée au pouvoir de Ronald Reagan et de Margaret Thatcher, qui apparaissent comme les symboles du retour de la concurrence dans toutes les dimensions de la vie économique et sociale dans les pays anglo-saxons :

– sur le marché des biens et services, le recul des activités de caractère monopolistique, la déréglementation d'un grand nombre d'activités protégées, et la privatisation des monopoles publics ;

– sur le marché du travail, la réduction, voire la suppression, du pouvoir des syndicats et la mise en place d'un régime décentralisé de négociation sociale ;

– sur le marché du capital, l'effet de la désintermédiation des systèmes de financement et de l'instauration d'une forte concurrence dans le secteur bancaire.

Aujourd'hui, on mesure l'importance de cette triple mutation : le formidable développement de l'Internet et des téléphones portables n'aurait pas été possible sans la baisse des coûts des communications et les progrès techniques accélérés par la concurrence. De même, le financement des start-up a été facilité par la diversité des sources de financement, la multiplicité des sociétés de capital-risque et le rôle joué par les marchés boursiers consacrés aux nouvelles sociétés.

L'ironie de l'histoire veut simplement que ces transformations aient été introduites pour des raisons idéologiques – la préférence pour le marché –, avant d'être amplifiées par les évolutions technologiques : la révolution de l'Internet, porteuse de modifications profondes dans les structures des marchés, n'était en rien prévue. Parallèlement, les défaillances du marché n'ont pas disparu ; les plus importantes sont la tendance latente à la concentration des entreprises et à la concurrence oligopolistique, la persistance du chômage, due il est vrai aux « absences » de marché du travail autant qu'à ses défaillances, l'instabilité forte des marchés financiers dont témoignent les crises financières récurrentes et la volatilité importante des Bourses.

LEÇON 2

LES BIENS ET LES SERVICES : LA CONCURRENCE DANS UNE ÉCONOMIE MONDIALISÉE

I. UNE VIEILLE QUESTION, TOUJOURS ACTUELLE : LE MOTEUR DE L'ÉCONOMIE EST-IL L'OFFRE OU LA DEMANDE ?

L'économie de marché repose sur une loi simple : les volumes de l'offre et de la demande s'ajustent par les prix. C'est d'abord une loi microéconomique, pour chaque bien ou service ; transposée au niveau macroéconomique, elle est l'expression d'un ajustement mutuel. L'offre et la demande exercent, toutes deux, une force motrice dans ce processus d'ajustement, à des degrés différents suivant les pays et les périodes.

Dans le long terme et au cours des périodes de forte innovation pendant lesquelles on assiste à l'émergence en nombre de nouveaux acteurs et de nouveaux produits, l'accent est mis sur l'**offre**. C'est ce qu'illustre la loi énoncée en 1803 par l'économiste français Jean-Baptiste Say (dite aussi « loi des débouchés »), selon laquelle « le seul fait de la formation d'un produit ouvre dès l'instant même des débouchés pour d'autres produits ». L'offre crée donc sa propre demande du fait des revenus engendrés par la production supplémentaire. Dans le moyen ou *a fortiori* le court terme, il peut se produire un décalage entre les capacités de production et la demande effective : tout bien produit ne trouve pas nécessairement, ni immédiatement, acheteur, et la demande peut être insuffisante pour permettre le plein-emploi des travailleurs et des machines. La loi de l'offre n'en a pas moins été remise au goût du jour par les *supply side economists* américains dans la décennie 1980, les économistes de l'offre, parmi lesquels Arthur Laffer, qui ont largement inspiré la politique économique de Ronald Reagan.

Dans les périodes d'innovation modérée, ou caractérisées soit par une situation de surproduction, soit par l'existence d'un marché de masse, comme ce fut le cas pendant les « trente glorieuses », l'accent est plutôt mis, à l'inverse, sur la **demande**. Deux figures contemporaines incarnent la loi de la demande : à l'échelle microéconomique, l'industriel Henry Ford, qui comprit dans la première moitié du XXe siècle que l'augmentation des salaires de ses ouvriers ferait d'eux les meilleurs clients de son entreprise ; et pour ce qui est de la macroéconomie, Keynes, qui expliqua la grande dépression qui suivit la crise de 1929 par l'insuffisance de la demande.

En matière d'agrégats économiques, l'accent mis sur l'offre revient plutôt à privilégier les concepts d'investissement et de profit, tandis que, s'il est mis sur la demande, il souligne l'importance accordée avant tout à la consommation et au revenu des ménages.

L'économie des années récentes a incliné plutôt à insister sur l'importance de l'offre, et ce, pour deux raisons : l'accélération de l'innovation technologique d'une part, et l'importance des marchés financiers et du rendement du capital d'autre part. De fait, depuis la révolution libérale des années 1980, la redistribution salariale ou fiscale a fonctionné moins bien au profit des ménages qu'à l'époque dite des « trente glorieuses ». Le pouvoir y a appartenu à l'actionnaire, à l'innovateur et à l'entrepreneur, plutôt qu'au salarié, à l'État distributeur et régulateur, et même à certains égards qu'au client.

Mais, depuis quelques années, la faiblesse relative de la consommation en France et en Allemagne, comparée à celle des États-Unis, est probablement, pour une part, à l'origine d'un différentiel de la croissance.

Quel que soit le « moteur », l'ajustement correct de l'offre et de la demande sur des marchés de biens et services est la première condition du bon fonctionnement de l'économie dans un espace mondial ouvert. Cela suppose de préserver la concurrence, qui est un impératif pratique d'efficacité de l'économie et de sa dynamique, mais qui n'est pas un « état de nature » : elle doit être organisée et améliorée périodiquement par une surveillance soutenue des autorités publiques. C'est la raison pour laquelle nous allons consacrer l'essentiel de cette leçon à la politique de la concurrence dans les grands pays avancés, après avoir examiné les grandes données des marchés de biens et services. En conclusion, le marché du pétrole, ses tendances et son impact sur l'économie, sera une illustration concrète d'un marché de base essentiel, même s'il est quelque peu spécifique.

II. L'AJUSTEMENT DE L'OFFRE ET DE LA DEMANDE, LES FACTEURS DE PRODUCTION, LES PROBLÈMES D'INSUFFISANCE D'OFFRE

L'ajustement des marchés des biens et services se fait donc entre une demande, déterminante dans le court terme, et une offre qui, elle, est conditionnée par des données à long terme.

1. La demande est déterminante à court terme

La **consommation** des ménages est liée aux variations du revenu et du patrimoine disponible et aux anticipations faites par les ménages sur l'évolution de ceux-ci. La part de revenu que les ménages choisissent d'épargner, plutôt que de consommer, dépend en large partie de leur confiance au cours du cycle économique et singulièrement de l'évolution du chômage : meilleure est la situation économique, plus faible est l'épargne des ménages. Au rebours d'une hypothèse centrale de la théorie keynésienne, selon laquelle l'épargne est anticyclique, l'épargne se révèle ainsi aujourd'hui plutôt procyclique, en accentuant les effets du cycle. Si les ménages ont confiance en l'avenir de l'économie à moyen terme, ils ont tendance à augmenter leur consommation et à réduire leur épargne ; en revanche, dans le cas inverse ou quand la valeur de leur patrimoine s'affaiblit du fait de la hausse des taux d'intérêt ou de mouvements boursiers, leur consommation diminue. À ce titre, la confiance des ménages est une variable clé de la politique économique, autant

La demande et ses composantes

La demande est composée, schématiquement, des éléments suivants :

– la **consommation finale** est le fait principalement des ménages – achats de biens courants (alimentation, électricité...) et durables (voitures ou meubles) – et des administrations. La consommation finale représente en moyenne, pour les pays de l'OCDE, de 75 % à 80 % du PIB, et de 60 % à 65 % des ressources totales des pays (PIB et importations). Elle est à ce titre le principal moteur de la demande finale, dont elle représente environ les deux tiers ;

– l'**investissement** provient en revanche essentiellement des entreprises. La formation brute de capital fixe, ou FBCF, concerne les biens ou services utilisés de manière durable dans les processus productifs : machines, matériel de transport, biens immobiliers, mais également logiciels, œuvres littéraires et artistiques, frais de prospection minière et pétrolière. Elle comprend les achats de logements neufs par les ménages et les travaux d'entretien et de réparation. La FBCF, calculée avant amortissements en raison des problèmes méthodologiques et statistiques, se situe, selon les pays, entre 15 % et 25 % du PIB ;

– les **variations de stocks** des entreprises ;

– les **exportations**, c'est-à-dire la demande des pays étrangers, dite « de l'extérieur ». Leur part est d'autant plus importante que l'économie du pays est ouverte, en proportion en général inverse de sa taille.

que les variables « réelles », revenus et inflation ; si, pour des raisons qui peuvent ne pas avoir de fondement réel, les anticipations des consommateurs sont pessimistes sur l'avenir de l'économie, leur consommation diminue, ce qui peut avoir un puissant effet « auto-réalisateur ». Les cycles de la consommation sont donc, compte tenu du poids de celle-ci, très liés aux cycles de la croissance économique, comme le montrent bien les graphiques de la page 67, où on a mis en relation, pour la zone euro et les États-Unis, le lien entre les taux de croissance de la consommation en volume et du PIB en volume.

La demande d'**investissement des entreprises** évolue, elle aussi, avec le cycle des affaires : quand l'économie redémarre, après une période de creux de cycle, la demande anticipée par les chefs

Zone euro : les fluctuations de la croissance et des éléments de la demande

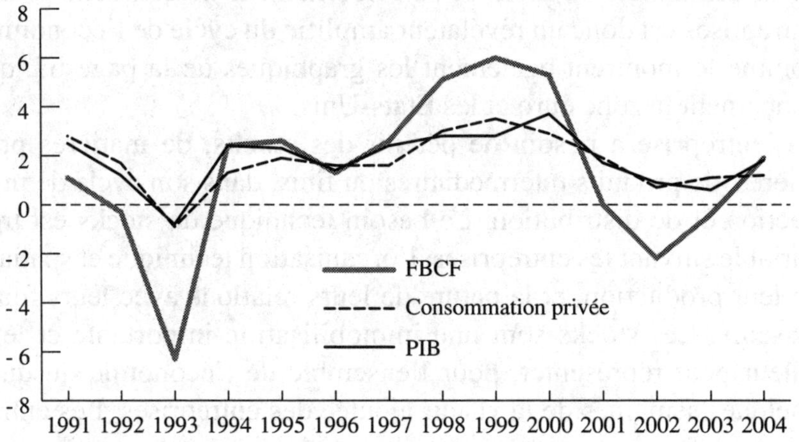

États-Unis : les fluctuations de la croissance et des éléments de la demande

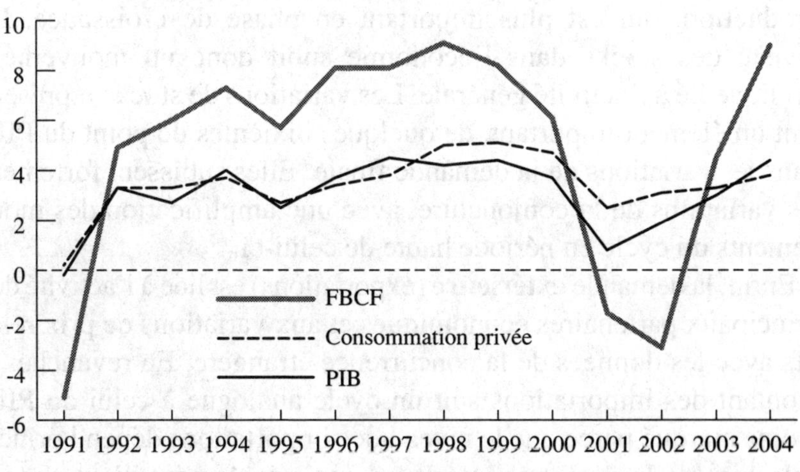

Source : OCDE

d'entreprise augmente, alors que les taux d'intérêt sont encore bas. Ce sont les deux facteurs de l'augmentation des investissements. À l'inverse, quand les chefs d'entreprise anticipent un affaiblissement de la demande, ces facteurs se retournent. L'investissement des entreprises est donc un révélateur amplifié du cycle de l'économie, comme le montrent également les graphiques de la page 67, qui concernent la zone euro et les États-Unis.

L'entreprise a besoin de détenir des **stocks**, de matières premières, de produits intermédiaires ou finis, dans son cycle de production et de distribution. Le besoin technique de stocks est très variable suivant les entreprises, l'organisation technique et spatiale de leur production, et la nature de leurs relations avec leurs fournisseurs. Les stocks sont une immobilisation importante et leur valeur peut représenter, pour l'ensemble de l'économie, jusqu'à quelques semaines de la valeur ajoutée des entreprises. Les entreprises performantes ont donc tendance à introduire des systèmes de gestion très rigoureux – flexibilité dans l'utilisation des ressources, développement des productions en « flux tendus » – qui les amènent à réduire les niveaux de stockage et le coût des stocks. La détention de stocks, au-delà d'une nécessité de fonctionnement interne, répond à un impératif de précaution, face aux risques de rupture d'approvisionnement ou d'interruption accidentelle du processus de production, qui est plus important en phase de croissance. Le niveau des stocks dans l'économie subit donc un mouvement cyclique lié à l'activité générale. Les variations de stocks représentent un élément important, de quelques dixièmes de point du PIB, dans les variations de la demande finale. Elles subissent fortement les variations de la conjoncture, avec une amplification des mouvements du cycle en période haute de celui-ci.

Enfin, la demande **extérieure** (exportations) est liée à l'activité des principaux partenaires économiques et aux variations de prix relatifs avec les données de la concurrence étrangère. En revanche, le montant des importations suit un cycle analogue à celui du PIB, moins marqué parce que le niveau des importations dépend principalement de la demande intérieure, mais également d'autres facteurs, comme les taux de change et prix relatifs.

La **demande globale** et ses composantes jouent un rôle déterminant à court terme : l'offre des entreprises s'adapte à la demande par les variations des stocks et l'utilisation des facteurs de production. Les fluctuations de la demande prennent ainsi leur origine dans un ensemble diversifié de perturbations économiques, notamment les modifications des anticipations des agents économiques.

Parmi les facteurs de la demande, l'investissement joue un rôle spécifique, car il détermine les capacités de production futures et donc le niveau d'offre potentielle. Dans les périodes de creux de cycle, les entreprises ont tendance à réduire le stock de capital en déclassant les équipements les moins rentables, à faire des restructurations. Dans les périodes de croissance plus forte, les entreprises sont incitées par la croissance de la demande à développer leurs possibilités de production, par des investissements de capacité, voire à créer des surcapacités, si elles exagèrent la demande attendue.

L'investissement joue ainsi un double rôle : il accélère les variations du PIB, et il entraîne des conséquences durables sur celui-ci. Les périodes de creux de cycle, phases d'investissements plus faibles, sont préjudiciables au taux de croissance potentielle à long terme : la qualité de la régulation conjoncturelle est donc un élément essentiel pour assurer une croissance plus forte à long terme.

2. Les contraintes de l'offre à moyen terme, matières premières, main-d'œuvre et investissements

À moyen terme, la croissance du PIB est déterminée, de son côté, par les capacités d'offre. Ces « facteurs de production » sont traditionnellement de trois ordres : le stock de capital, le niveau de la population active, et la capacité technologique. Il faut distinguer les deux notions suivantes, couramment utilisées pour le taux de croissance : la croissance tendancielle ou à long terme, qui est la moyenne constatée du taux de croissance sur une longue période, et la croissance potentielle, qui est un concept plus élaboré. Cette dernière représente le taux de croissance du « niveau de production qui correspond à la pleine utilisation du travail et du capital pour un niveau donné d'efficience technique et une structure donnée de l'économie[1] ».

1. Selon les termes utilisés par l'OCDE, par exemple dans *Études économiques, zone euro*, juin 2001.

La croissance potentielle

La croissance potentielle est le taux de croissance du PIB potentiel, c'est-à-dire celui qui correspond à l'utilisation maximale des facteurs de production existants, compatible avec une inflation stable. Une croissance supérieure au niveau de croissance potentielle est susceptible d'entraîner à court terme des tensions inflationnistes, provoquant un retour de l'économie vers des taux de croissance plus faibles. Le taux de croissance potentielle est donc un concept important de la politique économique, mais difficile à chiffrer : les taux sont évalués tant par l'OCDE, le FMI, la Commission européenne, que par les pays concernés, par différentes techniques, sur les séries de taux de croissance passées, par moyenne mobile ou filtrage économétrique, ou directement à l'aide des fonctions de production. Le taux de croissance potentielle est une donnée variable dans le temps, en fonction des caractéristiques structurelles de l'économie, comme le montre le tableau suivant :

Le taux de croissance potentielle : données indicatives

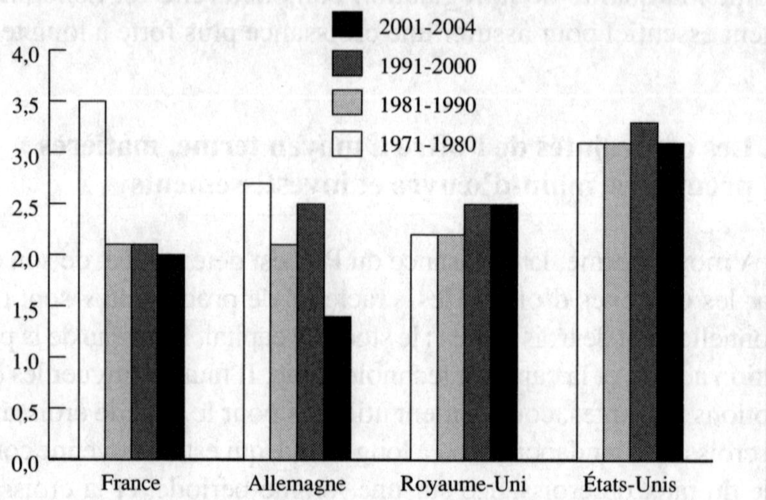

Sources : Commission européenne, OCDE et calculs des auteurs

Le taux de croissance potentielle peut évoluer dans le temps en raison de l'augmentation tendancielle du niveau et de la productivité des facteurs de production, et de la pression concurrentielle sur les marchés de biens et services et du marché du travail : si ceux-ci augmentent, le niveau de taux de croissance à partir duquel les pressions inflationnistes se feront jour aura tendance à être plus élevé. Cela a été le cas pour les États-Unis au cours des dernières années du XXe siècle. À l'inverse, la faiblesse de la croissance potentielle en Europe continentale – plus marquée encore en Allemagne – depuis deux décennies peut être expliquée par le niveau élevé des taux d'intérêt et le manque de dynamisme de la demande, qui ont freiné l'investissement.

Pendant de nombreuses années, on a craint en outre que la rareté croissante des inputs, situation redoutée dans les années 1970 par certaines prévisions malthusiennes et le Club de Rome, soit à terme une entrave forte à la croissance de l'économie. Mais aucun risque significatif de pénurie ou d'épuisement des matières premières ne s'est encore profilé à ce jour : les problèmes spécifiques liés à la hausse du prix du pétrole ne relèvent justement que d'un effet de rigidité à moyen terme, sans traduire de risques de réelle pénurie, même à long terme[1]. Il en est de même de la quasi-totalité des matières premières, par exemple de la demande chinoise d'acier qui se traduit par une hausse des prix considérable mais pas par des pénuries caractérisées.

Les contraintes respectives sur le capital et le travail

Aujourd'hui, les entreprises n'ont pas à redouter de problèmes de volume à long terme sur le capital, et donc sur l'investissement, compte tenu du fonctionnement du marché du capital.

Le risque tient cependant au cycle de l'investissement et à d'éventuels décalages dans le temps : compte tenu du délai de réalisation de l'investissement, qui peut être de plusieurs années, l'entrepreneur doit anticiper sur ce que sera la demande future. Si les entrepreneurs tendent à anticiper – à tort – que « demain sera comme aujourd'hui », ils risquent de contrecarrer une reprise économique avec un certain sous-investissement, soit d'amplifier un ralentissement en cas de surproduction. À cet égard, le comportement des entrepreneurs américains paraît souvent davantage marqué par la confiance dans la loi de Say : la prise de risques crée les débouchés. Ce facteur

1. Voir plus loin dans ce chapitre, page 88.

psychologique peut expliquer en partie la faiblesse du redémarrage des investissements en Europe par rapport aux États-Unis, constatée aussi bien en 1997-1998, qu'au cours des années 2002-2005.

Il existe incontestablement un risque de goulot[1] d'étranglement de l'offre avec l'indisponibilité du travail qualifié dans les pays développés. Ceux-ci ont connu durant plusieurs années une situation de plein-emploi (comme aux États-Unis et plus généralement dans les pays anglo-saxons jusqu'en 2001), ou sont à tout le moins proches aujourd'hui d'une saturation de l'emploi qualifié, comme en France. Les salaires très qualifiés tendent alors à augmenter; lorsque les tensions salariales se généralisent en situation de plein-emploi, elles peuvent alimenter ainsi un risque inflationniste. La réponse positive à la rareté du facteur travail consiste alors dans la combinaison d'innovations technologiques (notamment par l'intégration des technologies de l'information) et d'innovations organisationnelles afin d'améliorer la productivité du travail. Cette amélioration de la productivité est la principale explication de la longueur du cycle de croissance aux États-Unis malgré le repli temporaire en 2001. Un autre type de réponse réside, à long terme, dans l'augmentation des volumes disponibles sur le marché du travail. L'accroissement de la population active des pays développés doit passer par les divers moyens possibles : retard des départs à la retraite, raccourcissement de la durée des études, ou encore recours à l'immigration, sélective ou non, afin de soutenir l'offre.

III. POURQUOI LA POLITIQUE DE CONCURRENCE ? LES TENDANCES À LA CONCENTRATION ET AUX PRATIQUES RESTRICTIVES

L'ajustement de l'offre et de la demande sur les marchés, par les prix et les volumes, suppose que la concurrence fonctionne correctement; cela passe par une vigilance permanente des pouvoirs publics en raison des nombreuses « défaillances » du marché.

1. On peut dire également goulet d'étranglement.

1. Concurrence, concentrations, cartels : les batailles de l'économie

Comme au cours des années 1970, l'actualité des dernières années a été rythmée par les projets de concentrations, les batailles boursières entre entreprises, sur un terrain de jeu désormais européen et mondial. Les arbitres n'en sont plus seulement les gouvernements nationaux, mais aussi la Commission européenne ou des autorités indépendantes des gouvernements, et, de plus en plus, les marchés et les autorités judiciaires, avec des effets considérables pour la vie des entreprises. C'est ainsi que le refus par la Commission d'une fusion amicale dans un premier temps entre Pechiney et Alcan aura laissé le champ libre à Alcoa-Reynolds aux États-Unis, et au rachat de Pechiney par Alcan dans des conditions moins respectueuses des intérêts européens. La naissance d'Arcelor, numéro un mondial de la sidérurgie, à partir de la fusion d'Usinor, Aceralia et Arbed, aura demandé de longs mois de discussions nourries. Un nouveau pouvoir économique s'est exercé à Bruxelles, dans les bureaux de la Merger Task Force, sorte de « brigades du Tigre » du droit de la concurrence. Les excès de cette équipe légère d'experts, chargée de préparer les positions de la Commission, de disséquer les stratégies des entreprises candidates à la fusion, d'analyser l'évolution des parts de marché et les conséquences possibles des fusions, ont failli déstabiliser la Commission ; cette brigade a été dissoute en 2004, et a laissé la place à une organisation plus modeste, mais aux procédures rigoureuses et attentives aux droits des parties.

On assiste depuis de nombreuses années au développement d'une concurrence brutale et mondiale. Les entreprises sont obligées d'y conjuguer un double mouvement, comme des arbres géants : le développement de la tête pour avoir une prise plus grande sur les situations, et la multiplication des racines pour coller au plus près à la diversité des demandes des consommateurs.

Dans le même temps, les entreprises, qui, par nature, s'efforcent de contrôler leurs prix et leurs marchés, font l'objet d'une surveillance accrue en matière d'ententes. La Commission inflige souvent des amendes importantes : en 2001, 855 millions d'euros à huit entreprises pour leur participation à des ententes occultes ayant pour objet le partage des marchés et la fixation des prix dans le secteur des vitamines, en 2002, 472 millions d'euros pour quatre sociétés de fabrication de plaques en plâtre, en 2004, une amende de 497 millions d'euros à Microsoft.

Preuve que la concurrence n'est pas un « état de nature » de l'économie, mais le résultat toujours fragile d'une régulation publique indispensable.

2. La concurrence est tenue pour bénéfique par expérience plus que par principe

La théorie économique conventionnelle considère qu'un équilibre de concurrence pure et parfaite est un « optimum de Pareto » et qu'un équilibre concurrentiel est plus efficace qu'un équilibre non concurrentiel. La concurrence est réputée renforcer l'efficience allocative en rapprochant les prix des coûts marginaux de production [1]. La théorie des jeux est venue enrichir l'analyse des situations de concurrence imparfaite et conclut en général à la baisse des prix dans le cas de produits indifférenciés fabriqués par des entreprises à rendements marginaux décroissants ou constants. Cependant, selon Schumpeter, la concurrence monopolistique favorise l'innovation (et donc la croissance) parce que les firmes peuvent alors dégager des ressources suffisantes pour investir dans la recherche-développement. La perspective de réaliser des rentes d'innovation les y incite ; au contraire, l'innovation diminue avec l'importance de la concurrence. On doit, à la lumière des études faites sur ce sujet, adopter une approche intermédiaire sur le rôle de la concurrence dans l'innovation. Les thèses de l'innovation par degrés progressifs [2] avancent l'idée que la concurrence par l'innovation vient compléter, dans un marché fortement concurrentiel, une concurrence par les prix qui aura alors trouvé ses limites. D'un autre côté, le lien entre le degré de concurrence et l'importance de l'innovation ne serait pas monotone [3]. La relation serait celle d'une courbe en forme de U inversé : si le degré de

1. S. Nickell, « Competition and economic performance », *Journal of Political Economy*, 1996.
2. Voir les idées de Baumol dans la leçon 6, page 199.
3. P. Aghion, P. Howitt *et alii*, *Competition and Innovation : an Inverted U Relationship*, Université Harvard, février 2002.

concurrence est faible dans un secteur, le degré d'innovation l'est aussi. L'augmentation de la concurrence exerce une influence positive jusqu'à un certain niveau au-delà duquel la concurrence lamine les profits et limite les possibilités de recherche et d'innovation ; le processus schumpétérien correspond à ces situations limites.

Ce sujet fait l'objet de nombreux débats théoriques[1] afin de mieux comprendre un processus fondamental pour la croissance économique. Les concentrations, qui limitent la concurrence, peuvent certes parfois améliorer le bien-être économique général si elles s'accompagnent d'une réduction des coûts grâce à des économies d'échelle importantes, en facilitant la spécialisation. La structure des grands secteurs de production n'est d'ailleurs que rarement totalement concurrentielle. Mais de nombreux arguments militent en faveur de la concurrence. La compétitivité de secteurs importants de l'industrie japonaise (électronique grand public, fabrication d'automobiles) montre que l'avantage concurrentiel à l'échelle internationale des entreprises est lié au degré de concurrence intérieure d'un secteur. De plus, elle garantit aux consommateurs de pouvoir bénéficier des meilleurs prix. Par ailleurs, les études empiriques faites à l'échelle des firmes ou des secteurs convergent autour du constat du caractère positif de la concurrence pour le processus d'innovation. Par exemple, une étude[2] menée sur cent pays, avec des variables qualitatives et quantitatives représentant le degré de concurrence, a mis en évidence une forte corrélation entre celui-ci et le taux de croissance moyen de la productivité globale.

Les entreprises leaders, du fait de leur capacité d'innovation, sont fortement incitées à investir dans la recherche et développement, s'il y a une entrée libre sur le marché, car le leader ne peut conserver sa position dominante que s'il gagne la course à l'innovation. Si l'entrée sur le marché est verrouillée, l'entreprise dominante a tendance à chercher à bénéficier au maximum de sa position, et l'innovation ne vient que dans le long terme[3].

1. Voir la synthèse faite par Sanghoon Ahn, *Competition, Innovation and Productivity Growth : a Review of Theory and Evidence*, OCDE, janvier 2002.

2. M. A. Dutz, A. Hayri, *Does More Intense Competition Lead to Higher Growth ?*, World Bank et Deloitte & Touche, 1998.

3. F. Etro, « Innovation by leaders, Economic Journal », avril 2004 ; et Stackelberg, Competition with Endegenous Entry, Université catholique de Milan, octobre 2004.

La concurrence doit donc être considérée comme un facteur nécessaire à la vitalité du tissu industriel et à la productivité d'ensemble de l'économie, plus encore au regard des faits que par principe [1].

3. La concurrence dans les faits : économies d'échelle, pouvoir de marché, et stratégies de limitation de la concurrence

Les économies d'échelle dues aux conditions techniques sont réelles dans la plupart des secteurs d'activité. La raison peut être technique, dans des industries de réseau comme les télécommunications filaires, le chemin de fer, la distribution de gaz ou d'électricité, ou en raison d'une courbe d'apprentissage qui permet de réduire rapidement les coûts avec le développement du produit. L'entreprise peut également bénéficier d'une amélioration de son pouvoir de marché, c'est-à-dire de sa capacité à négocier favorablement avec ses clients et ses fournisseurs ou ses financiers.

Dans la réalité, la concurrence se situe toujours à un niveau intermédiaire entre les formes théoriques que sont la concurrence pure et parfaite, où chaque entreprise ne ferait que subir le prix de marché, auquel elle devrait s'adapter, et la situation de monopole où l'entreprise a la possibilité de choisir le prix et la nature du produit, au mieux de ses intérêts et en fonction de la demande. La concurrence dépend à l'évidence du nombre d'entreprises du secteur : plus il est faible, en raison des économies d'échelle, plus on se trouve dans une situation d'oligopole. Elle dépend aussi des différences dans la structure de coûts, et de l'élasticité-prix [2] de la demande ; si celle-ci est faible, la concurrence par les prix est moins aiguë.

Les entreprises peuvent chercher à limiter la pression concurrentielle en s'entendant entre elles pour fixer les prix et les quantités, et l'entente ainsi constituée se comporte collectivement comme si elle était un monopole. Les stratégies anticoncurrentielles de cette nature peuvent être très variées, et se situer aussi bien au niveau des

1. Voir *Perspectives économiques*, OCDE, juin 2002.
2. L'élasticité-prix de la demande est la variation relative de la demande par rapport à celle du prix : si par exemple le prix augmente de 10 %, et si l'élasticité-prix est de 2, la demande diminue de 20 %.

réglementations, des comportements individuels ou collectifs, et des structures.

4. Les réglementations économiques et les normes techniques

La protection des producteurs peut tout d'abord venir d'une réglementation favorable aux producteurs installés, au détriment des « entrants » potentiels, grâce à des normes techniques reprenant les spécifications des producteurs existants, ou à des règles d'entrée dans la profession permettant d'en limiter l'accès (en France, pharmaciens, notaires, chauffeurs de taxi…) ; ces réglementations sont à l'origine destinées à assurer une qualité et une sécurité minimales aux consommateurs. Ce « protectionnisme » des normes a longtemps joué un rôle central dans le cloisonnement des marchés nationaux à l'intérieur de l'Union européenne : le marché unique, lancé en 1985 par Jacques Delors, a eu pour objet de l'abolir progressivement.

5. Les comportements : les accords et les ententes

L'entente entre producteurs est la forme la plus répandue des pratiques anticoncurrentielles répréhensibles : elle peut consister en des accords de partage de marchés et de fixation de prix minimaux. L'ensemble des producteurs bénéficie ainsi d'une rente grâce à des prix supérieurs aux prix de la concurrence. Ces ententes peuvent être formelles, ou seulement implicites. Les accords horizontaux sont en principe interdits dans la majorité des pays avancés, sous la réserve que certaines professions ou certains secteurs voient leurs prix fixés par l'État. La difficulté majeure est de savoir à partir de quand une entente devient illicite : deux boulangers peuvent s'allier et décider de pratiquer le même prix, des coopératives peuvent naître… En général, ces accords ne sont sanctionnés que lorsque les partenaires de l'accord disposent ensemble d'un pouvoir de marché suffisant pour peser sur les prix ou les quantités produites, et que l'efficience des marchés est altérée. On doit donc définir, de façon satisfaisante, le marché pertinent, dans chaque cas d'espèce, et son étendue pour mesurer les implications en termes de parts de marché : lorsque des produits de substitution existent à des prix comparables et sont faciles d'accès, la présence d'une coalition sur un produit précis est plus fragile. Les pratiques commerciales restrictives (zones d'exclusivité territoriale, clauses d'exclusivité de vente…) tendent à protéger les détaillants contre une concurrence trop forte ; en même temps, ils augmentent le coût d'entrée pour de nouveaux producteurs potentiels, en les obligeant à investir dans des réseaux de distribution spécifiques.

6. Les structures : positions dominantes et concentrations

Les abus de position dominante (c'est-à-dire le cas d'une entreprise qui utilise son poids important face à ses concurrents pour biaiser le marché à son profit) sont sanctionnés par la plupart des réglementations de la concurrence. Il est nécessaire d'étudier le marché de l'entreprise, son éventuel pouvoir de marché, pour établir la position dominante et les éventuels abus. C'est le cas en particulier des grandes surfaces de distribution face à leurs fournisseurs industriels et agroalimentaires d'une part, et aux autres commerçants d'autre part. Est notamment interdite dans la plupart des pays, en France par la loi Galland de 1996, la vente à perte, pour éliminer les concurrents et profiter ensuite d'une rente de monopole. La loi de 2005 est venue compléter ce dispositif en normalisant les « marges arrières », rétrocessions abusives demandées aux fournisseurs par des distributeurs en situation de force commerciale, en s'inspirant des usages étrangers.

Les fusions-acquisitions posent un problème spécifique : elles résultent du jeu normal d'un marché concurrentiel, et peuvent pourtant menacer le fonctionnement de ce même marché en établissant une situation d'oligopole, voire de monopole. Trois raisons peuvent être avancées pour expliquer le nombre élevé des fusions-acquisitions d'entreprises constaté sur la période 1995-2000, avant le retournement de l'année 2000 :

– la conjonction du mouvement du marché unique en Europe, de l'introduction de l'euro et de la mondialisation de l'économie, tous phénomènes traduisant l'ouverture des frontières et l'élargissement du champ de jeu du marché au niveau global ;

– la capacité nouvelle de payer « en papier » et non plus « en cash », par le recours à l'offre publique d'échange (OPE) plutôt qu'à l'offre publique d'achat (OPA), capacité favorisée par l'explosion du cours des actions jusqu'au début de l'année 2000, notamment sur les valeurs Internet ;

– la croissance économique mondiale qui motive la croissance externe des entreprises.

Ces mouvements de concentration, à côté des traditionnelles fusions horizontales – entre concurrents –, ont été, à l'époque, souvent **verticaux** : cela a été le cas pour AOL-Time Warner ou pour Vivendi Universal au début de l'année 2000. Ils traduisent ainsi la volonté des entreprises de détenir un ensemble de métiers et d'activités complémentaires recouvrant l'ensemble de la chaîne de production et de distribution : ainsi dans le secteur des technologies de l'information, c'est la recherche d'une intégration entre le contenu (les médias) et les réseaux (télécommunications, Internet). Les fusions ont pu atteindre des dimensions records, comme celle de Vodafone-Mannesman, celle de J.P. Morgan avec Bank One ou celle de AOL-Time Warner pour plus de 100 milliards de dollars. La fièvre de concentrations est retombée en 2000-2001, les transactions du premier semestre 2002 retrouvant leur niveau de 1997. Le montant des fusions-acquisitions retrouve un niveau élevé en 2004 et représente à nouveau plus de 2 700 milliards en 2005[1].

Sur le plan social, les fusions sont un sujet de grande sensibilité pour les salariés des entreprises concernées, en particulier du fait des éventuels licenciements ultérieurs. Sur le plan politique, elles font émerger la revendication d'une nouvelle régulation internationale face à la réapparition des multinationales tant dénoncées dans les années 1960. Sur le plan économique cependant, la question se pose en termes différents : les concentrations créent-elles ou non de la valeur ? Réduisent-elles ou non la concurrence, l'innovation, et donc la capacité d'expansion de l'économie ? L'effet global d'une opération de concentration est la résultante de deux termes opposés, d'une part la réduction des coûts que permettent les restructurations de pro-

1. *Le Monde*, 5 janvier 2006.

duction et les synergies entre services complémentaires et, d'autre part, une hausse des prix associée à l'augmentation du pouvoir de marché de l'entreprise sur les marchés concernés par la concentration.

Le bilan des concentrations est cependant pour le moins mitigé : certes les grandes opérations ne semblent pas avoir diminué la concurrence ni augmenté les prix pour les clients. Mais leur évaluation microéconomique est souvent décevante : les fusions verticales n'ont pas produit les synergies attendues, notamment dans le secteur des technologies de l'information. Quant aux concentrations horizontales, elles apparaissent souvent comme des opérations nécessaires, dans des secteurs dont la restructuration n'est pas terminée (banques, assurances, informatique, pharmacie...). Leurs bilans sont en général meilleurs, comme on a pu le constater notamment dans le secteur bancaire avec BNP-Paribas ou Citigroup, en France comme aux États-Unis, ou dans le secteur pharmaceutique, par exemple avec Sanofi-Synthélabo et Aventis, car leur logique économique est mieux fondée. En moyenne, on considère qu'une fusion-acquisition sur deux donne à peu près les résultats attendus.

IV. LA POLITIQUE DE LA CONCURRENCE DANS LES PAYS DU G7

La politique de la concurrence tend à s'imposer aujourd'hui comme l'outil le moins contesté dont dispose l'État dans sa fonction de régulation économique, y compris aux yeux des libéraux. Les pratiques restrictives de la concurrence sont, cependant, rarement claires et établies : d'une part, les ententes préjudiciables aux consommateurs sont combattues dans la plupart des grands pays du monde, obligeant les candidats à l'entente à des précautions raffinées qui peuvent en limiter l'efficacité. D'autre part, les membres des ententes ont tendance à essayer de contourner à leur avantage les accords passés, en produisant plus que prévu ou en baissant un peu les prix pour augmenter leurs parts de marché.

Les pays avancés ont des réglementations de la concurrence comparables entre elles, même si les procédures sont variables d'un pays à l'autre, en fonction des traditions juridiques et institutionnelles locales : le juge civil ou pénal est en général compétent en dernier ressort, avec un pouvoir non négligeable donné aux administrations publiques ou à des autorités indépendantes.

On constate actuellement une certaine **convergence** dans les objectifs des différentes structures de contrôle de la concurrence : l'Union européenne tend à s'aligner sur les méthodes et les principes plus anciens des États-Unis, même si bien évidemment les décisions des organes concernés peuvent être différentes ; au sein de l'Union européenne, la Commission a tendance à exercer une prééminence sur les États membres.

• La Commission européenne est chargée de la mise en place de la politique de concurrence en Europe. Le traité de Rome (articles 85 et 86) soumet à un principe général d'interdiction les ententes restrictives de concurrence et les abus de position dominante. Les décisions font toujours l'objet d'une grande publicité, comme l'ensemble de la procédure. Les sanctions infligées aux entreprises dans le cas d'ententes peuvent s'élever jusqu'à 10 % du chiffre d'affaires annuel mondial, à la hauteur des incidences sur les marchés en cause ; la Commission peut imposer des changements aux entreprises. Par exemple, la Commission a obligé Microsoft à divulguer les informations relatives à l'interopérabilité de ses logiciels et à offrir une version de son système d'exploitation pour PC ne comprenant pas son lecteur multimédia. De même, la Commission a décidé d'interdire à Coca-Cola de conclure des accords d'exclusivité avec les magasins et les cafés. Elle a également réduit un « verrouillage » commercial qui passe par plusieurs formes : offrir des remises qui récompensent ses clients pour le seul fait d'avoir acheté autant ou davantage de produits Coca-Cola que dans le passé (il devrait donc ainsi être plus facile pour les clients de Coca-Cola de s'approvisionner auprès d'autres fournisseurs), ou imposer à un commerçant d'acheter d'autres produits Coca-Cola alors qu'il souhaite acheter uniquement une de ses marques les plus vendues (Coca classique).

La politique communautaire de la concurrence concerne également, avec le règlement de 1989, le contrôle des opérations de **concentration** entre entreprises ; il établit que « les opérations de concentration de dimension communautaire [...] ayant comme conséquence qu'une concurrence effective [...] est entravée de manière significative doivent être déclarées incompatibles avec le marché commun ». Il donne à la Commission le pouvoir d'examiner les concentrations avant leur réalisation, afin de déterminer leur compatibilité avec le marché intérieur. La Commission laisse souvent ouverte la définition du marché des produits ou du marché géographique en cause. Elle s'attache à vérifier que, même en définissant le marché d'une manière étroite, il n'y a pas de création ou de renforcement d'une position dominante : ainsi, la fusion Volvo-Scania a fait l'objet d'une décision de refus en 2000 en raison, en particulier, d'une position dominante possible sur le marché nordique.

Enfin, la surveillance des **aides** accordées aux entreprises par les États a pour objectif, dans un souci de lutter contre la concurrence dommageable, de diminuer le montant des aides octroyées dans la Communauté de manière sélective à certaines entreprises ou à certaines productions (subventions, bonifications d'intérêts, allégements fiscaux...). Les aides aux PME sont cependant autorisées et encadrées, de même que certaines de celles qui favorisent les créations d'emplois, la recherche et le développement, la formation, la protection de l'environnement et les investissements directs à l'étranger.

La Commission veille elle-même au respect des règles de concurrence : elle peut agir de sa propre initiative, ou à la suite de plaintes d'États membres, d'entreprises ou de particuliers. Elle dispose de vastes pouvoirs d'investigation, peut effectuer des contrôles dans les entreprises. Les décisions de la Commission peuvent faire l'objet de recours devant le Tribunal et la Cour de justice à Luxembourg. Ce tribunal a ainsi annulé, l'été 2002, une interdiction faite au voyagiste britannique Airtours d'absorber son concurrent First Choice. Elle a été suivie de plusieurs annulations spectaculaires à l'automne 2002, comme Schneider-Legrand et Tetra-Leval Sidel. Ces cas, dans lesquels le juge a considéré que les éléments de preuve à l'appui de l'interdiction étaient insuffisants, ont été des premières, confirmées en appel par la Cour de justice. Ce sont ces jugements qui ont amené la Commission à mieux organiser les procédures de concentration et à motiver d'une manière mieux fondée ses décisions.

Les procédures et règles des États restent encore différentes mais tendent à se rapprocher ; elles passent par un équilibre entre les pouvoirs dévolus aux juges de droit commun, aux administrations et à des autorités indépendantes spécialisées sur la concurrence. La Commission a renforcé l'articulation entre les procédures européennes et le rôle des autorités et des juridictions locales des États membres pour la mise en œuvre des règles de concurrence.

• L'élément clé de la **politique française** est la défense du consommateur. L'entente anticoncurrentielle et l'exploitation abusive d'une position dominante sont prohibées. Le contrôle des pratiques anticoncurrentielles est confié aux juges et au Conseil de la concurrence, autorité quasi indépendante, qui peuvent prononcer des injonctions et infliger des sanctions. La responsabilité du contrôle du caractère concurrentiel des structures et de la concentration économiques relève principalement du ministre de l'Économie, et, sous son autorité, de la Direction générale de la concurrence, de la consommation et de la répression des fraudes (la DGCCRF). Il saisit le Conseil de la concurrence qui doit rechercher si les opérations envisagées apportent au progrès économique une contribution suffisante pour compenser les atteintes à la concurrence qu'elles impliquent. Le pouvoir de décision finale appartient à l'autorité ministérielle, qui peut adopter des mesures d'injonction, soit de ne pas donner suite à l'opération, soit de rétablir la situation antérieure, soit de modifier ou de compléter l'opération avec toutes mesures propres à assurer ou rétablir une concurrence suffisante.

• Le rôle primordial assigné à la **politique allemande** est le contrôle du maintien des règles de la concurrence. La responsabilité centrale en incombe à une autorité puissante et indépendante, le BundesKartellAmt. En 1957, a été promulguée la loi contre les restrictions à la concurrence, fondement de la politique allemande. Depuis, les oligopoles sont très surveillés tandis que les PME bénéficient davantage de mesures d'exemption. La loi porte plus particulièrement sur la prohibition générale des ententes horizontales restrictives de concurrence, combinée à un important dispositif d'exemption des cartels organisés dans certains secteurs économiques essentiels (banques, assurances, activités de transport, agriculture, énergie et services publics).

• La **politique anglaise de la concurrence** est empirique. La concurrence est régie par quatre grandes lois : le Fair Trading Act (FTA) de 1973 qui réglemente les monopoles et concentrations et crée les institutions en charge de la politique de la concurrence, notamment l'Office of Fair Trading ; le Restrictive Trade Practicies Act de 1976 sur le contrôle des accords anticoncurrentiels ; le Competition Act de 1980, et enfin le Competitive Act de 1998 qui interdit les ententes anticoncurrentielles, les cartels et les abus de positions dominantes. L'Office of Fair Trading est la principale autorité d'action : il a un pouvoir administratif d'information, d'instruction et de conseil. La Monopolies and Mergers Commission est une instance d'avis qui peut être saisie pour des questions de concentration, des situations de monopole et saisir elle-même les tribunaux. La Restrictive Practices Court peut arbitrer, interdire ou exempter les accords horizontaux ou verticaux restrictifs de concurrence. Ses juges ont compétence en matière d'attributions et d'ententes. Le juge de droit commun britannique est lui aussi compétent sur les affaires de concurrence suivant la Common Law.

• Les **États-Unis** ont pour principe de promouvoir la libre entreprise et la libre concurrence afin de favoriser l'efficience et de protéger le consommateur. Le Sherman Act de 1890 est une charte globale de la liberté économique visant à ce que les échanges continuent d'être régis par la règle d'une concurrence dénuée de toute entrave. Le Sherman Act prohibe les monopoles, tentatives de monopolisation et ententes, tout comme les actions visant à « restreindre le commerce ». La jurisprudence s'appuie de longue date sur « la règle de raison » : un contrat doit être placé dans son contexte réel et on doit soupeser les effets pro- et anticoncurrentiels. Cette règle évite que les dispositions très rigoureuses de la loi n'entravent l'activité des entreprises et laisse une grande liberté d'appréciation au juge. Le Clayton Act et ses amendements de 1936 et 1950 visent à préciser les dispositions du Sherman Act : les pratiques de prix discriminatoires sont prohibées, les ventes et contrats assortis de conditions ou imposant une exclusivité de ne pas utiliser les biens d'un concurrent sont interdits, les cumuls de fonctions dans les conseils d'administration des grandes entreprises sont prohibés, et il est interdit à tout vendeur « d'user, directement ou indirectement, dans l'exercice de son commerce, de discriminations, en matière de prix, entre différents acheteurs de produits de même titre et de même qualité ». Seuls les produits rigoureusement identiques sont de fait concernés.

Le contrôle des **concentrations** est quant à lui régi par le Hart-Scott-Rodino Antitrust Improvement Act de 1976. Les entraves à la concurrence sont examinées, avant transmission à la justice, par deux agences fédérales : l'Antitrust Division du Department of Justice (DOJ) et la Federal Trade Commission (FTC). Le DOJ seul dispose d'une autorité pour la mise en œuvre des procédures criminelles découlant des infractions au Sherman Act. La FTC s'occupe surtout du Clayton Act, mais les compétences des deux agences se recoupent fréquemment. La FTC dispose de forts pouvoirs d'enquête et est responsable du contrôle des fusions. Il faut signaler enfin l'existence de droits antitrust propres dans la plupart des États fédérés, qui lancent fréquemment des procédures autonomes, même si la collaboration avec les instances fédérales est très développée.

Les autorités de la concurrence commencent généralement par lancer des enquêtes préliminaires pour repérer l'infraction et évaluer sa gravité. En fonction de celle-ci et de la nature de l'infraction, on s'oriente vers une procédure civile (qui se distingue par le rôle que jouent les économistes des deux autorités de la concurrence) ou une procédure criminelle (que seule la division antitrust du DOJ peut mener). La procédure criminelle concerne essentiellement les accords de fixation des prix, ententes de marchés publics, ou répartitions de marchés. Le procès fait à l'entreprise Microsoft a montré la lenteur et la complexité d'une procédure de grande ampleur ; les débats vifs, au sein même de l'autorité judiciaire, illustrent bien les difficultés d'approche sur des dossiers de type nouveau, où le reproche principal fait à Microsoft a été, finalement, d'avoir étouffé l'innovation de ses concurrents par des procédés déloyaux ; ce dossier à rebondissements spectaculaires n'a pas débouché sur des conclusions judiciaires bien nettes, car renvoyé du niveau fédéral aux tribunaux des États qui ont maintenu les instances. On peut considérer que « Microsoft a gagné la bataille judiciaire des navigateurs aux États-Unis », comme l'a dit le juge Jackson, chargé à l'époque du dossier au département américain de la Justice.

V. LA POLITIQUE DE LA CONCURRENCE FACE À LA MONDIALISATION : VERS UNE COORDINATION INTERNATIONALE ?

Les politiques de la concurrence, comme les politiques commerciales, auxquelles elles sont liées, concernent traditionnellement des situations limitées à l'espace national. Or les entreprises opèrent aujourd'hui sur des marchés mondiaux, dépassant donc le cadre des États. Par conséquent, on se trouve aujourd'hui devant une situation qui ne favorise pas nécessairement les comportements coopératifs. La plupart des pays sont convaincus de l'intérêt pour tous d'instaurer une politique de la concurrence efficace et d'ouvrir les marchés intérieurs, mais cette rationalité collective entre en contradiction avec leur rationalité individuelle : étant donné le comportement des autres pays, ils peuvent avoir intérêt à limiter la politique de la concurrence en fermant leur marché national et en tentant de favoriser la naissance de champions nationaux. Face à ce type de problème, l'OCDE prône le développement de la « **courtoisie active** », principe d'application volontaire demandant à un pays de prendre en considération attentivement et avec bienveillance les intérêts importants des autres pays lorsqu'il prend des décisions concernant la mise en œuvre de sa propre réglementation de la concurrence. La solution consiste à trouver un système qui garantisse la réciprocité. L'instauration d'une politique de la concurrence au niveau européen vise justement à éviter des comportements de type *free rider* au sein de l'Union européenne. Dans d'autres cas, des marchandages bilatéraux peuvent avoir lieu (le Japon et les États-Unis ont mené à plusieurs reprises des négociations tendues). La création d'une institution de régulation et d'arbitrage au niveau mondial permettrait de limiter les comportements opportunistes. L'Organisation mondiale du commerce a une compétence centrale en matière de concurrence externe et le principe de réciprocité y joue un rôle important. Le renforcement de la concurrence mondiale sert les États ayant des champions nationaux, comme les États-Unis qui possèdent au départ, dans de nombreux domaines, les entreprises les plus grandes, en raison de la taille du marché intérieur américain, ils ont particulièrement intérêt à créer rapidement le système mondial le plus concurrentiel possible[1]. Les États-Unis continuent cependant à juger préférable, en raison de leur puissance politico-économique, d'éviter tout système multilatéral trop contraignant pour se contenter d'accords bilatéraux.

Un nombre croissant de cas soumis aux autorités européennes ou américaines de la concurrence concernent aujourd'hui des marchés de dimension mondiale. Le 23 septembre 1991, la Commission a conclu un accord avec les États-Unis sur l'application des règles de concurrence, dont l'objectif est de promouvoir la coopération entre les autorités de la concurrence. Un nouvel accord conclu en 1998 renforce les dispositions de courtoise active. Il y est prévu une **notification réciproque** des affaires sur lesquelles enquête l'une ou l'autre des autorités de concurrence et qui sont susceptibles d'affecter des intérêts importants de l'autre partie ainsi que des échanges généraux d'informations. La collaboration est active pour les affaires de concentrations et d'ententes. Cependant pour certaines fusions de grande ampleur, telle celle de Boeing-McDonell Douglas, ou de General Electric-Honeywell en juillet 2001, l'examen effectué à la fois par les États-Unis et par la Commission européenne a débouché sur des conclusions différentes quant aux effets de l'opération sur la concurrence : dans le second cas, la Commission a refusé l'opération ; dans le premier cas, elle a été amenée à imposer des engagements à Boeing (levée des contrats d'exclusivité, accès des tiers aux brevets, maintien de l'autonomie juridique de McDonell Douglas, information sur les aides d'État…). La question se pose cependant, de la capacité juridique de la Commission à sanctionner le non-respect de ces prescriptions, dans la mesure où elles concernent des éléments extraterritoriaux et les conditions de la concurrence sur le marché américain.

1. Voir les thèses de F. List dans la leçon 5, page 171.

VI. LE MARCHÉ DU PÉTROLE, MARCHÉ DES INQUIÉTUDES

L'année 2005 a vu se profiler à l'horizon le spectre récurrent des crises pétrolières. Les prix avaient déjà doublé en trois ans sans fièvre majeure, mais Goldman Sachs a accentué l'anxiété collective au printemps 2005, en affichant une prévision de 100 dollars le baril, et fait grimper les prix. Les pays de l'Opep ont apporté leur contribution à cette instabilité avec des annonces ambiguës. Le marché pétrolier est donc bien celui des angoisses et des fantasmes, depuis les grandes crises pétrolières des années 1970, et en raison aussi de l'instabilité politique du Moyen-Orient.

Le marché pétrolier est emblématique. Au regard de l'analyse des marchés de biens et services, il illustre certaines limites de la loi de l'offre et de la demande et notamment le rôle des prix dans l'ajustement des volumes. Pour les économies des pays développés, ce marché est à l'évidence très important, et fortement dépendant des importations :

2004 (estimations)	**Europe**	**États-Unis**	**Japon**	**Monde**
Production (en mb/j)	6,1	7,7	0,1	80
Consommation (en mb/j)	15,7	20,7	5,4	

Source : AIE

Le marché pétrolier est caractérisé par des mouvements de prix importants : ceux-ci ont varié depuis la guerre du Golfe (1990-1991) dans un écart de 1 à 3. Le prix du baril de brut, tombé à moins de 10 dollars en 1999, a régulièrement dépassé les 30 dollars au deuxième semestre 2000, et est retombé à 18 dollars à la fin de 2001, en raison du ralentissement de la demande ; depuis janvier 2002, le redressement des prix a été considérable. Ceux-ci sont montés à 60-70 dollars en 2005 en raison des mouvements de stocks, de la demande croissante de la Chine et des risques liés à l'occupation militaire américaine en Irak, ainsi qu'à la situation politique insaisissable en Iran.

Une telle variabilité des prix constitue une particularité dont l'origine doit être recherchée dans les mécanismcs de la demande et de l'offre, comme dans le fonctionnement du marché lui-même.

1. L'offre et la demande de pétrole : les mécanismes du marché

Du côté de la **demande**, tout d'abord, l'élasticité-prix à court terme est faible[1], de l'ordre de 0,03 à 0,1 : le volume de la demande finale est peu sensible à court terme à l'évolution des prix. Les entreprises industrielles, comme les ménages, dont les besoins énergétiques correspondent à deux postes principaux peu ajustables à court terme (le transport automobile et le chauffage), fonctionnent selon des cycles de long terme. Par contre, la demande dans les pays développés est sensible aux fluctuations de la croissance : une variation de 1 % du taux de croissance entraîne une variation de 0,9 % de la demande de pétrole. Mais, à l'inverse, la politique de substitution mise en œuvre au lendemain du premier choc pétrolier a réduit la dépendance énergétique de moitié de 1977 à 1985 ; cette politique a été par la suite interrompue du fait du contre-choc pétrolier des années 1980. Selon l'Agence internationale de l'énergie, la demande mondiale de pétrole est ainsi passée de 71,6 mb/j (millions de barils par jour) en 1996 à 80 mb/j en 2004.

L'**offre** sur le marché du pétrole a deux caractéristiques majeures :

– en premier lieu, elle est « cartellisée ». La production mondiale est de 80 mb/j et les réserves mondiales de pétrole sont évaluées à 1 000 milliards de barils de réserves prouvées et à 700 à 1 000 milliards de réserves à découvrir, voire encore plus si on intègre les réserves dites « récupérables », indépendamment de leur coût de production. Les onze pays de l'Opep représentent à eux seuls 40 % de la production et près de 80 % des réserves. En ajoutant à ces pays le Mexique et la Norvège, dont la politique pétrolière converge

1. Données tirées du rapport de J. Maurice au CAE sur le prix du pétrole, 2001.

généralement avec celle de l'Opep, on atteint une cartellisation de près de 50 % de la production mondiale ;

– en second lieu, l'offre pétrolière est également peu élastique à court terme (de six à dix-huit mois), et répartie d'une manière inégale suivant les pays producteurs. La plupart des pays hors Opep produisent au maximum de leurs capacités et ne disposent à court terme que de très peu de capacités disponibles d'augmentation de la production à bon marché ; celles-ci sont presque exclusivement concentrées au Moyen-Orient, et en particulier en Arabie saoudite. Il en résulte que, pour les autres pays producteurs, une augmentation du quota global de la production passe par une augmentation des coûts unitaires. La courbe de l'offre en fonction du prix présente une forme « coudée » vers le haut qui donne à l'Opep un contrôle sur l'ajustement du marché, même si certains pays ne respectent pas totalement les quotas fixés par l'Opep. Jusqu'à un niveau de production de 70 millions de barils-jour, l'augmentation du coût unitaire de production suit une pente faible, mais celle-ci devient forte au-delà de ce niveau. On voit donc que, dès que la demande augmente au-delà d'un certain seuil, les prix du marché croissent très vite.

Au-delà de ces variations tendancielles, la volatilité des prix du brut a fortement augmenté au cours de ces dernières années[1]. La volatilité du marché pétrolier mesure les fluctuations permanentes des cours, à l'intérieur d'un mois ou même d'une journée ; la croissance de cette volatilité s'explique par son fonctionnement même. La confrontation de l'offre et de la demande y relève de la logique d'un marché financier soumis au jeu des anticipations, et de l'existence de marchés au comptant (prix *spots*) et à terme. Ce facteur est commun à tous les marchés financiers et de matières premières. Les anticipations contribuent, par leur caractère autoréalisateur, aux mouvements des cours sur le marché : si les opérateurs du marché pétrolier s'attendent à une hausse, ils ont tendance à gonfler les achats et à faire ainsi monter les prix. La gestion plus stricte des stocks a conduit à leur diminution et ceux-ci ne jouent plus leur rôle d'amortisseur par les quantités des fluctuations de la demande en cas de hausse ; de plus le jeu des produits dérivés a tendance à renforcer l'instabilité.

54. *World Economic Outlook*, FMI, printemps 2005.

2. Faut-il craindre un nouveau choc pétrolier de grande ampleur ?

Les hauts niveaux des prix du pétrole brut au cours de l'été-automne 2005 font craindre le retour d'un choc pétrolier et de ses effets stagflationnistes, comme au cours de la décennie 1970-1980. Ce risque doit être étudié dans son contexte, celui de l'équilibre à moyen et long termes du marché, de la capacité de contrôle de celui-ci par le cartel de l'Opep, et enfin des incidences des prix du pétrole sur les variables clés de l'économie des pays occidentaux.

Les prévisions de la demande mondiale à long terme faites par l'Agence internationale de l'énergie sont un accroissement moyen un peu inférieur à 1.7 % par an, soit 40 mb/j de plus en 2030 ; l'offre globale suivrait la même tendance, dans la mesure où des investissements pétroliers importants seraient effectués dans les zones hors Opep, et où la production Opep augmenterait fortement, au moins de 10 mb/j.

Le débat ne porte pas aujourd'hui sur la raréfaction des ressources dans l'absolu, mais surtout sur les effets possibles pour les prix de l'apparition d'un « plateau », et peut-être même d'un pic, dans la courbe de production de pétrole avant 2030. Cette perspective d'une inflexion dans la tendance historique de la croissance de la production pétrolière pourrait avoir une incidence supérieure à ses effets mécaniques potentiels, somme toute encore modestes pendant encore longtemps. Ils pourraient être le facteur déclenchant d'une panique durable sur les marchés, et au minimum d'une bulle majeure des prix ; ainsi serait vérifiée la prédiction de Goldman Sachs.

On connaît en effet les conséquences possibles d'un choc pétrolier, par le biais de ses canaux de transmission à l'ensemble de l'économie. Ils s'analysent, pour les pays importateurs de pétrole, d'abord en un choc négatif d'offre, car l'augmentation des coûts de production des entreprises du fait du gonflement de la facture énergétique a pour conséquence la diminution du niveau global de l'offre. Mais il y a également un choc négatif de demande : le transfert de revenus des pays importateurs vers les pays exportateurs de pétrole représentait environ 2 % du PIB pour ce qui est de la France de 1974 à 1980. Ce choc est aujourd'hui moins fort dans les pays avancés ; au prix de 70 dollars le baril de brut, le transfert représenterait 1 % environ du PIB. La résultante de ce double choc d'offre et de demande est une baisse du taux de croissance et un effet inflationniste direct, puis, par diffusion, aux autres secteurs ainsi qu'aux salaires. L'effet récessif de ce choc est atténué par le recyclage, lié aux transferts de revenus « en retour » des pays exportateurs de pétrole vers les pays importateurs. L'OCDE évalue ce délai à deux ans : ce sont les fameux pétrodollars des années 1970, recyclés en demande mondiale supplémentaire.

La Commission européenne et les experts de l'AIE ont pu évaluer l'effet d'une augmentation de 10 dollars par baril, à une perte de 0,5 point de PIB pour les pays avancés et de 0,75 point pour les PVD. Les conséquences de l'augmentation des prix entre 2002 et 2005 sont pour partie à l'origine de la croissance affaiblie de la France et de l'Allemagne en 2005. *A priori*, passer de 60 à 100 dollars en peu de temps aurait un effet au moins équivalent. La possibilité qu'un nouveau choc pétrolier ait des effets aussi marqués que ceux de 1973 et 1979 est cependant difficile à envisager, pour deux raisons au moins : les politiques de substitution énergétique mises en œuvre dans les années 1970 ont divisé par deux la dépendance énergétique de certains pays avancés, notamment en France grâce au programme nucléaire. Ensuite, le phénomène de stagflation « découvert » et mal analysé en 1973 n'a aujourd'hui plus de caractère nouveau, et peut donc mieux être anticipé, voire prévenu, en termes de politique économique.

Cependant, seule une politique d'économies et de diversification d'énergie, structurelle et à long terme, est de nature à prévenir durablement le retour d'un choc pétrolier inflationniste en limitant le niveau de la demande. Cette option « écologique » – incluant des taxes sur l'essence élevées – doit être complétée par une division suffisante des sources d'approvisionnement : elle s'accommode donc mal d'un refus du recours au nucléaire comme moyen de diversification énergétique. La loi de l'offre et de la demande, qui a ouvert cette leçon, s'impose ici plus que jamais : la seule façon de contenir durablement le prix de l'énergie, comme de n'importe quel bien, c'est d'augmenter son offre et de diminuer sa demande.

LEÇON 3

LE MARCHÉ DU TRAVAIL : LE PROBLÈME DU CHÔMAGE EN EUROPE

I. LE CHÔMAGE : UN FLÉAU COÛTEUX, SOCIALEMENT ET FINANCIÈREMENT

Le chômage est la pathologie de l'économie à laquelle l'opinion publique est le plus sensible. C'est une maladie coûteuse : le FMI avait pu avancer une estimation de 4 % du PIB [1] environ pour le gain qui résulterait d'une réduction du taux de chômage de 11 % à 5 %. Le chômage a augmenté d'une manière semblable, à la suite des chocs pétroliers, dans les grands pays de l'OCDE jusqu'au début des années 1980, mais il a régressé nettement depuis cette période aux États-Unis et au Royaume-Uni, beaucoup plus que dans les pays continentaux de l'Europe, comme la France. Avant les chocs pétroliers, le taux de chômage américain, quoique faible, était deux fois plus élevé qu'en Europe ; aujourd'hui, la situation est inverse : le chômage américain a retrouvé son niveau d'il y a trente ans, mais c'est le taux de la zone euro qui est deux fois plus élevé.

1. *World Economic Outlook*, chap. 4, « Chronic Unemployment in Euro Area », FMI, 1999.

Évolution des taux de chômage standardisés

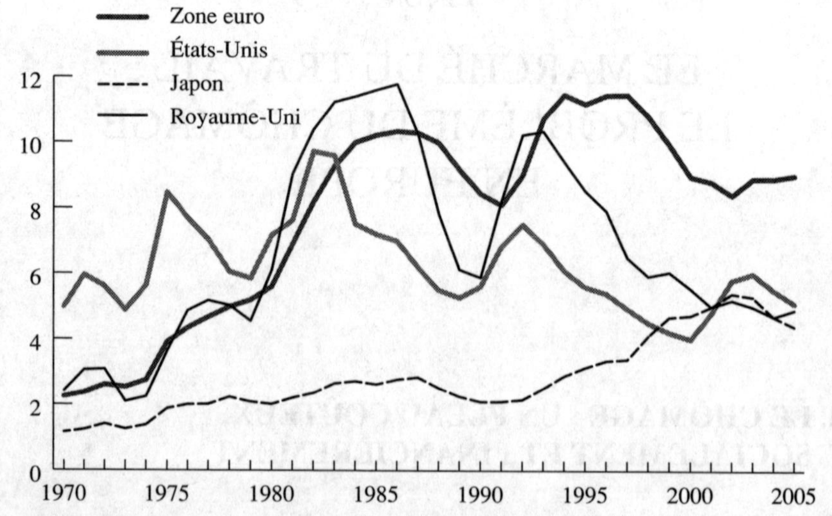

Source : OCDE

Le grand public est souvent mal informé des causes réelles du chômage, mais ressent profondément les injustices et les souffrances qu'il engendre, et qui mettent en cause les fondements du lien social et la légitimité de l'action collective.

Le travail n'est pas un bien marchand ordinaire, car il s'agit d'une activité qui implique l'ensemble de la personnalité et qui représente une relation sociale autant qu'économique. La qualité du travail n'est pas une caractéristique intangible : elle dépend de la motivation du travailleur, et peut être améliorée par un processus qui n'est régi qu'en partie par des considérations économiques. La formation, initiale ou permanente, ne peut être traitée comme un simple investissement : elle obéit également à des raisons psychologiques et culturelles. Le marché du travail est relativement segmenté et fortement institutionnalisé. La mobilité géographique de la population est limitée et il est également nécessaire de distinguer les différentes catégories de qualification. Enfin, l'équilibre sur le marché entre l'offre et la demande est une dimension non négligeable, mais pas exclusive, du « prix » du travail : le salaire est le fruit d'arrangements institutionnels, individuels ou collectifs.

Le marché du travail n'est donc pas un marché comme les autres. Contrairement aux autres marchés, il s'y joue directement le sort des personnes et on parle de « marché » du travail par extension de langage. Les travailleurs peuvent certes être considérés d'un point de vue économique comme des « facteurs de production », mais ne sont cependant pas à l'évidence des biens échangeables.

Le marché du travail est en outre d'une importance particulière pour la politique économique, car il en situe en quelque sorte l'objectif de synthèse, une sorte de « finalité première » : parvenir à l'équilibre de l'offre et de la demande de travail, au plein-emploi, et ce pour le revenu du travail le plus élevé possible. L'augmentation du chômage et l'incapacité à le réduire constituent un échec grave de la politique économique.

Mais, pour vaincre le chômage, il faut en comprendre les mécanismes ; le marché du travail est segmenté, cloisonné, frappé par des rigidités. L'analyse comparative des causes du chômage en Europe et aux États-Unis permet de situer la nature des politiques suivies en Europe : on verra que les solutions envisagées ne sont jamais simples (alors que les solutions présentées ont été souvent réductrices), et touchent profondément aux ressorts collectifs des pays concernés. La plupart des États européens ont entrepris des politiques de baisse des coûts indirects du travail et d'accroissement des incitations au travail, en s'efforçant de rester dans le cadre du modèle social européen.

II. LE MARCHÉ DU TRAVAIL EST UN MARCHÉ SEGMENTÉ ET CLOISONNÉ

Le marché du travail fonctionne dans son ensemble comme une « pompe aspirante et refoulante » : chaque année, la population active s'accroît de la différence entre, d'une part, les personnes qui y entrent pour la première fois ou pour une reprise d'activité après une période d'interruption et, d'autre part, celles qui le quittent, à cause d'un départ à la retraite ou de leur désir d'arrêter leur activité, temporairement ou définitivement. Mais les mouvements internes au marché sont beaucoup plus nombreux, car il faut également compter les personnes qui changent d'emploi. Ces mouvements sont d'importance différente suivant les catégories : ils sont plus élevés pour les jeunes que pour les salariés plus âgés. Le chômage est la résultante de tous ces flux : si le nombre d'emplois créés par l'économie est plus important que l'augmentation nette de la population active, le chômage aura tendance à diminuer ; à l'inverse, si le nombre d'emplois créés est insuffisant, il y aura une augmentation du chômage. Il convient cependant de ne pas parler simplement du marché du travail, mais bien **des** marchés du travail, car c'est un « marché » fragmenté.

La demande croissante de travail qualifié

La distinction première, à partir des aptitudes des salariés eux-mêmes, porte sur le **travail qualifié ou non qualifié**, et met en lumière un premier déséquilibre. Dans les économies développées, la demande de travail qualifié par les entreprises a tendance à croître plus vite que celle de travail non qualifié. Cette loi de long terme tend à s'accélérer avec la conjonction de la mondialisation et du progrès technique. L'offre de travail qualifié croît de son côté fortement, avec l'élévation du niveau des études, mais cependant moins rapidement que la demande de travail qualifié : les cycles de formation sont longs – une génération – comparativement aux cycles économiques ; la démographie est défavorable, les classes d'âge mieux formées débouchant aujourd'hui sur le marché du travail étant aussi moins nombreuses qu'antérieurement.

Un aperçu de la situation américaine depuis une soixantaine d'années montre l'inversion de la tendance de l'offre relative de travail qualifié :

– dans les années 1940-1960, la demande relative de travail qualifié par les entreprises (+ 1,9 % de croissance moyenne annuelle) a augmenté moins vite que l'offre relative (+ 2, 6 %) ;

– dans les années 1960 à 1980, ces deux grandeurs se sont équilibrées (+ 3,7 % pour la demande relative et + 3,8 % pour l'offre relative) ;

– dans les vingt années suivantes, la demande relative a crû de 3,8 % par an, soit beaucoup plus rapidement que l'offre relative (+ 2,4 %).

La tendance a été identique en Europe : la croissance du travail qualifié a été de 2 % à 4,7 % suivant les niveaux, alors que la demande de travail non qualifié a baissé entre 1992 et 1997.

La difficulté à définir précisément un travailleur qualifié est cependant réelle. Si on évalue cette qualification à l'aune du niveau du diplôme à la sortie du cycle de formation initiale, on constate, *grosso modo*, en France, une double loi : celle des trois tiers, les jeunes sortant de l'appareil de formation initiale étant répartis en trois parties à peu près égales, un premier tiers doté d'un diplôme de niveau supérieur ou égal au Deug ou au BTS, un deuxième de « moyennement qualifiés » au niveau du baccalauréat et un dernier tiers de « peu qualifiés » ; et par ailleurs une loi des deux extrêmes, les très qualifiés représentant 10 %, comme ceux qui sortent sans aucune qualification. En général, le pourcentage de non-qualifiés sortis de l'appareil scolaire a tendance à diminuer. Ainsi, la part de la population active ayant une formation de haut niveau augmente sensiblement dans les pays avancés. Elle atteint des niveaux très élevés aux États-Unis.

Pourcentage de la population avec une formation supérieure : évolution 1991-2002

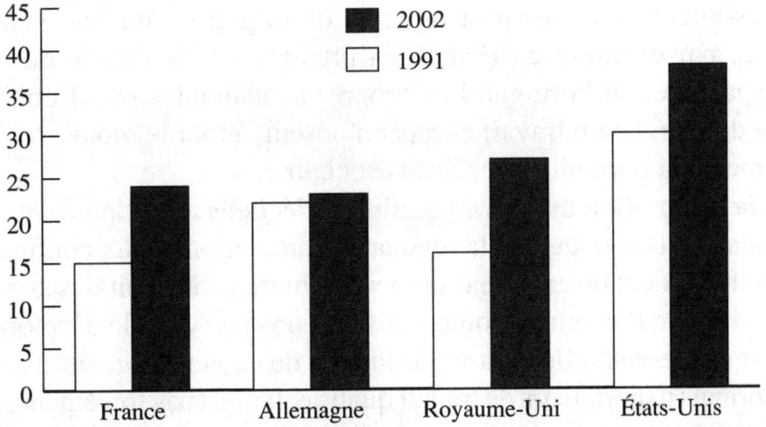

Source : OCDE

Les cloisonnements géographiques

Le marché du travail est traditionnellement beaucoup plus **local** que celui des biens et services. Il fait intervenir des personnes, pour qui la langue constitue un obstacle à la mobilité – la langue anglaise est à l'inverse un avantage compétitif important de la Grande-Bretagne et de l'Irlande, voire des pays nordiques, en Europe –, tout autant que l'attachement à la famille et aux relations, au logement, au pays. C'est pourquoi la réduction des obstacles à la mobilité est un moyen significatif d'amélioration du fonctionnement du marché du travail, et doit s'envisager à trois niveaux géographiques :

– **les disparités régionales à l'intérieur de chaque pays européen** sont très variables dans certains pays de l'Union européenne : elles sont faibles en France, entre 8 % et 14 %, mais élevées en Allemagne, entre les « nouveaux Länder » et l'Ouest, le taux de chômage présentant un écart de 1 à 3 entre les régions de Stuttgart et de Berlin ; en Belgique entre Flandre et Wallonie ; en Italie surtout, où le taux de chômage est quatre fois plus élevé au Sud qu'à Milan, en situation de quasi-plein-emploi (4,4 % de chômage en 2005) ;

– **les disparités entre États au sein de la zone euro**. La théorie des zones monétaires optimales de Robert Mundell souligne l'importance de la mobilité du travail pour le bon fonctionnement de la politique de régulation conjoncturelle : celle-ci est loin d'être atteinte au sein de la zone euro. Elle était paradoxalement plus forte après-guerre avec les mouvements de migration du Sud vers le Nord, par exemple en France en provenance de l'Italie puis de l'Espagne et du Portugal. Les progrès souhaitables vers l'unification du marché du travail européen posent, à tout le moins, le problème de la portabilité des droits sociaux ;

– **la répartition du travail qualifié à l'échelle mondiale** s'impose comme un des enjeux de la régulation internationale. La configuration de flux est inversée par rapport au marché du capital, selon les principes de l'avantage comparatif : les pays en voie de développement sont essentiellement importateurs de capital, alors qu'ils sont désormais exportateurs de travail qualifié. Il n'est pas forcément souhaitable pour le bon développement des pays du Sud que le marché du travail qualifié se mondialise, entraînant une fuite des cerveaux.

Mais si tel doit être le cas, il importe pour l'Europe, et singulièrement pour la France, de ne pas se maintenir à l'écart de cette mondialisation. Le *brain-drain* bénéficie aujourd'hui principalement aux États-Unis, grâce au pouvoir d'attraction considérable de leurs universités. Le thème de l'augmentation des flux migratoires a progressé dans la plupart des pays européens sans encore déboucher sur une régulation commune. C'est un enjeu majeur, à la fois pour élargir leur capital humain par une main-d'œuvre qualifiée étrangère, et, à l'orée d'une période de vieillissement accentué, pour contribuer au dynamisme social et économique.

Le dualisme secteur exposé-secteur abrité

Le marché du travail connaît un relatif « dualisme » ou une « segmentation ». Il existe un marché interne, celui des *insiders*, organisé principalement dans les grandes entreprises, caractérisé par des conventions collectives protectrices et des salaires élevés, une stabilité de l'emploi, de bonnes conditions de travail et des perspectives de carrière. Mais il y a aussi un marché « externe » plus fragile, celui des PME essentiellement, les *outsiders*, dans lequel les salaires sont plus faibles et le risque de chômage plus important. Les *insiders* et les *outsiders* ne sont pas parfaitement substituables. Les premiers ont un net avantage car ils travaillent dans des entreprises aux conditions « sécurisées ». En raison des coûts de rotation de main-d'œuvre, liés aux dépenses de formation des nouveaux arrivants ou de licenciement des travailleurs en place, les salariés en place dans les entreprises ont des salaires moyens supérieurs à ceux de l'équilibre théorique du marché.

La segmentation du marché du travail peut être affinée en prenant en compte la situation des producteurs et des entreprises : celle-ci conduit à distinguer le secteur exposé à la concurrence internationale, constitué par la quasi-totalité de l'industrie, et la partie « internationalisée » des services marchands, le secteur abrité, comprenant le secteur public, protégé par un statut, et un secteur diffus, celui des services marchands de proximité. Leurs salariés au statut précaire (restauration, hôtellerie, petits commerces, bâtiment) sont à l'abri du risque de délocalisation mais pas du chômage dû aux fluctuations d'activité. Le marché du travail s'analyse alors selon une matrice carrée dont les deux dimensions sont l'offre de travail (qualifiée ou non qualifiée) et sa demande (exposée, abritée, ou diffuse).

Nature de l'offre de travail	Secteur d'activité		
	Secteur exposé	Secteur abrité	Secteur diffus
Qualifiés	Compétitifs « Manipulateurs de symboles »	« Missionnaires »	
Non qualifiés	Exposés	Protégés	Précarité plus ou moins accentuée, selon les cas

Les nouvelles inégalités produisent, selon cette analyse, deux catégories de gagnants :
– les travailleurs qualifiés du secteur exposé. Ils ont été les « vedettes » du système, succédant aux *yuppies* des années 1980 et aux *traders* de la belle époque de la Bourse, ceux qui participent à l'organisation des stratégies planétaires, et ont bénéficié de stock-options. Robert Reich, ancien secrétaire au Travail de l'administration Clinton, les a appelés les « manipulateurs de symboles[1] » parce qu'ils ont tendance à propager à travers le monde une culture uniforme, celle du mode de vie des cadres supérieurs américains ;
– les travailleurs non qualifiés du secteur abrité, protégés du risque de chômage, en particulier dans le statut public.

Dans le débat politique, la contestation porte souvent sur les avantages, voire les « privilèges », de ces deux catégories, et contribue à poser de façon aiguë la question de la redistribution.

Les ajustements sur le marché du travail

Le marché du travail organise, en principe, le face-à-face entre ces demandes et ces offres de travail, pour chaque bassin d'emploi

1. R. Reich, *L'Économie mondialisée*, Dunod, 1993. Cette typologie déjà ancienne est largement confirmée et même accentuée dans la mondialisation d'aujourd'hui ; voir R. Reich, « The new Rich-Rich Gap », *Newsweek Issues 2006*, décembre 2005.

et chaque qualification. Comme sur tout marché, le premier ajustement possible est celui des prix. C'est le cas partout pour le travail **qualifié**, avec une augmentation des salaires à proportion de la qualification et de sa rareté. En 2005, on peut considérer que le marché du travail qualifié est encore proche aux États-Unis d'une situation de plein-emploi, mais en Europe la situation est plus contrastée selon les pays ; le taux de chômage des diplômés est remonté en France depuis 2001. Le marché du travail **non qualifié** fonctionne quant à lui différemment selon les pays : aux États-Unis, la quasi-absence de salaire minimum fait que l'ajustement se fait également par les prix. Pour assurer une situation de plein-emploi, la rémunération du travail non qualifié baisse en termes relatifs (par rapport à la rémunération du travail qualifié), et parfois aussi en termes absolus. Cet « effet prix » a pour contrepartie un « effet volume » positif : la quasi-absence de files d'attente sur le marché du travail, c'est-à-dire de chômage. Là où il y a au contraire un salaire minimum de niveau significatif, et notamment en Europe continentale, l'ajustement sur le marché du travail non qualifié se fait par les volumes, avec un chômage non qualifié important. En Europe, en 2004, le taux de chômage des travailleurs non qualifiés représente de deux à trois fois celui des qualifications supérieures et, en France, la probabilité de chômage d'un jeune sans qualification est quatre à cinq fois plus élevée que pour un jeune qualifié. Cette analyse purement économique n'épuise pas naturellement le débat sur les bas salaires et ses justifications. La France comme l'Allemagne ont mis en œuvre des formules de forte prise en charge publique des rémunérations des emplois de faible qualification (« *billig job* » en Allemagne et « emplois de service » en France).

L'ajustement dans le temps passe par la différence de durée des cycles économiques et de formation. À supposer que le niveau de qualification produit aujourd'hui par les sorties du système de formation soit satisfaisant dans les pays développés – ce qui reste une hypothèse optimiste –, il faudra plusieurs décennies pour généraliser ce niveau à l'ensemble des salariés, car l'effet de stock est très important : en France, la tranche d'âge des 35-44 ans ne compte que 25 % de sans-diplôme, mais celle 45-54 ans en compte 35 %, et celle des 55-64 ans plus de 45 %. La formation à long terme est donc la clé à la fois de la compétitivité économique et de la protection contre le risque de chômage. Elle est réellement, selon une formule souvent employée, la « Sécurité sociale du XXIe siècle ». Ce défi économique ne concerne pas seulement la formation initiale, mais aussi la formation professionnelle pour les générations déjà au travail.

Il existe cependant un phénomène d'irréversibilité, apparenté à l'hystérésis de certains phénomènes physiques, dans l'évolution du chômage :

– un chômage prolongé fait perdre son savoir-faire professionnel à une partie de la main-d'œuvre : ainsi les employeurs potentiels ont tendance à considérer ces chômeurs comme moins aptes au travail et à n'embaucher que des chômeurs récents, ce qui contribue à enliser les chômeurs de longue durée dans leur condition ;

– en cas de récession, les firmes procèdent à des restructurations ou des déclassements d'équipements les moins performants. Cette réduction relative du niveau du capital productif et sa plus grande efficacité sont à l'origine d'une moins grande sensibilité de l'emploi lors de la reprise d'activité.

Les « rigidités » du marché du travail

Les **contrats de travail** sont de nature et de durée très variables suivant les pays, les entreprises et les natures d'emploi. Un marché du travail avec des contrats de longue durée, difficiles à rompre dans les faits et comprenant des clauses salariales strictes, est caractérisé par une capacité d'adaptation plus faible de l'emploi et des salaires réels à l'évolution des données économiques générales – taux de croissance, inflation, ou niveau du chômage. À l'inverse, une législation faiblement protectrice facilite la flexibilité sur le marché du travail : sur le strict plan économique, elle permet de limiter l'augmentation du chômage en cas de creux conjoncturel, et favorise une reprise plus rapide de l'emploi en cas d'amélioration de la situation économique d'ensemble ; mais elle présente l'inconvénient de fragiliser la situation des salariés.

Les **syndicats** offrent aux travailleurs la possibilité de s'organiser collectivement, au lieu d'être divisés et en situation de concurrence entre eux. Il en résulte que les différents segments du marché du travail connaissent des degrés divers de concurrence oligopolistique : le résultat en termes de salaires et de travail offert est fonction du pouvoir collectif des syndicats et des employeurs, variable suivant les pays, les entreprises et les branches. Le salaire réel peut être nettement plus important que celui qui résulterait naturellement du marché, avec des quantités de travail « vendues » plus faibles, si le pouvoir syndical est fort face à des entreprises émiettées. Les exigences globales de l'emploi risquent d'être moins bien intégrées lorsque les négociations salariales restent menées partiellement à un niveau centralisé, y compris au niveau de la branche, comme en Allemagne ou en France, sous réserve du fait que certains syndicats tiennent désormais davantage compte de l'impact de l'emploi sur leurs positions. En revanche, lorsque la négociation salariale est décentralisée, et que le pouvoir des syndicats est plus faible, comme dans certaines branches aux États-Unis, les emplois créés sont plus nombreux, mais l'évolution des salaires réels peut être plus faible, voire nettement inférieure aux gains de productivité.

Les entreprises ont constaté depuis longtemps que la qualité du travail offert par les salariés dépend de leur motivation : elles ont donc élaboré une large variété de systèmes d'incitation avec une part variable du salaire ou des primes de rendement, ou en payant des salaires supérieurs à ceux du marché, incitant le salarié à rester dans l'entreprise pour éviter de perdre les avantages particuliers qu'il y trouve. L'entreprise a ainsi tendance à fixer un salaire élevé, afin d'attirer les salariés les plus productifs, de les motiver le plus possible et d'éviter qu'ils ne partent en entraînant une perte de savoir-faire pour l'entreprise. Ce salaire dit « d'efficience » est supérieur à celui qui assurerait l'équilibre théorique du marché du travail. L'hypothèse sous-jacente est donc que ce n'est pas seulement la productivité du travail qui détermine le niveau des salaires, mais que celle-ci, dans une acception élargie, peut être également une fonction croissante du salaire : des salaires plus élevés se traduisent par un engagement accru du salarié au sein de l'entreprise. Ce type de comportement est plus fréquent dans les industries capitalistiques, comme l'industrie chimique ou le pétrole, où les surcoûts liés aux salaires d'efficience sont plus faciles à absorber dans les coûts de production, en raison de la faiblesse relative de la masse salariale face au coût des équipements.

III. L'ANALYSE ÉCONOMIQUE DU CHÔMAGE CONTEMPORAIN EN EUROPE ET AUX ÉTATS-UNIS

On distingue traditionnellement deux grandes dimensions du chômage :

– le **chômage structurel**, lié aux inerties naturelles ou institutionnelles du marché du travail, et à un coût salarial trop élevé, particulièrement pour les emplois peu qualifiés. Il comprend la partie **frictionnelle**, venant du temps nécessaire pour trouver un emploi ou pourvoir un poste ;

– le **chômage cyclique ou conjoncturel**, tenant aux cycles de la conjoncture générale.

Cette analyse permet d'expliquer la divergence des taux de chômage entre les États-Unis et l'Europe continentale, postérieure au second choc pétrolier, qui s'est amplifiée au long de deux cycles économiques. Au-delà de la croissance plus forte de l'économie américaine et de son contenu en emplois plus élevé, tout indique que le chômage européen est de nature largement structurelle tandis que le chômage américain est conjoncturel.

Le chômage structurel et le chômage conjoncturel dans la théorie économique

Le **chômage conjoncturel** dépend des fluctuations des courbes de demande de travail au fil du cycle. La courbe de demande de travail des entreprises est fortement liée aux cycles de l'activité et au niveau de la demande effective : si cette dernière croît, les entreprises augmentent leur demande de travail. Le niveau d'emploi augmente, le salaire réel subit une pression à la hausse et le chômage diminue ; si, au contraire, la demande effective est insuffisante, la courbe de demande diminue et le chômage augmente. Ce lien entre les variations du taux de chômage et le taux de croissance au cours du cycle est un phénomène connu et constaté depuis de nombreuses années. **Okun**, conseiller économique de Kennedy, avait calculé au cours des années 1960 qu'une baisse de

1 point du taux de chômage nécessitait une augmentation totale, même sur plusieurs années, de 3 points du taux de croissance par rapport au taux tendanciel. Cette donnée est restée globalement exacte pour les pays anglo-saxons ; elle est en revanche plus élevée pour l'Allemagne et encore plus pour la France. La théorie traditionnelle en la matière a longtemps été dominée par la théorie de Phillips, laquelle mettait en évidence l'arbitrage à opérer par la politique économique entre niveau de chômage et niveau d'inflation salariale. Cet arbitrage a fondé les politiques de *stop and go* jusqu'à la fin des années 1970 : plan de relance lorsque le chômage remontait, plan de refroidissement lorsque l'inflation menaçait.

Une telle conception a été doublement remise en cause et agrémentée depuis lors, sur le plan théorique tout d'abord, avec l'introduction du *non accelerating inflation rate of unemployment* (**Nairu**) par Milton Friedman en 1968, c'est-à-dire du niveau de chômage « **naturel** » ou « **structurel** » qui dépend de caractéristiques structurelles de l'économie et en deçà duquel l'économie est menacée de poussée inflationniste. La théorie s'est enrichie par l'introduction des anticipations d'inflation dans le niveau d'arbitrage entre inflation et chômage : plus les anticipations d'inflation sont élevées, plus les niveaux de la courbe de Phillips et du chômage non inflationniste sont élevés : le chômage effectif et l'inflation peuvent donc augmenter en même temps.

Le Nairu, partie structurelle du chômage, est stable au fil du cycle conjoncturel, et dépend de diverses rigidités : niveau des capacités de production et donc de l'investissement, caractère rigide à la baisse des salaires réels, niveau des indemnisations du chômage, caractère protecteur des législations du travail, niveau du salaire minimum, adaptabilité de la population active.

Une faiblesse qualitative des chômages européens réside dans le niveau élevé du chômage structurel, c'est-à-dire le chômage durable qui ne peut pas être réduit par la seule croissance cyclique alors qu'au contraire le Nairu n'a cessé de baisser aux États-Unis au cours de la dernière décennie, pour se situer autour de 4 % à 5 %. Les Nairu des pays continentaux ont eu tendance à rester élevés au cours des années 1990-2004 ; selon l'OCDE [1], le Nairu se situerait, pour la période 2002-2004, à 7 % en Allemagne et 9 % en Italie comme en France (où il était encore de 6 % il y a vingt ans), et, à l'inverse, aurait baissé fortement au Royaume-Uni, pour se situer autour de 5 %.

1. *Perspectives de l'emploi*, OCDE, 2004.

L'augmentation du nombre des emplois a été moins rapide dans l'Union européenne qu'au Canada, au Japon ou aux États-Unis, pays où le chômage a commencé à baisser depuis 1993 : le nombre des entrées nettes sur le marché du travail a été beaucoup plus important aux États-Unis, au Canada ou au Royaume-Uni qu'en Europe continentale, et notamment en France, en Italie et en Allemagne. Cela vaut tant en nombre absolu qu'en proportion de la population active.

Les évolutions des marchés du travail

1985-2004	Créations nettes d'emplois*	Augmentation nette de la population active*	Variation du taux de chômage	Taux de chômage 2004
États-Unis	29,6	30,0	-1,1	5,5
Japon	4,7	6,0	1,8	4,7
Royaume-Uni	4,6	3,9	-2,4	4,6
Allemagne[1]	2,2	3,5	2,6	9,6
France	3,1	3,5	0,4	9,7
Italie	1,9	1,2	-1,7	8,0
Zone Euro	22,5	24,1	-0,3	8,9

* 2004 estimé, en millions.
Source : OCDE

L'augmentation du chômage en Europe peut être expliquée[2] par cette moindre création d'emplois, causée elle-même par la conjonction des politiques de croissance restrictives, et des rigidités à la création d'emplois particulières aux grands pays continentaux, dont les mécanismes sont multiples.

1. Les données relatives à l'Allemagne et à la zone euro ont été corrigées pour tenir compte de la réunification allemande.

2. O. Blanchard et J. Wolfers, « Role of Shocks and Institutions in the Rise of European Unemployment », document de travail, *Economic Journal*, 2000.

1. Le défaut de « flexibilité » institutionnelle

L'hypothèse habituelle avancée pour expliquer le chômage européen est nourrie par un constat de fait. Le marché du travail européen, parce qu'il attache une importance plus grande aux droits des salariés, renferme plus de rigidités que celui des États-Unis :

– les syndicats restent puissants dans pratiquement tous les pays continentaux même si la proportion de la main-d'œuvre syndicalisée a considérablement décliné dans les pays européens ;

– la quasi-totalité des pays européens a une législation restrictive sur le licenciement, avec des notifications, voire un régime d'autorisations préalables ;

– l'indemnisation du chômage est aussi une explication souvent avancée de l'augmentation du chômage en Europe. Aucune relation simple n'apparaît cependant au cours du temps entre les changements de régimes d'indemnisation et l'évolution du chômage : les indemnisations sont en général moins avantageuses aujourd'hui qu'elles ne l'étaient dans les années 1970, c'est-à-dire avant l'augmentation importante du chômage en Europe.

L'Insee [1] ou l'OCDE [2] ont pu ainsi tenter de mesurer les différents facteurs de rigidité du marché du travail, selon deux grandes catégories de critères :

– le cadre des négociations salariales, qui reprend le degré de centralisation des négociations syndicales, le taux de syndicalisation, le taux d'extension des conventions collectives, le niveau du salaire minimum en pourcentage du salaire médian, le nombre de jours de grève ;

– le cadre des législations du travail et des politiques de l'emploi, qui regroupe les contraintes sur les licenciements, sur les CDD, sur

1. L. Cadiou, S. Guichard et M. Maurel, « Disparités institutionnelles et flexibilité des marchés du travail dans l'UE », *Économie et statistiques*, 2000-2/3. Cependant, les auteurs indiquent, pour montrer la complexité de cette question, que « des caractéristiques institutionnelles très différentes conduisent à des degrés de rigidité des salaires réels similaires, et inversement. Ce résultat peut être interprété dans le cadre des théories selon lesquelles les diverses régulations du marché du travail sont complémentaires ».

2. *Perspectives de l'emploi*, OCDE, 2004.

les heures supplémentaires, le niveau des allocations chômage, le degré d'activation dans l'utilisation des dépenses de la politique de l'emploi.

En matière de droit du travail, l'Europe connaît un double clivage :

– tout d'abord entre les pays d'Europe continentale marqués par l'importance relative du droit du travail et les pays anglo-saxons à plus faible niveau de protection des travailleurs. Le marché du travail apparaît de fait moins souple en Allemagne et dans les pays latins (Italie, Grèce puis France, mais dont l'Espagne tend à s'écarter). Ces données ont été confirmées plus récemment par les analyses de la réactivité des marchés du travail aux chocs de production ;

– ensuite, entre pays d'Europe du Nord, où dominent la négociation collective et le contrat, et pays latins, où l'essentiel du droit du travail est fixé par la loi. Ces derniers sont caractérisés par l'éclatement syndical, l'absence de système de cogestion dans les entreprises, la forte centralisation et la politisation des négociations sociales.

À l'expérience, il convient néanmoins de relativiser la relation inversement proportionnelle censée exister entre flexibilité du travail et niveau du chômage : incontestablement se dégage un modèle anglo-saxon associant un faible niveau de chômage à une forte flexibilité du travail, et un modèle continental à l'opposé. Mais il existe également, aux Pays-Bas et en Suède, un « modèle nordique » de faible flexibilité et de faible chômage ; le Danemark conjugue, par exemple, avec succès la sécurité pour les salariés et la flexibilité pour les entreprises. Ce pays a donné une forte priorité budgétaire aux politiques dites d'activation du marché du travail (formation professionnelle et prise en charge individualisée des demandeurs d'emploi).

Le **débat français** doit ainsi être replacé dans le contexte particulier d'une législation plus complexe sur le droit des licenciements et d'un recours plus important aux emplois temporaires que la moyenne des pays européens. De nombreux rapports ont été publiés au cours des dernières années. Le rapport de O. Blanchard et J. Tirole[1] proposait la mise en place d'un régime d'incitations

1. O. Blanchard et J. Tirole, Conseil d'analyse économique, 2004.

financières négatives pour les entreprises afin de réduire leur recours aux licenciements, mais d'en assouplir les conditions juridiques, dès lors que ceux-ci s'avèrent nécessaires.

Le rapport de M. de Virville, élaboré à la demande de François Fillon, a proposé en 2004 de créer un « contrat de mission », permettant aux entreprises de mettre en œuvre une gestion de projets de quelques mois ou de quelques années. Le rapport Camdessus [1] a, de son côté, suggéré de fusionner le CDI et le CDD en un contrat de travail unique avec des droits progressifs pour les salariés en fonction de leur durée de présence dans l'entreprise. P. Cahuc et F. Kramarz [2] ont repris cette idée du rapport Camdessus, et conseillé d'introduire une participation financière des entreprises au reclassement des salariés licenciés ; en complément ils demandent de renforcer l'accompagnement public des chômeurs avec un traitement poussé, comme c'est le cas dans les pays nordiques. Ils marquent donc la distinction entre la responsabilité financière de l'entreprise en cas de licenciement, et celle du reclassement qui appartient à la puissance publique.

De telles évolutions, novatrices en France, demandent de procéder à des expérimentations progressives pour vérifier leur efficacité réelle ; par ailleurs, leur mise en œuvre passe par une concertation préalable, intégrant la recherche d'une meilleure modalité de répartition des fruits de la croissance avec les salariés.

Le contrat « nouvelle embauche », décidé en 2005 par Dominique de Villepin et créé par ordonnance, se veut l'amorce d'une réponse dans ce sens, au moins sur le fond. Ce contrat peut être interrompu sans motif durant deux ans, et est présenté comme « un progrès considérable » par ses promoteurs face au nombre effectif de CDD, dont la faible durée de fait représente une forme majeure de précarité ; il est prévu pour les entreprises de moins de vingt salariés et est assorti d'une prise en charge publique supplémentaire en cas de rupture.

1. M. Camdessus, « Le sursaut. Vers une nouvelle croissance pour la France », La Documentation française, novembre 2004.

2. P. Cahuc et F. Kramarz, « De la précarité à la mobilité, vers une sécurité sociale professionnelle », ministère du Travail, décembre 2004.

2. Le débat sur les coûts salariaux et le salaire minimum

Les coûts salariaux représentent un élément important de rigidité et sont présentés comme une cause majeure de l'insuffisante création d'emplois dans les pays européens.

S'agissant du **salaire minimum**, presque tous les pays de l'OCDE ont, sous une forme ou une autre, un système de salaire minimum, oscillant, selon les pays, entre moins de 35 % du salaire moyen, comme aux États-Unis, et 55 % environ en France ; en Allemagne le salaire minimum résulte, non pas d'une base réglementaire, mais de la concertation de branches.

Coût minimum de la main-d'œuvre, en % du coût du salaire ouvrier moyen (2002)

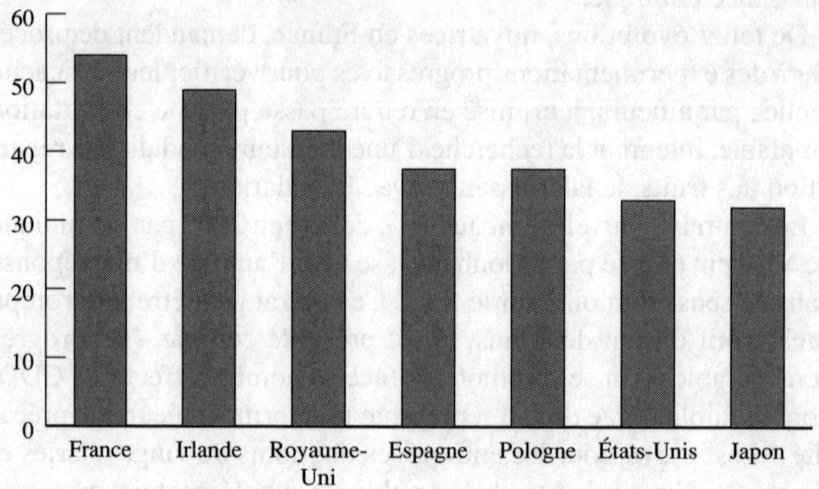

Source : OCDE

La relation entre le salaire minimum et le taux de chômage fait l'objet de débats. Les différents travaux empiriques [1] mettent en évidence un effet du salaire minimum sur l'emploi : par exemple une baisse de 10 % du Smic net en France pourrait permettre d'obtenir comme effet une augmentation de 0,5 % du PIB et de 1,3 % de l'emploi [2]. Selon les mêmes types d'études, le Smic aurait été, avant les mesures de compensation de charges sociales, à l'origine de 650 000 chômeurs « classiques » en France, dont le chômage est causé par la détermination institutionnelle du salaire.

Un salaire minimum élevé a ainsi tendance, sans préjudice de ses justifications sociales essentielles, à réduire l'emploi des moins qualifiés. La seule logique économique incite donc à être prudent quant à son évolution, au-delà de la garantie du pouvoir d'achat par indexation sur l'inflation.

Le coût du travail apparaît à l'expérience comme un élément majeur dans l'évolution de l'emploi : approximativement, en base 100 en 1970, le coût réel du travail a atteint l'indice de 160 dans la zone euro en 1995, contre 120 aux États-Unis, alors que celui de l'emploi global a été de 160 aux États-Unis en 1995 contre 105 dans la zone euro. **Tout s'est passé comme si, du premier choc pétrolier au début de la bulle américaine, les États-Unis avaient « arbitré » en faveur de l'emploi plutôt que du salaire, et l'Europe continentale avait fait l'arbitrage inverse**. Par contre, depuis 1995, la tendance s'est renversée : le coût du travail a augmenté de 30 % aux États-Unis contre 15 % dans la zone euro, alors que la croissance de l'emploi a été de près de 15 % dans la zone euro contre 10 % aux États-Unis.

1. J. Pisani-Ferry, « Plein-emploi », rapport du Conseil d'analyse économique, 2000.

2. B. Salanié, « Une maquette analytique de long terme du marché du travail », Insee, décembre 1999.

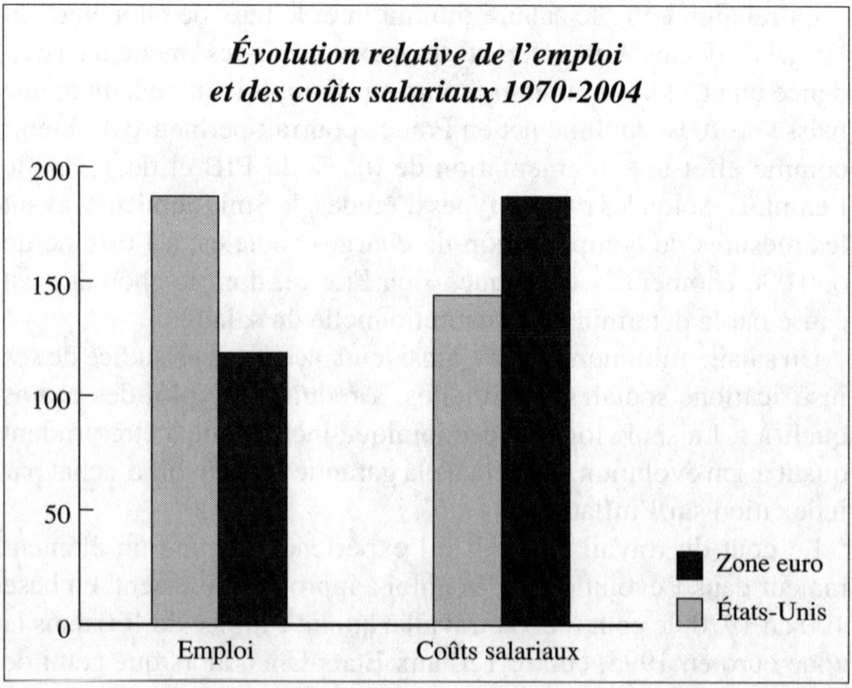

Sources : OCDE et calculs des auteurs

Contrairement à une idée reçue fréquente, la mondialisation et le progrès technique n'apparaissent pas, au cours de ces dernières années, comme des éléments significatifs générateurs de chômage. Les nouvelles technologies et la mondialisation sont certes à l'origine d'une augmentation de la demande relative d'un travail plus qualifié et d'une diminution de la demande en travail moins qualifié. La productivité des travailleurs les plus qualifiés a augmenté d'une manière significative avec le progrès technique ; à l'opposé, les travailleurs non qualifiés sont en concurrence avec les travailleurs à bas salaires des pays sous-développés. Il s'en est suivi une réduction de la demande de travail non qualifié dans les pays développés. Les estimations des incidences mécaniques de la mondialisation sur les diminutions d'emploi des pays avancés restent cependant à des niveaux assez limités, de l'ordre de quelques pourcents de la population active dans les estimations les plus basses. Ces éléments ne permettent donc pas d'expliquer les différences de chômage entre l'Europe et les États-Unis, d'autant plus que le phénomène de délocalisation des emplois industriels et de service reste limité et concerne autant les États-Unis que l'Europe.

Et la croissance ?

À l'évidence, il y a un lien direct entre le niveau du taux de croissance annuel et les variations du taux de chômage : *grosso modo*, selon la loi d'Okun[1], on peut calculer qu'un taux de croissance de 1 point de plus entraînerait une réduction de 0,3 point de chômage dans les pays anglo-saxons et de 0,2 point dans les pays européens continentaux, dont les taux de chômage apparaissent ainsi moins sensibles aux fluctuations conjoncturelles. Il existe donc encore en Europe une « marge » de chômage conjoncturel. L'insuffisante croissance des années récentes, explicable en partie par le grippage du moteur de la consommation, a contribué indéniablement au maintien du chômage à un niveau élevé en France. Mais le niveau du chômage reste principalement structurel, comme on le voit dans les différentes estimations existantes du Nairu en Europe, qui varient entre 7 % et 10 %. Ainsi risque-t-on en Europe d'entrer vite dans la zone où, en raison de la lenteur dans la mise en œuvre des réformes structurelles, la réduction du niveau de chômage vient buter sur les contraintes d'offres et la menace inflationniste. Depuis trop longtemps prévaut de ce fait en Europe un cercle vicieux croissance faible-chômage structurel élevé. La croissance faible entraîne le niveau élevé du chômage structurel par l'accumulation répétée de chômage conjoncturel : les chômeurs de longue durée deviennent plus difficiles à employer. En retour, le chômage structurel élevé bride la croissance : les capacités de production viennent « buter » sur la barrière des 8 % à 9 % de taux de chômage comme en 1989 et 1990, et, à nouveau, en 2000 et 2001. Ainsi se dégage une conclusion en termes de politique économique : la priorité doit aller à des politiques structurelles de baisse du Nairu, par la formation, la baisse du coût du travail non qualifié, et une amélioration des incitations au travail.

1. Voir l'encadré page 104 de cette leçon.

IV. LES REMÈDES EMPLOYÉS DANS LA LUTTE CONTRE LE CHÔMAGE EN EUROPE

Les politiques de lutte contre le chômage menées en Europe se sont trop longtemps appuyées sur l'idée couramment répandue que la baisse du taux d'activité était une bonne réponse au chômage. Il fallait, soit faire repartir chez eux les immigrés, soit diminuer la population active « par les deux bouts » – allongement de la formation des jeunes, préretraite et retraite à 60 ans, voire politique familiale. Ces politiques ont eu pour conséquence l'augmentation à long terme de la population inactive et une vraie « divergence cachée » Europe-États-Unis : à partir d'un point de départ identique avant le premier choc pétrolier – autour de 65 % de taux d'activité en zone euro comme aux États-Unis –, le taux d'activité européen, de 70 % en 2003, a nettement moins augmenté malgré la hausse du travail féminin, tandis qu'il n'a pas cessé de progresser aux États-Unis, pour atteindre 76 % en 2003. Cette divergence est d'autant plus grave qu'on peut maintenant constater que c'est dans les pays qui créent le plus d'emplois et dont le taux d'activité est important que les taux de chômage sont en général les plus faibles. C'est la raison pour laquelle on s'oriente depuis quelques années vers des solutions de caractère structurel : baisse des coûts du travail, qui vise à développer la demande des entreprises, incitations au travail pour renforcer l'offre des salariés. Les mesures susceptibles de faciliter le retour au « plein-emploi » représentent un ensemble d'éléments de politique économique dont les effets se mesurent seulement dans la durée ; elles concernent la politique de croissance à moyen terme comme la transformation en profondeur des structures économiques et sociales. « L'expérience des pays qui ont réussi à retrouver le plein-emploi suggère en effet que la permanence des choix stratégiques est un facteur important du succès. C'est d'ailleurs naturel dans un domaine où l'information est très imparfaite et où les anticipations des entreprises et des salariés se modifient lentement[1] ».

1. J. Pisani-Ferry, « Plein emploi », *op. cit.*

1. La baisse des coûts du travail

Il est donc nécessaire de diminuer les coûts salariaux de l'économie, notamment pour les catégories de travailleurs les plus touchées par le chômage : cela passe, pour éviter d'altérer le pouvoir d'achat des salariés les plus démunis, par une réduction de ce que l'on appelle le **« coin fiscal »** appliqué aux salaires, qui est la différence entre le coût supporté par l'employeur et le revenu correspondant dont dispose effectivement le travailleur pour sa consommation.

Le coin fiscal – composé largement de charges sociales – est de 20 % environ au Japon, de 30 % environ aux États-Unis, au Canada ou au Royaume-Uni, contre un chiffre voisin de 50 % en France, Allemagne ou Italie. Les différentes mesures adoptées dans la plupart des pays européens ont eu pour but de réduire le coin fiscal des moins qualifiés, sous forme de réduction ou d'exonération de charges sociales, selon des modalités variées : au Royaume-Uni ou en Allemagne pour certains emplois à temps partiel faiblement rémunérés, mais surtout, en France et aux Pays-Bas, au voisinage du salaire minimum légal. Ces mesures ont été coûteuses pour les finances publiques, mais les résultats sont considérés comme probants d'après les évaluations faites dans les pays concernés. Ainsi, les années 1990 ont vu se dessiner progressivement en France un consensus politique autour de la réduction des charges sociales patronales amorcée par la gauche en 1992 puis amplifiée successivement par Édouard Balladur en 1993 et surtout Alain Juppé en 1995 qui a amené les exonérations de charges patronales jusqu'à 1,3 Smic. Lionel Jospin a, dans le cadre du dossier de la RTT (réduction du temps de travail), porté ce seuil à 1,8 Smic en 1999. Le gouvernement de Jean-Pierre Raffarin a, en 2002, marqué sa volonté d'une amplification et d'une simplification de ces baisses de charges, notamment pour compenser l'effet de l'harmonisation des Smic. Ce consensus des politiques rejoint celui des économistes : le nombre d'emplois non qualifiés créés ou préservés est estimé dans une fourchette de 250 000 à 490 000 (chiffres à rapporter aux 650 000 chômeurs « classiques »). Grâce à cette politique, la part des emplois non qualifiés dans la population active française a effectivement cessé de baisser au milieu des années 1990. Par ailleurs, les mesures d'assouplissement du contrat de travail prônées par le rapport Camdessus et reprises en partie par le gouvernement de Dominique de Villepin en 2005 visent, dans la même logique, à développer la demande de travail des entreprises (voir *supra*, p. 109).

2. Les incitations au travail

La recherche d'un emploi prend toujours un certain temps, car la prospection est nécessaire pour avoir une information minimale. Parmi les différents facteurs qui influencent sur la durée du ***job-search***, l'indemnisation du chômage peut jouer un rôle : si le chômeur est indemnisé à des niveaux voisins du salaire d'activité, le coût d'un jour de recherche supplémentaire est faible pour le demandeur d'emploi, et la durée de chômage peut être plus longue.

L'allocation chômage s'est fortement développée au cours des années 1970, alors que le chômage était relativement faible. Les régimes se caractérisent par leurs paramètres : la durée du travail préalable nécessaire pour pouvoir bénéficier des indemnisations, le niveau de celles-ci, leur durée et dégressivité, et la situation familiale des intéressés. Une première approche est celle du pourcentage de l'indemnisation d'un travailleur, au début de son chômage, dont le salaire antérieur était le salaire moyen. Il en résulte que le classement des pays correspond à la typologie des modèles sociaux telle qu'évoquée plus haut.

Taux bruts d'indemnisation du salaire moyen

> 75 % : Finlande, Pays-Bas, Suède, Danemark ;
> 70 % : Allemagne, Espagne, Norvège, France ;
> 65 % : Canada ;
> 60 % : Belgique, Royaume-Uni, États-Unis, Irlande ;
< 60 % : Italie, Japon.

Afin de faciliter des comparaisons portant sur une base plus complète, l'OCDE a calculé des « indices généraux de remplacement » par rapport au salaire antérieur, moyenne des différentes situations possibles. Ces taux moyens sont bien sûr beaucoup plus faibles, car ils intègrent l'importance et le niveau d'indemnisation du chômage de longue durée ; mais on retrouve les mêmes catégories, avec quelques différences, qui tiennent notamment à la volonté de certains pays d'inciter fortement les chômeurs à trouver rapidement un emploi. C'est ainsi que la Suède comme l'Allemagne se rangent dans une catégorie moyenne. On peut distinguer trois groupes[1] :

– les pays dont le taux de remplacement général est faible, comme les États-Unis, le Japon et le Royaume-Uni ;

– ceux dont les taux de remplacement sont plus élevés : entre 30 % et 40 % pour la France et l'Italie, voire plus de 45 % pour les Pays-Bas, le Danemark ou la Finlande ;

– en situation intermédiaire, on trouve l'Allemagne ou la Suède.

La question centrale est celle du lien entre l'indemnisation du chômage et la désincitation au travail. L'analyse économique classique tend à considérer[2] que l'assurance chômage rend les personnes concernées plus exigeantes dans leur recherche d'emploi, et donc qu'un niveau trop élevé de protection peut avoir un effet désincitatif puissant. Les études empiriques effectuées ne permettent pas, cependant, de conclure d'une manière générale que le niveau des mesures d'indemnisation a un effet marqué sur la durée et le niveau du chômage[3]. En revanche, les dispositifs d'accompagnement à la recherche d'emploi et de sanctions, quand cette recherche s'avère insuffisante, ont une certaine efficacité[4].

Pour des raisons le plus souvent financières, les régimes d'indemnisation ont été rendus plus sélectifs dans la plupart des pays, au cours des dix dernières années, le montant des prestations réduit, son caractère dégressif dans le temps et les contrôles de recherche effective renforcés :

1. L. Cadiou, S. Guichard et M. Maurel, cité dans cette leçon, page 107, « Disparités institutionnelles et flexibilité des marchés du travail dans l'UE », *Économie et statistiques*, 2000-2/3.

2. J. Rueff, « L'indemnisation du chômage, cause du chômage », 1932, in *Revue d'économie politique*, 1987.

3. J.-P. Fourcade, « Quelle politique pour l'emploi dans la zone euro ? », rapport du Sénat, 1999.

4. D. Fougère, « Accompagnement des chômeurs et sanctions. Leur effet sur le retour à l'emploi », *in* « Rapport sur le plein-emploi », Conseil d'analyse économique, 2000.

– au Royaume-Uni, le remplacement de l'allocation chômage par une allocation forfaitaire d'un faible montant vise à inciter financièrement à une reprise de travail ;

– en Allemagne, le niveau des prestations a été réduit et la durée maximale d'indemnisation ramenée de 31 à 12 mois pour les moins de 55 ans ; en complément les lois Hartz vont dans le sens du renforcement considérable de l'action de l'Agence pour l'emploi, d'un durcissement des sanctions en cas de refus d'emploi, et d'une baisse des charges salariales ;

– en France, depuis 2000, le Pare (programme d'aide à la recherche d'emploi) entend favoriser la formation ou la reconversion par un programme de prise en charge individuelle pendant la période de chômage. La réforme de janvier 2004 a réduit les durées maximales d'indemnisation au titre de l'assurance chômage (de 30 à 23 mois pour les moins de 50 ans, et de 45 à 36 mois pour les 50-55 ans).

• ***L'effet des minima sociaux***

La quasi-totalité des pays a mis en place des systèmes de revenu minimum, sous des formes diverses [1]. La notion de revenu minimum pose une question majeure, celle de la trappe à pauvreté : en effet, la reprise d'un travail fait perdre le bénéfice d'allocations publiques diverses, qui accompagnent le revenu minimum, et peut être un facteur important de la désincitation au travail. Des mesures ciblées ont donc été mises en place, d'abord au Royaume-Uni et aux États-Unis, sous la forme d'un crédit d'impôt, permettant de compléter les revenus du travail les plus modestes, en s'adaptant à la situation familiale et sociale des personnes concernées [2]. En France, afin d'encourager l'emploi pour les rémunérations les plus faibles, la prime pour l'emploi (PPE) a été créée en 2001. Son montant, proportionnel à l'origine aux revenus du travail de 0,3 Smic à 1 Smic, puis dégressif jusqu'à s'annuler à 1,4 fois le Smic, a été augmenté, en particulier pour les emplois à temps partiel ; il pourra atteindre 800 euros en 2006 pour une personne bénéficiant de revenus d'un

1. W. Jankielowicz et A. Math, « Revenus minima garantis, une comparaison internationale », *Problèmes économiques*, 12 août 1998.

2. Working Families Tax Credit (WFTC) au Royaume-Uni, et Earning Income Tax Credit (EITC) aux États-Unis.

demi-smic. En parallèle a été créée une prime de 1 000 euros pour favoriser la reprise d'activité des chômeurs de longue durée et des bénéficiaires de minima sociaux. Ces montants sont toutefois encore inférieurs au niveau incitatif du crédit d'impôt anglo-saxon qui peut s'élever à 40 % des revenus des plus démunis, dès lors qu'ils reprennent un emploi à temps partiel[1].

3. La réduction de la durée du travail a-t-elle été une solution utile ?

La réduction du temps de travail a fait l'objet d'un vif débat au cours des années récentes en France. Elle avait été souvent présentée depuis les années 1970 comme un remède contre le chômage : le travail disponible serait une enveloppe globale dépendant des caractéristiques structurelles de l'économie, susceptible d'être partagée d'une manière plus équitable entre les salariés.

Le partage du travail a une influence sur l'évolution du chômage en Europe. Les modalités de ce partage sont très diverses entre pays, mais la constante observée est que l'augmentation de la part des emplois à temps partiel a un effet positif sur le taux d'emploi et réduit le taux de chômage et sa durée. Le temps partiel permet d'alléger le coût du travail si le salaire reste proportionnel au temps de travail : une réduction du temps de travail augmente la productivité horaire moyenne et elle peut s'accompagner d'une réorganisation de l'entreprise et d'une plus grande flexibilité.

Aux Pays-Bas, les accords de Wassenaar, dès 1982, avaient introduit une forte modération salariale, en contrepartie d'une forte réduction du temps de travail. En Allemagne, des accords de branche en 1993 et 1995 ont prévu la baisse de la durée du travail, remise en cause partiellement aujourd'hui, ainsi que celle de la rémunération des salariés, et une plus grande flexibilité dans les horaires. En France, la loi « Robien » de juin 1996 avait mis en place une formule d'incitation, sous forme de fortes exonérations de charges sociales, à la réduction de la durée de travail d'au moins 10 %, avec création d'emplois, ou maintien dans les entreprises en difficulté.

1. Voir G. Dupont et H. Sterdiniak, *Lettre de l'OFCE*, février 2001.

Toujours en France, les deux lois Aubry de 1998 et 2000 ont abaissé la durée légale hebdomadaire du travail à 35 heures avec un mécanisme d'aide financière aux entreprises et un régime assez rigoureux pour les heures supplémentaires. Celui-ci a d'ailleurs été assoupli de manière significative par la loi Fillon de 2002 et la loi Larcher de 2005.

La réduction du temps de travail est souvent appréciée de deux façons radicalement opposées et également infondées. La thèse du « remède miracle », qui voit dans le partage du travail disponible la condition nécessaire et suffisante de la baisse durable du chômage, est une approche malthusienne. Ce volontarisme statistique a souvent inspiré les politiques de l'emploi en France (création d'emplois publics, préretraites) mais ne correspond à aucune analyse économique sérieuse. Le marché du travail n'est pas, dans une économie vivante, un gâteau de taille fixe qu'il s'agirait juste de mieux découper. À l'opposé, la thèse de « l'anomalie historique » ne peut être retenue, car la réduction de la durée du travail procède d'une évolution séculaire. Elle correspond même à la définition essentielle du progrès économique : produire plus en travaillant moins, grâce à l'augmentation de la productivité du travail.

Renvoyer ces deux thèses dos à dos n'empêche pas de poser quatre questions concernant les effets de la réduction de la durée du travail sur l'économie française. En premier lieu, celle du calendrier : le plafond imposé à la capacité de production des grandes entreprises début 2000 est survenu au moment où des contraintes d'offre apparaissaient dans l'économie ; surtout, le délai supplémentaire laissé à l'époque aux PME début 2002 paraît trop limité. La deuxième question porte sur la **méthode** et **la place respective de la loi et du contrat** dans le processus suivi : le paradoxe veut que ce qui aurait pu donner du « grain à moudre » dans la négociation sociale française ait plutôt conduit à des antagonismes accrus entre partenaires syndicaux, patronaux et gouvernementaux et à un renforcement de l'intervention de l'État. La CFDT, soutien « historique » des 35 heures, s'est souvent retrouvée en opposition avec le gouvernement. La « deuxième loi » de 1999 a été d'une complexité juridique incontestable. L'effet psychologique négatif, notamment sur les petits entrepreneurs, de l'augmentation du droit normatif dans l'entreprise est difficilement mesurable, mais réel.

La troisième question est celle du risque d'avoir contribué à occulter la performance médiocre de l'économie européenne dans la compétition internationale, au moment où l'écart s'est creusé avec les États-Unis : l'effet symbolique du « travailler moins » a mal reflété la nécessité du moment, celle d'« innover plus ». Telle qu'elle a été mise en place, la RTT a été indéniablement un bon soutien conjoncturel, mais sans doute pas une bonne réforme structurelle, même si, à l'expérience, on peut considérer qu'elle s'est souvent accompagnée de gains d'efficacité dans l'organisation du travail.

La dernière question, et non la moindre, est relative à **l'arbitrage entre salaires et emplois**. L'abaissement de la durée légale hebdomadaire du travail à 35 heures conduit en effet les entreprises et leurs salariés à un choix entre une forte augmentation des salaires horaires au prix d'un effort de productivité (comme ce fut le cas en 1982 avec la semaine de 39 heures), et la création d'emplois avec la modération salariale des salariés en place. Fût-ce au prix d'une certaine insatisfaction des salariés, notamment ceux à bas salaires, c'est la seconde option qui semble cette fois avoir été privilégiée, au moins au départ. Au-delà même du passage aux 35 heures, la France a réussi depuis 1997 à privilégier la création de nouveaux emplois, grâce à ce que Dominique Strauss-Kahn avait appelé en juin 1997 la stratégie du « double partage » :

– le partage capital-travail ou profits-salaires dans l'entreprise, qui s'est stabilisé au profit des salaires sur la décennie 1990, y compris, ce qui est plus inhabituel, dans la phase d'accélération de la croissance ;

– le partage, à l'intérieur de la masse salariale, entre l'augmentation des salariés en place et les créations d'emplois. Contrairement à l'habitude française des années 1980-1990, les créations d'emplois depuis 1998 ont été dominantes dans l'augmentation du revenu des salariés.

La RTT a joué un rôle limité dans la modération salariale (environ 0,3 point par an en 2000 et 2001) ; et son effet sur l'emploi n'a pas été négatif : il est estimé à 300 000 à 350 000 emplois cumulés environ, chiffre assez convergent suivant les évaluations[1] *ex-post*,

1. Celle de la DARES du ministère des Affaires sociales, et celles des « Données sociales », Insee 2002 et 2005.

mais qui ne tient pas compte des autres effets macroéconomiques induits, souvent négatifs. Ce total représente une part minoritaire de la remarquable performance de la création d'emplois en France sur les années 1997-2001, avec 2 millions d'emplois créés au cours de cette période, chiffre comparable à celui des États-Unis, dont la sensibilité conjoncturelle de la création d'emplois est pourtant plus forte, mais plus élevé que la moyenne européenne, et nettement supérieur à ceux de l'Allemagne ou du Royaume-Uni. Par contre la performance de la création d'emplois a été nettement moins bonne entre 2002 et 2004 en France qu'outre-Manche :

Taux annuel moyen de croissance de l'emploi (en %)

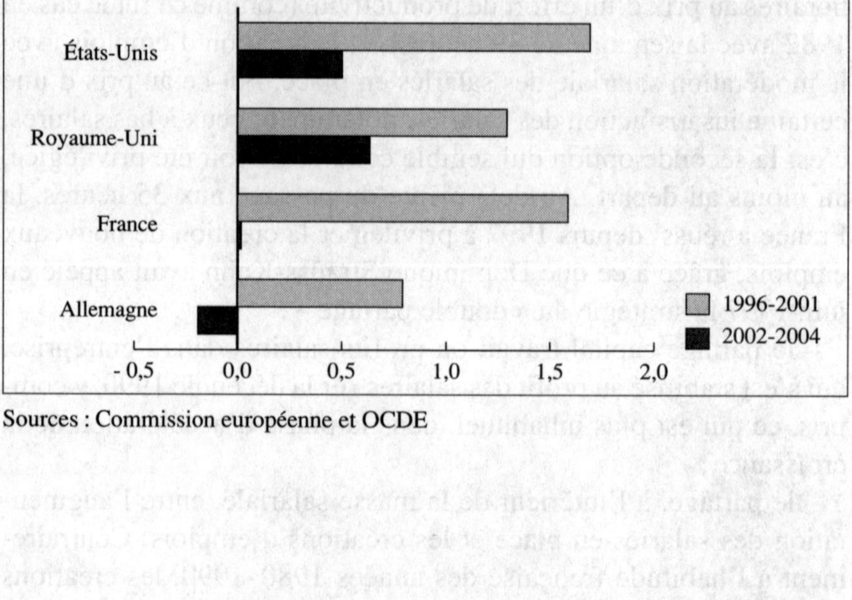

Sources : Commission européenne et OCDE

V. LES POLITIQUES DE RÉDUCTION DU CHÔMAGE : COMMENT RENFORCER LA SOUPLESSE EN EUROPE ET LA SOLIDARITÉ DANS LES PAYS ANGLO-SAXONS ?

La croissance, handicap de l'Europe sur les deux dernières décennies, n'y a connu que des cycles d'expansion courts (1987-1989 et 1997-2000), et semble moins durable qu'autrefois, du fait des contraintes d'offre qui pèsent sur elle. Depuis vingt ans, en moyenne, la croissance des États-Unis est supérieure de plus de 1 point par an à celle de l'Europe, avec un plus fort contenu en emplois. **Le défi pour l'Europe reste celui d'un plein-emploi compatible avec le modèle social européen.**

Le traité de l'Union européenne considère les relations du travail et la protection sociale comme de compétence nationale, en raison des différences institutionnelles entre les États. Le protocole annexe au traité de Maastricht a toutefois prévu des mécanismes d'harmonisation, pour éviter les excès d'un « *dumping* social ». L'importance récurrente du chômage en Europe a en outre amené les gouvernements des pays européens à définir, au-delà des politiques nationales, des stratégies communes de recherche du plein-emploi. Ces dernières sont des orientations générales : leur mise en place ne repose pas, comme les actions européennes traditionnelles, sur des dépenses budgétaires ou des directives, mais sur l'évaluation régulière, par les instances communautaires, des actions entreprises par les gouvernements en application des orientations communes. Les conclusions du Conseil européen d'Essen, en décembre 1994, inspirées du Livre blanc *Croissance, compétitivité et emploi* présenté en 1993 par Jacques Delors, ont rappelé que la lutte contre le chômage constitue la tâche prioritaire de l'Union européenne et de ses États membres.

Le dispositif adopté lors du Conseil européen d'Amsterdam, en juin 1997, dans le prolongement de la « stratégie d'Essen », a inclus dans le traité des modalités selon lesquelles les États membres coordonnent leur action. C'est ainsi que chaque année un ensemble d'orientations est proposé par les services de la Commission :

chaque État membre doit traduire ces grandes orientations par un programme pluriannuel adapté à sa situation économique et sociale, et un suivi spécifique des questions d'emploi par le Conseil et la Commission est prévu. L'Union européenne a confirmé, à Lisbonne en mars 2000[1], l'objectif de plein-emploi, à côté des dispositions visant à faire de l'Europe une « économie de la connaissance la plus compétitive et la plus dynamique du monde » par la modernisation, entre autres, du modèle social européen, l'investissement dans les ressources humaines et la création d'un espace social actif. Le document approuvé reconnaît la nécessité de moderniser la protection sociale, de manière à améliorer les effets d'incitation en faveur de l'emploi et de la formation, en réduisant la pression fiscale sur le travail, notamment s'il est peu qualifié et faiblement rémunéré. Reste qu'au niveau communautaire, la politique de l'emploi est aujourd'hui l'addition d'engagements très théoriques – fussent-ils répétés –, et de procédures assez formelles. La réalité des politiques de réformes pour l'emploi reste nationale. Ainsi, le rapport de Wim Kok[2] a une nouvelle fois insisté sur la nécessité « d'insuffler un élan nouveau » visant à renforcer la coordination entre les politiques nationales dans le domaine de l'emploi. En pratique, cette nécessité d'une meilleure coordination des politiques structurelles et des politiques de l'emploi a été totalement absente au cours des débats politiques de l'année 2005, aussi bien en France qu'en Allemagne : cela montre bien l'immensité du progrès à réaliser.

1. Voir la leçon 13.
2. « Relever le défi. La stratégie de Lisbonne pour la croissance et l'emploi », rapport du groupe de haut niveau présidé par Wim Kok, novembre 2004.

LEÇON 4

LE CAPITAL : LES MARCHÉS FINANCIERS ET LE DÉVELOPPEMENT ÉCONOMIQUE

I. À LA RECHERCHE DE LA VALEUR PERDUE

Enron, WorldCom, Parmalat... Les débats sur la valeur des entreprises, la transparence des comptes, les normes comptables, les excès des marchés transporteraient sans doute Ricardo, Marx et bien d'autres économistes du XIXe siècle dans un état de grande excitation intellectuelle. Les problèmes permanents de la détermination de la valeur des choses, sujet de première année pour les étudiants de sciences économiques, sont alors ressorties des bancs des facultés : est-ce la valeur d'usage ou la valeur d'échange ? Au fond, la valeur ne prend-elle pas sa source dans le travail plutôt que sur les marchés, *a fortiori* quand ceux qui en décident sont des agioteurs ? Mais, derrière des débats théoriques, sont d'abord en jeu les conditions de vie de milliards d'êtres humains avec le spectre d'une crise grave qui plane en permanence au-dessus de l'économie mondiale.

Après des années de croissance exceptionnelle des marchés des actions, dont personne n'osait imaginer la fin, on a appris à nouveau que les marchés boursiers peuvent retomber d'autant plus bas qu'ils sont montés très haut. Le niveau des actions, ramené aux taux de croissance et de rentabilité, s'est ainsi rapproché de sa tendance de longue période[1]. Personne ne se risque plus à prévoir le

1. J. Campbell, R. Shiller, « Valuating Ratios and the Long Run Stock Market », Cowles Commission, 2002.

rythme de la remontée possible de la Bourse, ni son ampleur, ni sa durée. D'autant plus que la crise de confiance « enronienne » de 2002 est appelée à marquer durablement les esprits comme la suite d'une longue série : krach boursier d'octobre 1987, crises de change du SME en 1992, crises financières des pays émergents, du Mexique en 1994 à la Russie en 1998, éclatement de la « bulle Internet » en mars 2000, avec au passage quelques faillites retentissantes, comme celles de la banque Barings ou du hedge fund LTCM. Les marchés financiers peuvent être violents, nous l'avons donc appris. Mais ces chocs posent trois questions majeures. L'une pour l'opinion : les marchés sont-ils moraux ? Une autre pour les économistes : les marchés sont-ils rationnels et ont-ils un effet positif ou négatif sur l'économie réelle ? La dernière, et non la moindre, est pour le politique : que faire pour prévenir ou limiter les chocs ?

Il n'est pas moral de voir des millions de retraités américains s'angoisser pour leurs pensions alors qu'une poignée de spéculateurs chanceux aura tiré le gros lot en jouant la baisse au bon moment. La morale et le marché devaient pourtant faire bon ménage, car le marché offre en principe une transparence devant l'information et une égalité de traitement devant les possibilités ; mais le couple n'aura pas duré longtemps, surtout après qu'on eut découvert que les comptes de certaines grandes entreprises étaient loin de la photographie fidèle et sincère chère à la déontologie des comptables. Les opérations irrégulières faites par des initiés abusent les épargnants, ainsi que les manipulations comptables faites pour garantir le succès des vedettes du *star-business* devant les assemblées générales d'actionnaires. L'« enronite » est une épidémie grave pour le capitalisme car il a besoin de la morale pour prospérer. L'absence de contrôles stricts comme de sanctions pour les dirigeants malhonnêtes risque de faire fuir les épargnants, au détriment de la croissance.

Fussent-ils peu légitimes, les marchés financiers sont ressentis comme les maîtres du monde, le lieu de pouvoir par excellence où s'investissent les capitaux et, non sans raison compte tenu des salaires payés, les meilleurs esprits. On peut cependant regretter de voir les ingénieurs français les mieux formés partir à Londres, développer des mathématiques financières sophistiquées, plutôt que de faire avancer les techniques industrielles et les sciences fondamentales ; Monge, réveille-toi, ils ne travaillent plus ni pour la patrie ni pour les sciences, mais simplement pour des stock-options !

Et la rationalité ? Ces marchés très rationnels ont une rationalité très particulière : leur matière première est l'incertitude. Les fluctuations boursières, que beaucoup considèrent comme extravagantes, sont à certains égards moins importantes qu'elles ne pourraient l'être si les marchés financiers obéissaient parfaitement à leurs propres lois. Expliquons-nous : la valeur de marché d'une action est la somme actualisée des bénéfices attendus de la propriété de cette action. Ce montant dépend de nombreuses prévisions : taux de croissance de l'entreprise, taux d'intérêt du marché, risques potentiels sur l'activité de l'entreprise, profitabilité [1], etc. Si le taux du marché est de 3 %, le taux de croissance attendu pour l'entreprise de 5 %, la prime de risque demandée de 5 %, ce qui est somme toute raisonnable pour une activité en développement, une augmentation de 1 point sur le taux de croissance attendu peut faire monter le cours de l'action de 50 % ! Or, tous les jours paraissent de nouvelles informations et études sur l'évolution des entreprises cotées, qui amènent donc à des révisions d'anticipations. La contrepartie de cette volatilité, ce sont les plus grandes facilités pour lever des capitaux et la baisse des coûts de financement.

Les marchés financiers et leur rôle dans l'économie sont fortement contestés. L'opinion supporte de moins en moins bien que la politique des entreprises « se fasse à la corbeille », et que des emplois en nombre massif soient supprimés pour améliorer la valeur des actions. C'est toute la question posée par les problèmes actuels de normalisation comptable : on sent bien que la valeur d'une entreprise ne change pas tous les jours, selon les humeurs de son cours, mais par ailleurs il ne serait pas normal non plus de faire des évaluations d'entreprises qui s'écartent significativement et durablement des valeurs de marché.

Il y a donc un champ d'action pour le politique, ultime régulateur de l'équilibre économique et de tout marché. Adam Smith lui-même prônait le contrôle des marchés financiers et des troubles

1. On trouvera la démonstration de la formule qui donne le cours de l'action dans tous les manuels financiers.

engendrés par les « prodigues et les projeteurs[1] ». La discussion sur ces points est bien lancée et nourrit de très nombreuses conférences sur la stabilité financière : elle est bénéfique pour faire progresser en permanence la transparence et la fiabilité du système, et trouver un équilibre toujours meilleur entre le contrôle collectif et le marché, entre les progrès technique et social sur le long terme et la réaction de l'instant. Car ce que ces dernières années nous ont appris, c'est que les instabilités et les risques de crises sont un sous-produit inévitable de l'innovation financière et de la croissance.

Pour comprendre les modalités et les principes du fonctionnement de ces fameux marchés financiers, nous retracerons dans un premier point leur évolution, de Bretton Woods à aujourd'hui ; puis nous décrirons ce qu'ils sont et leur importance quantitative. Ensuite, nous examinerons comment les prix se forment sur ces marchés, et en particulier les nouveaux enjeux des marchés des changes. Enfin nous nous centrerons sur les liens entre la sphère financière et l'économie « réelle », pour mettre en lumière l'importance qu'ils revêtent aujourd'hui dans l'évolution de la conjoncture.

II. L'EXPLOSION DES MARCHÉS FINANCIERS : DU SYSTÈME MONÉTAIRE INTERNATIONAL AUX MARCHÉS FINANCIERS MONDIAUX

Le régime de changes en vigueur au cours du XIXe siècle et du début du XXe siècle avait été celui de l'étalon-or. Dans ce système, les monnaies étaient convertibles en or, à une parité fixe, et gagées par les réserves en or. Ce système avait volé en éclats après la Première Guerre mondiale et la crise des années 1930. Un nouvel ordre monétaire a été construit en 1944 à la conférence de Bretton Woods, charmante station de montagne de la Nouvelle-Angleterre,

1. A. Smith, *Recherche sur la nature et les causes de la richesse des nations*, vol. I, livre 2, leçon 4. Le terme de « projeteur » est à entendre dans le sens de spéculateur, voire de fraudeur.

celui de l'étalon-dollar compte tenu du contexte nouveau de la suprématie incontestée des États-Unis.

Le système de Bretton Woods et sa fragilisation

Ce système fonctionnait autour d'une institution financière supranationale, le Fonds monétaire international, et reposait à l'origine sur trois piliers :

– toutes les monnaies étaient **convertibles en dollars américains, eux-mêmes convertibles en or** ; la conversion ne pouvait être demandée que par les banques centrales ;

– **les taux de change étaient fixes**, les parités pouvant varier de 1 % à court terme ; à long terme, elles étaient « ajustables » avec l'accord du FMI, en cas de nécessités structurelles ;

– **le Fonds monétaire international** procurait aux pays qui en avaient besoin les fonds utiles à la défense de leurs parités, chaque pays disposant de tranches de tirage liées à son quota, déterminé en fonction de sa place dans les échanges mondiaux.

Les mouvements internationaux de capitaux étaient soumis au contrôle des États, dont un grand nombre avait instauré un contrôle des changes limitant les possibilités d'exportation des devises, quand celles-ci ne correspondaient pas à des besoins commerciaux.

Ce système a permis de traiter correctement les crises passagères de certains pays, comme la France, l'Italie ou le Royaume-Uni, au cours des années 1950-1960, mais les difficultés rencontrées par le dollar l'ont remis en cause à partir de la fin des années 1960. Comme la croissance de la masse d'or disponible était nettement moins rapide que les besoins transactionnels du commerce international et que le montant des dollars en circulation a naturellement suivi la croissance, leur capacité de conversion en or a été fragilisée au début des années 1960 : un *pool* de l'or a été constitué entre les grandes banques centrales pour soutenir le dollar attaqué sur les marchés. Le dollar était confronté à un dilemme inextricable : une augmentation trop rapide de la quantité de dollars en circulation, nécessaire pour les besoins du commerce international, créait des risques inflationnistes majeurs aux États-Unis et l'affaiblissement de sa valeur en or, alors qu'une politique trop prudente de création de dollars pouvait représenter une entrave au développement du commerce international. Dans un premier temps, la conférence du FMI a créé, en 1969, les **droits de tirage spéciaux** (DTS ou en anglais SDR, *special drawing rights*), au début une unité de réserve abstraite équivalant au dollar, puis définie comme un panier de monnaies, pondérées en fonction du volume d'exportation des pays correspondants, et dont la composition pouvait être révisée tous les deux ans ; le FMI pouvait alors se comporter comme une banque centrale en créant ou en retirant des liquidités monétaires, accessibles uniquement aux banques centrales, selon la situation économique mondiale. Le montant des DTS en circulation est cependant resté très faible au fil du temps et ils n'ont pas pu jouer le rôle attendu de « monnaie mondiale ». La croissance du volume de dollars en circulation dans le monde s'est encore accélérée en raison de l'augmentation des dépenses budgétaires américaines, causée par l'effort de la guerre du Vietnam et le programme de la Grande société de Lyndon Johnson, entraînant une chute des excédents commerciaux américains, une augmentation de l'endettement des États-Unis et la dégradation du dollar.

Le règne des changes flottants

Les États-Unis ne pouvaient plus alors garantir la convertibilité du dollar, la couverture-or des dollars étant tombée de plus de 100 % au lendemain de la Seconde Guerre mondiale à 20 % en 1970. Sous la pression des marchés des changes, en août 1971, Richard Nixon a suspendu la convertibilité-or, puis dévalué en décembre le dollar de 35 dollars l'once à 38 dollars. En 1976, lors des accords de la Jamaïque, un amendement des statuts du FMI a définitivement officialisé le flottement des monnaies. L'or disparaît alors des références monétaires, les monnaies sont théoriquement définies en DTS ou par rapport aux autres monnaies.

Aujourd'hui, la grande majorité des pays connaît un régime de changes flottants ; un petit nombre de monnaies sont ancrées au dollar par des *currency*, ou à l'euro par des parités fixes (pour les pays de la zone-franc en Afrique francophone), le plus souvent ajustables (système dit du *crawling peg* ou de l'ancrage rampant), ou à des paniers de monnaies.

Outre le fruit de la désagrégation du système mis en place à Bretton Woods, l'actuel marché financier mondial résulte d'une évolution technique très rapide dans le domaine des télécommunications et de la déréglementation engagée *volens nolens* par les États : les coûts d'intermédiation étaient devenus trop élevés face à la concurrence internationale difficile à contenir. Ce big-bang des marchés financiers a commencé dans les pays anglo-saxons au début des années 1980 ; le Japon est resté longtemps en retrait de ce mouvement alors que la Grande-Bretagne, puis la France ont réagi très rapidement – à partir des années 1985 –, suivies par les autres pays de l'Union européenne. Il s'en est suivi une prodigieuse innovation dans le domaine des produits financiers, notamment dans celui des produits dérivés [1], une tendance à l'harmonisation européenne et mondiale, et l'arrivée d'acteurs nouveaux et de poids sur la scène économique mondiale : les investisseurs « institutionnels », les fameux « zinzins » en France. L'espace financier mondial est aujourd'hui pratiquement intégré : il est possible de réaliser, d'une manière presque instantanée, n'importe quelle opération financière dans le monde : – virement de devises, achat de titres, emprunt ou prêt… –, aussi complexe soit-elle.

1. Les produits dérivés sont des produits financiers construits à partir d'un produit support de base – action, obligation, indice ou taux de change –, appelé « sous-jacent » : ils sont formés, notamment, de combinaisons plus ou moins complexes de contrats à terme ou d'options d'achat et (ou) de vente, c'est-à-dire qu'ils offrent la possibilité, moyennant une certaine somme appelée « prix de l'option », d'acheter ou de vendre le sous-jacent à une échéance déterminée, pour une valeur appelée « prix d'exercice », convenue au moment de l'émission de l'option. Si on anticipe la hausse du cours d'une action, on peut acheter des options d'achat à un prix d'exercice inférieur au niveau de cours anticipé. Si le cours a bien augmenté comme attendu, au moment de la levée de l'option, on fera le bénéfice de la différence entre le cours effectif auquel on pourra vendre le titre et le prix d'exercice inférieur. En revanche, si on s'est trompé, on perd le prix de l'option.

III. LES MARCHÉS FINANCIERS, DES VOLUMES CONSIDÉRABLES

On peut avancer les estimations suivantes : selon la Banque des règlements internationaux, près de 2000 milliards de dollars sont échangés chaque jour sur les marchés financiers dans le monde, alors que la production mondiale quotidienne est de l'ordre d'une centaine de milliards de dollars ; le montant des contreparties notionnelles des produits dérivés en circulation avoisine les 200 000 milliards de dollars[1] en 2004.

Les marchés du capital, ou marchés financiers, sont en général perçus comme très différents des marchés de biens et de services. Pourtant, comme les biens et les services, l'argent s'échange : l'offre de capital est formée par l'épargne ; la demande par les besoins de financement des agents, souvent identifiable à l'investissement ; les prix sont les taux d'intérêt, les prix des actions et les taux de change. Trois facteurs propres aux marchés des capitaux doivent néanmoins être soulignés :

– le marché du capital est moins « naturel » dans l'histoire. Certaines civilisations et certaines religions ont interdit le prêt à intérêt[1]. Une fois apparus, les marchés financiers ont fonctionné sous des régimes différents en Occident : jusqu'au libéralisme global que nous connaissons depuis vingt ans, le marché financier était l'exception plus que la règle. Dans de nombreux pays avancés, un certain nombre de règlements existent encore ;

– le marché du capital est un lieu de concentration des pouvoirs à la fois dans l'espace et dans le temps : dans l'espace de quelques places boursières et de quelques salles de marché où officient les *golden boys* ; dans le temps des crises et des krachs qui rythment l'histoire des marchés financiers, et contribuent à donner l'impression que ceux-ci échappent à tout contrôle. Ils sont souvent décrits comme une puissance menaçante, ce qui accrédite l'idée un peu rapide d'une opposition entre une « sphère réelle » et une « sphère financière » dans l'économie ;

1. Source BRI.
2. Position déjà prise par Aristote…

– enfin le marché du capital mêle étroitement microéconomie et macroéconomie. C'est une question de taille, mais aussi de nature. Les prix des actifs financiers sont extraordinairement sensibles aux variations de la politique économique et des données macroéconomiques ; en retour, ils influencent tous les acteurs : ménages, entreprises et États.

Si l'on compare le marché du capital et celui des biens, on peut mettre en parallèle l'évolution de leurs circuits de distribution : passage, à partir des années 1970, du commerce de détail spécialisé à la grande surface généraliste pour les biens de consommation ; passage, à partir des années 1980, de circuits financiers nationaux et cloisonnés à ces « grandes surfaces de la finance » que sont les marchés mondiaux. Les innovations aux États-Unis, puis en Grande-Bretagne et en France, sur ces vingt dernières années se ramènent dès lors à deux orientations : **la « marchéisation » ou désintermédiation** du système financier, et **la multiplication des instruments**.

La désintermédiation

L'économiste anglais John Hicks avait introduit en 1974 la distinction entre l'économie de marchés financiers, caractéristique des États-Unis, et les « économies d'endettement » bancaires du modèle rhénan. En fait, on observe une convergence vers un système mixte.

• Le crédit bancaire s'est maintenu en pourcentage du PIB, mais a été ramené, dans sa tendance globale [1], à une place relative plus modeste dans le financement global, du fait de la capacité désormais offerte aux acteurs d'emprunter directement sur les marchés de capitaux (par l'émission d'obligations ou de titres plus complexes de créances) et de l'explosion par ailleurs des marchés d'actions. Les banques se sont largement approprié cette « désintermédiation » en assortissant leur activité traditionnelle d'intermédiation entre l'épargne et le crédit en tant que banques de réseau, d'une activité de banques de marché et d'investissements. Le

1. La période 2001-2002 a été celle d'un fort accroissement de l'endettement des entreprises, en raison de la chute de la Bourse et de la baisse des taux.

cloisonnement des deux métiers, sous le régime ancien du Glass-Steagall Act, a été récemment supprimé aux États-Unis. En Europe, de grands acteurs se sont constitués, comme HSBC ou Royal Bank of Scotland au Royaume-Uni, BNP-Paribas en France, Santander-BCH en Espagne. Alors qu'il y a dix ans, la banque était présentée comme « la sidérurgie de demain », ces acteurs ont fortement innové et amélioré leur rentabilité. Ils semblent prêts aujourd'hui, après avoir européanisé la banque d'investissements, à dépasser les frontières nationales dans la banque de détail ; les fusions Santander-Abbey National (Royaume-Uni) ou Unicredito (Italie)-HVB (Allemagne) en 2004-2005 en sont des prémices.

• L'assise des nouveaux acteurs des marchés financiers est nécessairement internationale, induite par l'explosion des flux transfrontaliers entre pays : sur obligations et sur actions, ils ont été multipliés par plus de 30 en vingt ans, pour atteindre près de 210 % du PIB américain en 2003. Parmi ces acteurs, la part des banques d'affaires américaines, *global players,* est dominante sur le marché des capitaux (Goldman Sachs, Merrill Lynch, Morgan Stanley, etc.), tandis que les acteurs européens sont peu présents aux États-Unis. Il demeure certes des particularités nationales, notamment la faible part des marchés d'actions en France et en Europe continentale, et leur surdéveloppement aux États-Unis et en Grande-Bretagne ; elles ne remettent cependant pas en cause l'évolution générale du bilatéralisme bancaire d'antan vers le multilatéralisme caractéristique des marchés financiers. Le marché financier mondial opère désormais la confrontation de l'ensemble de l'offre et de la demande de capitaux.

La multiplication des nouveaux instruments

Parallèlement, se sont développés les **marchés dérivés** offrant de nouveaux instruments financiers. La condition nécessaire d'un marché dérivé est l'existence d'un marché financier de base (« sous-jacent ») suffisamment développé, avec une transparence forte des prix et des coûts de transaction faibles. On peut alors échanger des contrats abstraits, représentatifs de la tendance du marché : leur intérêt et leur risque essentiel est de permettre de prendre des positions sans mobiliser la liquidité correspondante. Les produits dérivés facilitent la gestion du risque et ont en même temps beaucoup augmenté la volatilité des marchés financiers. Ces contrats existaient depuis longtemps sur les marchés de marchandises (en France, loi de 1885 sur les marchés à terme). Sur les marchés financiers, leur introduction date des vingt dernières années, sur chacun des grands marchés de capitaux (changes, taux d'intérêt, actions) avec trois formes essentielles : contrats à terme, options et contrats d'échange.

	Contrats à terme (*futures*)	**Options**	**Contrats d'échange (*swaps*)**
Devises	Chicago 1972 (CME)	Philadelphie 1982	1981 (IBM-Banque mondiale)
Taux d'intérêt	Chicago 1975-1977 (T-bill/T-bond) Londres 1982 et Paris 1986 (notionnel)	1982	1980
Actions	1982 (sur indices boursiers)	Chicago 1973 (CBOE) (sur actions individuelles)	*Equity swaps*

En 1995 la moyenne quotidienne échangée en valeur était de 200 milliards de dollars pour atteindre une moyenne quotidienne de 1 220 milliards de dollars en 2004, soit une augmentation de 600 % en l'espace de moins de dix ans, les *swaps* de taux en représentant près de la moitié.

La **titrisation des crédits** est, de son côté, une technique de financement qui permet de faire circuler des actifs représentatifs de blocs de contrats de prêts auprès des tiers et d'assurer le refinancement des banques, et ainsi de mieux respecter les ratios prudentiels [1] et de réaliser des économies de fonds propres. Elle présente l'inconvénient d'être complexe, longue et coûteuse : elle est progressivement remplacée par la « titrisation synthétique », au moyen d'instruments dérivés du crédit, qui permettent, en dissociant le crédit de son risque, de faire circuler le risque et de garder au sein du

1. Cette question sera examinée dans la leçon 17.

bilan bancaire les crédits sans risques. C'est, en quelque sorte, une assurance apportée par un garant externe moyennant le versement d'une prime. Subsiste cependant pour la banque d'origine le risque de défaut du garant.

Au total, le nouveau système financier marchand a créé des possibilités très variées d'ajustement des volumes et des prix, en supprimant la contrainte « dure » sur les quantités [1], au profit d'une contrainte « molle » sur les cours des titres. **Pour autant, le nouveau système n'a pas fait disparaître les déséquilibres réels**, qui avaient entraîné la fin du système de Bretton Woods : ils ont même été redoublés au cours de la dernière décennie par la chute de l'épargne des ménages américains. Le déficit courant américain dépassait 600 milliards de dollars en 2004, contre des soldes positifs jusqu'aux années 1970 et une situation de quasi équilibre en 1991-1992.

Le taux d'intérêt réel à long terme des titres d'État était demeuré inférieur ou égal à 3 % jusque vers 1979, et s'est stabilisé depuis 1990 à un niveau qui reste du même ordre que le taux de croissance des États-Unis, avec une tendance marquée à la baisse et un retour à la moyenne constatée au cours de la période 1960-1975.

Ainsi le capital dans les pays développés a-t-il deux caractéristiques majeures : il est **mal réparti** entre pays à excédent et pays à déficit courant, et il constitue plus que jamais une **ressource clé** dans la bataille économique mondiale. En France, la concentration persistante de l'épargne et du capital dans les mains des générations âgées et donc moins dynamiques pose une véritable question économique, celle de l'insuffisance actuelle de la demande [2].

À l'échelle mondiale, on relève l'existence de deux formes de puissance sur le marché du capital, qui rapprochent son fonctionnement de celui du marché pétrolier. La puissance tient en effet, soit à la maîtrise de la matière première (le capital), dans laquelle se distinguaient surtout le Japon et de plus en plus l'Europe, soit plus encore à la maîtrise de l'intermédiation. Celle-ci est essentiellement l'apanage des banques américaines, de même d'ailleurs que

1. Ainsi, l'encadrement du crédit, rationnement par les quantités, était-il la règle jusqu'en 1984 et les réformes de Pierre Bérégovoy.

2. Voir, dans un registre plaisant, l'excellent livre de F. de Witt, *Appauvrissez-vous*, Bourin, 2004.

Changes flottants et déséquilibres extérieurs

Les artisans des changes flottants en attendaient, au nom de la théorie classique de l'ajustement optimal par les prix, une résorption des déséquilibres extérieurs dans chaque pays entre offre et demande. En fait, **les déséquilibres extérieurs sont restés à un niveau important, en raison de quatre étapes successives** :

– les deux chocs pétroliers ont eu pour conséquence, dans les années 1970, le creusement du déficit extérieur des pays de l'OCDE, et symétriquement le fort excédent des pétrodollars détenus par les pays exportateurs de pétrole ;

– les politiques économiques internes menées à la suite des chocs pétroliers ont souvent combiné déficit budgétaire et taux d'intérêt élevés, avec pour conséquence, au début des années 1980, un dollar fort, un creusement du déficit courant américain et un important afflux de capitaux vers les États-Unis. Le même type de politique en Allemagne face à la réunification allemande a entraîné les mêmes conséquences pour l'Europe en 1990-1992 ;

– la décennie 1990 a été marquée par le fort niveau d'investissement dans les pays émergents, cette tendance ayant connu un arrêt brutal à la suite de la crise financière en Asie du Sud-Est en 1997. Autour de 40 milliards de dollars par an dans la décennie 1980, les entrées nettes de capitaux privés dans les économies émergentes ont dépassé 100 milliards de dollars en 1991, pour atteindre plus de 200 milliards en 1996 (dont la moitié en Asie – 104 milliards de dollars – et un tiers en Amérique latine – 72 milliards de dollars). Après la crise de 1997, le mouvement s'est retourné et le volume total vers les pays émergents a été divisé par plus de deux mais en 2004, il a retrouvé son niveau de 1996 ;

– la dernière grande vague ressort de la chute récente du niveau de l'épargne des ménages, et notamment des ménages américains et plus généralement de ceux des pays industrialisés, comparativement à ceux du Japon ou des pays émergents. Cette diminution de l'épargne s'est accompagnée d'un maintien à un assez bas niveau des taux d'intérêt à long terme, et ce dernier phénomène est unique dans l'histoire économique récente, au point d'avoir été qualifié en mars 2005 de « *saving glut* » (excès d'épargne) par B. Bernanke, alors président du Council of Economic Advisers, qui a expliqué ainsi la grande facilité avec laquelle, jusqu'à maintenant, le déficit américain parvient à se financer sur les marchés sans contrecoup majeur pour le dollar. Cette thèse reste cependant un sujet de débat.

les *majors* du secteur pétrolier sont américaines. Le marché du capital se distingue toutefois du marché pétrolier en ce qu'il ne rend pas possible l'organisation d'un cartel de l'offre : les « producteurs » en sont, *in fine*, des centaines de millions d'épargnants individuels. De ce fait, la maîtrise de l'intermédiation s'avère beaucoup plus importante que celle de l'épargne.

Évolution des taux d'intérêt réels longs aux États-Unis

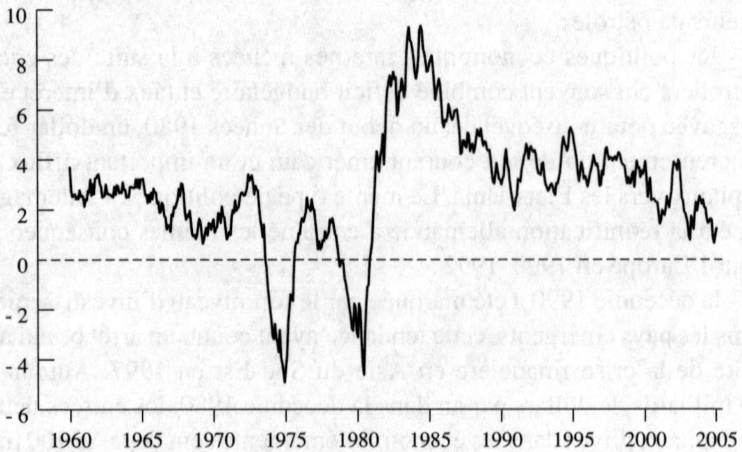

Source : base de données Shiller, Université de Yale

IV. LA FORMATION DES PRIX DANS L'ÉCONOMIE TRÈS PARTICULIÈRE DES MARCHÉS FINANCIERS

Les marchés financiers mondiaux, depuis la mondialisation, ne connaissent plus de contraintes de volumes. La clé de leur fonctionnement est devenue la libre fixation des prix : taux d'intérêt, taux de change, cours des actions. Contrairement à l'idée commune, ils présentent des éléments de rationalité. Ils sont cependant un lieu de fortes amplitudes de variations de prix, pouvant conduire à des crises graves et souvent très difficiles à contrôler ; c'est en cela que leur rationalité globale apparaît limitée.

La logique des marchés financiers : prendre en compte le risque

Le rendement global d'un actif financier sur une période déterminée est la somme actualisée des intérêts, dividendes ou autres revenus anticipés associés à la détention du titre, et de la plus-value sur le titre en question. Cette dernière est la différence entre le prix de vente possible du titre à la fin de la période de détention et le prix d'achat du titre au début de la période. Si le prix du titre a baissé au moment de la vente, il y a une moins-value qu'il faudra donc soustraire des intérêts, dividendes ou autres avantages, pour calculer le rendement. Ainsi, la valeur d'un titre dépend largement des **anticipations** sur le cours de ce titre. À tout moment sa valeur de cotation reflète un équilibre entre le nombre des opérateurs qui considèrent que le titre a une valeur supérieure à la valeur de cotation et ceux qui pensent le contraire. Par ailleurs, **il y a un lien direct entre le taux d'intérêt du marché et la valeur des titres**[1]. Quand les taux d'intérêt du marché augmentent, la valeur des titres diminue et inversement. Si le taux d'intérêt baisse, la valeur d'une obligation peut augmenter d'une manière importante : avec un taux de départ de 5 %, si les taux d'intérêt diminuent de 1 point, toutes choses égales par ailleurs, la valeur du titre peut augmenter de 25 %. La valeur des actions dépend également fortement du taux de croissance attendu pour l'entreprise et pour l'ensemble de l'économie. L'information joue donc un rôle considérable sur les marchés financiers.

Le rendement attendu dépend aussi de la **maturité** du titre, c'est-à-dire de sa durée d'échéance. Par principe, le risque sur un titre augmente avec sa durée de détention prévisible car les probabilités de variation du taux d'inflation et des taux d'intérêt augmentent avec le temps. Il est donc normal que, toutes choses égales par ailleurs, le taux d'intérêt demandé sur des titres longs soit plus important que celui attendu sur les titres courts. La « courbe des taux » retrace

1. Cette loi fondamentale peut être illustrée par un cas simple, celui d'une rente perpétuelle de 1 000 euros par an. Si le taux d'intérêt actuel est de r, la valeur « actualisée » de la rente est de 1 000/r. Ainsi, si r augmente, la valeur de la rente diminue et inversement. On peut transposer et généraliser ce raisonnement pour toutes les catégories de titres.

ainsi la séquences des taux d'intérêt sur titres d'État, en fonction de leur maturité : trois mois, six mois… trente ans. Cependant les taux longs sont également sur le marché une anticipation des taux courts futurs : le taux à 2 ans est la moyenne des taux courts futurs anticipés par les opérateurs du marché sur les deux prochaines années, auxquels il convient d'ajouter la prime de risque qui est naturellement croissante en fonction du temps. Si les opérateurs n'anticipent aucun changement dans les données générales de l'économie, la pente des taux est donc légèrement croissante. Quand l'économie est dans une période de reprise de la croissance, et que les taux d'intérêt sont considérés comme bas, la courbe des taux est positive : elle est d'autant plus forte que les opérateurs financiers anticipent une hausse des taux de la part des autorités monétaires. En revanche, une anticipation d'un ralentissement de l'activité économique ou d'un resserrement des conditions monétaires se traduit par une pente des taux faible, ou négative. Une courbe fortement négative signifiera que les agents économiques anticipent un ralentissement marqué de l'activité économique, au cours duquel les conditions monétaires seront appelées à se relâcher.

La possibilité de voir un actif gagner ou perdre de sa valeur est le **risque** encouru par le détenteur de l'actif. Le rendement moyen que l'on peut attendre d'un actif est fonction du risque que l'on est prêt à accepter sur cet actif : les placements aux rendements plus élevés sont plus risqués que la moyenne, car sinon la demande des investisseurs se concentrerait de préférence sur ces placements. Leur prix augmenterait et leur rendement baisserait.

Ce lien entre le risque et le rendement permet de classer les principaux produits offerts sur le marché :

– bons du Trésor des grands États, de risque en principe nul ;

– titres à court terme ou dépôts (faible rendement et faible risque) ;

– obligations publiques à moyen et long terme (rendement et risque plus élevés, celui-ci lié aux variations possibles des taux d'intérêt et à l'inflation ; en revanche, le risque de défaillance de l'émetteur est très faible pour la plupart des grands États) ;

– obligations privées (les taux proposés dépendent de la nature des émetteurs, et sont plus importants si la notoriété et la solidité des émetteurs sont plus **faibles**) ;

– parts d'organismes de gestion collective (le rendement proposé et le risque dépendent des règles de gestion de l'organisme, mais le risque est en principe atténué en raison de la diversification des portefeuilles et des « couvertures » prises par les gestionnaires) ;

– actions (forte variabilité potentielle des cours) ;

– options, *warrants* ou autres produits dérivés (rendements possibles et risques encourus très élevés, forte probabilité de perdre l'intégralité de l'investissement en cas d'erreur d'anticipation sur le sens des évolutions).

Le tableau suivant[1], calculé sur la période 1925-1999 aux États-Unis, permet d'illustrer cette hiérarchie (le risque est calculé par l'écart type du rendement sur la période).

	Rendement annuel	**Risque moyen**
Actions de PME	17,6	33,6
Actions de grandes entreprises	13,3	20,1
Obligations d'entreprises	5,9	8,7
Obligations du Trésor US	5,5	9,3
Titres intermédiaires du Trésor US	5,4	5,8
Bons du Trésor à court terme	3,8	3,2
(Inflation pour mémoire)	*(3,2)*	*(4,5)*

Le marché financier rémunère le risque avec une « prime » différentielle, par rapport aux placements sans risque ; elle s'ajoute au taux d'intérêt à court terme et dépend du risque relatif encouru sur ces titres. Cette prime est la somme de deux composantes : une « **prime de risque** » pour tenir compte du risque intrinsèque ; et une « **prime de liquidité** », pour tenir compte de la difficulté éventuelle à vendre certains titres dans de bonnes conditions, compte tenu de l'étroitesse de leur marché. Ces primes de risque et de liquidité dépendent de la conjoncture. Quand celle-ci est bonne et les perspectives favorables, elles sont plus faibles dans leur ensemble ; en revanche, en période de forte incertitude, il peut y avoir une « fuite vers la qualité », vers les meilleures signatures dans chaque

1. Ross *et alii*, *Essentials of Corporate Finance,* MacGraw Hill, 2001.

catégorie, ou une « fuite vers la liquidité », vers les titres dont les marchés sont les plus actifs. Les primes de risque ou les primes de liquidité augmentent sur les titres les moins sûrs ou les moins liquides.

La rationalité : la prise en compte des anticipations

Les marchés financiers sont théoriquement considérés comme parfaits, ou dits « efficients », car chaque opérateur a, en principe, accès à toute l'information existante, aussi bien en ce qui concerne l'évolution de l'ensemble de l'économie, que celle des sociétés cotées sur le marché. Sur les marchés modernes, les opérateurs « initiés », disposant directement ou indirectement d'informations confidentielles, n'ont pas le droit d'effectuer de transactions, sous peine de sanctions pénales sévères. Chaque opérateur est capable de faire, en principe, les prévisions les meilleures possibles à tout moment. Les marchés financiers sont donc des marchés d'anticipations rationnelles par excellence : le prix de chaque actif financier contient l'ensemble de l'information disponible. La valeur des titres reflète les anticipations des opérateurs sur la croissance et la profitabilité des entreprises et sur l'évolution des taux d'intérêt et des politiques économiques. À tout moment, l'évolution d'un cours financier intègre d'une manière continue les nouvelles informations disponibles et les révisions éventuelles des anticipations.

Cela signifie, *a contrario,* qu'il n'y a donc aucun moyen rationnel de prévoir les variations du cours des actions ou l'évolution des taux d'intérêt, puisque les prévisions sont déjà intégrées dans les cours actuels. C'est ce que l'on appelle le principe de la « marche aléatoire » ou de l'imprévisibilité des cours. C'est ainsi que des événements qui auraient dû entraîner une certaine évolution des cours, comme par exemple l'annonce de résultats bénéficiaires d'une entreprise ou d'une baisse des taux d'intérêt par une banque centrale, ont parfois des effets opposés. Dès lors que ces événements avaient été anticipés par les opérateurs, ceux-ci peuvent se trouver confrontés à une situation moins favorable que celle qui avait été anticipée, même s'il s'agit d'une amélioration par rapport à la situation effective précédente.

Le débat sur l'efficience des marchés financiers

Les marchés financiers sont-ils efficients ? On dit d'un marché qu'il est efficient s'il réagit rapidement aux nouvelles informations et s'il reflète bien toute l'information disponible, sans erreurs systématiques. Cela suppose que tous les intervenants ont accès à la même information au même moment et utilisent les mêmes meilleurs modèles disponibles pour prendre leurs décisions financières. Il existe trois formes d'efficience :

– la forme faible où les prix incorporent tout l'information passée disponible (aucun modèle de prévision basé sur les prix constatés dans le passé ne peut « battre » le marché) ;

– la forme semi-forte où les prix incorporent toute l'information publique existante ;

– la forme forte où les prix incorporent toute l'information existante (privée comme publique) et où personne ne peut « battre » le marché à coup sûr. Les cours suivent alors ce que l'on appelle une « marche au hasard » ou une martingale.

Cette question fait l'objet d'un débat nourri au sein des spécialistes de la finance ; les innombrables études économétriques sur le sujet (dont on imagine bien l'intérêt pour les opérateurs sur les marchés) ont tendance à conclure plutôt pour la thèse de la marche au hasard, mais sans exclure la validité d'une « certaine forme » de « conventions » dans les comportements des opérateurs financiers, qui permet de détecter de légères régularités dans le temps (appelées « autocorrélations » en économétrie) et donc des éléments de prévisibilité non nuls pour certains marchés. L'utilisation de méthodes communes d'analyse des titres financiers par les opérateurs financiers peut être un élément non négligeable d'explication de ces régularités.

L'irrationalité : mimétisme, surréactivité, volatilité

L'observation des comportements effectifs des opérateurs financiers montre cependant que la rationalité de leurs anticipations s'inscrit dans un contexte singulier qui donne aux marchés financiers leurs caractères distinctifs : mimétisme et instabilité.

Ils sont « **mimétiques** », parce que l'on considère que tous les opérateurs ont tendance à réagir dans le même sens, se fiant à l'idée générale de leurs confrères plutôt que de valoriser des jugements personnels. Keynes, financier aux spéculations heureuses, disait que le bon financier devait préférer avoir tort avec tout le monde que de s'aventurer à avoir raison contre la large majorité. La cause de ce caractère mimétique est simple. La valeur de marché d'un titre est le résultat des anticipations faites par les opérateurs sur l'évolution prévisible du cours de ce titre ; ils se fondent sur leur appréciation propre et sur ce qu'ils pensent être la vision dominante de leurs confrères. Si la majorité des opérateurs a anticipé la hausse, cette hausse se produit : c'est ce que l'on appelle le « caractère auto-réalisateur des anticipations ». C'est ainsi que peuvent se former des bulles spéculatives.

Ils sont « **surréactifs** » et « **volatils** », parce que les cours peuvent varier brutalement et fortement, au-delà de ce que la cause de la variation aurait dû entraîner. L'élasticité des courbes d'offre et de demande par rapport aux prix est mal connue, et peut être élevée du fait de phénomènes spéculatifs. Ainsi de petites variations autour du prix supposé servir de référence implicite, au moment des transactions, engendrent de larges mouvements de ventes ou d'achats, qui peuvent eux-mêmes, en cas de doute du marché, déclencher des phénomènes de mimétisme et amplifier encore plus les mouvements. Ils sont « volatils », parce que la « valeur fondamentale » d'une entreprise, comme on l'a vu, est une donnée relative, qui dépend en partie d'éléments objectifs, les « fondamentaux réels », mais surtout des anticipations faites par les opérateurs financiers sur le taux de croissance de l'économie et des entreprises, sur leur capacité à engendrer des bénéfices, et sur les risques sous-jacents. Ces anticipations peuvent varier rapidement en fonction des informations nouvelles. La volatilité des marchés des changes est inférieure à celle des marchés d'actions et peut être supérieure à celle des taux d'intérêt qui sont mieux suivis par les banques centrales [1].

Ils sont « **à équilibres multiples** », c'est-à-dire que contrairement aux thèses classiques de l'équilibre sur les marchés, plusieurs équilibres de prix sont possibles indifféremment. La théorie moderne souligne le rôle joué par les mécanismes de coordination des anticipations entre tous les opérateurs financiers, dans la formation

1. *Perspectives économiques*, OCDE, juin 2002.

d'équilibres multiples, par exemple, quand des petites variations dans les primes de risque intégrées dans les calculs d'actualisation peuvent déboucher sur des prix d'équilibre extrêmement différents. Quand les anticipations des agents économiques sont instables, on peut ainsi observer des décrochages brutaux de cours ou de taux de change.

On étudiera en détail la formation et la régulation des taux d'intérêt dans la leçon 14, consacrée à la politique monétaire ; on se centrera donc ici sur les deux autres grands marchés, le marché des changes et le marché des actions.

V. LE MARCHÉ DES CHANGES : NOUVEAUX MÉCANISMES, NOUVEAUX ENJEUX

Les changes fixes d'avant 1973 étaient l'affichage de parités fixes d'une devise avec d'autres devises, en général le dollar ou les DTS. Dans ce système, un pays devait ou accepter des dévaluations régulières ou maintenir son taux d'inflation tendanciel au niveau de celui des devises de référence. Sinon, ses exportations baissaient, sa balance commerciale était déséquilibrée, sa monnaie était attaquée ; il était obligé de puiser dans ses réserves de change et de mener une politique restrictive pour réduire sa demande effective, ses importations et l'inflation, tout en augmentant ses taux d'intérêt, pour lutter contre les fuites de capitaux. Les changes flexibles [1] permettent désormais le libre jeu de l'offre et de la demande de devises : le taux de change donne une variable d'ajustement complémentaire à la flexibilité des prix internes. Les ajustements économiques peuvent se faire par un glissement du taux de change : un taux d'inflation plus élevé et le déficit commercial entraînent une baisse de la valeur de la monnaie, qui stimule les exportations et réduit les importations, ce qui favorise en théorie le retour partiel

1. On utilise indifféremment les termes « flexibles », « variables » ou « flottants » pour qualifier ce régime de changes.

à l'équilibre de la balance des paiements. Mais les changes flottants n'ont pas donné les résultats attendus[1].

Les taux de change sont fixés au jour le jour sur les marchés, en fonction des différentiels de taux d'intérêt, des anticipations de hausse de prix et de croissance des pays, et du solde extérieur. Un débat important porte cependant sur le poids respectif de ces différentes variables économiques. L'environnement international exerce sur l'activité d'un pays une contrainte d'autant plus forte que ce dernier est de petites dimensions et ouvert aux échanges internationaux : un pays ne peut pas, en général, avoir durablement une balance des paiements courants déficitaire, sous peine de s'enfermer dans une spirale d'endettement extérieur, de dévaluations et d'inflation. Les États-Unis font exception aujourd'hui : la spirale d'endettement extérieur et de dévaluation, par rapport à l'euro notamment, ne s'est pas encore accompagnée d'une inflation importée significative. Cependant cette question reste un sujet majeur de préoccupation pour les autorités monétaires américaines qui ont remonté fortement leurs taux d'intérêt en 2005 pour faire face par avance aux risques inflationnistes liés à la hausse du prix du pétrole et à une croissance élevée.

À court terme, la contrainte principale est supposée venir des **taux d'intérêt**, et les marchés financiers, réagir rapidement aux écarts de ces derniers. Dans un marché en équilibre, la différence entre les taux d'intérêt de deux pays est égale en théorie à la différence de variations anticipées de taux de change. Un pays dont la monnaie a tendance à se déprécier, du fait de l'inflation en particulier, aura des taux d'intérêt plus élevés s'il veut compenser par avance la moindre rentabilité relative des placements dans sa monnaie. C'est ce que l'on appelle le **principe de parité des taux d'intérêt** : les taux d'intérêt des différents pays sont en principe identiques, à la différence près des taux de change anticipés.

Les taux de change sont liés également, dans le moyen terme, au solde des transactions courantes : quand celui-ci est positif, les entrées nettes de devises sont supérieures aux sorties. Le marché est en principe demandeur net de devises du pays dont la balance extérieure courante est excédentaire. Les taux de change dépendent

1. Voir la leçon 17, page 525.

aussi des anticipations à long terme sur les taux de croissance et de l'inflation : toutes choses égales par ailleurs, une différence de taux de croissance attendus peut amener les opérateurs à acheter des actifs du pays le plus dynamique pour lequel le rendement ou les plus-values potentielles des actifs s'annoncent plus élevés, et donc à se trouver demandeurs de la monnaie considérée. L'ensemble de ces déterminants à moyen terme du taux de change, anticipations de taux de croissance et d'inflation, situation de la balance des paiements courants, et plus généralement tous les éléments de politique économique qui peuvent avoir à terme une incidence sur les taux de change, sont les **déterminants fondamentaux du change**.

En fait, les différentiels de taux d'intérêt au jour le jour exercent une influence modérée sur le niveau du change. Les marchés sont d'abord demandeurs de devises si les anticipations de taux de change permettent d'envisager des opérations favorables à court terme sur ces devises ; ces anticipations ont un puissant effet autoréalisateur, qui peut se transformer en bulle ou à l'opposé en crise.

Avec les changes flottants, une baisse de taux d'intérêt entraîne normalement une sortie de capitaux, une dépréciation de la monnaie, la dynamisation des exportations et la relance de l'activité économique. Mais la baisse des taux face à un ralentissement marque la volonté des autorités monétaires de soutenir la croissance ; elle a pour effets une hausse de la valeur des titres, accentuée par une révision des taux de croissance anticipés qui servent de base au calcul de la valeur des actions, et une augmentation de la demande des titres et de fait de la devise de ce pays. Une baisse relative des taux peut donc, dans certaines conditions, comme cela a été le cas des États-Unis au début de l'année 2001, entraîner une augmentation du cours de la devise concernée.

VI. LE MARCHÉ DES ACTIFS ET LES EFFETS RÉELS DES MÉCANISMES FINANCIERS

Le *q* de Tobin et les investissements des entreprises

James Tobin[1] a montré le **lien entre la création de valeur boursière d'une entreprise et le niveau des investissements des entreprises** : l'entreprise a tendance à investir tant que la rentabilité marginale du capital est supérieure au coût de celui-ci. Une entreprise dont la valorisation boursière est nettement plus élevée que sa valeur comptable a donc, en théorie, tendance à investir fortement, car elle a encore devant elle un certain nombre d'opportunités d'investissements. Elle le fera tant que le rendement marginal du capital n'est pas « retombé » au niveau de son coût marginal, qui est la somme du taux d'intérêt et du taux d'amortissement, en cas de financement par emprunt, ou tant que la valeur boursière de l'entreprise est supérieure à sa valeur comptable, en cas de financement par émission d'actions. Par extension de ce raisonnement à l'ensemble de l'économie, Tobin en a tiré la conclusion que le ratio ***q***, qui rapporte la valeur boursière générale à la valeur comptable des actifs productifs, est un bon indicateur de la propension à investir dans l'économie. Si ***q*** est supérieur à 1, l'investissement tend à augmenter, avec une fragilité potentielle tenant à une éventuelle bulle boursière. À l'inverse, s'il tombe en dessous de 1, l'investissement doit ralentir. On constate de fait le lien entre la variation de la capitalisation boursière et le taux d'investissement rapporté au capital productif[2].

Cette considération explique notamment le fait que **le cours de l'action** soit devenu la variable de synthèse permettant d'apprécier le management de l'entreprise : la « valeur » boursière a ainsi éclipsé l'importance traditionnelle du chiffre d'affaires, des parts de

1. Économiste américain (1918-2001), prix Nobel, grand théoricien des questions monétaires et connu du grand public pour la fameuse taxe sur les mouvements de capitaux, une partie pourtant marginale de son immense contribution, avec laquelle, au demeurant, il a pris une certaine distance à la fin de sa vie.

2. *World Economic Outlook*, chapitre 3, FMI, mai 2000 ; H. Edison et T. Slok, *New Economy Stock Valuation and Investment in the 90's*, FMI, juin 2001.

marché, et même du profit. Pour l'entreprise, la possibilité d'émettre des actions est l'équivalent de la capacité de battre monnaie pour un État : le meilleur investissement est celui qui se finance en papier, presque en « assignats », pour reprendre l'expression, hélas prophétique, de Michel Bon en 1999, plutôt qu'en *cash*. Il est donc essentiel, pour une entreprise comme pour un État, de défendre sa crédibilité et la valeur de sa « monnaie ». Si la valeur de la monnaie-entreprise chute, ses investissements sont entraînés à la baisse pour deux raisons convergentes : l'entreprise a moins de capacité de financement, y compris parce que le *rating* bancaire se dégrade simultanément ; l'entreprise doit d'autre part redresser son rendement du capital ou ROE *(return on equity)* en réduisant ses dépenses, à commencer par ses investissements. Cet « effet papier » peut être considéré aujourd'hui comme l'effet d'entraînement le plus important des marchés financiers sur les marchés réels. Les crises financières ont effectivement eu pour conséquence dans l'histoire récente la suspension au moins provisoire des plans d'investissement des entreprises, comme par exemple lors du minikrach de l'automne 1998 et du retournement de 2001. Les effets sont plus faibles en Europe continentale qu'aux États-Unis ; ils sont plus forts dans le secteur des TMT (télécoms, médias, technologies) que dans l'économie « classique »[1].

Des études de la Commission européenne et du FMI[2] donnent des résultats qualitativement semblables, avec un effet important sur le taux de croissance réel du PIB : une baisse de 10 % de la Bourse peut entraîner une baisse de 1,5 point aux États-Unis et de 1,3 point en zone euro.

L'effet richesse et la consommation des ménages

L'équivalent pour les ménages est l'**effet richesse**, c'est-à-dire l'accroissement de leur consommation due à l'augmentation de la valeur de leur patrimoine financier et immobilier. Cet effet est d'autant plus marqué qu'il est accompagné, dans l'analyse des opé-

1. H. Edison et T. Slok, cité plus haut.
2. *World Economic Outlook*, chapitre 3, FMI, mai 2000 ; H. Edison et T. Slok, *op. cit.*

rateurs sur les marchés financiers, d'anticipations de croissance plus forte et d'un abaissement des primes de risque. L'observation des données économiques conduit cependant à relativiser l'effet richesse suivant les circonstances. Celui-ci, en effet, n'a pas été constaté à la suite des krachs financiers de l'automne 1987 et de l'automne 1998, ces dates ne marquant pas de freinage significatif de la consommation des ménages : le cycle « réel » d'expansion a résisté.

Ce même cycle ne semble cependant pas avoir résisté à la crise de 2001 car celle-ci s'est accompagnée de tensions politiques et conflictuelles, l'indice de confiance des ménages s'effondrant et avec lui la consommation, notamment aux États-Unis [1].

Les estimations de l'effet richesse sont en outre très variables et doivent être prises comme des ordres de grandeur. Une étude des composantes de l'effet richesse aux États-Unis [2] estime par exemple, sur la période 1982-1999, l'élasticité de la consommation des ménages à 3 % – une chute de 10 % des cours à Wall Street entraîne une baisse de 0,3 % de la consommation des ménages –, et à 6 % celle de l'effet richesse sur le patrimoine immobilier. L'étude citée du FMI [3] présente, de la même manière, l'évaluation de l'incidence sur la consommation d'une hausse de 100 sur la valeur des actions détenues : elle se traduit en moyenne par une augmentation de 5 de la consommation des ménages anglo-saxons. Le portefeuille boursier détenu directement par les ménages représente environ 30 % du patrimoine aux États-Unis et 12 % au Royaume-Uni (mais les institutionnels représentent plus de 40 %). Cet effet est plus limité en Europe continentale – de 1 % – où l'effet richesse varie nettement suivant les pays et la répartition du patrimoine entre actions et immobilier. La France et l'Allemagne sont des pays où la détention directe et surtout indirecte d'actions par les ménages est plus faible, en proportion du patrimoine total des ménages. L'effet richesse y tient plutôt, selon toute probabilité, à la sensibilité des

1. FMI, rapport annuel 2004.

2. R. Shiller *et alii*, « Comparing Wealth Effects-the Stock Market and the Housing Market », NBER, octobre 2001, cité par *The Economist*, 10 novembre 2001. L'OCDE évalue l'effet richesse à des niveaux plus élevés, 0,6 % pour les États-Unis et 0,2 % pour l'Europe : voir *Perspectives économiques*, juin 2002.

3. *World Economic Outlook*, FMI, mai 2001.

ménages à l'état du marché immobilier. En 1992-1993, la crise de l'immobilier en France a ainsi amplifié la récession économique.

Cycle des actions et cycle réel

Le comportement des intermédiaires accentue les cycles financiers. Les banques prêtent largement quand les actifs boursiers sont au plus haut mais réduisent leur offre de capital quand ces actifs sont au plus bas. C'est ce qui alimente le cycle du crédit, avec le risque de voir se succéder des périodes de bulles spéculatives puis de *credit crunch* (pénurie de crédit). L'analyse empirique confirme une forte corrélation entre l'évolution du cycle boursier et celle du cycle économique réel, mesurée par l'*output gap* (différence entre le taux de croissance observé et le taux de croissance potentielle).

Cycle boursier et cycle de la production aux États-Unis (taux mensuel de croissance – lissage sur un an)

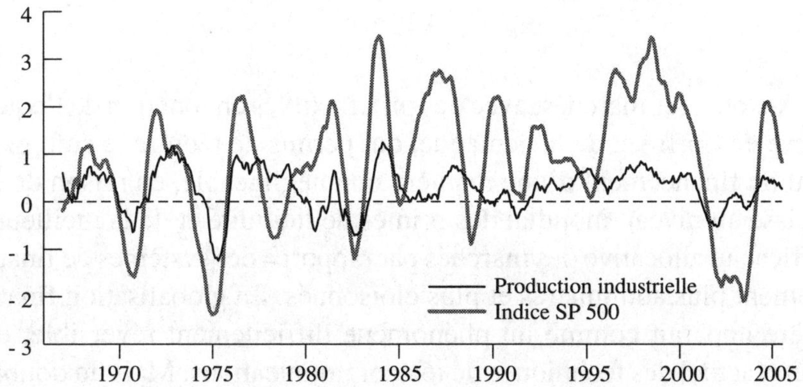

Source : base de données Shiller-Université Yale

Reste en débat la part respective dans ce lien de deux mécanismes de causalité opposés : celui des anticipations rationnelles selon lequel les marchés « intègrent » parfaitement les variations attendues des données économiques, certes avec un puissant effet autoréalisateur, et celui des canaux de transmission des marchés financiers vers les marchés réels, notamment par l'effet richesse et « l'effet papier ». Dans le premier cas, les marchés financiers ne sont que l'effet ; dans le second, ils sont la cause. Quel que soit le sens de cette causalité, une variation importante et durable des prix des actifs financiers est incontestablement associée à des effets importants sur l'économie réelle. D'où l'importance qui s'attache à apprécier les possibilités d'à-coups ou de crises sur les marchés financiers et, pour les prévenir, de réguler les marchés et les opérateurs.

Le niveau élevé des prix des actifs immobiliers enregistré en 2005 aux États-Unis, au Royaume-Uni ainsi qu'en Espagne, qualifié par de nombreux observateurs de bulle immobilière, peut être un facteur de fragilisation financière et contribuer à une crise en cas de retournement violent du marché, analogue à celui constaté au Japon dans les années 1990. Les États-Unis subissent aujourd'hui un assouplissement dangereux des exigences de solvabilité des emprunteurs ; les clients à risques qui représentaient environ 5 % des prêts immobiliers en 1994, sont près de 34 % en 2004 selon l'association des banquiers hypothécaires MBA.

* * *

Au total, les marchés, avec des prix flexibles en fonction de l'équilibre de l'offre et de la demande, ont permis de réduire le coût global du financement d'une manière non négligeable, en raison de la baisse au niveau mondial des primes de liquidité et de la meilleure efficacité allocative des marchés par rapport à des systèmes de financement plus administrés et plus cloisonnés. La globalisation financière apparaît comme un phénomène difficilement réversible, en l'état actuel des techniques de télécommunications. Mais un double problème se pose. D'abord celui de la compatibilité entre l'instabilité inéluctable des marchés financiers et la nécessaire stabilité dont a besoin la croissance des économies modernes : c'est le défi lancé aux responsables de la politique économique des grands pays aujourd'hui. La question est donc celle des mécanismes ou institutions à mettre en place pour limiter les inconvénients des marchés financiers pour les économies, en particulier les risques de crises internationales majeures comme cela a failli être le cas à l'automne 1998 avec la crise russe, après le 11 septembre 2001, ou en 2002.

Le second problème est celui de l'information économique et financière : l'efficacité des marchés repose sur la qualité des informations à partir desquelles les opérateurs réalisent leurs diagnostics. Leur valeur dépend principalement de la qualité des sources, de la connaissance de leurs limites, des conventions comptables et statistiques faites, qui peuvent, dans certaines circonstances, introduire des biais : par exemple, dans la norme IAS[1], obligatoire depuis 2005 pour les banques et les grandes entreprises, les évaluations comptables sur la base de la valeur seule de marché des actifs peuvent amplifier la volatilité, aussi bien les périodes de bulle que les mouvements de baisse. Quant à la fraude pure et simple, elle fait radicalement perdre confiance dans les marchés. C'est la raison pour laquelle le renforcement de la sécurité des informations est un élément majeur du bon fonctionnement des marchés financiers.

1. IAS : International Accounting Standards.

DEUXIÈME PARTIE

LES RUPTURES

Il y a une distance énorme entre le monde de 2005 et celui des années 1980. Elle est certes due à la libéralisation des marchés, comme on l'a vu dans la première partie, mais aussi à un bouleversement du terrain de jeu économique ; la géographie politique a connu une transformation considérable, avec la chute du mur de Berlin et l'affirmation de la puissance économique asiatique. La Terre a rétréci ; la muraille de Chine est plus proche du centre de Paris, par téléphone, que ne l'était Asnières à l'époque des années 1970. Tout internaute a accès, à tout moment, à une documentation illimitée venant de la planète entière. Les entreprises sont transformées par l'introduction des nouvelles technologies de l'information et de la communication, dans une évolution qui n'a fait que commencer. Enfin, la mondialisation d'aujourd'hui risque d'être le triomphe du modèle culturel et social américain, celui de l'esprit de la conquête de l'Ouest et du *business*, sans trop regarder ceux qui restent au bord de la route. C'est le retour des inégalités, et plus sûrement encore la remise en question de l'idéal social-démocrate.

Nous verrons donc dans cette deuxième grande partie trois ruptures essentielles : le phénomène de globalisation, l'émergence des nouvelles technologies, et le retour de certaines injustices sociales. Pour le dire autrement, **notre nouvel environnement est celui des trois « i » : interdépendances, innovations, inégalités**. Dans chacune de ces dimensions, l'Europe doit trouver sa voie et faire entendre son message : acteur global et organisé dans le domaine commercial, elle doit encore affirmer sa vision politique dans la maîtrise de la mondialisation ; en retard dans la diffusion des TIC, elle n'arrive pas à se donner les moyens de son rattrapage ; subissant les inégalités, elle peine à définir avec force un modèle spécifique de ses traditions et valeurs.

Leçon 5

LA MONDIALISATION ÉCONOMIQUE

I. MYTHES ET SYMBOLES DE LA MONDIALISATION

La mondialisation est devenue un des clivages les plus marquants de la société d'aujourd'hui : bouc émissaire de toutes les incertitudes et appréhensions pour les uns, synonyme de modernité et de progrès pour les autres, elle recouvre la plupart des dimensions de la vie sociale. Insécurité attribuée aux courants d'immigration, peur de voir se dissoudre son identité culturelle face à la formidable machine américaine à produire de l'audiovisuel, globalisation des défis stratégico-militaires avec les formes nouvelles du terrorisme international. Aucune nation, même la mieux organisée, n'est désormais à l'abri. Les risques pour l'équilibre écologique sont eux-mêmes partagés, avec le réchauffement de la planète.

La mondialisation n'est pas un phénomène nouveau : le sentiment de concurrence économique des pays lointains était déjà vif sous Rome. « Tous les ans, l'Inde, la Chine et l'Arabie enlèvent à notre empire cent millions de sesterces », écrivait Pline l'Ancien[1] à propos de l'importation des produits de luxe. La concurrence des pays asiatiques était déjà d'actualité… On connaît au moins deux grandes vagues précédentes de mondialisation, assorties, elles aussi, de périodes de fortes mutations dans les techniques, celle de la découverte du Nouveau Monde et de la Renaissance, et celle des révolutions industrielles de la fin du XIXe siècle. La vague actuelle

1. Cité par D. Cohen dans *Richesse du monde, pauvreté des nations*, Flammarion, 1997.

a un visage très marqué par l'émergence de nouveaux grands acteurs économiques en Asie, par l'affirmation de la puissance américaine depuis la mort du communisme d'État, qui apparaissait comme le principal rempart face au capitalisme triomphant[1] et par l'absence relative de l'Europe. Les changements de cette ampleur font peur. Ils s'inscrivent souvent, par réflexe défensif, en négatif dans les consciences collectives, qui ont alors besoin de se replier dans des représentations identitaires et protectrices. Cela est surtout vrai en France où seule une minorité ose afficher clairement les avantages procurés par la mondialisation. Le discours entendu est souvent définitif : la mondialisation est un mal nécessaire, une réalité à laquelle nous ne pouvons rien, sinon tout au plus en corriger les excès à la marge. Avec une variante altermondialiste, idéaliste et généreuse en apparence comme les moustaches de José Bové, mais conservatrice, voire populiste sur le fond : la mondialisation selon elle serait le nouveau visage du diable capitaliste, une sorte « d'horreur économique », contre laquelle il faudrait organiser la levée en masse des travailleurs ou des républicains, suivant le registre choisi. Et d'égrener allègrement les symboles, auxquels même les dirigeants sont obligés de sacrifier :

– l'OMC, toutefois un peu mieux considérée depuis la nomination de Pacal Lamy, et les autres institutions internationales ;

– les multinationales, l'impérialisme américain et Davos ;

– les méchants : l'Europe libérale et Bolkenstein ;

– les « bons » : la gauche radicale qui renaît en France, Attac, nouveau *must* de la pensée unique antimondialisation ;

– les remèdes miracles : la taxe Tobin, devenue pour la mondialisation ce qu'était le mythe révolutionnaire autrefois, et ses variantes.

La mondialisation est ainsi déchirée entre deux tendances, schématiquement représentées : d'une part les grands acteurs multinationaux voient leur champ d'action s'élargir, dans la discrétion ; d'autre part une forme de refus, avec ses raisons et parfois sa noblesse, devant le maintien ou la résurgence de certaines inégalités humaines.

1. Paradoxalement préludant ainsi au triomphe de la classe ouvrière, « les antagonismes entre les peuples disparaissant de plus en plus avec le développement de la bourgeoisie, la liberté du commerce, le marché mondial… », comme prédit par Marx dans le *Manifeste du parti communiste*.

Un des visages spectaculaires, même s'il est plus ancien, de la mondialisation est celui de la guerre économique, par exemple l'affrontement Boeing-Airbus. La guerre du textile chinois est également révélatrice du nouveau terrain de jeu sur lequel se présentent aujourd'hui les conflits commerciaux. Mais ce qui est original, c'est que maintenant l'arbitre mondial a des cartes en main : l'Organisation mondiale du commerce, dont le rôle est considérable même quand les conflits se résolvent par la négociation. Un de ses défauts majeurs est cependant la longueur de ses procédures, aussi bien pour l'appréciation du fond des dossiers que pour l'exécution des décisions. C'est le propre de toute justice, et la face négative du progrès de la régulation commerciale. Ce qui apparaît également inédit, c'est la visibilité par les négociateurs internationaux qui ont maintenant l'obligation de faire face à des opinions publiques protectionnistes.

La donne mondiale a donc profondément changé au cours des deux dernières décennies : le monde n'est pas devenu le grand village annoncé, mais l'intégration commerciale et culturelle a tendance à unifier l'espace, donnant une actualité nouvelle à de vieux débats. Le cadre juridique évolue, la règle de droit a progressé. On va voir dans cette leçon, dans un premier temps la réalité de la mondialisation, puis la nouvelle donne géographique mondiale ; on examinera ensuite le vieux débat du libre-échange et du protectionnisme. On rappellera l'histoire des négociations commerciales internationales et l'état actuel des enjeux ; enfin, on mettra en perspective les questions les plus cruciales posées par la mondialisation.

II. LA RÉALITÉ DE LA MONDIALISATION AUJOURD'HUI : L'EXPLOSION DU COMMERCE ET DES INVESTISSEMENTS INTERNATIONAUX

La mondialisation, dans sa dimension économique, est un phénomène aux multiples facettes : l'instantanéité de la diffusion de l'information dans tous les pays de la planète, la croissance rapide des flux de biens et de services et la mobilité des hommes à travers l'espace sont des éléments uniques dans l'histoire par leur généralisation et leur ampleur. Mais c'est, comme on l'a vu dans la leçon précédente, sur le terrain financier que la mondialisation est le plus achevée.

Les échanges internationaux ont connu un développement considérable après la Seconde Guerre mondiale en raison de la baisse des coûts de transports et de transaction, de la mise en place de techniques adaptées de financement du commerce international, et de la stabilité politique et économique d'ensemble. Les coûts unitaires du transport maritime ont été divisés par 3 entre 1920 et 1960 et sont stables depuis cette date ; en revanche, ceux du transport aérien ont été divisés par 10 depuis 1920, et ceux des communications téléphoniques par plus de 100 entre 1970 et 2000[1]. La période de croissance exceptionnelle des « trente glorieuses » s'est accompagnée d'une libéralisation des échanges, liée à la volonté des États avancés, en particulier des États-Unis, d'intensifier le commerce mondial et d'élargir leurs débouchés. La période de 1985 à 2004 a été une période de reprise : le commerce des marchandises a connu un taux annuel de croissance moyen de 6,5 % et la production mondiale un rythme annuel de 2 %.

Le commerce international de marchandises représentait 8 880 milliards de dollars en 2004, et celui des services 2 100 milliards de dollars.

L'essentiel du commerce international est le fait des pays développés, au sein des trois grands blocs du commerce international :

– l'Europe concentre, en échanges intra-européens et en commerce extra-européen, plus de 50 % du commerce mondial ; les échanges entre les pays européens représentent le tiers du commerce mondial, à peine moins que le niveau de 1913 (40 %), au temps où l'Europe dominait l'économie mondiale ;

– les relations commerciales entre les continents asiatique, américain et européen représentent aujourd'hui environ un tiers du commerce international.

La nature des biens échangés a profondément changé, à l'image de la production, avec l'évolution technique. Au cours des années

1. P. Masson, « *Globalization, Facts and Figures* », FMI, document de travail, octobre 2001.

Taux de croissance annuelle des exportations mondiales de marchandises et du PIB

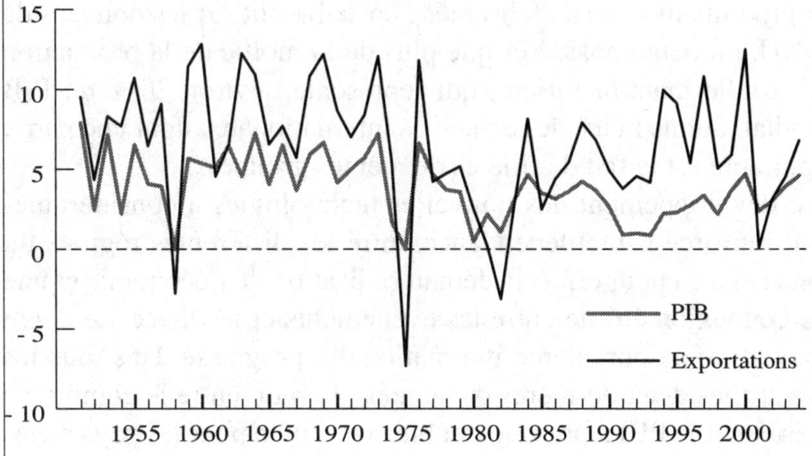

Sources : OMC et FMI

1950, on échangeait en majorité des produits de base et des matières premières agricoles, dont le poids était élevé et la valeur unitaire faible. Aujourd'hui, le commerce mondial porte sur des produits très élaborés, comme les semi-conducteurs, dont la valeur unitaire par kilogramme est beaucoup plus élevée car les échanges concernent maintenant des biens à fort contenu en valeur ajoutée. Le développement rapide du commerce international des services est une tendance récente : de 400 milliards de dollars en 1985, ils sont passés à 2 100 milliards de dollars en 2004. Le secteur des services est varié : transports, voyages, échanges financiers (par exemple, le paiement des intérêts dus ou reçus sur les prêts internationaux) ou technologiques (par exemple, les achats et les ventes de brevets, des produits de la recherche en général). Ce secteur représente maintenant environ le quart du commerce mondial. Les services de transports et de voyages comptent pour 53 % des échanges de services. Mais ce sont les autres services, en particulier les échanges technologiques et financiers, qui progressent le plus.

Les coûts de transaction sont ainsi devenus faibles, ce qui facilite l'externalisation des entreprises : les services internes aux entreprises – d'études, de maintenance, de transports – ont par exemple été remplacés par le recours à des prestataires extérieurs, souvent dans des pays éloignés. Le commerce concerne une part très élevée des produits industriels fabriqués : en se basant sur les données de l'ONU, on peut considérer que plus de la moitié de la production industrielle manufacturière, qui représente environ 20 % du PIB mondial, donne lieu à des échanges internationaux, dont une partie importante est le fait de filiales de mêmes groupes.

Le développement des nouvelles technologies a considérablement renforcé l'interdépendance entre les différentes régions du monde et a eu pour effets la dématérialisation de l'économie et une interconnexion étroite entre les événements et les lieux. Le degré d'ouverture au commerce international a progressé dans tous les pays sur les deux dernières décennies : le ratio entre le commerce extérieur et le PIB a presque doublé, aussi bien pour les pays avancés que pour ceux en voie de développement.

L'émergence d'acteurs économiques mondiaux : les investissements directs étrangers

Le commerce international est de plus en plus structuré par l'existence de plusieurs dizaines de milliers de groupes multinationaux – environ 60 000 à 65 000 en 2003, selon la Cnuced[1], contre 7 000 seulement à la fin des années 1960 –, représentant une part considérable du PIB mondial, difficile à estimer. Aujourd'hui, les grandes entreprises multinationales ont acquis un poids équivalent à celui des administrations des États dans la prise des décisions publiques.

Le total des flux des investissements directs à l'étranger – 1 % du PNB mondial en 1980 – a atteint 3,5 % en 2000, soit un montant record de 1 400 milliards de dollars en 2000 ; le reflux a fait tomber ce chiffre de moitié en 2003 mais il tend à remonter. Ces investissements concernent maintenant les services (télécommunications, services financiers, transports aériens, services informatiques) en relation avec les mouvements de déréglementation et de privatisa-

1. Conférence des Nations unies pour le commerce et le développement.

tion. Les fusions-acquisitions internationales ont connu une croissance explosive au cours de la décennie 1990 : leur montant total a atteint 1 144 milliards de dollars en 2000, avec un rythme annuel de croissance de 25 % de 1985 à 1995 et de plus de 40 % sur la période 1995-2000, et après une retombée à 300 milliards en 2003, revient à son niveau antérieur. Les deux tiers de celles-ci sont encore effectués dans les pays de la triade Union européenne, États-Unis et Japon[1], et particulièrement dans l'Union européenne, en raison des progrès de l'intégration : celle-ci concentre maintenant 40 % des fusions-acquisitions mondiales.

Les nouvelles technologies de l'information et de la communication permettent aux entreprises de s'organiser d'une manière efficace avec des activités dispersées à travers le monde ; en particulier, des activités de haute technologie peuvent maintenant être implantées dans les pays en développement car la main-d'œuvre locale y est souvent très qualifiée. Les tâches à forte intensité de main-d'œuvre peuvent être gérées à distance. Les investissements s'effectuent dans les pays dotés de facteurs de production modernes, d'infrastructures adaptées, et d'institutions favorables. Les sites dotés de facteurs complémentaires efficaces attirent et conservent les facteurs mobiles que sont le capital et la technologie. Les exemples les plus marquants sont Bengalore en Inde dans la mise au point de logiciels, car cette ville dispose d'ingénieurs très qualifiés et d'une multiplicité de sous-traitants informatiques de haut niveau et compétitifs, ou Singapour et Hongkong dans le domaine des services financiers et pour l'implantation de sièges régionaux en Asie. Les échanges internationaux entre filiales d'une même entreprise multinationale représentent maintenant une part importante du commerce international : entre le quart et le tiers des échanges entre le Japon et les États-Unis, par exemple[2]. La capacité des sociétés transnationales à optimiser leurs opérations pour tirer le meilleur parti des réglementations nationales, l'implantation du siège dans des paradis juridiques ou fiscaux, les participations croisées, les tarifications de cession interne posent de redoutables problèmes fiscaux aux États.

1. Rapports sur l'investissement dans le monde 2000 et 2001, Conférence des Nations unies pour le commerce et le développement.

2. *Perspectives économiques*, OCDE, juin 2002.

III. LA NOUVELLE GÉOGRAPHIE MONDIALE : LES GAGNANTS SONT HORS D'EUROPE

La mondialisation a été, et continuera vraisemblablement d'être encore dans les prochaines années, un puissant facteur de redistribution de la croissance et des richesses : de 1970 à 2003 la part de l'Europe dans le PIB mondial a décru environ de 35 % à moins de 25 %, elle est passée de 28 % à 24 % pour les États-Unis, mais a augmenté de 20 % à 35 % pour l'Asie du Sud et de l'Est. Les parts de marché à l'exportation des produits manufacturés sont restées assez stables pour les grands pays avancés, au cours de la même période de trente ans environ : le Japon a vu sa part de marché multipliée par 1,19 et, à l'opposé, celles de l'Allemagne ou des États-Unis divisées par 1,18 et celle du Royaume-Uni, qui a connu une forte désindustrialisation depuis la révolution thatchérienne, divisée par 1,28. Entre les deux, la France ou l'Italie sont restées assez stables. Mais les « tigres » et « dragons », certes partis de très bas, ont littéralement « explosé », avec des taux de pénétration du marché mondial qui ont été multipliés par 4,45 pour le « tigre celtique », 8,7 pour Singapour, voire 9,8 pour la Corée du Sud. Cette évolution est révélatrice d'une redistribution des cartes à l'échelle mondiale, du fait de la croissance et d'un phénomène de rattrapage de nombre des pays en développement.

La notion de tiers-monde, répandue jusqu'à une période récente, s'est effacée ; le développement de villes ultramodernes vient se plaquer au cœur de la quasi-totalité des pays, certains encore très pauvres, marquant avec force le dualisme du développement moderne. Aujourd'hui, le paysage des pays sous-développés ou en développement est très contrasté. Des pays considérés comme avancés jusque vers les années 1960 se rangent à présent parmi les pays émergents, comme ceux de l'Amérique du Sud. Les pays qui émergent avec éclat, connaissent une croissance rapide mais aussi une crise potentielle récurrente. Les « tigres » et « dragons » tirent leurs avantages comparatifs d'un couple « bas salaires et potentiel technologique élevé ». Parmi les ex-pays communistes, certains sont près d'entrer dans le club des pays avancés et démocratiques, d'autres, au contraire, s'enfoncent dans le désordre. Dans la plupart des pays africains, enfin, la paupérisation devient un défi majeur, mais jusqu'à présent insoluble, pour l'humanité.

Le bilan sur une longue période des modèles choisis pour chaque pays s'avère donc très contrasté.

	PIB 2004 (en %)	**Population 2004 (en %)**	**Taux annuel moyen de croissance 1997-2004**
Total monde	100,0	100,0	3,9
dont :			
États-Unis	20,9	4,7	3,4
Europe des 25	20,5	7,3	2,2
Japon	6,9	2,0	0,9
Chine	13,2	20,7	8,3
Inde	5,9	17,3	5,9
Russie	2,6	2,3	4,7
4 NPI Asie	3,5	1,3	4,2
Afrique	3,3	12,5	4,0
PVD Asie	5,5	14,4	3,9

Source : *World Economic Outlook*, FMI, 2005

La repolarisation de l'économie-monde : cap sur l'Asie

Les **États-Unis** restent les gagnants, au cœur de l'économie-monde, même si leur poids relatif a diminué ; leur modèle est le plus adapté à l'économie moderne, et ils restent la référence incontestée de la conjoncture mondiale. Le bloc **européen**, encore en voie de constitution, apparaît comme le perdant relatif des deux dernières décennies. Enfin, on trouve un ensemble de pays, éclatés physiquement, mais dont la conjonction du poids démographique et du potentiel de croissance économique fait des poids lourds de l'évolution économique.

Si on considère la richesse relative créée chaque année, en multipliant la part dans le PIB mondial par le taux de croissance, on constate que **la Chine concentre le tiers de la croissance de la planète**, soit autant à elle seule que les États-Unis et l'Union européenne réunis [1]. Malgré des débats sur les estimations statistiques, on peut considérer que le PIB de l'économie chinoise a été au moins multiplié par trois ou quatre sur les deux dernières décennies en raison d'un effort considérable d'épargne intérieure, accompagné par des investissements internationaux. La compétitivité-prix de l'économie chinoise en fait l'atelier industriel de l'Asie et de plus en plus du globe entier. Elle est devenue le premier producteur mondial pour un grand nombre de produits courants, depuis les stylos-billes, jouets, briquets, chaussures… jusqu'aux ordinateurs portables ; elle est, et ceci explique cela, le premier marché mondial pour les produits de base et les équipements domestiques. L'adhésion de la Chine à l'OMC va encore accroître son potentiel. Le niveau exceptionnel de son taux d'épargne (plus de 40 %) permet au pays de jouir d'un excédent considérable de sa balance courante, au contraire de ce que l'on doit normalement observer dans un pays émergent en croissance rapide ; la Chine est devenue un créancier majeur du Trésor américain. Le mode de croissance, unique en son genre, au-delà des masses humaines et économiques en cause, intrigue : le cocktail atypique d'une libéralisation forcenée de l'économie et du maintien parfois énergique d'un ordre politique rigide pourra-t-il perdurer sans spasmes majeurs ? La rapidité du processus d'ouverture de ce pays a accentué également les déséquilibres sociaux entre les villes en développement rapide et des zones rurales encore très pauvres, mais aussi la croissance rapide d'un « lumpenprolétariat » urbain, malgré les efforts des pouvoirs publics pour contrôler les migrations intérieures ; le nouveau modèle de développement reste à confirmer entre la tradition chinoise de solidarité collective et les exigences du progrès économique. Le maintien d'un niveau de croissance élevé (de 7 % par an dans les quinze prochaines années), au prix d'une pollution appelée à devenir la question centrale du réchauffement climatique dans le monde, est présenté comme indispensable pour assurer un minimum de cohé-

1. Voir notamment E. Izraelewicz, *Quand la Chine change le monde*, Grasset, 2005.

sion sociale[1]. Les crises financières sont par ailleurs une maladie endémique des économies émergentes, comme on le verra dans la leçon 17. S'agissant de la Chine, si les finances extérieures du pays sont florissantes du fait des excédents courants considérables, le système bancaire reste fragile, en raison d'un niveau très élevé de créances douteuses (20 % des bilans des banques, ce pourcentage devant décroître et atteindre 10 % dans les cinq ans). Un soutien jusqu'à présent inconditionnel des autorités monétaires a entretenu un aléa moral ; le schéma d'un « *hard landing* » qui peut être provoqué par l'inflation, du fait de la surchauffe, la hausse des taux d'intérêt, ou par une crise du dollar, ne doit donc pas être exclu[2].

L'**Inde** apparaît de plus en plus comme un possible autre champion économique des prochaines décennies, par sa masse démographique, une certaine tradition scientifique et une main-d'œuvre qualifiée à bas salaires, le maintien des pratiques anglophones, qui en font une destination privilégiée pour les localisations de services de haut niveau, surtout dans l'informatique ; l'Inde est devenue le premier exportateur mondial de services informatiques. La croissance récente est assez forte, de près de 6 % en moyenne annuelle, mais le faible niveau d'éducation d'ensemble, une démocratie fragile et clientéliste, font que Bengalore est encore loin de détrôner la Silicon Valley, malgré les estimations selon lesquelles il y aurait aujourd'hui plus d'ingénieurs dans les TIC dans la métropole indienne qu'au sud de San Francisco (150 000 contre 120 000[3]).

Quant au **Japon**, le pays malade de l'Orient de la dernière décennie et de ce début de millénaire, il serait hasardeux de ne pas lui donner toute sa place dans le petit groupe de tête des grands pays avancés. La reprise de l'investissement productif des entreprises et de la croissance est passée par des réformes structurelles profondes, qui ont mis le pays sur le chemin du retour d'une confiance durable. Le potentiel humain et technologique du Japon, son avance scientifique dans de nombreux domaines, sont très importants et le progrès technique lié à la nouvelle économie peut avoir des effets à terme sur le retour d'une croissance forte.

1. Kim Hyung Lee, « Avenir de la croissance en Chine », *Sociétal*, printemps 2005.
2. M. Goldstein, « What Might the Next Emerging Market Crisis Look Like ? » Institute of International Economics, juillet 2005.
3. « The Rise of India », *Business Week*, 8 décembre 2003.

De même, si les pays producteurs de pétrole, au premier rang desquels se situe la **Russie**, n'ont pas encore tiré le bénéfice de leurs formidables rentes, on ne peut exclure de les voir rejoindre le bloc des pays technologiques. Les réformes engagées en Russie après la crise de 1998 et la hausse des prix du pétrole ont permis le retour à un niveau de croissance élevé, environ de 7 % par an en moyenne entre 2003 et 2005, mais elle aura connu une diminution de moitié de son niveau de vie relatif entre 1990 et 2000 et surtout un accroissement des inégalités. La construction d'institutions adaptées au modèle d'économie de marché qu'a choisi le pays demandera un temps beaucoup plus important qu'on pouvait le penser au moment de l'arrivée de Vladimir Poutine au pouvoir, en 2000. La propension à entreprendre y est faible, notamment pour les petits entrepreneurs, les fuites de capitaux restent encore élevées, et l'industrie du pétrole sert encore largement à une économie de troc et représente un risque de « Dutch disease[1] ».

Le **monde arabe** pose un problème particulier : son poids dans le PIB mondial n'atteint pas 3 %, malgré la manne pétrolière, et il n'a pratiquement pas connu de croissance pendant une bonne partie des années 1990, le taux de croissance du revenu par habitant étant de 0,5 % par an. Au cours des vingt dernières années, le taux d'accroissement du revenu par tête y a été le plus bas au monde, mis à part l'Afrique subsaharienne. La productivité totale des facteurs de production a diminué de 0,2 % par an en moyenne, au cours de la période 1960-1990, et celle de la main-d'œuvre industrielle des pays arabes est passée de 32 % de celle de l'Amérique du Nord en 1960 à 19 % aujourd'hui[2]. Le revenu réel d'un ressortissant arabe ne représente que moins de 15 % de celui d'un ressortissant de l'OCDE, environ deux fois moins qu'en 1980. Dans une région disposant pourtant d'élites nombreuses et qualifiées, il y a donc un véritable défi économique, mais aussi politique, posé par la permanence des conflits au Proche-Orient.

1. Voir leçon 17, pages 516 à 518.
2. Rapport du PNUD sur le développement des pays arabes, 2002.

IV. UN VIEUX DÉBAT : LE LIBRE-ÉCHANGE ET LE PROTECTIONNISME

Le débat contemporain sur la mondialisation est le visage moderne d'un des plus vieux sujets de la science économique : physiocrates, puis classiques adeptes du libre-échange, contre mercantilistes devenus colbertistes et protectionnistes.

Le libre-échange ou l'actualité de Ricardo

La thèse du libre-échange a été élaborée dans sa forme actuelle par les classiques anglais, et principalement David Ricardo. La libéralisation commerciale, comme la concurrence, entraîne un processus d'efficacité dynamique de l'innovation : « Dans un système d'entière liberté du commerce, chaque pays consacre son capital et son industrie à l'emploi qui est le plus utile. Les vues de l'intérêt individuel s'accordent parfaitement avec le bien de toute la société [...] On parvient à une meilleure distribution et à plus d'économie dans le travail. En même temps, l'accroissement de la masse générale des produits répand partout le bien-être ; l'échange lie entre elles toutes les nations et en fait une seule et grande société[1]. » Le commerce international favorise une meilleure utilisation des ressources de chaque pays, une augmentation des opportunités des entreprises, une diffusion plus rapide des innovations et des savoir-faire et l'amélioration de la productivité. Il permet une plus grande liberté de choix pour le consommateur, des prix plus bas en raison des économies d'échelle et de la concurrence. Contrairement aux idées reçues, les avantages de l'ouverture tiennent autant aux importations qui augmentent la concurrence intérieure, stimulent l'innovation et favorisent le développement d'activités pour lesquelles les importations sont indispensables, qu'à la possibilité d'exporter. Inversement, le protectionnisme entrave les entreprises

1. D. Ricardo, *Des principes de l'économie politique et de l'impôt*, 1817, Flammarion, 1971.

les plus dynamiques en leur fermant des parts de marché, et pénalise les consommateurs. Un pays ouvert à la concurrence internationale produit plus de biens et de services avec les mêmes ressources que s'il reste fermé au commerce extérieur. Par exemple le tiers le plus dynamique des pays en développement, qui a baissé ses droits de plus d'un tiers en moyenne depuis 1980, a doublé la part des exportations dans le PIB et a connu des taux de croissance annuelle du PIB par tête supérieurs à 4 % par an. En revanche, le reste des pays en développement n'a baissé ses tarifs extérieurs que de 11 % et a connu une faible croissance du PIB par tête[1]. Une étude américaine récente[2] évalue le surplus économique entraîné par le libre-échange à un chiffre de 1 000 milliards de dollars par an pour les États-Unis, de 10 % du PIB, donnée qu'il convient de considérer avec prudence compte tenu des méthodes de calcul ; il est possible que le chiffre soit analogue pour l'Europe.

L'analyse empirique de cette relation a fait l'objet de très nombreux travaux depuis quelques années et **converge sur ce lien entre ouverture commerciale et croissance**. Cependant, la répartition des avantages se concentre surtout au profit des consommateurs des pays avancés et des grandes entreprises internationales. Les questions de libéralisation du commerce international sont donc conflictuelles, même si celle-ci est globalement bénéfique : ceux qui doivent s'adapter représentent des groupes bien ciblés, et pèsent facilement sur les opinions publiques et les assemblées parlementaires.

La permanence des tendances protectionnistes

Le protectionnisme reste donc une réalité forte dans le monde d'aujourd'hui. La doctrine du protectionnisme date également du XIXe siècle et a été formulée par Friedrich List, économiste allemand qui considérait que son pays ne pourrait se développer, face à la concurrence anglaise, dominante à l'époque, qu'à l'abri d'une protection commerciale. C'est une vision plus réaliste qu'idéologique : le protectionnisme est l'arme provisoire du deuxième de la classe qui veut être le premier, et qui, parvenu à ses fins, aura au

1. P. Masson, document cité page 160.
2. S. Bradford, *et alii*, « The Payoff to America from Global Integration », Institute for International Economics, 2005.

contraire intérêt à lutter pour le libre-échange : « La protection douanière est notre chemin, le libre-échange est notre but[1]. » Mais le protectionnisme, d'après List, ne peut pas profiter à tout le monde : les petites nations ont intérêt au libre-échange si elles veillent à une bonne insertion dans le commerce international. Seules les nations qui disposent d'industries capables, à terme, de rivaliser avec les plus puissantes ont intérêt à des protections. Pour renforcer la résistance aux industries anglaise et américaine, il préconisait d'ailleurs l'alliance entre l'Allemagne et la France.

Ces thèses ont conservé leur actualité : les avantages concurrentiels des différents pays ne sont pas donnés une fois pour toutes et peuvent être construits et entretenus par l'action publique. C'est notamment parce qu'ils ont su gérer leur commerce extérieur, usant aussi bien de protections temporaires des productions locales que d'aides plus ou moins déguisées aux exportations, que certains pays d'Asie, comme le Japon, puis les « dragons », ont pu construire leur développement. Les secteurs moteurs de l'économie se sont suivis par vagues successives, selon un phénomène appelé « développement en vol d'oies sauvages[2] », en commençant par des industries légères à technologie facilement accessible. Aujourd'hui, certains économistes considèrent, en s'appuyant sur un appareillage analytique complexe, qu'un protectionnisme limité et temporaire peut être justifié par les imperfections du marché. Le risque, fort, est cependant l'engrenage des mesures de représailles de la part des pays étrangers concernés. Il est long et délicat de négocier un désarmement protectionniste.

1. F. List, *Système national d'économie politique*, Introduction, 1840.

2. C'est Akamatsu (1896-1974), économiste japonais, qui, dans le fil de F. List et de la protection des industries naissantes, a mis au point la théorie du modèle du développement « en oies sauvages » : un pays sous-développé peut se développer relativement rapidement avec des industries qui fabriquent d'abord des produits bon marché pour le marché intérieur, et commencent à exporter, dès qu'ils sont assez forts, avec des niveaux croissants de qualité ; ce processus se répète, s'étend aux biens d'investissement, et conduit ainsi à un processus rapide de développement sur des secteurs spécialisés et porteurs du marché mondial.

Les limites du libre jeu de la concurrence : la « softwar » Boeing-Airbus

Le marché de la construction aérienne est écrasé aujourd'hui par Boeing et Airbus qui se partagent aujourd'hui le marché mondial, à égalité, avec une histoire et des stratégies différentes. La firme de Seattle, avec 50 milliards de dollars de chiffre d'affaires et ses 170 000 salariés, a longtemps dominé le marché mondial, avec une gamme complète allant de petits avions comme le 727 aux gros porteurs comme le 747. Airbus a été fondé en 1970 à l'initiative de plusieurs pays européens afin d'avoir une industrie aéronautique indépendante et atteint aujourd'hui un chiffre d'affaires de 20 milliards de dollars environ avec près de 50 000 salariés. Airbus s'est fait sa place sur le marché des court et moyen courriers, avec le A300, premier biréacteur à grand fuselage, d'une capacité de 220 passagers, puis les A320. Airbus, après ses succès sur le marché des petits avions, s'est attaqué au marché des gros porteurs avec le A340 en 1991 et, en 2005, le premier vol du A380, le plus gros avion commercial jamais conçu, transportant 650 passagers.

Le secteur est celui de rendements d'échelle croissants, avec une forte tendance à la concentration, en raison de charges de R/D très élevées, d'effets d'apprentissage qui rendent nécessaire la production de séries très longues, et des délais considérables de retour sur investissement. De plus, l'intervention de l'État est naturellement importante dans le secteur en raison du poids des contrats militaires, qui représentent environ la moitié du marché du secteur aussi bien aux États-Unis qu'en Europe. La concurrence est acharnée au sein d'un duopole qui apparaît comme un cas d'école pour économistes. Ils y trouvent[1] un argument en faveur des politiques commerciales stratégiques ; les fortes imperfections du marché justifient les interventions publiques. L'analyse théorique est bien connue. Si un nouveau modèle d'avion est susceptible d'être produit par les deux entreprises, en offrant des profits possibles analogues pour chacune des entreprises, la théorie des jeux conclut à la course aux subventions.

L'intervention des États prend des formes différentes des deux côtés de l'Atlantique : en Europe, des avances remboursables, desti-

1. J.-M. Siroën, rapport sur les « Choix de politique commerciale dans le cas de la concurrence imparfaite », Commissariat au Plan, 1997.

nées à l'ensemble des travaux d'études et de fabrication jusqu'à la mise en service. Aux États-Unis, les aides publiques viennent aussi bien de l'État fédéral, du Department of Defense et de la NASA, que des États concernés (notamment des avantages fiscaux des États de Washington, Kansas, Oklahoma), voire du Japon en direction des sous-traitants japonais. Les conflits entre les deux entreprises sont permanents ; ceux entre les États qui les défendent ont failli être portés devant le GATT, mais des négociations bilatérales ont permis un compromis basé sur un plafonnement des aides. L'accord de 1992 a fixé une limite de subventions de 33 % du coût de développement des nouveaux appareils.

Cependant le succès grandissant de la gamme Airbus a amené Boeing et, derrière eux, les États-Unis, à chercher à entraver le potentiel commercial de l'avionneur européen et à dénoncer, en 2004, l'accord de 1992, en s'appuyant sur une évaluation large des aides supposées des États européens à Airbus. De son côté, l'Union européenne a engagé une procédure devant l'OMC, sans rompre le fil des contacts directs susceptibles d'éviter une procédure aussi complexe qu'incertaine pour les parties en présence.

La doctrine d'aujourd'hui : un libéralisme réaliste et organisé

Il ne faut donc pas avoir une vision idyllique du commerce international, en raison des multiples distorsions reconnues de la concurrence internationale. Pour actualiser et paraphraser Friedrich List, on pourrait dire que le libéralisme est notre but et notre chemin, mais qu'il faut savoir avancer avec lucidité au milieu des idées convenues. Les conditions sont très rarement réunies dans les pays avancés pour qu'une mesure de protection garantisse durablement d'améliorer la situation, même face aux comportements les plus inacceptables. Le commerce international ne peut être ainsi, dans les faits, qu'un *second best,* un compromis entre une vision idéalisée du monde et des réalités économiques et politiques fortes, des intérêts puissants qui savent se déguiser avec beaucoup d'habileté derrière les meilleurs arguments et les ambitions les plus nobles. Le commerce mondial donne l'impression d'une « guerre économique », faite de conflits et de jeux de positions tactiques, entre les États et les entreprises, dont les terrains et règles sont multiples : droits de douane, investissements, pratiques anticoncurrentielles… Le cadre multilatéral commun de régulation, et de plus en plus l'arbitre, est maintenant l'Organisation mondiale du commerce (OMC), qui a succédé en 1995 au General Agreement on Tariffs and Trade (Gatt).

V. LES NÉGOCIATIONS MULTILATÉRALES : UNE HISTOIRE

Le Gatt a été le fruit, au lendemain de la Seconde Guerre mondiale (1947), d'une négociation portant à la fois sur la réduction des tarifs douaniers et sur un code de bonne conduite commerciale des États : non-discrimination, clause de la nation la plus favorisée, principe de traitement égalitaire entre produits nationaux et produits importés, une fois qu'ils sont sur le territoire national. Il était à l'origine prévu comme un accord connexe aux négociations sur l'établissement d'une Organisation internationale du commerce, parallèle, dans le domaine commercial, aux organisations financières internationales nées de la guerre (FMI et Banque mondiale). L'abaissement des tarifs douaniers de l'accord du Gatt devait surtout offrir l'impulsion requise pour mener à bien l'ensemble des engagements inscrits dans le projet de l'OIC. C'est ainsi que, en mars 1948, 53 États ont signé la charte de La Havane, l'acte final de la Conférence des Nations unies sur le commerce et l'emploi adopté en vue d'établir l'Organisation internationale du commerce (OIC). Mais celle-ci n'a pas été ratifiée par le Congrès américain, de tradition protectionniste.

Plusieurs cycles de négociations ont été conduits dans le cadre du Gatt, à l'origine de réductions des droits de douane jusqu'à l'avènement de l'Organisation mondiale du commerce en 1995 : Genève en 1947, avec 23 pays, Annecy en 1949, avec 33 pays, Torquay en 1951, avec 34 pays, Genève en 1956, le Dillon Round en 1960-1961, avec 35 pays. Le Kennedy Round, en 1963-1967, avec 48 pays, devait voir, pour la première fois, la présence d'un négociateur représentant la Communauté européenne, la discussion des barrières non tarifaires, et était conclu par une nouvelle réduction des droits de douane et la définition de mesures antidumping. Le cycle de Tokyo (1973-1979), auquel ont participé 99 pays, a été l'occasion de progrès importants dans de nombreux domaines. Les droits de douane ont été abaissés de 33 % sur les produits industriels des pays développés, ramenant le droit moyen pondéré de 7,2 % à 4,9 %, et la négociation commerciale multilatérale a abordé les obstacles non tarifaires : marchés publics, subventions, obstacles techniques, antidumping, évaluations en douane, licences d'importation.

Le **cycle de l'Uruguay** (1986-1993), avec 120 pays, s'est conclu, après sept ans de négociations, par des textes qui ont modifié les règles du commerce international. L'acte final de l'accord a été adopté à Genève le 15 décembre 1993 et signé le 15 avril 1994 à Marrakech. L'agriculture a été le thème central des discussions. La Communauté européenne défendait une réduction progressive du soutien à l'agriculture basée sur une approche globale de la notion de soutien, alors que les États-Unis visaient l'élimination progressive des mesures de soutien à la production et des aides directes aux exportations, et l'harmonisation de la législation relative aux produits phytosanitaires. L'accord sur l'agriculture, dit « de Blair House », a prévu une limitation des aides à l'exportation et des subventions à la production, avec une clause de « paix », selon laquelle les États-Unis ne devaient pas dénoncer les aides internes de l'Union européenne devant le Gatt avant l'année 2003, si l'Europe respectait ses engagements.

Dans l'ensemble, les pays industrialisés ont consenti une réduction de 40 % de leurs droits, déjà très bas en moyenne. Surtout, les règles multilatérales du commerce international ont été élargies à des secteurs sous statut particulier, comme le textile-habillement, régi par l'accord multifibres qui contingentait les échanges entre pays en développement exportateurs et pays industrialisés ; celui-ci a fait l'objet d'un démantèlement progressif sur dix ans, en quatre étapes.

Le fonctionnement de l'OMC

La création de l'OMC, le 1er janvier 1995, marque l'avènement d'un nouveau système commercial multilatéral. L'OMC, qui vise le commerce des marchandises et des services et les aspects des droits de propriété intellectuelle qui touchent au commerce, est une organisation permanente ayant un cadre permanent et son propre secrétariat. Elle compte **148 membres** qui représentent environ 90 % du commerce international, avec l'entrée récente de la Chine ; une trentaine de pays possèdent le statut d'observateurs et une trentaine de négociations en vue d'adhésion sont en cours, en particulier celles de la Russie. La création de l'**Organe de règlement des différends (ORD)**, chargé d'arbitrer les conflits commerciaux, est la nouveauté la plus grande de l'OMC. En cas de conflit commercial, les pays membres disposent de soixante jours pour trouver une solution « compatible avec les règles de l'OMC ». En cas d'échec, au terme de cette période, l'affaire est portée devant l'OMC ; le plaignant demande la création d'une commission d'arbitrage, appelée « groupe de travail spécial », qui établit un rapport dans un délai de six mois maximum. Une fois examiné, celui-ci est adopté par l'ORD sauf s'il est rejeté à l'unanimité ou fait l'objet d'un appel. Cette procédure qui nécessite désormais l'unanimité pour rejeter un rapport représente une grande modification : l'adoption du rapport nécessitait antérieurement l'accord général. Une fois l'affaire tranchée, si le pays reconnu en tort se refuse à appliquer la décision, le plaignant peut user de représailles, une hausse des droits de douane par exemple, ou obtenir des compensations.

En près de dix ans de fonctionnement, l'OMC a réglé plus de trois cents plaintes : le nouveau système d'arbitrage a favorisé les compromis, car les trois quarts des affaires ont été réglées à l'amiable. L'OMC a permis la conclusion d'accords sectoriels dans les domaines des technologies de l'information, des services financiers et des télécommunications (décembre 1997). Deux questions restent en suspens : la capacité d'un pouvoir de proposition propre dans les négociations internationales et la définition et l'application des sanctions multilatérales.

VI. LES ENJEUX DU CYCLE DE DOHA

Après l'échec d'une première conférence tenue à Seattle en décembre 1999, la quatrième Conférence de Doha, au Qatar, en novembre 2001, avait débouché sur un accord ambitieux, base du cycle de négociations qui devait être terminé le 1er janvier 2005. Elle avait également approuvé par consensus l'entrée de la Chine et de Taïwan, au titre de « territoire-membre » et non d'État-membre, à l'OMC.

Une nouvelle fois dans les négociations commerciales internationales, les calendriers ne seront pas respectés. L'échec de Cancún en 2003 et une relance à Genève en 2004 laissent ouvert le terrain de jeu, dans un contexte où la fièvre du protectionnisme est remontée, du fait du ralentissement de la croissance et du maintien d'un haut niveau de chômage en Europe, de l'intensification de la concurrence chinoise et de la difficulté des États-Unis à sortir des déficits.

1. De Doha à Hong Kong

L'agenda adopté à Doha représentait une **avancée** sur trois points :

– **la hiérarchisation des normes** avec la Déclaration sur les aspects des droits de propriété intellectuelle qui touchent au commerce et à la santé publique ; les normes commerciales doivent s'effacer devant le droit à la santé pour faciliter l'accès des populations pauvres aux médicaments. En particulier, le régime dit des « licences obligatoires » crée des autorisations accordées par les États aux producteurs locaux, pour que ceux-ci puissent produire un médicament protégé par un brevet ; ce sont des dispositions dérogatoires au droit des brevets face à des situations d'urgence sanitaire, quand aucun accord n'est trouvé avec le détenteur du brevet et sous condition que celui-ci reçoive une rémunération adéquate. Chaque membre a la faculté d'accorder des licences obligatoires, et de déterminer les motifs pour lesquels de telles licences sont consenties. Les critères d'urgence nationale sont à l'appréciation des membres et recouvrent, entre autres, les crises dans le domaine

Les négociations agricoles : les positions en présence

Face au **problème agricole**, les membres de l'OMC sont divisés en quatre blocs :

– **Le Groupe de Cairns**, qui regroupe des pays exportateurs de produits agricoles (Afrique du Sud, Argentine, Australie, Brésil, Canada, Chili, Colombie, Fidji, Indonésie, Malaisie, Nouvelle-Zélande, Paraguay, Philippines, Thaïlande, Uruguay), demande que l'agriculture soit traitée comme une marchandise et réclame le démantèlement total des soutiens agricoles ;

– les **États-Unis** militent pour l'élimination des subventions aux exportations agricoles, comme les pays du Groupe de Cairns, et la réduction du soutien interne ; seraient exemptées de réduction les mesures de soutien interne qui n'auraient que des effets nuls ou minimes sur les échanges, comme par exemple les dispositifs de sécurité agricole, la protection de l'environnement et des ressources naturelles, le développement rural, et l'ajustement structurel. La partie soumise à l'obligation de réduction devrait atteindre un pourcentage déterminé de la valeur de la production agricole. Cette position favorise les pays où de gros agriculteurs produisent en grande quantité et défavorise ceux qui ont des politiques de soutien permettant de veiller aux intérêts d'une importante population rurale de petits agriculteurs. Les États-Unis demandent l'élimination des subventions aux exportations, alors même qu'ils subventionnent leurs exportations agricoles, comme les pays du Groupe de Cairns, avec des crédits à l'exportation ou l'aide alimentaire, quand ce n'est pas directement par le Farm Bill ;

– les **pays en développement** réclament à la fois une plus grande ouverture des marchés des pays développés et une flexibilité accrue pour leur politique agricole et leur protection tarifaire, avec des positions variées pouvant aller jusqu'à l'exonération des pays en développement de toute discipline en matière d'aides agricoles ;

– l'**Union européenne** s'inscrit dans le cadre de la réforme de la politique agricole commune décidée au Conseil européen de Luxembourg de juin 2003, avec la baisse des prix d'intervention (céréales, viande bovine et produits laitiers), le plafonnement du budget agricole à 40 milliards d'euros, et le découplage des aides qui ne doivent plus être liées à la production. Un nouveau modèle agricole est avancé, avec la reconnaissance du caractère multifonctionnel de l'agriculture, le développement socio-économique des zones rurales, la sécurité alimentaire et la protection de l'environnement ainsi que la promotion et la coexistence de différents types d'agriculture. Cette approche est parfois considérée par les pays en développement comme du protectionnisme déguisé.

de la santé publique. Le cas de l'utilisation des licences obligatoires par un pays en développement qui n'a pas de capacités de production propres a été réglé en août 2003 par un accord séparé ;

– un **progrès dans la régulation mondiale**, car il prévoit de négocier de nouvelles règles pour encadrer des domaines tels que la concurrence ou l'investissement. Les membres de l'OMC n'ont cependant pris aucun engagement pour définir la hiérarchisation des règles édictées par les différentes organisations internationales. Le préambule de la Déclaration ministérielle, qui revêt une valeur juridique utilisable par l'Organe de règlement des différends de l'OMC, et comporte l'engagement des membres de l'OMC en faveur du développement durable. Il pose les bases d'une articulation entre l'OMC et les accords multilatéraux sur l'environnement ;

– enfin et surtout, **le développement érigé en question préalable** du prochain cycle ; l'Agenda de Doha pour le développement est la liste des négociations à mener pour une meilleure intégration des pays en développement dans le commerce international, avec le principe de « responsabilité commune mais différenciée » : l'application des règles commerciales aux pays en développement doit être proportionnée à leurs capacités et besoins. Les accords de Marrakech avaient créé en effet des obligations souvent inadaptées aux pays en développement, en matière de subventions ou de droits de propriété intellectuelle, qui peuvent entraver les stratégies de développement des pays pauvres. Les pays en développement veulent pouvoir subventionner des industries naissantes, ou certaines exportations industrielles, sans subir de droits compensateurs de la part des pays industrialisés. L'ouverture d'enquêtes antidumping à répétition, destinées à frapper des exportations compétitives car fabriquées avec une main-d'œuvre à faible coût, est également perçue comme une sorte de « harcèlement ».

La question des **normes sociales** est restée en suspens : « Nous réitérons la déclaration que nous avons faite à la Conférence ministérielle de Singapour concernant les normes fondamentales du travail internationalement reconnues. Nous prenons note des travaux en cours à l'Organisation internationale du travail sur la dimension sociale de la mondialisation. » Les pays en développement, en premier lieu l'Inde, sont opposés à l'introduction explicite de normes sociales dans les accords commerciaux : selon leur position, seule l'Organisation internationale du travail a une légitimité sur cette question, mais chercher à établir un lien contraignant entre l'OMC et l'OIT revient à mettre en place, sous couvert du « social », une forme de protectionnisme. Le faible coût de la main-d'œuvre et les conditions de travail sont, pour de nombreux pays en développement, le seul avantage comparatif dont ils estiment bénéficier par rapport aux pays industrialisés, alors même que les pays avancés auraient eux-mêmes assuré leur propre décollage économique par l'exploitation de leur main-d'œuvre.

2. Les sujets de base

– Le **domaine agricole** est traditionnellement un des sujets les plus conflictuels au cours des négociations. Les positions sont bien établies : la ligne de défense de l'Europe, celle d'un principe de spécificité du secteur au nom de la « multifonctionnalité », est perçue ailleurs comme l'incapacité de l'Union européenne à progresser sereinement dans une réforme pourtant nécessaire. Pire, elle pose l'Europe, aux yeux de tous les pays en développement, comme un bastion des égoïsmes occidentaux : même si l'agriculture bénéficie d'un statut spécial – subventions, quotas, divers soutiens internes – dans l'ensemble des pays développés, qui dépensent près de 400 milliards de dollars par an pour la protection de leur secteur agricole, les tensions se sont focalisées sur le Vieux Continent, qui prétend pourtant porter le plus haut la bannière du développement durable.

L'étendue de la libéralisation des échanges agricoles ne sera définie qu'au terme des négociations ; le texte indique également que « toutes les formes de subventions à l'exportation » seront examinées, comme les subventions aux exportations agricoles utilisées par les États-Unis, telles que l'aide alimentaire ou les garanties de crédit à l'exportation, ainsi que les aides directes du Farm Bill. Il est ainsi paradoxal que, alors que ce dernier, adopté début 2002, marque un retour de la part des États-Unis au système de prix garantis et de subventions directes à la production, ce soit la position de l'Union européenne qui soit perçue comme protectionniste. Le calendrier retenu devait permettre à celle-ci de gérer conjointement la négociation internationale et la réforme de la PAC décidée pour 2007-2013 au Conseil de Luxembourg de juin 2003.

– Les **négociations sur les services** revêtent une importance majeure, car elles peuvent mettre en jeu la défense des services publics et de la diversité culturelle. La méthode de listes positives garantit une libéralisation contrôlée des services publics, comme l'éducation, la santé et la culture. Elle permet à chaque pays de conserver la maîtrise des « offres » de libéralisation qu'il soumet à ses partenaires et de ne pas aborder les secteurs qu'il considère comme sensibles, comme le transport maritime pour les États-Unis ou le secteur audiovisuel pour l'Union européenne, au cours de l'Uruguay Round.

– Pour **l'industrie**, les tarifs en vigueur, à l'issue de la mise en œuvre des accords de Marrakech, sont bas : la moyenne est de 3 % pour l'Union européenne, 1,5 % pour les États-Unis et 1,2 % pour le Japon. Mais la question est celle des pics tarifaires pour les pays industrialisés. L'Union européenne a une structure tarifaire relativement harmonisée : aucun tarif industriel n'est supérieur à 25 %, un seul à 20 % et seules quelques lignes tarifaires dépassent 15 %. Mais les États-Unis, eux, ont 650 lignes tarifaires supérieures à 15 %. Les pays en développement ont des tarifs industriels en moyenne quatre à cinq fois supérieurs, avec des pointes de 50 %. Les négociations viseront à « réduire ou à éliminer les crêtes tarifaires, les droits élevés et la progressivité des droits, ainsi que les obstacles non tarifaires, en particulier pour les produits dont l'exportation présente un intérêt pour les pays en développement ».

3. À la recherche de l'accord

La Conférence de Cancún en 2003 s'est soldée par un échec, malgré la modestie de l'objectif affiché qui était d'affirmer la vitalité du système multilatéral dans ce qui n'était qu'une « étape à mi-parcours ». Les pays en développement sont apparus divisés et en particulier la question des subventions aux exportateurs américains de coton, considérée comme sensible, n'a pas été abordée ; l'ensemble des sujets de Singapour a été écarté.

L'année 2004 a permis de ne pas couper le cordon de la discussion, grâce aux initiatives de Robert Zoellick et de Pascal Lamy, alors représentants américain et européen. Le processus de Doha a pu redémarrer à la suite de l'accord-cadre de Genève qui prévoit de fixer un calendrier de démantèlement des subventions agricoles à l'exportation, une baisse du soutien interne et une réduction des droits de douane (à l'exception des produits sensibles, comme le riz pour le Japon ou le lait et le sucre pour l'Europe). Les « sujets de Singapour » sont écartés, sauf celui de la simplification des procédures douanières. Pour le coton, un « sous-comité » doit être créé, ce qui permet d'étaler le traitement du problème dans la durée.

La réunion préparatoire de Dalian, en Chine, en juillet 2005 a porté principalement sur l'agriculture. Elle a vu les membres du G20 proposer une réduction des droits de douane moins sévère pour les pays développés que pour les pays en développement, dont les tarifs douaniers maximaux pourraient atteindre un plafond de 150 %, contre 100 % pour les pays riches. La Commission a accepté que l'Union européenne soit classée dans la tranche supérieure, le Japon et les États-Unis étant dans la deuxième tranche, en échange de la disparition des crédits à l'exportation versés par les États-Unis à leurs agriculteurs. L'architecture de l'accord a fait l'objet de discussions difficiles en décembre 2005 lors de la conférence ministérielle de l'OMC à Hong Kong et le cycle doit en principe être bouclé fin 2006. L'élection à la tête de l'OMC d'une personnalité aussi forte que Pascal Lamy constitue ainsi un facteur d'espoir.

VII. LES QUESTIONS CRUCIALES DE LA MONDIALISATION

Faut-il avoir peur des délocalisations ?

Cette question[1] est au cœur de débats économiques renouvelés, sur un fond d'enjeux politiques récurrents. Les délocalisations, sous leur forme la plus forte, celle d'un transfert d'activité d'un pays avancé vers un pays où, à même productivité, les coûts salariaux sont plus faibles, ont toujours été vécues comme un traumatisme, que ce soit dans les pays à chômage réduit comme les États-Unis ou dans l'Europe continentale. Elles touchaient habituellement les entreprises industrielles ; elles concernent maintenant des activités de services comme les *call-centers* ou l'industrie du génie logiciel. Elles s'inscrivent dans un mouvement de réorganisation de la chaîne de valeur de l'activité économique à l'échelle mondiale. La spécialisation internationale s'exacerbe avec la mondialisation. Par exemple, une voiture moderne, vendue aux États-Unis sous une marque américaine, a un « contenu étranger » pour au moins les deux tiers de sa valeur ajoutée, dont une bonne part réalisée dans des pays émergents.

Les réflexes naturels d'inquiétude que suscitent ces mouvements sont fortement médiatisés dans l'opinion publique, d'autant plus qu'une fermeture d'usine est bien visible alors que les multiples créations d'emplois dans l'économie, qui viennent largement compenser ces diminutions d'emplois, sont diffuses et moins spectaculaires. Le spectre des risques de la délocalisation est souvent agité par certains chefs d'entreprise pour faire accepter des suppressions d'effectifs, ou renégocier les salaires, parfois même sous forme d'un chantage outrancier.

L'importance réelle de ces délocalisations est difficile à évaluer. De nombreux rapports, aussi bien aux États-Unis qu'en Europe[2], considèrent que le pourcentage des délocalisations ne constitue qu'une partie modeste, inférieure en toute hypothèse à 10 %, des suppressions d'emplois causées par les mouvements « naturels » des effectifs dus

1. L. Fontagné, « Faut-il avoir peur des délocalisations ? » En temps réel, avril 2005.

2. Voir en particulier le rapport du European Forecasting Network, « When Jobs Disappear and Workers Do Not. International Relocation of Production and the

en particulier au progrès technique ; des études plus alarmistes fournissent cependant des chiffres plus élevés [1]. L'incertitude conceptuelle sur la notion de délocalisation est à l'origine de la difficulté à fournir une comptabilisation rigoureuse du phénomène : les implantations à l'étranger peuvent concerner aussi bien la nécessité d'une présence industrielle dans des pays à forte croissance de la demande intérieure, que des choix de localisation d'activités nouvelles dans des zones attractives par leurs coûts salariaux, sans conséquence immédiate sur les usines existantes dans les pays avancés.

Face à la Chine, Samuelson contre Ricardo ?

Cependant, alors que ces mouvements d'activités apparaissaient jusqu'à présent marginaux, leur incidence prend une autre dimension face aux géants industriels que commencent à devenir la Chine et l'Inde. Le paradigme ricardien de l'avantage mutuel à l'échange, de la conséquence positive du développement même rapide des pays émergents aussi bien pour le pays concerné que pour les pays avancés, apparaît moins évident du point de vue des économistes.

Le célèbre économiste Paul Samuelson [2] a ainsi contribué à cette polémique en insistant sur le caractère nouveau des conditions actuelles de la croissance chinoise et indienne qui font que, dans le moyen terme, celui des échelles de temps des êtres humains, rien n'est moins évident que les bienfaits normalement attendus de l'échange international. Il ne faudrait pas exclure un appauvrissement des travailleurs des pays les plus avancés. L'importance de « l'armée de réserve » que constituent les centaines de millions de paysans chinois et indiens est en effet un facteur puissant de maintien durable des bas salaires dans ces deux pays.

European Economy » in « Economic Assessment of the Euro Area : Forecasts and Policy Analysis » printemps 2005 ; également les travaux du European Monitoring Center on Change, ou le rapport de l'Insee, « Délocalisations et diminutions d'effectifs dans l'industrie française », 2005.

1. Rapport de la commission des finances du Sénat, 2005.

2. Samuelson, « Where Ricardo and Mill Rebut and Confirm Arguments of Mainstream Economists Supporting Globalization », *Journal of Economic Perspectives*, 2004.

Cette approche a été contestée paradoxalement par ceux-là même qui défendaient le principe du protectionnisme en réfutant la thèse ricardienne classique, en raison des inerties économiques et des imperfections du marché[1]. La thèse est que le développement de productions ou de services nouveaux dans les pays émergents vient se surajouter en fait à la gamme de produits et services existants à l'origine, et ne se substitue aux productions existantes des pays développés que sur les sous-secteurs les moins productifs. De plus l'adaptation des structures économiques est très lente et laisse le temps aux pays avancés de développer de nouveaux avantages concurrentiels sur les secteurs de pointe.

En toute hypothèse, il y a un large accord des économistes pour considérer que la réaction des autorités des pays avancés ne saurait être purement protectionniste, au contraire. Les difficultés de l'industrie textile et de l'habillement ont entraîné un début de conflit en 2005 au moment de la fin des accords multifibres qui réglementaient le commerce international du textile et de l'habillement depuis une trentaine d'années. La forte bouffée d'importations provenant de Chine a suscité une tentation de faire jouer des clauses de sauvegarde aussi bien aux États-Unis qu'en Europe ; face aux menaces de rétorsion des autorités chinoises, notamment sur les exportations d'avions commerciaux, Peter Mandelson, le commissaire européen au commerce international, a réussi à convaincre les gouvernements européens concernés de s'en tenir à un accord d'autolimitation de la croissance des exportations chinoises sur les années 2005 et 2006.

Cependant, « agir est possible », comme l'a montré Pascal Lamy, le directeur général de l'OMC[2]. Au-delà de la meilleure gouvernance mondiale dont nous verrons plus loin les contours envisageables, une stratégie industrielle à l'échelle de l'Europe et des territoires est la seule réponse durable. « L'industrie européenne réussit quand elle réussit à vendre du travail cher, quand elle s'appuie sur la qualité de notre modèle social pour construire sa compétitivité[3] ».

1. J. Bhagwati, A. Panagariya, T.N. Srinivasan, « The Muddles over Outsourcing », *The Journal of Economic Perspectives*, 2004.
2. P. Lamy, « Délocalisations, agir est possible », *Libération*, 22 septembre 2004.
3. *Ibid*.

Les coûts salariaux sont loin de constituer la composante principale de l'économie moderne, car la qualité de l'environnement économique et social et celle des infrastructures publiques de connaissance apparaissent aujourd'hui comme des facteurs déterminants de la compétitivité des entreprises. Encore faut-il, pour les autorités publiques, savoir organiser l'efficacité et l'attractivité des territoires dans un contexte mondialisé. Cette vision du rôle des États est nouvelle ; elle ne correspond pas à la tendance naturelle de la France, où l'Hexagone reste souvent le seul horizon de l'opinion publique et des jeux politiques, contrairement à nombre de nos partenaires en Europe. C'est l'Europe qui peut donner un sens à la mondialisation, dans la mesure où elle saura surmonter la crise présente.

La mondialisation peut-elle avoir un sens ?

Les États-Unis sont encore l'hyperpuissance de la mondialisation. Ils ne peuvent, en l'état actuel, que bénéficier du développement de celle-ci. C'est la thèse de Ricardo et de List, réunis dans une même appréciation : celui qui bénéficie du développement du libre-échange, à un moment donné, est le pays le plus puissant et le plus avancé. D'ailleurs, les États-Unis n'hésitent pas à déroger ouvertement, en fonction de leurs intérêts, aux principes qu'ils imposent aux autres pays, comme avec le Farm Bill ou les quotas sur l'acier. Ils affirment clairement leur intention d'user « de leur situation de force et d'influence sans précédent pour construire à l'échelle internationale un climat d'ordre et d'ouverture [1] »...

La mondialisation comporte bien des dimensions positives, comme la tendance à l'unification de l'humanité et le rattrapage des grands pays émergents. Pourtant, elle soulève des problèmes majeurs. Elle exacerbe les sentiments d'inégalité, autant que les inégalités elles-mêmes ; les nouveaux « maîtres du monde » exhibent maintenant, pour nombre d'entre eux, toute leur richesse. Cela conduit les opinions publiques à des réflexions salutaires sur les fondements de la répartition des revenus. Elle remet en cause les pouvoirs publics, les nations ; les gouvernements paraissent dému-

1. G. Bush, « Assurer le triomphe de la liberté », *Le Monde*, 19 septembre 2002.

nis, et l'avouent quelquefois. Les victimes des suppressions d'emplois ne peuvent pas admettre que ce qui est perçu par eux comme une injustice soit considéré comme une fatalité par les pouvoirs publics, et que la myopie des marchés puisse l'emporter sur la volonté et la solidarité.

Pour les Européens, plus encore, la mondialisation renouvelle la question du sens. Le progrès économique passé était la preuve du succès des valeurs européennes, occidentales ; l'Asie d'aujourd'hui, avec ses religions, ses philosophies, ses valeurs, la réussite de son capitalisme original, oblige l'Occident à une remise en question, à retrouver des « fondations morales solides », qui sont la base de la stabilité économique et de la croissance durable, comme le disait le Premier ministre de la Malaisie. Le modèle social européen est un chef-d'œuvre non identifié et assurément en péril : l'Europe se situe traditionnellement en équilibre subtil entre deux modèles conquérants, celui de la liberté individuelle et de la démocratie à l'anglo-saxonne, et celui de la cohésion sociale, proche de la conception asiatique. L'Allemagne apparaissait encore il y a vingt ans comme la nation autour de laquelle pouvait se résoudre cette dualité ; elle est, peut-être temporairement, la plus déchirée par ces deux tensions opposées. Le problème n'est pas nouveau : « Luther... la Réforme... l'Allemagne, mais c'est l'Asie », faisait dire Thomas Mann à Settembrini dans *La Montagne magique,* bien avant les exposés sur les vertus et les faiblesses du capitalisme rhénan, qui ajoutait « [...] Il faudra prendre des décisions d'une portée inappréciable pour le bonheur et l'avenir de l'Europe, et il appartiendra à votre pays [l'Allemagne] de les prendre. Elles devront s'accomplir dans son âme ». L'échec de Gerhard Schröder à faire accepter « au fond de l'âme allemande » l'agenda 2010 marque les difficultés, dans un pays très avancé, à remettre en cause des modes de pensée et des structures hérités de son histoire et d'une prospérité récente, par la seule concertation et sans qu'il soit confronté à une épreuve majeure.

Entre le capitalisme à l'américaine, exalté dans son pouvoir de destruction créatrice selon Schumpeter, et le capitalisme moral de l'esprit du protestantisme selon Weber, l'Asie introduit une nouvelle forme de capitalisme, tourné à la fois vers la réussite matérielle et la solidarité. L'Europe peut ainsi ne plus se retrouver seule dans le renouvellement de sa conception d'une « économie sociale de marché, qui combine concurrence et solidarité[1] ». C'est en Europe du Nord que se dessinent peut-être aujourd'hui ces idées et ces nouveaux modèles de performance. Ailleurs, cette vision reste encore à formuler et à faire partager à des opinions publiques désemparées et des sociétés éclatées, comme l'a montré l'échec du processus de ratification du traité constitutionnel européen en 2005. Face à la mondialisation, c'est toute l'Europe, sans craindre d'affirmer une vision propre de l'évolution sociale, qui doit réussir son entrée dans l'économie moderne, dans l'économie du savoir.

1. P. Lamy, « Convention, l'urgence », *Le Monde*, 19 septembre 2002.

LEÇON 6

LE PROGRÈS TECHNIQUE ET LA CROISSANCE

I. LES INCERTITUDES DU PROGRÈS

Les dernières années du XXe siècle resteront dans l'histoire de l'économie comme une période de mirages collectifs : dans la « nouvelle économie », tout serait permis et la Bourse allait connaître une croissance indéfinie. Il suffisait d'avoir une idée : dans la mesure où elle mariait médias, Internet, télécoms et *show-biz,* même la plus petite *start-up* trouvait à se financer. En quelques années, ceux qui avaient parié sur l'avenir du Nasdaq ou du « nouveau marché » avaient multiplié leur fortune par deux, cinq, voire beaucoup plus pour les plus habiles.

Le nouveau monde des TMT (télécoms, médias, technologies) était devenu la source principale de toute richesse, en attirant les ambitions et souvent le meilleur des talents. Passées, les illusions boursières, depuis le krach du printemps 2000 qui a entraîné une forte sélection, restent les réalités économiques.

Les TIC, moteur d'une aventure fabuleuse, remettent en question les manières de travailler, individuelles comme collectives, et celles de vivre ensemble. Le mouvement est inéluctable ; il rebat les cartes de la prospérité. Dans un pays comme les États-Unis, où les entreprises peuvent naître et grandir plus vite qu'ailleurs, les quatre mousquetaires de l'Internet, Yahoo, Amazon, Google et e-Bay, font tanguer le box-office et revendiquent leur place auprès des puissances établies. Dans tous les secteurs, les entreprises savent désormais comment tirer le meilleur bénéfice de l'introduction des TIC ;

le « big-bang » est à leur portée, si elles le veulent et s'en donnent les moyens. Pour les nations et les territoires, les décennies à venir verront une redistribution géographique des activités, peut-être plus lente que prévu. Cela représente un défi pour les pays occidentaux ; garder leur niveau de vie relatif et leur avantage concurrentiel passera par la création de nouveaux marchés et une pression permanente à la créativité, mais ce processus n'est pas nouveau dans l'histoire. Ce qui l'est peut-être c'est le rythme et l'ampleur du changement.

« Il n'y a pas de secteur condamné, il n'y a que des entreprises en retard », avait coutume de dire André Giraud, ministre de l'Industrie à la fin des années 1970, face aux déclinistes de l'époque devant les succès des entreprises japonaises. L'avenir lui a donné raison. Qui aurait pu prédire alors que la sidérurgie française deviendrait la première du monde grâce au talent et à la ténacité d'un Francis Mer ? Même question pour Renault, tombé dans la misère financière en 1984, et qui a su se redresser et intégrer ensuite un concurrent japonais.

C'est en fonction de la réponse qu'apporteront aujourd'hui les entreprises et les nations que leur futur prendra sens ou non. L'Europe vit, dans une certaine indifférence des médias et de l'opinion, le retard croissant pris par rapport à des objectifs de Lisbonne, dont il devient presque incongru de parler.

Dans cette leçon consacrée au progrès technique, source essentielle de la croissance dans les pays avancés, nous commencerons par caractériser le progrès technique d'aujourd'hui, ses données principales en termes industriels. Nous verrons que cette e-économie, économie de l'électronique, ne représente pas une nouvelle économie, car ses lois restent les mêmes, appliquées à un terrain nouveau et très instable. Elle appelle cependant une vigilance accrue des pouvoirs publics, face à de nouvelles tendances monopolistiques des secteurs concernés. La diffusion de ces nouvelles technologies à l'ensemble de l'économie va accélérer les gains de productivité et de croissance au cours des prochaines années, y compris en Europe.

II. LA RÉALITÉ DU PROGRÈS TECHNIQUE

L'introduction des nouvelles technologies de l'information et de la communication est en train de changer l'économie en profondeur.

1. Une révolution industrielle

Les TIC viennent de deux éléments techniques essentiels :

– la prodigieuse progression de la performance des **microprocesseurs** depuis l'invention du transistor à la fin des années 1940 : on peut considérer que la capacité de traitement des circuits double tous les dix-huit mois, selon la fameuse loi de Moore, déjà avancée en 1965 par un des deux cofondateurs d'Intel. La puissance, la rapidité et la commodité d'utilisation des ordinateurs ne cessent de s'élever. La numérisation de l'information de toute nature – textes, sons, images – est devenue le mode de stockage et de traitement ordinaire, facilité par les techniques de compression de l'information ;

– le développement du transport de données par fibre optique, avec des amplificateurs appropriés : la création de **réseaux** de transport de l'information numérique à grande échelle, dans lesquels de nouvelles générations de fibres optiques peuvent faire transiter l'équivalent de centaines de millions de conversations téléphoniques, réduit les coûts unitaires de transport au moins aussi rapidement que ceux des microprocesseurs. Les performances des commutateurs, les nouveaux protocoles de communication, les techniques de multiplexage et la commutation par paquets permettent d'augmenter les débits des réseaux de transmission et le trafic des données.

2. Un nouveau mode de production : l'ère des réseaux

Le développement des TIC repose sur des techniques de transmission multiples :

– les réseaux téléphoniques classiques, qui nécessitent des adaptations pour permettre des débits importants, Internet rapide et

La loi de Metcalfe[1]

La démonstration des fortes économies d'échelle des réseaux de communication est relativement simple : si, par exemple, le réseau est constitué de n grappes identiques comprenant chacune m clients, avec un nombre de M échanges moyens par couple de clients, le nombre d'échanges supplémentaires du fait du raccordement d'une grappe nouvelle est de nm^2M pour les liens entre les m clients de la nouvelle grappe et les clients existants, auquel il faut ajouter $M (m - 1) m/2$ pour les liens au sein de la nouvelle grappe, soit en tout $(n + 1/2) Mm.m$. La production marginale est donc croissante en fonction du nombre de personnes raccordées, alors que le coût unitaire du raccordement reste à peu près constant en théorie.

a fortiori télévision, avec les technologies DSL *(Digital Subscriber Line)* qui consistent à exploiter les fréquences inutilisées par les conversations téléphoniques pour transmettre des données numériques ;

– les réseaux câblés audiovisuels qui nécessitent des investissements lourds, mais présentent l'avantage de faire passer des flux de données numériques supérieurs à ceux du réseau téléphonique commuté ;

– la télédiffusion directe par satellite, avec des dépenses d'infrastructures faibles et des zones de couverture larges, mais qui n'autorise qu'une communication descendante en l'état, à moins de passer par des réseaux complexes de satellites sur des orbites basses ;

– les radiocommunications par infrastructures terrestres (boucle locale radio par exemple ou wi-fi à l'intérieur des entreprises) présentent l'avantage d'offrir de faibles coûts et de hauts débits.

Entre ces différentes formes se manifeste un processus de convergence et de concurrence, les opérateurs recherchant de plus en plus des solutions intégrées et captatrices de clientèle. L'interopérabilité des systèmes y est à la fois un avantage commercial aux yeux du client, et un risque de perte de clientèle captive.

1. Robert Metcalfe a été l'inventeur du protocole de réseau Ethernet et le fondateur de la société 3Com.

Le secteur des réseaux apparaît, *a priori,* comme un domaine à **fortes externalités** : plus le nombre de personnes raccordées est grand, plus l'intérêt pour chacune d'entre elles et la rentabilité de l'exploitant du réseau sont importants. C'est ce que l'on appelle la loi de Metcalfe : la rentabilité marginale d'un réseau est croissante avec le nombre de personnes raccordées. Tant que peu d'entreprises ont un fax, il n'est guère intéressant d'en avoir un soi-même. Le démarrage peut être lent, car l'investissement n'est pas rentable tant qu'un minimum d'utilisateurs n'est pas raccordé ; sa croissance devient ensuite explosive en principe, chaque connexion nouvelle étant nettement plus profitable que la précédente. La conquête des parts de marché passe en partie par la capacité à persuader, au moment du démarrage du réseau, la clientèle potentielle que le réseau comprendra un nombre important d'usagers, directement ou par le canal de ses partenaires.

Les investissements ont été massifs dans les infrastructures de réseaux. Le transport de données devient, lui aussi, un bien négociable sur des marchés comme le pétrole ou les matières premières, au sein de bourses de *commodities* de bande passante et auprès des courtiers spécialisés (comme l'a été la société Enron avant sa faillite spectaculaire...), contribuant à la fluidité du marché de transport de l'information. La conséquence économique majeure de ces innovations est que toute information peut être diffusée à coût quasi nul quelle que soit la distance, même si leur mise en œuvre requiert des investissements lourds. Il s'en est suivi une baisse spectaculaire des prix.

3. La métamorphose des entreprises

La chute des prix des ordinateurs est vertigineuse (le micro portable est aujourd'hui à moins de 1 000 euros et a la même capacité de calcul que la machine professionnelle qui, il y a dix ans, coûtait au moins dix fois plus cher, et on en annonce déjà pour moins de 100 euros). Elle favorise les investissements en équipements de traitement de l'information, l'automatisation et l'intégration en temps réel des activités : l'investissement et le capital productif des pays comprennent une part croissante d'équipements en TIC.

Cette évolution a certes eu des effets considérables sur les ménages, en leur offrant des produits – et même des modes de vie – inconnus quelques années auparavant. Elle a, plus encore, entraîné des changements permanents pour l'ensemble des producteurs économiques, sans limite apparente à cette transformation. La révolution des techniques de l'information a fait éclater l'organisation classique des entreprises à cause de la diminution des coûts de transaction. L'information en temps réel permet de renforcer la performance du cycle de production en réduisant les délais, de mieux faire correspondre la production aux attentes de la clientèle. En supprimant toute distance matérielle, elle réduit les frontières entre les entreprises, au long des chaînes d'approvisionnement, de production et de vente. Les organisations classiques, hiérarchisées, se sont transformées en entreprises-réseaux et en réseaux d'entreprises, faisant entrer la logique du marché dans tous les éléments de la production. Celle-ci peut désormais se déployer à des niveaux considérables, en s'appuyant sur des marchés mondialisés, avec des économies d'échelle importantes et en s'adaptant avec une finesse accrue à des besoins diversifiés. Le secteur des services, dont la productivité était traditionnellement stable, est touché lui aussi par cette nouvelle vague d'industrialisation et d'individualisation conjointes du traitement de l'information. Les grands pays avancés ont cependant assimilé les TIC de manière très différente :

Part des activités TIC dans la valeur ajoutée de l'industrie et des services en 2000 (en %)

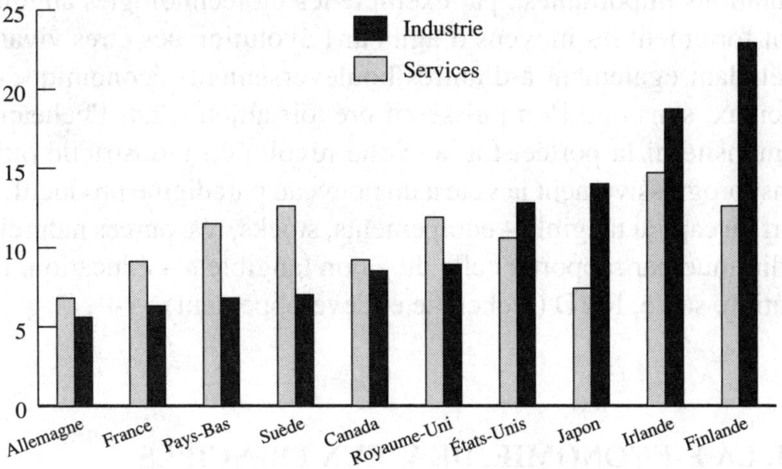

Source : OCDE

Les effets de réseau jouent d'abord au sein des entreprises et entre elles (c'est ce que l'on appelle le *business to business* ou B2B), notamment dans le commerce interentreprises, en simplifiant les modes de transaction, les communications au sein des circuits commerciaux, avec des nouveaux services comme la mise aux enchères des achats et des ventes. C'est cette dimension du trafic qui se développe le plus rapidement aujourd'hui. On considère que le B2B représente entre 15 % et 20 % des achats industriels aux États-Unis en 2003. Le commerce électronique, appelé *business to consumers* ou B2C, reste encore assez limité, quelques points de pourcentage du total du commerce en Suède ou aux États-Unis, et avec des données plus faibles encore dans les autres pays, mais il progresse très rapidement[1]. Il concerne la vente par correspondance, les services financiers, les ventes d'agences de voyages, potentiellement la santé, mais est appelé à se développer sur des biens plus traditionnels comme les voitures automobiles : à terme, il va donc réduire consi-

1. U.S. Census Bureau, « 2002 Annual Survey of Manufactures », « 2003 Annual Survey of Manufactures », et « 2002 Economic Census ».

dérablement les coûts de commercialisation, mais, paradoxalement, son efficacité passe par celle des réseaux logistiques physiques.

D'autres techniques transversales connaissent, elles aussi, des mutations importantes : par exemple les biotechnologies augmentent fortement les moyens d'agir sur l'évolution des êtres vivants, préludant également à d'autres bouleversements économiques et sociaux, sans que l'on puisse en prévoir aujourd'hui l'échéance, l'intensité ni la portée. La nouvelle révolution industrielle ouvre ainsi progressivement la voie à un nouveau paradigme productif. La part du capital tangible – équipements, stocks, ressources naturelles – diminue par rapport à celle du « non tangible » – éducation, formation, santé, R&D (recherche et développement).

III. LA E-ÉCONOMIE, DE VIEUX PRINCIPES SUR UN TERRAIN NOUVEAU

Contrairement à ce qu'on a pu dire trop vite, l'économie de l'information reste soumise à l'application des vieux principes économiques, mais sur un terrain nouveau. Les nouvelles technologies offrent un accès instantané et très bon marché à toute l'information disponible, tout en rendant nécessaire le développement d'outils de sélection face à une information devenue trop abondante. Ce secteur, comme les autres, donne au marché une fonction majeure pour réguler efficacement l'allocation des ressources rares, guider la production, la distribution des revenus et la consommation. Les lois de base s'y appliquent toutefois d'une manière particulière. On ne peut pas, ou mal, contrôler la reproduction numérique d'un document par quelqu'un qui n'a pas payé le prix, et on ne peut mesurer l'intérêt (donc la valeur) d'un document qu'après l'avoir lu. Le coût marginal d'un exemplaire supplémentaire est faible, voire nul.

Les biens d'information – livres, produits audiovisuels… – de caractère professionnel, culturel ou ludique ont des valeurs d'usage qui peuvent donc fortement dépendre de l'utilisateur et des conditions dans lesquelles l'information est donnée. Cela confère un rôle particulier aux prescripteurs, portails d'entrée sur Internet, aux effets de mode et aux marques, qui sont d'ailleurs des éléments potentiels de capture de la valeur. **La fixation des prix est donc beaucoup plus difficile**. Différentes solutions sont mises en œuvre, un peu comme la couverture des coûts d'une chaîne de télévision privée ou d'un journal est principalement assurée par des recettes de publicité, et subsidiairement par la facturation des services réellement consommés volontairement par l'utilisateur. L'évolution du secteur est rapide, mais frappée de fortes incertitudes sur les *business models* qui finiront par l'emporter : il y a visiblement place pour des « purs » vendeurs par correspondance, des producteurs classiques (*brick and mortar*) qui s'adjoignent des systèmes Internet autonomes (devenant ainsi *click and mortar*), des portails généralistes, ou pour ceux qui sauront offrir des services connexes. Les évolutions du secteur se situent aussi bien au niveau des technologies, de leurs performances que de la convergence entre équipements comme la téléphonie mobile, la télévision, les terminaux (*technology push*). Elles seront également fonction de la réponse qu'apporteront les biens et services encore inédits aux attentes des consommateurs (*market pull*) en biens finaux (culturels, professionnels, ludiques, etc. : images en trois dimensions, webcasting, commerce électronique…).

Face à ces incertitudes sur les prix et les produits, les TIC présentent une particularité certaine sur les **coûts**. Les biens de l'information ont des coûts de production fixes élevés et des coûts variables nuls. Cette situation n'est pas la même par exemple pour la fabrication des véhicules automobiles, ou plus généralement pour les autres biens industriels ou les services de main-d'œuvre. *Grosso modo*, les coûts unitaires de fabrication d'un logiciel qui conquiert 60 % du marché sont deux fois plus faibles que s'il n'a conquis que 30 % du marché. Pour une industrie traditionnelle comme la chimie fine, par exemple, le fait de passer d'une part de marché de 20 % à 40 % ne fait baisser les coûts unitaires que d'un faible pourcentage. Les économies d'échelle sont dès lors la caractéristique naturelle du secteur et la concurrence comme les mouvements de concentration y sont importants sur un marché désormais mondial. Les portails, hier déficitaires en raison de leurs frais d'investissement élevés, deviennent des leaders de l'accès. La crise des années 2000 et 2001, en mettant à jour la précarité de nombre de modèles, a renforcé un processus de sélection et de concentration.

Une question majeure du secteur est ainsi celle du caractère concurrentiel ou monopolistique futur de ses différents maillons. Les caractéristiques d'une économie de réseaux sont en effet doubles : fortes barrières à l'entrée et fortes économies d'échelle.

La politique de la concurrence et la e-économie

Les tendances oligopolistiques sont plus importantes dans l'e-économie : cela appelle à la fois l'**adaptation** et le **renforcement** des règles de la concurrence forgées pour l'économie classique. L'adaptation d'abord : il est en effet important pour le progrès technique de favoriser la multiplication des innovations en accordant une possibilité de succès et de gains suffisants aux innovateurs. Le bilan coûts-avantages, pour les consommateurs, des situations monopolistiques se pose en outre dans des termes différents dans la e-économie, où les économies d'échelle sont beaucoup plus importantes que dans l'industrie traditionnelle, compte tenu du fait que les coûts de l'économie de l'information sont essentiellement fixes. Le « bénéfice de la taille » à partager entre le consommateur et le producteur est beaucoup plus important ; les avantages potentiels du monopole pour le consommateur, au moins à court terme en abaissement possible du prix de vente, sont donc beaucoup plus forts dans la e-économie que dans l'économie traditionnelle.

Mais on constate aussi un renforcement de la politique de la concurrence, dont les principes de base restent valables : les cas posés par la e-économie augmentent le besoin d'une appréciation très précise des inconvénients effectifs et potentiels des situations monopolistiques pour les consommateurs. La rapidité des évolutions techniques et économiques oblige aussi à l'amélioration des règles de procédure : les procédures judiciaires sont longues, et les décisions dans le domaine de la concurrence peuvent être dépassées par de nouvelles réalités au moment où elles sont rendues. Le cas du procès à rebondissements de Microsoft aux États-Unis est très révélateur de ces difficultés nouvelles ; en Europe, l'amende de 497 millions d'euros infligée pour abus de position dominante paraît considérable au regard des montants usuels, mais modeste par rapport aux bénéfices considérables que l'entreprise a pu engranger du fait de son comportement considéré comme délictueux. Le pouvoir de marché a permis à Microsoft à la fois des bénéfices excessifs et des baisses de prix pour le consommateur ; mais surtout il a été utilisé, dans le long terme, pour interdire l'émergence de toute firme concurrente et étouffer des innovations potentielles avantageuses pour le consommateur. C'est typiquement le cas d'un abus de position dominante et précisément le type de comportement qui doit être combattu dans un marché de concurrence par l'innovation[1].

IV. Le rôle de l'innovation dans la croissance

La plupart des économistes considèrent que la clé de la croissance est la concurrence par les prix, source d'efficacité dans l'utilisation des facteurs et de progrès dans l'organisation. Cependant, aussi bien Schumpeter hier, qui a formalisé le processus de la dynamique du capitalisme, que Baumol[2] aujourd'hui, dans sa présentation de l'innovation par degrés, considèrent que la clé de la croissance est la **concurrence permanente entre les entreprises par l'innovation**. Elle joue autant, sinon plus que la concurrence par les prix. Dans cette analyse de l'innovation, Baumol remarque que l'efficacité du marché de concurrence pure et parfaite concerne principalement les entreprises petites et moyennes, dans des secteurs en développement rapide. L'efficacité de la concurrence monopolistique est, en revanche, principalement le fait de secteurs déjà mûris, et comporte une dimension dynamique, en jouant sur les coûts et l'innovation.

La recherche et le développement, tel l'achat de brevets, doivent ainsi être considérés comme un input « de routine » comme un autre, dans des entreprises qui sont désormais en elles-mêmes des machines à produire systématiquement des innovations, par opposition à l'utilisation de découvertes aléatoires par une organisation interne inadaptée. D'ailleurs, dans des économies modernes, il y a des entreprises privées dont la finalité productive est de « fabri-

1. Voir la leçon 2, page 75.

2. W. Baumol, *The Free-Market Innovation Machine : Analyzing the Growth Miracle of Capitalism*, Princeton University Press, 2002 ; voir également l'article de *The Economist* de juillet 2002.

quer » des innovations qu'elles mettront ensuite sur le marché, sans les utiliser directement. L'exemple le plus caractéristique en est l'industrie pharmaceutique. Cette approche a été confirmée par un rapport de Price Waterhouse Coopers[1] qui, après une enquête auprès de 800 chefs d'entreprise, a constaté que, dans les entreprises de haute performance, définies comme ayant un rendement supérieur à 37 % et une croissance régulière, 61 % du turnover provenaient de nouveaux produits et services, alors que, pour celles de médiocres performances, seulement 26 % provenaient de nouveautés. Un rapport de l'OCDE[2] a conclu dans le même sens. C'est ce processus, soit de « grappes », soit de « routinisation » de l'innovation, qui est la source principale de la croissance.

Le capitalisme, quelles que soient les réelles défaillances du marché, est donc une machine à produire de la croissance par l'innovation, comme l'avait déjà dit Marx[3]. Les conditions de base du bon fonctionnement de la machine à croissance, dans une économie moderne, sont les suivantes :

– la concurrence oligopolistique entre des firmes d'une certaine taille, qui sont en concurrence entre elles par les prix et par l'innovation ; l'exemple type est l'industrie des ordinateurs, dans laquelle de nouveaux modèles apparaissent chaque année ;

– la banalisation de l'innovation dans l'entreprise, qui en fait une activité routinière et permet l'incorporation des innovations au fil de l'activité ;

– l'esprit d'entreprise, à l'opposé de l'esprit de rentier, défini comme par exemple la recherche de profit par des activités de caractère judiciaire ou la corruption, ou la recherche de positions monopolistiques ;

– un marché des technologies qui pousse l'entrepreneur à la diffusion des innovations, même auprès de ses concurrents, et facilite l'utilisation par chacun des découvertes des autres.

Les économies avancées doivent considérer maintenant le bon fonctionnement de ce processus de production et de diffusion des

1. « Innovation and Growth : a Global Perspective », Price Waterhouse Coopers, 2002.

2. *Productivity and Innovation*, OCDE, 2002.

3. « La bourgeoisie ne peut exister sans une révolution constante des techniques de production », *Manifeste du parti communiste*, K. Marx et F. Engels, 1848.

innovations comme une priorité : la question est donc posée de la nouvelle politique industrielle face à l'économie de la connaissance.

Au plan **macroéconomique**, l'analyse des effets de l'innovation est plus claire encore : ce sont, au moins, ceux d'un « choc d'offre positif », c'est-à-dire l'opposé d'un choc pétrolier. Le choc technologique a en effet trois conséquences favorables. Il diminue les coûts de production des entreprises, et augmente donc leur courbe d'offre. Il abaisse les prix, au moins des produits « nouveaux » comme les micro-ordinateurs, et stimule la demande. Enfin, en ayant ainsi un effet désinflationniste sur l'ensemble de l'économie, il contribue à abaisser le Nairu et augmente le niveau de croissance potentielle, ce qui permet la prolongation d'un cycle de « croissance sans inflation » comme on l'a observé aux États-Unis au long de la décennie 1990. Ces effets positifs peuvent jouer tant que le cycle de croissance n'entraîne pas de bulle spéculative : c'est cette limite qui a été franchie aux États-Unis et qui a conduit à la fin du cycle.

V. UN NOUVEAU CYCLE D'INNOVATION PLUS QU'UNE NOUVELLE ÉCONOMIE

L'innovation est concentrée aujourd'hui dans le secteur de l'information et de la connaissance, qui dépasse largement les domaines directs des TIC : ce secteur, qui constitue le cœur de la « machine à croissance », est évalué, au sens large, par Baumol à 60 % de l'emploi aux États-Unis. L'utilisation des TIC apparaît donc aujourd'hui comme un moteur de la croissance de la productivité. Elle intervient à deux niveaux : directement, mais d'une manière quantitativement marginale, par la croissance de la productivité des secteurs producteurs de TIC ; et indirectement, par les effets de diffusion des TIC dans l'ensemble de l'économie. Ce dernier mouvement a démarré très lentement, mais commence à être perceptible dans l'ensemble des pays avancés, et est porteur d'effets importants à terme sur l'efficience de l'ensemble de l'appareil productif.

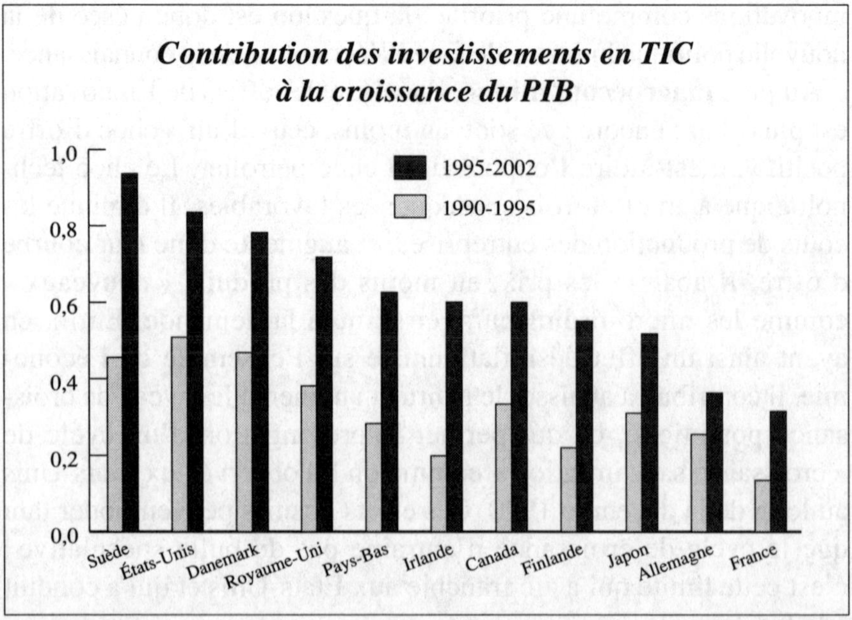

Source : OCDE

Toutes les analyses faites depuis ces dernières années mettent en évidence la part croissante des nouvelles technologies dans l'augmentation de la croissance et de la productivité aux États-Unis [1]. Le taux de croissance de la productivité a continué d'être élevé dans les industries d'équipement informatique, ce qui a contribué à la baisse des prix et au développement des ordinateurs dans l'ensemble de l'activité économique. On peut considérer que l'investissement dans les nouvelles technologies, qui a été très significatif, a été la cause d'un taux de croissance additionnel de la productivité après 1995. Il convient cependant d'être prudent dans les analyses quantitatives, car le calcul de la part des TIC dans l'accélération de la productivité des États-Unis est controversé et donne lieu à des estimations très différentes selon les auteurs.

Il est évident partout que la contribution des TIC à la croissance s'inscrit dans une tendance à la hausse, sur la période 1996-2002,

1. R. Gordon, « Five Puzzles in the Behavior of Productivity, Investment, and Innovation », Northwestern University, mars 2004 ; également D. W. Jorgenson, K. J. Stiroh, « Raising the Speed Limit : US Economic Growth in the Information Age », OCDE, novembre 2000. On se référera également avec profit à *Economic Report to the President*, Washington, 2001.

par rapport à la période 1990-1995. Cette accélération reste plus faible en Europe, sauf dans les pays nordiques et au Royaume-Uni, qu'aux États-Unis.

1. *Quid* de la nouvelle économie ?

La nature du travail, à tous les niveaux, celui des équipes de direction, des bureaux d'études, et bien évidemment des ateliers de production, aussi bien dans l'industrie que dans les services, est appelée à se transformer au cours des prochaines décennies. La productivité des chercheurs est également, d'ores et déjà, modifiée par Internet. Nous pouvons, à coup sûr, éviter l'erreur tragi-comique de ce directeur de l'Office américain des brevets, qui, en 1899, proposa la dissolution de son agence. Après l'énorme vague d'innovations de la fin du XIXe siècle, le malheureux croyait pouvoir affirmer : « *Everything that can be invented has been invented.* » Pour autant la question reste ouverte : sommes-nous à l'aube d'une ère nouvelle, qui connaîtra des taux de croissance plus élevés, dès que la diffusion des nouvelles technologies se sera généralisée dans l'ensemble des économies avancées, puis à travers l'ensemble de la planète ?

Sur ce point, il y a bien évidemment un débat : la thèse de Baumol, d'un processus continu d'innovations, inciterait à une certaine prudence intellectuelle face à l'idée d'une nouvelle révolution technologique. Par contre, selon la thèse des cycles d'innovation, suivant Joseph Schumpeter [1] et Nicolas Kondratieff [2], ceux-ci peuvent durer de quarante à cinquante ans, ce qui donne une idée de l'échelle de temps à l'intérieur de laquelle on doit envisager la maturation des innovations structurantes comme les TIC aujourd'hui ou les nano et biotechnologies, peut-être demain. Si on se range à cette vision du développement, la e-économie peut encore offrir à l'humanité un développement considérable. À l'appui de cet optimisme, L. Tyson [3] a pu montrer que la pénétration des nouvelles

1. J. Schumpeter, *Capitalisme, socialisme et démocratie*, Payot, 1963.

2. N. Kondratieff (1892-1930), économiste soviétique de l'entre-deux-guerres, a décrit une typologie des cycles longs de l'économie, des prix et de la croissance, au cours du XIXe siècle et du début du XXe siècle ; cette description a trouvé une base théorique avec la dynamique des grappes d'innovation de Schumpeter.

3. L. D'Andrea Tyson, « Info Tech, the Pay-off Is Bigger than you Think », *Business Week*, 25 mars 2002.

technologies dans les entreprises était somme toute assez lente aux États-Unis, et nombre d'entreprises n'avaient pas encore modifié leurs schémas d'organisation pour intégrer les possibilités offertes par Internet. À l'opposé, le fait qu'en histoire, même économique, « l'avenir n'est écrit nulle part », et que la théorie des cycles longs permet d'éclairer le passé, mais n'a pas de pouvoir prédictif[1].

2. Les États-Unis nettement en avance sur l'Europe

Le retard européen dans les TIC, incontestable, est présenté parfois comme un atout mais le plus souvent comme un handicap majeur et difficile à rattraper. C'est le débat entre *first mover* et *second mover advantage* :

– d'un côté les effets d'apprentissage importants dans le domaine des nouvelles technologies donnent un avantage majeur à celui qui est à l'origine de leur introduction et une rente de monopole aux entreprises qui ont conquis une part significative du marché ; par ailleurs, en Europe, les structures économiques et sociales ont une souplesse moins grande que celle qui a favorisé jusqu'à présent aux États-Unis l'explosion du secteur des nouvelles technologies ;

– mais, à l'avantage de l'Europe, le fait de faire la course en second pourrait lui permettre de tirer profit plus vite des dernières innovations, à un coût moins élevé, et d'éviter de reproduire certaines erreurs. L'Europe, avec quelques années de recul sur les États-Unis, pourrait choisir directement les meilleures technologies et ainsi combler son retard à moindres frais.

Les indicateurs vont toutefois toujours dans le sens d'un accroissement du retard du Vieux Continent[2]. Par exemple, au-delà des données éloquentes de l'évolution des taux de productivité, le secteur des TIC représente directement près de 12 % de l'emploi aux États-Unis et nettement moins en Europe, de l'ordre de 8 %. Mais c'est l'utilisation des nouvelles technologies, tant par les entreprises que par les ménages, qui fait apparaître des différences marquantes

1. E. Bosserelle, « Le cycle Kondratieff, mythe ou réalité ? », *Futuribles*, septembre 2001.

2. Voir le tableau comparatif de l'indicateur synthétique d'innovation, dans la leçon 1, page 49.

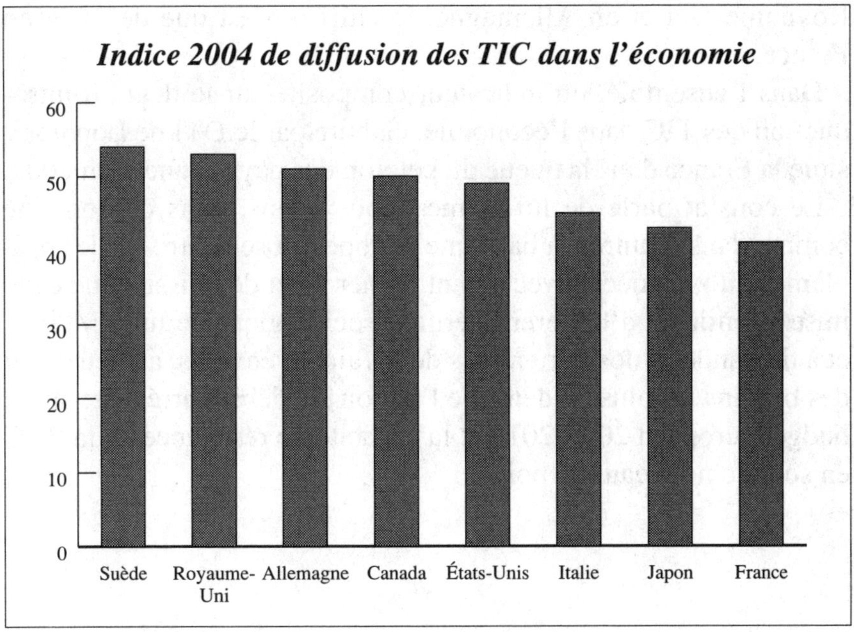

Source : Department of Trade and Industry, Londres

entre l'Europe et les États-Unis, et tout autant à l'intérieur de l'Europe elle-même. L'on voit se dessiner une ligne de partage entre les pays du nord de l'Europe, où souvent les niveaux d'utilisation des TIC sont supérieurs ou voisins de ceux des États-Unis, et les pays continentaux ou du sud de l'Europe, où la pénétration d'Internet est faible.

C'est ainsi que, par exemple :

– le nombre de serveurs Internet sécurisés pour 100 000 habitants en 2002 est de 37,5 aux États-Unis, de plus de 12 pour les pays nordiques et au Royaume-Uni et de 4,2 en France ;

– le taux des ménages équipés en micro-ordinateurs était, en 2003, de 61,8 % aux États-Unis, de plus de 70 % pour les pays nordiques, mais de 47,5 % en France, chiffre le plus faible de l'Europe, inférieur à celui de l'Italie et de l'Espagne ;

– l'accès à Internet de plus de 1 Mbits/s est de 43 % en France, et de 80 % au moins en Scandinavie en 2004 ;

– enfin, s'agissant du B2B, si plus de 60 % des entreprises ont l'habitude de faire des achats en ligne outre-Atlantique au

Royaume-Uni et en Allemagne, le chiffre n'est que de 36 % en France.

Dans l'ensemble, un indicateur composite sur le degré d'introduction des TIC dans l'économie, élaboré par le DTI de Londres [1], situe la France dans la queue du peloton des pays avancés en 2004.

Le constat parle de lui-même : nous avons, dans ce domaine comme dans d'autres, à bâtir une Europe qui se centre sur les problèmes du XXIe siècle avec autant d'énergie et de réussite que celle mise à continuer d'honorer l'héritage sociologique de Jules Méline, et à demander à nos partenaires de le faire avec nous, au détriment des besoins les plus évidents de l'Union ; le débat surréaliste sur le budget européen 2007-2013 et la capacité de résistance de la PAC en sont de nouveaux témoins.

1. Business in the Information Age, International Benchmark Study, DTI, Londres, 2004.

LEÇON 7

LES INÉGALITÉS, PHÉNOMÈNE AVÉRÉ ET INÉLUCTABLE ?

I. LES INÉGALITÉS, LE GRAND RETOUR ?

Le double pacte social-démocrate du lendemain de la Seconde Guerre mondiale, à l'intérieur des pays avancés et entre pays développés et pays sous-développés, était l'expression politique d'une solidarité économique et sociale entre les habitants d'un même pays et de la même planète. Il a connu une rupture majeure au cours de ces vingt dernières années ; l'idéologie dominante est devenue celle du libéralisme et de la concurrence entre les pays et entre les hommes. Est-ce l'évolution technique, celle des TIC, qui a fait régresser le modèle fordiste des grandes unités de production et de la consommation de masse, et le syndicalisme traditionnel qui s'épanouissait dans les grandes entreprises ? Est-ce l'augmentation considérable du niveau de vie qui a développé l'individualisme et fait perdre son actualité, auprès des élites occidentales, à une vision de la société segmentée en classes et à l'idéologie égalitaire sous-jacente ? Est-ce la chute du mur de Berlin et du communisme, qui aurait laissé K.-O. et sans alliés de fait la classe ouvrière des pays occidentaux et offert un champ totalement libre à une idéologie libérale portée par les États-Unis ? La réponse à ces questions, on le comprend bien, dépend des conceptions philosophiques et politiques de chacun, autant que de considérations scientifiques : le thatchérisme et le reaganisme, qui ont marqué la reconquête du monde par les idées libérales, ont démarré alors que l'Union soviétique était encore bien debout. Au contraire, la « Guerre des étoiles », programme militaire mis en place par Reagan, a eu pour but de déstabiliser l'Union soviétique en la forçant à un effort de défense sans précédent. Dans le même moment, la France votait en 1981 en faveur d'un programme économique que les sociaux-démocrates du lendemain de la guerre n'auraient sans doute pas osé envisager. Et d'ailleurs, comment se présentent les termes du constat lui-même, qui fait l'objet de controverses ? Certes, il y a aujourd'hui, dans les rues des pays avancés, un retour de la pauvreté apparente, de la mendicité ; les résultats des consultations électorales en Europe montrent une montée de l'extrême droite comme de la gauche radicale, témoignage d'un désarroi d'une partie de l'opinion publique devant des mutations mal maîtrisées et incomprises, devant de nouvelles formes d'« insécurité sociale ».

Une richesse ostentatoire, discrète jusqu'aux années 1990, s'étale désormais au grand jour. L'annonce des salaires et avantages explosifs de certains grands dirigeants d'entreprise suscite autant l'envie que l'indignation de l'opinion.

Nous essaierons, dans cette leçon, de clarifier l'évolution des inégalités globales dans le monde, puis d'expliquer la tendance actuelle à la croissance des inégalités relatives dans les pays avancés. Il faut ensuite rechercher les fondements économiques et philosophiques de la lutte contre les inégalités, avant d'en dresser le constat dans les pays avancés.

II. LES INÉGALITÉS GLOBALES SE SONT-ELLES AGGRAVÉES AVEC LA MONDIALISATION ?

Le problème de l'augmentation des inégalités et de l'évolution de la pauvreté est un des domaines les plus contestés de l'analyse des conséquences de la mondialisation. La thèse couramment admise est celle d'un creusement de l'écart entre les riches et les pauvres dans le monde depuis la révolution industrielle du XIXe siècle, qu'il s'agisse des pays ou des personnes. Elle mérite d'être nuancée, selon les époques, que l'on approche cette question entre les pays ou entre les personnes, et par les extrêmes ou par les moyennes : schématiquement, on peut avancer que les inégalités par **pays** marquent une légère progression d'ensemble depuis les années 1970. Mais si on pondère les pays par la population et que l'on considère les inégalités mondiales[1] directement au niveau des **individus**, les inégalités se seraient stabilisées[2] ou même réduites, selon les auteurs : c'est l'effet des progrès spectaculaires des pays très peuplés d'Asie (Chine et Inde en premier lieu).

Le XXe siècle a été marqué par une croissance moyenne remarquable des revenus, mais qui, à l'évidence, a été inégalement répartie. Le PIB par habitant en volume, corrigé des parités de pouvoir d'achat, du quart le plus riche de la population mondiale a sextuplé, tandis que celui du quart le plus pauvre a moins que triplé[3]. De 1970 à 2000, le niveau de vie par habitant de l'ensemble du monde avait augmenté de 25 %, mais celui des pays les moins avancés baissé de 15 %[4] ; au cours des cinq années 2001-2005, les inégalités se sont stabilisées ou légèrement réduites, mais l'Afrique subsaharienne a vu son revenu par tête stagner à moins de 500 dollars par habitant. Cependant, si on prend comme référence des critères de pauvreté extrême couramment admis par les organisations internationales, celui d'un revenu par jour inférieur à 1 ou 2 dollars (valeur 1985), on peut avancer que le pourcentage des populations considérées comme pauvres a baissé : il aurait été divisé par deux au moins[5]. Ainsi, les trente dernières années auraient vu une réduction régulière et importante de la pauvreté extrême dans le monde.

1. Voir L. Cadiou et P. Villa, *La Lettre du CEPII*, janvier 1998.

2. Voir F. Bourguignon, C. Morrisson, « Inequality among World Citizens, 1820-1992 », laboratoire Delta 2001, pour qui les inégalités, contrairement à la thèse conventionnelle, se seraient plutôt accrues au cours du XIXe siècle et au début du XXe siècle, mais stabilisées ensuite jusqu'en 1992, pour les mêmes raisons que celles invoquées par X. Sala-i-Martin, dans « The Disturbing "Rise" of Global Income Inequality », Columbia University, 2002 ; voir également R. Wade, « Globalization, Poverty and Income Distribution : Does the Liberal Argument Hold ? », communication à la conférence du G20 du 27 mai 2002 en Australie ; et également *The Economist* du 19 juillet 2002.

3. *World Economic Outlook*, FMI, mai 2000.

4. *Ibid.*

5. X. Sala-i-Martin, cité plus haut.

La difficile mesure des inégalités

Une des grandes difficultés du débat sur les inégalités est **l'absence de mesure de référence simple et incontestable**, analogue à celles de la croissance ou de l'inflation. Plusieurs approches sont possibles. Elles sont toutes basées sur la courbe de répartition des revenus, appelée « courbe de Lorenz ». Celle-ci permet de voir sur un graphique la distribution des revenus. En abscisse, on porte les pourcentages cumulés du nombre des ménages, classés, par convention, des plus pauvres aux plus riches ; en ordonnée, on porte le pourcentage cumulé du revenu ou du patrimoine détenu par le pourcentage de la population considéré en abscisse.

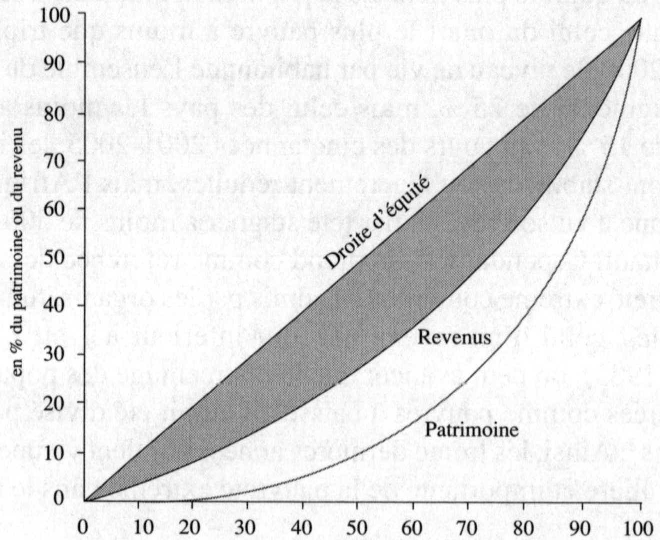

Chaque point de la courbe de répartition permet de voir le pourcentage de patrimoine, lu en ordonnées, détenu par le pourcentage de la population lu en abscisses. La diagonale correspond à une équité parfaite si l'on constate que 10 % des ménages, par exemple, possèdent 10 % du patrimoine, 50 % des ménages possèdent 50 % du patrimoine… En réalité, la répartition effective du patrimoine ne se traduit pas par la diagonale, mais par une courbe qui en est éloignée, ce qui témoigne d'une répartition inégale. Sur les courbes ci-dessus, on constate par exemple que les 50 % des ménages les plus pauvres possèdent moins de 10 % du patrimoine total.

Il serait commode de pouvoir synthétiser le degré d'inégalité dans un indice simple. Ce n'est pas possible : au mieux, on peut approcher les inégalités par des batteries d'indicateurs statistiques appliqués à la distribution des revenus avant ou après redistribution monétaire. Par exemple, parmi un ensemble très vaste d'indicateurs, les types d'indices suivants sont les plus utilisés :

– les comparaisons interdéciles donnent le rapport entre les revenus les plus bas du décile supérieur et les revenus les plus élevés du décile inférieur ;

– le coefficient de Gini est un indicateur synthétique de la distribution statistique, qui représente le pourcentage entre la surface hachurée et la surface du triangle rectangle comprise entre la diagonale, le segment des abscisses et le segment vertical droit ; il est d'autant plus élevé que la distribution est inégalitaire[1] ;

– d'autres indices permettent d'enrichir l'approche, comme par exemple l'indice de Theil, qui est basé sur une pondération des couches de population croissante avec le revenu (c'est la somme des revenus moyens pondérée par les logarithmes des revenus moyens) : si le nombre relatif de revenus élevés diminue et celui des pauvres augmente, à même revenu moyen, l'indice de Theil diminue plus fortement que l'indice de Gini[2].

1. Pour fixer les idées, si la distribution est égalitaire, le coefficient est nul ; si la population est divisée en deux grandes strates, l'une représentant 20 % de la population, avec un revenu moyen deux fois supérieur au revenu moyen des 80 % restants, le coefficient de Gini est de 0,32.

2. Dans le même cas que celui de la note ci-dessus, l'indice de Theil est de 0,15.

Ce phénomène s'expliquerait par la croissance relativement forte des pays les plus peuplés de la planète ; les États d'Asie de l'Est, comme la Chine, et plus récemment l'Inde, les plus pauvres de la planète il y a quarante ans, sont devenus dynamiques, leur niveau de vie a augmenté, même si les inégalités se sont creusées à l'intérieur de leurs frontières, à l'instar des pays anglo-saxons comme les États-Unis ou le Royaume-Uni.

Si, par contre, on considère les pays les moins avancés aujourd'hui, et parmi eux les populations les plus pauvres de ces pays, le constat est différent : en Afrique en particulier, le revenu par habitant a diminué par rapport aux pays industrialisés et, dans certains États, il a reculé en termes absolus, ce qui fait qu'à l'échelle du continent africain, les inégalités ont augmenté depuis les années 1960. On peut considérer que les deux tiers des habitants vivant en dessous du seuil de pauvreté extrême se situent aujourd'hui en Afrique subsaharienne [1]. Des pays comme la Zambie, la République démocratique du Congo, le Liberia ou le Sierra Leone ont connu une baisse moyenne annuelle de plus de 2 % de leur PIB par tête depuis 1970 [2], à peine compensée sur la période la plus récente par un retour de la croissance.

L'étude citée plus haut attribue ce constat déroutant à la déformation des courbes de distribution du revenu dans le monde [3] : il y a un **processus apparent de convergence des niveaux de vie moyens** de la grande majorité des pays et des individus. Il y a un pourcentage plus important de la population mondiale qui se situe au niveau des revenus médians, et une tendance à la réduction des inégalités d'ensemble, mesurées par les indices courants. On constate cependant un **accroissement des inégalités entre les situations extrêmes** : le pourcentage de la population à haut niveau de vie par rapport au niveau de vie moyen devient plus important, ce qui creuse les écarts entre les « queues de distribution », alors même que le pourcentage des populations les plus pauvres baisse en valeur relative. Cependant la mesure de la pauvreté absolue reste

1. X. Sala-i-Martin, cité plus haut.
2. FMI, cité plus haut.
3. X. Sala-i-Martin ; elle s'inscrit dans le prolongement de celle de C. Jones, *On the Evolution of World Income Distribution*, Stanford, 1997.

Courbes de distribution de la population mondiale en fonction des revenus

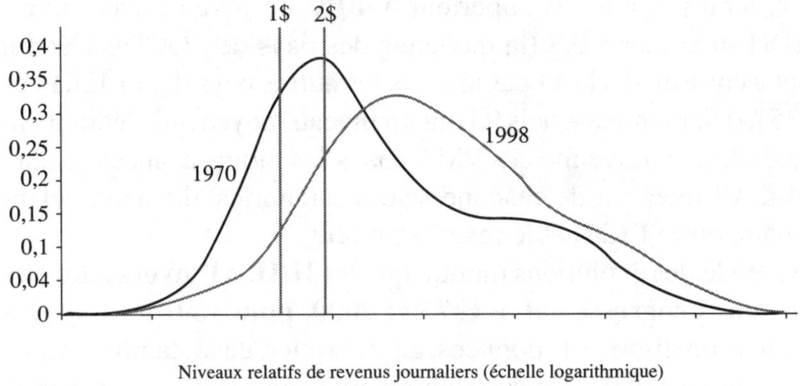

étroitement conditionnée à la validité de la comparaison statistique entre les niveaux de vie réels induits par 1 ou 2 dollars selon les pays, même en corrigeant ces données du pouvoir d'achat.

• ***Les indicateurs du développement humain***

Les travaux d'Amartya Sen, et de nombre d'économistes du développement, invitent cependant à retenir une approche du développement qui dépasse les seules statistiques de PIB et de revenu. Une mesure plus large du bien-être économique, prenant notamment en considération la dimension sociale, montre que les pays pauvres ont accompli des progrès considérables. L'indicateur du développement humain (IDH) est calculé chaque année par l'ONU[1] comme la synthèse de trois éléments : l'état sanitaire, mesuré par la longévité (espérance de vie à la naissance) ; le savoir, mesuré par les taux de scolarisation et d'alphabétisation des adultes ; les conditions de vie, calculées par le revenu par habitant corrigé des différences de pouvoir d'achat. L'indicateur synthétique s'établit sur une échelle de 0, pour les plus démunis, à 1, pour le maximum théo-

1. *Rapport sur le développement humain*, publication annuelle, ONU.

rique. Le pays dont l'IDH est le plus élevé est la Norvège, avec 0,956, et celui pour lequel il est le plus faible est le Sierra Leone, avec 0,27. Les 177 pays pour lesquels l'indice est calculé se divisent en deux grandes catégories : les 55 pays les plus avancés, dont le revenu par tête est supérieur à 40 % du revenu maximum, et l'IDH supérieur à 0,8 (la moyenne des pays de l'OCDE s'établissant à environ 0,91), et par ailleurs les autres pays dont l'IDH va de 0,25 à 0,8, parmi lesquels 93 ont un niveau moyen qui s'établit entre 0,5 et 0,8, la moyenne des PMA (pays les moins avancés) étant de 0,44. À l'intérieur de chacune de ces catégories, il y a une relation linéaire entre l'IDH et le revenu par tête.

L'étude des évolutions montre que **les IDH, à l'inverse des revenus, ont progressé entre 1975 et 2000, pour tous les pays** pour lesquels on dispose de données, à l'exception de la Zambie. Aujourd'hui, le revenu (ajusté pour tenir compte de l'inflation) de certains pays pauvres est encore inférieur à ce qu'il était dans les grands pays en 1870, et l'écart entre les revenus par tête s'est creusé. Mais les IDH des pays pauvres sont nettement plus élevés que ceux des grands pays avancés en 1870. Ce résultat tient essentiellement à ce que l'espérance de vie a sensiblement augmenté grâce aux progrès de la médecine et à l'amélioration du niveau de vie. L'évolution d'ensemble est cependant assez contrastée : les indices de développement humain depuis le dernier demi-siècle mettent en évidence un rattrapage rapide entre les pays du Sud et ceux du Nord. Toutefois la pauvreté se concentre sur quelques pays, manifestant l'éclatement des situations du Sud face au Nord. Dans l'ensemble, la réduction de la pauvreté dépend, pour chaque pays, de sa croissance économique. Par exemple, d'après les évaluations du FMI[1], ceux à bas ou moyen revenu par tête ont vu le pourcentage de population pauvre (appréciée selon les deux critères usuels d'un revenu inférieur à 1 ou 2 dollars par jour) stagner ou augmenter légèrement pour les pays à croissance faible ou négative, et régresser de 10 à 20 points pour ceux à croissance forte.

L'IDH ne peut toutefois pas être considéré comme un indicateur incontestable du développement réel, en raison de certaines anomalies constatées sur des chiffres basés le plus souvent sur des don-

1. *World Economic Report,* FMI, mai 2000.

nées de caractère déclaratif par les États concernés ; de plus, l'espérance de vie à la naissance ne reflète pas nécessairement la qualité sanitaire, et les indicateurs de fréquentation scolaire restent quelquefois très formels.

III. LE RETOUR DES INÉGALITÉS DANS LES PAYS AVANCÉS

Au-delà de la diversité des indicateurs de mesure des inégalités, la fragilité des bases statistiques, même au sein des pays avancés, doit inciter à beaucoup de prudence dans les comparaisons et l'analyse des évolutions. Cependant, il y a une certaine convergence dans les résultats de différentes analyses. Dans l'ensemble de l'Union européenne, les États membres se répartissent selon une séparation nord-sud, et les inégalités ont tendance à être plus fortes au Royaume-Uni et dans les pays dont le revenu par tête est le moins élevé. L'indice de Gini est supérieur à 30 % au Royaume-Uni, en Irlande et dans les pays méditerranéens, alors qu'il est inférieur à 25 % dans tous les pays nordiques ; le Benelux, l'Allemagne et la France se situent dans des positions intermédiaires, comme on le voit sur le tableau de la page suivante.

Le Luxembourg Income Study (LIS) a également calculé une « distance sociale[1] », qui permet de comparer sur un graphique les écarts relatifs du revenu disponible ajusté, corrigé des parités de pouvoir d'achat. Ces données rejoignent les conclusions des synthèses qualitatives faites par l'OCDE[2]. La distance sociale est la plus faible dans les pays nordiques et la plus forte dans les pays anglo-saxons, au Japon ou dans les pays méditerranéens. La France se situe dans une position intermédiaire entre les pays « inégalitaires » et ceux de l'Europe du Nord à modèle social plus égalitaire.

1. D. Jesuit, T. Smeeding, « Poverty and Income Distribution », Luxembourg Income Study, document de travail n° 293, janvier 2002.

2. « Income Distribution and Poverty in Selected OECD Countries », OCDE, document de travail n° 189, 1998.

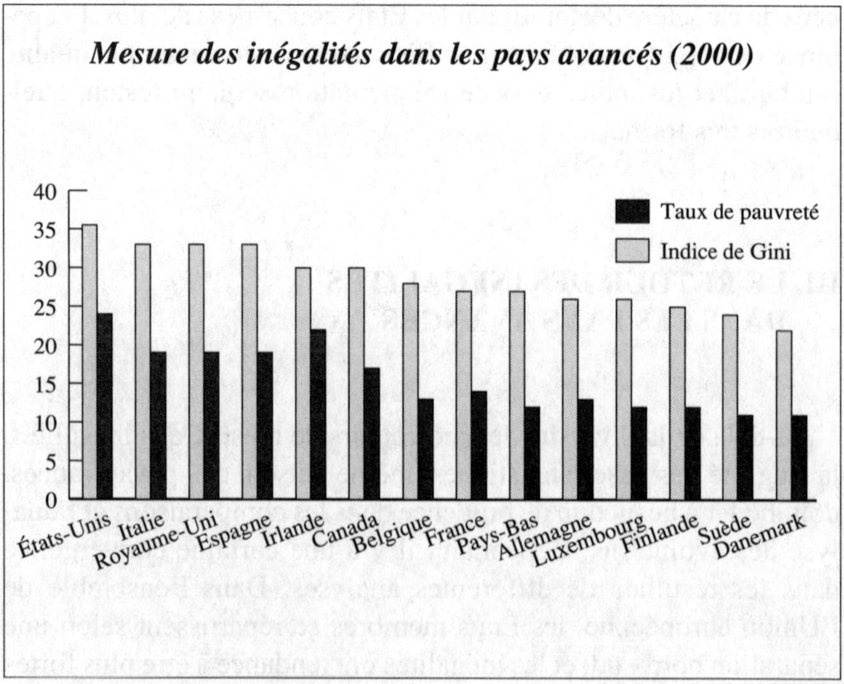

Source : Luxembourg Income Study

La pauvreté, que l'on pensait avoir fait régresser dans les pays avancés, est redevenue une préoccupation majeure. Elle peut être définie par un déficit de ressources par rapport aux besoins ; la mesure de la pauvreté pose les mêmes problèmes que celle des inégalités. La pauvreté se prête difficilement à des comparaisons internationales : dans les pays pauvres la norme peut être de 1 dollar par jour, alors qu'aux États-Unis elle est au minimum de 10 dollars par jour et par personne. Le concept couramment admis dans les pays avancés est donc celui de la pauvreté relative qui se définit comme un certain pourcentage du revenu médian de chaque pays ; l'indice de pauvreté y est donc plutôt, en rigueur des termes, un indice d'inégalité. Avec la définition du LIS d'une pauvreté relative définie par un revenu inférieur à 60 % du revenu médian, on constate que les pays dont les inégalités sont les plus fortes sont également ceux où la pauvreté relative est la plus marquée. Les États-Unis dépassent même un pourcentage de 20 %. On ne dispose pas malheureusement de données comparatives sur les évolutions très récentes qui permettraient de confirmer l'impression répandue d'un accroissement de la pauvreté relative dans les pays riches.

Les inégalités de revenu disponible ont tendance à **augmenter**, dans la plupart des pays développés, depuis 1975. L'analyse comparative des études disponibles[1] permet d'avancer, malgré les difficultés vues plus haut, les tendances suivantes sur la période récente :

– une forte progression des inégalités au Royaume-Uni ;

– une certaine croissance en Allemagne, aux États-Unis et au Japon, et plus contrastée au fil du temps en Italie ;

– une tendance à la stabilité au Canada, voire une diminution en France.

Le tableau suivant met en évidence la synthèse des études disponibles : sur chaque période considérée, décennie 1970, 1980 ou 1990, les signes ++ ou +++ signifient une augmentation caractérisée des inégalités sur la période, – ou – – une réduction, et **0** ou + des évolutions moins marquées.

	Décennie 1970	**Décennie 1980**	**Décennie 1990**
Finlande	–	++	+++
Suède	–	+	+++
Canada	–	**0**	+
Allemagne	–	+	+
France	–	**0**	–
Italie	– –	+++	**0**
Japon	**0**	+	+
Royaume-Uni	+++	++	+
États-Unis	++	++	**0**

Sources : OCDE et LIS

1. T. W. Volscho, « Income Distribution in 14 OECD Nations, 1967-2000 : Evidence from the Luxembourg Income Study », août 2004 ; S. Bazen et P. Moyes, « International Comparisons of Income Distributions », février 2003 ; T.M. Smeeding, « Globalization, Inequality and the Rich Countries of the G-20 : Evidence from the Luxembourg Income Study », juillet 2002 ; également T. M. Smeeding, « Changing Income Inequality in OCDE Countries : Updated Results », Luxembourg Income Study, document de travail n° 252, mars 2000.

Cette augmentation des inégalités s'est accompagnée des « révolutions » libérales des années 1980 ; elle en est à la fois la cause et la conséquence dans les pays anglo-saxons. Elle provient principalement de celle des inégalités salariales, mais elle est plus importante en valeur relative pour ce qui touche à la répartition des patrimoines. Celle-ci s'est opérée au détriment des jeunes et des populations marginalisées dans le travail et au profit des personnes âgées et des ménages à plusieurs revenus.

La question des inégalités connaît donc un regain d'actualité dans certains pays avancés, après une longue période de réduction qui apparaissait comme une tendance lourde de l'histoire du progrès social : elles s'étaient globalement accrues au cours du XIXe siècle et du début du XXe siècle, puis réduites ensuite au cours de la seconde moitié du XXe siècle, et sont remontées en fin de période. L'évolution des inégalités au cours des XIXe et XXe siècles avait été théorisée dans la loi dite de Kuznets[1] en 1955 : les inégalités s'accroissent au début de la phase de développement[2] et de l'industrialisation, puis suivent une phase de stabilisation, et enfin décroissent au profit d'une répartition des revenus plus équitable. Le développement du salariat dans l'économie et la mécanisation du travail au cours du développement industriel produisaient en effet une forte demande de travail non qualifié et entraînaient une hausse relative des revenus des catégories concernées ; à cette donnée de caractère technique s'était ajoutée une donnée plus politique, celle de la démocratisation effective du XXe siècle, des progrès du pouvoir des syndicats et des idées sociales-démocrates, qui ont amené l'extension des transferts publics et de la redistribution sociale et fiscale.

1. S. Kuznets (1901-1985), économiste, né en Russie, émigré aux États-Unis, célèbre historien et statisticien de l'économie des cycles et du développement ; il a écrit ses ouvrages majeurs au cours des années 1950 et a obtenu le prix Nobel en 1971.

2. Comme le montre d'une manière éclatante la Chine d'aujourd'hui, avec un indice de Gini qui serait passé de 0,2 en 1975 à plus de 0,5 aujourd'hui.

IV. POURQUOI UNE TELLE ÉVOLUTION RÉCENTE DES INÉGALITÉS ?

La répartition primaire des revenus peut s'analyser en deux temps : d'abord, le niveau global de la répartition entre les revenus du travail et ceux du capital, puis la répartition tant entre détenteurs du capital suivant le niveau de leur patrimoine que des salaires entre les salariés. La théorie conventionnelle de l'équilibre général expose que les différents facteurs de production sont rémunérés en fonction de leur productivité marginale, sur des marchés « parfaits » qui permettent une confrontation de l'offre et de la demande des différents facteurs de production.

• Le **rapport entre la part du travail et celle du capital** influence fortement la répartition des revenus. En effet, pour les revenus les plus faibles, la part des revenus du travail représente plus de 90 %, alors qu'elle n'est plus que de 70 % pour les plus riches, voire de 50 % pour les 1 % les plus riches [1].

La part des revenus du capital dans la répartition du PIB est cependant assez stable sur le long terme. À court et moyen termes, les fluctuations de cette répartition dépendent des possibilités de substitution [2] de l'appareil productif entre le capital technique et le travail et des variations des taux de salaires et des taux d'intérêt, donc de la rareté relative du facteur travail et du capital. L'évolution globale du partage capital-travail n'a pas connu de tendance marquée aux États-Unis depuis 1945 et est, en particulier, restée stable autour du rapport 1/3-2/3 comme au Royaume-Uni où la part du capital dans la répartition, de 40 % avant-guerre, est retombée et restée durablement aux alentours de 30 % depuis les années 1975-1980. En revanche, en France,

1. T. Piketty et E. Saez, « Income Inequality in the US, 1913-1998 », *Quarterly Journal of Economics*, 2003.

2. Les estimations économétriques de l'élasticité de substitution capital-travail montrent que celle-ci s'inscrit en général au voisinage de 1, ce qui correspond globalement à une fonction macroéconomique de production dite « de Cobb-Douglas ». Une élasticité forte signifie que l'on peut remplacer très facilement le capital par du travail, et réciproquement ; une élasticité faible correspond à des « coefficients techniques » fixes, c'est-à-dire que l'on doit garder un pourcentage constant du capital et du travail.

la part du capital dans la répartition, qui avait atteint un étiage d'un peu plus de 30 % au début des années 1980, a progressé de 10 points ensuite : elle est restée cependant globalement stable depuis 1987-1988, aux alentours de 35-38 %, niveau moyen de longue période[1]. La remontée apparente doit en effet être nuancée si on regarde seulement les évolutions du secteur privé, salaires des administrations exclus[2]. Le phénomène est le même en Italie, et un peu moindre en Allemagne : ce paradoxe apparent de l'augmentation de la part du capital dans les pays continentaux de l'Union européenne, au contraire des pays qui ont connu une révolution libérale très tôt et d'une manière plus marquée, peut venir du fait que la croissance a été plus favorable à l'emploi dans les pays anglo-saxons. Dans l'ensemble des pays de l'OCDE, la part du capital dans la valeur ajoutée est passée de 31-32 % en 1975 à 34-35 % aujourd'hui.

• **Les inégalités salariales** connaissent une tendance plus générale et plus nette à l'accroissement, notamment dans les pays les plus libéraux. La demande relative de main-d'œuvre peu qualifiée a baissé, avec l'automatisation, le développement de la productivité du secteur tertiaire, et celui du commerce international ; parallèlement, les rémunérations du travail très qualifié se sont fortement accrues au cours des années récentes en raison d'une certaine insuffisance dans l'offre de salariés formés pour les nouvelles technologies par rapport à l'évolution de la demande. Le « rendement relatif » de la qualification a augmenté mais on constate aussi que les écarts se sont accrus au sein de catégories *a priori* semblables (même type de diplôme, même ancienneté...)[3].

Les écarts de salaires ont évolué plus fortement dans les pays anglo-saxons qu'en Europe continentale : l'explication avancée tient à la moins rapide diffusion des nouvelles technologies ou organisations, à des salaires minimum plus élevés et à la meilleure capacité de résistance des syndicats en Europe qu'aux États-Unis ou au Royaume-Uni.

1. X. Timbeau, « Le partage de la valeur ajoutée en France », *Revue de l'OFCE*, janvier 2002.

2. P. Askenazy, « Partage de la valeur ajoutée et rentabilité du capital en France et aux États-Unis », CNRS, janvier 2003.

3. P. Aghion, *Schumpeterian and the Dynamics of Income Inequality*, conférence Walras, Econometric Society, Madison, novembre 2000.

• Les **inégalités de patrimoine** ont également augmenté, en raison de la forte progression des résultats boursiers sur la période 1990-2000, avant le retournement, dont il est encore difficile de dresser les conséquences statistiques. Les taux d'épargne des revenus plus élevés sont plus importants que ceux des revenus plus faibles. Le processus d'enrichissement revêt en effet un certain caractère cumulatif. Un patrimoine d'un montant élevé peut consacrer une part plus importante à des placements plus risqués et de rendements plus importants, s'assurant ainsi une rémunération moyenne plus élevée. De plus, les détenteurs de patrimoine plus élevé ont un meilleur accès aux informations économiques et financières et leur capacité d'emprunt dépend du niveau de leur richesse initiale, ce qui leur permet de bénéficier d'une sorte d'effet de levier.

• Le champ d'analyse des inégalités doit en outre s'élargir à un ensemble de nouvelles composantes, aussi importantes que les inégalités quantitatives de revenus ou de patrimoine :

– les inégalités **face à l'emploi et au chômage**, qui recoupent de plus en plus les inégalités face au **savoir** et à la maîtrise de la technique numérique ;

– les inégalités entre les **générations**, qui se sont inversées depuis une trentaine d'années. La charge nette repose plus aujourd'hui sur les jeunes, qui auront à supporter des régimes de retraite moins favorables dans le futur et à payer les charges des endettements actuels, que sur les aînés, dont la situation d'ensemble s'est considérablement améliorée en profitant des facteurs favorables des « trente glorieuses » : dans beaucoup de pays de l'OCDE, dont la France, le niveau de vie moyen des retraités a rejoint celui des actifs.

Il faut souligner que la montée de ces inégalités ne semble pas s'être accompagnée d'une augmentation de la mobilité sociale : l'investissement éducatif est plus important dans les familles à revenus moyen et supérieur, malgré les corrections apportées dans la plupart des économies occidentales par l'éducation gratuite et obligatoire. La mobilité sociale avait été forte au cours des « trente glorieuses », en raison de la croissance absolue et relative de la population active qualifiée et très qualifiée, accentuant le caractère égalitariste de cette période. Par contraste, la tendance actuelle au freinage de « l'ascenseur social » est plus sensible.

V. POURQUOI RÉDUIRE LES INÉGALITÉS ? Y A-T-IL UN ARBITRAGE INÉGALITÉS-EFFICACITÉ ÉCONOMIQUE ET CROISSANCE ?

1. La philosophie politique : les théories de l'égalité et de la justice

La justice sociale est un objectif cardinal de la politique économique. Celle-ci est amenée en permanence à prendre des décisions qui ont des conséquences sur la distribution des revenus et des richesses. L'approche purement « économiste » de la « main invisible », qui attribue à chacun son dû pour le meilleur bien-être d'ensemble, l'idée que les inégalités sont utiles à la société, car elles iraient de pair avec le bon fonctionnement de l'appareil productif, ont laissé la place, comme on l'a vu, à un débat économique plus complexe. La justice sociale a au demeurant une finalité plus large que cette seule approche économique : c'est un des buts fondamentaux de la vie en société démocratique. À ce titre la notion d'égalité fait l'objet de débats approfondis en philosophie politique.

L'égalité peut être envisagée sous son aspect traditionnel qui considère l'**égalité des situations** effectives comme une fin. Mais une autre conception, l'équité, recherche l'**égalité des chances** et considère que l'État doit d'abord viser à garantir aux citoyens des opportunités économiques et sociales identiques.

L'égalité des situations peut être atteinte par un système de redistribution appropriée des ressources ou par une gestion égalitaire du service public. Dans ce dernier cas, l'expérience montre cependant que l'égalité effective n'est jamais atteinte, car des inégalités d'accès causées par les asymétries d'information viennent remplacer celles liées aux revenus, intrinsèques à la régulation par le marché. Des traitements inégalitaires d'un point de vue formel, comme l'application de principes de discrimination positive, peuvent être de ce fait justifiés, comme par exemple le soutien scolaire ou des quotas réservés, dans certaines filières sélectives de formation, à des minorités défavorisées.

Une doctrine de la justice sociale ne peut donc pas viser une égalité généralisée à toutes les dimensions économiques et sociales, car la priorité accordée à l'égalité dans un champ donné va en général de pair avec l'acceptation d'inégalités ou de contraintes dans les autres, ce qui oblige à se limiter à des compromis sur des priorités partielles. Par exemple l'égalité absolue en matière éducative supposerait des mesures tendant à réduire l'influence des parents dans l'éducation de leurs enfants, avec des privations inacceptables de libertés.

Les compromis doctrinaux ont fait l'objet de vifs débats théoriques qui dépassent le cadre de ce livre[1]. Tocqueville identifiait déjà l'égalité comme la « passion démocratique » par excellence. De nos jours, l'approche de **John Rawls**[2], une des plus structurées sur le plan méthodologique, a cherché à définir les conditions de fonctionnement « spontané » d'une société basée sur un contrat social, où la justice sociale et l'exercice des libertés ne sont pas subordonnés à l'efficacité économique tout en restant compatibles avec elle : il n'est pas acceptable « d'acheter du bien-être avec un renoncement partiel à certaines libertés fondamentales ». Cette théorie se fonde sur trois principes majeurs. Le premier principe de base est, d'une manière prioritaire, le droit à un système le plus étendu de **libertés** fondamentales et égales pour chacun. Le deuxième est l'**égalité réelle**, et non simplement formelle, des chances. Le troisième, le **principe de « différence »**, permet de juger les politiques de redistribution ou les choix économiques : une situation plus inégalitaire dans l'ensemble peut être acceptable dans la mesure où elle se traduit par une amélioration absolue de la situation des plus défavorisés. Cette théorie de la justice comme « équité » a ouvert la voie à un concept de régulation sociale, cherchant à concilier un minimum d'efficacité économique et la définition de limites strictes aux inégalités reconnues comme justes. La théorie de la justice sociale selon Rawls amène ainsi à choisir des niveaux de taux de prélèvements obligatoires plutôt élevés, même s'ils sont moins efficaces d'un point de vue économique. Les thèses

1. La littérature sur ce sujet est très abondante ; voir, pour une introduction, le petit ouvrage de Van Parys : *Qu'est-ce qu'une société juste ?*, Le Seuil, 1991 ; P. Manent, *Cours familier de philosophie politique*, leçon III, Fayard, 2002 ; et l'œuvre de A. Sen.

2. J. Rawls, *Théorie de la justice*, Le Seuil, 1987.

de Rawls peuvent représenter une option nettement égalitariste « de gauche », difficilement acceptable pour des pays où est posée la question de l'incitation au travail. Mais elles ont été également présentées comme une certaine forme de justification des inégalités spontanées de l'économie de marché, corrigée simplement par des redistributions fortes pour les plus pauvres.

Cela montre que la recherche de l'égalité ne peut que résulter d'un compromis pratique, comme l'a d'ailleurs exposé **Armatya Sen** : il faut tenir compte de la diversité des situations réelles, comme les handicaps physiques ou tenant à des milieux culturels d'origine différents, des conceptions ou des aspirations différentes des personnes dans une même société et à travers le monde. Sen considère qu'il faut rechercher, d'une manière très concrète, une égalité des **« capabilités »**, à mi-chemin entre l'égalité des chances et celle des situations. Il renonce à viser une conception morale unique, considérant que « la morale qu'adoptent les personnes – d'une manière fort peu kantienne – varie souvent en fonction de leur propre position[1] ».

2. L'approche économique

Une idée courante est que la croissance des inégalités est une donnée incontournable et nécessaire à la croissance de l'économie : cette affirmation s'appuie sur l'approche conventionnelle de l'efficacité économique du libre jeu des forces du marché et des inégalités qui en résultent. Le caractère incitatif, pour l'effort et l'innovation, de la recherche du revenu maximum, est indéniable. Mais cette idée reste générale et la nécessité de l'augmentation des inégalités est très controversée. Certes, l'augmentation des inégalités peut avoir un effet positif sur l'épargne (car les plus riches ont des taux d'épargne plus élevés), mais, à l'opposé, l'accumulation du capital humain est plus faible si les inégalités sont plus fortes ; la résultante de ces deux facteurs n'a pas de sens déterminé[2].

D'une part, le paradigme de la concurrence pure et parfaite reste très théorique devant la multiplicité des défaillances du marché

1. A. Sen, *Éthique et économie*, PUF, 2001.
2. G. Iradian, « Inequality, Poverty and Growth », FMI, février 2005.

dans la formation des prix et des revenus ; cette question l'objet d'un débat[1], et d'autres modèles théoriques ont pu mettre en évidence le fait que, à long terme, **l'augmentation du taux des inégalités n'est pas nécessairement favorable à la croissance**[2], quand il existe des imperfections sur les marchés de capitaux ou dans l'accès à l'investissement. Cependant, les dépenses sociales actives, notamment dans l'éducation et la santé, peuvent favoriser la croissance, entraînant une corrélation négative entre le taux de croissance et le « taux d'inégalités »[3]. Au total, « il n'y a aucune tendance générale qui permette de penser que les inégalités jouent un rôle positif dans la croissance »[4].

D'autre part, le rapport entre inégalités, efficacité et croissance dépend des traditions sociales : on peut également penser qu'un système dont la distribution primaire est plus égalitaire, par une meilleure répartition des patrimoines ou par un égal accès à la formation initiale et au marché du travail, sera plus efficace que celui qui est obligé de réduire les inégalités par des moyens fiscaux énergiques. La question se pose donc de savoir dans quelle mesure l'intensification des politiques de redistribution, nécessaires pour contrebalancer ces défaillances du marché, est préjudiciable ou non à la croissance. La théorie de l'évolution séculaire des inégalités, formulée par Kuznets, montre que la réduction de celles-ci a pu s'accompagner de périodes de croissance forte : les politiques de redistribution ont entraîné un développement de la demande effective, favorable, dans une optique keynésienne, à la croissance, et une meilleure motivation des salariés, propice aux augmentations de productivité.

On ne peut donc pas prendre pour dogme qu'une réduction des dépenses redistributives est toujours favorable à la croissance, car

1. A. Lindbeck, « How Can Economic Policy Strike a Balance between Economic Efficiency and Income Equality ? », Proceedings of Symposium on Income Distribution, 1998.

2. P. Aghion *et alii*, « Inequality and Growth in the Perspective of New Growth Theories », Cepremap, 1999.

3. G. Rehme, « Education, Economic Growth and Personal Income Inequality across Rich Countries », Luxembourg Income Study, document de travail nº 300, avril 2002.

4. L. Kenworthy, « An Equality Trade off ? », LIS, novembre 2003.

celles-ci favorisent le lien social, la stabilité, et l'investissement dans le capital humain. Parmi les pays émergents ou en développement, on observe que les taux de croissance sont plus élevés dans les pays asiatiques, plus égalitaires au départ, que dans les pays d'Amérique latine[1]. Cependant, la croissance des inégalités peut alors être très forte, comme dans la Chine d'aujourd'hui, lors d'une phase de rattrapage rapide, selon la loi de Kuznets.

Si la réduction des inégalités semble ainsi correspondre à un objectif économique, les politiques de redistribution trouvent cependant leurs limites dans les niveaux de prélèvements obligatoires atteints dans certains pays avancés : la comparaison entre les pays fait apparaître un lien négatif entre l'augmentation mal contrôlée du taux de prélèvements obligatoires et le taux de croissance. Une politique de redistribution doit donc viser d'abord un meilleur ciblage des politiques existantes plutôt que l'extension du volume de la redistribution.

3. Y a-t-il un arbitrage chômage-inégalités ?

Une autre thèse couramment avancée est qu'il y aurait une sorte d'arbitrage au sein des sociétés avancées entre deux défaillances sociales majeures : le chômage et l'ampleur des inégalités. La comparaison entre les pays anglo-saxons et ceux d'Europe continentale montre, il est vrai, une légère tendance en ce sens : les pays européens continentaux, où l'augmentation du taux de chômage entre 1985 et 1998 a été plus élevée, sont plutôt des pays où les inégalités sont plus faibles, mais le lien n'est pas très probant.

Ce phénomène, au demeurant peu marqué, a amené certains économistes à avancer l'idée d'une « théorie unitaire » des systèmes économiques : chaque pays serait confronté à une sorte d'arbitrage entre, d'une part, un niveau élevé de cohésion sociale, au prix de rigidités dans l'économie, et une perte d'efficacité et de potentiel de croissance, et, d'autre part, un niveau élevé d'efficacité et d'emploi, au détriment des mécanismes redistributifs et d'une certaine égalité sociale.

1. À titre indicatif, le coefficient de Gini est de 0,6 au Brésil et dans certains pays sud-américains.

Cette théorie unitaire semblerait dériver facilement de la théorie simple de la concurrence pure et parfaite et de l'optimum économique, qui considère que tout écart institutionnel par rapport à l'optimum de marché entraîne une perte marquée d'efficacité collective. Cependant on a vu le caractère très incertain de ces arguments ; cette théorie n'est pas non plus fondée dans les faits. La plupart des pays nordiques, le Canada ou les Pays-Bas sont des pays plus égalitaires et dont le chômage a baissé ; à l'inverse, l'Italie représente un pays plutôt inégalitaire dont le chômage est élevé. Cette thèse méconnaît également le poids du chômage comme vecteur d'inégalités : quand le chômage augmente, les inégalités font de même[1].

La période des « trente glorieuses » est aussi là pour montrer que la réduction progressive des inégalités s'est accompagnée d'une forte croissance de la productivité. Il n'y a donc aucune raison de considérer qu'un quelconque déterminisme économique interdirait de concilier le maintien d'un haut niveau de redistribution et de protection sociale et la poursuite d'un taux de croissance élevé, comparable à celui des États-Unis ; cela passe par une politique de réformes, combinant la recherche d'une efficacité plus grande et une meilleure sélectivité dans le modèle social européen, et une politique énergique de croissance de la productivité. C'est ce *policy-mix* européen qui serait porteur de plein-emploi : en un mot, **la dynamique américaine, sans les inégalités.**

VI. LA RÉDUCTION DES INÉGALITÉS EN PRATIQUE DANS LES PAYS DU G7

La redistribution moderne est le résultat d'un ensemble de moyens variés. La formation des revenus s'effectue à trois niveaux, compte tenu des mécanismes de redistribution et de la prestation de services collectifs :

1. D. Bradley *et alii*, « Distribution and Redistribution in Post Industrial Democracies », LIS, mai 2001.

– la distribution primaire des revenus du travail et du patrimoine, avant paiement des cotisations sociales (y compris les cotisations patronales), et des impôts sur le revenu et le patrimoine ;

– le revenu « secondaire », disponible brut après impôts et transferts sociaux, comprenant les prestations sociales en espèces (retraite, allocation de chômage, indemnités journalières, etc.), mais non pas en nature (remboursement de soins, allocation de logement, etc.) ;

– enfin, la répartition des revenus en termes de consommation effective et possible. C'est le revenu brut disponible augmenté de la valeur de la partie individualisée des dépenses de consommation finale des administrations, dépenses de santé prises en charge par la Sécurité sociale ou l'État, allocations de logement, part individuelle des dépenses d'éducation, d'action sociale, de services culturels ou sportifs…

La protection sociale est donc un élément central d'une politique de réduction des inégalités, même si elle est bâtie autour de deux grands modèles dont en principe seul le second a une finalité redistributive explicite :

– le premier, « bismarckien », repose sur un régime d'assurances sociales qui fournissent une solidarité horizontale au sein de mêmes groupes professionnels, la redistribution générale étant organisée par la fiscalité ; les prestations sont liées aux revenus antérieurs. L'Allemagne et la France sont représentatives de ce système ;

– un second modèle, « beveridgien », consiste en un système d'État-providence, avec des prestations universelles et forfaitaires financées par l'impôt, pour la santé, la vieillesse et le chômage, à des niveaux élevés comme dans les pays scandinaves et au Canada, plus faibles comme au Royaume-Uni, ou très sélectives suivant les publics comme aux États-Unis ; dans ces derniers cas, elles sont complétées par des régimes privés assurant des prestations fortement liées aux cotisations versées.

Les évaluations des incidences des taxes et transferts mettent en évidence l'importance des systèmes redistributifs (mesure par le pourcentage de réduction de l'indice de Gini du fait la redistribution) :

Intensité relative de la redistribution (dates diverses selon les pays entre 1995 et 2000)

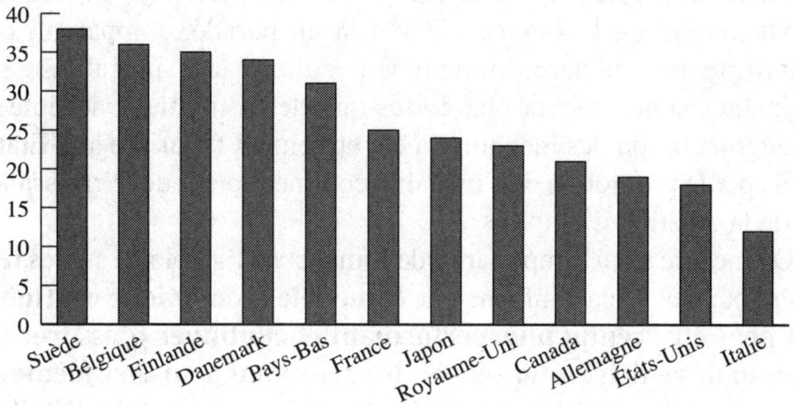

Source : OCDE

Les transferts monétaires sont construits financièrement pour assurer une redistribution effective, et les études empiriques mettent en évidence les effets positifs de la redistribution sur, en particulier, la réduction du taux de pauvreté : on a même pu évaluer à 0,75 l'élasticité entre l'augmentation du taux de transferts sociaux rapporté au PIB et la réduction du taux de pauvreté [1]. En revanche, il n'y a pas d'évaluation d'ensemble reconnue de l'efficacité redistributive des services en nature gérés par les collectivités publiques. Pour ce faire, il conviendrait de disposer d'une comptabilité analytique des collectivités et des entreprises publiques pour mesurer la réalité des coûts des services publics, et de statistiques des fréquentations moyennes des services collectifs, par catégorie de population et tranche de revenus.

Les politiques de redistribution correspondent au modèle sociopolitique de chaque pays qui influence fortement la manière dont

1. L. Kenworthy, « Do Social Welfare Reduce Poverty ? », Luxembourg Income Study, document de travail nº 188, 1998.

les inégalités sont perçues par l'opinion publique. Il y a une relation entre le niveau des inégalités effectives et le souhait de la population. Dans les pays anglo-saxons, où les inégalités sont plus élevées, le pourcentage des personnes qui considèrent que les inégalités sont trop fortes est plus faible que dans les pays nordiques, l'Allemagne ou la France[1]. Il y a là un paradoxe apparent, qui confirme le caractère éminemment culturel des inégalités : les inégalités sont d'autant plus fortes qu'elles sont mieux acceptées. L'augmentation des inégalités a été largement favorisée aux États-Unis par la promotion de l'inégalité comme moteur de la croissance et de la création d'emplois[2].

On mesure ainsi l'importance de l'impact de l'idéologie sur les réalités sociales. Cela confirme que **le modèle économique continental peut être rendu plus performant et continuer d'assurer un niveau de redistribution élevé ; les deux vont peut-être même de pair, sous la condition de rendre les mécanismes de redistribution plus efficaces**, donc mieux acceptés par les contribuables.

C'est l'enjeu majeur des réformes structurelles, objet de la troisième partie de ces 18 leçons.

1. M. Förster et M. d'Ercole, « Income Distribution in OECD Countries in the Second Half of the 90's », OCDE, mars 2005.

2. P. Krugman, « Main basse sur l'Amérique », *Courrier international*, 9 janvier 2003.

TROISIÈME PARTIE

LES RÉFORMES STRUCTURELLES

Les réformes structurelles, comme leur nom l'indique, concernent les mécanismes profonds de l'économie. Elles s'inscrivent dans le long terme et ne sont que rarement imposées par l'urgence, comme peuvent l'être les questions de régulation conjoncturelle qu'on verra plus loin : tout au plus, de temps en temps et suivant les pays, un spasme social vient-il remettre la question à l'agenda politique, comme par exemple les protestations de médecins, les grèves des services publics ou les déficits des retraites. Ces réformes sont souvent difficiles à entreprendre, en particulier dans un pays comme la France, parce qu'elles remettent en cause des situations acquises, des habitudes de travail, et des intérêts sectoriels puissants. À défaut, ce sont des petites dégradations parfois imperceptibles, colmatées par des expédients, qui réduisent progressivement l'efficacité d'un pays ou d'un sous-continent. Les grands sujets de réformes structurelles ont en commun de rester de la responsabilité essentiellement nationale : les États ne peuvent donc pas invoquer en la matière la contrainte extérieure ou le poids des marchés. La prise de conscience et l'avancement des progrès y sont pourtant très inégaux. Nous verrons ces réformes dans les six leçons suivantes : d'abord celles liées au vieillissement démographique, la santé et les retraites, puis celles qui concernent la recette et la dépense publiques, la fiscalité et la réforme de l'État, et enfin celles qui touchent à la compétitivité de l'Europe, les services d'intérêt général et la politique de l'économie de la connaissance.

Les deux enjeux majeurs du vieillissement démographique à venir ont insuffisamment avancé. La santé subit partout une dérive inexorable des charges publiques ; s'agissant des retraites, des progrès ont été effectués depuis le début des années 1990 dans la plupart des pays européens, plus qu'en France. La réforme fiscale reste un serpent de mer un peu mythique, mais en pratique la fiscalité se transforme partout. Plus nettement, la France reste en retard en Europe pour la réforme de l'État. Les services d'intérêt général – hors État – ont déjà considérablement évolué sous la pression de la Commission européenne et du progrès technique. Le plus grave demeure sans doute le retard de l'Europe dans l'économie de la connaissance : si aucune réaction vigoureuse n'est engagée, l'Europe risque d'être un jour ce qu'a été la Chine de l'impératrice Cixi, un lieu de dépouilles pour les nouveaux maîtres du monde de l'époque, et peut-être dans une inversion de rôles dont l'histoire a le secret.

LEÇON 8

L'ÉVOLUTION DES SYSTÈMES DE SANTÉ

I. LES DEUX EXTRÊMES : RATIONNEMENTS ET GASPILLAGES

En France, depuis trente ans, quinze plans de redressement des comptes de la Sécurité sociale auront été décidés par les gouvernements successifs, face aux déficits réitérés : l'assurance maladie a connu des déficits au cours de treize exercices, qui, cumulés, ont atteint une masse de 30 milliards d'euros, obligeant le gouvernement Juppé à consolider la dette dans le cadre d'une caisse autonome, et à amortir celle-ci à l'aide d'un nouveau prélèvement fiscal, la Contribution au remboursement de la dette sociale (CRDS). À la fin 2005, on s'aperçoit que rien n'est réglé, que « la Sécu replonge dans le rouge », et fait à nouveau les gros titres, à peine un an après un plan présenté par ses promoteurs comme la réforme « la plus ambitieuse qu'il y ait jamais eu », car « rien n'aurait été pire que de prendre seulement des mesures conjoncturelles »[1]. Dans le même temps, l'actualité voit s'égrener tous les mois les protestations plus ou moins spectaculaires des professionnels de la santé. La France est ainsi à la fois le pays dont l'opinion publique paraît la plus satisfaite de son régime de santé, un de ceux où il est le moins contrôlé, et celui où les praticiens semblent les plus mécontents.

1. Présentation de la réforme à l'Assemblée nationale, débats du mardi 29 juin 2004.

En Italie, dont le système est le plus décrié par ses usagers, les médecins recommandent ouvertement de profiter des accords européens pour réaliser les interventions délicates en France. Au Royaume-Uni, les détracteurs de l'organisation en principe parmi les plus égalitaires du monde, mise en place aux beaux jours du *Welfare*, sont nombreux : l'offre est principalement financée sur les budgets publics, les chroniques de presse sont régulières sur l'inconfort des hôpitaux et sur les spectaculaires attentes des malades pour bénéficier d'interventions de commodité, même après la mise en œuvre du plan Blair, qui doit augmenter de moitié les moyens du National Health Service avant 2010.

La santé est ainsi un des domaines les plus controversés, en Europe comme en Amérique du Nord. La croissance du secteur sera telle dans les prochaines années que la revue *Business Week* du 26 août 2002 a pu titrer « Bienvenue dans l'économie de la santé ! », prévoyant que ce secteur représentera un tiers de l'économie au milieu du XXIe siècle, se substituant alors, par sa dynamique, au secteur des TIC. Il y a donc un développement majeur à attendre, mais des structures à adapter. La santé est une dépense, mais également un investissement économique. Le même article cité plus haut indiquait que les États-Unis dépensaient 1 milliard de dollars par an pour soigner les migraines, alors que le coût pour les entreprises de journées de travail perdues ou de la baisse de productivité était de 13 milliards de dollars par an au titre de cette maladie.

La maîtrise collective des systèmes est la réforme de structure par excellence : elle demande une véritable approche de long terme difficilement compatible avec le calendrier toujours à court terme des médias et du politique. Le but est de continuer à améliorer en permanence le niveau collectif de la santé de la population, et de profiter des progrès réguliers des techniques médicales, mais dans des conditions financières acceptables par tous, même les plus démunis, et compatibles avec les contraintes budgétaires des États.

Le secteur de la santé s'inscrit dans des données sociales et économiques qui lui donnent des caractéristiques particulières que nous verrons dans les deux prochains paragraphes, le premier sur les tendances fortes de l'évolution, le second sur les « règles du jeu » économique ; la comparaison des systèmes de santé dans les grands pays avancés montrera ensuite que de nombreuses leçons peuvent être tirées de l'expérience de nos grands partenaires, ce qui nous permettra de dresser, en conclusion, des pistes possibles pour améliorer et mieux contrôler l'évolution du secteur.

II. L'ÉVOLUTION DU SECTEUR DE LA SANTÉ : DÉVELOPPEMENT TECHNIQUE, DÉMOGRAPHIE, PEUR DU RISQUE, ÉTHIQUE MÉDICALE

Les prestations maladie représentent environ un tiers des dépenses de protection sociale. Leur montant augmente d'une manière régulière, à cause du vieillissement de la population, des progrès très rapides des techniques de soins, et de l'exigence accrue de la population quant à la qualité des soins.

Les dépenses de santé par habitant sont directement liées au revenu par tête des différents pays. Il y a quelques écarts forts par rapport à cette tendance statistique. Les États-Unis et la Suisse ont des dépenses de santé élevées.

Dépenses de santé et niveau de vie (en dollars 2003)

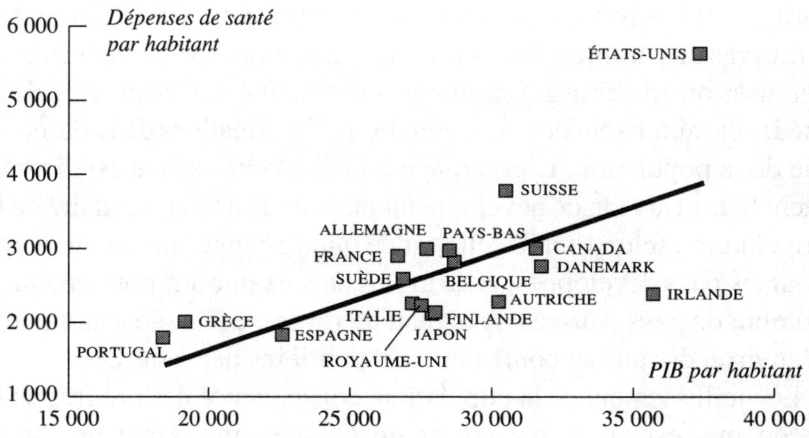

Sources : OCDE, calculs des auteurs

On constate, dans tous les pays avancés, l'importance croissante du secteur de la santé dans l'ensemble de la production : le pourcentage des dépenses de santé dans le PIB est passé dans l'Union européenne de 4,5 % en 1965 à 7 % en 1975, puis à 8 % en 1990, et 9,5 % en 2005. Aux États-Unis, ce pourcentage passe de 6,5 % à plus de 15 % en 2005.

Progrès technique et vieillissement démographique

Le secteur de la santé connaît, comme les autres industries, d'importants progrès techniques : les pathologies sont aujourd'hui mieux traitées et, ramenées à des conditions identiques de succès, à des coûts sans cesse décroissants. On peut citer comme exemples de nombreuses interventions chirurgicales qui immobilisaient les patients pendant plusieurs jours il y a vingt ans, et qui sont aujourd'hui effectuées en chirurgie ambulatoire, comme les appendicites, voire par des voies chimiques, comme certains traitements de la prostate, ou les pontages, remplacés aujourd'hui par des cathéters gonflables associés à des traitements chimiques. L'amélioration des soins est régulière dans les pays avancés, du fait de techniques plus performantes et d'une meilleure organisation des centres de traitement et de soins, qui réalisent ainsi des gains de productivité, à l'instar de l'ensemble des secteurs économiques. La croissance historique des dépenses de santé est d'abord due à un formidable « progrès de gamme », comme dans le traitement des maladies cancéreuses ou en chirurgie cardiaque ou vasculaire. Ces progrès de la médecine autorisent des augmentations significatives de la durée de vie de la population. L'espérance de vie à la naissance est directement liée au niveau de développement, et donc à l'état sanitaire de la population : selon l'ONU, elle est de quatre-vingts ans en moyenne pour les pays développés, et de moins de soixante ans pour un grand nombre de pays pauvres. À niveau de revenu égal, elle a augmenté d'environ dix ans au cours des trois dernières décennies.

Le vieillissement de la population, conséquence des progrès de la médecine, est en même temps un élément important de l'augmentation régulière des dépenses de santé. En effet la probabilité d'apparition de maladies importantes et coûteuses à soigner augmente avec l'âge, et la courbe des dépenses de soins est croissante avec celui-ci, d'une manière très rapide au-delà de 50 ans : on considère que moins de 10 % de la population est à l'origine de plus de la moitié des dépenses. Cette tendance devrait s'amplifier si l'on tient compte de la possibilité de traiter des maladies dégénératives comme la maladie d'Alzheimer. Le corps médical est naturellement enclin à mobiliser le meilleur des soins possibles en toutes circonstances, même pour les cas les plus incertains, et l'aversion de la société moderne pour le risque est croissante : ces deux éléments emmènent le système de santé vers l'utilisation permanente des techniques les plus complexes et de plus en plus coûteuses.

Ces progrès humains indéniables comportent toutefois des conséquences financières lourdes, qui doivent être prévues et assumées explicitement par les citoyens ; face à cette tendance incontournable, les responsables publics sont pris en étau entre le refus des comportements malthusiens, ni souhaitables ni possibles, et la nécessité d'une bonne optimisation d'une dépense publique croissante.

La croissance des dépenses de santé a atteint, dans les pays européens, 7 % par an sur la période 1960-1975, puis 4,5 % sur la période 1975-1990. Les évolutions depuis 1990 sont variables suivant les politiques entreprises pour contrôler la croissance des dépenses : en moyenne le rythme s'est ralenti, à un taux de 3 % à 5 % de croissance par an, entraînant une augmentation de la dépense de santé de 1 à 3 points de PIB sur une quinzaine d'années. Les projections de dépenses, faites sur la base des prévisions de croissance démographique et économique actuelles et la poursuite de la tendance à la consommation de soins, montrent que la dépense de soins devrait continuer de croître, pour atteindre plus de 12 % du PIB après 2010 en France, à l'« épuisement » du baby-boom, du fait des effets démographiques [1] : cette augmentation supposerait, à structures inchangées, une augmentation importante des ressources du système et de probablement 40 % à 50 % des cotisations sociales sur les actifs, si la législation et les structures sont inchangées.

1. Voir les études de l'OCDE sur les perspectives du vieillissement dans *Perspectives économiques*, juin 2001 ; et l'étude de K. McMorrow et W. Roeger, « EU Pension Reform – An Overview of the Debate and an Empirical Assessment of the Main Policy Reform Options », Commission européenne, DG2, n° 162, janvier 2002.

Comme pour les retraites, la réforme des systèmes de santé est donc un des enjeux majeurs des politiques économiques des années à venir. Plus que pour les retraites, c'est une question de société et pas seulement de maîtrise des coûts. C'est aussi un défi de politique industrielle dans un secteur en pleine croissance.

Les objectifs de meilleure régulation du système de santé sont ainsi devenus une priorité pour tous les pays européens.

III. L'ANALYSE ÉCONOMIQUE DU SECTEUR DE LA SANTÉ

Le secteur de la santé obéit à des lois économiques particulières, qui font qu'il ne peut être régulé que par un système complexe. Le marché ou la gestion publique seuls sont incapables plus qu'ailleurs de satisfaire le double impératif d'efficacité économique et de solidarité. Un système « pur » de marché, avec des assurances maladie privées, laissant les prix réguler l'offre et la demande de soins, est inégalitaire et peu acceptable dans les sociétés avancées. Les malades lourds ou chroniques devraient y payer des primes d'assurance très élevées, correspondant *grosso modo* au coût des soins, et les soins les plus coûteux ne seraient accessibles qu'aux populations les plus fortunées ; de même, la prévention est un bien collectif dont la gestion ne peut être que publique. À l'inverse, la santé ne peut être gérée uniquement selon des critères administratifs, car une régulation budgétaire seule ne peut qu'entraîner des phénomènes de rareté et de distorsion inhérents à toute gestion administrative. C'est une question classique d'économie car, dans la mesure où le prix des produits est très faible pour l'utilisateur, il est normal que la demande soit nettement supérieure à une offre nécessairement contingentée par des critères budgétaires : il s'ensuit un phénomène de rationnement que l'on constate dans tous les cas où le prix est abaissé artificiellement par rapport aux coûts effectifs de production.

Le décalage entre une offre limitée par des contraintes financières et une demande élevée est aggravé, en l'espèce, par les asymétries d'information et l'aléa moral.

Les **asymétries d'information** concernent la relation du médecin à la fois avec le malade et avec l'organisme qui finance. Les patients n'ont en général qu'une idée très partielle et souvent fausse de la qualité médicale et de l'utilité réelle des soins : ils sont aussi sensibles au comportement des praticiens qu'à la qualité du diagnostic, à l'efficacité du traitement ou à son coût, d'autant plus que celui-ci est partiellement ou totalement remboursé. Cette asymétrie est également importante entre le corps médical et les organismes qui financent : ceux-ci, à moins d'exercer des contrôles lourds, permanents, très coûteux et inacceptables pour les praticiens, ne peuvent se baser que sur des approches globales de l'efficacité de ces derniers, fondées sur des contrôles statistiques du respect de bonnes pratiques professionnelles et sur des appréciations globales de coûts des prescriptions.

L'aléa moral concerne le comportement des patients qui, se sachant couverts en cas de maladie ou d'accident, sont amenés à adopter des comportements plus risqués que s'ils ne bénéficiaient pas de couverture. Les risques forts, comme ceux des automobilistes amateurs de vitesse, des gros fumeurs, des alcooliques ou des drogués de toute nature, ne subissent pas de pressions financières dissuasives autres que des fiscalités spécifiques sur les alcools ou les tabacs. Seule la prise en charge directe d'une part significative du coût qu'ils représentent pour la collectivité, le moment venu, serait de nature à les inciter à modifier leur comportement.

Il y a un lien, mais mal connu, entre le taux de prise en charge des soins et leur consommation. Les études faites sur l'élasticité de la demande de soins par rapport à la charge supportée par les malades ont pu montrer le lien entre le niveau de la couverture et celui de la consommation médicale : le nombre de consultations est plus important pour ceux qui bénéficient d'une garantie complémentaire, et le chiffre croît en fonction de la qualité de la couverture[1]. Ces études s'inscrivent dans le prolongement des observations réelles faites par la Rand Corporation aux États-Unis entre 1974

1. T. Buchmueller, A. Couffinhal, M. Grignon, M. Perronnin, K. Szwarcensztein, « Consulter un généraliste ou un spécialiste, l'influence des couvertures complémentaires sur le recours aux soins », *Bulletin d'information en économie de la santé*, 2002.

et 1977, à savoir que la gratuité des soins peut induire une consommation supplémentaire, supérieure en l'espèce de 50 % à ce que l'on avait constaté avec la couverture minimale de l'époque. La dépense est par contre fortement freinée à partir d'une charge élevée laissée au malade, de 65 % dans cette étude. Le lien entre la consommation et le niveau de couverture a été confirmé. Il est difficile cependant de mettre en évidence un effet significatif lié aux augmentations marginales du ticket modérateur. Les modulations modérées du taux de prise en charge ne sont pas nécessairement un élément efficace dans une politique de régulation de la demande : elles ont d'ailleurs un effet discriminatoire important avec la possibilité pour les catégories supérieures de revenus de bénéficier de mutuelles ou d'assurances complémentaires avantageuses. De plus, la réalité du coût restant à la charge du patient n'est pas nécessairement liée au caractère public ou privé du système de financement des soins : c'est aux États-Unis que le quota à la charge directe du malade est le plus faible[1].

Le secteur est partiellement soumis à ce que l'on appelle la **« loi de la demande induite »**, selon laquelle c'est l'importance de l'offre qui est à l'origine de celle de la demande. Ce phénomène a été observé dans les pays où les malades ont un accès relativement libre aux praticiens : on a pu ainsi constater en France, aux États-Unis ou en Australie, par exemple, que le nombre d'actes techniques ou de spécialités par habitant pouvait être lié à la densité de l'offre concernée, en spécialistes ou en lits d'hôpitaux. Cela a pu être expliqué par une certaine forme d'« autocensure », c'est-à-dire que les patients hésitent moins à recourir aux soins quand ceux-ci sont plus facilement accessibles et, à l'inverse, se limitent volontairement quand ils savent que l'accès aux soins est difficile. On a constaté ce phénomène en Grande-Bretagne dès que la contrainte a été desserrée sur certains types d'interventions chirurgicales considérés comme non prioritaires. Une autre interprétation serait que les spécialistes cherchent à ajuster leur activité à leurs aspirations de revenu moyen, incitant directement ou indirectement leurs patients

1. S. Jacobzone, « La maîtrise des dépenses et la responsabilité des acteurs dans les systèmes de santé », communication à la Conférence d'Helsinki les 1er et 2 octobre 1999.

à la consommation d'actes médicaux[1]. Cette loi n'est cependant pas vérifiée pour les généralistes.

Enfin, l'évaluation de **l'efficacité** de la dépense médicale est délicate. Des techniques permettent de calculer l'efficacité relative des traitements, en faisant l'appréciation statistique du nombre d'années de survie, ajusté par des éléments de qualité de vie (technique de calcul des Qaly, *quality adjusted life years*) : ces calculs donnent une idée de l'efficacité relative des traitements et améliorent la cohérence des choix sanitaires. C'est ainsi que l'on a pu apprécier, par exemple, les avantages théoriques de la greffe du rein par comparaison avec les dialyses. Cette approche a des limites. Le calcul des taux de survie moyens ne peut être que spéculatif, s'agissant de nouveaux traitements ou médicaments pour lesquels les observations statistiques sont inexistantes ou portent sur des séries trop courtes ; il peut être biaisé par l'ampleur des intérêts institutionnels ou financiers des partenaires concernés. La qualité de vie est un élément principalement subjectif, impossible à normaliser : le même mode de vie apparent, avec un traitement médical difficile, peut représenter un bonheur inestimable pour certains et un fléau insupportable pour d'autres. Enfin, nombre de ces calculs sont fondés sur l'estimation de la valeur de la vie humaine, qui, outre ses incertitudes méthodologiques, pose de graves problèmes moraux. C'est la raison pour laquelle l'appréciation de l'opportunité des traitements, même si elle peut s'appuyer sur des techniques utiles, doit être relativisée : elle suppose, dans certains cas sensibles, de la part des praticiens, un choix en conscience, qui ne peut être que personnel, entre son exigence éthique et la dimension économique.

L'ensemble de ces éléments met en évidence la complexité technique et culturelle des questions soulevées par la régulation du secteur de la santé. Le poids des traditions de chaque pays, qui connaissent tous des régimes très différents, rend délicates les évolutions structurelles, même si les systèmes sont appelés à converger pro-

1. C. Phelps, « Induced Demand – Can we ever Know its Extent ? », *Journal of Health Economics*, 1986 ; M. Das, « Is There Evidence against the Induced Demand Hypothesis ? Explaining the Large Reduction in Cesarean Rates », Harvard University, décembre 2001 ; J. Richardson, « Supplier Induced Demand Reconsidered », Centre for Health Program Evaluation, Universities of Monash and Melbourne, juillet 1999.

gressivement, notamment en Europe du fait de la mobilité accrue des travailleurs et de la nécessaire harmonisation des charges de la protection sociale.

IV. LES SYSTÈMES DE SANTÉ DANS LES PAYS DU G7

Les systèmes de santé peuvent être classés en trois grandes catégories, qui présentent une certaine tendance à la convergence dans les pays avancés :

– les **systèmes « mixtes »**, financés essentiellement par la Sécurité sociale publique, mais où les soins sont dispensés par des intervenants publics ou privés, avec éventuellement des possibilités de choix du prestataire de la part des bénéficiaires : entrent dans ce cas l'Allemagne, la France et le Japon ;

– les **systèmes « publics »**, où financements et prestations sont assurés par le public, avec un complément privé, comme au Royaume-Uni, au Canada et dans les pays nordiques ;

– les **systèmes « privés »**, avec un total libre choix, où le secteur public se concentre sur la prise en charge des personnes âgées et des plus démunis comme aux États-Unis.

Les pays nordiques ont à la fois des dépenses de santé élevées et des taux globaux de prise en charge publique les plus forts. Le système anglo-saxon comporte une prise en charge de 80 % également, mais avec un niveau de dépense plus faible ; la France se situe dans une zone intermédiaire autour de 75 %. Les États-Unis ont un système où la dépense de santé est très élevée ; la part de la dépense privée représente dans l'ensemble plus de 50 % de la dépense totale, ce qui accrédite l'idée que les systèmes à contrôle de dépense publique sont moins coûteux que ceux des pays à forte part privée.

• Les **États-Unis** sont le pays où la part de la gestion publique est la plus faible, car celle-ci ne concerne que les soins aux personnes retraitées ou handicapées (Medicare) et aux plus démunis (Medicaid, géré par l'État), ainsi que les gros risques ; elle touche 25 % de la population pour 45 % de la dépense de santé globale. Les

2003	**dépense en % du PIB**	**dont % public**	**médecins pour 1 000 h**	**IRM[1] par millions h**
Allemagne	11,1	78,2	3,4	6,0
Autriche	7,6	69,9	3,4	13,5
Canada	9,9	69,9	2,1	4,5
Danemark	9,0	83,0	2,9	9,1
États-Unis	15,0	44,4	2,3	8,6
Finlande	7,4	76,5	2,6	12,8
France	10,1	76,3	3,4	2,8
Japon	7,9	81,5	2,0	35,3
Pays-Bas	9,8	62,4	3,1	4,1
Royaume-Uni	7,7	83,4	2,2	5,2
Suisse	11,5	58,5	3,6	14,2
Suède	9,2	85,3	3,3	7,9

Source : OCDE

employeurs peuvent offrir à leurs employés un régime d'assurances privé, et les particuliers peuvent également souscrire directement une police d'assurance santé auprès d'un assureur. Les cotisations aux compagnies d'assurances privées sont effectuées conjointement par les entreprises et les intéressés, dans un contexte fortement réglementé. Les compagnies passent des contrats avec des praticiens ou des filières de soins établies sous le régime des **Health Maintenance Organizations** de la loi de 1973. Les HMO sont des organismes qui emploient des praticiens pour offrir des soins sous régime de « capitation » avec des contrats au forfait couvrant l'ensemble des soins aux patients, quelles que soient leur durée ou leur intensité. Des évaluations régulières de l'efficacité des centres de soins, organisés autour de généralistes contrôlant l'accès aux soins spécialistes (*gatekeepers*), favorisent le caractère effectif de la concurrence et du contrôle de la dépense. On observe toutefois une tendance à la concentration des réseaux de soins coordonnés, susceptible de déboucher sur des situations oligopolistiques et une augmentation latente des coûts.

1. Les appareils d'imagerie par résonance magnétique permettent d'examiner avec précision de nombreux organes et en particulier le cerveau ; cette technique est devenue en général nécessaire quand les lésions des organes ne sont pas visibles sur les radiographies usuelles, l'échographie ou le scanner.

Les régimes publics de santé aux États-Unis

Medicare est le régime fédéral d'assurance santé pour les personnes de 65 ans et plus, certains handicapés moins âgés et les personnes ayant une insuffisance rénale terminale. Le régime n'a pas de critère de revenu. Il a deux volets : d'une part les services hospitaliers, les soins palliatifs et certains soins à domicile, les services de médecin, les soins externes ou de spécialité, couvrant 80 % du coût des services assurés hors médicaments sur ordonnance, d'autre part les soins dentaires, la chirurgie esthétique, les prothèses auditives ou les soins de la vue moyennant une prime mensuelle et une franchise annuelle. Medicare comprend deux mécanismes : le régime de base, fonctionnant avec des assureurs privés, offrant également des polices complémentaires pour les franchises et autres frais à payer, ou les services non assurés par Medicare, comme les médicaments ; et l'option « Medicare and Choice », qui offre l'accès à des régimes de gestion de soins par les HMO, moyennant des primes et des coûts inférieurs. Medicare est financé principalement par les charges sociales obligatoires de 1,45 % pour les employeurs et pour les employés, avec un complément venant des budgets publics. **Medicaid** est le régime d'assurance santé conjoint du gouvernement fédéral et des États destiné aux personnes à faible revenu, indépendamment de l'âge. La couverture de base comprend les frais médicaux et de laboratoire et les services hospitaliers. Le gouvernement fédéral rembourse une somme correspondant aux coûts engagés par les États, qui administrent leurs programmes et fixent les tarifs, et éventuellement certains tickets modérateurs ou franchises, sauf pour les services d'urgence, les femmes enceintes et les moins de 18 ans. Le système a été étendu en 1997 aux enfants non assurés autrement. Il permet d'offrir une couverture aux enfants de familles ayant un revenu trop élevé pour bénéficier de Medicaid mais trop faible pour payer une assurance privée. Le budget fédéral rembourse Medicaid de 50 % à 83 % de la dépense des États, en fonction du revenu moyen par habitant de chaque État.

La responsabilité des systèmes Medicare et Medicaid et du State Children's Health Insurance Program incombe à l'administration fédérale, ainsi que la réglementation de l'assurance santé fournie par les employeurs et les organismes de gestion des soins. Les gouvernements des États délivrent les autorisations des hôpitaux et du personnel soignant et de la santé mentale.

L'inconvénient majeur de la législation américaine est qu'elle s'accompagne de fortes inégalités. Une part importante de la population – 15 % environ –, dont les revenus sont faibles, mais supérieurs aux plafonds d'éligibilité à Medicaid, n'a pas d'assurance santé suffisante et est donc dans une situation sanitaire médiocre. Le plan de santé Health Security Act proposé en 1993 par Bill Clinton devait garantir à tous les citoyens un ensemble de soins de base sans peser sur les coûts globaux. Il n'a pas été accepté en raison de la réticence des compagnies d'assurances devant le contrôle des prix qui aurait été imposé, et celle des consommateurs devant la restriction apportée au choix du praticien.

La réforme de Medicare proposée par George W. Bush répond à un besoin social réel, mais aggrave une situation financière difficile, car dans les 40 prochaines années, le nombre des 65 ans et plus va plus que doubler, passant à 82 millions en 2050. Les dépenses de Medicare présentent ainsi un déficit annuel prévisionnel moyen de plus 200 à 300 milliards de dollars sur les prochaines années. Elle prévoit la mise en place progressive d'un nouveau régime de base ; au départ un programme expérimental de concurrence entre le système Medicare et des plans d'assurance médicale privée avec des incitations fiscales pour la souscription de comptes épargne santé complémentaires, et, à partir de 2010, l'ouverture à la concurrence du marché de l'assurance des bénéficiaires actuels. Le « Medicare Modernization Act » de 2003 prévoit que les seniors souscrivant à une option privée de Medicare (« Medicare D » – coût de l'assurance complémentaire de 35 dollars par mois) auront, dès 2006, une couverture plus complète pour les prescriptions. Le gouvernement prendra en charge, après une franchise de 250 dollars, 75 % des coûts en médicaments lorsque le paiement annuel sera inférieur à 2 250 dollars et 95 % lorsque le co-paiement annuel de l'assuré aura dépassé 3 600 dollars. Entre ces deux niveaux, la dépense restera à la charge de l'assuré (*doughnut hole*). Les 7 millions de bénéficiaires dans le *doughnut hole* devront acquitter un ticket modérateur compris entre 751 et 3 600 dollars, alors que 2 millions d'entre eux ont des revenus inférieurs à 150 % du seuil de pauvreté[1].

1. Note de la Mission économique de Washington, 2004.

• Le **Royaume-Uni** a une organisation publique nationale, le NHS (National Health Service), qui gère, directement ou indirectement par le canal de contrats de prix avec des associations de médecins, la quasi-totalité de l'offre (environ 10 % de la population est cliente d'un secteur privé). La gestion des hôpitaux est déconcentrée. Les médecins généralistes sont libéraux ou salariés, rémunérés principalement à la « capitation », en fonction du nombre de patients inscrits chez eux, avec une pondération tenant compte de l'âge et d'éléments permanents de santé des patients. Ils bénéficient aussi d'une indemnité pour couvrir l'amortissement des frais d'installation et certains coûts de fonctionnement, ainsi que de primes liées au nombre d'actes de prévention (comme les vaccinations ou les consultations de contraception chez les jeunes), pour inciter aux actes de prévention. Ces médecins sont *gatekeepers*, points de passage obligé avant les rendez-vous chez les spécialistes. Avec la réforme de 1991, un grand nombre d'entre eux ont été en outre *fundholders*, en gérant des enveloppes globales de soins spécialisés (médicaments, actes spécialisés, journées d'hôpitaux) destinés à leurs malades. Les excédents de gestion pouvaient être réinvestis dans les centres locaux de soins ou aider à cofinancer des équipements lourds en nombre insuffisant. La concurrence était devenue un principe : les patients pouvaient changer de généraliste et les centres secondaires de soins étaient mis en permanence en concurrence par les *gatekeepers*. Ce système, institué pour aider à réguler, au plus près des besoins, a été remis en question à l'arrivée de Tony Blair en 1997. Cependant, la permanence des insatisfactions, de files d'attente, souvent importantes pour certaines catégories de soins (les malades venant se faire opérer en France, avec l'accord financier du NHS), a amené le gouvernement de Tony Blair à décider une forte augmentation des crédits du NHS, afin que la dépense de santé puisse se situer progressivement dans la moyenne des pays avancés européens, à près de 10 % du PIB en 2008. Dans cette perspective de l'augmentation du nombre de praticiens, le NHS a recruté des médecins d'origine étrangère. Le gouvernement envisage également de reprendre certaines dispositions de 1991.

Le NHS assure toujours la supervision de la quasi-totalité de l'offre, dans le cadre d'une politique générale définie par le ministère de la Santé. On est cependant passé d'un système administré et déconcentré à un système plus souple où la gestion de l'offre est confiée à des centres locaux, les Primary Care Trusts (PCT), au nombre de 300 en Angleterre, complètement responsables l'organisation de l'offre des soins sur leur territoire. L'activité des médecins est placée sous le contrôle des PCT, avec une évaluation des pratiques médicales et un système de revalidation tous les cinq ans par l'Ordre des médecins. La concurrence est un principe : les patients peuvent changer de généraliste de référence et les centres secondaires de soins sont mis en permanence « en concurrence » par les *gatekeepers* (mais les patients ne peuvent pas consulter deux fois pour la même maladie). Les regroupements en centres locaux de soins multidisciplinaires, qui comprennent aussi bien des généralistes, des spécialistes que des infirmiers ou des travailleurs sociaux, sont encouragés.

La gestion des hôpitaux est déconcentrée. La gestion budgétaire des hôpitaux, à l'origine de pertes d'efficacité et de tensions, a été transformée par la réforme de 2002 : leur statut doit évoluer dans les prochaines années, sauf difficultés politiques, vers une totale autonomie de gestion, dans le cadre d'une tarification à la pathologie, incitatrice à l'amélioration de la performance.

La réforme comporte une novation très importante dans l'articulation de la relation entre le patient et l'offre de soins : un *call center*, les *walk-in centers*, lieux de réception permanente assurée par des infirmières qui peuvent fournir des premiers soins, faire des prescriptions simples et orienter le cas échéant vers des médecins ou les services d'urgence. Les centres primaires de soins et les petits hôpitaux sont amenés à assurer une prise en charge plus importante des traitements et interventions de chirurgie ambulatoire et des urgences, avec l'aide des techniques de télémédecine.

Au total, la médecine du Royaume-Uni doit connaître dans les prochaines années une révolution dans son organisation et ses moyens, qui, associée à la priorité accordée par le gouvernement à la recherche médicale et aux biotechnologies, est susceptible d'en faire une référence.

• L'**Allemagne** est le modèle le plus accompli du régime « bismarckien ». Le gouvernement fédéral a une fonction générale de réglementation. Les Länder assurent la prestation des soins, possèdent une partie des hôpitaux, sont chargés de la planification de l'infrastructure hospitalière de leur territoire, indépendamment de la nature du propriétaire de l'hôpital, financent les études médicales et supervisent les professionnels de la santé. L'assurance santé repose sur trois régimes différents : les caisses maladie, l'assurance santé privée, la protection de l'État fédéral pour les militaires, les policiers et les assistés sociaux.

Le régime public d'assurance santé est administré par quelque 450 caisses maladie, organismes paritaires à clientèle régionale ou professionnelle ; l'adhésion est obligatoire pour les salariés qui touchent un revenu brut inférieur à 38 000 euros environ, facultative pour les revenus supérieurs, les fonctionnaires ayant un régime particulier. Elles fixent les taux des cotisations, en fonction du revenu imposable et payées par le salarié et l'employeur à parts égales, sauf en deçà d'un certain seuil de revenu, où seul l'employeur cotise. Les caisses maladie sont tenues de garantir un large spectre de prestations, avec un ticket modérateur sur les médicaments d'ordonnance (entre 1 euro et 4 euros, ou 100 % du prix au-dessus du prix de référence), les soins dentaires (paiement de coassurance variant entre 35 % pour certains services et 50 % pour les couronnes et les dentiers, selon le cas), l'hospitalisation (10 euros par jour). Les Allemands peuvent, depuis 1996, opter pour une autre caisse que leur caisse d'attribution statutaire. Un système de péréquation assure les écarts entre les ressources et les dépenses structurelles des caisses (dus à l'âge et au sexe). Le libre choix de la caisse et le régime de péréquation de la structure de risque ont conduit des assurés à changer de fonds, passant de ceux où la cotisation est supérieure à la moyenne à ceux où elle est inférieure, ainsi qu'à un rétrécissement de l'écart entre les taux de cotisation.

L'assurance privée est accessible aux personnes dont le revenu brut annuel dépasse 38 000 euros et qui se sont volontairement retirées de la caisse maladie. À l'heure actuelle, une cinquantaine de compagnies privées proposent l'assurance santé ; les assureurs privés sont tenus d'offrir les mêmes avantages que la caisse maladie, pour une prime calculée par référence aux contributions des caisses, mais les primes de l'assurance privée sont reliées au risque. Les assurances privées peuvent en outre assurer des protections supplémentaires aux cotisants aux caisses maladie, qui n'ont pas légalement le droit d'offrir cette protection supplémentaire.

Au total, 88 % des Allemands sont couverts par une caisse maladie, 9 % par l'assurance privée, 2 % par l'État (policiers, militaires, etc.) et moins de 1 % ne bénéficient d'aucune assurance santé : il s'agit en général de travailleurs autonomes qui ont décidé de ne pas souscrire à une assurance privée.

Chaque caisse passe des conventions de prix avec les associations de médecins, libéraux en général ; les hôpitaux, de statuts variables, voient leurs frais d'exploitation pris en charge par les caisses avec des formules de remboursement complexes combinant frais types de pathologie, actes et prix de journée, et leurs investissements sont financés par les Länder. Les médecins référents sont payés à l'acte. Le principe est celui du tiers-payant (paiement direct des actes médicaux par les caisses d'assurance maladie) avec ticket modérateur et forfait hospitalier. Les réseaux de soins coordonnés se développent avec des incitations des caisses. Les soins primaires sont presque essentiellement le fait des médecins en cabinet. Les patients sont libres de choisir le médecin de leur choix, affilié à leur caisse maladie. Les médecins allemands n'agissent pas comme intermédiaires entre le patient et les spécialistes ; cependant, les médecins de soins primaires contrôlent l'accès aux soins hospitaliers.

L'Allemagne a cherché depuis quelques années à introduire une responsabilisation financière des patients, avec un ticket modérateur sur les médicaments d'ordonnance (entre 1 et 4 euros, ou 100 % du prix au-dessus du prix de référence) et les soins dentaires (paiement de coassurance variant entre 35 % pour certains services à 50 % pour les couronnes et les dentiers, selon le cas).

La réforme « Agenda 2010 » a renforcé cette responsabilisation et prévoit des mesures en même temps structurelles et financières :

– un versement de 10 euros à chaque première visite d'un généraliste par trimestre ;

– autant si le patient consulte directement un spécialiste ;

– les médicaments pris sans ordonnance sont payés au prix libre, même quand il y a un prix de référence ;

– le forfait hospitalier passe à 10 euros par jour pendant 28 jours, contre 9 euros aujourd'hui pendant 14 jours.

Les réformes entreprises remettent en cause fondamentalement l'architecture du système puisque les caisses peuvent passer directement des conventions avec les centres de soins qui seront encouragés. Le gouvernement a également laissé entendre qu'il allait mettre en place une cotisation fiscale pour permettre d'équilibrer le système. Les premiers résultats sont considérés comme positifs et les différents indicateurs partiels dont on dispose montrent des réductions de consommation de 10 %.

• Le **régime français** est fondé sur un nombre limité de caisses nationales financées par les cotisations des entreprises et des salariés, avec un régime général dominant ; depuis 1999, une couverture maladie universelle (CMU) est garantie, sur fonds publics, aux personnes qui ne peuvent pas bénéficier d'une assurance ou d'une mutuelle maladie par un autre moyen. Les « assurances sociales », copiées sur le modèle allemand d'Alsace-Moselle, ont été créées en 1928, et la Sécurité sociale, destinée à « garantir les travailleurs » suivant un modèle de sécurité professionnelle avec les principes d'universalité, unité et uniformité selon un modèle de solidarité nationale, en 1945. La **médecine ambulatoire** est une médecine libérale par principe. Le médecin est libre de son installation, et le malade choisit son médecin : le « nomadisme médical » est donc un risque. Les prescriptions sont libres, le malade paie directement le médecin avant remboursement par l'assurance maladie. Le tiers-payant est cependant en train de s'institutionnaliser grâce à la généralisation progressive d'un système informatique (carte Vitale). Le niveau de prise en charge globale publique est globalement de 75 % et variable suivant la nature des soins : le **« ticket modérateur »** qui reste peut être couvert par une assurance complémentaire. Les relations entre médecins libéraux et assurance maladie sont fondées sur des conventions négociées au niveau national avec les représentants syndicaux. Il existe deux types de médecins conventionnés, ceux du **« secteur 1 »** qui respectent les tarifs conventionnels contre une contribution au financement de leur retraite, et ceux du **« secteur 2 »** qui fixent librement leurs honoraires, les patients étant remboursés sur la base du tarif conventionnel. Enfin, certains médecins ne sont pas conventionnés.

Le **réseau hospitalier** comprend des hôpitaux publics et des cliniques privées ; certaines d'entre elles participent au service public hospitalier, avec une obligation de continuité des soins, d'adaptabilité technique, et de non-discrimination des malades. Les établissements publics ou de service public sont financés par dotation annuelle, les privés sont payés à l'acte : ce sont les cliniques privées, qui n'assurent que très peu d'urgences courantes. La dotation globale annuelle est fixée par une administration d'État, l'agence régionale de l'hospitalisation, en fonction d'une planification générale de l'offre, faite sur la base de critères de besoins et de l'activité effective des installations. Le malade a le libre choix entre hôpital public et clinique privée. Les cliniques privées sont encadrées par un objectif quantifié national, et les tarifs des honoraires sont fixés de façon nationale, les tarifs de frais de séjour et médico-techniques dans des conventions nationales et régionales.

Les dépenses annuelles sont encadrées en théorie par l'Objectif national des dépenses de l'assurance maladie (Ondam), et réparties par le gouvernement en sous-enveloppes gérées par l'assurance maladie. La question principale est celle de la **difficile régulation financière du système** en raison de son caractère permissif, accentuée par la double responsabilité des partenaires sociaux, cogestionnaires des caisses de financement, et de l'État, qui exerce traditionnellement une tutelle étroite sur le secteur. Depuis la réforme Juppé-Barrot de 1995, le Parlement voit son rôle accru, avec le vote d'une loi de financement annuelle de la Sécurité sociale qui comprend objectifs de recettes et de dépenses. Depuis lors, l'Ondam a été régulièrement dépassé, et la dépense d'assurance maladie continue à progresser fortement[1] :

	1997	**1998**	**1999**	**2000**	**2001**	**2002**	**2003**	**2004**
ONDAM voté	1,7	2,4	1,0	2,9	2,6	4,0	5,3	4,0
ONDAM réalisé	1,5	4,0	2,6	5,6	5,6	7,2	6,4	5,2

Le plan Mattéi de 2003 a mis en place, à titre expérimental, une tarification à l'activité pour mieux orienter les moyens alloués aux différents services des hôpitaux publics en fonction de leurs performances. La réforme Douste-Blazy – dont la portée a été contestée[2] – a prévu en 2004 un ensemble de mesures de restauration de l'équi-

1. Rapport de la commission des Affaires sociales du Sénat sur le projet de loi de financement de la Sécurité sociale pour 2005.
2. Cercle des économistes, cahier n° 6, 2004.

libre financier (accroissement des ressources, contrôle de la dépense avec le ticket de 1 euro, report de la fin de la CRDS au-delà de 2014) et des mesures de caractère structurel, comme le dossier médicalisé ou le médecin référent. L'effet financier de l'ensemble avait donné lieu en 2004 à une polémique entre les services du ministère de la Santé, qui prévoyaient en 2007 des économies annuelles de 5,2 milliards d'euros et des recettes supplémentaires de 9,8 milliards d'euros pour un déficit d'ensemble évalué à 15 milliards d'euros et ceux du ministère des Finances qui ont évalué le déficit tendanciel à 23 milliards d'euros. Les premiers résultats constatés de ce nouveau plan mettent en évidence que le déficit se résorbe plus faiblement « qu'espéré »[1], entraînant une croissance importante de l'endettement. De nouvelles recettes et d'autres réformes restent encore à venir, une nouvelle fois, car la dérive de l'endettement de la CNAM s'avère inquiétante, avec des prévisions où un simple écart annuel de 1 % par an entre les dépenses et les recettes conduit à un déficit annuel de 60 à 80 milliards d'euros par an en 2020.

• Le **Japon** combine prestations de services privés et assurance maladie obligatoire. Les employés des grandes sociétés sont couverts par une assurance d'entreprise, les PME par le gouvernement et les autres par les municipalités. De plus, une assurance pour les soins aux personnes âgées a été créée en avril 2000, avec un financement par parties égales entre les travailleurs de plus de 40 ans et le gouvernement. L'assurance santé est universelle : elle est appliquée et complétée par des plans régionaux des autorités élues localement. Les primes d'assurance sont fixées selon un pourcentage du revenu. Les prestataires de services sont payés directement par les assureurs (système du tiers-payant). Les patients externes paient la plupart du temps un forfait de consultation et les hospitalisés un mélange de forfait journalier et d'honoraires de service. Les honoraires sont fixés selon un barème annoncé par le gouvernement et renégocié tous les deux ans ; 20 % à 30 % des frais sont supportés par le patient selon le système du copaiement. Les assureurs n'ont pas de contrôle sur le volume des services médicaux prodigués. Le forfait est le même quel que soit l'acte ou le service, sans diffé-

1. Rapport 2005 du Haut Conseil pour l'avenir de l'assurance maladie du 8 juillet 2005.

rence de qualité, les médecines générale et spécialisées ne sont pas distinctes et il n'y a pas d'obligation légale de séparer les fonctions de prescription et de fourniture des médicaments : les médecins sont également « pharmaciens ».

D'ores et déjà, le système japonais est considéré par l'OCDE comme le meilleur des pays avancés[1] : « Cette évaluation confirme que le système de santé du Japon est peut-être d'intérêt pour d'autres pays de l'OCDE. Le système ressemble à ceux de l'Allemagne et de la France. Pourtant, en dépit du handicap que représente le vieillissement rapide de la population, les éléments suggèrent qu'il est en mesure d'obtenir un état de santé plus élevé que dans ces pays et une satisfaction raisonnable des patients, avec des dépenses de santé inférieures, et bien moins de médecins par habitant. » Cela a d'ailleurs été également mis en lumière par le classement de l'OMS. Les réformes en cours vont dans le sens d'une séparation entre prescription et fournitures et de favoriser la création de pharmacies indépendantes, d'augmenter le ticket modérateur (passé de 10 à 20 % en 1997 et de 20 à 30 % en 2003) et d'introduire de nouveaux modes de paiement, *per diem* par paquet de soins (hospitalisation, médicaments, examens des laboratoires).

V. QUELLES ORIENTATIONS ?

Le bon fonctionnement des systèmes de santé suppose que l'on détermine une solution financière durable face au développement régulier des besoins : cela passe surtout par des ressources nouvelles, qui ne pourront, en Europe, provenir qu'en partie seulement des prélèvements obligatoires, compte tenu des niveaux atteints déjà par ceux-ci, et par un meilleur contrôle de la dépense. Par ailleurs, le secteur des soins de santé doit adapter ses structures aux données modernes de l'organisation ; c'est une industrie de services, certes particulière, mais qui se doit d'évoluer comme une

1. Hyoung-Sun Jeong, J. Hurst, « An Assessment of the Japanese Health System », OCDE, décembre 2001.

industrie tertiaire moderne. Cela suppose le développement d'unités permettant de faire des économies d'échelle et d'offrir des services permanents, de mettre sur pied des unités spécialisées dont les services peuvent être plus efficaces et de meilleure qualité. La spécialisation des unités est encore faible, car le principe est celui de l'hôpital général, qui reste la plupart du temps géré d'une manière administrative ; les unités polyvalentes ne peuvent être performantes qu'avec d'autres méthodes de gestion, et un grand soin apporté à l'accueil et l'offre de services rapides et de grande qualité. Le secteur des soins primaires reste une industrie artisanale car il est composé, dans une large mesure, d'entreprises individuelles (cabinets de médecins) non regroupées et ne pouvant donc offrir des services 24 heures sur 24, 7 jours sur 7. Enfin, l'industrie pharmaceutique comme celle des matériels médicaux sont des secteurs de pointe en pleine croissance mondiale ; la politique de contrôle administratif suivie en France de longue date a entravé la compétitivité de l'industrie pharmaceutique, qui se maintient grâce à l'exceptionnel talent de quelques grands entrepreneurs et la qualité des chercheurs, alors que l'industrie des matériels médicaux a décroché complètement par comparaison avec celle de nos partenaires européens (la France est à l'image des pays latins). La plupart des grands pays du monde ont une politique industrielle et de recherche très active dans ces secteurs, alors que la France reste en retrait, du fait de la réduction des marges de manœuvre budgétaire, comme de la faible attractivité du territoire pour les créateurs de *start-up* technologiques.

Les solutions sont appliquées d'une manière variée en fonction de la situation des différents pays, autour de quatre types d'incitations économiques.

1. Le développement de la prévention

Celle-ci est insuffisante alors que son développement permettrait d'éviter des dépenses de soins importantes, en particulier face aux fléaux que sont le tabagisme ou l'alcoolisme. Il convient d'y ajouter le problème typiquement français des accidents de la route. Le dépistage précoce de certaines maladies (cancer ou maladies cardiaques par exemple) réduit considérablement les risques de gravité et le coût de traitement. De plus l'hygiène de vie et notamment l'hygiène alimentaire contribuent fortement à l'état de santé. La prévention est un moyen souvent avancé, mais peu concrétisé, d'optimisation de la dépense publique, par un travail en profondeur pour peser sur les comportements. Le développement de la prévention par les médecins passe également par des incitations financières appropriées pour les professionnels de santé et les patients, comme par exemple le paiement différencié des actes de prévention pour les praticiens.

2. Des mesures de limitation de la demande

La diminution de la prise en charge collective et l'accroissement de la participation forfaitaire du patient, par des techniques de ticket modérateur, ont pour avantage favoriser la responsabilisation du client, au détriment cependant de l'égalité de traitement. L'augmentation des tickets modérateurs diminue mécaniquement les coûts publics; mais elle ne freine réellement la demande de soins que si elle atteint des niveaux élevés. Les possibilités d'assurances complémentaires viennent de plus en annuler les effets pour les catégories les plus aisées. La proposition a régulièrement été faite de franchises ou tickets modérateurs proportionnés aux revenus, non assurables à moins de renoncer totalement aux remboursements publics, comme cela est en partie le cas au Canada.

3. Des mesures portant sur l'offre, son volume ou son prix

La pression sur l'offre vise une meilleure efficacité des services hospitaliers publics ou contrôlés par l'État, des enveloppes de dépenses pharmaceutiques et un contrôle de gestion des médecins. La maîtrise de la dépense fait l'objet en France d'une controverse. La régulation budgétaire doit être renforcée à l'évidence. S'agissant des praticiens, un équilibre permanent doit être trouvé dans le cadre d'une **maîtrise médicalisée**. Les choix médicaux peuvent et doivent intégrer les différents éléments humains, du coût et de l'efficacité des traitements : cela passe par des débats collectifs et détaillés, pour définir les bonnes pratiques médicales, opposables éventuellement aux tiers, et autorisant des évaluations professionnelles. Le développement de la comptabilité hospitalière et de l'informatique médicale va permettre la fixation d'objectifs plus fins que les seuls éléments d'encadrement budgétaire globaux. La maîtrise médicalisée individuelle suppose donc une approche technique plus élaborée que la maîtrise comptable globale. Ces préalables techniques une fois appliqués – et on en est proche en France –, il est indispensable de relancer le débat : pas plus qu'un autre bien, la production de santé ne peut s'affranchir de la contrainte de rareté qui est aussi une loi de solidarité, dans la mesure où la dépense publique est en cause.

Le **mode de rémunération** des services de soins joue partout un rôle important dans les améliorations possibles. Pour les médecins, la rémunération à l'acte incite à leur multiplication, au détriment des actes de prévention, qui ne donnent pas lieu naturellement à des contacts avec la clientèle ; le système de capitation – par personne soignée –, avec des forfaits incitatifs pour s'installer dans des régions sous-médicalisées, permet une meilleure régulation d'ensemble. Il peut parfaitement être adapté à la nature de la clientèle pour tenir compte de la charge entraînée par chaque patient pour les praticiens de premier niveau. On préserve, dans un tel dispositif, la liberté de choix des malades en autorisant la clientèle à changer de praticien en cas d'insatisfaction trop marquée.

Pour les hôpitaux ou les cliniques, le système de remboursement forfaitaire des prix de journée a tendance à allonger les durées de séjour. Le régime de budgets globaux, s'il permet de contrôler efficacement la dépense, ne favorise pas les remises en question des situations existantes et s'exerce au détriment des investissements ou de la maintenance en cas de tension financière. De plus, l'organisation des hôpitaux est loin, tant s'en faut, d'avoir réalisé les progrès attendus. On a « rogné » sur les dépenses, sans une réelle remise en cause des structures internes, et donc sans inviter les hôpitaux à rechercher l'organisation la plus efficace en termes de coûts et de qualité de soins, voire la spécialisation de chacun sur ses points forts. Un système de paiement des actes hospitaliers dans le cadre de forfaits par pathologie, corrigé par groupes de diagnostic, peut inciter les établissements à se spécialiser dans les domaines où leur avantage comparatif est le plus grand ; il demande simplement une certaine vigilance des autorités de contrôle pour éviter les surclassements de risques des malades accueillis. Il a été engagé, mais doit s'accompagner de la rénovation des modes de gestion des hôpitaux avec une transformation de leur statut administratif qui offre à la fois une plus grande souplesse, aussi bien pour l'organisation interne, la gestion des personnels, que pour la gestion financière, et un meilleur pilotage, avec des expériences de transformation en établissements industriels et commerciaux ou de fondations à but non lucratif.

L'introduction d'une certaine forme de **concurrence** a déjà été réalisée entre caisses gestionnaires en Allemagne, ou avec les compagnies d'assurances privées, comme aux Pays-Bas. C'est alors aux caisses publiques, aux assurances ou aux mutuelles – ce qui pourrait être le cas en France – d'exercer la pression sur les fournisseurs de soins (médecins et hôpitaux) en contractualisant avec les plus efficaces. La concurrence entre caisses oblige à distinguer à l'intérieur des caisses la gestion des remboursements de la régulation des centres de soins ; elle offre l'avantage d'inciter à l'efficacité et à l'innovation, et à un contact de bon niveau avec la clientèle. Pour limiter le risque de sélectivité tarifaire, elle suppose la définition de cahiers des charges précis, de protocoles de traitement détaillés, des systèmes de transferts de compensation complexes et des contrôles rigoureux. On peut également limiter le risque de biais de comportements liés à une recherche trop forte de limitation de la dépense en autorisant seulement des organismes à but non lucratif à participer à la gestion financière du panier de soins.

4. Des mesures de meilleure organisation des filières de soins

La mise en concurrence des filières de soins est possible, comme au Royaume-Uni ou aux États-Unis, et peut favoriser l'efficacité des centres de soins. Elle présente toutefois le risque d'inciter les établissements à se spécialiser fortement sur leurs créneaux les plus rentables, au détriment de la qualité de la carte sanitaire et de l'égalité d'accès aux soins, de pousser le secteur à se concentrer verticalement, comme aux États-Unis, dans des conditions également préjudiciables pour les patients notamment les plus démunis. Par ailleurs une généralisation de la concurrence aux choix des filières de soins par les malades trouve ses limites dans les frais de gestion plus importants des caisses. C'est ce que l'on a appelé aux États-Unis « la course aux armements médicaux », où les centres de soins sont amenés à consacrer une part importante de leurs ressources à la captation de clientèle.

L'organisation de filières de soins autour de **médecins généralistes** permet, au prix d'une certaine limitation de la liberté de choix des malades notamment dans l'accès aux actes spécialisés, une gestion de la dépense plus proche et un meilleur contrôle de l'activité médicale et de la qualité des soins. Elle renforce le rôle des médecins généralistes ; le choix d'un médecin référent est partout une première étape, avec, si on ne souhaite pas imposer ce régime, des remboursements préférentiels aux patients. Mais il faut aller plus loin, et très vite. Le développement des **« réseaux de soins »**, idée défendue notamment par le président de la Cnam, celui de la création de **maisons de santé** polyvalentes, comme de fondations de soins intégrées, offrant l'ensemble de la prestation, doivent donner lieu au plus vite à des expériences pour que notre offre nationale ne rate pas le coche d'une industrialisation du secteur qui s'annonce rapide.

* * *

Face au vieillissement démographique, la réforme des systèmes de santé est moins souvent mentionnée que celle des retraites : elle est pourtant tout aussi indispensable, l'enjeu pour les finances publiques étant équivalent, de l'ordre de 3 à 4 points de PIB par an à terme. On l'a vu, il n'y a pas pour autant de remède miracle, et la tentation du « laisser filer » est très grande, avec une variante trop connue, celle de faire du « sur place » en donnant l'illusion d'entreprendre des réformes profondes et difficiles, sous les cris affolés des conservatismes de tous bords trop heureux, dans un jeu convenu, de ne pas réellement être remis en cause. Les solutions devraient s'inspirer de deux considérations nées des expériences du G7. D'abord, il faut jouer sur un **ensemble** de leviers. En particulier, l'action sur la demande par le seul relèvement de la participation financière du patient peut apparaître comme l'expédient le plus commode à court terme. D'expérience, elle est injuste, et rapidement inefficace si elle n'est pas accompagnée de mesures plus structurelles pour réguler et rationaliser l'offre dans ses trois composantes : hôpital, médecine ambulatoire, médicament. Ensuite, la question d'une coopération innovante entre les compétences publiques et le secteur privé est posée dans tous les pays. L'idée, dans les pays de *Welfare* public, de confier à la concurrence, effective ou potentielle, y compris entre différents réseaux **publics**, une partie plus significative de la régulation du système de santé peut permettre, moyennant des précautions propres à chaque système, d'en renforcer l'efficacité, à la condition de l'assortir de fortes incitations à la performance et à la qualité.

LEÇON 9

LA DIMENSION INTERGÉNÉRATIONNELLE ET LES RETRAITES

I. LES RETRAITES, UN SUJET RÉCURRENT

La boutade de Michel Rocard, alors Premier ministre, « les retraites sont un dossier à faire sauter les gouvernements », est-elle encore vraie ? Oui, si l'on en juge par les hésitations françaises, sur un sujet désormais récurrent depuis de nombreuses années, sur la question des fonds de pension, devenus un sujet tabou, sur le nombre de rapports qu'il a fallu écrire pour simplement faire reconnaître les évidences démographiques et comptables. Oui également en Italie, quand on voit des manifestations considérables tenter de s'opposer à l'augmentation de la durée d'activité. Oui, quand on voit Tony Blair éviter soigneusement ce thème brûlant dans sa campagne électorale de 2005. Non, car le gouvernement d'Édouard Balladur a pu, à la suite des travaux préparatoires lancés par le même Michel Rocard, conduire, à l'été 1993, une réforme d'ensemble pour les salariés du secteur privé, et celui de Jean-Pierre Raffarin étendre ces principes aux fonctionnaires en 2003. Non aussi, car la plupart des pays d'Europe ont trouvé les uns après les autres, après des concertations approfondies, des solutions relativement stables pour les deux prochaines décennies, sans avoir nécessairement mis les populations dans la rue, et commencent, à peine fermé le chantier de la réforme passée, la préparation de la suivante.

Le débat sur les retraites est un débat technique seulement en apparence : il concerne les conditions de vie de pans considérables de la population de chaque pays, en touchant à la racine de leur contrat social. Il met en jeu un grand nombre de paramètres économiques et d'éléments institutionnels et culturels, qui viennent en compliquer l'approche, mais les conclusions d'ensemble sont simples : le revenu des retraités a augmenté significativement depuis la Seconde Guerre mondiale, moyennant une élévation du coût global des retraites en Europe, de 6 % en 1960 à environ 12 % du PIB aujourd'hui. Cette augmentation est passée relativement inaperçue, compte tenu de l'augmentation générale du niveau de vie ; mais si aucune mesure particulière n'est prise, ce coût devrait s'élever à plus de 15 % au cours des prochaines décennies[1].

Pour illustrer la difficulté du dialogue social le plus élémentaire sur cette question, il suffit de rappeler que les travaux de la commission Charpin[2] en France, en 1999, ont commencé par le refus de certaines centrales syndicales d'accepter l'idée même de rechercher un « diagnostic partagé » sur le dossier. Et pourtant, il s'agissait simplement de faire une photographie des faits démographiques incontournables : en 2040, il y aura environ sept retraités pour dix actifs, contre quatre pour dix aujourd'hui. Ces chiffres montrent la simplicité du problème : si on veut maintenir le niveau de vie relatif entre actifs et retraités, le taux de cotisation doit être multiplié par 1,5 à l'horizon 2040, ou bien le niveau de vie relatif des retraités par rapport aux actifs sera divisé par deux en quarante ans. Le rapport Charpin, comme de nombreux autres travaux sur le sujet, n'a été à l'époque suivi d'aucune décision significative, au-delà de la création du fonds de réserve des retraites, mais a contribué à faire évoluer les esprits et facilité la réforme Fillon-Raffarin réalisée quatre ans plus tard. La constante de temps des réformes des systèmes de retraites est celle de la décennie.

Le problème est aigu en Europe continentale, en raison du véritable choc démographique que nous connaissons, avec la forte réduction de la population en âge de travailler. L'effet sera peut-être positif sur le chômage, encore qu'il puisse y avoir tout simplement

1. K. McMorrow et W. Roeger, « EU Pension Reform. An Overview of the Debate and an Empirical Assessment of the Main Policy Reform Options », Commission européenne, DG2, n° 162, janvier 2002.

2. Du nom du commissaire au plan, J.-M. Charpin, qui présidait cette commission.

une augmentation des tensions inflationnistes au détriment de la croissance. Il est peu probable que l'adaptation puisse se faire sans introduire une flexibilité dans l'âge de départ à la retraite. Environ 75 % de la population interrogée sait que le système sera en crise et s'attend à des réformes profondes dans les toutes prochaines années[1]. Mais en même temps, 80 % des quinquagénaires interrogés espèrent pouvoir partir à la retraite le plus tôt possible, si cela se peut avant l'âge, avec bien sûr une retraite à taux plein[2]. Ici comme ailleurs, nous avons eu jusqu'à présent largement affaire à une exception française : difficulté à négocier par avance l'effort partagé entre tous ; tentation de laisser le soin au temps de faire des miracles, miracles de l'économie ou de la démographie (la manne céleste d'une augmentation plus forte que prévu de la croissance de la productivité résoudrait les déséquilibres[3]), en l'espèce hautement improbables.

Comme pour la leçon précédente sur la santé, la première partie sera consacrée aux données générales, démographiques et économiques, du problème tel qu'il est posé en Europe, puis seront examinées les questions financières soulevées, ainsi que les solutions retenues jusqu'à maintenant dans les grands pays du G7, leur intérêt et leurs limites ; enfin on dessinera quelques orientations possibles.

1. G. Tabellini *et alii*, *Welfare State Reform, a Survey of What Europe Wants*, CEPR, 2001.

2. R. Rochefort dans Club Ulysse, *La Politique saisie par l'économie*, Economica, 2002.

3. Cette idée a été avancée, le plus sérieusement possible, au moment du débat de 2003, comme permettant d'éviter toute modification des paramétrages des retraites ; un de ses promoteurs, ayant d'ailleurs conscience du caractère plus qu'incertain de cette hypothèse, proposait toutefois de recourir aux prélèvements, comme la hausse des cotisations sociales, le renforcement de la progressivité de l'impôt sur le revenu, et la taxation sur le capital. Voir « Retraites : sauvetage ou racket ? », par R. Passet, professeur émérite d'économie à l'université Paris-I-Panthéon-Sorbonne, *Libération,* 21 mai, 11 et 24 juin 2003 ; également « Réforme des retraites : le pour et le contre », *Le Monde*, 8 juin 2003 ; et surtout l'article de cadrage de J. Pisani-Ferry, J.-P. Fitoussi et E. Cohen, « La retraite doit rester un salaire différé », *Libération,* 20 juin 2003.

II. LES INCIDENCES DE LA DÉMOGRAPHIE ET L'EXPLOSION DES RÉGIMES DE RETRAITES

Les retraites représentent la part la plus importante dans la protection sociale en Europe : 45 % des dépenses sociales en moyenne, et 12 % du PIB environ en zone euro. Elles sont organisées selon trois grandes catégories de régimes, fonctionnant en général d'une manière conjointe :

• le **pilier public** qui garantit à chaque retraité un versement forfaitaire, identique pour tous, selon le principe beveridgien de l'égalité de traitement ;

• le **pilier assurantiel**, en général d'ordre public également, par répartition : les pensions versées aux retraités sont proportionnelles aux salaires (avec des plafonnements éventuels) et financées par des cotisations, collectées au cours de l'année considérée, auprès des actifs en fonction du niveau de leurs salaires. Il prévoit souvent un système de retraites complémentaires, organisées par entreprise ou par branche, pour améliorer le régime de base et permettre au retraité de bénéficier d'une retraite proportionnelle à ses derniers revenus, souvent plus élevés que les revenus moyens perçus au cours de sa carrière. Ce sont donc à tout moment l'ensemble des actifs cotisants de l'année qui assurent le paiement des retraites ; ce système est appelé PAYG (*pay as you go*). L'équilibre financier des caisses de répartition dépend alors étroitement du « taux de remplacement », c'est-à-dire du rapport moyen entre les retraites versées et les salaires reçus par les actifs, des taux de cotisation des actifs, et du rapport entre le nombre des cotisants et celui des retraités ; il est lié aux évolutions démographiques d'ensemble, au taux de croissance tendanciel et aux fluctuations de l'activité économique ;

• la **capitalisation** : les cotisations épargnées permettent à chaque personne de se constituer un capital, qui est reversé sous forme de pension le moment venu. Dans ce cas, les fonds de pension regroupent des caisses de retraite de salariés créées au sein des entreprises ou groupes d'entreprises, du secteur privé ou du secteur public. Ces fonds collectent les contributions salariales et patronales, les gèrent par capitalisation au moyen de placements financiers, en actions et en obligations. Ces derniers financent les retraites sous forme d'un versement de capital ou d'une rente viagère, à **prestations garanties** (les risques financiers étant assumés par le gestionnaire ou l'entreprise) ou à **cotisations définies** (avec un partage partiel ou total de la prise de risque par le bénéficiaire). Ils bénéficient dans la plupart des cas d'une fiscalité préférentielle en matière de versement de cotisations et de revenus des placements. Dans ce cas, ce sont les cotisations épargnées tout au long de sa vie active par chaque bénéficiaire qui lui auront permis d'assurer sa retraite, indépendamment de toute incertitude démographique ou des fluctuations de l'activité.

Les taux des cotisations salariales et patronales aux régimes « publics », qui reprennent les deux premières catégories, sont très variables, et d'ailleurs difficiles à comparer compte tenu de la multiplicité des systèmes de plafonnement ou d'exonération en cas de contribution à des fonds de pensions, comme au Royaume-Uni. On peut avancer, avec une grande prudence, à partir de diverses sources[1], des fourchettes d'évaluation.

En % du salaire moyen en 2003	Taux de cotisations retraites (fourchettes d'évaluation)	Taux de remplacement net
Allemagne	20-22	71,8
France	20-21	68,8
Italie	29-33	88,8
Pays Bas	14-16*	84,1**
Royaume-Uni	14-16***	47,6***
États-Unis	12-14***	51,0***

Sources diverses, OCDE pour les taux de remplacement
* Régime universel hors fonds de pension
** Fonds de pension compris
*** Hors fonds de pension

La différence entre l'Europe et les États-Unis est marquée : en raison de la mixité affirmée du système américain entre système public et fonds de pension, la contribution obligatoire sur les salaires a moins augmenté dans ce pays qu'en Europe où il a prati-

1. Calculs des auteurs, *Taxing Wages, Income Tax, Social Security Contributions and Cash Family Benefits*, OCDE, 2000 ; et G. Tabellini, *Welfare…*, 2001, cité page 263.

quement doublé depuis le début des années 1990. Le rapport du nombre d'actifs à celui de retraités est encore resté globalement stable aux États-Unis, en raison à la fois de l'augmentation importante des emplois, d'une pyramide des âges favorable, et d'une baisse moins rapide de l'âge moyen de la retraite ; celui-ci est passé de 66 ans en 1960 à 63 ans en 2000. En Europe, ce rapport a fortement baissé depuis une trentaine d'années en raison de la plus faible création d'emplois, du vieillissement de la population et d'un chômage important qui a amené le système de préretraites à abaisser l'âge moyen de la retraite effective à moins de 60 ans en 2000.

Les dépenses de retraites des régimes par répartition connaissent donc actuellement des situations financières difficiles, et celles-ci vont s'aggraver au cours des prochaines décennies. Les prévisions démographiques et de taux de croissance sont un élément essentiel pour apprécier les problèmes futurs de financement des caisses de retraite. Compte tenu de l'extrême importance de la question des retraites, on dispose aujourd'hui d'un grand nombre d'études dont les conclusions sont convergentes.

La population des pays européens doit rester globalement stable au cours des prochaines années, mais le taux de dépendance, rapport entre la population d'âge supérieur à 65 ans et celle d'âge « actif », de 20 à 65 ans, devrait doubler entre 2000 et 2050 ; l'ensemble des pays européens est concerné par ce doublement du taux de dépendance, le phénomène étant un peu moins marqué au Royaume-Uni.

L'impact financier de ces tendances est plus difficile à apprécier, car les prévisions économiques sont plus incertaines que les prévisions démographiques ; les résultats des prévisions dépendent également des hypothèses faites sur l'évolution des régimes. Cependant, on constate également une certaine convergence des conclusions des études disponibles : la part des retraites dans le PIB augmentera de 3 à 5 points de PIB environ sur la même période, selon les pays et les estimations (rappelons que la part des dépenses de santé doit également, sur cette période, augmenter de l'ordre de 3 points de PIB). Un taux de croissance plus élevé, de 3 % en moyenne sur la période, avec un taux d'emploi de 70 % comme prévu par les conclusions du Sommet de Lisbonne, ne fait qu'atténuer cette tendance.

III. LES ÉLÉMENTS DU DÉBAT SUR LE FINANCEMENT DES RETRAITES

L'équilibre du financement des caisses de retraites sera donc fortement remis en question au cours des prochaines décennies. L'effort à faire est considérable : la croissance nécessaire de la contribution peut être assurée, dans le cadre des systèmes de répartition existants, par une augmentation proportionnée des taux de cotisation, la mise en service de mécanismes de provisionnement pour « lisser » l'effort dans la montée en puissance du régime, ou un allongement de la durée d'activité. Elle peut être réalisée également par l'incitation à une épargne complémentaire gérée par des mécanismes privés.

La question est donc celle du bon dosage entre l'ampleur du reparamétrage des systèmes de répartition existants et le développement de formules nouvelles, ou non, principalement de capitalisation.

1. Le débat sur le développement de la capitalisation

Tout d'abord, il convient d'examiner les avantages et inconvénients respectifs de la capitalisation par rapport à la répartition. L'élément le plus immédiat et synthétique pour apprécier l'efficacité économique des régimes de retraites est le **taux de rendement interne** : c'est le taux auquel l'actualisation des pensions annuelles reçues tout au long de la retraite correspond à la valeur capitalisée des cotisations de retraite à la fin de la vie active. Par exemple, un salarié qui, sur quarante ans, a cotisé 15 % d'un salaire annuel constant de 20 000 euros, soit 3 000 euros par an, et qui percevra une retraite de 15 000 euros par an pendant vingt ans, bénéficie d'une retraite dont le taux de rendement interne est de 4 % [1].

1. Le lecteur vérifiera le calcul d'actualisation simplement, par capitalisation des sommes versées, pour connaître le capital équivalant aux cotisations versées, et par actualisation des pensions au même taux de 4 % sur les vingt ans à venir.

Schématiquement, dans un système par répartition, en régime de croisière, à démographie, taux d'activité et croissance stables et à prévisions parfaites, on peut approcher le taux de rendement par le taux de croissance du salaire réel ou par le taux de croissance réel du PIB. Le taux de rendement d'un système par capitalisation est égal, quant à lui, au rendement moyen des titres prévu sur la durée d'application du régime. Dans cette analyse **très théorique**, si le taux d'intérêt réel est égal en permanence au taux de croissance des salaires réels et de l'économie, les systèmes de répartition sont équivalents aux systèmes par capitalisation ; si le rendement moyen des titres est supérieur, comme cela doit être le cas dans une économie considérée comme « dynamiquement efficiente[1] », les régimes par capitalisation sont un peu plus avantageux. C'est l'inverse si le taux de croissance est supérieur au rendement des titres, ce qui est une situation relativement rare en principe.

En première approche, le rendement de la capitalisation est plus élevé que celui de la répartition : le rendement réel moyen observé pour les actions, de 5 à 6 %, voire plus pour les grands pays avancés au cours de la deuxième partie du XXe siècle, est en général nettement supérieur aux taux de croissance[2]. Le « client » du système de retraites a donc à l'évidence intérêt à voir se développer des formules collectives ou individuelles de capitalisation.

Dans les faits, cette simple comparaison ne suffit pas, pour des raisons historiques, macroéconomiques et si l'on tient compte du risque.

Sur la base des données observées au cours des décennies passées, les systèmes par répartition ont été très souvent supérieurs aux retraites par capitalisation, pour des raisons démographiques et économiques : la croissance du nombre des actifs a été élevée, en raison des taux de croissance importants des « trente glorieuses », alors que le nombre des retraités susceptibles de bénéficier à taux plein du régime de retraites était encore faible. Par la suite, l'équilibre a été assuré par une augmentation de la part des cotisations dans le PIB.

1. Cette situation correspond à l'âge d'or de la croissance équilibrée optimale. Voir J.-C. Prager, *La Politique économique aujourd'hui*, *op. cit.*, et D. Romer, *Macroéconomie approfondie*, MacGraw Hill, 1997.

2. Voir les communications de O. Davanne et J.-H. Lorenzi dans le rapport « Épargne et retraites » du CAE, 1998.

Si on prend, par exemple, un taux de remplacement de 74 % du dernier salaire, un taux de croissance attendu de 2 % du PIB, pour un salarié qui commence à travailler en 2000, on peut calculer[1] que :

– avec un système par répartition, il faudra un taux de cotisation moyen de 21,6 % pour assurer sa retraite, ce qui correspond, avec les taux de croissance prévus du salaire réel (en légère baisse, de 2,5 % par an en 2000 à 1,5 % en 2030), à un taux de rendement interne de 3,2 % ;

– avec un système par capitalisation, le résultat est très sensible au taux de rendement prévu pour les titres. Si le rendement est de 4 %, il sera nécessaire que les cotisations représentent 25,8 % du salaire pour garantir le taux de remplacement de 74 %, mais ce taux n'est plus que de 18,1 % si le taux de rendement des titres est de 5 %.

Il est bien évidemment délicat de faire des prévisions des taux de rendement. Ceux-ci dépendent de l'évolution de la démographie et de la population active disponible, des taux de croissance et d'intérêt, des éléments qui conditionnent le rendement des titres, c'est-à-dire l'évolution de la Bourse, les tendances du niveau de l'épargne et de la demande d'investissement à l'échelle mondiale. Les estimations faites aujourd'hui escomptent une légère réduction des taux de rendement théorique des titres, par rapport aux moyennes de 5 à 6 % enregistrées au cours des dernières décennies et du taux de croissance réel des salaires, mais ces prévisions sont relativement controversées, et plus généralement une dégradation des rendements est attendue en raison de l'évolution de la pyramide des âges.

Le développement de la capitalisation présente l'avantage d'être « responsabilisante » pour les futurs retraités, qui font un lien direct et personnalisé entre leurs cotisations et leur revenu futur, et surtout encourage l'épargne longue, donc l'investissement et la croissance. Cet effet a fait l'objet de nombreuses études aussi bien théoriques qu'empiriques, depuis les premières analyses faites par Cagan et Feldstein aux États-Unis dans les années 1970, qui tendaient à montrer que le taux d'épargne était moins élevé, toutes choses égales par ailleurs, pour les ménages bénéficiant de régimes publics de retraites ; l'impact de la capitalisation sur l'épargne et la croissance

95. Voir K. McMorrow, cité page 237.

est considéré aujourd'hui comme positif, mais relatif, et ce aussi bien sur le plan théorique qu'au regard des analyses empiriques[1].

La question de la meilleure résistance de la capitalisation aux chocs démographiques et économiques est d'ailleurs également un point controversé[2]. En régime stabilisé, la baisse du nombre relatif de cotisants par rapport au nombre des bénéficiaires amène à une désépargne nette et à des ventes nettes d'actifs sur les marchés financiers et peut contribuer à la baisse des cours des titres et à une détérioration de la situation des retraités : mais c'est le même phénomène avec la répartition, car le rapport du nombre de cotisants aux bénéficiaires baisse. La stabilité d'un système reposant sur la capitalisation dépend de l'évolution des indices boursiers ; les rendements des actions sont supérieurs à long terme aux autres formes de placement, mais au prix d'un certain risque pour les bénéficiaires (comme on l'a vu après le retournement boursier de 2000 dans les pays où les fonds de pension sont très développés). À moyen terme, le risque de fluctuations est plus élevé et doit donc faire l'objet de mesures particulières de garantie. Ces mesures doivent consister en un provisionnement au moins partiel pour faire face à ces risques, par les gestionnaires eux-mêmes ou par l'État dans le cadre d'une mutualisation des risques. Par ailleurs, la montée en puissance des fonds de pension doit nécessairement se faire en parallèle avec le renforcement des ressources du système de répartition pour lui permettre d'assurer ses engagements : le supplément d'épargne demandé aux actifs demande des précautions dans sa mise en place, en période de « creux » conjoncturel, car il est susceptible d'entraîner un affaiblissement de la consommation et de la demande effective à court terme.

Le système optimal est donc un système de fonds partiellement diversifié. Dans la mesure où les corrélations entre la croissance annuelle du PIB, la croissance des revenus, les rendements des obligations et les rendements des actions aux États-Unis, en Allemagne,

1. Voir le rapport « Épargne et retraites » du CAE cité plus haut, notamment la communication de D. Blanchet ; également P. Villa dans « Typologie et équivalence des systèmes de retraites », Cepii, juillet 2004, qui montre un effet positif sur le taux de croissance à partir d'une simulation, sur les données françaises, d'un remplacement de 1 point de répartition par 1 point de capitalisation.

2. *Ibid.*

en Grande-Bretagne, en France, en Italie et au Japon peuvent être inférieures à 1 et souvent négatives, la diversification du risque fournit une raison supplémentaire pour répartir les risques inhérents aux régimes de retraites à la fois dans le capital humain (répartition) et physique (capitalisation)[1].

2. Les solutions internes à la répartition

Les différentes mesures envisageables pour adapter les régimes de répartition aux données économiques et démographiques prévisibles impliquent toutes des arbitrages aussi bien sociaux qu'économiques. Pour fixer les idées[2], une hausse de 10 ans de l'espérance de vie doit être compensée par l'une des mesures suivantes dans le cas d'un taux de remplacement moyen de 50 %, d'un taux de cotisation de 20 % et d'une durée de vie active de 40 ans, toutes choses égales par ailleurs :

– l'augmentation des taux de cotisation de 6 points ;
– un allongement de la durée d'activité de 7 ans ;
– la réduction des taux de remplacement de 7,5 points.

• **L'augmentation des taux de cotisation**, représente une ponction majeure sur les augmentations du taux de salaire réel. Cette formule pèse sur le PIB par tête ; le revenu disponible des actifs est diminué par la hausse des cotisations, ce qui altère principalement leur épargne, sans que cette baisse soit compensée par une épargne supplémentaire des retraités, le taux de remplacement étant maintenu. Le stock de capital par actif a donc tendance à diminuer, et la productivité du travail augmente peu. Dans un contexte de forte concurrence internationale, une hausse importante des cotisations représente une augmentation significative des prélèvements obligatoires et pénalise l'emploi et la croissance. C'est la raison pour laquelle la plupart des pays tendent, dans leurs réformes, à viser

1. P. Orszag et J. Stiglitz, « Repenser la réforme des retraites. Dix idées reçues sur les systèmes de protection sociale », conférence « Idées nouvelles sur l'assurance vieillesse », 14 et 15 septembre 1999, Banque mondiale, Washington, D.C.

2. A. Brun, « Les effets macroéconomiques des méthodes pour équilibrer le régime de retraites », Direction de la prévision et de l'analyse économique, document de travail, février 2004.

une stabilisation à long terme des taux de cotisation en privilégiant les autres formules de reparamétrage.

• **L'allongement de la durée d'activité**, et donc la réduction du taux économique de dépendance, contribue à une plus forte croissance et à la réduction du chômage. La période d'inactivité est raccourcie, alors que le revenu disponible des actifs n'est pas altéré ; l'augmentation de l'épargne et du capital s'ajoute à celle du nombre des actifs. L'allongement de la durée d'activité est ainsi l'option « optimale », avec les données « continentales » : elle permet d'éviter un choc négatif sur le PIB par tête car l'augmentation du nombre d'actifs permet une hausse de la production : la productivité du travail est maintenue et le supplément de revenu associé au supplément d'activité compense la hausse de la population totale entraînée par le vieillissement. C'est d'ailleurs un des objectifs du Sommet de Lisbonne que de viser un accroissement significatif des taux d'emploi en Europe, en particulier pour les travailleurs de plus de 60 ans, car l'âge de départ moyen à la retraite a baissé plus fortement en Europe qu'aux États-Unis, où il est aujourd'hui de 63 ans environ, contre moins de 60 ans en Europe. Cependant cette orientation demande d'une part un contexte politique favorable (ce qui fait hésiter nombre de gouvernements), car elle s'inscrit à l'apparence à l'opposé d'acquis sociaux et de la tendance historique à la réduction de la durée d'activité, et d'autre part des techniques incitatives adaptées, pour tenir compte de la variété des aspirations des salariés et des besoins des entreprises.

• **La réduction des taux de remplacement**, c'est-à-dire du niveau de vie relatif des retraités, entraîne un supplément d'épargne privée plus fort car les ménages actifs ont besoin d'épargner plus en prévision d'une pension de retraite amoindrie, alors que leur épargne en tant que retraités ne sera que faiblement diminuée. Cette augmentation de l'épargne contribue à une certaine hausse du stock de capital et de la productivité du travail. Elle est la solution la plus retenue dans les faits, directement par la mise en place de nouvelles formules de calcul des taux de remplacement (augmentation du nombre d'annuités, calcul du salaire de référence sur la base de tout ou d'une large partie de la vie active plutôt que des dernières meilleures années d'activité), ou indirectement par le remplacement des indexations des retraites sur les salaires moyens des actifs par des indexations sur l'augmentation des prix, en général plus faible. Elle est prévue dans la plupart des cas d'une manière partielle et sélective, et avec une mise en œuvre très progressive pour les nouvelles générations d'actifs.

• La recherche de contributions budgétaires pour assurer un complément de financement suppose la possibilité pour les États concernés d'augmenter les taux de pression fiscale, dans un contexte de réduction des déficits et d'hostilité aux prélèvements obligatoires. En revanche, la constitution de **fonds de réserve** dans les caisses de répartition peut permettre de lisser les évolutions d'une manière particulièrement avantageuse si le taux d'intérêt est supérieur au taux de croissance. Cette technique de fonds de réserve susceptible d'apporter, d'une manière durable, une contribution financière significative au regard des problèmes structurels implique des efforts budgétaires considérables : si on veut que le fonds permette d'alimenter les retraites à un niveau annuel de 1 point de PIB par exemple sur les 3 points de PIB de financement supplémentaire recherchés, cela suppose, avec un taux de rendement des actifs financiers de 4 %, la constitution d'un fonds d'au moins 25 % du PIB [1] : c'est un enjeu financier équivalant à la réduction de la dette des États d'un même pourcentage, qui passe par de nombreuses années successives de solde budgétaire positif[2].

• Une solution dont la structure est analogue à celle des fonds de pension, mais qui peut être gérée par des caisses publiques, est celle de la **capitalisation virtuelle**, système dont on verra qu'il a été développé en Suède et en Italie : c'est un système intermédiaire entre des cotisations définies par capitalisation et des prestations définies par répartition. Il passe de toute façon par un effort collectif pendant la période de transition et peut être utilisé, comme cela a été le cas, comme substitution progressive aux régimes classiques de répartition[3].

1. Ce niveau peut être plus élevé, en fonction de l'écart effectif entre les taux d'intérêt et les taux de croissance ; voir plus haut les considérations sur les différences entre taux d'intérêt et taux de croissance.

2. Voir également la leçon 15 sur le Pacte de stabilité et de croissance.

3. H. Oksanen, « Pension Reforms : Key Issues Illustrated with an Actuarial Model », Commission européenne, juillet 2002.

3. L'enjeu intergénérationnel et la progressivité dans la mise en œuvre des réformes

La définition des réformes impose de vérifier que, au cours du temps, la répartition par âges des contributions sociales nettes ne connaît pas de déformation, et ne fait pas financer le maintien ou l'amélioration d'un régime généreux en reportant l'effort sur les générations futures. Une solution insuffisante aujourd'hui peut ainsi amener à donner aux jeunes des générations actuelles un avantage par rapport aux jeunes des générations futures[1]. La technique couramment utilisée pour apprécier cette charge est l'endettement implicite qui correspond aux engagements pris par les régimes de retraites. Les estimations de cet endettement implicite sont variées, compte tenu des hypothèses faites sur l'avenir des paramètres des régimes. On peut considérer que cet endettement implicite est, pour l'ensemble de l'Union européenne, de 180 % du PIB en 2000, ce chiffre se situant entre 150 % pour le Royaume-Uni et 240 % pour l'Italie.

Dans les calculs préalables à la mise en place de solutions nouvelles, il faut aussi tenir compte de la charge particulière que la collectivité doit assumer pendant la période de transition avant que le nouveau système ait atteint son régime de croisière. La mise en place très progressive d'une formule même partielle de capitalisation atténue ainsi la charge qui repose sur les générations actives actuelles et prochaines.

Le rapport cité envisageait donc des solutions intermédiaires qui consistent à évoluer progressivement, sur quarante ans, vers une part de 25 % assurée par la capitalisation, liée à une réforme progressive des paramètres des régimes de répartition pour les ramener à un niveau de fonctionnement soutenable. Le maintien du taux de remplacement actuel des retraites supposerait donc un surcoût des cotisations, de 15 % des salaires au départ et qui décroîtrait sur les vingt prochaines années à 5 %, puis à 0 sur les trente années suivantes. Ainsi ce seraient bien les générations actuelles, celles qui profiteront ensuite du maintien du système, qui auraient à supporter la

1. « La Comptabilité intergénérationnelle en Europe », Commission européenne, n° 6, 1999.

charge la plus élevée. C'est d'ailleurs ce rythme de montée en puissance, à des degrés divers, qui est envisagé dans la plupart des pays.

IV. LES SOLUTIONS RETENUES DANS LES PAYS DU G7

Les grands pays avancés ont déjà fait évoluer leurs régimes de retraites pour tenir compte des déséquilibres constatés ou prévisibles ; en général, les solutions retenues correspondent à un reparamétrage des régimes de répartition et à l'introduction ou au développement de régimes par capitalisation. Elles demandent partout une concertation approfondie et toujours longue. Tous ont fait des réformes ; et tous sur la base d'un régime mixte – répartition **et** capitalisation, que le débat français tend encore trop à opposer.

• **Les États-Unis** ont un régime de base, la Social Security, qui concerne 96 % des travailleurs, seule source de revenu pour la moitié des retraités, et un système de fonds de pensions très développé. La retraite publique est financée par une contribution de 12,4 % des salaires, avec un plafond de 87 900 dollars de salaire imposable par an. L'âge de la retraite est en principe de 65 ans, avec une possibilité de liquidation anticipée et réduite pour les personnes de sexe féminin. Le taux de remplacement décroît en fonction du revenu, il est de 50 % du dernier salaire perçu pour un salaire 20 000 dollars et de 33 % pour un niveau de 60 000 dollars ; il est toutefois possible de cumuler la retraite avec d'autres ressources provenant du travail. Les régimes professionnels complémentaires, en général sous forme de fonds de pension à cotisations définies (pour plus de 60 % des salariés aujourd'hui), sont très éclatés, avec de grands intermédiaires financiers gestionnaires. Ils représentent, sachant que la moitié des retraités est concernée, un tiers des ressources des retraités. Les sommes correspondantes peuvent être placées dans des fonds diversifiés ou des titres de l'entreprise.

Les réformes récentes ont porté sur un assouplissement des systèmes de cumul et un allongement de la durée du travail ; l'âge de la retraite a été porté à 67 ans pour les générations nées après 1960. Le régime public est actuellement excédentaire, avec un fonds de réserve, en raison de la démographie des salariés, mais les prévisions de croissance de ces réserves s'inverseront en 2010 et le système devrait se déséquilibrer à partir de 2020. Le président George W. Bush demande donc une réindexation des retraites sur les prix plutôt que sur les salaires et a avancé l'idée de transformer le système en comptes d'épargne individuels, en autorisant de placer 4 points de cotisations sur des comptes individuels, comme au Royaume-Uni ; cette question a donné lieu à une forte controverse politique, même au sein de la majorité républicaine. Les défenseurs du système de répartition proposent un reparamétrage en reculant à nouveau l'âge de la retraite à 70 ans, avec une augmentation du taux de cotisation et du plafond des salaires, et une gestion plus « active » du fonds de réserves (en plaçant une partie du fonds en actions au lieu de la conserver en titres du Trésor).

Les fonds de pension font l'objet d'un débat depuis la baisse de la Bourse qui a fait reculer d'environ 10 % l'encours des fonds d'épargne retraite en 2001, d'après la presse américaine ; les affaires Enron et WorldCom posent de plus le problème de la diversification des placements des fonds d'épargne d'entreprise et de la transparence nécessaire dans l'information des souscripteurs pour garantir la qualité des placements. Le retournement a posé le problème de l'équilibre des fonds à prestations définies comme au Royaume-Uni ; ils concernent de 40 à 50 millions de salariés. Les entreprises garantissent l'équilibre financier, mais l'équilibre de ces fonds, aux règles de solvabilité strictes, a été perturbé par un trop fort engagement sur les actions et par les réductions d'effectifs qui ont réduit les recettes. Cela a amené les entreprises à transformer leurs fonds de retraites en fonds à cotisations définies, à provisionner les pertes et obligé le fonds de garantie à intervenir. Ce fonds de garantie, Pension Benefits Guaranty Corporation, avait réalisé un important excédent de 10 milliards de dollars, à l'époque de la bulle boursière, et se retrouve en déficit d'un montant supérieur à 20 milliards de dollars, qui pourrait atteindre des sommes encore plus élevées. Le débat porte ainsi sur la modification des règles prudentielles des sociétés et le niveau de l'aide à apporter à celles qui rencontrent des difficultés ; le risque est celui de l'aléa moral, c'est-à-dire de voir les sociétés se reporter trop facilement sur les fonds publics pour financer des régimes généreux (et qui profitent principalement aux catégories aisées de la population), sans faire d'efforts suffisants de leur côté.

• Le **Royaume-Uni** comporte un premier pilier avec une pension forfaitaire de base (Basic State Pension) et une pension complémentaire liée aux salaires (State Second Pension). Ces deux niveaux du premier pilier sont financés par des cotisations liées aux salaires (à un taux de 12 % pour le salarié et de 12,8 % pour l'employeur, avec un seuil d'exonération de 4 895 livres sterling et un plafond partiel de 32 760 livres sterling par an), et versées au National Insurance Contribution Office, l'organisme national d'assurance sociale. L'âge de la retraite est de 65 ans pour les hommes et de 60 ans pour les femmes, avec une uniformisation à 65 ans d'ici à 2020 ; la durée minimale de cotisation est de 44 ans pour les hommes et 39 ans pour les femmes. La pension de base et le Pension credit assurent un revenu minimum d'au moins 105,45 livres sterling par semaine (160 pour les couples). La State Second Pension garantit une pension équivalant en tout à 25 % du salaire moyen réévalué, de 40 % pour les plus bas revenus à 20 % pour les revenus situés au plafond de 30 940 livres sterling par an. Le système britannique autorise à cesser de cotiser à la pension publique, en contractant une pension professionnelle ou personnelle fournissant des prestations égales ou supérieures au volet lié aux salaires du régime obligatoire. Près de 60 % des employés sont dans ce cas et ont droit à une remise sur leur cotisation à l'organisme national. Les travailleurs sont encouragés à continuer à travailler au-delà de l'âge de la retraite, avec une majoration de leur pension.

Les régimes professionnels de pension sont généralement constitués à l'initiative des entreprises. Ils ont souvent à prestations déterminées, calculées sur la base des années de service et de la dernière rémunération, remplacés progressivement par des régimes à cotisations déterminées. On estime qu'environ 60 % des ménages de retraités perçoivent les prestations d'une pension professionnelle ou personnelle. Les fonds de pension sont régis par une réglementation stricte, avec des ratios prudentiels, des obligations d'assurance, et sous le contrôle d'un office de régulation ; leurs actifs représentent 80 % du PIB et 40 % de la capitalisation boursière du pays.

Les pensions individuelles ont été introduites en 1988 afin d'offrir la possibilité de contracter une deuxième pension, privée, aux personnes n'ayant pas accès à un régime professionnel de pension ou changeant fréquemment d'emploi ; 12 % des employés et 44 % des indépendants se constituent une pension individuelle. Pour renforcer leur attrait, les *stakeholder pensions* lancées en 2001, offrent un régime simplifié pour des cotisations de moins de 3 600 livres sterling par an. Plus de 1 million d'épargnes retraites avaient été vendues, mais les abus commis ont altéré l'image de cette formule qui se voulait souple au départ et amené à renforcer la réglementation.

Le niveau des pensions publiques (c'est-à-dire obligatoires) est ainsi le plus faible de l'Europe (avec l'Irlande). Il est basé sur le développement important des fonds de pension. Cependant, le faible succès des formules individualisées, les graves difficultés des entreprises et des fonds de pension, du fait de la crise boursière, ainsi qu'une disparité très forte entre le régime des salariés privés et celui des fonctionnaires font du sujet des retraites un enjeu politique majeur du pays, même si les prévisions démographiques sont meilleures au Royaume-Uni que dans le reste de l'Europe. Les orientations suggérées en 2005 par la Commission des pensions vont dans le sens d'un renforcement du régime obligatoire et de ses moyens.

Le gouvernement de Tony Blair, après avoir renoncé dans un premier temps à allonger la durée d'activité des fonctionnaires, a indiqué qu'une réforme d'ensemble serait présentée à l'été 2006, avec une refonte des pensions publiques de base et un allongement progressif de la durée d'activité de l'ensemble des salariés.

• **L'Allemagne** connaît traditionnellement un régime de répartition unique, qui, grâce à des taux de cotisation professionnelle élevés et un abondement du budget de l'État, assure un taux de remplacement moyen de 70 % : ce régime concerne 85 % des retraites, 10 % provenant d'assurances privées et 5 % des aides publiques en faveur des personnes âgées. Il n'y a pas de minimum vieillesse, mais un droit à une aide sociale spécifique. Les retraites sont calculées selon des formules complexes par points, acquis au cours de la carrière professionnelle. Pour assurer le rééquilibrage du système, une réforme de 1992 prévoyait un ajustement permanent de la contribution du budget de l'État, une baisse des taux de remplacement et de cotisation susceptible d'assurer, à l'intérieur du système existant, une réduction des taux de cotisation de 2,5 points en 2002 et de 10 points à terme. La réforme Schröder de 2001 a été plus loin, sur la base des déséquilibres croissants. Elle vise en fait une stabilisation des taux de cotisation à 22 % à l'horizon de 2030 : elle a prévu progressivement la baisse globale des taux de remplacement du régime de répartition de 3 points en moyenne pour atteindre 67 % du salaire net, une hausse des taux de cotisation de 3 points du salaire sous plafond en 2008, et la mise en place d'un régime facultatif de fonds de pension, bénéficiant d'une aide fiscale forfaitaire ou d'une subvention pour les revenus les plus faibles, jusqu'à 4 % du salaire brut, susceptible de compenser, en moyenne, à terme la réduction du taux de remplacement des retraites par répartition. Les nouvelles prévisions faites en 2003 ont montré que ces nouvelles mesures ne garantissaient pas, elles non plus, la soutenabilité du régime. La commission Rürup est ainsi à l'origine d'un nouveau train de réformes, adopté en 2004 : l'objectif est de relever à terme l'âge légal de la retraite à 67 ans, et surtout d'introduire un facteur de soutenabilité dans la revalorisation du point de retraite : l'indexation dépend d'un facteur démographique et est plus faible si le taux de dépendance augmente.

L'ensemble de ces mesures a été repris dans le programme présenté par la nouvelle chancelière Angela Merkel à la fin de l'année 2005.

• **L'Italie** avait aussi, par tradition, un régime public et obligatoire de retraites très avantageux, assurant des taux de remplacement théoriques proches de l'unité (90 % pour le privé et 100 % pour le public), au prix de cotisations élevées (33 % à terme partagés entre les employeurs et les salariés). La première réforme Amato de 1992 a prévu un allongement des durées de cotisation, et une modification des méthodes de calcul des pensions susceptible de réduire les taux de remplacement de 20 points, avec une mise en œuvre extrêmement progressive, il est vrai, de la réforme. Cette réforme s'est accompagnée en 1993 de la mise en place de fonds de pension. Un ensemble d'incitations fiscales est prévu, dans la mesure où la sortie s'effectue en pensions pour un minimum de 50 % du montant capitalisé. Le gouvernement a présenté à la fin de 2001 un plan complémentaire d'aides fiscales visant à accélérer la mise en place des fonds de pension, avec une aide publique supplémentaire, accordée à l'entreprise au moment de la liquidation de l'indemnité de fin de carrière.

La réforme Dini en 1995 a accéléré la mise en place de la réforme Amato et introduit le principe de cotisations définies et de prestations variables, à l'intérieur des institutions de retraites existantes. La technique utilisée, originale, est celle d'un compte individuel de capitalisation virtuelle (avec un taux d'actualisation de 1,5 %), revalorisé régulièrement sur la base de la moyenne mobile sur cinq ans du taux de croissance du PIB : le coefficient de transformation est recalculé tous les dix ans et sera plus important si l'âge de la retraite est tardif et si la croissance a été plus élevée. L'âge légal de la retraite a été porté à 65 ans pour les hommes et 60 ans pour les femmes à partir de 2000 ; et la suppression du régime dérogatoire, permettant de prendre sa retraite à partir de 57 ans, moyennant une durée d'activité de 35 ans, a été programmée à partir de 2013. Le gouvernement Berlusconi a d'ailleurs pris la décision d'élever ce seuil de 57 à 60 ans dès 2008.

La réforme du système italien se caractérise par la période extrêmement longue de mise en place (de l'ordre de 40 ans) et son caractère incomplet pour la période transitoire, et par le fait que les déficits sont couverts par le budget de l'État. La nécessité de redresser les comptes publics en application du Pacte de stabilité et de croissance va probablement amener le gouvernement à envisager de nouvelles mesures financières.

• **Les Pays-Bas** sont un des rares pays qui n'ont pas eu besoin de réaliser des modifications paramétriques ou structurelles du régime de retraites au cours de ces dernières années. Le régime universel géré par l'État assure des prestations forfaitaires à tous les résidents de plus de 65 ans, il est financé par des cotisations prélevées sur les salaires, à un taux de 17,9 % actuellement mais limité par la loi à 18,25 %, sous un plafond de 29 000 euros de salaires par an. Les droits à la pension augmentent en fonction de la durée de résidence aux Pays-Bas entre 15 et 65 ans. La pension de base pour une personne seule est de 70 % du salaire minimum, soit environ 825 euros par mois, et pour un couple de 100 % du salaire minimum, ce qui met les personnes de plus de 65 ans à l'abri du risque de pauvreté.

Le pilier des régimes professionnels sous forme de fonds de pension est plus développé que partout ailleurs en Europe, grâce à des conventions collectives, et concerne plus de 90 % des travailleurs. Ces régimes sont dans la plupart des cas à prestations déterminées. Le nombre de conventions est très important. Le taux de remplacement moyen est de 70 % (régime public compris) ; celui des revenus les plus faibles est de plus de 80 %. Les Pays-Bas sont donc le pays qui assure un niveau très élevé de retraite et en même temps a favorisé le développement des fonds de pension, dont les actifs financiers représentent plus de 100 % du PIB, malgré le repli de 2000. Le gouvernement et les partenaires sociaux se sont accordés sur l'objectif de la généralisation des régimes de pension professionnels. L'épargne retraite volontaire est également encouragée par des mesures fiscales. Les cotisations sont déductibles jusqu'au niveau requis pour accumuler des droits à la pension équivalents à 70 % du salaire de fin de carrière. Les actifs de ce pilier représentent plus de 50 % du PIB.

Le gouvernement s'est engagé à assurer le financement du régime public des pensions des transferts du budget de l'État dès que le taux maximal de cotisation de 18,25 % ne suffira plus à couvrir les dépenses, c'est-à-dire, selon les prévisions, après 2010. Un fonds d'épargne virtuel a été constitué, susceptible de représenter 20 % du PIB en 2020. Les recettes devraient venir de la fiscalité différée sur les pensions complémentaires qui sont appelées à augmenter et représenteront environ 5 % du PIB en 2040.

• Le système de **la Suède** est composé d'un régime public et de régimes complémentaires professionnels. Le régime universel assure une pension forfaitaire de 100 % du montant de base de la Sécurité sociale pour une personne seule (environ 350 euros par mois) et 180 % pour un couple. Elle vient compléter les droits à la pension du régime obligatoire de retraite liée aux salaires et est financée par l'impôt ; elle doit s'éteindre à terme pour être remplacée par une pension différentielle garantissant un revenu minimum. En outre, l'octroi d'indemnités de logement sous conditions de ressources complète largement les revenus de nombreux retraités. La réforme de 1998, issue d'un long travail associant majorité et opposition parlementaire, prévoit que les cotisations soient prélevées au taux de 18,5 % sur les salaires, avec un taux de 9,25 % pour les employeurs comme pour les salariés. Le système doit être mis en place d'une manière progressive jusqu'en 2014.

Ces cotisations sont réparties en deux groupes ; la première partie, égale à 16 % de ces 18,5 %, est comptabilisée sur un compte virtuel, ou « notionnel ». Le montant ainsi accumulé constitue le montant agrégé des droits à pension auprès du régime par répartition. La retraite est calculée en divisant l'ensemble des droits accumulés par un facteur qui dépend de l'âge, de l'espérance de vie et de la croissance économique. Le diviseur, identique pour les personnes d'une même génération, variera automatiquement au fil des générations et de la démographie. Les 2,5 % de cotisations restants alimentent un régime public de capitalisation ; ils sont déposés auprès d'une agence publique gestionnaire. Cet organisme assure le lien entre les salariés et les fonds de placement ; il les sélectionne, en propose la liste et recueille les intentions de placement des salariés ; cette formule a été ainsi choisie pour limiter les frais de gestion et garantir un minimum de sécurité aux salariés.

En complément, d'importants régimes professionnels de pension sont basés sur des conventions collectives et concernent 90 % des employés. Les cotisations se situent entre 2 et 5 % des salaires. Ces pensions étaient à l'origine à prestations déterminées, mais se transforment de plus en plus en pensions à cotisations déterminées. On peut considérer que ces régimes ont représenté 20 % du total des pensions.

• **La France** est le pays où le système de base est probablement le plus complexe et éclaté, avec des différences significatives selon le statut des actifs, à l'intérieur d'un principe général de retraites par répartition. Le régime de base concerne les revenus inférieurs au « plafond » de la Sécurité sociale ; le régime complémentaire vise les revenus entre cette somme et trois fois son montant ; les cadres du secteur privé bénéficient d'un régime supplémentaire au-delà. Le secteur administratif connaît un régime particulier, avec un taux de remplacement net élevé, de 75 % environ sur le traitement (hors primes, toutefois). Des entreprises publiques, comme EDF ou la SNCF, ont des régimes encore plus favorables. La situation financière de ces régimes spéciaux est en danger car ils auront tous un rapport démographique inférieur à 1 en 2040.

Les premières réformes, en 1993 – les réformes Balladur –, ont concerné le secteur privé, avec un allongement des périodes de cotisation de 37,5 à 40 années, et une modification du mode de calcul qui tend à réduire les taux de remplacement, en basant la retraite sur les salaires des 25 dernières années et non plus sur les 10 dernières. Le calcul de la pension se fait au prorata du nombre de trimestres cotisés ou assimilés ; le taux plein est obtenu à 65 ans ou à partir de 60 ans lorsque la personne totalise 160 trimestres. La durée de référence est fixée à 150 trimestres. Le calcul de la pension se fera, sur la base d'une durée de référence portée à 160 trimestres en 2008, au prorata des trimestres cotisés ou assimilés. À partir du 1er janvier 2008, le salaire annuel moyen de référence sera calculé en fonction des 25 meilleures années quelle que soit l'année de naissance.

Un fonds de réserve sur ressources budgétaires (Fonds de réserve des retraites) a été créé en 1999, qui se monte aujourd'hui à moins de 20 milliards d'euros, alors qu'il devrait, alimenté par des ressources budgétaires annuelles, s'élever à terme à 150 milliards d'euros ; la loi sur l'épargne salariale, votée en 2001, a permis d'amorcer la constitution de fonds facultatifs d'entreprise susceptible de déboucher sur le versement de rentes viagères au moment du départ à la retraite.

Les loi et accords de 2003 – réforme Fillon-Raffarin – ont enfin réformé le régime du secteur public, qui n'avait pas été concerné par les réformes de 1993. Pour le privé, la durée de 160 trimestres est maintenue jusqu'en 2008 pour une retraite à taux plein.

Pour le secteur public, la durée de cotisation nécessaire pour bénéficier d'une retraite à taux plein (75 % du traitement brut – hors primes – des 6 derniers mois) doit passer progressivement de 37,5 ans à 40 ans (soit 160 trimestres) en 2008. La durée des services et bonifications est désormais exprimée en trimestres. En ce qui concerne les primes, un régime de retraite additionnel est créé.

Dans le privé comme le public, après 2008, la durée de cotisation devrait augmenter avec l'idée de maintenir constant jusqu'en 2020 le rapport constaté en 2003 entre la durée d'assurance et la durée moyenne de retraite, sur la base de rapports élaborés avant le 1er janvier 2008, le 1er janvier 2012 et le 1er janvier 2016. Ainsi, sauf indications contraires du rapport, à compter du 1er janvier 2009 la durée d'assurance ou de services nécessaire pour bénéficier d'une retraite à taux plein sera majorée d'un trimestre par an pour atteindre 41 ans en 2012. Les rapports qui interviendront en 2012 et 2016 permettront de fixer les évolutions ultérieures par période de 5 ans jusqu'en 2020 ; la durée devrait être proche de 42 ans en 2020.

L'épargne retraite a été renforcée par la loi du 21 août 2003, qui met en place une incitation fiscale pour encourager la constitution à titre facultatif d'une épargne retraite en complément des régimes de retraite par répartition, sous deux formes : un contrat individuel, le Plan d'épargne retraite populaire, et un contrat collectif d'entreprise, le Plan d'épargne pour la retraite collectif. Dans cette formule, la rente viagère est versée dès le départ à la retraite (le plan peut prévoir la délivrance d'un capital) à partir de versements qui peuvent s'élever à 25 % de la rémunération annuelle brute, abondés par l'entreprise dans la limite du triple de ces versements (avec un plafond fixé à 4 600 euros), et l'abondement est déductible des bénéfices imposables de l'entreprise et exonéré de l'impôt sur le revenu pour les bénéficiaires. Ces formules rencontrent un certain succès.

La réforme de 2003 marque donc une nouvelle étape dans le reparamétrage du système français, mais la question de la soutenabilité du système de retraite permis par les réformes de 2003 et de 1993 reste entière : les calculs faits en 2003 ont évalué le solde net des mesures de la réforme de 2003 à 18 milliards d'euros pour 2020, soit un peu moins de la moitié du besoin de financement initial évalué pour 2020 à 43,5 milliards d'euros [1]. Le complément global doit venir du redéploiement des cotisations d'assurance chômage (2 points) pour 10 milliards et de l'augmentation de la contribution des employeurs publics pour 15 milliards. Ces éléments dépendent du contexte économique, notamment du retour au plein-emploi, et de la situation budgétaire de l'État. Comme les améliorations souhaitées apparaissent optimistes à l'heure actuelle, de nouvelles mesures structurelles seront probablement inévitables. La loi prévoit d'ailleurs des ajustements complémentaires dans le cadre de ce pilotage à long terme et de rendez-vous réguliers. En particulier de nouvelles hausses de cotisations, au-delà de la hausse de 0,2 point prévue pour 2006, et des mesures d'allongement de la durée d'assurance et de la date de départ à la retraite sont d'ailleurs d'ores et déjà envisagées. La question du financement des retraites à long terme reste donc posée, et concernera à nouveau le choix du ou des paramètres à privilégier (taux de cotisation, durée de cotisation, niveau des pensions), et l'équité entre le public et le privé.

1. Conseil d'orientation des retraites, « Retraites : les réformes en France et à l'étranger, le droit à l'information », Deuxième rapport, 2004.

En complément d'une nouvelle réforme de la gestion par répartition nécessaire après 2007, il conviendra de renforcer à nouveau les mécanismes de capitalisation d'une manière progressive. La réduction des déficits et de la dette publique fait également partie des actions indispensables pour relever le défi du vieillissement de la population, et diminuer d'autant la charge des générations futures.

• ***Et l'Europe ?***

La question des retraites reste principalement de compétence nationale ; elle est cependant un des sujets cruciaux pour le modèle social européen, les équilibres budgétaires des États et le bon fonctionnement des marchés financiers. La menace existe d'une gestion trop « molle » de cette question au fil des événements, par certains États aux gouvernements fragilisés. La concurrence fiscale et la pression à la baisse des prélèvements obligatoires poussent à réduire les charges, cotisations et prestations sociales, au bénéfice des régimes privés, amenant une réduction progressive des mécanismes de solidarité. Par ailleurs, le renforcement de la concurrence à l'intérieur du marché européen peut amener les compagnies d'assurances à remettre en cause, là où cela n'est pas déjà fait, le monopole de gestion des caisses publiques de répartition. Il y a donc un intérêt européen majeur à ce que cette question trouve partout des solutions satisfaisantes. Ce sujet est désormais porté, d'une manière récurrente, à l'ordre du jour des différents sommets européens. Il est cependant délicat, au-delà de la formulation démographique, économique et financière, de trouver les thèmes fédérateurs pour la solution du problème, tant sont importantes les différences de traditions entre les États en Europe. C'est dans le domaine de la régulation des institutions de retraites et de la portabilité des droits que la légitimité de l'action européenne est la plus importante.

La **directive de juin 2003**, qui porte sur les activités et la surveillance des institutions de retraites professionnelles, a pour but de permettre la reconnaissance mutuelle des régimes de surveillance en vigueur dans les États membres : une société pourra gérer les régimes d'entreprises situées dans d'autres États membres en appliquant la réglementation prudentielle de l'État membre où elle est établie (contrôle du pays d'origine). Elle fixe les principes prudentiels des stratégies d'allocation d'actifs (70 % de leurs provisions techniques ou de leur portefeuille dans des actions et des obligations d'entreprises et 30 % dans des monnaies autres que la monnaie de leurs prestations de retraite futures), et interdit que les États obligent à affecter les placements à des titres particuliers nationaux ; de plus les fonds d'entreprise ne pourront pas investir plus de 5 % de leurs actifs dans les titres de l'entreprise concernée, ou 10 % sur l'ensemble des entreprises d'un même groupe. Les placements en produits dérivés ne sont autorisés que s'ils permettent de réduire les risques des investissements.

Il y a là un début de coordination active pour l'Union, dans un secteur stratégique pour l'équilibre financier des États membres. Au-delà, il convient de donner un contenu opérationnel à la réforme du Pacte de stabilité et de croissance intégrant un concept élargi d'endettement (appelé passif implicite dans les conclusions du Conseil européen des 22 et 23 mars 2005) et comprenant les charges futures de chaque système de retraites publiques.

Leçon 10

L'ÉQUITÉ ET L'EFFICACITÉ DE LA FISCALITÉ

I. LES RÉFORMES FISCALES : À LA RECHERCHE DU GRAAL

De tous les « objets économiques », il en est peu qui suscitent autant de passions que l'impôt. Le sujet est sensible parce qu'il mêle étroitement économie et politique, avec une forme de schizophrénie de l'opinion : les citoyens aiment les services publics, singulièrement en France, et ont donc de la sympathie pour la dépense publique ; mais en tant que contribuables, ils n'aiment pas payer l'impôt qui en est pourtant la condition.

La politique fiscale a, en outre, gagné en importance relative au sein de la politique économique, du fait de « l'autonomisation » institutionnelle de la politique monétaire, et surtout de la montée tant des exigences de compétitivité économique que des inégalités sociales. La « réforme fiscale » est le remède toujours attendu face à ces maux, mais toujours difficile : elle est délicate à réaliser dans un seul pays, dans un contexte d'économie européenne intégrée et d'économie mondiale ouverte. À l'intérieur même de chaque pays, elle rencontre un certain nombre de difficultés récurrentes :

– difficulté **institutionnelle** à mener un débat serein et éclairé techniquement. La différence, déjà citée, est frappante avec la politique monétaire « ultra-technicisée », affaire de quelques spécialistes. Sur les impôts, chacun a son opinion, la société a ses passions et l'expertise économique a parfois du mal à trouver son espace, et même son temps – entre l'annonce médiatique et la décision politique, celle du gouvernement et du Parlement ;

– difficulté sur les **objectifs** : il y a contradiction entre le besoin de réforme, toujours affirmé, et celui de stabilité, souvent réel chez les acteurs économiques. Toute réforme fiscale doit prendre en compte, si ce n'est respecter, les « droits acquis » du passé. Cela en augmente le coût et souvent la complexité ;

– difficulté **technique** enfin : en France, comme d'ailleurs dans tous les pays développés, coexistent trois catégories de prélèvements : impôts d'État, impôts locaux et cotisations sociales. Les impôts les plus problématiques au regard de l'efficacité économique ne sont pas le plus souvent ceux de l'État, mais ceux des collectivités locales, héritage direct et souvent vieillissant de la fiscalité de la Révolution de 1789, et de la Sécurité sociale, qui pèsent majoritairement sur l'emploi. Leur réforme pose donc immédiatement la question de la compensation, à la fois coûteuse pour l'État et régressive pour ses bénéficiaires.

Au niveau européen, les réformes fiscales sont un des points-clé de la recherche de croissance : l'harmonisation fiscale entre les pays membres de la zone euro est vue comme le pendant économique obligatoire de l'intégration monétaire.

La réforme fiscale est difficile, elle demeure pourtant nécessaire. Au-delà des passions conjoncturelles, cette leçon s'efforcera en conséquence d'éclairer quatre questions : les finalités de l'impôt, le niveau des prélèvements obligatoires, la structure des prélèvements et les réformes fiscales dans les pays du G7, la compétition et l'harmonisation fiscales en Europe.

II. À QUOI SERT L'IMPÔT ?

La question fiscale est aussi vieille que l'histoire, et plus ancienne encore que l'économie. Les ethnologues se sont intéressés à l'impôt-tribut, dû aux vainqueurs des guerres, ou à l'impôt-sacrifice, dû au culte. Des traces de cette genèse subsistent dans notre inconscient collectif ; on se limitera ici à l'analyse économique moderne des fonctions de l'impôt d'une part, de ses qualités souhaitables d'autre part.

1. Les fonctions de l'impôt

• *L'impôt-échange*

La vision de l'impôt comme un **prix** à payer, en échange de biens collectifs, s'est progressivement imposée au long du XVIIIe siècle et de la première moitié du XIXe siècle[1]. C'est la contrepartie des fonctions régaliennes incontestées de l'État, et d'abord de la **sécurité** à laquelle aspire chaque citoyen. Cet échange se formalise non sur un marché mais par un arbitrage démocratique : celui du Parlement, né dans tous les pays, à commencer par la Grande-Bretagne, du souhait de la bourgeoisie de faire décider par ses représentants élus du niveau et de l'affectation de ses impôts. Selon Montesquieu, les impôts sont « une portion que chaque citoyen donne de son bien pour avoir la sûreté de l'autre ou pour en jouir agréablement[2] ».

Cette vision de l'impôt-échange n'est plus aujourd'hui exclusive et s'est vue enrichie ces dernières décennies, d'abord par les réflexions d'économistes américains : Samuelson et la théorie des biens publics, et l'école du *public choice* ; ensuite par l'extension considérable au XXe siècle, et contestée en fin de période, des fonctions de l'État. L'impôt-échange ne finance plus seulement la sécurité : il paie l'école, les transports, le soutien économique ; sous forme de cotisations sociales, il assure la santé et les retraites. L'impôt, c'est le prix des services publics, voire, dans une vision plus lyrique, « le prix d'une société civilisée » ; mais dans ce cas, le périmètre de l'intervention publique devient une question centrale, et pratiquement préalable, pour la politique fiscale.

• *L'impôt-solidarité*

Historiquement, l'impôt n'est vu comme moyen de la redistribution des revenus qu'à partir de la seconde moitié du XIXe siècle et de la montée, après les classiques, des économistes socialistes. Le rapport État-citoyens est jugé plus complexe que le simple rapport

1. M. Bouvier, M.-C. Esclassan, J.-P. Lassale, *Finances publiques*, LGDJ, 2002.
2. Dans *L'Esprit des lois*.

producteurs-consommateurs de l'impôt-échange. L'impôt y apparaît comme un devoir nécessaire à l'établissement d'un lien social fondé sur l'idée de solidarité. Cela débouche très directement sur une novation radicale : la **progressivité** de l'impôt, même si celle-ci a pu trouver des justifications dans toutes les écoles de pensée. Du côté des libéraux, le raisonnement repose sur la décroissance de l'utilité marginale des revenus. Le raisonnement marginaliste justifie des prélèvements progressifs au nom de « l'égalité des sacrifices ». Du côté des socialistes, la redistribution est analysée comme un moyen d'améliorer les conditions de vie des citoyens les plus modestes (lutte contre la pauvreté ou contre l'exploitation).

Au XXe siècle, l'apparition des thèses keynésiennes ne fait que renforcer cette vision « solidariste » de l'impôt, au nom cette fois de l'efficacité économique : compte tenu de la forte propension à consommer des revenus modestes, la redistribution fiscale est vue comme un des moteurs de la croissance.

• *L'impôt de dissuasion ?*

La dualité impôt-échange/impôt-solidarité, qui est une tension dynamique plus qu'une incompatibilité, domine et dominera longtemps le débat fiscal. Les dernières décennies ont néanmoins vu apparaître, avec des fortunes diverses, la théorie qu'on pourrait qualifier de « dissuasion fiscale » : l'idée est d'utiliser l'impôt, non pour financer les services publics, ni pour redistribuer les revenus, mais pour décourager des comportements économiques à externalités négatives ; on parle aussi parfois de « fiscalité paternaliste ». L'impôt y serait un **prix**, comme dans l'impôt-échange, mais destiné à corriger le marché qui n'intégrerait pas spontanément les coûts indirects de telle production ou consommation :

– l'exemple le plus massif, comme en France et dans les autres pays de l'OCDE, en est la taxe sur les produits pétroliers, essence en premier lieu. Il obéit également à d'autres motivations, comme la vieille nostalgie de « l'impôt universel », facile à recouvrer, que fut la gabelle autrefois sur le sel, et que serait la taxe sur l'énergie aujourd'hui. Mais le niveau élevé de la TIPP (taxe intérieure sur les produits pétroliers) trouve objectivement des justifications économiques dans les fortes « externalités négatives » de la consommation pétrolière : dépendance extérieure vis-à-vis des pays de l'Opep, pollution, encombrement des routes… Dans un ordre moins économique que social, l'augmentation continue des droits sur les alcools et sur le tabac – désormais affectés à la Sécurité sociale – participe de la même logique ;

– d'autres cas d'application restent à l'état de souhaits, à l'échelle internationale : celui d'une « écotaxe » européenne sur les émissions de CO_2, à la suite des protocoles de Kyoto et de La Haye[1] ou, de façon plus polémique, d'une « taxe Tobin » sur les mouvements spéculatifs de capitaux, à supposer qu'on arrive à les définir et les isoler. En France, une tentative peu convaincante est celle de la taxe sur les logements vacants, introduite en 1999, pour un rendement faible et un coût de gestion élevé.

Les fiscalistes restent en général perplexes devant ces tentations. Peut-être par excès de conservatisme, mais souvent par modestie de bon aloi : ils ne sont pas sûrs de savoir fixer à son juste niveau le « prix négatif » correspondant aux coûts indirects de tel comportement individuel. C'est, en tout cas, par réflexe de prudence devant une contradiction intrinsèque d'objectifs : instituer un impôt pour en freiner, voire en faire disparaître la base, « l'assiette » en termes techniques, c'est aller à l'encontre d'une sagesse séculaire, et souvent du bon sens. L'impôt sert déjà à financer et à redistribuer : faire porter trop d'objectifs à un seul instrument économique, c'est le mettre en péril. L'orientation des comportements économiques doit donc passer aussi par la réglementation des marchés.

2. Les « qualités » de l'impôt

Aux yeux de l'opinion, il n'est guère de bon impôt. C'est donc plutôt au regard de l'analyse économique qu'on peut dégager trois caractéristiques : le rendement financier, la neutralité économique, l'acceptabilité sociale.

1. Voir la leçon 18 page 552.

• ***Le rendement financier : assiette large et faible taux***

Cette évidence découle directement de la fonction d'impôt-échange : un bon impôt est d'abord celui qui rapporte beaucoup, à moindres frais. Cela renvoie à deux critères techniques :

– le coût de gestion de l'impôt : il est plus élevé sur les impôts prélevés auprès des particuliers (impôt sur le revenu, taxe d'habitation) qu'auprès des entreprises (TVA, impôt sur les sociétés, cotisations sociales). En moyenne dans l'OCDE, il se situe entre 0,5 % (États-Unis) et 1,5 % (Allemagne, Italie) du total des impôts collectés ; La France a, par les réformes actuelles de son administration fiscale[1], heureusement abaissé ce coût ces dernières années (de 1,6 % en 1999 à 1,3 % en 2004)

– la combinaison entre l'assiette (la base) et le taux de l'impôt. Tous les experts s'accordent pour privilégier, à rendement égal, une assiette large et des taux faibles : l'égalité économique de tous devant l'impôt est alors mieux assurée, l'acceptabilité sociale par chacun est meilleure. Il demeure que la pratique, notamment en France, s'éloigne souvent de cet idéal. L'assiette des impôts sur le revenu, sur la fortune ou sur les sociétés est « mitée » par de multiples exonérations issues de la volonté d'encourager le logement, l'investissement ou la recherche. Les taux de l'impôt doivent alors, pour que soit préservé son rendement financier, être majorés d'autant.

• ***La neutralité économique et la taxation vers l'aval***

Cette « qualité » de l'impôt va moins de soi que la précédente. Elle est même niée par tous ceux qui souhaitent conférer à l'impôt un rôle croissant de dissuasion ou d'orientation économique (*voir* ci-dessus). Elle correspond néanmoins à un souci fortement ancré depuis les classiques : que l'impôt, instrument de financement nécessaire, vienne déformer le moins possible la création de richesse et l'activité économique. Adam Smith le formulait avec force[2] autour des principes de certitude et de commodité. « La taxe ou portion d'im-

1. Voir leçon 11, page 346.
2. *Recherche sur la nature et les causes de la richesse des nations.*

pôt que chaque individu est tenu de payer doit être certaine et non arbitraire [...] Tout impôt doit être perçu à l'époque et selon le mode que l'on peut présumer les plus commodes pour le contribuable. »

La recherche de la neutralité de l'impôt implique une « thermodynamique fiscale » : un impôt est d'autant meilleur qu'il est neutre par rapport aux circuits de production, et donc, selon certains, qu'il se situe en aval de ces mêmes circuits. L'industriel François Michelin emploie souvent une image hydraulique : le rendement d'un moulin, ou d'un barrage est d'autant plus élevé qu'il se situe en aval du cours d'eau. Le fait est que l'histoire de la fiscalité moderne a été celle d'impôts de plus en plus « finaux », sur le résultat de l'activité économique plutôt que sur ses intrants :

– sur les transactions, la **taxe sur la valeur ajoutée**, invention française prêtée à Maurice Lauré et créée en 1954, a précisément pour objet la neutralité entre les différents circuits de production et de distribution et le remplacement de toute une série de taxes indirectes archaïques : « La structure du système fiscal, écrit Maurice Lauré, ne doit pas comporter d'impôts capables de majorer de façon inégale des coûts entre lesquels l'entrepreneur établit des comparaisons. »

– pour les particuliers, **l'impôt général sur le revenu,** institué en Grande-Bretagne en 1800 – pour financer la guerre contre Bonaparte – et en France en 1914, remplace des impositions spécifiques sur les facteurs du revenu (impôts fonciers, impôt cédulaire sur les salaires) ;

– pour les entreprises, mieux vaut taxer le bénéfice par **l'impôt sur les sociétés**, produit en France de la réforme fiscale de 1948, que certains facteurs de production spécifiques (l'emploi et les actifs taxés par l'ancienne patente en partie transférée sur la taxe professionnelle, l'emploi à nouveau par les cotisations sociales).

Reste qu'au-delà des créations d'impôt, les impôts anciens n'ont pas toujours disparu comme annoncé. D'où la recherche permanente d'une **simplification** du système fiscal : elle a ses formes extrêmes et utopistes, avec la quête de « l'impôt unique » ou universel qui assurerait à la fois rendement financier – avec une très large assiette – et neutralité économique. C'était l'impôt unique sur le foncier des physiocrates, ou au XXe siècle l'impôt unique sur la dépense globale des économistes britanniques Kaldor et Meade.

Mais la recherche de simplification peut prendre des formes beaucoup plus opératoires. D'abord dans la diminution du nombre

Une analyse classique de l'effet économique de l'impôt

Si une taxe est établie sur un produit, la courbe d'offre de ce produit se déplace vers le haut, le prix demandé étant le prix de vente hors taxes auquel s'ajoute la taxe prélevée au profit de l'État. Le prix de la vente sera plus élevé et la quantité vendue plus faible, sachant que l'entreprise recevra un prix hors taxes égal à son coût marginal. Il en résulte une perte nette globale pour les entreprises et pour les consommateurs, correspondant au gain pour l'État lié à la perception de la taxe (voir en introduction, la partie sur « l'optimum économique »). Le bilan global peut être positif pour la société et l'économie, dès lors que l'avantage économique et social pour la collectivité que représente la dépense publique financée par cette taxe est supérieur à la somme de son coût brut et de cette perte « économique » : ce rapport positif est souvent postulé mais rarement évalué. Les distorsions économiques sont plus faibles si la taxation porte sur les biens dont l'offre et la demande ne dépendent que faiblement du prix. Selon un principe théorique connu sous le nom de « **règle de Ramsey** », il conviendrait ainsi d'égaliser, entre tous les éléments imposables, le produit des taux d'imposition et des élasticités au prix. Dans ce cas, la perte économique est réduite. Cependant, le principe de taxer les biens dont la demande est inélastique amène à imposer d'une manière plus importante les produits de base, et faiblement les produits évolués ou les produits de luxe, pour lesquels la demande est plus sensible au prix : cette conséquence est difficilement compatible avec les principes de justice sociale car le poids de la consommation des biens de base est plus élevé dans les budgets des ménages aux revenus modestes.

d'impôts : la loi de finances pour 1999 en France avait ainsi supprimé cinquante « petits impôts » archaïques, à faible rendement, dont les droits de timbre sur cartes d'identité et permis de conduire ; le droit de bail et la vignette auto pour les particuliers, instituée à titre temporaire en… 1956, ont été supprimés. Une ordonnance de simplification fiscale est prise par le gouvernement chaque année depuis 2003. Simplification ensuite dans la prise en compte des coûts des obligations fiscales pour les contribuables : les Anglo-Saxons procèdent régulièrement à des « enquêtes temps » sur les *compliance costs* pour les entreprises comme pour les particuliers. À rendement égal, un impôt est d'autant mieux accepté qu'il est simple pour le contribuable. Il serait bienvenu, à côté des prélèvements obligatoires, de mesurer chaque année un « indice de complexité de l'impôt » ainsi que son évolution.

Le principe de neutralité a fait l'objet de développements plus théoriques dans la littérature économique. À partir d'une lecture classique du fonctionnement des marchés, des biens ou du travail, ils arrivent en général et sans surprise à une analyse critique de l'impôt qui déforme les échanges et serait à l'origine d'une perte de surplus économique. La portée opérationnelle est cependant limitée dans la mesure où la même analyse ne parvient pas à bien estimer en regard l'utilité économique des dépenses publiques ainsi financées.

• ***L'acceptabilité sociale : de l'équité à la progressivité ?***

Un bon impôt doit aussi être ressenti comme juste par ceux qui le paient : cela renvoie à une dimension psychologique plus délicate à apprécier, et plus dépendante des équations individuelles.

La fiscalité doit être perçue comme équitable : si deux situations sont différentes, la contribution fiscale du plus favorisé doit être telle que son « effort fiscal », apprécié par sa perte d'utilité individuelle, doit être au moins égal, sinon supérieur à « l'effort fiscal » du plus défavorisé[1]. De ce principe découle la progressivité de l'impôt, dans la mesure où l'utilité marginale est une fonction décroissante du revenu : 100 euros de plus pour une personne dont le revenu est de 100 euros lui apporteront une utilité supplémentaire plus importante que pour une personne dont le revenu est de 1 000 euros. Si le taux de prélèvement était le même, de 40 % par exemple, pour ces 100 euros supplémentaires, la désutilité du premier, entraînée par la perte de 40 euros, serait plus forte que celle entraînée par la même perte de 40 euros pour le second. L'équité verticale va même au-delà de ce simple respect du principe de la répartition équitable de l'effort fiscal : en effet, elle intègre l'idée, en général implicite, que se fait la collectivité de la redistribution nécessaire. Traduire cette équité dans la réalité fiscale suppose de distinguer le caractère forfaitaire, proportionnel ou progressif de l'impôt.

1. C'est ce que les techniciens appellent l'équité « verticale », par différence avec l'équité « horizontale » : celle-ci vise à appliquer un traitement fiscal identique à deux situations équivalentes.

Les questions théoriques de l'impôt

La question de la définition de l'impôt optimal sur le revenu est au cœur du débat politique :

– la justice sociale commande une progressivité de l'impôt, et la présence d'un impôt effectif sur les bas revenus, comme facteur de citoyenneté ;

– les distorsions sur le marché du travail causées par l'impôt doivent être limitées, aussi bien pour les bas revenus que pour les travailleurs de haute productivité où la concurrence est internationale.

L'approche de base de J. A. Mirrlees [1], a eu pour but de déterminer les règles d'optimalité de la structure de l'impôt sur le revenu, dans le cadre d'une information limitée du gouvernement capable d'observer les salaires effectifs mais pas les fonctions d'offre de travail individuelles. Elle s'appuie sur une fonction de *welfare* collectif, qui est la somme pondérée des fonctions d'utilité individuelles ; les pondérations retenues permettent de tenir compte d'une préférence pour les plus défavorisés[2].

Les résultats du modèle sont que la forme de la courbe optimale des taux d'imposition est celle d'une courbe en très légère progression en fonction du revenu voire en U inversé, sous certaines conditions ; en effet, le taux marginal de l'impôt doit être bas, d'un point de vue strictement économique, pour les revenus les plus élevés en raison de l'apport considéré comme plus important des revenus les plus élevés à l'activité économique. Ces résultats ont été complétés [3] par un grand nombre d'études postérieures à J. A. Mirrlees : pour une redistribution fiscale efficace, la progressivité des taux normatifs d'impôt doit être d'autant plus forte que les inégalités sont élevées et que le revenu moyen par tête du pays est faible. Ces résultats montrent la nécessité

1. James A. Mirrlees est un économiste britanique né en 1936 et qui a obtenu le prix Nobel en 1996 pour ses nombreux travaux sur la fiscalité et les choix en information imparfaite.

2. J.A. Mirrlees : « An Exploration in the Theory of Optimal Income Taxation », *Review of Economic Studies*, 1971, P.A. Diamond et J.A. Mirrlees : « Optimal taxation and public production, production efficiency and tax rules », *American Economic Review*, 1971, et « Optimal Tax Theory : A Synthesis », *Journal of Public Economics*, 1976.

3. Par exemple, H.H. Zee, « Inequality and optimal redistributive tax and transfer policies FMI », document de travail, avril 1999.

et les limites de la progressivité de l'impôt sur le revenu pour une meilleure justice sociale dans les pays les plus avancés.

Les conclusions de la théorie sur la répartition optimale entre impôts directs et indirects sont encore plus incertaines. Seuls quelques éléments généraux peuvent être apportés. La fiscalité indirecte doit être neutre du point de vue distributif. Elle constitue un instrument redistributif peu puissant car trop indirect. Les coûts administratifs des impôts indirects non uniformes sont significatifs, et d'autant plus élevés que le nombre de taux est élevé. L'analyse permet de définir une affectation de principe entre instruments et objectifs[1] :

– la fonction redistributive est exclusivement assurée par la fiscalité directe ;

– les dépenses générales de l'État sont financées par l'impôt proportionnel sur la consommation ;

– les assurances sociales sont financées par des cotisations proportionnelles aux salaires.

Cette approche, appelée « séparabilité » repose sur une série d'hypothèses fortes qui en marquent les limites. « La recherche d'un schéma général qui précise les détails du système de taxation optimale, pour tous les pays et toutes les périodes, est vaine. Il y a simplement trop de détails dans la réalité… »[2].

Un impôt est **forfaitaire** lorsque son montant est invariant. C'est le cas surtout des taxes sur l'essence. En pratique, il est alors dégressif par rapport au revenu.

Il est **proportionnel** lorsque son taux est constant quelle que soit la matière imposable. Un tel impôt demande aux agents économiques un effort identique en proportion de leur capacité contributive (le taux moyen de l'impôt est égal au taux marginal). On peut ranger dans cette catégorie l'impôt sur les sociétés, qui est égal à une fraction des bénéfices réalisés, et en France la CSG sur le revenu. De fait, la TVA est un impôt quasi proportionnel sur le revenu. C'est aussi le cas – au risque de surprendre – de la taxation en France de

1. A. Atkinson et J. Stiglitz « The Design of Tax Structure : Direct and Indirect Taxation », *Journal of Public Economics*, 1976.

2. J. Alm : What is an optimal tax system, *National Tax Journal*, mars 1996.

l'essentiel des revenus financiers (plus-value et revenus du capital soumis à prélèvements libératoires) hors revenus des actions.

Un impôt est **progressif** lorsque le taux de prélèvement augmente avec le revenu ou le patrimoine déclaré, l'accroissement de l'impôt étant plus que proportionnel à celui de la matière imposable. L'archétype en est, dans tous les pays développés, l'impôt sur le revenu.

Le jugement politique entre en ligne de compte au regard de cette « acceptabilité sociale » beaucoup plus nettement que pour les deux critères précédents. En France, la Déclaration des droits de l'homme et du citoyen de 1789 pose, dans son article 13, le principe d'une répartition de la charge publique « selon la faculté [contributive] de chacun ». Le Conseil constitutionnel, se référant à ce texte, a souligné que la progressivité de l'impôt a, dans certaines limites, une valeur constitutionnelle. Cette « préférence pour la progressivité » reste la référence théorique et dominante : elle est, dans les faits, contestée tant par les redevables les plus fortunés à l'impôt sur le revenu et à l'impôt sur la fortune, que par la compétition fiscale entre pays européens. Dans nombre de pays en transition d'Europe centrale (Slovaquie, Roumanie et les trois pays baltes), et sous l'influence de thèses libérales, la période récente a vu revenir une *flat tax* proportionnelle sur le revenu : assiette large, taux unique. Elle a inspiré les propositions fiscales de la CDU allemande mal accueillies lors de la campagne électorale de 2005. La *flat tax* a de fortes justifications techniques, elle constitue cependant une régression politique au regard de la redistribution. La réduction du nombre de tranches à trois de l'impôt sur le revenu figure, en France, dans un rapport du conseil d'analyse économique remis au printemps 2005[1].

On pourrait ajouter, parmi les critères d'acceptation, l'adage traditionnel selon lequel « un bon impôt est un impôt qui dure ». Quels que soient les appels à la réforme, la stabilité du système fiscal – et donc la prévisibilité du prélèvement – reste sans doute la première attente des ménages comme des entreprises. Néanmoins l'adage se retourne : pour durer, un impôt doit être accepté, et donc son assiette ressentie comme toujours « en ligne » avec la réalité économique et sociale. On peut, sans grande crainte de se tromper, pré-

1. C. Saint-Étienne, J. Le Cacheux, « Croissance équitable et concurrence fiscale », rapport au CAE, 2005.

voir que la TVA, pourtant plus ancienne, durera plus longtemps que la taxe professionnelle, parce que son assiette est incontestée.

III. LE NIVEAU DES PRÉLÈVEMENTS OBLIGATOIRES : FANTASMES ET RÉALITÉS ÉCONOMIQUES

On ne peut ici que raisonner sur l'ensemble des prélèvements, en ajoutant aux impôts *stricto sensu* (État et collectivités locales) les cotisations sociales : leur effet économique est en effet proche et leur développement important. De plus, seul un périmètre global permet une comparaison entre pays de l'OCDE[1]. Le financement de la Sécurité sociale y est, selon les pays, soit principalement assuré par les cotisations (cas de la France, en incluant la CSG depuis 1990), soit largement fiscalisé à travers notamment l'impôt sur le revenu.

Pour autant, les comparaisons internationales de taux de prélèvements obligatoires doivent tenir compte des différences de systèmes sociaux : seules les cotisations sociales versées à des organismes publics sont intégrées dans les prélèvements obligatoires. Ce n'est pas le cas des financements privés des retraites comme en Allemagne, des retraites complémentaires facultatives, de l'assurance maladie, quand elle est essentiellement privée, comme aux États-Unis et au Japon.

1. Une hausse continue dans le temps

Sur les deux derniers siècles, la hausse continue des prélèvements obligatoires semble être une des tendances les plus sûres de l'économie, et cependant toujours mal anticipée. Dans les années 1870, Paul Leroy-Beaulieu[2] considérait que l'impôt est supportable tant

1. « Les Grands Enjeux de la politique fiscale dans les pays de l'OCDE », *Perspectives économiques,* OCDE, mai 2001.

2. P. Leroy-Beaulieu, *Traité de la science des finances,* Paris, Guillaumin, cité par F. Teulon, *L'État et la politique économique,* PUF, 1998.

qu'il reste dans une fourchette ne dépassant pas 10 % à 12 % du revenu des contribuables. En 1926, Keynes affirmait qu'il lui semblait impossible que les prélèvements obligatoires dépassent 25 % du produit intérieur sans que l'on bascule vers une société socialiste. Quarante ans plus tard, Valéry Giscard d'Estaing présentait le seuil des 40 % comme la limite extrême à ne pas franchir si l'on voulait éviter le basculement de l'économie française vers le collectivisme. Nous en sommes aujourd'hui, en France, autour de 45 %.

La seconde moitié des années 1990 semble toutefois marquer un ralentissement, voire une inflexion de cette tendance en Europe.

Recettes fiscales totales en % du PIB

	1965	**1975**	**1985**	**1995**	**1999**	**2003**
États-Unis	24,7	26,9	26,1	27,6	28,9	25,4
Moyenne UE	29,1	33,4	36,8	39,4	40,7	40,6*
Allemagne	31,6	36,0	32,9	38,2	37,7	36,2
Royaume-Uni	30,4	35,4	37,7	35,2	36,6	35,3
France	34,5	36,9	43,8	44,0	46,0	44,2

Source : OCDE
* 2002

L'inflexion est plus ancienne dans les pays anglo-saxons (États-Unis et Royaume-Uni). Ailleurs, et notamment dans les pays d'Europe continentale, il est encore prématuré de faire la distinction entre un phénomène conjoncturel – l'amélioration de la croissance économique après le « point bas » de 1993 – et un changement structurel durable. Au moins peut-on noter que celui-ci est revendiqué désormais par l'ensemble des gouvernements, quelle que soit leur orientation politique. Le taux des prélèvements obligatoires fait désormais partie des indicateurs structurels essentiels ; sa maîtrise devient partout une priorité de la politique économique.

Le tableau ci-dessus illustre deux caractéristiques essentielles de la comparaison entre pays avancés :

– les pays européens ont des taux de prélèvements obligatoires nettement supérieurs, à la moyenne de l'OCDE, et singulièrement les États-Unis et le Japon. Cela s'explique par un champ d'intervention publique plus large, d'abord dans le domaine social (santé et retraites) ;

– au sein même des grands pays européens, c'est en France que le taux de prélèvements obligatoires a toujours été le plus élevé. De plus, l'écart avec l'Allemagne et le Royaume-Uni s'est creusé depuis 1975, où les trois pays étaient à un niveau voisin ; la tendance à la stabilisation des prélèvements, ces dernières années – et même ailleurs à leur baisse –, est moins marquée en France. Cette exception française tient avant tout aux dépenses sociales : sur 10 points de PIB d'augmentation du taux de prélèvements depuis 1970, 8 points sont dus aux cotisations sociales et 2 points aux impôts locaux. Les impôts d'État quant à eux sont restés stables en proportion du PIB. Il n'est dès lors pas étonnant que le débat sur le taux de prélèvements obligatoires semble en France plus vif qu'ailleurs, en liaison avec la question de la compétitivité. Les pays nordiques se distinguent eux aussi par des taux particulièrement élevés avec respectivement 50,8 %, 43,9 % et 44,9 % en 2003 pour la Suède, la Norvège et la Finlande. L'Irlande détient quant à elle le taux le plus bas de l'Union à quinze avec 30 % en 2003. Notons enfin que pour la grande majorité des pays européens, les taux ont augmenté après 2002.

2. Y a-t-il un niveau optimal de prélèvements ?

La littérature économique a été dominée, dans les années 1980, par les analyses des *supply-side economists* américains, et notamment celle d'Arthur Laffer, inspirateur direct du président Reagan aux États-Unis[1]. Leur simplicité même a fait leur succès, mais elle trace leur limite évidente.

« Trop d'impôt tue l'impôt » : ce constat de bon sens n'avait pas attendu Arthur Laffer ; mais sa portée pour la politique économique reste plus que floue. Aucune analyse convaincante ne sait dire quel est le taux optimal de prélèvements pour une économie. Les décideurs sont donc renvoyés à deux appréciations qualitatives : celle, pragmatique, du degré de compétition fiscale exercé par les pays voisins ; celle, politique, de l'acceptabilité de l'impôt par les électeurs.

1. Voir l'encadré page 302.

La courbe de Laffer

On peut classer, en théorie du moins, l'ensemble des dépenses publiques possibles en fonction de leur utilité sociale nette décroissante. Tant que celle-ci est positive, la dépense publique permet d'augmenter le PIB. Cela est le cas d'un certain nombre de fonctions collectives de protection sociale et de sécurité de base qui contribuent à la cohésion sociale et facilitent les relations civiles et commerciales et la prise de risques économiques ; **l'augmentation du taux de prélèvements obligatoires a un effet positif sur le PIB jusqu'à un certain niveau**. Dans la mesure où l'utilité marginale nette des dépenses publiques est décroissante, on peut penser qu'à partir d'un taux déterminé de prélèvements, la relation positive entre le taux de prélèvements obligatoires et le PIB s'inverse, et le PIB commence à décroître avec l'augmentation du taux de prélèvements. Le lecteur pourra voir, s'il le souhaite, au moyen d'un calcul simple [1], que le produit global de l'impôt commence également par augmenter et passe par un maximum, puis décroît en fonction du taux de prélèvements obligatoires. Si ce dernier est supérieur à un certain niveau, l'augmentation de la dépense publique entraîne une réduction du revenu national telle que le produit brut de l'impôt diminue, malgré l'augmentation des taux d'imposition.

La courbe de Laffer est fondée sur ces principes : dans tout pays, une augmentation de l'impôt, au-delà d'un certain seuil, finit par réduire l'impôt ; au contraire la réduction des taux d'imposition aurait un effet positif sur le revenu national. On mesure donc la marge des choix d'une politique de redistribution, **entre le niveau de fiscalité qui est le plus efficace d'un point de vue économique et celui qui permet de disposer de la masse la plus importante à redistribuer**, au prix d'une perte certaine de revenu national. Cette analyse reste cependant théorique, car on ne peut pas déterminer d'une manière empirique, pour un pays donné, la forme réelle de la courbe qui lie le taux de prélèvements obligatoires et le PIB, ni les niveaux des deux taux d'imposition, le premier au-delà duquel le PIB, et le second à partir duquel le montant des recettes de l'État, commencent à diminuer en valeur absolue. Cependant les études comparatives sur le lien entre le taux de prélèvements obligatoires et le taux de croissance conduisent à penser que les taux actuels de prélèvements sont supérieurs à la première de ces données.

1. En supposant par exemple que le PIB dépend du taux de prélèvements obligatoires, **t**, par une fonction de la forme $\mathbf{Y - Y_0 = - a (t - t_0)^2}$.

L'une et l'autre semblent jouer aujourd'hui dans le même sens dans tous les pays d'Europe et même de l'OCDE : celui d'une diminution de la pression fiscale. Mais le passage à l'acte est conditionné par un autre choix économique plus délicat politiquement : la diminution des dépenses publiques. L'impôt n'est que l'effet, souvent dénoncé ; la dépense est la cause, régulièrement ignorée. Comme le disait déjà si joliment Clemenceau, « la France est un pays très fertile, on y plante des fonctionnaires et il y pousse des impôts[1] ».

Dans tous les pays, la procédure de vote de la loi de finances en deux parties – recettes et dépenses – renforce cette dichotomie. Elle alimente partout deux camps opposés mais victimes de la même schizophrénie : les « anti-impôt » – quel qu'en soit l'usage – et les « dépensolâtres » – quel qu'en soit le financement. Ce devrait être une des priorités du débat économique et politique que de ne jamais séparer le niveau de l'impôt et celui de la dépense.

IV. LA STRUCTURE DES PRÉLÈVEMENTS ET LES RÉFORMES FISCALES DANS LES PAYS DU G7

Dans l'ensemble des pays de l'OCDE, l'évolution à la hausse des taux de prélèvements obligatoires a pris surtout la forme d'un alourdissement des cotisations de Sécurité sociale. Cela tient au développement des systèmes d'assurances sociales, financés en grande partie par ces cotisations, en particulier en Europe. La hausse de l'impôt sur le revenu des personnes physiques avait antérieurement joué un grand rôle. L'impôt sur les sociétés et celui sur le patrimoine, dont la base d'imposition est plus mobile géographiquement que celle des cotisations de Sécurité sociale, ont augmenté faiblement, de même que les impôts sur les biens et services.

La grande majorité des recettes fiscales des pays de l'OCDE – plus de 80 % – provient actuellement de trois grandes sources d'importance à peu près égale : l'impôt sur le revenu des personnes physiques, les impôts sur les biens et services et les cotisations de

1. Voir F. Teulon, *L'État et la politique économique*, *op. cit.*

Sécurité sociale. Toutefois, la situation est très variable d'un pays à l'autre quant à l'importance relative des diverses sources de recettes fiscales. Par rapport à la moyenne de l'OCDE et aux États-Unis, l'Union européenne s'appuie davantage, au total, sur les impôts à la consommation et les cotisations de Sécurité sociale et moins sur l'impôt sur le revenu des personnes physiques.

Les réformes fiscales, qui se sont développées depuis vingt ans à partir des pays anglo-saxons, ont visé en général à répondre à la contestation des contribuables (baisse de l'impôt sur le revenu) tout en accroissant la « compétitivité fiscale » (baisse des impôts des entreprises).

Aux États-Unis, l'administration Reagan a initié, au milieu des années 1980, une grande simplification de l'impôt fédéral sur le revenu, ramené à trois tranches (0, 15 %, 33 %) – le taux moyen d'imposition d'un particulier étant plafonné à 28 %. Le taux d'imposition sur les bénéfices des sociétés est progressif, et au maximum de 35 %, et celui des plus-values pour les personnes physiques (*capital gains*) de 18 % à 20 %. La nouvelle administration républicaine, dirigée par George W. Bush, a repris le flambeau de la baisse des impôts, avec le vote rapide (2001) par le Congrès d'un plan décennal comportant deux mesures phares pour un montant total de 1 350 milliards de dollars sur onze ans : une baisse de l'impôt sur le revenu et la quasi-suppression des droits de succession. L'argumentation sémantique en est simple, puisqu'il s'agit de « tuer l'impôt sur la mort ». En termes économiques et sociaux, l'efficacité de cette mesure est beaucoup plus douteuse, comme l'ont relevé plusieurs dizaines de grandes fortunes américaines dans un appel sans précédent. Freiner la redistribution des patrimoines après une génération, c'est à la fois perpétuer les inégalités et diminuer la mobilité économique.

Au Royaume-Uni, le gouvernement de Margaret Thatcher a lui aussi, au début des années 1980, abaissé le taux marginal supérieur de l'impôt sur le revenu d'environ 90 % (alors un des taux les plus élevés du monde) à 40 %. Les travaillistes avec Tony Blair et Gordon Brown ont repris sans état d'âme cette politique de compétitivité fiscale en Europe : le taux d'impôt sur les bénéfices n'est que de 30 % et les cadres expatriés profitent d'un régime extrêmement favorable d'imposition temporaire *(remittance basis)* ne taxant pas le revenu correspondant aux journées de travail hors Royaume-Uni.

L'Allemagne a commencé beaucoup plus tard sa réforme fiscale, du fait à la fois de sa tradition continentale et du poids financier de l'unité allemande. Le chancelier Helmut Kohl avait fait publier une étude remarquée sur le *Standort Deutschland*, la compétitivité allemande, mais c'est Gerhard Schröder, en 1999-2000, qui lance une spectaculaire réforme sur cinq ans : suppression de la taxation des plus-values des entreprises et baisse de l'impôt fédéral sur les sociétés de 40 % à 25 % pour les bénéfices non distribués. Parallèlement, le taux marginal d'impôt sur le revenu doit être ramené de 51 % à 42 % en 2005. La réforme allemande, par sa cohérence pluriannuelle, a marqué un tournant : celui du ralliement de l'Europe continentale et des sociaux-démocrates à des baisses d'impôts jusque-là surtout anglo-saxonnes et libérales.

La grande coalition CDU-SPD mise en place fin 2005 a cependant rompu ce mouvement, du fait de la dégradation des finances publiques : son programme prévoit à la fois la création d'une tranche d'impôt sur le revenu à 45 % pour les « super-riches », et le relèvement en 2007 du taux de TVA de 16 à 19 %.

L'Italie de Silvio Berlusconi, après l'Espagne de José-Maria Aznar, a suivi un même mouvement de baisse en y ajoutant une composante « américaine » inédite en Europe : la suppression des droits de succession.

La France reste marquée par des spécificités fortes de la répartition des prélèvements.

L'impôt progressif sur le revenu a un rendement global particulièrement faible en France : moins de 3 % du PIB, alors qu'il représente entre 10 % et 12 % de ce dernier chez nos voisins. Il est de plus fortement concentré, puisque payé par seulement la moitié des contribuables avec des taux marginaux supérieurs atteignant, après la baisse de 6 % de l'impôt votée pour 2003, 49,5 %, sous la barre symbolique des 50 %[1]. L'absence de retenue à la source est une autre singularité française. La **CSG**, créée fin 1990, a eu certes le mérite d'élargir le financement de la Sécurité sociale à l'ensemble

1. Taux facial, au moins pour les salariés qui bénéficient en France d'un abattement spécifique de 20 % sur l'assiette.

des revenus. Le poids des cotisations sociales sur **l'emploi** demeure cependant élevé (plus de 15 % du PIB, contre 10 % à 12 % dans l'Union européenne et l'OCDE).

Les prélèvements obligatoires en France (en % du PIB)

	1970	1998	2003
TVA[1]	8,6	7,5	6,9
Tipp[2]	1,4	1,8	1,5
IRPP[3]	3,3	3,3	3,0
IS[4]	2,1	2,1	2,2
Autres impôts nationaux	3,0	2,4	1,8
Taxe professionnelle	0,9	1,6	1,2
Taxe foncière	0,5	1,1	1,1
Taxe d'habitation	0,4	0,7	0,7
Autres taxes locales	1,6	2,3	2,1
CSG[5]	0	4,0	4,1
Cotisations sociales	12,7	15,7	16,1
Autres	0,4	0,9	1,6
Total	35,1	44,8	43,8

Source : Rapport économique, social et financier, PLF 2005.

Deux traits du système français doivent enfin être signalés :

– l'existence d'un impôt de solidarité sur la fortune (ISF), au poids très limité – moins de 0,2 % du PIB au total –, mais à la charge symbolique forte. Le débat sur les délocalisations y revient souvent, en l'absence désormais d'impôt équivalent chez la plupart de nos voisins ;

– la montée continue jusqu'à une période récente des impôts locaux : taxe professionnelle sur les entreprises, taxe foncière sur les ménages propriétaires, taxe d'habitation sur les ménages occu-

1. Taxe sur la valeur ajoutée.
2. Taxe intérieure sur les produits pétroliers.
3. Impôt sur le revenu des personnes physiques.
4. Impôt sur les sociétés.
5. Contribution sociale généralisée.

pants. Ces impôts, hérités des trois « contributions » de la Révolution de 1789, sont pourtant aujourd'hui parmi les plus coûteux en gestion et les moins bien acceptés.

En résumé, la critique porte souvent sur un système fiscal français jugé trop lourd dans son niveau, et insuffisamment efficace dans sa structure : particulièrement au regard de l'**emploi** – du fait du poids des cotisations sociales – et de la **redistribution** – en raison de la faible part de l'impôt progressif sur le revenu et de la résilience des impôts locaux. Fort heureusement, ce sont ces défauts mêmes qui ont inspiré la plupart des réformes fiscales menées par les divers gouvernements ces dernières années :

– en faveur de l'emploi, baisse des charges sociales sur les bas salaires initiée par les gouvernements Balladur et Juppé, poursuivie par le basculement des cotisations maladie sur la CSG en 1998, et qui a encore été amplifiée en 2005 en parallèle à l'unification des Smic ; suppression de la partie basée sur les salaires [1] de la taxe professionnelle par le gouvernement Jospin ; relance surprise par Jacques Chirac, début 2004, de l'idée d'une réforme en profondeur de la taxe professionnelle restante, aboutissant finalement à des aménagements limités (plafonnement de la taxe professionnelle en fonction de la valeur ajoutée) ;

– sur les impôts locaux, outre la taxe professionnelle, diminution sensible de la taxe d'habitation (2000) et des « droits de mutation » sur les cessions d'immeubles (1998-1999) qui freinaient la mobilité des personnes et des actifs. Cela dit, la décentralisation des charges financières de l'État vers les collectivités territoriales semble s'être accompagnée de fortes hausses des impôts locaux depuis 2004 ;

L'impôt sur les sociétés a, lui, subi de fortes variations : abaissé à 33 % avant 1993, il a été ensuite remonté à 37 % (1995), puis 41 % (1997), avant d'être progressivement ramené à 33 %. La politique de baisse de l'impôt sur le revenu de 30 %, promise par Jacques Chirac en 2002 a été interrompue en 2004 après une baisse de 10 % seulement. Cette interruption était doublement sage : au regard de la situation budgétaire française : les baisses d'impôt ne sont efficaces que si elles sont durablement financées [2] et au regard des priorités

1. La partie subsistante de l'assiette est formée par la valeur des actifs immobilisés.

2. Voir leçon 15, page 450.

réelles de la réforme fiscale en France. Dès l'automne 2005 cependant, le gouvernement Villepin a annoncé un nouveau plan de baisse de l'impôt sur le revenu, avec simplification en quatre tranches, applicable en principe en 2007.

* * *

Quelles sont les conditions d'une bonne réforme fiscale ? Après vingt ans de réforme active dans les pays de l'OCDE, la question reste à vrai dire ouverte et singulièrement en France. On peut néanmoins souligner trois exigences aujourd'hui très inégalement satisfaites : **l'évaluation,** *exante* des besoins et *expost* des résultats ; **l'information** des acteurs économiques (PME singulièrement) qui est la condition première mais souvent oubliée de l'efficacité de mesures fiscales complexes. Qui a noté, en France, qu'un dispositif d'amortissement exceptionnel – supposé soutenir l'investissement après le choc du 11 Septembre – avait été voté fin 2001 ? La **durée**, enfin, sur une base pluriannuelle : au gré de la pression médiatique et des variations du cycle conjoncturel – plus encore d'ailleurs que des alternances politiques –, la réforme fiscale risque de devenir un « bien de consommation ». Elle est au contraire, ou devrait être, l'exemple même d'un instrument structurel de politique économique.

V. COMPÉTITION ET HARMONISATION FISCALE

1. Une nécessité de principe

L'intégration économique croissante, au sein du marché unique et de l'Union monétaire, a vu néanmoins le maintien de politiques fiscales presque exclusivement **nationales**. Le débat, abusivement simplifié, verrait donc s'affronter en France et en Europe les tenants de deux thèses : les partisans de la compétition fiscale, à commencer par les entreprises, conduisant à une forte baisse des prélèvements nationaux ; les avocats de l'harmonisation européenne, permettant à l'inverse le maintien des impôts existants. La réalité économique est plus subtile : c'est à vrai dire de réforme nationale **et** d'harmonisation européenne que la politique fiscale a besoin.

La compétition en matière fiscale entre les États est en partie nécessaire. Le système fiscal est un élément de compétitivité d'un État parmi d'autres, comme la qualité des infrastructures, la formation des hommes ou la protection juridique des investisseurs, et il est normal que les acteurs économiques en tiennent compte. En contraignant les États à maintenir leur fiscalité à un niveau supportable pour les contribuables, la compétition fiscale remplirait à la fois un rôle de cohésion sociale (la fiscalité ne peut être trop inéquitablement répartie entre les acteurs économiques, sous peine de voir certains d'entre eux quitter le territoire) et un objectif d'efficacité économique car elle devrait inciter les États à rechercher le meilleur rapport qualité/prix dans leurs actions publiques.

Mais **une concurrence fiscale désordonnée est inacceptable à la fois socialement et économiquement**. Socialement, parce que ce sont souvent les gros contribuables, qu'il s'agisse des entreprises ou des particuliers, qui sont à même de se délocaliser et donc de profiter des différences de fiscalité entre les États. Économiquement, l'allocation des facteurs de production, liée à la mise en place de régimes fiscaux dérogatoires destinés à attirer les investissements facilement délocalisables, conduit fatalement à une mauvaise répartition des forces économiques en Europe : il y a peu de sens, du point de vue économique, à inciter des multinationales informatiques à installer leurs centres de production en Irlande alors que la très grande majorité de ce matériel doit être transportée, avec les coûts économiques et environnementaux que cela implique, au cœur de l'Europe continentale.

Le caractère facilement délocalisable ou non de certains facteurs de production conduit de plus à une différenciation de la fiscalité qui n'est pas nécessairement en phase avec les objectifs de politique économique : les études, par Eurostat notamment, montrent que la fiscalité sur le travail s'est alourdie en Europe contrairement à la fiscalité sur le capital, alors que le principal problème des économies européennes continentales reste, en dépit des progrès réalisés, la persistance d'un chômage élevé.

Dans une zone géographique de plus en plus intégrée, avec un marché unique et une monnaie commune, la définition de règles fiscales communes minimales est indispensable. **L'optimum économique n'est pas la détaxation des bases mobiles** (capital, travail qualifié), **et la surtaxation des bases fixes**. Contrairement d'ailleurs à ce qui est affirmé un peu vite par les tenants de la thèse de la compétition fiscale sans règles, des règles minimales existent aux États-Unis, comme l'a démontré une très intéressante étude réalisée par le FMI sous la conduite de Vito Tanzi :

– le poids de la fiscalité fédérale y est tel que l'impact de la fiscalité des États reste marginal : le taux fédéral maximal de l'impôt sur les sociétés (IS) est ainsi de 35 % aux États-Unis et les taux des IS des États varient de 0 (3 États : Nevada, Washington, Wyoming) à 12 % (dans l'Iowa) ; le taux maximal de l'IR est de 39,6 % et les taux des États varient de 0 à 10 % (dans l'État de New-York). On est loin de la différence entre les taux européens (voir ci-après) ;

– l'assiette des impôts partagés entre le pouvoir fédéral et les États est la même, puisque les impôts des États sont additionnels à ceux prélevé par Washington. Les différences d'assiette entre les différents États européens, qui font les délices des fiscalistes et les cauchemars des comptables, n'existent donc pas aux États-Unis ;

– enfin, les impôts sont prélevés sur le territoire par la même administration fiscale, alors que la coopération entre les administrations fiscales européennes reste balbutiante.

La tentation est aujourd'hui forte, en zone commerciale et monétaire intégrée, de jouer la « défiscalisation compétitive », en lieu et place des dévaluations du début des années 1990. Face à ce risque, accru par l'élargissement de 2004 aux pays d'Europe centrale, il faut un minimum de « discipline fiscale » : après la monnaie unique des années 1990, l'harmonisation fiscale devrait être le grand chantier économique de l'Europe pour l'actuelle décennie. Mais **elle ne signifie ni *statu quo* des prélèvements nationaux, ni uniformisation de la fiscalité européenne** : il s'agit, sur les principales bases mobiles, de se donner un minimum de règles du jeu, un filet de sécurité permettant le fonctionnement normal de la concurrence.

2. Les cas d'application aux bases mobiles

L'Union européenne s'est intéressée, avec des progrès très inégaux, successivement aux principales bases mobiles – ce sont celles, par nature, sur lesquelles les États sont en compétition – à l'intérieur du marché unique : les biens et services ; les entreprises et plus récemment le capital et les hauts revenus. Une mention particulière doit enfin être faite, à l'échelle mondiale, à l'action de l'OCDE contre les paradis fiscaux.

• *La TVA et la fiscalité indirecte*

Au sein du marché unique des biens et services, c'est d'abord sur la TVA et les accises (droits indirects, notamment sur les produits pétroliers), qu'a porté prioritairement l'effort d'harmonisation. Il est à vrai dire le seul abouti à ce jour, avec notamment pour la TVA :
– des règles quasi communes **d'assiette,** depuis la « sixième directive » dont la première rédaction date de 1977 ;
– des minima de **taux**, fixés en 1991 à 5 % pour le taux réduit et 15 % pour le taux normal ;
– la suppression, depuis 1993, des formalités de dédouanement aux frontières avec transfert de l'imposition dans l'entreprise importatrice.

La France se situe, au regard des autres pays européens, dans une situation proche de la moyenne.

Le taux normal de TVA dans l'Union européenne au 1er avril 2005

Source : Commission européenne

Ce régime fonctionne globalement de façon satisfaisante. La Commission européenne a elle-même renoncé, depuis 2000, à passer à une imposition des biens dans le pays de **production** (au lieu, comme c'est le cas aujourd'hui, du pays de consommation). Elle se concentre légitimement sur les progrès d'assiette, qui peuvent être importants comme la directive sur la taxation du **commerce électronique** adoptée en 2001.

Le débat économique sur la fiscalité indirecte en Europe tend donc aujourd'hui à se focaliser sur un seul sujet : la taxation de l'énergie, et le projet récurrent d'écotaxe. Son inspiration est proche de la « dissuasion fiscale » évoquée précédemment et du principe « pollueur-payeur ». Sa traduction concrète est toujours différée par l'opposition des industriels et les divergences entre États membres. La France notamment plaide pour l'exemption, totale ou partielle, de l'électricité d'origine nucléaire, non génératrice de CO_2. D'autres pays à l'inverse, comme l'Allemagne, ont mis en place une assiette très large, quitte à perdre en efficacité écologique. La tentation de s'appuyer sur l'harmonisation existante pour les seules **accises pétrolières** (hors charbon, électricité et gaz naturel) croît au fur et à mesure de ces discussions infructueuses.

• ***La fiscalité des entreprises***

À la différence de celle sur les biens et services, la fiscalité des entreprises avait fait l'objet jusqu'à ces dernières années de peu de réflexions européennes – en dehors d'un groupe Ruding de 1992 – et encore moins de réalisations concrètes, si l'on excepte quelques directives techniques. Les esprits ont un peu évolué depuis 1997, sous l'impulsion notamment de Mario Monti, à l'époque commissaire au marché intérieur et à la fiscalité.

La notion de « concurrence fiscale **dommageable** », apparue il y a quelques années à l'OCDE comme dans l'Union européenne, constitue une première tentative intéressante pour distinguer, au sein de la concurrence fiscale, ce qui est force positive pour les réformes, et ce qui est facteur de distorsion économique. En Europe, elle a conduit en 1997 à la mise en place d'un groupe dit « Primarolo » (du nom de la ministre britannique qui le préside) chargé d'élaborer un **code de conduite** sur les pratiques dommageables en matière de fiscalité des entreprises, en pratique réservé aux **non-résidents** et défini comme suit : sont à considérer comme potentiellement dommageables et, partant, couvertes par le code « les mesures fiscales établissant un niveau d'imposition effective nettement inférieur, y compris une imposition nulle, par rapport à ceux qui s'appliquent normalement dans l'État membre concerné ».

Le code adopté a conduit à quelques résultats :

– l'engagement des quinze États membres de ne plus introduire de nouvelles mesures fiscales dommageables, c'est-à-dire essentiellement de discrimination, en faveur des entreprises non résidentes qu'il s'agirait d'attirer ;

– le recensement de soixante-six pratiques dommageables, que les États s'engagent en principe à démanteler à moyen terme.

Reste que l'exercice trouve sa limite : ainsi, le régime très favorable d'imposition à 10 % des bénéfices dans la zone des docks de Dublin a été remplacé par une baisse **générale** du taux d'imposition sur les sociétés à 12,5 % à compter de 2003, certaines activités bénéficiant pourtant encore d'un taux spécial à 10 %. La pratique n'est plus « dommageable » au sens du code de conduite ; elle pose néanmoins des problèmes redoutables de compétition. Il en est de même du taux très bas de l'IS dans certains nouveaux pays membres d'Europe centrale (0 % en Estonie pour les bénéfices réinvestis et 15 % en général pour la Lituanie par exemple).

La Commission européenne a, en conséquence, proposé d'aller sensiblement plus loin dans sa communication d'octobre 2001 « Vers un marché intérieur sans entraves fiscales ». Elle s'appuie pour ce faire sur un constat et une proposition :

– le constat est celui de la très grande dispersion des taux faciaux d'IS en Europe : en 2004, ils oscillent de 12,5 % en Irlande à 34,5 % en Belgique et 33 % en Italie, la France se situant à 33 % à compter de 2006. Si l'on essaie de chiffrer les taux d'imposition **effectifs** – incluant les différentes règles d'assiette –, la dispersion reste forte, et la position française relative moins favorable tant en taux moyen (34,7 %) que surtout en taux marginal (30,1 %, dernière position de l'Union européenne). Ces comparaisons, complexes techniquement, doivent être prises avec prudence ; la compétitivité relative de la France est cependant dégradée par la réforme fiscale allemande, qui abaisse le taux à 25 % avant taxes locales ; si la moyenne des taux d'IS dans l'UE à quinze est de 29,8 %, les dix nouveaux membres ont une moyenne de 19,3 % allant de 35 % pour Malte à 18 % pour la Hongrie et 0 % pour certains cas en Estonie comme nous l'avons vu précédemment.

– la proposition est de laisser aux États la fixation des **taux nationaux** d'IS, mais d'harmoniser les règles **d'assiette** en dotant les entreprises « d'une base consolidée d'imposition des sociétés pour leurs activités menées à l'échelle de l'Union européenne ».

Cette idée a fait l'objet d'une forte opposition britannique. La France juge de son côté essentiel le chantier du rapprochement de la fiscalité des entreprises en Europe. Sa réalisation, au-delà des avancées modestes du code de bonne conduite, se heurte néanmoins aux difficultés institutionnelles sur la fiscalité (*voir infra*).

• ***La fiscalité de l'épargne***

En 1990, la libéralisation complète des mouvements de capitaux a malheureusement été réalisée sans progrès notable de l'harmonisation fiscale, du fait de l'opposition résolue du Luxembourg. La fiscalité sur les revenus du capital est devenue un sujet encore plus crucial et urgent depuis l'introduction de l'euro. La taxation sur les facteurs autres que le travail fait l'objet de grandes disparités au sein de l'Union européenne, alors que la mobilité de ces facteurs les rend très sensibles aux disparités.

La taxation dans le pays de résidence des revenus de l'épargne étrangère repose sur le principe de la déclaration volontaire. Il est donc indispensable, pour éviter l'évasion fiscale, de mettre au point un système d'échanges de renseignements entre services fiscaux, à défaut d'harmoniser complètement les fiscalités sur les produits d'épargne. Cela pose le problème de la force du secret bancaire auquel certains pays, comme la Suisse ou le Luxembourg, sont très attachés. Un accord, attendu de longue date, est intervenu sous présidence française de l'Union en décembre 2000, dont l'application s'étalera jusqu'en 2010, avec un triple objectif :

– éviter les distorsions de concurrence entre les pays de l'Union qui taxent différemment les intérêts perçus par les résidents et les non-résidents, en mettant fin au *dumping* fiscal ;

– limiter la fraude fiscale ;

– à plus long terme, rapprocher progressivement la fiscalité de l'épargne de celle du travail, jugée trop lourde.

L'accord prévoit que le Luxembourg, la Belgique et l'Autriche seront autorisés à appliquer une retenue à la source de 15 %, qui est passée à 20 % en 2004 jusqu'à la fin de la période transitoire en 2010. Cette retenue ne sera pas libératoire, l'administration fiscale du pays de résidence pouvant imposer une taxe supplémentaire à ses ressortissants. Un échange d'informations sera ensuite instauré, à partir du 1er janvier 2010, entre autorités nationales sur les intérêts perçus par les non-résidents.

• ***La réflexion sur les hauts revenus***

En la matière, l'Union européenne s'en est toujours tenue à une grande prudence et à une lecture stricte du principe de subsidiarité : hormis la fiscalité de l'épargne et quelques sujets techniques liés à la mobilité des travailleurs (« portabilité » transfrontières des droits fiscaux et sociaux), l'impôt sur le revenu est considéré comme de compétence purement nationale. La compétition fiscale s'exerce pourtant de façon croissante pour les cadres hautement qualifiés, base désormais presque aussi mobile que les biens et services ou les entreprises. Elle appelle donc à ce stade des réponses nationales, et la France, plus tardivement que d'autres, s'y est intéressée[1]. Au-delà du débat général, les discussions tendent à se focaliser autour de deux axes :

– l'ISF, quasi spécifique à la France depuis sa suppression au Danemark et en Allemagne (1997) et en Suède (1998). Selon les chiffres de la Direction générale des impôts, entre 100 et 300 contribuables à l'ISF se délocalisent chaque année vers les autres pays européens. Il est difficile cependant de nier, qu'en théorie au moins, le patrimoine constitue un des éléments des capacités contributives d'un contribuable, et donc de son imposition. Plus que sur la suppression pure et simple, les propositions portent donc soit sur la baisse forte des taux, avec un élargissement de l'assiette à l'outil de travail, soit à l'inverse sur des exonérations élargies. Sur ce sujet hautement symbolique, à l'initiative de Thierry Breton et de parlementaires de la majorité, la France a entamé courant 2005 des études visant à modifier le calcul de son assiette et non *a priori* du taux d'assujettissement. La forte augmentation du nombre de ménages assujettis à l'ISF à partir de 2004, malgré une faible augmentation des revenus, tient à la bulle immobilière, qui a augmenté de façon considérable la valeur du patrimoine des Français propriétaires de leur logement. La création dans la loi de finances en 2006 d'un « bouclier fiscal » plafonnant à 60 % du revenu le poids combiné de l'impôt sur le revenu, de l'ISF et des impôts locaux constitue une manière discrète de limiter certains effets pervers de l'ISF sans le réformer ;

– l'impôt sur le revenu pour les « impatriés » c'est-à-dire les cadres étrangers – ou les Français non résidents – que l'on cherche à attirer en France : chercheurs, créateurs, financiers, etc. a été modifié début 2005, exonérant les suppléments de revenus générés par leurs activités temporaires en France. Neuf États membres sur quinze ont un tel régime, dont le Royaume-Uni, mais pas l'Allemagne, l'Italie ou la France. D'après Paris-Europlace, pour obtenir un revenu net, après impôt et cotisations, de 135 000 euros, l'employeur paiera en France 2,3 fois plus qu'au Royaume-Uni.

1. F. Lavenir, « L'Entreprise et l'Hexagone », décembre 2000 ; et M. Charzat, « Rapport au Premier ministre sur l'attractivité du territoire français », juillet 2001.

Dans l'un et l'autre cas cependant, le nécessaire au regard de la compétitivité risque fort d'aller à l'encontre du souhaitable en matière d'équité fiscale. En d'autres termes, c'est l'absence totale d'harmonisation qui risque de conduire la France et l'Allemagne à jouer à leur tour la compétition, sous-optimale sur le plan collectif.

• ***L'action de l'OCDE contre les paradis fiscaux***

Le Conseil des ministres de l'OCDE avait adopté, en 1998, un rapport qui mandatait le Forum sur les pratiques fiscales dommageables, pour recenser les régimes fiscaux potentiellement dommageables des États membres et les paradis fiscaux sur la base d'un certain nombre de critères définis par consensus.

Compte tenu des engagements pris par la plupart des trente-cinq juridictions, identifiées depuis un rapport de 2000, de coopérer avec l'OCDE, une première « liste des paradis fiscaux non coopératifs » a été publiée en 2002. Elle est limitée aujourd'hui à cinq juridictions : Andorre, Monaco, le Liechtenstein, les îles Marshall et le Liberia.

Il y a lieu maintenant de veiller à l'efficacité de ces engagements qui doivent être suivis par l'adoption de plans de mise en œuvre par les juridictions coopératives et par la signature d'accords d'échanges de renseignements avec les pays de l'OCDE.

Parallèlement, il convient d'obtenir des engagements des derniers paradis fiscaux non coopératifs à ce stade, qui se trouvent notamment en Europe et sont concernés par les négociations menées au niveau de l'Union européenne en matière de fiscalité de l'épargne.

3. Un cadre institutionnel trop faible

Même au regard d'une ambition limitée et raisonnable d'harmonisation, les résultats sont plus que décevants. En dehors de la fiscalité indirecte, et d'un espoir sur la fiscalité de l'épargne et les paradis fiscaux, le cadre institutionnel est aujourd'hui incapable de produire les règles économiquement nécessaires, et cela pour deux raisons au moins :

– la dualité Union européenne-OCDE est souvent une rivalité, les pays anglo-saxons privilégiant traditionnellement l'OCDE. Le réalisme conduit pourtant à rechercher les progrès à l'échelle européenne avant leur extension internationale ultérieure ;

– surtout, la règle en matière fiscale dans l'une et l'autre enceinte reste celle de **l'unanimité** (consensus à l'OCDE). La justification en tient au respect historique de la souveraineté fiscale de chaque État. L'expérience prouve toutefois qu'elle fonctionne désormais en économie ouverte, à rebours de la souveraineté qu'elle prétend préserver. Le droit de veto de chacun se transforme en perte de souveraineté pour tous les autres, puisque, en l'absence d'harmonisation minimale, il ne reste que la voie de la compétition fiscale.

La France et l'Allemagne avaient donc proposé, dans les travaux préparatoires aux dernières Conférences intergouvernementales (Traité de Nice de 1999 puis convention présidée par Valéry Giscard d'Estaing en 2002-2003), le passage à la **majorité qualifiée** en matière fiscale. Elles n'ont pas recueilli l'unanimité nécessaire à ce changement des traités, notamment à cause de l'opposition de la Grande-Bretagne. De ce fait, certains posent aujourd'hui la question d'une harmonisation fiscale commençant par la **zone euro,** à la majorité qualifiée. C'est un pari risqué, par rapport aux autres États du marché unique qui pourront être tentés par des comportements de « cavalier seul » (*free rider*) fiscal, et plus encore dans le contexte d'UE élargie à vingt-cinq. Mais ce peut être un pari nécessaire, au vu de la lenteur actuelle de l'harmonisation, et un pari utile, si l'effet d'entraînement de la zone euro s'avérait suffisant.

Leçon 11

LA RÉFORME DE L'ÉTAT

I. L'ÉTAT, CIBLE DES INSATISFACTIONS : ÉTAT CONTESTÉ, ÉTAT DÉSIRÉ

La réforme de l'État en France, on y pense toujours, on en parle souvent, on la pratique avec parcimonie : tous les mois paraît un livre d'un observateur plein d'idées sur le sujet, à défaut d'expérience, d'un ancien ministre soucieux de se justifier de ses échecs ou d'un postulant désireux de montrer la richesse de ses propositions. La réforme « **de** » l'État est devenue un lieu commun du débat politique. Et d'ailleurs, dans ce domaine, les symboles sont trompeurs : il s'agit plus de réformer « **dans** » l'État que de réformer globalement une institution largement abstraite. La France a mal à son État : parce qu'elle le conteste, tel qu'il est ; parce qu'elle continue à le désirer, autrement ; parce qu'elle ne doit pas en désespérer. Les expériences étrangères confirment le pessimisme interne : la France est en retard. Notre pays a un mal singulier à réformer ses interventions publiques : au sein de la Sécurité sociale, c'est l'échec des plans successifs de réforme de l'assurance-maladie, ou la difficulté à réformer les retraites ; dans l'État *stricto sensu*, le retrait douloureux de la réforme de Bercy, en mars 2000, a longtemps servi d'emblème. Mais les problèmes persistants de la justice, de la police ou de l'Éducation nationale appellent le même diagnostic. Pour sauver l'État, il faut le réformer. Et à l'éclat des discours, préférer la patience de l'action.

Les leçons de l'étranger justifient aussi une lecture plus optimiste : il n'est pas, en économie, d'exemple d'exception française durable. Tôt ou tard, l'ensemble des administrations en France sera concerné par un mouvement de réforme aussi général et aussi profond ; d'autant que, en France même, plusieurs collectivités publiques donnent depuis quelques années des exemples intéressants. C'est le cas des grandes entreprises publiques dont certaines se sont réformées en profondeur, avant même que l'on envisage un changement de statut (EDF-GDF depuis les années 1980, la Poste plus récemment, la RATP à un moindre degré) et de nombre de collectivités territoriales. Il est important de noter que la capacité à la réforme est directement proportionnelle à deux facteurs : d'une part la sensibilité aux attentes des clients ou des citoyens et, d'autre part, l'autonomie de gestion des organismes en cause. Encore convient-il de ne pas se tromper sur les enseignements de ces expériences réussies.

Réformer l'État en France, c'est commencer, modestement, par deux refus :

– le refus du « grand bloc ». Vouloir réformer l'État comme un tout, « par en haut », ce serait se condamner à échouer, du fait de sa masse – plus de deux millions de fonctionnaires –, du fait de la diversité de ses fonctions, de ses cultures, de ses statuts. Il faut jouer l'espace : après la décentralisation territoriale de l'État commencée en 1982 et à amplifier, accepter la décentralisation dans l'État au profit des divers ministères, des managers opérationnels et d'unités responsables et autonomes.

– le refus du « grand soir ». Dans tous les pays étrangers, la réforme de l'État prend du temps : elle a souvent commencé il y a plus de quinze ans ; elle n'est jamais terminée. Changer les cultures requiert plus de temps et d'énergie encore que de modifier des structures elles-mêmes lourdes. Cette « course de fond » soulève un problème particulier alors même que le cycle politique est court, singulièrement en France : il y a une vraie difficulté à mener des travaux en profondeur, voire à affronter des risques immédiats, pour des bénéfices trop différés. Quand on lit un ministre annoncer fièrement, lors de la présentation du budget 2006, que le budget 2007 sera plus facile à « boucler » grâce à un « nouvel » outil[1], la réforme de l'État, on est saisi d'un léger découragement… Les « facteurs-clé » du succès de toute réforme de l'État, continuité et

1. *Le Monde*, 29 septembre 2005.

crédibilité, sont ici méconnus. Ainsi que la nécessité de rechercher des consensus pluripartisans, et des échéanciers progressifs et réalistes de « retour » visible des réformes.

À l'inverse de l'impôt, l'État est souvent un « angle mort » du débat économique, alors pourtant qu'il en est le frère siamois, et qu'il est au cœur du politique. La politique économique s'intéresse en effet beaucoup, au moins depuis Keynes, au solde budgétaire et à ses effets conjoncturels ; elle se concentre aussi, ces dernières années, sur les recettes à travers la politique fiscale. Mais elle parle peu des dépenses, des fonctions de l'État, et même de son juste niveau.

Le débat politique, dans l'opinion française, apparaît plus passionné. Il n'est cependant guère plus productif pour l'action, parce qu'il est soumis à de fortes contradictions mal explicitées entre un souhait global de « moins d'État » – moins d'impôts, moins de fonctionnaires, moins de réglementation – et un désir explicite de plus de protection : plus de police et de gendarmerie, plus de sécurité alimentaire, ou un maintien des services publics en zone rurale. L'appel aux « redéploiements », à la « chasse aux gaspillages », permet en théorie de réconcilier ces deux aspirations ; sa portée pratique reste cependant très incertaine.

On s'efforcera donc ici d'éclairer les deux questions les plus fondamentales à la lumière de l'expérience des grands pays avancés :

– **à quoi sert l'État ?** L'effort de redéfinition est devenu indispensable, pour savoir ce qu'on attend de la production publique ;

– **peut-on réformer l'État ?** Les expériences étrangères et les facteurs d'espoir en France – il y en a – permettent de dépasser les « y a qu'à » si fréquents sur le sujet.

Cette leçon comprendra donc, en premier lieu, une comparaison dans le temps et dans l'espace, puis une réflexion sur les principales « défaillances » de l'État aujourd'hui dans les pays avancés ; ensuite nous poserons le problème de fond, celui du sens à donner à la réforme de l'État. Nous regarderons les exemples étrangers, ainsi que la méthode retenue dans une grande administration en France, celle des impôts ; enfin nous dresserons quelques axes d'orientation possibles.

II. L'ÉTAT, UNE COMPARAISON DANS LE TEMPS ET L'ESPACE

Beaucoup plus que sur les prélèvements obligatoires, pour laquelle elle est souvent faite mais peu pertinente, c'est sur la **dépense publique** que la comparaison entre pays de l'OCDE est riche d'enseignements.

Dépenses publiques en pourcentage du PIB en 2004

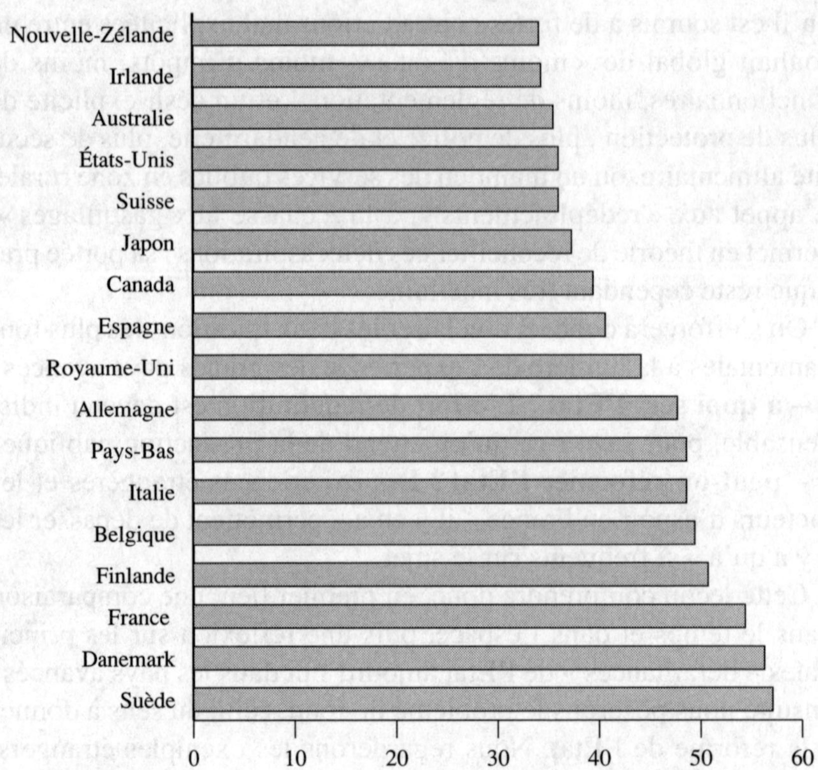

Source : OCDE

Trois groupes extrêmement structurants de modèles sociaux et économiques se dégagent :

– le modèle **américain** : avec des dépenses publiques autour de 35 % du PIB en 2004 (États-Unis et Australie). C'est le cas de l'Irlande, atypique en Europe, du fait d'une croissance exceptionnelle ;

– le modèle **« centre-européen »** : entre 40 % et 45 % du PIB. En bas de la fourchette, on trouve le Royaume-Uni et l'Espagne, en haut l'Allemagne, l'Italie et la Belgique (49 %). Le Canada s'en approche ;

– le modèle **nordique** : la Suède et le Danemark, avec un fort recul ces dernières années, plus marqué encore en Finlande.

La France est dans une situation singulière puisqu'elle combine un niveau de dépenses « nordique » avec un modèle plutôt « européen » de services publics et de prestations sociales. On retrouve le même écart avec l'Allemagne sur les prélèvements obligatoires. C'est cette comparaison par rapport à la moyenne de la zone euro qui est significative.

Les économistes ont longtemps cru à la loi de Wagner[1], **d'augmentation continue dans le temps** des dépenses publiques. Du fait de la hausse du niveau de vie de la population, de l'industrialisation et de la socialisation, l'élasticité-revenu de la demande de biens fournis par les administrations serait supérieure à l'unité. La loi de Wagner ne distingue pas entre l'effet volume, du fait de l'extension du périmètre des services publics, et l'effet prix, en raison de la difficulté à mesurer les gains de productivité des activités de service public.

Rapport entre les dépenses publiques et le PIB

(En %)	1870	1913	1960	2000	2004
France	12,6	17,0	34,6	52,5	54,4
Allemagne	–	14,8	32,4	45,8	47,7
Italie	11,9	11,1	30,1	46,9	48,5
Japon	–	8,3	17,5	38,3	37,3
Royaume-Uni	9,4	12,7	32,2	37,5	44,1
États-Unis	7,3	7,5	27,0	34,2	36,0

Sources : FMI et OCDE

1. Économiste allemand (1835-1917).

Cette loi de Wagner s'est avéré une réalité, dans **tous** les pays, sur la quasi-totalité du XXe siècle, du fait principalement de la montée des transferts sociaux : retraite, santé, chômage, prestations familiales. En France, les dépenses publiques par rapport au PIB, presque constantes de 1872 (12,6 %) à 1913 (17 %), explosent ensuite, pour atteindre 34,5 % en 1960, donnée à peine supérieure, à l'époque, à celle des autres grands pays avancés, à l'exception du Japon.

Cette tendance lourde prend en compte, par ailleurs, les spécificités sur l'offre et la demande de biens et services publics : ceux-ci ne font pas l'objet d'un ajustement mutuel des volumes et des prix sur un marché. La demande s'y exprime par des votes politiques, l'offre est monopolistique, le prix est global (l'impôt), le volume d'équilibre est donc relativement aléatoire. Le **vieillissement** rend encore plus difficile la maîtrise de la dépense publique.

On observe néanmoins une rupture récente : elle doit être interprétée avec prudence car le ratio dépenses/PIB est sensible au cycle économique. Il a tendance à baisser « naturellement » en période de forte croissance (comme dans la seconde moitié de la décennie 1990), à augmenter en période de récession (les années 1992-1993 qui marquent un pic partout). Il est frappant cependant de constater que, sur une longue période (1980-2000), la dépense publique est **stabilisée** dans la moyenne de l'OCDE comme sur la zone euro. C'est le cas aussi en France par rapport à 1984. La seule exception marquante est le Japon, qui multiplie les plans de relance budgétaire. Si on regarde plus en détail cependant, depuis les pics du début de la décennie 1990 en Europe jusqu'au « creux » de 2000-2001, la dépense publique en France a nettement moins reculé que chez plusieurs de ses grands voisins.

Tout se passe donc comme s'il y avait une rupture entamée depuis vingt ans, par rapport à une loi séculaire. Elle naît tant d'un mouvement politique (Ronald Reagan et Margaret Thatcher), que de changements économiques (libéralisation des marchés, privatisations). Ce mouvement, d'abord anglo-saxon, tend à gagner l'ensemble des pays européens sur la décennie 1990, avec l'exception de la France et de l'Allemagne.

Réduction des dépenses publiques en points de PIB sur la décennie 1990-2000

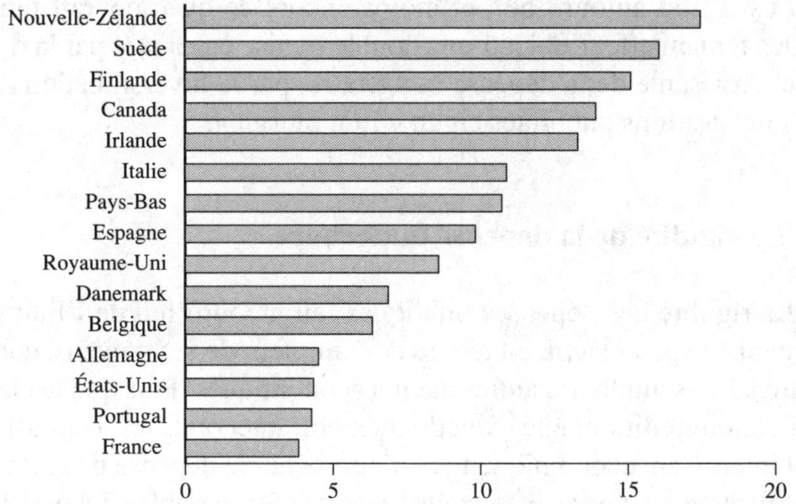

Source : OCDE

III. LES DIMENSIONS DE LA DÉPENSE PUBLIQUE DANS LES PAYS AVANCÉS

L'État est en effet devenu un objet plus flou, variable dans son contenu, incertain dans son niveau. Autrefois, tout était simple : le budget de l'État retraçait, dans un document unique voté par le Parlement, l'ensemble des interventions publiques. Les manuels de finances publiques énoncent encore les trois principes cardinaux du droit budgétaire : unité, universalité, annualité. Les lois de finances en France continuent par ailleurs à distinguer les interventions de l'État, selon les ministères et selon trois catégories de dépenses :

– les dépenses de fonctionnement – y compris personnel – qui représentent 112 milliards d'euros en 2005, soit 54 % du total des dépenses civiles (hors budget militaire) ;

– les dépenses d'« interventions publiques » – ou de transferts, 76 milliards soit 37 % ;

– enfin, les dépenses en capital – ou d'investissement public, 17 milliards soit 8 %.

Ces catégories sont de moins en moins opérantes pour dire ce qu'est l'État aujourd'hui, et moins encore ce qu'il devrait faire. Elles font en effet l'objet d'une double remise en cause : par la rigidité croissante de la dépense budgétaire, par la diversification des administrations publiques en un « État pluriel ».

1. La rigidité de la dépense budgétaire

La rigidité des dépenses publiques fait aujourd'hui de l'État un organisme peu réactif, au regard de l'ampleur de ses moyens, comparé à l'ensemble des autres agents économiques. Plus que la classification traditionnelle (fonctionnement, interventions, capital), il est intéressant économiquement d'approcher la dépense budgétaire en distinguant, pour l'État, coûts fixes et coûts variables. La part des seconds situe la marge de manœuvre des décideurs politiques, la capacité de redéploiement, au moins à court terme, de l'État.

Les **coûts fixes** sont constitués, au minimum, des dépenses de personnel (salaires et pensions) et des charges de la dette. Il est frappant de voir que leur part n'a cessé d'augmenter ces dernières années, et qu'elle est nettement majoritaire : 55 % au total, dont 40 % pour les seules dépenses de personnel. Cette rigidité est encore accrue par la procédure budgétaire, qui isole les « services votés » des mesures nouvelles : la reconduction des dépenses de l'année précédente est la règle, leur remise en cause est l'exception.

En France, l'État est donc souvent dénoncé, si ce n'est comme le mammouth, au moins comme l'albatros de Baudelaire, dont les « ailes de géant l'empêchent de marcher ». Le poids de l'emploi public est le premier déterminant économique de l'action de l'État : avec 2 224 000 fonctionnaires civils et militaires inscrits au budget 2005, auxquels il faut ajouter les fonctions publiques territoriales et hospitalières, la France se trouve dans une position singulière au sein de l'OCDE. Il s'avère en pratique extrêmement difficile, depuis des années, de diminuer le nombre de fonctionnaires, face aux demandes de créations de postes dans la police, la justice ou l'éducation nationale. De même, l'importance croissante des charges élevées de la dette résulte mécaniquement de l'augmentation incontrôlée des déficits.

À l'inverse, les dépenses variables d'intervention et d'investissement baissent régulièrement : ce phénomène est souvent dénoncé « en soi », alors qu'il appelle une analyse économique nuancée. Si l'État verse moins de subventions ou investit moins en direct – laissant les collectivités locales ou les entreprises le faire –, cela peut procéder d'une évolution bienvenue de son rôle, moins dirigiste. La préoccupation devrait être autre : c'est que cette évolution apparaît plus subie que choisie, du fait du rétrécissement des marges de manœuvre publiques.

2. La diversité des niveaux d'administration publique : l'État pluriel

Les principes d'unité et d'universalité budgétaires correspondaient à une période où l'État était le seul acteur public significatif, approximativement jusqu'en 1945. Ce n'est à l'évidence plus le cas : sur une dépense publique qui représente en France environ la moitié du PIB,

– l'État en assure un peu moins des deux cinquièmes ;

– les **collectivités locales**, un cinquième : leurs compétences, même fortement accrues par les lois de décentralisation, restent beaucoup moins grandes que dans les États fédérés. Mais le nombre élevé des niveaux d'administration locale (régions, départements, communautés de communes, communes) majore les coûts ;

– les **administrations de Sécurité sociale**, près de la moitié : celles-ci, comptées comme administrations publiques dans les critères harmonisés de Maastricht, ont connu à la fois la plus forte croissance des dépenses depuis trente ans et la plus forte rigidification. La part des dépenses liées au vieillissement démographique (plus de 12 % du PIB pour les retraites et de 10 % pour la maladie) n'a cessé d'augmenter tandis que baissait celle de la politique familiale ;

– enfin, **l'Union européenne** reste un acteur budgétaire négligeable : la contribution française à Bruxelles, si souvent dénoncée, représente de l'ordre de 1 % du PIB. Mais l'Union européenne est devenue un acteur public essentiel : par sa capacité de réglementation – selon un chiffre attribué à Jacques Delors, et souvent repris depuis, plus de la moitié des normes françaises sont désormais d'origine communautaire – ; par l'importance aussi des politiques économiques désormais exercées en commun. Au-delà de la politique agricole ou de la politique régionale, c'est bien sûr de la politique monétaire et – pour partie – de la politique budgétaire qu'il s'agit.

Définir l'État, c'est donc aujourd'hui nécessairement reconnaître qu'il est pluriel, et s'interroger pour savoir « qui fait quoi » entre les différents niveaux d'administration. La France, pays de tradition jacobine, est beaucoup plus en retard que d'autres sur cette question : elle a eu tendance à accumuler les fonctions publiques, les impositions, les réglementations, sans jamais vraiment supprimer ni redéployer. D'où un sentiment de confusion et de « suradministration » : la politique agricole commune n'a pas diminué le budget agricole national ; la simplification des multiples administrations territoriales n'a pas encore réellement accompagné la décentralisation.

IV. QUEL SENS ÉCONOMIQUE ET POLITIQUE À LA RÉFORME DE L'ÉTAT ?

L'analyse économique doit s'attacher aux **finalités** publiques. Ce champ évident est pourtant complexe : l'État a beaucoup varié depuis un siècle, d'abord dans le sens d'une extension continue, sous l'influence notamment des politiques keynésiennes, puis, depuis deux décennies, plutôt dans celui d'un retrait au départ de nature idéologique. Dans les faits, celui-ci s'est traduit essentiellement par les privatisations : l'État s'est retiré du secteur concurrentiel et de la production des services marchands. Pour autant, la dépense publique – au moins en France – n'a pas reculé et il reste à l'État partout des fonctions essentielles. La théorie économique ne donne pas, de celles-ci, une typologie particulièrement travaillée. C'est à R. Musgrave[1] que l'on doit la trilogie désormais célèbre dans les cours d'économie politique : allocation, redistribution, sta-

1. Voir R. Musgrave, *The Theory of Public Finance*, MacGraw Hill, 1959.

bilisation. Cette approche doit être complétée. L'expérience conduit à distinguer aujourd'hui quatre types de fonctions :

• **les fonctions « régaliennes »** ou de protection. Ce sont elles, historiquement, qui ont fait naître les États, et qui en ont constitué l'unique raison d'être jusqu'à la fin du XIXe siècle : la défense, la diplomatie, la police, la justice et, par extension, les impôts qui servent à les financer. « La loi et l'ordre » n'ont jamais été contestés comme finalités publiques. Bien plus, la demande de protection des citoyens tend à élargir ces fonctions traditionnelles. Le « principe de précaution » – en matière alimentaire ou sanitaire –, voire la recherche du « risque zéro », avec ses excès, confirment aujourd'hui le grand retour de l'État régalien ;

• **les fonctions « régulatrices ».** Souvent situées dans l'ordre économique, elles ont connu un fort développement depuis les années 1930 : la politique de la concurrence – antitrusts – y était antérieure, et reste incontestée, y compris par les libéraux. Depuis lors, la politique macroéconomique – budget et monnaie –, la politique industrielle, le droit social et environnemental, ont construit un vrai État régulateur de l'économie, et fait parfois critiquer un État interventionniste ;

• **les fonctions « productrices »** : l'État s'est retiré du secteur concurrentiel ; il reste un dispensateur essentiel de services publics, souvent à la charnière entre les sphères publique et privée. L'éducation, les transports, la culture, le social et la santé en constituent autant d'exemples. Le mode d'exercice de ces fonctions varie cependant beaucoup dans l'histoire et aujourd'hui, selon les pays, presque partout l'État est « dispensateur », en ce sens qu'il fixe les règles du jeu, et assure les financements pour veiller à l'accès de tous au « service universel ». Mais souvent, il ne produit pas lui-même le service, confié en tout ou partie à des opérateurs privés : les professionnels de la santé peuvent être des fonctionnaires ou des « libéraux » (à financement public !) en France ; l'école elle-même est en partie privée en France ;

• **les fonctions « redistributrices »**, enfin, sont à la fois récentes – depuis Beveridge et la généralisation de la Sécurité sociale – et les plus fragiles aujourd'hui. L'État y est vu comme devant réduire les inégalités et les risques entre citoyens, à travers ses recettes (la politique fiscale) aussi bien que ses dépenses (les transferts sociaux). Les remises en cause ont déjà été évoquées : on ne reviendra donc pas, dans la suite de cette leçon, sur « l'État redistributeur ». Il lui est souvent fait un mauvais procès : la mondialisation, l'innovation, les délocalisations, ne doivent pas faire renoncer à lutter contre les inégalités, sous peine de prendre de graves risques politiques et sociaux. Mais « l'État-providence » d'hier ne saurait se contenter du *statu quo* et des droits acquis : il lui faut admettre que la nature des inégalités et des risques a considérablement changé depuis 1945.

La remise en cause de l'« État maximal » et de la loi de Wagner est un phénomène propre aux deux dernières décennies. La théorie économique elle-même a commencé à explorer ce champ, avec deux tendances critiques.

1. La contestation des prélèvements obligatoires et de l'efficacité de l'État : l'État minimal ?

De nombreuses études faites au cours de la décennie 1990, dont il faut prendre les conclusions avec prudence, car elles résultent d'analyses comparatives statiques, concordent autour du constat d'une corrélation apparemment négative entre le niveau des dépenses publiques et le taux de croissance tendancielle. Une étude de l'OCDE[1] avait, pour fixer les ordres de grandeur, détaillé les effets de l'impôt sur le capital et le travail et a conclu que la hausse d'environ 10 points des taux de prélèvements obligatoires sur les trente-cinq dernières années, jusqu'au repli de la seconde moitié de la décennie 1990, aurait eu une incidence directe légèrement négative sur la croissance à long terme, d'environ 1/2 point du taux de croissance annuelle. À l'inverse, une baisse des prélèvements obligatoires pourrait avoir un effet positif. Ces conclusions ont été globalement confirmées : la réduction de 1 point du taux de prélèvements obligatoires peut entraîner un gain à terme de 1/2 point de PIB de la production potentielle[2].

1. W. Leibfritz *et alii*, « Taxation and Economic Performance », OCDE, document de travail, 1997.

2. *Public Finance in the EMU*, Commission européenne, 2001 et S. Folster, « Growth Effect of Government Expenditure and Taxation », document de travail, université de Stockholm, 2000.

Les doctrines passées de l'intervention de l'État étaient basées sur l'idée d'un État « parfait », qui vient naturellement pallier avec efficacité les multiples défaillances du marché. Cette vision avantageuse de l'action de l'État, d'une sorte de caractère désincarné de l'intérêt général et de sa mise en œuvre, a été remise en question. En effet, les décisions de l'État sont prises à l'intérieur d'un champ de forces d'une rationalité et d'une transparence limitées et seraient donc « intrinsèquement » biaisées. Les études économiques sur l'analyse des décisions publiques s'inscrivent dans le prolongement des travaux de James Buchanan[1]. L'école du **cycle politico-économique**, à partir de l'analyse de William Nordhaus[2], met en valeur les interactions des électeurs, des hommes politiques, des groupes de pression et des fonctionnaires. Les choix publics peuvent varier en fonction de la demande et des pressions des électeurs sur les décideurs politiques, mais sont également sujets à des asymétries d'objectifs.

Le modèle de Nordhaus systématise une idée selon laquelle le gouvernement en place chercherait à maximiser le nombre de voix afin d'être reconduit ; dans les faits, les échéances électorales sont souvent marquées par une augmentation des dépenses budgétaires et une détente de la politique économique menée. Les décisions politiques sont arrêtées autant en fonction de leur impact réel sur l'économie que de leur perception par l'opinion publique dans le cadre d'un calendrier politique : c'est ainsi que les théoriciens du « cycle politico-économique » ont entendu mettre en évidence l'augmentation des décisions à leurs yeux contre-productives pour l'économie en période préélectorale, sous la forme de dépenses publiques de « saupoudrage », ou de mesures de relance monétaires, budgétaires ou salariales à contre-effet. De même, certaines mesures économiques, présentées comme générales et d'intérêt public, seraient ciblées au bénéfice de groupes professionnels (agriculteurs, médecins…) ou en fonction d'intérêts électoraux locaux, comme cela a été le cas aux États-Unis avec la guerre de l'acier. C'est la théorie dite du « marché » politique, qui constate la concentration de cer-

1. Économiste américain et prix Nobel, auteur de « The Political Business Cycle », *Review of Economic Studies*, avril 1975 ; et « Alternative Approaches to Political Business Cycle », Brookings Papers, 1989.

2. W. Nordhaus, économiste qui a lancé le concept de « biens publics mondiaux » et a étudié le cycle politico-économique.

tains avantages publics sur des clientèles particulières, alors que la charge est répartie d'une manière imperceptible sur le plus grand nombre. Des groupes singuliers pourraient ainsi obtenir des décisions ou des réglementations favorables, pour de multiples raisons parfois étrangères à l'intérêt général, et grâce à des moyens d'action pouvant relever parfois de la pression physique. Cette théorie séduisante en apparence, parce qu'elle rencontre le sens commun, a fait l'objet d'études empiriques approfondies qui tendent à nuancer l'idée que, dans les démocraties avancées et « mûres », le cycle économique puisse être expliqué, même en partie, par des « manipulations opportunistes », monétaires ou budgétaires[1], de caractère préélectoral. On constate cependant, avant les élections, une certaine tendance à afficher des stratégies partisanes de réductions d'impôts ou d'orientation des dépenses ; il n'y a toutefois pas de lien caractérisé entre la proximité des élections et une politique économique destinée à améliorer la conjoncture économique. Au contraire, au moins hors de France, l'électorat de ces démocraties pourrait avoir tendance à sanctionner les comportements laxistes[2]. On met également en évidence l'importance des règles constitutionnelles ; les cycles politico-économiques sont plus marqués dans les régimes parlementaires où la représentation est proportionnelle. Et, également, les démocraties encore récentes sont marquées par des cycles budgétaires préélectoraux caractéristiques, explicables par « l'inexpérience » démocratique de l'électorat et des gouvernants.

2. Une deuxième catégorie de critiques : les problèmes de fonctionnement des « grandes organisations »

La nécessité de déléguer une certaine part des décisions suppose la capacité à expliciter des critères de choix clairs et opératoires, ce qui n'est jamais une tâche simple. Les difficultés de cette nature existent dans les entreprises ; mais les critères d'appréciation des résul-

1. A. Drazen, « The Political Business Cycle after 25 Years », NBER 2000.

2. A. Brender et A. Drazen, « Political Budget Cycles in New vs Developend Democracies », Tel Aviv University, avril 2004 ; M. Shi and J. Svensson, « Political Budget Cycles, a Review of Recent Developments », IIES, Stockholm University, 2003.

tats individuels et collectifs y sont plus faciles, et la sanction du marché est une preuve plus claire de l'erreur. La complexité des décisions publiques est, sur tous ces points, beaucoup plus grande. L'État peine souvent à définir les bonnes décisions en raison des « asymétries d'information » : il n'a pas toujours toutes les informations utiles pour définir le cahier des charges correspondant aux besoins de la collectivité (la connaissance détaillée des coûts de fonctionnement des services publics reste très confidentielle). Le modèle de Niskanen sur l'analyse de la bureaucratie entend montrer que les asymétries d'information permettent aux agents des organisations publiques d'avoir une certaine marge de manœuvre dans l'évaluation des dépenses, au détriment des contribuables. Il faut ajouter ce que l'on appelle l'« aléa moral », c'est-à-dire le biais de comportement de l'exploitant pour tirer le bénéfice maximum à l'intérieur d'un cahier des charges donné (par exemple, une administration aura tendance à chercher à améliorer son budget au nom de difficultés particulières souvent impossibles à mesurer ou dont elle est seule à pouvoir connaître les éléments...). Enfin, la critique la plus courante reste celle des « gaspillages » inhérents aux organismes publics. Du point de vue de l'analyse économique, il s'agirait tout simplement de l'appropriation par les organisations publiques et leurs salariés de la « rente de monopole » ; de plus, l'absence de pression concurrentielle serait à l'origine d'une gestion moins rigoureuse des ressources physiques et humaines. La nécessité de maintenir et financer, en vertu de l'aménagement du territoire, des services administratifs d'utilités variées, comme le maintien de postes de perception ou de commissariats de polices dans un grand nombre de petites communes, a pu également, à la longue, contribuer à affaiblir le sens de la rigueur budgétaire.

Ces recherches économiques sur l'État ont le mérite d'exister; souvent marquées par une forte influence anglo-saxonne, elles pèchent cependant par leur systématisme. Modéliser une institution aussi complexe et politique que l'État ne va pas de soi. À l'inverse, la recherche des fonctionnalités optimales de l'État peut être approchée par la « **croissance endogène** ». Il existe des externalités positives qui sont le moteur de la croissance : l'investissement en infrastructures, l'éducation, la recherche. En fait, le rôle des externalités publiques dans la croissance est connu depuis très longtemps ; personne ne doute de son importance, à commencer par les États, lorsqu'ils mettent en œuvre des « politiques industrielles » ou « d'aménagement du territoire » (même si ce n'est pas sous ce nom), sans parler des importantes ressources consacrées à l'éducation et à la recherche. Les théories de la croissance endogène ont encore peu de pouvoir prescriptif, dans la mesure où elles ne chiffrent pas le montant optimal de dépenses de recherche, d'éducation ou d'investissement. Elles incitent cependant à réfléchir à la fois sur le niveau et le **contenu** des interventions de l'État, à leur quantité comme à leur qualité.

Elles renvoient en ce sens à la conclusion légitime d'un effort de redéfinition de l'État : plus que d'un simple cantonnement chiffré – auquel se limite trop souvent le débat sur les prélèvements obligatoires –, c'est d'une **réforme structurelle** dont l'État a besoin, singulièrement en France. Pour dépasser, d'abord, les trois limites identifiées sur son contenu : en retrouvant des marges budgétaires par une dépense moins rigide ; en clarifiant les niveaux de responsabilité dans l'État pluriel ; en donnant enfin la priorité aux fonctions les plus nécessaires, à commencer par celles de l'État régalien. Ce faisant, la politique économique retrouvera aussi la capacité à réduire la dépense publique et les prélèvements obligatoires. La comparaison internationale montre que c'est nécessaire pour la France ; l'expérience enseigne parallèlement que ce n'est possible que par des réformes de fond.

V. LES RÉFORMES DE L'ÉTAT DANS LES PAYS AVANCÉS

La réforme de l'État est, on l'a relevé, facilement présentée en France comme très idéologique : ce serait « thatchérisme contre colbertisme ». Si la seule alternative était ainsi entre la brutalité et la spécificité du « service public à la française », on comprendrait mieux un *statu quo*.

L'expérience du G7 et des pays de l'Union européenne montre cependant qu'il s'agit là d'une erreur de perspective, car le mouvement de réforme de l'État est quasi général à l'étranger[1], même et surtout dans des pays très attachés à leur modèle social et aux fonctions collectives. Il a répondu à deux objectifs : d'abord la recherche d'une meilleure efficacité de fonctionnement et d'un coût plus réduit, et par la suite la meilleure manière de répondre aux attentes politiques de la société.

Dans un premier temps, la Grande-Bretagne a certes lancé le mouvement à partir de 1979, avec la création par le gouvernement conservateur d'une *Efficiency Unit* confiée à l'époque à un ancien dirigeant de Marks and Spencer. Mais dans la même décennie 1980, l'Espagne et le Chili – qui devaient reconstruire leur administration pour entrer dans la démocratie –, les Pays-Bas, de tradition sociale-démocrate, et le Canada, sous une forte contrainte budgétaire, ont lancé des programmes remarquables de services aux citoyens et d'informatisation de leur administration.

Puis, l'ensemble des pays a participé à ce mouvement, l'Allemagne et la Belgique d'une manière ralentie par leurs caractéristiques fédérales. Il s'agit d'une tendance générale, désormais ancrée depuis deux décennies, appuyée sur des pays de culture diverse (anglo-saxons, nordiques, latins), soutenue par des majorités politiques de gauche comme de droite.

Le rapport de l'Inspection des finances, coordonné par H. Guillaume en 2000, a donné, à l'époque, quelques clés de ce *benchmarking* à l'étranger :

– partout, le mouvement est né d'une forte contrainte budgétaire. C'est particulièrement net au Canada et aux Pays-Bas qui souhaitaient redresser leurs finances publiques dans les années 1980 ; il en fut de même, dix ans plus tard en Italie, avec les critères de Maastricht ;

– la réforme repose dans beaucoup de pays sur un intéressement à la performance. Celle-ci est mesurée, contractualisée *ex ante* sur la base d'objectifs chiffrés annuels ou pluriannuels, et évaluée *ex post* contradictoirement. La rémunération des dirigeants en dépend souvent en partie ;

– en contrepartie, les managers publics disposent d'une autonomie de gestion accrue. Le statut d'« agences » publiques se déve-

1. G. Braun, rapport n° 348 de la session 2000-2001 du Sénat ; H. Guillaume, G. Dureau et F. Silvent, *Gestion publique*, Presses de Sciences-Po, 2002.

loppe pour les productions régaliennes ; ainsi, il est devenu le mode de gestion le plus répandu pour les administrations fiscales à l'étranger. Les dirigeants disposent de marges de manœuvre importantes sur la gestion des ressources humaines, les recrutements, et de plus en plus la politique salariale : la « grille » unique de la fonction publique est ainsi remise en cause ;

– les nouvelles technologies et Internet permettent à la fois une « interface » simplifiée avec les particuliers et les entreprises, et une rénovation des modes de gestion internes des administrations : moins hiérarchique et « vertical », plus transversal et en réseau, plus rapide.

1. Les États-Unis

L'administration fédérale américaine est traditionnellement organisée principalement sous forme d'agences, dotées d'un degré plus élevé d'autonomie, pour l'utilisation de ses ressources, le recrutement du personnel, avec une comptabilité de caractère privé. Le programme *Re-inventing Government*, lancé par l'administration Clinton, reconnaissait la nécessité de services publics efficaces, de la part d'un pays plutôt incliné à l'État minimal. Il faisait d'Internet et des nouvelles technologies, le cœur de la stratégie d'e-gouvernement, destinée à la fois à simplifier la vie des usagers – souvent rebaptisés « clients » (*customers*) – et à dégager d'importants gains de productivité dans l'administration. Le *Government and Performance Results Act* de 1993 a introduit un système de gestion par la performance, avec une planification par objectifs et des indicateurs de résultats. Une trentaine d'agences pilotes ont été choisies, par exemple les services fiscaux, l'administration des régimes publics de retraite, les douanes, les ministères du Commerce, de l'Agriculture, de l'Éducation, de la Santé, du Travail, et des Affaires étrangères. La réduction des effectifs civils de l'administration fédérale [1] a été de 450 000 emplois environ entre 1990 et 2000, soit 20 % de l'administration, et celle de l'armée de 380 000, soit une baisse de 30 % des effectifs. Ce vaste mouvement de réforme des administrations a été plutôt bien accueilli par les usagers ; ceux-ci donnent

1. Office of Management and Budget, « Report on Historical Statistics », 2005.

maintenant, à certaines agences fédérales, un indice de satisfaction comparable à celui des meilleures entreprises privées. Il en est de même des fonctionnaires eux-mêmes : ils considèrent aujourd'hui, pour les trois quarts d'entre eux, que le service au client est une priorité, contre un tiers en 1990, et sont plus satisfaits de leur emploi.

Le Président Bush a lancé un « agenda Management » en 2001, présenté comme une « stratégie agressive » pour améliorer le fonctionnement et l'efficacité de l'administration fédérale, en la recentrant sur « le citoyen, les résultats et la concurrence ». Des standards de bonne gestion ont été établis, aussi bien pour les agences fédérales que pour les programmes. Les évaluations donnent lieu à des « ratings » publics, selon une double grille, la première pour les agences, vert (bon), jaune (passable) et rouge (mauvais) pour cinq critères de gestion, et la seconde qui concerne les programmes (de très efficace à inefficace ou inclassable). C'est ainsi que l'Office of Management and Budget s'est vu attribuer une note de quatre rouges et un jaune en 2005 ; de même, sur 399 programmes évalués au cours de l'année fiscale 2004-2005, 5 % des programmes ont été considérés comme « inefficaces » et 37 % comme inclassables en raison de l'imprécision de leurs objectifs.

2. Le Royaume-Uni

Le Royaume-Uni a engagé, depuis 1979, une réforme de l'administration ; le *New Public Management* est le concept général élaboré, en 1996, pour décrire les principes : souci d'une plus grande efficacité, introduction d'un principe de concurrence et de contrôle des coûts, responsabilisation, séparation entre la conception des politiques publiques et leur mise en œuvre déléguée à des agences qui gardent leur statut public. Le nombre de fonctionnaires des services centraux a été réduit dans le Civil Service, et les ministères, dont ceux de l'Emploi et des Prestations sociales, ont été restructurés. Les réformes incluent des démarches qualité et d'auto-évaluation, des primes à l'innovation, une organisation du travail efficace (temps limité pour les réunions !...), une gestion des carrières souple, en faisant appel à des personnalités du secteur privé, des rémunérations liées aux performances. Le gouvernement Blair a largement poursuivi cette politique, avec la publication d'un Livre blanc en 1999 (*Modernising Government*), qui propose de poursuivre l'action de réorientation des services publics vers l'usager, d'amélioration de l'efficacité et de la qualité des services publics. Constatant que l'application effective de la réforme reste encore imparfaite, malgré les évaluations positives des résultats, les travaillistes britanniques ont ainsi confirmé la réforme lancée par les conservateurs. Mais ils ont décidé d'investir massivement dans certains grands services prioritaires (éducation, santé), et d'accroître la liberté de choix des citoyens au sein de ces services publics.

L'administration publique est assurée désormais par des agences autonomes (plus de 130 qui emploient les trois quarts des effectifs, sous régime juridique de droit commun). L'instrument principal de la gestion publique est le contrat de service public (*Public service agreement*), qui définit les moyens budgétaires accordés dans le cadre d'une programmation triennale. Les évaluations rigoureuses de la qualité de la gestion publique sont faites par le National Audit Office, référence internationale dans ce domaine par ses méthodes et son autorité.

3. La Suède

La Suède est l'exemple d'un pays qui est parvenu à transformer en profondeur les structures et le fonctionnement de son administration, en une dizaine d'années, et en restant à l'intérieur de ses fortes traditions sociales et de concertation. Le pays a adopté un fonctionnement moderne et décentralisé, aussi bien à l'égard des collectivités locales (dotées de larges compétences par l'histoire), que pour l'exécution de l'ensemble des fonctions régaliennes : la Police est par exemple gérée dans le cadre d'une agence largement autonome. Les ministères ne conservent que des responsabilités stratégiques et de pilotage (les effectifs de l'État, dans un pays de 8 millions d'habitants, sont de 4 500 personnes, de droit privé) ; l'action publique est assurée par 240 agences, avec 200 000 personnes, et les effectifs des comtés et communes sont en tout de 1 million. Le principal des effectifs de l'État est le fait du ministère des Affaires étrangères, avec 1 500 agents, le ministère des Finances comprenant 480 personnes.

4. L'Allemagne

La nécessité de réorganiser l'administration est-allemande, et de rétablir l'équilibre des finances publiques est à l'origine des réformes visant à accroître l'efficacité des administrations. Le chancelier Schröder a lancé le programme *Moderner Staat Moderne Verwaltung,* qui s'applique au niveau fédéral et doit permettre la modernisation de tous les niveaux administratifs. Il s'agit de recentrer les domaines d'intervention de l'État, de réduire les dépenses de l'État fédéral, et le nombre des fonctionnaires fédéraux. Leur réduction déjà engagée avait permis de retrouver, en 2001, le nombre de fonctionnaires qu'avait l'État fédéral avant la réunification (avec une suppression de 70 000 emplois), et de la restructuration de nombreuses administrations centrales et de leurs agences locales.

5. La France : « la » réforme ou des réformes ?

La réforme de l'État concerne un grand nombre d'actions de modernisation de l'administration, visant principalement l'amélioration de la qualité du service rendu, celle de la gestion publique, qui connaît une responsabilisation insuffisante des dirigeants, et celle de la gestion des ressources humaines, à l'intérieur du principe de déconcentration.

Au-delà de ces acquis dont les effets restent progressifs, la réforme de l'État en France peut désormais s'appuyer sur deux espoirs essentiels :

– le premier est la **« fenêtre démographique »** qui est ouverte dans la fonction publique française. Les départs massifs à la retraite des générations du *baby-boom* vont concerner, entre 2003 et 2012, environ 40 % des fonctionnaires français. Une politique de « recrutement zéro » aurait bien sûr des inconvénients, car elle entraînerait l'obsolescence technique et humaine de l'État. Mais ce renouvellement est une occasion unique – au moment même où de nouvelles méthodes de gestion peuvent être mises en œuvre dans l'administration – de mieux répartir les effectifs entre les différentes fonctions de l'État.

– le second est **la réforme de l'ordonnance organique de 1959**, la « Constitution budgétaire ». Votée à l'unanimité des partis de l'Assemblée nationale et du Sénat en 2001, elle généralise, à compter de 2005, à l'ensemble des administrations, le **pilotage par objectifs**. Le Parlement vote non plus les 840 chapitres de crédits, mais sur 132 programmes (dans le budget 2006) correspondant aux priorités de l'action publique. Les administrations devront, chaque année, rendre des comptes sur ces objectifs. C'est, enfin, inverser la logique de moyens pour faire prévaloir une logique de résultats et donc une culture de performance. On rejoint ici la leçon majeure du *benchmarking* (voir *supra*), et quelques expériences pilotes en France (voir *infra*).

Les ministères sont invités à établir des stratégies de réforme et la Région tend à devenir la maille de base de l'administration, sans aller toutefois jusqu'à la remise en question directe des structures administratives existantes, qui sont simplement invitées à travailler ensemble dans le cadre de « pôles de compétences ». Les responsables de programme et ceux des budgets opérationnels de programme doivent désormais définir les stratégies, les objectifs et les indicateurs de performances des politiques publiques dont ils sont chargés. Les objectifs (5 à 10 par programme) permettent de rendre compte de l'impact de l'action en termes de résultats. Ils seront présentés dans les projets et rapports annuels de performances selon trois catégories :

– objectifs d'efficacité socio-économique, c'est-à-dire le bénéfice attendu de l'action de l'État pour le citoyen et la collectivité en termes de modification de la réalité économique, sociale, environnementale, culturelle et sanitaire ;

– objectifs de qualité de service, qualité attendue du service rendu à l'usager, par exemple, l'amélioration de l'accueil du public dans les services ;

– objectifs d'efficacité de gestion, rapport entre les produits obtenus (ou l'activité) et les moyens utilisés.

Les 34 missions du budget général 2006 sont divisées en 132 programmes auxquels sont associés 630 objectifs et 1 300 indicateurs pour le budget général.

L'essentiel de la réforme de l'État est ainsi devant nous, en dehors de quelques exceptions, dont l'Armée. Pour la quasi-totalité des autres grands pays avancés, sauf peut-être l'Italie pour laquelle l'appréciation de l'efficacité administrative est incertaine – comme l'a montré le débat sur la réévaluation du déficit budgétaire en 2005 – on est entré dans une phase de consolidation. Le succès de la réforme française, qui concerne d'abord le comportement et la culture des responsables, ne pourra être apprécié qu'une fois entré dans le régime de croisière du fonctionnement de ces outils budgétaires.

VI. UNE ILLUSTRATION : LA RÉFORME DE LA DGI EN FRANCE, OU LES TROIS LEVIERS DE RÉFORME DE L'ÉTAT PRODUCTEUR DE SERVICES

Les illustrations qui suivent empruntent à l'exemple des administrations fiscales[1]. Celles-ci présentent l'avantage de permettre un *benchmarking* précis avec l'étranger : toujours, et partout, il y a des impôts. Les leçons tirées de cet exemple sont valables, presque inchangées, pour l'ensemble des administrations « à réseau » de masse.

La Direction générale des impôts (DGI) est en France une administration composée de quelque 80 000 agents chargés du calcul et du contrôle de l'impôt, mais en partie seulement de son paiement ; elle s'est lancée, depuis 1990, dans un double mouvement, peu connu, de déconcentration managériale et de contrôle de gestion. Les expériences française et étrangères sont remarquablement convergentes, non dans leur rythme – la France fait partie des pays en retard – mais dans leur direction. Toute réforme fait « fonctionner », dans la pratique, trois moteurs fondamentaux :

– le moteur « managérial » : le contrat ;
– le moteur « culturel » : l'usager ;
– le moteur « budgétaire » : les gains de productivité.

1. F. Villeroy de Galhau, « Bercy, la réforme sans le grand soir », *Les cahiers d'En Temps réel*, n° 13, mars 2004.

Le pilotage par objectifs

Un exemple : le programme « Développement des entreprises »[1] comprend 6 objectifs :

1. Renforcer l'efficacité des aides aux entreprises
– Écart entre le taux de croissance des entreprises aidées et le taux de croissance des entreprises comparables
– Taux de survie à trois ans des entreprises aidées

2. Améliorer la qualité et l'efficacité du soutien des entreprises à l'exportation
– Nombre d'entreprises clientes des prestations payantes du réseau international du Minéfi et d'UBIFRANCE.
– Niveau de satisfaction des entreprises clientes (prestations payantes) par rapport aux prestations fournies pour le réseau international du Minéfi et d'UBIFRANCE
– Différence entre la croissance des exportations françaises vers les 25 pays-cibles et la croissance totale des ventes françaises à l'étranger

3. Contribuer de manière efficiente à une meilleure maîtrise de la consommation d'énergie
– Économies d'énergie générées par les fournisseurs d'énergie grâce à la mise en place des certificats d'économie d'énergie rapportées aux consommations de l'année en cours concernées par les certificats

– Nombre de Ktep/an économisés grâce aux programmes de l'Agence de l'environnement et de la maîtrise de l'énergie (ADEME) relatifs à l'utilisation rationnelle de l'énergie dans les différents secteurs, rapporté au coût de ces programmes

4. Développer l'usage des énergies renouvelables (EnR)
– Part de la production d'électricité d'origine EnR obtenue par procédures d'appel d'offres ou tarifs réglementés dans la production totale d'électricité d'origine EnR et dans la production totale d'électricité
– Accroissement annuel de la production d'EnR thermiques résultant des aides de l'ADEME et du crédit d'impôt pour les particuliers

1. Débat d'orientation budgétaire : rapport sur l'évolution de l'économie nationale et sur les orientations des finances publiques, tome II sur l'architecture budgétaire et les objectifs et indicateurs de performance, 2005.

5. Développer l'efficience et l'attractivité des formations des écoles du programme
- Évolution de la productivité des formations (écoles du programme et stages IFOCOP)
- Taux de placement à six mois des diplômés des écoles d'ingénieurs et des stagiaires des instituts de formation commerciale, des chambres de commerce et de l'industrie (CCI) et de l'Institut de formation commerciale permanente (IFOCOP)
- Proportion d'élèves étrangers diplômés des écoles d'ingénieurs relevant du programme

6. Répondre aux besoins des entrepreneurs en simplifiant l'environnement administratif des entreprises
- Complexité administrative ressentie au moment de la création d'entreprise.

1. Le moteur managérial : contractualiser

Dans l'État comme dans l'entreprise, l'innovation naît d'autant mieux qu'il y a responsabilisation. La quasi-totalité des administrations fiscales étrangères est désormais sous le régime d'un « contrat d'objectifs » pluriannuel. La DGI a, depuis quinze ans, suivi une démarche en deux temps : d'abord construire les « fondations », avec la contractualisation interne de tous les responsables opérationnels et le suivi d'un contrôle de gestion annuel, ensuite, poser le « toit » avec la contractualisation externe, qui fixe, depuis 2000, ses engagements globaux vis-à-vis des ministres et de la collectivité nationale.

Le « contrat de performance » 2003-2005 de la DGI comporte 59 pages et 10 articles. Il équilibre droits et devoirs de l'administration fiscale vis-à-vis de ses « mandants » (la collectivité nationale incarnée par les ministres et leurs représentants).

Au total, la DGI s'engage sur une grosse vingtaine d'objectifs chiffrés qui vont de la satisfaction des usagers au rythme de rentrée des déclarations ou des paiements de TVA. Les effectifs devront diminuer sur trois ans (de près de 3 % au total). Les crédits de fonctionnement sont, en contrepartie, fongibles (y compris d'une année sur l'autre), et exonérés de toute imputation budgétaire.

À l'expérience, le contrat est une mise sous tension forte du réseau appuyé sur le contrôle de gestion et sur un *reporting* régulier des résultats. Chaque année, ceux-ci donnent lieu à compte-rendu soumis aux ministres et au Budget, et audité par l'Inspection des finances. La DGI publie un rapport annuel transmis aux parlementaires et présenté à la presse. L'administration d'hier était vue comme une boîte noire ; celle de demain, de plus en plus, devra **rendre des comptes** par rapport aux objectifs arrêtés par le pouvoir politique, selon des principes de bonne gouvernance.

2. Le moteur « culturel » : servir les usagers

Presque toutes les administrations fiscales étrangères ont redécouvert l'usager, et même le « client » : le terme dit bien l'effort de service qui s'impose à l'État gestionnaire.

La stratégie qui ouvre le contrat de la DGI consiste pour celle-ci, tout en restant une administration de contrôle, à devenir une **« administration de service ».** Les termes peuvent étonner, s'agissant d'une administration à fort visage régalien, voire répressif. Ils affirment une obligation réciproque : les contribuables doivent l'impôt, bien sûr, et cela demeurera ; mais l'administration leur doit le service et la qualité, et cela est plus nouveau pour l'État. La DGI doit changer parce que ses usagers changent : l'administration accepte de changer « par l'extérieur ».

Le « fil rouge » du service, c'est l'idée de mener progressivement une triple transformation : celle des comportements, de l'organisation, du système d'information. Avec, à chaque fois, un retournement copernicien : ce n'est plus aux usagers de s'adapter à l'administration, c'est à l'administration de s'adapter à ses usagers.

La mesure des **comportements** porte d'abord sur des critères objectifs, comme les délais de réponse et au total dix « engagements de qualité » depuis 2004, mais aussi subjectifs. La DGI a conduit pour la première fois en 2002, comme le font nos partenaires européens, un sondage national auprès de ses usagers pour mesurer tant leur jugement sur le service actuel que leurs attentes.

Une **organisation** davantage tournée vers le service, ensuite. Pour l'administration, il s'agit de passer de structures liées à ses propres processus de production, vers des structures conçues selon les besoins des usagers. C'est la ligne directrice de la réforme dessinée par Christian Sautter, en 2000, et alors différée, en partie reprise par Francis Mer en octobre 2002, confirmée par Thierry Breton au printemps 2005. Les usagers, au pluriel : le service public moderne doit mieux tenir compte de la diversité de ses publics. La segmentation s'est faite autour de trois catégories d'usagers seulement, par souci de simplicité : les grandes entreprises, les PME, les particuliers. L'idée était que progressivement, chacun aurait pour interlocuteur un « IFU », un interlocuteur fiscal unique – terme repris explicitement de la réforme de janvier 2000 –, compétent pour toutes ses démarches fiscales courantes, au sein du périmètre DGI d'abord, pour l'ensemble DGI-CP peut-être à terme. Par exemple, pour les entreprises, la Direction des grandes entreprises (DGE), est l'interlocuteur fiscal unique ; pour les PME a été créé sur le terrain un service des impôts des entreprises à partir de trois entités jusque-là séparées (centres des impôts, recette, perception).

Refonder le **système d'information**, enfin. Toutes les administrations fiscales visent une activité de traitement de l'information et de services à haute valeur ajoutée, et donc un recours massif à l'Internet. Il s'est agi, par le programme « Copernic », d'offrir de nouveaux services à distance à tous les cybercontribuables potentiels (près de quatre millions de télédéclarations à l'impôt sur le revenu en 2005, contre zéro, cinq ans plus tôt.). Cette e-administration fiscale s'ajoute, on le voit aussi à l'étranger, aux canaux existants : guichet, courrier papier, et de plus en plus téléphone. C'est au particulier de choisir. Pour généraliser la réussite de Copernic, il faudrait pouvoir innover, en comptabilisant explicitement les dépenses informatiques comme un investissement, avec deux conséquences économiques :

– la capacité – qui n'existe pas aujourd'hui – à « immobiliser » les dépenses informatiques dans le budget de l'État, et donc à les amortir sur plusieurs années comme le font les entreprises.

– la nécessité de chiffrer *ex ante* les « retours sur investissement », en supplément de service pour les usagers, et/ou en économies de fonctionnement pour l'administration.

3. Le moteur budgétaire : les gains de productivité

La discussion sur la productivité publique a souvent été inhibée par le fait que l'on ne pouvait pas aisément la mesurer et donc pas en parler, puisque l'État n'est pas un acteur marchand. La mesure a pris pour la DGI deux formes différentes. En 1998, l'Inspection des finances avait réalisé un rapport dit de *benchmarking* sur les coûts de l'administration fiscale française (DGI et CP) comparés à ceux de neuf administrations étrangères. Le résultat avait été largement médiatisé, et était sévère : en « coût de gestion » de l'impôt (coût de l'administration fiscale, rapporté au produit des impôts), la France, avec 1,60 % en 1997, se situait dans le peloton de queue avec l'Allemagne et l'Italie, contre une moyenne européenne autour de 1,10 – 1,20 %, et des « champions » comme la Suède ou les États-Unis proches de 0,50 %. De fait, en sept ans (1997-2004), le coût de gestion de l'impôt en France a été ramené de 1,60 à 1,35 %, tandis que la moyenne européenne restait pratiquement stable. La DGI s'est engagée dans son contrat à poursuivre la baisse de ce coût, vers la moyenne européenne à terme.

Parallèlement, et en interne, la DGI a développé des instruments simples, voire frustes, de mesure de la productivité. Pour chacune de ses grandes missions (fiscalité des particuliers, des professionnels, et « bloc foncier »), est calculée, année après année, l'évolution du nombre de dossiers ou d'actes par agent. À partir de 2001, les résultats en ont été discutés avec les organisations syndicales puis publiés en interne et en externe. Ils montrent une hausse de la productivité globale de 2 % par an sur 1995-2004. Ils permettent, surtout, d'initier un débat sur l'utilisation de ces gains de productivité. Ceux-ci sont destinés pour partie à accroître la « production », c'est-à-dire les services rendus aux particuliers et entreprises – par exemple, les nouveaux canaux d'accès –, pour partie à économiser des moyens. C'est là que s'engage une deuxième discussion, plus féconde encore : ces économies doivent-elles intégralement retourner à la collectivité, sous forme de baisses d'effectifs ? Peuvent-elles en partie financer des « retour agents », sous forme d'amélioration des conditions de travail, de plans de qualification… ou exceptionnellement, comme en 2001, de baisse de la durée du travail ?

Alors, de tabou, la productivité peut progressivement devenir carburant. Un changement symbolique, présenté comme tel aux organisations syndicales, est intervenu dans le nouveau contrat de performance : l'accroissement des gains de productivité y figure explicitement parmi les quatre objectifs d'une « DGI en mouvement », et non plus comme un discret constat *a posteriori*. Les réductions d'emplois, de 2 500 sur trois ans, sont en forte accélération, accompagnant ainsi la montée prévue des départs à la retraite après 2005.

* * *

Ainsi, les techniques managériales modernes doivent permettre de renforcer la dynamique de l'efficacité et de l'innovation. Les évaluations restent cependant les mal-aimées du système, elles ne sont pas placées au milieu du dispositif. Le contrôle, à travers elles, du « citoyen-client »[1] représente probablement un des leviers les plus puissants pour entraîner les évolutions et garantir la continuité de l'action dans la durée : les changements dans la gestion publique nécessitent des diagnostics partagés et une stratégie bénéficiant d'un minimum de continuité.

VII. QUELLES ORIENTATIONS, QUELLES PERSPECTIVES ?

Il convient, dans l'appréciation des réformes à faire, de distinguer la mesure de **l'efficacité des politiques publiques** et celle de **l'efficience des organismes** qui concourent à ces politiques. La qualité de la gestion microéconomique de l'administration peut être bonne, alors qu'au plan politique et macroéconomique, les politiques mises en œuvre peuvent ne pas répondre aux attentes de la collectivité. L'État n'est pas seulement une « superentreprise » qui

1. Selon le terme très pertinent de Marie-Anne Frison-Roche dans son article de la revue *Sociétal*, n° 30, 2000.

fournit des services, il a des missions d'intérêt collectif. L'attente des citoyens ne s'exprime pas seulement en termes de coûts ou d'efficacité, elle porte aussi sur une vision du devenir commun. Sont posées ainsi les questions fondamentales de l'équilibre entre la solidarité collective, aux différents niveaux territoriaux, et de la responsabilité des citoyens qui peut s'exprimer individuellement ou sous forme d'actions communes : jusqu'à quel point la société doit-elle prendre en charge les problèmes de ses membres, et où commence leur responsabilité propre ?

La crise de « l'État-major », producteur de ces concepts politiques, est moins visible que celle des « gros bataillons », producteurs de services au public. Elle est peut-être plus profonde, car intimement liée à l'affaiblissement de la démocratie représentative dans les pays avancés : elle nécessite de préciser l'articulation entre le politique, l'administration, dans son exercice direct ou sous forme d'agences indépendantes, et la société civile, entre les « experts » officiels et les indépendants. Elle suppose à ce titre une forte implication du citoyen-client. Elle suppose aussi de savoir déterminer les différents niveaux d'administration pertinents, en particulier entre le mondial, l'européen et le national, et leurs modes de gouvernance.

Ainsi sont posées les questions de l'articulation entre trois fonctions très différentes de la gestion des affaires collectives dans nos sociétés :

– la fonction de **décideur**, réservée au pouvoir politique sur les sujets importants ;

– la fonction de **« stratège »**, de proposition de politiques et de concepts dans des structures légères (la diplomatie, les cabinets ministériels, les structures interministérielles, comme autrefois le Plan, ou à Bercy les directions d'état-major, comme aujourd'hui le Trésor) ;

– la fonction de **« gestionnaire »**, de contrôleur, d'organisateur et de producteur de services dans de grands réseaux soumis au contrôle de la collectivité, de l'Éducation nationale à la police. Ce sont elles qui regroupent l'immense majorité des effectifs, et dont la crise est la plus visible puisqu'elles sont au contact du public. Mais ce sont celles aussi où les moteurs de la réforme apparaissent les plus clairs et les plus prometteurs, comme on a essayé de l'illustrer avec le cas de l'administration fiscale.

Dans l'État stratège, « l'État-major », la réforme de l'État pose trois types de grandes questions :

• la première est **celle de l'organisation de « l'État-major »** dans son ensemble. Elle renvoie en fait au management de l'information et de l'intelligence. Là, le *benchmarking* avec le privé permettrait d'améliorer des structures de fonctionnement encore trop hiérarchisées et cloisonnées pour favoriser un fonctionnement en réseau des administrations centrales, autour d'une gestion partagée de l'information. Les cabinets ministériels sont un palliatif spécifique à la France, excitant pour ceux qui y sont, déresponsabilisant pour le reste de l'administration. La création de délégations interministérielles correspond au même souci de mieux faire converger l'ensemble des administrations centrales autour d'une préoccupation donnée ; mais celles-ci ont tendance à se transformer elles-mêmes en administrations classiques, se superposant aux administrations existantes dans une lente sédimentation des structures dont la géologie d'ensemble représente une force d'inertie majeure. La production du droit et la multiplication des structures [1] repoussent tous les jours les limites de la lisibilité.

• la deuxième question est **le problème du contrôle de l'application des normes et des politiques** qui a évolué dans les pays avancés : on est passé d'un contrôle *ex ante,* qui supposait une autorisation administrative préalable pour l'opérateur extérieur à l'administration (exemple, les autorisations d'importation de certains produits sur le territoire, de sortie ou d'entrée de capitaux, de production dans certaines professions réglementées...) à des régimes basés sur la simple déclaration, voire sur le contrôle *a posteriori* du

1. Que penser de la nécessité de nommer un « délégué interministériel à la lutte contre la grippe aviaire », alors qu'existe une Direction générale de la santé, abondamment dotée en moyens, en particulier d'un département des interventions d'urgence et par ailleurs d'un bureau des maladies infectieuses et des politiques vaccinales ? Sans parler de la création d'une agence de l'innovation, alors qu'existe déjà l'ANVAR, désormais renforcée d'une banque, qui aurait très bien pu être dotée de moyens supplémentaires et chargée de ces missions. Ou encore de délégués interministériels aux industries agroalimentaires et à l'agroindustrie, ou au logement. On pourrait égrener ces créations qui, prises isolément correspondent toujours à des idées intéressantes, mais dont l'accumulation finit par compliquer à l'extrême le paysage administratif de notre pays, à rebours de l'impératif affiché de simplification et de réduction des coûts administratifs.

juge. Les États modernes sont des États de droit basés sur la confiance. Le développement d'autorités administratives indépendantes, chargées de vérifier l'application de la norme dans des cas où cette vérification suppose une compétence particulière, en deçà du contrôle du juge, va également dans ce sens : ces agences de régulation apparaissent parfois comme des modes efficaces de gestion de l'État. Elles pourraient d'ailleurs, selon les cas, n'avoir qu'une existence limitée dans le temps. De même, la séparation entre la fonction « stratégique », de définition des politiques, et celle d'opérateur des politiques doit être abordée dans le monde d'aujourd'hui d'une manière plus ouverte ;

• la troisième est **la nécessité impérative de la subsidiarité,** de renvoyer, le plus près possible des acteurs, la recherche des solutions et leur mise en œuvre. La territorialisation des politiques met en lumière les besoins de réponses différenciées sur le terrain, de nouveaux modèles de coopération, qui peuvent être variables sur le territoire. La présence de l'État local, qui s'impose pour des raisons de cohérence nationale ou européenne, a besoin moins d'uniformité que de stabilité et est fragilisée par la grande rotation des cadres. Le renforcement nécessaire des pouvoirs des collectivités locales pourrait en théorie aller jusqu'à un principe de compétence générale de droit commun, comme cela tend à devenir le cas dans la plupart des pays avancés. La réforme présentée par Jean-Pierre Raffarin en octobre 2002, avec l'affirmation du principe constitutionnel de décentralisation dans l'organisation de la République, aurait pu être une nouvelle page ouverte dans ce mouvement amorcé depuis vingt ans dans notre pays. Elle aurait pu trouver des solutions modernes à la question de l'enchevêtrement des niveaux d'administration décentralisée, qui a trop souvent été un obstacle à de réels progrès dans la décentralisation. Des considérations circonstancielles ont amené à revenir en arrière sur cette question pourtant cruciale dans l'organisation du pays, marquant une nouvelle fois les limites de la raison et de la nécessité sur un sujet qui place désormais la France plutôt dans le peloton de queue des grands pays avancés.

Leçon 12

LA PLACE ET LES CONTOURS DU « SERVICE D'INTÉRÊT GÉNÉRAL »

I. LES CONTRADICTIONS DU SERVICE PUBLIC À LA FRANÇAISE

Le service public concerne des activités économiques nombreuses et recouvre en Europe des réalités très différentes suivant les États. Celles-ci sont le plus souvent l'aboutissement d'évolutions politiques et économiques variées, autour de l'idée d'« intérêt général ». Les services postaux royaux remontent à Louis XI en France et à Henry VIII en Angleterre. Dès le XVIIe siècle, le colbertisme en France, mais aussi le mercantilisme à l'étranger, consacraient le principe d'une intervention économique de l'État. Depuis le XIXe siècle, le service public a occupé une place privilégiée dans les sociétés européennes. Ces évolutions communes se sont accompagnées d'une grande diversité des fondements juridiques du service public en Europe, comme de ses modes d'organisation et de gestion. Dans de nombreux cas, s'est imposée une gestion décentralisée des services publics, laissant aux municipalités le soin d'en organiser les modalités d'exécution.

Cependant, une profonde transformation a été engagée depuis une vingtaine d'années – privatisations, déréglementation –, au départ au Royaume-Uni, sous les coups de boutoir du libéralisme de combat de Margaret Thatcher, puis petit à petit dans les autres pays. Chaque pays l'a engagée à sa façon, en général d'une manière pragmatique. Aujourd'hui, seuls quelques secteurs restent encore considérés comme des services publics à 100 %, et les prestations de ces services font d'ailleurs l'objet d'appréciations diverses par les clients des pays concernés.

En général[1], les Européens sont légèrement favorables aux processus de mise en concurrence, voire de privatisation, des anciens monopoles. La Suède, pays de tradition social démocrate, apparaît comme un précurseur et certains pays, comme les Pays-Bas ou l'Allemagne, accélèrent le mouvement de privatisation. À l'inverse, le principe de ces évolutions est aujourd'hui explicitement mis en cause au Royaume-Uni, quand le fonctionnement des services privatisés, comme les infrastructures ferroviaires, pose de réels problèmes. Dans cet ensemble, l'opinion française paraît satisfaite de certains services comme EDF, mais les citoyens dénoncent en même temps le fonctionnement « archaïque » et « bureaucratique » d'autres services (absence de confort dans les transports urbains, horaires d'ouverture des bureaux de poste insuffisamment larges…) et font preuve d'un besoin croissant d'être reconnus et considérés en tant que clients. Le paradoxe et l'exception française sont marqués : dans ces secteurs, les Français sont prêts, sondage après sondage, à soutenir des mouvements favorables au *statu quo,* des cheminots aux postiers. La libéralisation, considérée à froid dans les sondages, n'est pas en soi un thème sensible ; elle peut le devenir dans le débat public. Mais en France aussi, la vague de privatisations a été significative depuis 1986, faisant tomber la part de l'emploi public marchand de moitié, de 10 % à 5 % environ, même s'il faut bien reconnaître que ce mouvement est encore plus fort chez nos partenaires.

Dans cette leçon, après le rappel de quelques principes de l'évolution de la gestion des services publics, on verra dans le détail la mutation de ces dix dernières années. La conclusion dressera le bilan, pour mettre en lumière les problèmes posés par la régulation des services d'intérêt général dans un cadre concurrentiel et tentera une mise en perspective des évolutions possibles.

1. « Étude sur les services d'intérêt économique général auprès des citoyens des quinze pays de l'Union européenne », Commission européenne, janvier 2002.

II. LES PRINCIPES DE L'ÉVOLUTION DE LA GESTION DES SERVICES PUBLICS

Les **biens marchands,** qui s'inscrivent à l'évidence dans un contexte **concurrentiel**, ressortissent naturellement de l'économie privée, et les entreprises publiques subsistantes du fait de l'histoire font progressivement l'objet de transferts au secteur privé : ce mouvement de privatisation, très général en Europe et en France depuis deux décennies, n'y est guère contesté. À l'inverse, la plupart des pays réservent à l'État ou aux collectivités décentralisées les activités de caractère **régalien** : police, fiscalité, armée, justice ou, à des degrés divers, d'autres secteurs comme l'éducation, la recherche fondamentale, certaines activités culturelles… Par contre, certains services ou équipements publics peuvent être gérés suivant des modalités très différentes (autoroutes à péage…). Ces **services d'intérêt général** sont des services qui « contribuent à la qualité de vie des citoyens et sont un préalable au plein exercice de nombre de leurs droits fondamentaux, à la compétitivité des industries et renforcent la cohésion sociale et territoriale » ; les marchés échouent à produire ces services d'une manière souhaitable ou à des prix acceptables. Ils doivent être réalisés sous le contrôle de la collectivité, au meilleur coût possible pour celle-ci. Ce principe est gravé dans la loi de nombreux pays européens, avec des forces juridiques variables : en France, c'est le préambule de la Constitution de 1946 qui énonce, dans son article 9, que « tout bien, toute entreprise, dont l'exploitation a ou acquiert les caractères d'un service public national ou d'un monopole de fait, doit devenir la propriété de la collectivité ».

La question des meilleures formes de gestion des services d'intérêt général a fait l'objet d'une très abondante littérature, dont la teneur a évolué depuis quelques décennies, notamment sur l'influence de l'école du *public choice*, qui a mis en lumière les « défaillances de l'État »[1]. Celles-ci apparaissent quand on analyse l'État comme une organisation et non plus comme une entité abstraite et monolithique : de même que pour une entreprise, les intérêts spécifiques

1. Voir la leçon 11, page 330.

de services ou d'hommes, peuvent venir contrecarrer la bonne réalisation de l'intérêt collectif. La question majeure posée par la gestion des monopoles publics est celle de leur **efficacité** et du contrôle de la conformité de leur gestion aux contraintes d'intérêt général.

L'efficacité de gestion d'une entreprise en situation de monopole est en général plus faible que celle des autres entreprises, en raison de l'absence de pression concurrentielle permanente ; elle tend à constituer des rentes de monopole, au détriment des consommateurs et de l'intérêt général. Les missions de service public sont souvent multiformes et de définition complexe, et il est difficile de trouver les incitations adaptées et cohérentes dans leur ensemble. Le contrôle trop lourd de l'État a entraîné une certaine forme de déresponsabilisation des dirigeants car la garantie de l'État actionnaire déforme la prise en compte du risque et en raison des limites liées aux asymétries d'information entre le contrôleur et le contrôlé.

Ainsi s'est dégagé progressivement un consensus pour considérer que le principe de la concurrence peut être appliqué à la gestion des services d'intérêt général, partout où cela est techniquement possible, et moyennant une régulation publique adaptée.

La concurrence « **par** » le marché essaie de créer les avantages de la pression concurrentielle pour les segments d'activité où la présence de plusieurs opérateurs est possible d'une manière durablement viable. La concurrence « **pour** » le marché met en concurrence les candidats à la gestion d'une activité monopolistique, sur la base d'un cahier des charges. Elle est une solution de « *second best* » dans le cas de « monopoles naturels » ; c'est en particulier le cas de la distribution de l'eau en France. L'option de la concurrence avec des contraintes particulières liées à l'intérêt général est la tendance dominante de l'évolution du secteur public dans la plupart des pays avancés et en particulier l'Union européenne.

Le service d'intérêt général peut être assuré indifféremment, en première approche au moins (voir *infra*)**, par une entreprise publique ou privée, agissant avec un cahier des charges précisant les obligations de service public.** Ces dernières sont souvent très complexes, comme par exemple pour les télécommunications du réseau « fixe » : l'égalité de traitement des clients, l'équité et la transparence tarifaires sont des éléments communs, déclinés suivant des termes propres à chaque secteur.

Les problèmes de la régulation des services d'intérêt général

Les problèmes rencontrés par la gestion publique sont nombreux et complexes[1]. La régulation des services d'intérêt général vise un équilibre entre l'intérêt des consommateurs, le contrôle de la concurrence, les résultats pour les actionnaires, public et privés, et le respect des obligations de service public. Au moins lorsque le service est assuré par plusieurs opérateurs, est-il souhaitable de mettre en place une **autorité** chargée de cette régulation, et de contrôler l'activité des opérateurs, le respect des missions d'intérêt général et des règles de concurrence, les tarifs, la qualité du service, d'assurer la protection des utilisateurs, et de veiller à l'attribution des financements publics liés aux missions d'intérêt général, en conformité avec les dispositions légales.

La régulation publique met face à face un régulateur et des entreprises qui ont leurs intérêts propres : les entreprises visent à faire le maximum de bénéfices, et le régulateur a un objectif premier de respect de sa mission. Les entreprises ont intérêt à essayer de biaiser l'information ou de capter le régulateur à leur profit.

La régulation des prix par la puissance publique suppose de la part de cette dernière une connaissance précise des coûts internes, des marges de gestion de l'entreprise et des conditions économiques de la demande ; il y a une **asymétrie d'information** et l'entreprise a intérêt à se faire passer pour moins efficace qu'elle n'est en réalité, pour disposer en quelque sorte d'une « rente d'information ».

Pour limiter ces inconvénients, des techniques particulières de contractualisation ont été mises au point, ainsi que des procédures de dévolution efficace de la gestion des services par appel à la concurrence, par appels d'offres sur cahiers des charges ou par enchères.

1. D. Bureau, « La Gestion des entreprises publiques », Direction de la prévision, document de travail n° 97-5, octobre 1997 ; pour une présentation très complète des problèmes de régulation des services publics aujourd'hui, A. Perrot, « Nouvelle organisation et débat sur les missions des services publics », in *Espérances de l'élection présidentielle*, « Cercle des économistes », Descartes, 2002.

Ce processus de déréglementation s'est amplifié du fait du **progrès technique**, qui a remis en cause le caractère durable de nombreux monopoles considérés comme naturels. Cela a été très tôt le cas des transports aériens ou des télécommunications, où la concurrence est apparue possible et mieux à même d'offrir au consommateur une gamme de produits diversifiés à un prix abordable. Il en va de même aujourd'hui de la production d'énergie et de l'exploitation des transports ferroviaires.

Le choix entre degré de monopole et degré de concurrence dépend donc de l'évolution des techniques et des imperfections relatives du marché et de la gestion publique. En théorie, si le coût relatif des **infrastructures** à rendements marginaux croissants est important par rapport à ceux de **l'exploitation**, comme cela est le cas des réseaux électriques de transport à haute tension ou des réseaux ferroviaires, il y a intérêt à conserver la gestion des infrastructures dans un cadre monopolistique. La règle du jeu doit être bien définie pour éviter la constitution d'une rente de monopole ; cela peut être assuré par une mise aux enchères de la concession avec la définition d'un cahier des charges sur les obligations, de nature technique, comptable, comportementale, environnementale, sociale ou économique, définies par les États pour les opérateurs de leur territoire et répondant à divers objectifs nationaux bien précis. Dans de nombreux cas, on en est encore resté à la propriété publique de l'infrastructure mais on s'oriente de plus en plus vers la propriété privée de l'exploitation.

La **propriété du capital** des entreprises publiques est en effet considérée comme neutre par les autorités communautaires. L'ouverture du capital au secteur privé comporte néanmoins deux avantages : un gain en matière d'efficacité interne, par la pression des actionnaires et des marchés financiers, et la possibilité de financer la croissance externe par des échanges d'actions. Elle peut présenter des inconvénients lorsque le secteur concerné requiert des investissements spécifiques à rentabilité privée incertaine mais à fort rendement social à long terme (cas de l'industrie aéronautique en Europe, ou de réseaux d'infrastructures). C'est également le cas quand l'évaluation des activités est difficile à quantifier, comme la sécurité ou la maintenance dans les infrastructures ferroviaires ou la production nucléaire ; au contraire, les secteurs où les problèmes de rentabilité et de gestion à court terme sont très importants par comparaison avec les investissements à long terme, comme le secteur financier, sont le lieu naturel des privatisations.

III. L'ÉVOLUTION RÉCENTE DES SERVICES D'INTÉRÊT GÉNÉRAL EN EUROPE

La révolution des services publics en Europe est due à la construction du marché intérieur concurrentiel et à l'harmonisation progressive des situations des différents pays. Au départ, la Commission européenne s'est appuyée sur la notion de **service universel** conçu, dans la tradition anglo-saxonne, comme « un réseau doté d'une couverture géographique générale mis à la disposition de tout usager ou prestataire de services dans un délai raisonnable et à des prix abordables ». Par la suite, compte tenu de la tradition continentale organisant des monopoles ou des dérogations importantes aux règles de concurrence pour permettre d'assurer, en principe, le service dans des conditions de prix et d'accès égales pour tous, l'Europe a forgé un concept de « services d'intérêt général », à mi-chemin des deux visions. L'article 16 du traité de l'Union, introduit par le traité d'Amsterdam, reconnaît explicitement le rôle des services d'intérêt économique général. Plus récemment, l'accès à ces derniers a également été élevé au rang de droit fondamental de l'Union européenne, avec l'article 36 de la charte des droits fondamentaux de l'Union européenne, proclamée lors du Conseil européen de Nice, qui dispose que « l'Union reconnaît et respecte l'accès aux services d'intérêt économique général tel qu'il est prévu par les législations et pratiques nationales, conformément au traité instituant la Communauté européenne, afin de promouvoir la cohésion sociale et territoriale de l'Union ». La préparation du projet de « Constitution européenne » avait fait sur ce point l'objet de vifs débats et la rédaction finale du texte avait été présentée par les défenseurs les plus traditionnels du service public comme un grand succès de leurs idées. Le texte prévoyait que la loi européenne « devait fixer les principes et conditions économiques et financières permettant aux services d'intérêt général d'accomplir leur mission » ; une telle formulation avait été considérée par certains commentateurs comme « un premier coup d'arrêt à la marche de l'Europe vers l'application sans nuances ni limites des théories néolibérales [1] ».

La notion de service d'intérêt général ainsi précisée sert maintenant de support à une ouverture progressive à la concurrence de la quasi-totalité des services publics. Dans cette doctrine, les États peuvent conférer « des droits exclusifs » à des entreprises qui remplissent un service d'intérêt économique général. Les services doivent être offerts sur la base de trois principes :

– la garantie de qualité des services d'intérêt général ;
– la transparence totale des tarifs et clauses contractuelles ;
– la possibilité de choix du service et, le cas échéant, du prestataire, avec une concurrence effective entre les prestataires.

Les États ne sont pas tenus de procéder à des privatisations, en raison du principe de neutralité de la propriété publique ou privée, mais on constate une évolution très rapide des secteurs réglementés, dans tous les pays. La Commission est vigilante sur les altérations possibles à la concurrence causées par la propriété publique des opérateurs, au titre des apports de l'État-actionnaire. Un des éléments les plus significatifs des nouveaux modes de relation entre les États et les services publics est la distinction faite entre les **services de l'État**, qui fixent les règles générales, les **régulateurs**, autorités administratives indépendantes, qui les font respecter, et les **opérateurs** qui peuvent être privés. La distinction entre pouvoir de réglementation et fonction d'opérateur fournit un cadre pour expliciter les contraintes d'intérêt général aux services publics.

Cette révolution du service public a d'abord concerné les secteurs où la concurrence s'imposait en raison de l'évolution technique, comme les télécommunications et le transport aérien ; elle est plus lente s'agissant de l'électricité et du gaz, en raison du caractère de monopole naturel des infrastructures, ce qui a imposé une séparation de l'activité des entreprises, autrefois intégrées, entre gestion des infrastructures et exploitation. Ce problème est encore plus aigu

1. G. Braibant, cité dans *Le Monde* du 12 avril 2005, qui mentionne également le commentaire de P. Bérès, négociatrice française à la Convention : « Les conditions économiques et financières des missions nationales de service public sont protégées. »

pour les chemins de fer dont la libéralisation totale reste encore un sujet de débat de fond ; enfin, s'agissant de la Poste, cela pose des problèmes très particuliers, sociaux et d'aménagement du territoire, et seul un calendrier de principe a été arrêté pour l'ouverture complète.

1. Les télécommunications : ouverture, bulle et concentrations

Dans le **secteur des télécommunications**, depuis les années 1980, le progrès technique et la numérisation ont eu pour conséquence une forte réduction des coûts de transmission de l'information, et l'abaissement des barrières à l'entrée, qui ont amené l'ouverture complète à la concurrence des marchés des télécommunications. Le Royaume-Uni d'abord, puis les États-Unis avec le démembrement d'AT&T en 1984, ont été à l'origine du mouvement. Le Livre vert de la Commission européenne de 1987 a prévu l'introduction progressive de la concurrence. Le service universel des télécommunications est défini principalement comme un service téléphonique de qualité à un prix abordable pour tous, avec des contraintes complémentaires [1]. La libéralisation complète du téléphone est devenue effective à partir de 1998 et s'est renforcée en 2001, avec le dégroupage de la boucle locale, c'est-à-dire la possibilité pour un opérateur quelconque de pouvoir utiliser les lignes terminales (le réseau « chevelu ») des opérateurs historiques. La régulation se caractérise dans tous les pays par la mise en place de systèmes de contrôle de prix et des pouvoirs importants accordés au régulateur, l'Autorité de régulation des communications électroniques et des postes [2] en France, par l'obligation d'une transparence comptable, la création d'un régime de licences, une préservation de l'accès de tous au service universel et une régulation efficace de l'interconnexion entre opérateurs. Les différentes missions

1. L'obligation d'assurer l'acheminement des communications téléphoniques en provenance ou à destination des points d'abonnement, ainsi que l'acheminement gratuit des appels d'urgence, la fourniture d'un service de renseignements et d'un annuaire d'abonnés, sous forme imprimée et électronique, et enfin la desserte du territoire national en cabines téléphoniques installées sur le domaine public.

2. Anciennement Autorité de régulation des télécommunications (ART), avant la loi du 20 mai 2005.

publiques sont désormais gérées par des autorités indépendantes entre elles, autorité réglementaire, arbitre de la concurrence, et autorité de tutelle de l'opérateur public, quand il subsiste.

Le secteur est maintenant devenu très ouvert à la concurrence, aussi bien pour le réseau fixe que pour les mobiles[1] ; les prix y ont fortement baissé – de plus de 25 % depuis 1996 –, plus encore pour les entreprises que pour les particuliers. Il s'oriente vers une certaine banalisation économique et juridique. La mise en place des réseaux de téléphonie mobile de troisième génération, selon la norme UMTS (*Universal mobile telecommunications system*) a donné lieu à des enchères avides conduites par certains États, comme la Grande-Bretagne et l'Allemagne en 2001, qui ont contribué à dégrader la situation financière du secteur, en plus de l'éclatement de la bulle sur les valeurs TMT. Le formidable développement du mobile, la croissance attendue des services en ligne et la convergence télécoms-médias vont entraîner la formation de nouveaux business models et la remise en cause de la chaîne de valeur traditionnelle du secteur. La forte montée de l'endettement, les besoins financiers nécessités par le financement de l'innovation, et les jeux stratégiques naturels dans une activité en mutation rapide conduiront à des reclassements d'activité et à des concentrations. La surveillance publique doit donc rester forte : en France comme en Allemagne, les parts de marché des opérateurs historiques, France Télécom et Deutsche Telekom, évoluent lentement et cela peut contribuer à la moindre pénétration des usages du numérique dans l'économie et la société, au moins de ce côté du Rhin. Ainsi, le cadre de la régulation fait l'objet d'améliorations périodiques pour la rendre plus efficace et mieux adaptée aux évolutions du marché.

2. Le transport aérien : une réussite européenne

La libéralisation du **transport aérien** a été engagée en 1987. Il s'agissait traditionnellement d'un secteur très réglementé : les États

1. Mais une concurrence qui doit en permanence être surveillée, comme en témoigne l'amende de 534 millions d'euros infligée, pour entente illégale entre 1997 et 2003 aux opérateurs de téléphonie mobile en France, par une décision du 30 novembre 2005 du Conseil de la concurrence.

décidaient des axes de circulation, des fréquences, des tarifs, dans un cadre coopératif entre les compagnies, qui assuraient à la fois des bénéfices et des possibilités de péréquation tarifaire, avec, dans la plupart des cas, un monopole. Depuis le 1er janvier 1993, les compagnies ont la liberté de fixer leurs tarifs intracommunautaires, y compris intérieurs. Les liaisons intracommunautaires internationales sont ouvertes aux compagnies qui désirent les proposer à leurs clients. L'attribution des créneaux horaires dans les aéroports de l'Union a elle aussi été réglementée, avec des instances indépendantes pour garantir l'équité des décisions. Depuis le 1er avril 1997, l'ensemble du marché communautaire est ouvert. Tout transporteur européen qui le souhaite peut effectuer des trajets intérieurs dans tout pays de la Communauté, avec des clauses de sauvegarde, pour prendre en compte les liaisons d'intérêt public, la répartition du trafic entre aéroports et les problèmes de congestion que connaissent certains d'entre eux. Les conditions d'exercice du métier de transporteur aérien ont été harmonisées.

Aujourd'hui, les infrastructures aéroportuaires et de navigation aérienne ont de plus en plus de difficultés à absorber des besoins en forte croissance. À l'inverse, la multiplication des opérateurs et des lignes nouvelles a entraîné, au départ, une offre excédentaire de vols aériens. Compte tenu du contexte de croissance économique modérée de l'Union et des conséquences sur le secteur aérien de la tragédie du 11 septembre 2001, la plupart des compagnies ont enregistré des pertes importantes. Le secteur s'est restructuré, avec des alliances, des réorganisations, et des mesures de gestion destinées à optimiser le remplissage des avions. Air France, sauvé in extremis par l'État français avec l'autorisation de Bruxelles en 1994, est un exemple remarquable de redressement conduisant à sa privatisation totale en 2003 et au rachat de KLM en 2004.

3. L'énergie : aux trois quarts du gué

La **production et le transport de l'énergie électrique** sont caractérisés par de puissantes économies d'échelle qui ont entraîné la formation de monopoles intégrés dans la plupart des grands pays, accentuées, au cours de la seconde moitié du XXe siècle, par des investissements lourds. Par ailleurs la distribution d'électricité est un monopole naturel, en l'état actuel et prévisible de l'électrotechnique. Les conditions technico-économiques ont évolué : la croissance de la consommation d'électricité s'est ralentie, des techniques plus légères de production électrique sont apparues, avec les centrales à turbine à gaz, et le modèle traditionnel de monopole national intégré et fermé a été remis en question. La concurrence avec d'autres formes d'énergie s'est développée, et la pression des gros utilisateurs d'électricité a amené les opérateurs à évoluer et la Commission européenne à définir les termes d'un marché européen de l'électricité par une directive de 1996 : celle-ci organise la séparation des activités de production, de transport et de distribution. Les réseaux de transport bénéficient d'un monopole, en raison des considérables barrières à l'entrée, et il est nécessaire de réduire les risques liés à la position dominante sur les producteurs et les réseaux secondaires. La directive de 1996 a donc prévu la mise en place des gestionnaires du réseau, indépendants des producteurs, l'affichage des conditions d'accès au réseau, et les critères d'éligibilité des clients autorisés à traiter directement avec des producteurs.

L'application de cette première directive a permis une réduction des prix importante. Le développement de la concurrence s'est fait aussi bien par l'arrivée de producteurs étrangers passant des accords avec des producteurs nationaux qu'au moyen de ventes par les opérateurs historiques de droits de tirages sur les productions existantes. Des bourses de l'électricité ont été créées et assurent la fluidité du marché de « gros ».

La directive du 26 juin 2003 libéralise à 100 % le marché de l'électricité (comme celui du gaz), en 2004 pour les entreprises et en 2007 pour les particuliers. Elle s'accompagne d'une séparation juridique entre producteurs et distributeurs, sauf exemption accordée par les Quinze, sur la base d'un rapport montrant que la libéralisation est efficace sans cette mesure. La transposition faite en France par la loi d'août 2004 a transformé les deux établissements publics EDF et GDF en sociétés anonymes (dont le capital, qui doit rester à 70 % dans les mains de l'État, aura été ouvert au public en 2005), dotées d'un service commun d'exploitation technique du réseau de distribution, dont l'autonomie est garantie par l'autorité de régulation.

Le **secteur du gaz** a une structure économique voisine de celle de l'électricité, avec des différences qui en font un monopole seulement partiel, pour le transport à moyenne distance et la distribution.

Les sociétés gazières connaissent déjà de longue date la pression concurrentielle aussi bien pour leurs achats que pour la commercialisation de leurs produits. Le principe du renforcement de la concurrence concerne, comme pour l'électricité, la possibilité pour un consommateur final d'avoir recours à des fournisseurs librement choisis : la directive de 1998 a donc organisé l'ouverture du marché à un niveau de 28 % en 2003, l'accès des tiers au réseau et la décomposition des entreprises en grands sous-secteurs autonomes, les gestionnaires du réseau devant être indépendants des producteurs et des distributeurs. La transposition de ces directives est presque achevée. La plupart des pays sont allés plus loin, et environ 80 % de la demande de gaz dans l'Union européenne est ouverte à la concurrence. Seuls le Royaume-Uni et l'Allemagne ont officiellement procédé à la libéralisation totale, bien qu'il y ait quelques retards dans la transposition complète de la directive en Allemagne. L'ouverture totale des marchés du gaz a été décidée lors de la réunion des Quinze de novembre 2002, qui a adopté les mêmes mesures que celles retenues pour l'électricité.

Les prix du gaz sont fixés par des contrats de longue durée et le marché spot par référence au prix du pétrole. L'évolution des prix montre que, plus la production intérieure du pays est élevée, plus les prix sont bas. C'est au Royaume-Uni et aux Pays-Bas, les deux plus gros producteurs de gaz de l'Union, que les prix sont les plus bas ; viennent ensuite l'Allemagne et l'Italie, avec des prix moyens, suivies de la France qui est un petit producteur.

Compte tenu du fait que l'Union européenne a une production limitée de gaz et de pétrole, par rapport à sa consommation, la sécurisation à long terme de l'offre énergétique représente le défi majeur auquel sont confrontés les régulateurs.

Dans ce secteur de l'énergie, la libéralisation s'accompagne de l'augmentation du rôle directeur du prix du marché, alors qu'auparavant les prix étaient fixés en fonction de contrats longs pour le gaz et de ressources électriques décidées dans le cadre d'une planification à long terme. Il est donc nécessaire de contrebalancer les effets de ce changement de « modèle » économique sur les investissements ; la volatilité des prix a tendance à augmenter les primes de risques et à réduire le niveau des investissements dans un secteur où les prix à la consommation font l'objet d'un encadrement public et ne reflètent pas directement les tensions à long terme du marché. Le sous-investissement chronique, par imprévision ou parce que l'opinion publique est réticente à la construction de centrales nucléaires, de centres de stockages ou de lignes hautes tensions, peut donc ne se manifester qu'à la longue, mais alors se payer de crises très fortes, comme en Californie, à l'été 2001. L'encadrement public des investissements est donc le corollaire d'un régime concurrentiel accru du secteur ; il doit pouvoir s'accompagner d'incitations financières significatives pour compenser le niveau élevé des primes de risque, compte tenu du fait que les amortissements s'effectuent sur plusieurs décennies.

4. Les services plus traditionnels : le rail et la poste

• Les **transports ferroviaires** étaient encore principalement assurés en Europe par des monopoles d'État, chargés de l'exploitation des réseaux d'infrastructure et de la gestion des services ferroviaires. Les infrastructures sont des monopoles naturels, en raison des économies d'échelle ; en revanche, l'activité roulante peut s'inscrire dans un cadre relativement concurrentiel. La directive de 1991 a amené l'indépendance de gestion des entreprises ferroviaires à l'égard de l'État, la séparation comptable entre la gestion des infrastructures et l'exploitation des services de transport, la réduction de l'endettement et l'assainissement financier. Les entreprises sont maintenant des sociétés privées, comme le réseau britannique, ou publiques autonomes, comme en Allemagne, en Italie, aux Pays-Bas ou en France ; les États ont mis en place des dispositifs susceptibles de favoriser l'arrivée de nouveaux entrants dans le domaine du transport voyageurs régional et local.

En février-mars 2001, le Conseil européen a adopté un « paquet » de directives sur les infrastructures, appelant à l'ouverture de l'accès à l'intégralité du réseau ferroviaire européen, en 2008. Ce « paquet » a comporté l'ouverture, en 2003, du réseau de transport de fret ferroviaire transeuropéen, représentant 70 % du fret ferroviaire. Les licences d'accès, valables sur tout le territoire de l'Union européenne, sont délivrées par un organisme indépendant désigné par chaque État membre. Le gestionnaire de l'infrastructure – en France, RFF (Réseau ferré de France) créé en 1997 – est tenu de publier les conditions d'accès, les principes de tarification, les règles de répartition des capacités (caractéristiques, restrictions éventuelles, modalités d'introduction des demandes de capacité…). Les redevances, établies et perçues par un organisme de tarification indépendant, sont égales au coût directement imputable à l'exploitation des trains, avec des majorations éventuelles de rareté des capacités. La répartition des capacités est mise en œuvre par un organisme indépendant, qui peut être le gestionnaire de l'infrastructure lorsqu'il est totalement indépendant des entreprises ferroviaires ; il accorde les droits de passage et gère les congestions éventuelles.

Le deuxième « paquet » ferroviaire adopté en 2004 fixe à janvier 2006 l'ouverture du marché du fret international dans son ensemble et celui du fret domestique à 2007. Un troisième, avancé également en 2004, a proposé la libéralisation du trafic international voyageurs pour 2008, mais la décision est encore en discussion.

Cependant, très peu de nouveaux entrants sont encore apparus sur les réseaux ferroviaires : le transport régional est limité dans les faits et les opérateurs historiques conservent une position dominante, voire un monopole de fait pour les grandes lignes ou le fret. La privatisation totale du service intervenue au Royaume-Uni fait par ailleurs l'objet d'une appréciation mitigée : le trafic voyageurs a progressé, les investissements réalisés dans le matériel roulant ont fortement augmenté, mais la qualité des prestations est un objet de débats, comme les questions de sécurité soulevées à la suite de catastrophes répétées.

• Le **secteur postal** est encore souvent un monopole, parfois partie intégrante d'une administration. Le service postal est une activité de gestion de réseaux humains et d'infrastructures dominée par des économies d'échelle et de gammes ; cela permet de conquérir ou de défendre des marchés voisins de celui du courrier, comme la logistique ou les communications électroniques, voire plus éloignées de ses activités de base, comme les services financiers, avec dans ce cas un risque de distorsion de la concurrence. Un réseau de distribution omniprésent donne aux opérateurs un avantage concurrentiel exceptionnel vis-à-vis des concurrents potentiels, mais la faible intensité capitalistique de certains créneaux permet à des entreprises de petite taille de se développer rapidement sur des segments de marché ciblés, et de devenir des concurrents redoutables pour les opérateurs historiques. Le secteur tend à un monopole dont le caractère public peut être contesté [1] ; mais l'opérateur historique est resté public au Royaume-Uni et la poste américaine conserve son statut de monopole public, avec l'accord tacite de ses concurrents, comme UPS ou Federal Express, qui veillent soigneusement à ce que le prix du timbre soit suffisamment élevé pour éviter à ces derniers une concurrence tarifaire forte, mais pas trop, pour ne pas favoriser les capacités d'une entreprise publique trop prospère (de toute manière, US Postal n'a pas la possibilité juridique de se développer dans d'autres secteurs que ceux de ses services de base).

La distribution postale dans l'Union européenne concerne principalement les entreprises, qui représentent les neuf dixièmes du marché. C'est un secteur de main-d'œuvre en raison de la couverture géographique (environ 280 000 personnes y travaillent en France, 1 700 000 dans l'Union européenne) et des besoins particuliers de relevage, tri, transport et distribution. La demande des citoyens est très inégale du point de vue géographique : deux tiers du trafic postal total sont traités par à peine 0,1 % des points d'accès, le reste des points d'accès traitent à peine un tiers du trafic postal. En Europe, la couverture des services postaux est plus dense qu'aux États-Unis (dix fois plus de bureaux de poste au km^2). Les prestataires du service universel ont néanmoins de plus en plus recours à des solutions souples (par exemple, les agences et les franchises représentent 40 % des bureaux de poste publics).

En Europe, **la directive de 1997 a défini les règles du service postal universel**, fourni de manière permanente en tout point du territoire à des prix abordables pour tous les utilisateurs. Le service peut être assuré dans un État par un ou plusieurs prestataires. Des services sont susceptibles d'être « réservés » au monopole : les envois de correspondance intérieure à bas prix, ainsi que le courrier transfrontière

1. Voir par exemple R. Geddes, « Do Economists Reach a Policy Conclusion on Postal Reform ? », *Econ Journal Watch,* avril 2004.

et le publipostage, dans la mesure où cela est nécessaire au maintien du service universel. La directive a été transposée dans tous les États membres : la France et le Royaume-Uni sont restés dans les limites fixées par la directive pour préserver la viabilité du service postal universel, et sept États, dont l'Allemagne, l'Italie et les Pays-Bas, ont transposé la directive dans un sens plus libéral. La directive de 2001 permet d'étendre le champ de la concurrence à partir de 2003, en abaissant le seuil des services « réservés » de 350 grammes à 100 grammes, puis à 50 grammes ; le chiffre d'affaires de ces services « réservés » au monopole représente environ 15 % des recettes. L'ouverture complète à la concurrence est envisagée pour 2009, en fonction de l'évaluation faite en 2006 et dans la mesure où pourra être assuré le maintien du service universel.

La concentration du marché reste globalement forte, et s'est même étendue à des marchés annexes traditionnellement concurrentiels, comme les colis et les services express. Les opérateurs historiques conservent plus de 95 % de leurs marchés intérieurs et se sont lancés dans de multiples fusions et acquisitions pour se renforcer à l'international.

Le Royaume-Uni a un réseau très dense et fortement déficitaire ; en 2001, Consignia a été le visage nouveau, mais resté public, de l'opérateur historique après la libéralisation du secteur et l'éclatement de la Post Office en trois entreprises en 1986. Elle a connu de graves difficultés financières, à la fois en raison d'une politique trop stricte du régulateur, des prix très bas, et de la perte du monopole du versement des prestations sociales. Elle est redevenue Royal Mail en 2002 après une recapitalisation, et ressort lentement du rouge en 2004, dans la perspective d'une ouverture totale à la concurrence en 2006.

La mutation en cours des postes nordiques, allemande et néerlandaise, est impressionnante : ces entreprises, grâce à une politique de prix plutôt élevés, ont réussi à s'adapter et à construire des opérateurs de taille mondiale. Elles se préparent à une ouverture totale de leurs marchés historiques dès 2007. Par exemple, l'entreprise néerlandaise des postes et télécommunications a été tranformée en société anonyme en 1989, sous le nom de Koninklijke PTT Nederland (KPN), et l'ouverture du capital de l'entreprise publique KPN a été faite en 1994 et 1995 ; elle a acquis l'opérateur australien Thomas Nationwide Transport en 1996, et enfin, a filialisé les télécoms et la poste, sous le nom de TPG, avec une cotation en bourse indépendante en 1998. Le chiffre d'affaires est en croissance permanente, ainsi que les effectifs.

Le Poste française doit aborder sa mutation avec retard et sans pouvoir bénéficier des avantages tarifaires de ses principaux concurrents européens ; longtemps considérée comme un lieu géométrique des conservatismes économiques et sociaux, elle doit faire face aux nécessités de faire évoluer un réseau de points de contacts deux fois plus dense (et donc plus coûteux) que celui de ses voisins, qui ont réduit leurs effectifs d'une manière considérable (par exemple de 30 % en Allemagne). Les élus locaux restent très chatouilleux sur le registre de la présence postale, sans toutefois en tirer toutes les conséquences en termes de prix des services postaux. Le programme de modernisation conduit actuellement par la direction de l'entreprise représente donc un enjeu crucial.

IV. LE BILAN DE L'ÉVOLUTION DES SERVICES PUBLICS ET LES PERSPECTIVES

Les consommateurs sont fidèles. Il leur faut une forte différence de prix pour changer de fournisseur : malgré de fortes remises, de l'ordre de 15 % à 25 %, seulement 20 % à 25 % de tous les consommateurs du marché britannique du gaz domestique avaient changé de fournisseur, un an après son ouverture à la concurrence [1]. L'explication réside en partie dans la stratégie d'offre groupée qu'appliquent les opérateurs historiques, par exemple en liant la prestation de certains services connexes à la fourniture du produit principal. Les formalités administratives de changement de fournisseur sont souvent un frein pour les consommateurs et nécessitent d'être mieux suivies par les régulateurs. À moyen terme, la libéra-

1. L. Keith, D. Kausman et G. Bard, « European Power : Managing through Deregulation », *The McKinsey Quarterly*, n° 1,1999, cité dans « Performances des marchés des industries de réseaux prestataires de services d'intérêt général : première évaluation horizontale », Commission européenne, décembre 2001.

lisation des industries de réseaux devrait aboutir à une convergence des prix vers le bas, puisque la concurrence se développe et que les marchés s'ouvrent. À court terme, un rééquilibrage des tarifs pour qu'ils reflètent mieux les coûts peut déboucher sur une hausse des prix dans certains segments alors que ces derniers étaient subventionnés ou faisaient l'objet d'une péréquation tarifaire.

On observe, en général, une corrélation entre la libéralisation des industries de réseaux et la baisse des prix, pour le consommateur et au niveau macroéconomique[1]. Sur longue période, si les bénéfices sont indéniables pour les prix des télécommunications et de l'électricité, dont l'augmentation est inférieure à la hausse moyenne des prix à la consommation, ceux des chemins de fer et des services postaux, moins soumis à pression concurrentielle, restent dans la norme générale. On ne peut cependant pas faire la part, dans ces évolutions, de ce qui est imputable à la libéralisation des secteurs d'activité concernés.

Jusqu'où privatiser et libéraliser en Europe ?

Le montant des privatisations a atteint environ 600 milliards d'euros en Europe depuis 1984. La question centrale dans ce domaine est celle du caractère durable, voire résurgent, de monopole naturel des activités concernées. Lorsque le réseau est un véritable monopole naturel, le choix entre propriétés publique et privée avec surveillance réglementaire est difficile, en raison de la relation d'agence : les entreprises régulées sont presque toujours mieux informées que le régulateur sur leurs coûts, la demande des services qu'elles fournissent et les conséquences de l'adoption de tel ou tel régime réglementaire. En revanche la propriété publique a peu de sens pour une activité effectivement ou potentiellement concurrentielle. À ce titre, l'analyse faite par l'OCDE[2], pour les industries de réseau, est la suivante :

1. « Horizontal Evaluation of the Performance of Network Industries Providing Services of General Interest », Commission européenne, juin 2004.

2. R. Gönenç, M. Maher et G. Nicoletti, « Mise en œuvre et effets de la réforme de la réglementation, leçons à tirer et problématique actuelle », *Revue économique de l'OCDE,* n° 32, 2001.

Secteurs	Activités non concurrentielles	Activités concurrentielles
Chemins de fer	Voies ferrées et signalisation	Exploitation, maintenance du matériel roulant
Électricité	Réseau de transport à haute tension et distribution locale	Production et fourniture d'électricité
Télécommunications	Réseau fixe d'infrastructures résidentielles	Téléphonie à longue distance, réseau mobile et services
Gaz	Réseaux de grand transport à haute pression et de distribution locale	Production, fourniture et stockage
Eau	Distribution d'eau et évacuation des eaux usées	Collecte et traitement de l'eau
Services aériens	Services aéroportuaires tels que l'attribution des créneaux horaires	Exploitation des lignes aériennes ; maintenance et ravitaillement des avions

S'agissant du secteur postal, on peut ajouter que la distribution du courrier en zone peu dense est probablement non concurrentielle, mais que les autres segments de l'activité le sont potentiellement.

L'expérience des privatisations de réseaux d'infrastructures intervenues au cours des vingt dernières années montre également les limites de changements effectués souvent sous une pression idéologique forte et au terme de préparations insuffisantes. Les exemples les plus spectaculaires en sont la faillite de Railtrack et les difficultés de British Energy et de Royal Mail au Royaume-Uni, ainsi que les crises dans la distribution électrique en Californie. De même, dans le secteur des télécommunications, comme l'instabilité des stratégies face au WAP et à l'UMTS l'a montré, les intérêts collectifs à long terme sont mal pris en charge par des entreprises privées, très réactives aux contraintes de court terme. La ligne de partage entre gestions publique et privée est donc un sujet en évolution permanente et ne doit pas être à sens unique. Elle devrait pouvoir faire l'objet d'évaluations et d'améliorations régulières, à l'intérieur d'une définition de principe marquant les frontières minimales de l'intérêt général : nécessité sociale de l'égalité d'accès, évitant toute discrimination, continuité de service, adaptabilité aux évolutions nécessaires.

Par ailleurs, les analyses empiriques récentes[1], concernant les effets de la privatisation sur les performances, concluent que les entreprises privées ou privatisées obtiennent de meilleurs résultats que les entreprises publiques en termes d'efficience de production et de rentabilité quand elles appartiennent à un secteur concurrentiel ; cette conclusion est plus incertaine dans le cas de celles qui gèrent un monopole naturel. Les restructurations d'entreprises publiques enfermées dans des contraintes budgétaires fortes peuvent avoir lieu indépendamment de toute privatisation ou libéralisation, avec une efficacité managériale équivalente à celle des entreprises soumises à la contrainte des marchés (cela a été le cas en partie d'EDF, par exemple, en France au cours des années 1980). En toute hypothèse, il apparaît nettement que c'est l'intensité de la pression, concurrentielle ou tutélaire, exercée sur les dirigeants et les personnels, qui joue un rôle positif sur la performance.

Au-delà d'approches trop simples, mais séduisantes pour le grand public, comme l'opposition service public-libéralisation, dont la phraséologie confine parfois dans notre pays à la guerre de religions et est en partie à l'origine du retard constaté dans l'évolution de certains secteurs, c'est donc toute la question des nouvelles formes de l'action publique qui est ainsi posée ; le pragmatisme et l'évaluation permanente doivent, ici aussi, remplacer les « schémas » dénoncés par R. Aron. Cette approche est acquise dans la quasi-totalité des grands pays européens, mais, à l'évidence un effort pédagogique reste à réaliser au sein de l'hexagone.

1. *Ibid.*

LEÇON 13

QUELLE POLITIQUE POUR L'ÉCONOMIE DE LA CONNAISSANCE ?

I. POLITIQUE INDUSTRIELLE, LE RETOUR ?

Les temps changent. Parler de politique industrielle il y a encore quelques années, dans les couloirs de Bruxelles ou même de Bercy, aurait entraîné un commentaire violent d'un commissaire comme Mario Monti, redouté commissaire à la concurrence, celui qui a fait trembler la moitié de l'aréopage industriel européen. En 2004, le virage est amorcé, grâce à l'élargissement et du fait de l'augmentation de la concurrence chinoise et indienne. Désormais, « la Commission entend mobiliser la politique industrielle pour accompagner le processus de mutations structurelles », par un cadre réglementaire favorable à l'industrie (ce qui n'est pas nouveau), par une meilleure « synergie entre les différentes politiques communautaires qui ont un impact sur la compétitivité de l'industrie », ce qui reste à apprécier à l'expérience, mais surtout (malgré Neelie Kroes, la nouvelle commissaire à la Concurrence et dussent les mânes de Leon Brittan ou Karel Van Miert en tressaillir) par le développement de « la dimension sectorielle de la politique industrielle ». Mieux encore, voir aujourd'hui le Premier ministre du Royaume-Uni donner des leçons de colbertisme à une France engluée dans ses contradictions face à la politique agricole commune, en rappelant que la priorité d'un État moderne est la compétitivité par l'innovation et la recherche, quelle ironie de l'histoire ! Les néocolbertistes sont désormais partout, de la Bavière à l'Écosse (patrie d'Adam Smith, père du libéralisme !). Ils investissent massivement dans les biotechnologies, dans les TIC, dans les grands projets d'avenir comme Galileo, et dans les partenariats public-privé.

Ainsi, l'économie mondiale se transforme à grande vitesse et les doctrines de la politique économique également. Les schémas de pensée formés, il y a une vingtaine d'années, pour l'économie industrielle post-fordiste sont déjà dépassés [1]. Les unités robotisées, le *nec plus ultra* de la production de la fin du XXe siècle, transformant des bouts de métal en microprocesseurs ou des tôles d'aluminium et des puces électroniques en voitures, grâce à une forte dose de machines-outils, avaient rendu son sens à l'industrie européenne. Elles ne représenteront pourtant bientôt plus qu'une faible part de l'industrie de demain, celle de l'information et du savoir.

Personne ne connaît encore très bien les secrets de fabrication de cette nouvelle industrie. À l'évidence, on ne gère pas la matière grise comme des usines ; la planification publique qui n'avait plus grand-chose à dire dans la gestion de l'industrie automobile ou des machines-outils, ne peut bien sûr encore moins prétendre gouverner les cerveaux. Mais tous les économistes s'accordent à penser que les stratégies publiques retrouvent une influence considérable. L'articulation entre les structures publiques et privées de la production du savoir est importante dans l'efficacité de l'industrie d'aujourd'hui. Dans les années 1980, André Giraud et Jean-Pierre Chevènement jouaient au Meccano avec l'industrie chimique, l'informatique ou le nucléaire ; leurs lointains successeurs le feront peut-être également avec l'industrie du savoir. Espérons simplement que ce sera avec autant d'énergie, plus de réussite, et surtout à l'échelle européenne.

Dans cette leçon, nous montrerons d'abord en quoi l'industrie de la connaissance est la base de la nouvelle économie, et fonctionne à partir de deux ressources, l'éducation et la recherche ; les parties suivantes seront consacrées à chacune de ces ressources. Nous

1. W. Baumol dans *The Free-Market Innovation Machine : Analyzing the Growth Miracle of Capitalism*, Princeton University Press, 2002.

essaierons de caractériser les systèmes d'innovation, fondements des économies modernes. Puis, après avoir exposé la stratégie de Lisbonne, réponse toujours espérée de l'Union européenne aux défis de l'économie de la connaissance, nous essayerons de cerner les éléments de la nouvelle politique industrielle.

II. L'ÉCONOMIE DE LA CONNAISSANCE, VOILÀ LA NOUVELLE ÉCONOMIE !

L'économie d'aujourd'hui incorpore une part croissante du facteur « connaissance » : la part consacrée à la production de connaissances et d'idées, sous forme d'éducation, de formation continue et de recherche, augmente, et celle des connaissances incorporées dans les produits et les techniques utilisées également. C'est une tendance à long terme de l'histoire économique. Elle se manifeste quelquefois d'une manière spectaculaire avec de grandes découvertes scientifiques ou techniques, comme la machine à vapeur ou l'électricité, le plus souvent d'une façon diffuse voire anonyme avec les innombrables petites améliorations de la vie industrielle.

Les TIC ont incontestablement révolutionné la capacité de faire circuler les informations et les idées, et vont accélérer la productivité du secteur de la production des connaissances. **L'accumulation prévisible du savoir est phénoménale** : on [1] a même avancé que le « stock de connaissances », qui double actuellement tous les cinq à six ans, doublera, en 2020 ; tous les soixante-treize jours ! Les études d'optimisation du profilage d'une aile d'avion nécessitaient des moyens humains encore très lourds, il y a une vingtaine d'années, et se font presque instantanément par modèles informatiques de simulation aujourd'hui.

La production de connaissances et d'idées reste cependant un processus complexe et encore très mal connu : elle est traitée plus comme une consommation que comme un facteur explicité de pro-

1. P. Schwartz, E. Kelly, N. Boyer, « L'avènement de l'économie du savoir », in *L'Économie mondiale de demain*, OCDE, 1999.

La théorie de la croissance endogène

La théorie de la **croissance endogène** a été développée par les travaux parallèles de deux économistes américains, Robert Lucas et Paul Romer[1]. Elle s'appuie sur les externalités du développement économique : la croissance dépend, comme dans la théorie classique de Solow, de l'accumulation du capital et de la population, mais aussi du niveau de qualification d'ensemble de la main-d'œuvre, du capital de connaissances, du niveau des infrastructures collectives. Or ce capital humain et ce niveau d'infrastructures publiques dépendent du degré de développement atteint par le pays, et donc des taux de croissance passés. C'est en cela que l'on peut dire que la croissance est « endogène », c'est-à-dire qu'elle est engendrée par la croissance elle-même. Le progrès technique, c'est-à-dire la part de la croissance qui n'est pas imputable au taux d'accumulation par l'investissement, est « induit ». **Il dépend de l'efficacité de la machine à innover**[2] : si les taux de recherche et d'investissement éducatif sont importants, le progrès technique sera plus élevé. Le lien entre les systèmes innovants, leur structure et le taux de croissance de la productivité fait l'objet d'études pour essayer de préciser les mécanismes de la machine à innover et donc d'améliorer son fonctionnement. La théorie de la croissance endogène permet d'expliquer les niveaux de croissance élevés des pays avancés

duction. Les connaissances sont à l'origine de la fabrication de nouveaux biens d'information, mais, si elles sont « consommables » et reproductibles à bon marché sous forme audiovisuelle ou de livres, elles ne sont pas utilisables directement par un processus automatique de traitement de l'information. Elles ne sont des « biens d'équipement » utiles que pour les personnes initiées, qui peuvent entrer dans un processus d'interaction dynamique avec l'information. La connaissance demande donc un processus coûteux d'apprentissage individuel et collectif, comportant de fortes économies d'échelle et des externalités positives : la multiplication des connaissances et des bénéficiaires du processus d'apprentissage

1. *Id.*
2. Pour reprendre l'expression de W. Baumol, cité *supra*.

et le fait que certains pays en développement sont restés « piégés » dans des « trappes à pauvreté », en raison du niveau d'investissements éducatifs et collectifs insuffisants.

Le caractère novateur de la théorie de la croissance endogène a été contesté par Edmond Malinvaud[1], qui a montré que les idées sous-jacentes à la théorie de la croissance endogène sont déjà chez les anciens. Adam Smith ne disait-il pas déjà que « chaque individu acquiert beaucoup plus d'expérience et d'aptitude dans la branche particulière qu'il a adoptée ; il y a au total plus de travail accompli, et la somme des connaissances en est considérablement augmentée. »

La recherche des fonctionnalités optimales de l'État s'appuie donc sur les externalités positives des dépenses d'éducation et de recherche. Elles peuvent, au-delà d'un certain seuil, ne plus avoir d'effet positif, mais, si elles ne sont pas suffisantes, l'économie peut stagner. **C'est le rôle de l'État de régler le niveau de ces externalités et de mettre en place les incitations collectives les mieux à même de rendre les infrastructures de connaissance les plus efficaces possibles.** Les théories de la croissance endogène ont malheureusement encore peu de pouvoir normatif : elles ne permettent pas de chiffrer le montant optimal de dépenses de recherche ou d'éducation, et encore moins de renseigner sur les modes d'organisation les plus efficients de la recherche et de l'innovation.

dans un pays permet l'intensification du progrès technique, comme le rappelle la désormais célèbre théorie de la croissance endogène[2].

Les innovations de caractère incrémental peuvent concerner les processus de production ou la définition des produits fabriqués ; elles ont lieu dans les entreprises existantes, et peuvent avoir ainsi tendance à renforcer la concentration géographique. Les innovations les plus radicales, qui aboutissent à la conception de produits totalement nouveaux, ont une probabilité d'apparition plus grande

1. Dans son article « Regard d'un ancien sur les nouvelles théories de la croissance » de la *Revue économique*, 1993.

2. R. Lucas, « On the Mechanics of Economic Development », *Journal of Monetary Economics*, 1988 ; P. Romer, « Increasing Returns and Long-Run Growth », *Journal of Political Economy*, 1986 ; et « Endogenous Technological Change », *Journal of Political Economy*, 1990.

dans une agglomération urbaine où la base de recherche est importante et multidisciplinaire. Dans tous les cas, l'innovation moderne, qui s'appuie sur l'échange d'informations, passe par la coopération entre les acteurs économiques car celle-ci permet de réduire les coûts d'accès à l'information. La théorie moderne a mis en évidence que les externalités jouent un rôle croissant dans l'économie, au sein d'un même secteur d'activité, comme pour l'ensemble d'un territoire. L'augmentation et l'intensification des externalités au sein d'un même pôle entraînent, selon les conclusions de la théorie économique, une augmentation de la productivité des entreprises de ce pôle, et un effet induit et cumulatif sur l'ensemble de l'activité de la région.

Le processus de création et de diffusion des innovations, qui s'appuient sur la transmission de connaissances tacites, a donc une forte composante géographique[1]. Les « externalités » sont la cause de la concentration géographique des activités, surtout pour les secteurs de haute technologie qui nécessitent une main-d'œuvre de forte qualification. Ce trait dominant de l'histoire économique a même tendance à s'accentuer dans la période actuelle, malgré les possibilités de télétravail qu'offre aujourd'hui l'Internet. La concurrence imparfaite et les rendements croissants, sources techniques de la concentration, restent également prédominants dans les industries manufacturières, malgré les évolutions techniques, et sont également prégnants dans les industries de services et les commerces ; elles tendent à toucher aujourd'hui les activités de recherche.

III. LES SYSTÈMES DE FORMATION EN EUROPE ET DANS LES PAYS DU G7

Le processus éducatif est à la base de l'économie de la connaissance ; dans tous les pays avancés, c'est une priorité de l'action publique. Les dépenses consacrées à l'éducation représentent partout un poste majeur des dépenses publiques. L'analyse des effets

1. A. Eickelplasch et M. Fritsch, « Stimulating the Division of Innovative Labor by Competition and R&D Subsidies », DIW Berlin, 2004.

des dépenses éducatives sur la valeur du capital humain et le niveau de croissance des pays avancés a fait l'objet de nombreuses études, controversées [1] en raison des difficultés d'estimation statistique : elles convergent pour indiquer que l'augmentation de la dépense éducative a un effet positif sur la croissance, à un niveau individuel et collectif. On a pu avancer [2] que **l'investissement éducatif a un rendement individuel important**, de 5 % à 15 % d'augmentation du revenu annuel moyen par année supplémentaire d'étude. Les chiffres de l'OCDE sur la comparaison des revenus moyens entre les diplômés de l'enseignement supérieur, à bac+ 5, et ceux du secondaire confirment ces données : la prime est en moyenne de 60 % dans l'OCDE et de 80 % aux États-Unis, ce qui correspond aux données.

Sur un plan **macroéconomique**, l'analyse la plus connue, celle de Mankiw, Weil et Romer [3], un des pères de la théorie de la croissance endogène, qui a consisté en la confection d'une fonction de production tenant compte du capital humain sur les pays de l'OCDE, a débouché sur l'idée qu'une augmentation de 10 % de la dépense en capital humain a un effet de 6 % sur le PIB. Ce chiffre doit être bien évidemment pris à titre indicatif. Cette sorte d'analyse quantitative a été multipliée au cours de la dernière décennie. Selon l'OCDE, pour la période 1971-1998, une année supplémentaire de niveau moyen d'études dans un pays aurait un effet positif à long terme sur la production (de 6 à 10 % approximativement), ce qui est en accord avec l'évidence microéconomique sur le taux de rendement privé de l'investissement en éducation. Le rendement de l'éducation peut être encore plus élevé s'il s'accompagne d'une augmentation du capital physique [4]. Les rendements de l'éducation peuvent varier fortement d'une personne à l'autre, l'investissement dans le capi-

1. J. Temple, « Les Effets en termes de croissance de l'éducation et du capital social dans les pays de l'OCDE », document de travail n° 263, octobre 2000 ; et A. Bassanini, S. Scarpetta, « Does Human Capital Matter for Growth in OECD Countries ? Evidence From Pooled Mean-group Estimates », document de travail n° 282, janvier 2001.

2. N. Barr, « The Benefits of Education, What we Know and What we Don't », London School of Economics, 2001.

3. G. Mankiw, P. Romer, M. Weil, « A Contribution to the Empirics of Economic Growth », *Quarterly Journal of Economics,* 1992.

4. M. Soto, « Rediscovering Education in Growth Functions Regressions », OCDE Developement Center, 2002.

Dépenses d'éducation par élève (2001 en dollars)

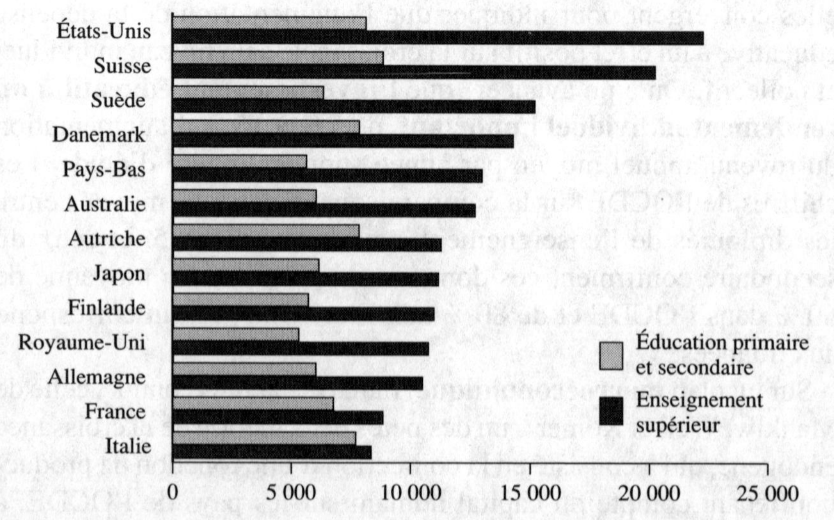

Source : OCDE

tal humain pouvant présenter un certain niveau de risque. Cela confirme que l'intervention de l'État est nécessaire compte tenu du rôle du capital humain dans la croissance économique, et des inégalités des enfants face à l'offre éducative. On constate que les pays qui dépensent le plus pour leur système éducatif, surtout l'enseignement supérieur, sont ceux qui ont les meilleures performances dans l'économie de la connaissance.

Ces études ne permettent cependant pas de déterminer ce que doit être le niveau optimal de la dépense éducative, car les estimations économétriques sont faites par comparaison sur l'ensemble des pays concernés ; prises à la lettre, elles signifient toutefois que la dépense éducative serait insuffisante dans les pays développés. La dimension qualitative de la fonction éducative est cependant au moins aussi importante que les aspects quantitatifs : la politique éducative vise plusieurs objectifs irréductibles entre eux, les uns étant individualisables, les autres étant collectifs, comme les externalités économiques et sociales (formation des valeurs et objectifs d'égalité des chances).

Les dépenses consacrées à l'éducation représentent une part moyenne de l'ordre de 6 % à 7 % du produit intérieur brut, répartie suivant les traditions des pays, d'une manière inégale entre le secteur secondaire et le supérieur. Les États-Unis dépensent presque trois fois plus par étudiant que la France ou l'Italie.

La durée moyenne d'études est très différente selon les pays :

– élevée : États-Unis, Canada, Suède, Finlande, Suisse, Danemark ;

– moyenne : Allemagne, Irlande, France, Pays-Bas, Japon, Royaume-Uni ;

– basse : Italie, Espagne.

L'évaluation comparative de l'efficacité des systèmes éducatifs reste encore peu développée. Globalement, la seule étude disponible faite avec des critères identiques est celle de l'OCDE, dite Pisa, qui a permis de mesurer les résultats des élèves dans les pays de l'OCDE au travers de plusieurs de ses caractéristiques (la compréhension de l'écrit, la culture mathématique et la culture scientifique) sur des élèves de 15 ans. Les performances moyennes des pays sont présentées sur une échelle qui va de 200 pour les plus faibles, à 800 pour les plus élevés, la moyenne de l'OCDE étant centrée sur 500. L'analyse Pisa permet de mettre en valeur les performances relatives des systèmes éducatifs et leur lien avec les dépenses éducatives par élève. L'étude tend à confirmer que le niveau de ces dernières est lié au revenu national, et que la performance ainsi définie des appareils éducatifs dépend légèrement de la dépense par élève : des pays comme la Corée ou le Japon ont des « rendements » supérieurs à la moyenne, avec des coûts élevés pour la Corée (7 % du PIB) et plus faibles pour le Japon, au contraire de l'Italie ou des États-Unis.

L'efficacité du système éducatif dépend bien évidemment de l'organisation du secteur : par exemple, des études [1] portant sur l'intérêt d'introduire la concurrence dans l'appareil éducatif montrent que le niveau moyen des écoles, publiques et privées, est amélioré par la concurrence, mais qu'un « effet d'écrémage » des élèves peut se produire, qu'il convient de limiter pour respecter le principe fondamental d'égalité des enfants devant l'éducation.

1. S. Ahn, « Competition, Innovation and Productivity Growth : A Review of Theory and Evidence », OCDE, 2002.

Une typologie des systèmes éducatifs en Europe

Le système éducatif est diversifié en Europe, en raison des disparités culturelles. On peut toutefois distinguer quatre modèles dominants[1] :

– le modèle **« professionnel »** à filières, qui est celui des pays « du Rhin et du Danube », comme l'Allemagne, les Pays-Bas, l'Autriche, le Luxembourg (ainsi que, hors Union européenne, la Suisse). Les enfants sont orientés, *grosso modo* à la sortie du primaire, vers le secondaire général, une formation « moyenne », ou une formation professionnalisée en alternance, selon le *dual system* allemand ;

– le modèle de l'**« école unique »** scandinave, où, pendant toute la durée de l'école obligatoire, jusqu'à 16 ans, avant un enseignement de 2e cycle secondaire par filières très variées, les enfants reçoivent la même formation ; les élèves à difficultés font l'objet d'un soutien très particulier ;

– le modèle « anglo-saxon » de l'**école polyvalente**, gérée d'une manière décentralisée selon une structure commune pour le secondaire, de premier comme de deuxième cycle, offrant une grande variété de possibilités pour les enfants. À côté de ces écoles du régime courant qui concerne 90 % des élèves, existent des écoles privées de haut niveau sélectives, ce qui crée de fortes inégalités ;

– le modèle traditionnel du **« tronc commun »**, dans les pays latins, France, Espagne, Italie, Grèce et Portugal, qui ont mis en place une structure de type « école unique » scandinave, mais sans toujours en adopter l'esprit, ni les moyens. Ce système est centré sur l'importance donnée à la formation générale, les examens et le caractère dévalorisé de l'enseignement professionnel.

1. F. Vaniscotte, « Les systèmes éducatifs en Europe », *Futuribles*, septembre 2001.

L'enseignement supérieur, ou le nouveau défi américain[1]

La politique du système d'éducation supérieur remplit deux grandes fonctions :

– offrir une bonne formation de base aux étudiants, ainsi que l'orientation et la formation professionnelle initiale ;

– assurer une recherche fondamentale de qualité et faire progresser les connaissances.

L'efficacité du système d'éducation supérieure est difficile à apprécier car la qualité pédagogique ou la contribution de chaque chercheur ne peuvent pas être mesurées d'une manière incontestable, sauf dans les cas extrêmes. Mais l'économie de l'enseignement supérieur permet de fournir quelques éléments de doctrine.

La concurrence est considérée comme un facteur d'efficacité et de qualité. Les incitations concurrentielles portant sur les résultats peuvent certes introduire un biais dans la pédagogie au profit d'un entraînement intensif aux examens, au détriment de la culture générale et de leur épanouissement personnel ; elles poussent à la sélection des étudiants à l'entrée des formations pour améliorer la réussite aux examens. Les incitations portant sur le financement peuvent entraîner une dépendance à l'égard des sources de financement, ce qui au demeurant ne présente pas d'inconvénient quand il s'agit de formations professionnalisantes ; elles s'accompagnent d'un certain « star-system ».

Mais à l'opposé, l'absence de pression concurrentielle tend à altérer la qualité du service, comme dans toute organisation.

À cet égard, le système américain est considéré aujourd'hui comme le plus performant. Il repose sur des ressources financières importantes (par exemple, le budget du MIT est d'environ 2 milliards de dollars pour 10 000 étudiants, celui de Princeton de 1 milliard pour moins de 7 000 étudiants, à comparer[2] aux 12 milliards d'euros du budget de l'ensemble du supérieur en France et ses deux

1. P. Aghion et É. Cohen, « Éducation et croissance », rapport du Conseil d'analyse économique, 2004.

2. Avec prudence, car les budgets des universités américaines comprennent les contrats de recherche ; et par ailleurs la comptabilité des universités françaises reste encore un sujet très difficile d'accès.

millions d'étudiants) et une autonomie des universités dans l'administration de leurs ressources, des éventails de salaires relativement larges, un marché des talents et un système de titularisation des enseignants basé sur une procédure de sélection après une période probatoire de six à neuf ans, ainsi qu'une forte mobilité des enseignants. La qualité de la gestion est motivée par le souci d'attirer les meilleurs étudiants et les soutiens financiers.

Éducation : inégalités et efficacité

Les inégalités ont tendance à se reproduire dans la mesure des « imperfections » du marché de l'éducation, car les parents n'ont pas tous la même information sur l'intérêt des études longues, ni un accès égal aux sources de financement, les plus riches pouvant financer plus facilement les études. De plus, le processus éducatif est un apprentissage à rendements croissants, où les mieux formés dès leur première enfance, profitent le plus de leur scolarité ultérieure. La mesure de la **performance relative**, au regard de l'équité et l'efficacité, des pays de l'OCDE, auprès des élèves commençant l'enseignement secondaire, en mathématiques ou en sciences par exemple, fait l'objet d'une étude empirique[1], à l'aide de données collectées dans le cadre de l'enquête internationale menée en 1995. Le niveau moyen des résultats scolaires est une mesure globale de l'efficacité ; le niveau des élèves augmente avec le niveau socio-économique, et plus la vitesse de cette augmentation (c'est la pente de la courbe qui lie le résultat au niveau socio-économique) est forte, plus le système scolaire est inégalitaire. Pour certains pays, un niveau élevé d'efficacité va de pair avec un haut degré d'iniquité, par exemple pour les États-Unis, l'Australie ou la Nouvelle-Zélande. À l'inverse, certains pays affichent de bonnes performances en termes d'efficacité (résultats moyens des élèves) sans pour autant s'accompagner de forts niveaux d'inégalités ; les cas les plus marquants sont ceux des Pays-Bas, de la France, de la Suisse, voire de l'Allemagne ou de la Suède.

1. V. Vandenberghe, « Efficacité et équité dans l'enseignement secondaire des pays de l'OCDE », document de travail n° 228, Ires, 2001.

IV. LA RECHERCHE-DÉVELOPPEMENT DANS LES PAYS DU G7

La recherche et le développement sont des facteurs de base dans l'innovation. La dépense de R&D a un lien positif avec le taux de croissance, comme l'ont montré de nombreuses études[1]. La recherche, considérée comme un investissement privé, a un rendement qui peut être très élevé. Si l'on prend en compte la recherche faite dans l'entreprise, on constate une élasticité de 0,07, ce qui signifie que 10 % de dépenses de R&D supplémentaires entraînent une augmentation de 0,7 % du chiffre d'affaires ; ramené aux données usuelles de rentabilité de l'industrie manufacturière, cela signifie un rendement de 25 % environ. L'ensemble des estimations connues se situe de fait dans une fourchette de rendements de 10 % à 30 %[2]. Si on intègre les effets de *spill-over*, c'est-à-dire l'utilisation de la recherche par les autres branches d'activité, certaines évaluations atteignent des taux de 50-60 % pour les pays avancés.

Une autre étude de l'OCDE[3] a mis en évidence les effets à long terme de la recherche-développement des entreprises sur la croissance de la productivité totale des facteurs, sur un panel de seize pays de l'OCDE pour la période 1980-1998 : un supplément de 10 % de R&D des entreprises engendre une croissance de 1,3 % de leur productivité. Cet effet est plus fort dans les pays où les entreprises réalisent plus de R&D et dans ceux où la part des financements gouvernementaux liés à la défense est plus faible. Une autre estimation[4], faite au niveau macroéconomique, a donné des chiffres comparables : 0,1 point de PIB supplémentaire consacré à la dépense de recherche pourrait avoir un effet à terme de 0,3-0,4 % sur le taux de croissance du PIB.

1. Par exemple, J. Mairesse et P. Mohen, « Quantifier les effets de l'innovation sur la croissance, une revue de la littérature », *Problèmes économiques*, 22 décembre 1999 ; et R. Griffith, *How Important is Business R&D for Growth ?*, Institute of Fiscal Studies, Londres, 2001.
2. R. Griffith, *op. cit.*
3. D. Guellec, B. Van Pottelsberghe de la Potterie, « R&D and Productivity Growth : Panel Data Analysis of 16 OCDE Countries », OCDE, 2001.
4. *Perspectives économiques*, n° 2, OCDE, 2000.

La recherche, qui est appréciée globalement par la dépense intérieure de recherche et de développement (Dird) de chaque pays, est réalisée selon des structures différentes suivant les pays. Les variations portent sur la part du PIB consacrée à la recherche, sur la répartition des financements entre l'État et le secteur privé, et sur le poids du secteur privé comme opérateur de la recherche, même financée sur fonds publics.

L'évolution, sur les années 1993 à 2003, de la part du PIB consacrée à la recherche montre bien **l'augmentation du retard européen** dans ce domaine par rapport au Japon, pays où celle-ci est la plus élevée, avec 3,1 % en 2003, et aux États-Unis, où elle est de 2,7 %.

Les politiques de la recherche

Les choix publics en matière de recherche concernent trois niveaux :

– la définition des moyens publics consacrés à la recherche publique et les incitations éventuelles pour encourager la recherche privée ;

– la répartition de la ressource publique par nature, fondamentale ou appliquée, et par thèmes ; le choix des thèmes ne peut être que large pour un grand pays, et pour un petit pays, il s'agit de définir les bonnes « niches » ; les pays moyens comme la France, le Royaume-Uni ou l'Allemagne, sont confrontés à des choix plus difficiles ;

– l'organisation du système de recherche ; la question est celle de la définition des meilleures structures microéconomiques de recherche et des mécanismes d'incitation, de gestion directe ou déléguée de la recherche, la mise en jeu des effets d'échelle ou d'agglomération, et des incitations concurrentielles pertinentes.

Les grands pays avancés s'inscrivent dans trois grands types de systèmes de recherche :

– ceux dans lesquels le financement et l'exécution des activités de R&D sont en majorité assurés par les entreprises : ce sont l'Allemagne, les États-Unis, le Japon, le Royaume-Uni, et la Suède.

– ceux où la part publique est équivalente à celle du privé, mais où la R&D publique est plutôt exécutée dans les universités que dans les organismes publics de recherche : il s'agit du Canada, du Danemark, de l'Espagne ou des Pays-Bas.

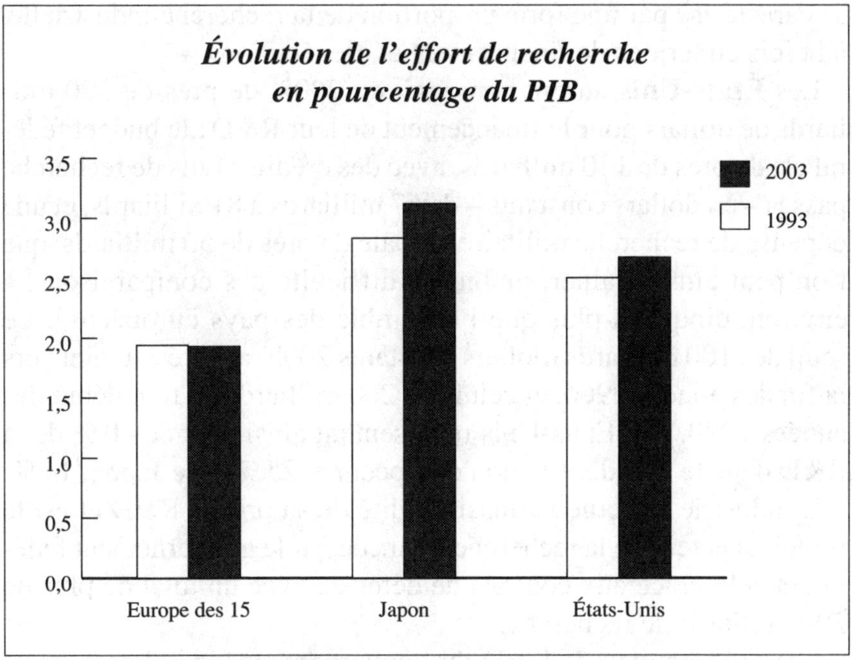

Source : OCDE

– ceux où la part publique est équivalente à celle du privé, mais où la R&D publique est plutôt exécutée par les organismes publics de recherche que dans les universités : la France et l'Italie.

On constate des différences importantes entre les pays européens et les États-Unis, qui apparaissent comme un lieu de référence du développement de l'innovation aujourd'hui. De plus, la mesure de l'impact des financements[1] gouvernementaux sur les dépenses de R&D des entreprises des pays de l'OCDE sur les deux dernières décennies a permis de montrer que le soutien public, direct ou par aides fiscales, aux dépenses de recherche des entreprises a un réel effet de levier sur les dépenses propres des entreprises, mais que le niveau de la recherche réalisée directement par les laboratoires publics entraîne une certaine forme d'éviction des dépenses privées par les dépenses publiques. Les pays de bonnes performances en termes d'innovation sont aussi ceux dont le système de recherche

1. D. Guellec et B. van Pottelsberghe, « Impact of Public R&D Expenditure », OCDE, 2000.

se caractérise par une forte proportion de la recherche industrielle, à la fois en termes de financement et d'exécution.

Les **États-Unis** auront consacré, en 2003, de près de 300 milliards de dollars pour le financement de leur R&D ; le budget fédéral est de près de 130 milliards, avec des crédits civils de recherche passés – en dollars constants – de 57 milliards à 81 milliards, et une dépense de recherche militaire globale de près de 50 milliards, que l'on peut ainsi évaluer, malgré la difficulté des comparaisons, à environ, cinq fois plus que l'ensemble des pays européens[1]. Le seuil des 100 milliards (dollars constants 2002) avait été atteint vers la fin des années 1960, et celui des 200 milliards au tout début des années 1990. Les États-Unis représentent ainsi près de 40 % de la R&D dans le monde, l'Union européenne, 25 % et le Japon, 14 %.

L'industrie effectue la quasi-totalité de sa propre R&D et est le principal acteur de la recherche financée par le gouvernement fédéral, et cela grâce aux contrats de défense, avec un total de plus de 200 milliards de recherche.

Les programmes de R&D du gouvernement fédéral sont gérés par les agences indépendantes comme la National Science Foundation et la fameuse NASA ou par les départements (ministères) comme la Santé, la Défense, l'Énergie, le Commerce. La NSF est exclusivement une agence de moyens, mais les autres ont leurs propres laboratoires de recherches et subventionnent également la recherche dans les universités, qui est ainsi le deuxième acteur de la R&D aux États-Unis. L'Université est l'acteur principal de la recherche fondamentale ; la recherche est centrée autour d'un fonctionnement très individualisé qui donne au système un dynamisme fort en interactivité constante entre les différents acteurs de la R&D.

La recherche américaine se caractérise également par son fort pouvoir incitatif pour les chercheurs, avec le Bayh-Dole Act qui permet au chercheur de bénéficier de 30 à 50 % des revenus de ses découvertes.

L'effort de recherche en **Allemagne** représente 2,4 % du PIB. Le système de recherche est décentralisé et différencié. Le financement provient pour 60 % des entreprises, 20 % des Länder, en concurrence

1. Rapports des commissions sur le budget de la défense du PLF 2005, Assemblée nationale ; cette donnée ne peut être qu'indicative, compte tenu du caractère très éclaté et confidentiel de la dépense de recherche militaire.

pour leur recherche, et 20 % de l'État fédéral. La recherche est réalisée pour les deux tiers par le secteur privé, 20 % par les universités et 15 % par les centres publics, indépendants mais regroupés en « associations ». Celles-ci sont des entités autonomes, principalement la DFG (Deutsche Forschunggesellschaft) et la société Max-Planck pour la recherche fondamentale, la société Fraunhofer pour la recherche appliquée. La DFG est une agence de moyens et un organe de conseil des pouvoirs publics au niveau fédéral.

La société Fraunhofer est le principal acteur de la recherche appliquée : ses 57 instituts sont indépendants les uns des autres, avec un budget global de 700 millions d'euros dont 30 % de l'État et le reste des grandes industries, comme aux États-Unis. La séparation entre recherche appliquée et recherche fondamentale n'est pas totale ; la société Fraunhofer a des liens étroits avec les universités et la recherche fondamentale. Le tiers de son personnel est composé de chercheurs et les directeurs sont également des professeurs d'université.

La recherche est caractérisée en Allemagne par le principe de la compétition entre les chercheurs : le recours systématique à l'appel d'offres pour le financement des projets de recherche et pour la nomination à des postes de chercheurs entretient cette culture de la compétition. Les chercheurs sont recrutés sur contrat en général. Les instituts de recherche sont soumis à une évaluation régulière par des comités internationaux.

L'Allemagne reste la « championne » de la production technologique européenne. Elle est largement en tête des brevets européens, avec une part mondiale proche de 18 % en 2001, suivie par la France (6,1 %) et le Royaume-Uni (5,3 %) ; pour les demandes déposées aux États-Unis, elle représente une part mondiale supérieure à 7 %, contre 2 à 3 % pour la France ou le Royaume-Uni.

Le système de recherche publique du **Royaume-Uni** repose principalement sur les universités, avec des pôles d'excellence de renommée internationale. Les organismes de recherche sont principalement des agences de moyens finançant la recherche universitaire. Il s'agit des sept conseils de recherche (*research councils*) répartis par domaine de compétences.

Si l'Allemagne est considérée comme en pointe dans la recherche industrielle, le Royaume-Uni est, de son côté, en tête de la production scientifique européenne, avec une part mondiale de 7,5 % des publications mondiales ; l'indice d'impact de ses publications (nombre de citations moyennes de ces publications dans des articles de revues à comité de sélection) progresse et se situe au niveau élevé de 1,10 (contre par exemple un indice d'impact de la France de 0,93 en 2001). La recherche et le développement représentent, à l'heure actuelle, 26 milliards d'euros soit 1,83 % du PIB, dont 50 % viennent des entreprises, 30 % des crédits publics, et 20 % de l'étranger, contre 2,2 % en 1985, en raison de la réduction de l'effort public.

La recherche publique est conduite à 80 % dans les universités avec une partie des scientifiques ayant à la fois une activité de recherche et une activité d'enseignement. Elle est assurée par un système dans lequel les infrastructures et le personnel académique permanent sont financés d'une manière institutionnelle, alors que les dépenses de recherche le sont par des « grants », subventions attribuées aux équipes pour des projets de 2 à 5 ans. De plus, il existe de très nombreuses fondations qui soutiennent la recherche. Les plus importantes soutiennent la recherche biomédicale, et la principale fondation, le Wellcome trust dispose de moyens supérieurs à ceux du Medical research Council. Si toutes les universités ont accès en principe aux financements de recherche, seules une dizaine dispose réellement de notoriété et des moyens conséquents, dans un système d'ensemble ultracompétitif où les hiérarchies sont remises en question en permanence. La souplesse de gestion est très grande, dans les recrutements et les rémunérations des chercheurs sur contrats, mais au prix de la continuité à moyen terme des équipes. Les résultats des réformes engagées depuis près de vingt ans sont contrastés, la réduction des crédits publics a été à l'origine de d'affaiblissement d'un grand nombre d'universités et des laboratoires gouvernementaux, mais l'efficacité du système a été fortement améliorée. La recherche fait l'objet de processus d'évaluation très rigoureux et la recherche universitaire est considérée comme très concurrentielle. Le Royaume-Uni est le premier pays d'Europe pour la recherche de défense et la pharmacie.

Le système de la **France** se caractérise par l'importance d'un secteur public peu concurrentiel, une forte centralisation, y compris territoriale, du processus de décision et de l'exécution de la recherche et par la faible relation entre la science et l'industrie.

L'effort de recherche, avec 2,2 % du PIB, est inférieur à celui des États-Unis, du Japon ou de l'Allemagne ; on peut même considérer que la Chine a aujourd'hui une recherche plus importante que la France. La partie publique, de 60 %, est faite principalement dans les grands organismes (à part égale entre le CNRS et les autres organismes).

Le CNRS dispose d'un budget de 2,5 milliards d'euros (comme le CEA) et comporte plus de 1 300 laboratoires, 11 000 chercheurs, soit un nombre de chercheurs supérieur à celui de l'ensemble des autres établissements publics à caractère scientifique et technologique et représente un quart du budget civil de R&D. La situation a évolué : 80 % des unités du CNRS sont mixtes avec l'université, une thèse sur cinq est réalisée dans des centres de recherche des Grandes écoles, et la répartition entre recherche fondamentale au CNRS et recherche appliquée dans les autres institutions s'est atténuée.

La France se situe en position moyenne des pays industrialisés pour le nombre de publications scientifiques et celui de brevets par habitant. Elle connaît une crise latente, parfois ouverte[1].

La recherche française se distingue de l'Allemagne et de la Grande-Bretagne, ainsi que des États-Unis, par trois éléments majeurs :

– la faiblesse de l'appel à projets, indispensable pour créer un minimum d'émulation entre les équipes de chercheurs,

– le statut des chercheurs qui freine leur mobilité, sauf pour les meilleurs, qui ont d'ailleurs tendance à une forte activité internationale,

– la nette insuffisance, dans les organismes publics, de l'évaluation externe ou conduite par des scientifiques venus de l'extérieur.

Le malaise des chercheurs français, marqué au début de l'année 2004, à l'occasion de mesures de restrictions de postes budgétaires, est le reflet à la fois des insatisfactions des intéressés dans un système peu adapté aux données actuelles de la concurrence mondiale, et du rôle mineur accordé à la connaissance et à la recherche dans la société française. La réponse apportée a été celle, malheureusement habituelle, d'un nouveau « grand » projet de loi sur la

1. Cercle des Économistes, « Réformer l'enseignement supérieur et la recherche », cahier n° 5, avril 2004.

recherche, et de la création d'une nouvelle agence, qui se veut à l'image de la NSF américaine, mais avec des moyens très limités au regard du différentiel relatif par rapport aux États-Unis et des méthodes d'intervention qui devront gagner leur crédibilité. La mission de l'Agence Nationale de la Recherche, mise en place en 2005, et dotée de 300 millions d'euros par an, sera en principe d'apporter des moyens légèrement accrus et d'instiller de la concurrence dans les projets de recherche dans des thématiques prioritaires : les sciences de la vie, les sciences et technologies de l'information et de la communication et l'énergie et le développement durable. L'Agence pourra financer elle-même des projets de recherche, en lançant les actions nouvelles en 2005 du Fonds pour la Recherche Technologique (FRT) et du Fonds National de la Science (FNS), faire des dotations en capital à des fondations de recherche reconnues d'utilité publique, et déléguer l'exécution de programme de recherche aux établissements de recherche existants dans leur fonction d'Agence de moyens. Les projets doivent être sélectionnés en principe sur des critères d'excellence scientifique et technique et des modalités claires, éprouvées et conformes aux meilleurs usages, faisant appel à des procédures transparentes et à des comités d'experts internationaux.

L'**Union européenne** se caractérise par un budget de recherche propre faible : la part du budget de l'Union reste confinée à moins de 5 milliards d'euros par an. Ce budget est émietté, et les procédures ont des coûts administratifs importants. L'Europe apparaît encore plus comme un partenaire que comme un véritable fédérateur. La question est aujourd'hui posée de l'augmentation des moyens européens, et donc du budget[1], et de la création d'une (ou plusieurs) agence de la science en Europe, à l'instar et avec les moyens de la NSF américaine, présentée comme un modèle.

Le Japon est un pays dont l'effort de recherche est très important, avec 3,2 % de son PIB (dépassé seulement par la Suède et Israël) et 120 milliards d'euros d'effort de recherche ; l'industrie apporte les 3/4 des financements et réalise les 2/3 de la recherche. Les entreprises assurent la recherche technologique, avec des taux d'intérêt très faibles et des prix de vente élevés à l'intérieur d'un marché

1. Voir leçon 1, page 56.

protégé. Le pays avait réussi sa politique de *second-mover* technologique, mais présent désormais sur la « frontière technologique », il vient d'entamer une restructuration importante de sa politique de la recherche et de l'enseignement supérieur :

– les laboratoires publics comme les universités sont devenus des entités administratives autonomes, des évaluations servant de base à la répartition des crédits ;

– les statuts évoluent vers plus de souplesse, pour les chercheurs avec la suppression de l'emploi à vie, et pour les universitaires la mise en place d'un système de contrats avec évaluation individuelle et de prime au mérite.

On constate ainsi une volonté de stimuler les relations des chercheurs universitaires avec les entreprises et de consacrer davantage de fonds à la recherche dans les universités et les laboratoires publics.

Délocalisation de la recherche, danger immédiat[1] ?

La dynamique de la création de matière grise s'inscrit dans les tendances démographiques : la Chine et l'Inde ont rattrapé cette année les États-Unis dans le nombre d'ingénieurs et scientifiques sortant chaque année, en moyenne, des universités, mais restent encore loin derrière l'Europe des 25 :

2001	Scientifiques formés
États-Unis	400 000
Europe des 25	600 000
Inde	316 000
Chine	337 000
Japon	240 000

Source : *Business Week*

1. Cercle des Économistes, « TIC, après la bulle, le temps du réel », 2005.

La donne mondiale est en train de changer rapidement ; des nouveaux pôles d'innovation se créent rapidement sur la planète, à Singapour, en Israël, en Corée du Sud, et des sous-continents entiers conduisent des politiques de remise en question des prééminences établies. Le flux des cerveaux pourrait s'inverser, avec la réduction du flux d'entrée dans les universités américaines, quand on voit l'installation de laboratoires de grandes sociétés américaines, par exemple celui de Microsoft à Pékin, avec ses 500 ingénieurs et chercheurs, et les chercheurs chinois ou indiens, vivant aux États-Unis depuis de nombreuses années, retourner au pays. Pour certains, la fin de l'âge d'or américain serait écrite à partir des années 2020, l'Europe ayant déjà perdu la partie ; les États-Unis doivent s'attendre à devoir être supplantés par la Chine, puis par l'Inde. Les plus extrémistes n'hésitent pas à affirmer que la Chine aura même dépassé les États-Unis dans dix ans. L'*outsourcing* redevient un thème à la mode aux États-Unis, et concerne maintenant les activités de la recherche. Cette thèse mérite d'être prise en considération, mais avec prudence.

Le nombre d'emplois de haute qualification dans les pays émergents ne serait pas tel que la Silicon Valley puisse considérer leur menace comme très actuelle. L'inertie des transformations économiques est par ailleurs importante : les États-Unis comme l'Europe sont toujours le lieu de production d'industries considérées comme traditionnelles, mais qui savent se renouveler « par le haut » de la valeur ajoutée. Par un phénomène de régénérescence des systèmes productifs (variétés de produits, de nouveaux mix de productions, entre recherche, marketing, fabrication, où l'importance du marché reste déterminante pour la localisation), les activités productives des pays avancés ont su s'adapter et dans de nombreux cas se renforcer ; certains économistes avancent même l'idée d'un pourcentage incompressible, pour des raisons d'ailleurs mal mesurées, de production locale nécessaire dans les pays avancés, malgré leurs hauts salaires[1].

La capacité de « résistance » des pays » avancés serait importante car les avances technologiques sont des avantages collectifs immatériels et peu mesurables mais durables, comme le montrent la Suisse ou la Suède.

1. R. Lester, « China, America and the global competition for industry », Center for industrial performance, MIT mimeo, 2003.

V. UNE DIMENSION CRUCIALE : LE DROIT DE LA PROPRIÉTÉ INTELLECTUELLE

Le niveau de la protection attachée à la propriété intellectuelle est une question centrale dans une économie d'innovation : il convient de rester en permanence dans un juste équilibre entre, d'une part, une protection suffisante pour encourager au maximum la création intellectuelle et, d'autre part, un système trop strict qui entraînerait la formation de nombreuses rentes de situation, entraverait la bonne circulation des idées et serait un frein à la diffusion des innovations. Le problème est moins crucial dans l'économie traditionnelle, car la création intellectuelle y est plus facile à protéger, et son coût ne représente *a priori* qu'une partie modeste de la rémunération de l'ensemble des facteurs de production.

Le **brevet** est un mécanisme peu utilisé malgré ses avantages économiques : il permet de couvrir les coûts de l'innovation et facilite sa diffusion. On ne brevète que 44 % des innovations de produits en Europe contre 52 % aux États-Unis, et 26 % des innovations de *process* contre 44 % aux États-Unis [1]. Les firmes préfèrent souvent garder secrètes leurs inventions, parce que la protection offerte par la détention d'un droit de propriété est incertaine et difficile à mettre en œuvre. C'est au détenteur du brevet d'identifier le contrefacteur et de porter l'affaire devant une instance juridique qui appréciera et interprétera le cas ; par ailleurs l'efficacité du système est fortement dépendante de la qualité des pratiques administratives et juridiques des pays.

Le brevet accroît le niveau de rentabilité espérée d'une innovation et agit comme un mécanisme d'incitation à l'investissement privé dans la production de connaissances, en imposant des droits exclusifs. Il peut restreindre l'usage de la connaissance et son exploitation, comme en témoigne l'exemple de Watt [2].

1. D. Foray, *Économie de la connaissance*, La Découverte, 2000.

2. « Quand, en 1775, le Parlement prolongea le brevet, qui lui avait été accordé en 1769, pour vingt-cinq ans, il donna un grand pouvoir à un homme dont les idées étaient depuis longtemps devenues rigides. Watt refusa de céder des licences ; il découragea les expériences de Murdoch sur les locomotives ; il fut hostile à

Les brevets font l'objet d'une forte régulation internationale. L'**accord Trips** (*Trade-related intellectual property rights*) relatif aux « aspects des droits de propriété intellectuelle qui touchent au commerce », négocié dans le cadre de l'Uruguay Round, est entré en vigueur progressivement à partir de 1995. Cet accord prévoit que les pays membres de l'OMC adoptent et fassent respecter des **standards minimaux en matière de droits de propriété intellectuelle**. L'objectif de l'accord Trips est de réduire l'écart encore très important entre les pays développés et ceux en voie de développement, par le renforcement des règles dans les seconds. En effet, l'absence de protection effective dans les pays en développement en matière de copyright, de marque ou de brevet y a favorisé la contrefaçon, qu'il s'agisse de produits informatiques, textiles, culturels ou encore pharmaceutiques.

L'impact d'un renforcement des droits de la propriété intellectuelle a donné lieu à des tentatives d'évaluation globale des effets de la protection sur l'efficacité et la croissance économiques : les estimations faites par exemple sur l'industrie pharmaceutique diffèrent de manière significative selon les pays. La perte pour le consommateur, due aux prix plus élevés, dépend de la taille du marché mais excède les hausses de profit des firmes pharmaceutiques. D'un point de vue théorique, il y aurait une sorte de seuil au-delà duquel le renforcement des droits a tendance à entraîner un ralentissement du taux de croissance à long terme, car il devient préférable de continuer à produire les produits existants plutôt que d'en développer de nouveaux. Les rares études empiriques menées autour de ce thème ne sont cependant pas concluantes[1] : on observe une corrélation positive entre le nombre de brevets par tête, l'intensité de la R&D et le degré de protection intellectuelle, mais on ne peut pas établir de lien de causalité.

l'utilisation de la vapeur à haute pression ; et l'autorité dont il jouissait était telle qu'il entrava l'essor de l'industrie mécanique pour plus d'une génération. Si son monopole avait expiré en 1783, l'Angleterre aurait eu des chemins de fer plus tôt. » (Caron, *Les Deux Révolutions industrielles*, Albin Michel, 1997, citation dans D. Foray, *Économie de la connaissance* cité plus haut.)

1. *Perspectives économiques*, OCDE, juin 2002.

VI. LES SYSTÈMES D'INNOVATION

Le processus de production et de diffusion des connaissances et des innovations implique l'ensemble des entreprises et des acteurs de la recherche et du développement : le « système d'innovation » fonctionne, selon les cas, d'une manière plus ou moins structurée. Son organisation varie selon les secteurs d'activité et son efficacité dépend de la capacité à nouer des liens entre les lieux de production des connaissances, les entreprises et les fournisseurs de capitaux. On constate des grandes différences entre les pays avancés dans leur capacité à réagir aux nouvelles données de l'économie de la connaissance.

Une typologie des systèmes d'innovation

On peut dresser un lien entre la performance du système d'innovation, appréciée par un ensemble de critères, et le taux de croissance[1] ; cependant ces critères d'appréciation ne peuvent, bien évidemment, pas être réduits aux seules données quantitatives[2].

Un premier élément d'appréciation des systèmes d'innovation est le nombre de scientifiques et d'ingénieurs employés dans les entreprises, et le pourcentage qu'ils représentent dans la main-d'œuvre totale : il était en forte hausse aux États-Unis et au Japon tout au long des années 1980 et 1990, alors que cette proportion n'atteignait en France, en Allemagne, au Royaume-Uni et au Canada, que la moitié de celle des États-Unis en 1995.

Un autre critère est celui de l'augmentation de la part du PIB consacrée à la recherche entre la décennie 1980-1990 et la décennie 1990-2000, celle du développement des TIC. On note ainsi une augmentation considérable, de 0,5 point de PIB environ, voire plus, dans les pays nordiques de l'Union européenne et au Japon, une

1. J.-P. Touffut et R. Boyer dans *Institutions et Croissance*, Centre Saint-Gobain pour la recherche en économie-Albin Michel, 2001.

2. S. Paillard, document de synthèse des travaux du séminaire d'experts sur l'économie de la connaissance, Commissariat général au plan, septembre 2001.

faiblesse des pays continentaux comme la France, les Pays-Bas et l'Italie, voire une régression pour l'Allemagne et le Royaume-Uni. Il est frappant de noter également que cette augmentation est le fait, pour les pays nordiques, de la recherche réalisée par les entreprises. La variation du taux moyen de croissance de la productivité globale des facteurs, entre les deux décennies 1980 et 1990, peut être considérée comme un indicateur de la performance du système innovant au moment de la mutation des TIC. Elle permet d'affiner l'analyse en fonction du niveau de « réglementation » des marchés et on voit[1] se dégager trois, voire quatre groupes dominants, correspondant aux constatations faites plus haut :

– le **modèle anglo-saxon** (États-Unis, Royaume-Uni, Canada, Nouvelle-Zélande, Australie, Irlande), fortement libéral et innovant ;

– le **modèle nordique** (les quatre pays nordiques), au degré de libéralisation intermédiaire et fortement performant. Ce système fait l'objet de nombreuses études actuellement, qui ont mis en évidence une mobilité élevée de la main-d'œuvre en général, deux à trois fois plus élevée que la moyenne européenne, et en particulier entre la recherche publique, les universités et l'industrie ;

– le troisième groupe, celui des pays dont les marchés du travail et des biens et services sont encore assez réglementés, et dont la performance d'ensemble, en termes d'adaptation aux données nouvelles de l'innovation, est assez faible. Il comprend la zone « Rhin et Danube » (Allemagne, Autriche, Pays-Bas), et la zone « Club Med » (France, Italie, Espagne) un peu plus réglementée, avec des nuances pour l'Espagne qui s'est libéralisée rapidement sur la période récente.

La Commission européenne place ainsi la France plutôt en milieu de tableau pour son indicateur composite, qui mesure la dynamique des performances d'innovation de chaque pays[2], derrière les pays nordiques, les États-Unis, le Royaume-Uni, le Japon et la Suisse.

1. *Perspectives économiques,* OCDE, juin 2002.
2. « Innovation European Scoreboard », Commission européenne, 2005.

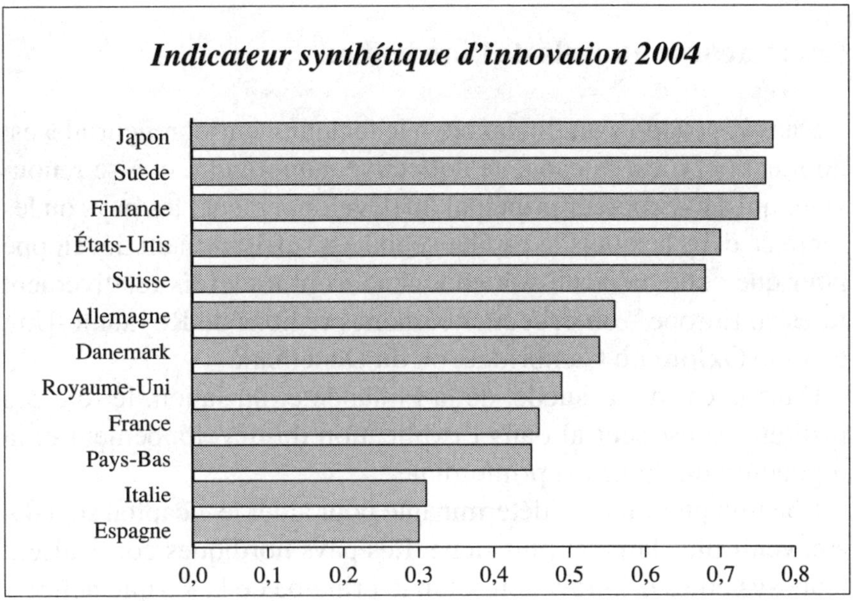

Source : Commission européenne

La mise en évidence de ces **deux grands groupes de pays moteurs,** le monde anglo-saxon, et le modèle nordique est confirmée quand on considère l'ensemble des investissements en connaissances, dépenses d'enseignement supérieur, dépenses de recherche et investissements en nouvelles technologies. La Suède se situe entre 6,5 et 7 % de son PIB, les États-Unis près de 5 %, et la zone euro en dessous de 4 %. Cette distinction peut s'appuyer, en complément, sur l'étude du lien entre la productivité globale des facteurs et le niveau de réglementation des marchés des biens et services et de l'emploi. Le système schumpétérien est plutôt lié à une économie très déréglementée selon le modèle anglo-saxon, accorde une prime forte aux innovateurs, avec une grande mobilité des chercheurs, à la valorisation des innovations dans des structures oligopolistiques bénéficiant de marchés importants, et vivant en permanence sous la pression des apporteurs de capitaux ; un autre type de système par « diffusion structurée » passe par la socialisation des connaissances et un effort de recherche ciblé sur certains secteurs.

Les facteurs culturels de l'innovation

Dans le groupe « anglo-saxon », le facteur « entrepreneurial » est dominant et c'est la capacité collective à apprendre et à se renouveler qui est le moteur principal du développement ; les pays ou les régions, dans lesquels le capital social est suffisamment développé pour que cette capacité soit endogène, sont toutefois relativement rares en Europe – on peut citer certaines régions du Royaume-Uni, comme Oxford ou Cambridge, ou du Danemark.

Dans le cas de la Suède, de la Finlande et du Japon, le rôle des institutions est central dans l'explication du développement et la régulation publique est primordiale.

L'action publique est déterminante pour aider le « capital social » à devenir plus large et plus riche. Les pays nordiques construisent leurs systèmes d'innovation selon le principe de la « triple hélice » en multipliant les liens les entreprises, les producteurs de connaissances que sont les universités et les centres de recherche et les institutions collectives.

Les pays d'Europe continentale, particulièrement méditerranéens, sont à l'évidence moins attractifs pour les activités innovantes d'aujourd'hui : les marchés restent encore cloisonnés, les coûts salariaux sont plus élevés, le dynamisme des « high tech » est nettement moins fort. Le système pyramidal privilégie la communication verticale, d'une manière peu compatible avec la communication horizontale, à tous niveaux hiérarchiques et entre tous organismes, qui caractérise la société de l'innovation.

L'Allemagne, comme les pays alpins, reste un grand pays d'innovation tourné vers l'ingénierie industrielle et jouit d'un potentiel universitaire et technique unique au monde, avec son réseau structuré de centres techniques. La France a montré sa capacité à entreprendre avec succès des grands programmes scientifiques et techniques. Son décrochage récent est cependant plus que préoccupant, du fait d'un certain désintérêt des élites dirigeantes pour la recherche et la technique, malgré les nombreuses lois et plus encore multiples discours. Le problème majeur y est celui d'une grande incapacité à adapter les structures universitaires et de la recherche aux données d'aujourd'hui.

Le monde de l'innovation semble ainsi avoir maintenu au XXIe siècle le clivage observé par Max Weber et actualisé par de nombreux auteurs comme Alain Peyrefitte[1] : « Les sociétés qui sont entrées en Réforme n'en sont pas sorties. Ce sont elles aussi qui sont entrées les premières en développement ». Les pays les plus innovants restent à plus de 80 %, des pays en majorité protestants ou de cette filiation culturelle.

Enfin, les facteurs financiers de l'innovation

Le rendement du système innovant dépend fortement de la **capacité d'accès au financement** de la recherche et du développement pour les entrepreneurs, notamment les PME, ce qui passe par des mesures d'encouragement au capital-risque. À ce titre, des progrès significatifs ont été enregistrés en Europe depuis la dernière décennie : le montant des capitaux levés au titre du capital-investissement[2] s'élève, en 2000, à 47 milliards d'euros, soit dix fois plus qu'en 1995[3]. Le capital-risque, qui représente 22 % de ce montant en 2000, a été multiplié de son côté par quatorze. Cependant la crise de 2001 a entraîné une baisse des capitaux levés et le niveau du capital risque n'est remonté en 2004 qu'à un niveau de 8,8 milliards d'euros.

Mais ces données doivent être comparées aux niveaux atteints aux États-Unis, où le seul capital-risque représentait en 2000 un montant de 104 milliards de dollars, de 40 milliards en 2001 et un niveau de 20 milliards par an depuis cette date[4].

1. Alain Peyrefitte, *La Société de confiance*, Éditions Odile Jacob, 1995.
2. Le capital-investissement, qui concerne les petites et moyennes entreprises à forte croissance, comprend trois termes : le capital-développement des sociétés existantes, le *leverage-buyout*, capitaux investis par le personnel pour racheter des sociétés existantes, et le capital-risque, qui permet de financer la création et la « post-création » d'une entreprise.
3. H. Guillaume, « La transformation du capital-risque en Europe », 3e conférence du Centre Saint-Gobain pour la recherche en économie, novembre 2001.
4. Source : National Venture Capital Association.

VII. LE PROGRAMME DE LISBONNE (MARS 2000) POUR LE PLEIN-EMPLOI ET LA POLITIQUE INDUSTRIELLE EN EUROPE

Le rôle de l'État est majeur dans le développement des nouvelles technologies. Aux États-Unis, le gouvernement fédéral, sous l'impulsion de Al Gore, a mis en œuvre, en 1993, un programme de coordination de l'action publique et privée, la National Information Infrastructure. Il visait à combler le retard américain face à la suprématie technique japonaise, avec des moyens financiers destinés à soutenir les innovations technologiques et leur diffusion, à adapter l'environnement administratif et réglementaire, et à créer un programme d'informatisation des administrations publiques. L'adaptation des régions les plus emblématiques de la culture « schumpetérienne », comme la Silicon Valley ou la région de Boston, a été considérablement facilitée par les orientations publiques fédérales, qu'elles viennent de la recherche militaire, de la NSF, ou, plus récemment des National Institutes of Health pour le développement des biotechnologies.

L'Europe a bien compris l'importance de l'enjeu ; elle s'est même fixée comme objectif de **devenir à terme le leader dans l'économie de la connaissance**, lors du Conseil européen de Lisbonne en mars 2000. L'idée générale est de raisonner et d'agir sur l'ensemble des éléments constitutifs de la productivité des travailleurs et des territoires. Il s'agit de moderniser le paradigme traditionnel braudélien sur **l'attractivité du territoire européen**. Des données physiques – accès aux ressources naturelles, transports, infrastructures industrielles –, on passe aux données immatérielles de la e-économie : qualité et cohésion du capital humain, adaptabilité des hommes et des moyens, sécurités physique et juridique, accessibilité aux grands réseaux d'information et de connaissance.

Le pari était qu'il doit y avoir un modèle européen spécifique de la prise de risque, aussi efficace que le modèle individualiste des États-Unis, avec une incitation collective à la prise de risque en faveur des innovateurs ou des jeunes chercheurs, suivie d'un meilleur partage des bénéfices du risque. En permettant une mutualisation, il assurerait une sorte de filet de sécurité en faveur des créateurs d'entreprises et d'activités, pour atténuer les conséquences individuelles des échecs. Ce **modèle européen de l'innovation** supposait une double révolution culturelle, accomplie d'une manière inégale suivant les pays européens : celle de l'acceptation plus grande d'un capitalisme schumpétérien, celle de l'ouverture et de la concurrence internationales.

Les principales orientations du programme de Lisbonne concernent :

– la mise en place de la **société de l'information**, avec la libéralisation complète du marché des télécommunications fin 2001, le renforcement de la concurrence pour réduire les coûts d'accès à Internet, un effort d'équipement des réseaux, l'adoption de directives sur la protection intellectuelle, le commerce électronique, etc. ;

– l'accélération de **l'achèvement du marché intérieur** par l'instauration d'une charte PME, la suppression des entraves aux services et l'accélération de la libéralisation des services publics ;

– la création d'un « **espace européen de la recherche et de l'innovation** », l'élaboration d'un brevet communautaire, l'aide à l'innovation et à la mobilité des chercheurs, ainsi que le renforcement des aides aux *start-up* innovantes (d'ici à 2010, les dépenses de recherche devraient atteindre 3 % du PIB) ;

– l'adaptation des **systèmes européens d'éducation et de formation** aux besoins de la société de la connaissance et à la nécessité de relever le niveau d'emploi, avec notamment des centres locaux d'acquisition des connaissances, la promotion de nouvelles compétences de base dans les technologies de l'information ; l'objectif est de réduire de moitié, d'ici à 2010, le nombre des personnes de 18 à 24 ans n'ayant accompli que le premier cycle de l'enseignement secondaire et qui ne poursuivent pas leurs études ou leur formation ;

– **l'augmentation du taux d'emploi** (de 61 % en moyenne en 2000 à un niveau aussi proche que possible de 70 % d'ici à 2010) pour faire notamment en sorte que la proportion de femmes actives (51 % en moyenne) dépasse 60 % d'ici à 2010 ;

– la modernisation des **régimes de protection sociale**, « dans le cadre d'un État social actif, de manière à ce qu'il soit financièrement intéressant de travailler », en accordant une attention particulière à la viabilité des régimes de retraite à différentes échéances jusqu'en 2020.

L'évaluation faite dans le rapport dit « rapport Wim Kok »[1], en novembre 2004, de la réalisation des objectifs de Lisbonne, dans un contexte de croissance ralentie par rapport au taux de croissance de 3 % visé à l'époque, montre le creusement de l'écart du PIB par habitant entre l'Union et celui des États-Unis. La différence entre les taux de productivité de la main-d'œuvre explique approximativement un tiers de cet écart, les deux autres tiers étant dus au moindre nombre d'heures de travail annuelles par travailleur et au taux d'emploi inférieur de l'Union. La progression vers l'objectif du plein-emploi est lente, le taux d'emploi constaté étant de 64,4 % en 2003.

Les progrès demeurent insuffisants dans le renforcement de la base de connaissance de l'Union européenne : le niveau d'investissement dans l'éducation reste trop faible. L'objectif de Lisbonne était d'avoir progressé de 25 % en 2005, alors qu'on est passé de 5 % du PIB consacrés à la dépense éducative à seulement 5,1 % en 2003 : la participation à l'éducation et à la formation tout au long de la vie demeure limitée. La part de R&D devait elle aussi avoir augmenté de 25 % en 2005 ; le résultat de 2003 n'est que de 2 % par rapport à la base de départ de 1,87 %. La progression du nombre de brevets par rapport à la population ou du nombre de diplômés dans les disciplines scientifiques est significative, mais le retard reste important en matière de valorisation de la recherche.

La politique de Lisbonne s'inscrit dans une politique d'ensemble telle qu'on les conçoit dans un monde d'interventions publiques limitées. Mais la question reste ouverte de politiques plus sélectives en termes sectoriels, compte tenu de la permanence du retard européen. Les pays européens ont eu une forte tradition d'interventionnisme industriel et de soutien aux entreprises, d'une part aux activités en difficulté, d'autre part au développement d'entreprises jugées stratégiques. La réalisation du grand marché européen et l'harmonisation des conditions de la concurrence sur l'espace

1. Du nom de l'ancien Premier ministre des Pays-Bas qui a présidé ce groupe et rendu le rapport, « Relever le défi, la stratégie de Lisbonne pour la croissance et l'emploi », Commission européenne, novembre 2004.

européen ont pratiquement éliminé les interventions ponctuelles, et, aujourd'hui, les relations entre les États et les entreprises y sont sévèrement encadrées. Les politiques de soutien à l'industrie ont été, depuis la réalisation du marché intérieur, des **politiques « horizontales » portant sur l'environnement juridique et financier des entreprises** dans l'esprit libéral nécessaire pour atteindre les objectifs du marché intérieur.

La nouvelle politique industrielle doit s'opposer à cette conception classique qui avait largement montré ses limites, comme l'ont mis en évidence J.-H. Lorenzi et É. Cohen dans leur rapport au Conseil d'analyse économique[1]. Elle passe d'abord et principalement par le renforcement des systèmes sectoriels d'innovation à l'échelle de l'Europe et des régions, des interactions entre les entreprises, les universités et les institutions de transfert de connaissances.

La nouvelle politique industrielle ne peut pas méconnaître la nécessité d'aider, dans le respect des accords internationaux, les « champions européens », entreprises leaders sur leurs marchés, de dimensions analogues aux entreprises japonaises et américaines, dans l'optique d'une guerre économique internationale et d'un jeu duo- ou oligopolistique ; il s'agit en l'espèce d'actions très ciblées sur certaines entreprises, avec des aides aux regroupements d'entreprises, des marchés publics, des fonds consacrés à la R&D et une politique appropriée de la concurrence. La doctrine de la Commission sur les effets positifs de principe de la concurrence a pu constituer un obstacle majeur à l'émergence de géants européens capables de concurrencer les grands groupes japonais et américains, comme l'ont montré les affaires Schneider-Legrand et Volvo-Scania par exemple. Les autorités américaines, qui sont dotées d'armes puissantes de protection commerciale, n'hésitent pas à s'en servir d'une manière parfois agressive pour soutenir leurs secteurs d'activité, même si la politique de la concurrence est exercée pour une bonne part par des autorités indépendantes du pouvoir exécutif ; l'Europe pratique une politique plus « réservée » pour ne pas exacerber les conflits commerciaux.

1. J.-H. Lorenzi et É. Cohen, « Les Politiques industrielles en Europe », rapport au Conseil d'analyse économique, 2001.

Il y a donc une nouvelle cohérence à trouver en Europe entre les trois politiques – « industrielle du savoir », commerciale et de concurrence –, visant le développement de **pôles d'excellence européens**. Le niveau européen est aussi le seul pertinent pour planifier les grands équipements de recherche ; une priorité est, bien sûr, celle des nouvelles technologies de l'information. L'exemple du projet Galileo, réponse européenne à l'hégémonie du Global Positioning System, montre qu'il est possible d'assumer l'autonomie de l'Europe dans un domaine stratégique tant du point de vue des intérêts de la défense que de la maîtrise d'une activité aux multiples enjeux commerciaux, même s'il a mis en évidence la lourdeur et les embûches de la prise de décision européenne face aux fortes pressions américaines.

* * *

On a coutume de dire que la connaissance sera au XXIe siècle ce que l'électricité a été pour le XXe ; elle posera un réel problème de production, d'accès et de coût. L'accord semble général sur un point : c'est que les externalités de réseau rendent les marchés inefficaces tels quels. En même temps que se réduisent les coûts d'accès à l'information, le coût d'apprentissage nécessaire pour utiliser cette information augmente et le coût fixe de production reste élevé.

Les producteurs de l'information risquent de se trouver pris en ciseau entre les producteurs de savoir, quelquefois peu rémunérés pour un travail important, et les consommateurs, qui ne voient pas pourquoi ils paieraient un bien au-dessus de son coût marginal pratiquement nul. Un nouveau modèle économique reste à trouver, singulièrement en Europe. C'est un défi considéré par un des meilleurs spécialistes actuels de la croissance, Danny Quah, comme analogue à celui qu'a connu la Chine au XIVe siècle, alors le pays le plus avancé du monde : en ratant le défi de la production et de la diffusion des progrès techniques, du fait de la bureaucratie impériale, elle est restée à côté de la mutation de la Renaissance en Europe[1].

1. D. Quah, « The Weightless Economy in Economic Development », CEP, document de travail n° 417, LSE, février 1999 ; pour une thèse plus nuancée, voir K. Pomeranz, *The Great Divergence*, Princeton University Press, 2000.

Selon Danny Quah, **la question n'est pas seulement de produire et de stimuler la production de savoir, mais également d'encourager la demande pour les nouveaux produits et les nouveaux usages.**

Les nouvelles technologies structurantes, comme l'a été l'imprimerie de Gutenberg, sont là pour stimuler les systèmes d'innovation et éventuellement sanctionner les pays qui ne savent ou ne veulent pas s'adapter. Pour se donner toutes les chances de succès, l'Europe se trouve confrontée à la nécessité de renforcer l'investissement en recherche et en éducation et de gérer avec efficacité son capital social. Mais il faut aussi le renouveler : l'Europe vieillit inexorablement et, ce faisant, s'appauvrit. Vus des États-Unis ou de la Chine, avec un regard simplificateur, nos « vieux » pays du continent donnent l'impression d'être épuisés par de nombreux siècles d'efforts, en quelque sorte écrasés sous le rocher de Sisyphe du progrès technique. Le dogme d'Alfred Sauvy est donc plus que jamais d'actualité ; c'est dans la dynamique démographique que se trouvent en partie les clés de l'énergie créatrice et la renaissance des sociétés européennes.

QUATRIÈME PARTIE

LA POLITIQUE DE RÉGULATION ET DE CROISSANCE EUROPÉENNE

Entre fonctionnement des marchés, ruptures de l'économie contemporaine et réformes structurelles, nous avons jusque-là peu parlé de conjoncture : non que le sujet soit moins important, mais parce qu'il est souvent mal posé, à trois titres au moins. La croissance, sur sa « trajectoire potentielle » de long terme, ne dépend pas que du *fine tuning*. Le terme étendard est trop souvent celui de la relance, souhaitable, pour éviter la « rigueur », si condamnable : la réalité est que les économies modernes n'ont besoin ni de l'une ni de l'autre séparément, mais d'un bon dosage des deux à la fois. L'essentiel est d'avoir une vision cohérente du réglage conjoncturel tout au long du cycle économique : ce sont les mêmes principes de politique économique qu'il s'agit d'appliquer en haut et en bas du cycle, en modulant bien sûr les degrés des instruments, mais pas leur nature.

Ensuite, le débat conjoncturel s'appuie parfois sur une vision techniquement dépassée de ces instruments de politique économique. Les gouvernements avaient à leur disposition, selon cette conception du passé, trois « leviers » discrétionnaires : le budget, la monnaie et les revenus. Ce n'est plus vrai depuis longtemps pour la fixation des salaires – hors Smic – qui incombe aux entreprises et aux partenaires sociaux ; cela l'est de moins en moins pour la politique monétaire, confiée à des banques centrales indépendantes, sans que cela signifie un amoindrissement de la responsabilité publique. La politique budgétaire, de son côté, n'est efficace que si elle peut compter sur les anticipations des ménages et des entreprises, conditionnées par la « soutenabilité » de l'endettement public. La modestie, qui n'est pas l'impuissance, s'impose donc.

Enfin, et surtout, la régulation du cycle a changé radicalement en Europe avec l'introduction de l'euro depuis le 1er janvier 1999. On en a souvent retenu la face visible : les critères de Maastricht avant 1998, l'arrivée de la monnaie fiduciaire en 2002. La réalité est beaucoup plus profonde : la politique conjoncturelle est devenue européenne, totalement pour les taux d'intérêt, largement pour les soldes budgétaires. Notre conviction est que cette évolution est profondément heureuse : non seulement pour les progrès microéconomiques de l'euro – pour les ménages et les entreprises – mais aussi parce qu'elle permet, enfin, un meilleur pilotage conjoncturel de la croissance européenne. Cela a fait défaut au cours des années 1990, en comparaison avec les États-Unis. Les États membres ont donc partagé une souveraineté pour mieux la retrouver. La construction de cet optimum collectif est loin d'aller de soi : ces dernières années l'ont montré.

L'Europe de l'euro traverse en effet ce qui constitue au minimum une crise d'adolescence, face à son nouveau cadre de discipline collective. La Banque centrale européenne a su s'adapter, avec bonheur à notre sens, à l'expérience de ses premières années de fonctionnement. Mais la souplesse budgétaire réclamée par les grands États – trop indulgents avec leurs propres faiblesses – a débouché sur une réforme du pacte qui représente probablement un recul, sauf si son esprit restait strictement respecté, ce qui ne semble devoir être le cas qu'en Allemagne. L'analyse économique est formelle sur les risques majeurs d'instabilité liés aux déficits et à la dérive de l'endettement.

Ce sont ces débats que tentera d'éclairer ce qui suit, selon trois leçons successives : la Banque centrale européenne et la politique monétaire ; les politiques budgétaires et le Pacte de stabilité et de croissance ; la régulation conjoncturelle et la capacité institutionnelle de l'Europe.

LEÇON 14

LA BANQUE CENTRALE EUROPÉENNE ET LA POLITIQUE MONÉTAIRE

I. LES TEMPS NOUVEAUX (1) : LA VICTOIRE HISTORIQUE SUR L'INFLATION

L'économie des pays avancés avait connu une période d'inflation marquée entre 1973 et 1980 après les deux chocs pétroliers, avec des taux supérieurs à 10 %. Les « trente glorieuses » elles-mêmes avaient été loin de la stabilité des prix : la sortie inflationniste de la Seconde Guerre mondiale[1] avait été suivie d'une inflation endémique à des taux annuels de 3 % à 5 %, entrecoupée d'épisodes conjoncturels de poussées supérieures à 5 %, comme la période 1957-1958 en France ou 1960-1961 au Japon. Le monde avancé et, à un moindre degré, celui des pays en développement ont enregistré un tournant dans l'histoire économique au cours des deux dernières décennies, avec la régression spectaculaire des taux d'inflation amorcée au début des années 1980.

Les politiques énergiques de désinflation engagées dans les pays anglo-saxons, à l'heure de la révolution libérale et monétariste des années 1980, ont été suivies par l'ensemble des autres pays, grâce à une plus grande sensibilisation des opinions publiques aux dangers de l'inflation.

1. Les périodes d'après-guerre sont propices à l'inflation : la fin des périodes de restriction entraîne une forte augmentation de la demande des consommateurs par rapport à une offre qui met un certain temps à se redéployer vers les biens de consommation ou la construction de logements. Par ailleurs, en général, le financement de l'effort de guerre a été assuré en partie par l'émission monétaire.

Pourquoi lutter contre l'inflation ?

L'inflation a plusieurs origines :

– c'est d'abord la conséquence d'un **déséquilibre entre l'offre et la demande**, sur certains ou tous les marchés des biens et services ou sur celui du travail ; un niveau de demande supérieur aux capacités moyennes de l'appareil productif peut provenir de multiples causes, dont par exemple une croissance monétaire trop forte ou un déficit budgétaire excessif ;

– elle est amplifiée par les **rigidités structurelles** dans la formation des prix : les variations des coûts, ceux des matières premières et les coûts salariaux, sont répercutées d'autant plus facilement dans les prix que la pression concurrentielle est faible ;

– elle est également accélérée par les **anticipations** des agents économiques : si les chefs d'entreprise ou les salariés anticipent une inflation plus élevée, ils auront tendance à chercher à ajuster par avance les prix de vente et les salaires sur l'inflation attendue plutôt que sur l'inflation effective.

L'inflation est, dans le long terme, un phénomène fortement lié aux excès d'émission monétaire. La thèse du « voile monétaire », avancée par la théorie classique, met en avant le lien proportionnel direct entre l'augmentation de la masse monétaire et celle des prix. Cette affirmation doctrinale est confirmée par les constatations empiriques, même si la causalité est plus complexe dans la réalité conjoncturelle : il y a une corrélation marquée sur le long terme entre l'évolution de la masse monétaire et celle des prix. Aujourd'hui, il convient d'ajouter une autre dimension de l'inflation, celle des bulles d'actifs. Elles peuvent se former sous l'effet d'une confiance en une tendance haussière des prix de marché des actifs, disproportionnée au regard de leurs valeurs « fondamentales », au cours de laquelle les investisseurs spéculent sur la poursuite de la hausse ; elles trouvent souvent leur origine dans une émission monétaire excessive qui, en se dirigeant en partie sur la Bourse ou les acquisitions immobilières, a tendance à faire monter les prix des actifs.

Le contrôle de l'émission monétaire est donc, en toute hypothèse un élément central de la lutte contre les tensions inflationnistes.

L'inflation est un phénomène dont les effets peuvent être catastrophiques, comme les crises de certains pays en développement ou l'Allemagne des années 1920, ou seulement insidieux. Ses conséquences sont en général négatives pour l'économie et la société :

– elle opère une **redistribution** au détriment des agents économiques dont les patrimoines ou les revenus suivent les hausses de prix avec retard, comme les retraités, les détenteurs d'actifs monétaires non indexés, les bénéficiaires d'allocations publiques, en faveur des détenteurs d'actifs ou de revenus dont la valeur nominale suit bien l'inflation ;

– elle crée des **distorsions fiscales** car, dans un système progressif, une partie de l'augmentation nominale des revenus, correspondant simplement au maintien du revenu réel, est taxée plus que proportionnellement ;

– elle entraîne des **coûts structurels** diffus et imperceptibles, mais dont l'effet d'ensemble est loin d'être négligeable : le « coût des chaussures » (temps et moyens consacrés à adapter son comportement pour réduire les effets négatifs de l'inflation, en particulier aller fréquemment à la banque pour éviter de détenir trop de liquidités fongibles), le « coût des menus » (ressources consommées dans les entreprises à la détermination fréquente de nouvelles grilles de prix) ;

– elle fait monter les **primes de risque** demandées sur les marchés des titres financiers à taux fixes, car son niveau est un facteur d'incertitude sur la valeur des prêts non indexés Plus le taux d'inflation est élevé, plus celle-ci est volatile et plus sa prévisibilité est faible pour les agents économiques, et cela fait monter les primes de risque demandées sur les marchés financiers, et pèse ainsi d'une manière négative sur l'investissement et la croissance ;

– elle pose un **problème extérieur grave**, car elle oblige à un arbitrage fréquent entre dévaluation et perte de compétitivité extérieure et favorise ainsi la spéculation contre la monnaie et l'apparition de crises financières ;

– enfin, il y a un lien fort entre le niveau de l'inflation et la difficulté à la contrôler.

La lutte contre l'inflation s'est appuyée, dans tous les pays de l'OCDE, d'abord sur des politiques monétaristes de limitation de l'évolution de la masse monétaire et d'augmentation des taux d'intérêt, ensuite sur des politiques budgétaires restrictives, un renforcement des pressions concurrentielles et une réduction des réglementations protectrices. Un des éléments majeurs en a été **l'indé-**

pendance des banques centrales par rapport aux gouvernements, fondée sur des considérations théoriques et des observations pratiques : les politiques monétaires totalement discrétionnaires sont en théorie « sous-optimales ». Les études faites sur les résultats des politiques monétaires de différents pays industrialisés ont montré qu'il y avait un certain lien entre l'indépendance des banques centrales et la maîtrise de l'inflation[1]. La question de l'indépendance des banques centrales va d'ailleurs de pair avec la définition de leur marge d'action et de leurs objectifs : la seule lutte contre l'inflation peut amener à des comportements trop rigoureux, au détriment de la croissance et de l'emploi. L'indépendance ne doit donc pas empêcher un réel dialogue, voire une coordination entre les autorités monétaires et politiques, d'une manière informelle aussi bien qu'institutionnelle ; cette question sera vue plus loin.

Selon certains, ces politiques de désinflation ont pesé fortement sur la croissance et les emplois : l'augmentation du chômage, conséquence des politiques de désinflation, a contribué en retour à réduire le rythme des hausses de salaires et à inverser les anticipations inflationnistes. En toute hypothèse, la désinflation a été d'autant plus efficace et moins coûteuse pour l'économie qu'elle a été « crédible », soit au moyen d'un choc violent de politique économique lié à l'accession au pouvoir de personnalités politiques ou de dirigeants de banques centrales nouveaux et considérés comme énergiques, soit par une politique graduelle mais soutenue dans le temps.

C'est ainsi que les taux annuels d'inflation, supérieurs en moyenne à 5 % avant les années 1990, sont restés constamment bas depuis lors, dans la quasi-totalité des pays avancés :

1. A. Alesina et L. Summers, « Central Bank Independence and Macroeconomic Performance », *Journal of Money and Banking,* 1993.

La réduction de l'inflation

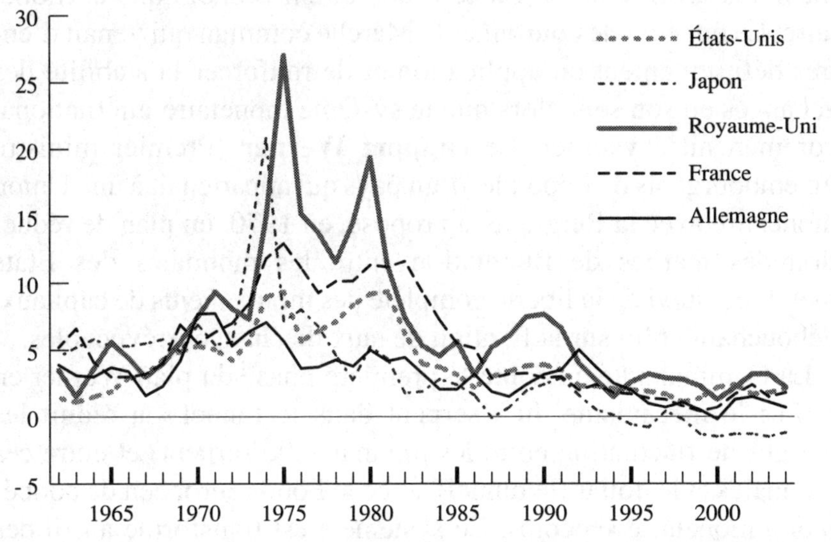

Source : OCDE

II. LES TEMPS NOUVEAUX (2) : VERS L'ÂGE DE RAISON DE L'EURO ?

L'histoire de l'euro a été celle de la construction miraculeuse, mais difficile, d'un vaisseau en pleine tempête. Cette grande étape politique de la création d'une Europe unie bâtit une solidarité sans précédent entre les États participant à l'euro et une communauté concrète entre les citoyens.

1. Pourquoi une monnaie unique ?

À l'origine, le traité de Rome n'avait pas prévu de dispositions monétaires : les six États fondateurs de la Communauté européenne participaient au système de Bretton Woods qui se caractérisait par des taux de change fixes entre les monnaies avec une possibilité d'ajustement. En 1969, après la création de la Communauté et au moment du démarrage de la coopération politique entre les États membres, avait émergé l'idée d'une union économique et monétaire. Le but était de couronner le Marché commun qui venait d'entrer définitivement en application et de renforcer la stabilité des échanges en son sein alors que le système monétaire international commençait à vaciller. Le **rapport Werner** (Premier ministre luxembourgeois de l'époque, d'un pays qui appartenait à une Union monétaire avec la Belgique) a proposé, en 1970, un plan de réduction des marges de fluctuation entre les monnaies des États membres, suivi de la liberté complète des mouvements de capitaux, débouchant enfin sur la fixation de taux de change irrévocables.

La Communauté a adopté la première phase du plan Werner en 1971 : le mécanisme du « serpent dans le tunnel » a réduit les marges de fluctuation entre les monnaies (le serpent) et entre ces monnaies et le dollar (le tunnel), avec le Fonds européen de coopération monétaire (Fecom). Ce système s'est transformé au fil des secousses monétaires internationales en une zone mark élargie, sans la France ni l'Italie, car il supposait une coordination des politiques économiques et une discipline commune que les différents États n'ont ni pu ni réellement voulu mettre en œuvre dans une période extrêmement mouvementée.

La solidité du « couple franco-allemand », incarné par l'amitié personnelle de Valéry Giscard d'Estaing et de Helmut Schmidt, a cependant permis la décision au Conseil européen de Bruxelles de décembre 1978 de construire un **système monétaire européen**, avec une monnaie de compte, l'Ecu (European Currency Unit). Cette monnaie composite est constituée par des proportions fixes de chacune des monnaies participantes. Le mécanisme de change est basé sur des cours « pivot », pouvant faire l'objet d'ajustements, autour desquels les cours réels ne devaient pas s'écarter de plus de 2,25 %, et un système d'interventions mutualisé entre les banques centrales, appuyé par le Fonds européen de coopération monétaire. Ce système a bien fonctionné. Il a été renforcé en 1987 par une meilleure coordination des interventions. Le risque restait cependant celui d'une asymétrie du SME transformé en une zone-mark, et forçant les gouvernements à aligner leurs politiques économiques sur la politique économique allemande, considérée encore comme la plus « vertueuse » de la Communauté, en raison de l'objectif institutionnel d'un mark fort en l'Allemagne.

Avec l'horizon de 1992, la mise en place du marché intérieur et la libre circulation des capitaux ont conduit à reprendre l'objectif d'union monétaire. Le Conseil européen de Hanovre, en juin 1988, a ainsi confié à un comité présidé par Jacques Delors, alors président de la Commission européenne, « la mission d'étudier et de proposer des étapes concrètes menant à cette union ». Deux thèses étaient en présence. La première, **« institutionnaliste »**, était celle d'une construction préalable de mécanismes institutionnels propices à la convergence économique progressive des pays adhérents à une monnaie unique, sans que cette convergence soit une condition au démarrage du processus. À l'inverse, la thèse **« comportementaliste »** demandait la convergence préalable à tout processus de construction monétaire commun : défendue notamment par l'Allemagne, elle signifiait la garantie d'une monnaie forte par la stabilité des prix et l'équilibre budgétaire des membres de l'union monétaire. Le rapport Delors, rendu en avril 1989, a opéré une synthèse de ces deux visions, avec la **réalisation de l'Union économique et monétaire (UEM) en trois étapes** : la première étant celle du renforcement de la coopération entre banques centrales ; la deuxième comportant la création d'un Système européen des banques centrales (SEBC) ainsi que le transfert progressif du pouvoir de décision monétaire à des institutions supranationales ; la troisième voyant les parités des monnaies fixées irrévocablement et la création de la monnaie unique européenne.

2. Unité allemande et union monétaire européenne : une genèse difficile

Le Conseil européen de Madrid de juin 1989 a adopté le plan Delors et décidé la réalisation de la première étape à partir du 1er juillet 1990. La chute du mur de Berlin a modifié la donne politique et économique de ce débat : d'une part, elle a amené le chancelier Kohl à donner des garanties politiques sur la poursuite de l'ancrage européen de l'Allemagne, en élargissant aux questions de sécurité et de défense – l'Union politique, dans le vocabulaire de l'époque – l'accord sur la construction de la monnaie unique. Mais, d'autre part, par une ironie du sort, elle a entraîné de graves déséquilibres dans la politique économique allemande, faisant perdre à l'Allemagne sa place de premier de la classe européenne, tout en entraînant des tensions très fortes dans le SME.

Les modifications nécessaires à l'UEM ont été faites par le **traité sur l'Union européenne, signé à Maastricht le 7 février 1992**, avec des changements significatifs par rapport au plan Delors. La ratification du traité de Maastricht en 1992-1993 s'est cependant accompagnée d'une crise monétaire violente, la dernière « crise dure » du système monétaire européen de l'avant-euro, au cours de laquelle l'Union monétaire a failli mourir au moment même de sa naissance. À l'origine de cette crise, le contexte monétaire et budgétaire de **l'unification allemande** : celle-ci s'est faite, par la volonté politique du chancelier Kohl, à des conditions monétaires avantageuses pour les Länder de l'Est, contestées par la Bundesbank. Celle-ci avait proposé une parité de 2 Marks Est pour 1 Mark Ouest, reflétant les écarts de pouvoir d'achat et de productivité des deux anciens pays. La décision politique d'une parité de 1 pour 1 a eu pour effet une brutale augmentation de la masse monétaire, qui, liée aux importantes subventions accordées par le budget fédéral, a représenté un choc considérable de demande à l'Est. Elle a entraîné des distorsions majeures de conjoncture entre l'Allemagne, qui a connu un taux de croissance supérieur à 5 points en 1990 comme en 1991, et la France qui avait connu des taux nettement moindres, respectivement de 2,5 % et 1 %. Les transferts publics annuels de l'Ouest vers l'Est ont atteint environ 200 milliards de Marks (plus de 100 milliards d'euros). La dette publique est passée de 46,3 % en 1990 à 57,8 % du PIB en 1993. L'excédent commercial allemand s'est contracté fortement, de 70 milliards de dollars en 1990 à 18 milliards en 1991, et l'inflation est réapparue.

Pour respecter à la lettre ses obligations légales de stabilité des prix et de la valeur externe du Mark, la Bundesbank a donc été amenée à mettre en œuvre une politique monétaire très restrictive, faisant monter les taux de 5 % à 8,5 % en 1992, ce qui a eu notamment pour effet de créer des tensions à la hausse sur le DM. Les autres pays européens ont dû réagir, en quittant le SME (comme le Royaume-Uni ou l'Italie en septembre 1992), ou en relevant forte-

Entrée dans l'euro : la stabilisation économique dans la zone euro

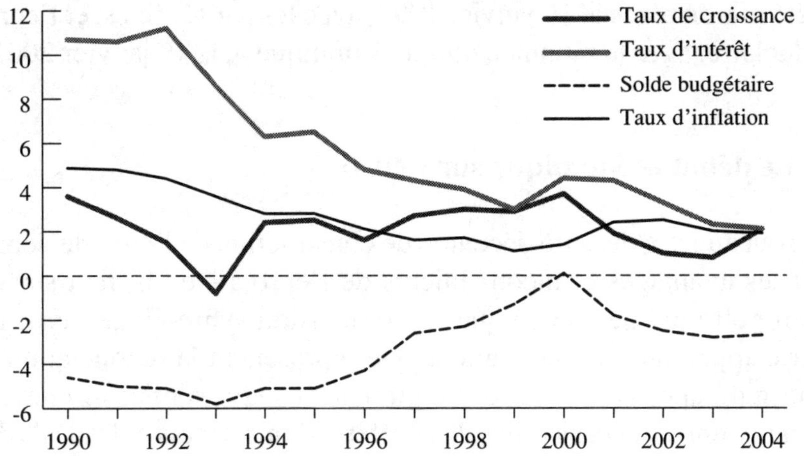

Source : OCDE

ment les taux d'intérêt, comme la France, soucieuse de préserver la parité avec le Mark au moment des premières étapes du passage à la monnaie unique.

Après 1995, le retour à un faible taux d'inflation en Allemagne a incité la Bundesbank à réduire ses taux d'intérêt. Globalement, les taux d'intérêt européens sont tombés de 10 % environ en 1990 à moins de 3 % au début de 1999, et l'inflation, qui avait connu une poussée en 1990-1992, est restée contenue dans les normes du traité de Maastricht[1], aux alentours de 2 %. En revanche, le prix payé temporairement en termes de croissance et de chômage a été important.

1. Les « critères de Maastricht » sont l'ensemble des contraintes économiques à respecter pour les candidats à l'entrée dans l'euro. En vertu de l'article 121 du traité et du protocole annexé, ce sont les suivants : un haut degré de stabilité des prix, avec un taux d'inflation aussi près que possible de celui des États les mieux placés de l'Union, de moins de 1,5 point, la soutenabilité de la position financière, avec un déficit public inférieur à 3 % du PIB, et un endettement de 60 % maximum, le respect des marges de fluctuation autorisées par le SME pendant au moins deux ans, sans dévaluation, la convergence des taux d'intérêt à long terme.

La liste des onze pays concernés a été arrêtée à Bruxelles le 2 mai 1998 ; ce sont l'Allemagne, la Belgique, l'Espagne, la France, l'Irlande, l'Italie, le Luxembourg, l'Autriche, les Pays-Bas, le Portugal et la Finlande, rejoints par la Grèce en 2001. L'euro financier a été mis en place le 1er janvier 1999, avec les parités fixes, et l'euro fiduciaire, avec la monnaie unique « pratique », le 1er janvier 2002.

3. Le débat économique sur l'euro

Tout au long de cette décennie de construction de l'euro, le débat sur les avantages et inconvénients de l'euro a été vif, tant sur le plan politique que technique. La dimension symbolique visait la perte apparente de souveraineté que représentait la renonciation à une monnaie nationale ; cet argument « souverainiste », cultivé notamment à l'occasion des deux référendums danois et français de 1992, a pu dresser, contre le processus de construction européenne, la partie de l'opinion la plus fragile face aux incertitudes d'une période de mutations politiques, techniques et sociales. Hors d'Europe, des théoriciens américains comme Martin Feldstein annonçaient des heures sombres : « Au lieu de favoriser l'harmonie intra-européenne et la paix dans le monde, le passage à la monnaie unique et l'intégration politique qui suivra accentueront plus vraisemblablement les conflits au sein de l'Europe et entre l'Europe et les États-Unis [1]. »

La dimension technique a concerné principalement les spécialistes, qui se sont généralement accordés sur les perspectives offertes par l'euro et leurs limites : bénéfices de la suppression des coûts de transaction causés par un grand nombre de monnaies différentes et par la nécessité des couvertures de change, développement d'un marché financier attractif à l'échelle mondiale, et meilleure résistance aux crises de change. L'euro semblait susceptible de concurrencer le dollar comme monnaie de réserve et de faire profiter la zone euro d'une partie des privilèges du seigneurage international du dollar avec **des taux d'intérêt plus faibles, favo-**

1. *Foreign Affairs*, 1997, cité par A. Benassy-Quéré et B. Cœuré dans *L'Économie de l'euro*, La Découverte, 2002.

risant l'investissement et la croissance. Tous ces avantages étaient reconnus, même s'il était difficile de les chiffrer précisément, au-delà d'un ordre de grandeur de quelques points de PIB[1].

Face à cela, il fallait mettre dans la balance les coûts élevés d'entrée dans l'euro, et la perte d'une partie des leviers nationaux de la politique économique. Un pays inclus dans une zone monétaire plus large et frappé seul par une crise économique sévère doit pouvoir amortir les chocs de cette crise sans l'instrument de la dévaluation, qui ne lui est plus accessible. Les travaux effectués, dès 1961, par R. Mundell, économiste canadien et prix Nobel en 1999, sur les **« zones monétaires optimales »**, ont montré qu'il est possible en théorie d'absorber ces chocs asymétriques si des critères d'optimalité sont réunis : mobilité parfaite des facteurs de production et homogénéité des structures économiques. L'Europe de la monnaie unique risquait ainsi d'avoir une capacité limitée à absorber les « chocs asymétriques » par rapport à des pays dotés de monnaies indépendantes.

Dans ce débat encore vivace, il convient toutefois de relativiser les inconvénients, pour les économies nationales, d'avoir perdu ce « pouvoir » de dévaluer séparément, en réponse à des « chocs asymétriques ». Les dévaluations n'ont jamais rempli parfaitement ce rôle ; la « stimulation » des exportations voit ses effets positifs annulés largement par la hausse du coût des importations. La possibilité de dévaluer est apparue le plus souvent, à l'expérience, comme une solution de facilité nécessaire pour compenser par la monnaie la difficulté à renforcer l'industrie dans les secteurs les plus porteurs de la demande internationale, et surtout comme la sanction de politiques budgétaires ou monétaires laxistes. La perte de ce pouvoir de dévaluer est un peu, dans les faits, une obligation de compétitivité et de rigueur dans la politique économique.

De plus, à défaut de respecter ces critères d'optimalité, les effets d'une crise pourraient être compensés par une dépense publique appropriée, si les moyens d'intervention budgétaire étaient suffisants à l'échelle de la zone monétaire, pour soutenir le pays victime d'un « choc asymétrique ». Mais le budget de l'Union européenne

1. Voir en particulier le rapport de 1990 de la Commission : « Un marché, une monnaie », dit « rapport Emerson ».

reste très faible en valeur relative, de l'ordre de 1 % du PIB et de 2,5 % seulement des dépenses publiques nationales.

L'euro reste ainsi une construction originale sans précédent parmi les États fédéraux, sans « ancrage » complet dans la politique économique classique. Son pari repose sur un bon fonctionnement de la subsidiarité budgétaire, en parallèle à la centralisation monétaire. C'est pourquoi le Conseil européen d'Amsterdam de juin 1997 a adopté le Pacte de stabilité et de croissance[1] qui vise, en principe, à assurer une discipline budgétaire commune, applicable d'ailleurs aux pays qui sont encore en dehors du dispositif monétaire commun. Mais certaines de ces interrogations initiales ont ressurgi dans la crise née, en Europe, de l'échec en France du référendum sur le projet constitutionnel en mai 2005.

III. L'INSTRUMENT MONÉTAIRE, UN LEVIER MAJEUR DE LA POLITIQUE ÉCONOMIQUE

Le débat sur les relations entre la monnaie et la production est ancien : une augmentation de la masse monétaire (de l'or autrefois) favorise-t-elle la création de richesses, ou bien ne fait-elle que contribuer à l'augmentation des prix ? **Les économistes classiques ont traditionnellement postulé la « neutralité » de la monnaie** : les quantités d'équilibre sur les marchés des biens et services ne dépendent pas du volume de la monnaie en circulation. Dans cette optique, la monnaie a une finalité principalement transactionnelle, elle est un simple « voile des échanges ». Toute augmentation de l'offre de monnaie s'accompagne à terme d'une certaine hausse des prix.

Pour comprendre le débat actuel de politique monétaire, il faut aussi revenir au début du XXe siècle, et à l'apport des grands théoriciens de la monnaie, Irving Fisher et Knut Wicksell[2] : le premier considérait que le niveau général des prix était lié directement et sim-

1. Voir la leçon 15, page 466.
2. O. Blanchard, dans « What Do we Know about Macroeconomics that Fisher and Wicksell Did not ? », document de travail, octobre 1999, montre comment Knut

plement à la masse monétaire, suivant la **théorie quantitative**. Le second, qui s'est intéressé d'une manière plus large à une théorie générale de l'accumulation du capital et de la répartition des revenus, considérait que le lien passait par une relation plus complexe impliquant les **taux d'intérêt**, en formulant, entre autres, la thèse[1] qu'un taux d'intérêt bas a un effet inflationniste et qu'un taux élevé exerce une influence opposée. Les conclusions de politique monétaire sont ainsi différentes : l'autorité monétaire se devait de contrôler l'évolution de la masse monétaire pour les quantitativistes dans la ligne de Fisher, et d'utiliser principalement l'instrument des taux d'intérêt pour maintenir la stabilité des prix pour Wicksell. Celui-ci reconnaissait toutefois que les variations de taux d'intérêt étaient principalement destinées à influencer la masse monétaire en circulation par le canal de la demande de monnaie des agents économiques, et ainsi à peser sur l'évolution des prix. De plus, pour les quantitativistes, la stabilité des prix était un élément essentiel à la régularisation du cycle économique, alors que pour Wicksell cette stabilité avait également un contenu social, en évitant à l'ensemble des agents économiques les distorsions importantes dans la distribution des revenus causées par l'inflation.

1. Le monétarisme et le contrôle des agrégats

Ce débat noué au début du XXe siècle a été approfondi à la suite des travaux de Keynes, dont Wicksell a été un précurseur, par les polémiques entre « **néo-keynésiens** » et « **friedmaniens** ». Les premiers sont partisans de l'idée selon laquelle la banque centrale ne doit pas suivre de règle et doit adopter une **politique monétaire « discrétionnaire »**. Leur thèse s'appuie sur le fait qu'aucune règle ne peut intégrer la complexité de mécanismes monétaires, aucun cycle économique ne ressemblant aux précédents. Une règle éla-

---

Wicksell a ouvert la voie à l'analyse des fluctuations réelles de l'économie, entre l'école autrichienne du capital et la théorie quantitative de la monnaie formalisée par Irving Fisher.

1. K. Wicksell, « The Influence of the Rate of Interest on Prices » *Economic Journal XVII* (1907). Cette idée est en quelque sorte l'ancêtre des règles monétaires modernes, que l'on verra plus loin, page 428.

borée avec pertinence sur la base des cycles passés ne serait plus valable face à des événements nouveaux, étant entendu que les comportements des agents économiques sont très mouvants. Cependant cette option « discrétionnaire » a pour conséquence un biais inflationniste systématique[1], que l'expérience confirme.

Les monétaristes, ou friedmaniens, du nom du grand économiste américain Milton Friedman, professeur à la célèbre université de Chicago, considèrent que la chose monétaire est trop sérieuse pour être confiée au politique. L'évolution de la masse monétaire doit suivre la croissance de la manière la plus neutre possible, parce que les interventions monétaires ne peuvent avoir que des effets contre-productifs. Ils partent de **l'équation de Fisher, MV = PY**, à l'origine quasiment tautologique : dans l'économie, la quantité M de monnaie en circulation, multipliée par la « vitesse de circulation » V, nombre de fois où le même instrument monétaire tourne dans l'année, est utilisée pour régler la valeur totale des transactions PY. Le taux de croissance de la masse monétaire M doit donc être égal à la somme du taux de croissance potentielle de Y et du taux d'inflation visé de P (de l'ordre, par exemple, de 2 %) ; pour les monétaristes, cette manière de procéder doit normalement régulariser le cycle, en stabilisant les anticipations de croissance et d'inflation. Mais il est clair aussi qu'un tel automatisme ne permettrait pas de faire face à des situations inattendues qui appellent des réactions exceptionnelles, comme la crise boursière de 1987, ou la crise de septembre 2001. Plus fondamentalement, les fortes variations dans le temps de la pertinence des agrégats monétaires et de la vitesse de circulation V mettent en cause la valeur d'objectifs fixés pour une longue période et portant sur l'évolution de la masse monétaire ; ceux-ci ne représentent plus qu'un élément complémentaire de la politique monétaire qui repose désormais principalement sur les taux d'intérêt à court terme.

1. F. Kydland et E. Prescott, « Rules Rather than Discretion : the Inconsistency of Optimal Plans », *Journal of Political Economy*, 1977 ; et R. Barro et R. Gordon, « A Positive Theory of Monetary policy in a Natural Rate Model », *Journal of Political Economy*, 1983. Le norvégien Fin Kydland et l'américain Edward Prescott ont obtenu le prix Nobel d'économie, en 2004, pour leurs travaux sur les cycles réels « qui ont profondément influencé les prâtiques en matière de politique économique en général, plus particulièrement en matière de politique monétaire ». On verra cette théorie des cycles réels dans la leçon 16, page 490.

2. Le canal des taux d'intérêt et celui du crédit

À court terme, une impulsion monétaire, par la baisse des taux d'intérêt, a trois conséquences principales, convergentes dans le sens de l'augmentation du taux de croissance du PIB : une augmentation de la demande d'investissements et donc de la demande effective par le canal du multiplicateur; un effet « richesse », car la baisse des taux d'intérêt augmente la valeur des actions et le niveau du patrimoine, financier et immobilier, des ménages ; et enfin un effet sur la demande extérieure. Quand la FED baisse ses taux d'intérêt, il faut s'attendre normalement à une baisse du dollar sur les marchés. Mais il peut aussi s'ensuivre une attractivité accrue et une augmentation de la demande des titres et de fait de la devise de ce pays : cet effet externe de la baisse des taux d'intérêt est donc plus incertain.

Le « canal du crédit » concerne ensuite les effets directs sur **l'offre de crédits** par les banques d'une augmentation ou d'une baisse des taux d'intérêt : le prix des actifs susceptibles d'être offerts comme garanties des crédits consentis par le système bancaire aux particuliers ou aux entreprises varie avec les taux d'intérêt. Le canal du crédit, c'est-à-dire la réactivité des banques au cycle économique, est plus important dans les pays anglo-saxons que dans ceux de l'Europe continentale[1]. Ce canal du crédit, associé à l'effet richesse et au « ***q*** de Tobin[2] », peut jouer un rôle d'amplification dans les crises économiques, si l'endettement privé est trop élevé : les difficultés des banques et des entreprises peuvent se propager par un effet de « dominos ». La croissance rapide de l'endettement privé, dans les pays avancés, notamment anglo-saxons, depuis quelques années, serait un facteur de risque significatif pour l'économie mondiale, en cas de ralentissement durable de la croissance. **La fragilité du système bancaire japonais est d'ailleurs une des raisons majeures du marasme de ce pays** dans la décennie 90, car le canal du crédit n'a plus fonctionné, rendant inopérants les plans de relance successifs, par la baisse des taux d'intérêt ou par l'augmentation de la dépense publique.

1. *Pespectives économiques*, OCDE, juin 2002.
2. Voir leçon 4, page 148.

3. L'évaluation des effets de la politique monétaire

Les effets empiriques de l'impulsion monétaire sont toutefois difficiles à quantifier sur le PIB et le taux d'inflation. La baisse du taux d'intérêt est instantanée, mais ses conséquences s'inscrivent dans la durée : l'effet sur le **taux de croissance** se retrouve à son maximum au bout de quelques mois, puis décroît, remplacé progressivement par une **augmentation des prix** qui croît avec le temps. À long terme, horizon toujours un peu théorique en économie, et « toutes choses égales par ailleurs », il n'y aurait plus de trace réelle de l'impulsion monétaire, mais seulement un effet prix. Le contrecoup sur les taux de croissance et d'inflation d'une hausse ou d'une baisse du taux d'intérêt dépend, aussi bien pour son amplitude que dans son étalement dans le temps, des circonstances économiques dans lesquelles elle est réalisée.

La comparaison des différentes estimations faites de cet impact de l'impulsion monétaire sur des séries historiques montre bien, là également, les limites de la connaissance empirique en macroéconomie[1]. Celles-ci sont fonction des modèles sous-jacents et des techniques économétriques utilisées : ainsi une augmentation de 1 point des taux d'intérêt peut entraîner une baisse du taux de croissance de 0 % à 0,5 %, avec une moyenne de 0,3 à 0,4 % et un effet maximum entre six mois et trois ans, et une baisse progressive du taux d'inflation de 0 à 0,2 point suivant les modèles utilisés et les calculs. La plage d'incertitude des effets est donc très grande.

Des études faites sur la politique monétaire américaine confirment que l'impact mécanique de l'impulsion monétaire a été moins fort depuis quelques années qu'il ne l'avait été entre 1960 et 1980, pour des raisons diverses[2] : innovations financières, anticipations des agents économiques qui intègrent mieux les consé-

1. L. Christiano *et alii*, « Monetary Policy Shocks What We Learnt », Federal Reserve Bank of Chicago, document de travail, 1998 ; G. Peersman, F. Smets, « The Monetary Transmission Mechanism in the Euro Area : More Evidence from VAR Analysis », Banque centrale européenne, décembre 2001 ; P. de Grauwe et C. Storti, « The effects of monetary policy, a meta analysis », CESIFO, 2004.

2. J. Boivin, M. Gianoni, « The Monetary Transmission Mechanism ; Has It Changed ? », Federal Reserve of New York, document de travail, mars 2001.

quences de la politique monétaire et en réduisent par avance les effets au moment où intervient effectivement l'impulsion, politique monétaire moins agressive et plus gradualiste. Ce constat conforte l'idée que **la communication des banques centrales** est devenue aussi importante que les décisions proprement dites de variation des taux d'intérêt.

4. Les incertitudes de la politique monétaire

Le débat reste donc ouvert sur les meilleures techniques de pilotage de l'action monétaire. Les interventions des banques centrales ont lieu sur le marché monétaire et concernent seulement les taux à court terme et la monnaie centrale détenue par les banques : elles ne peuvent assurer qu'un contrôle partiel et indirect de l'ensemble des taux, notamment ceux à long terme qui se fixent sur les marchés obligataires, et de la masse monétaire. De plus, les autorités monétaires se retrouvent dans un contexte où l'information est riche mais où **les éléments d'incertitude sont nombreux** :

– les paramètres structurels les plus importants de l'économie sont mal connus, à l'intérieur de larges fourchettes d'estimation, et concernent le passé, sans que l'on ait de garantie sur le fait que ces estimations conservent leur validité pour l'avenir, même proche. Cela est vrai du Nairu, des constantes structurelles des effets réels de l'impulsion monétaire, ou du taux de croissance potentielle ;

– l'appréciation de la conjoncture économique est fragile, et les prévisions toujours contestables surtout quand il s'agit de prévoir les points de retournement de la conjoncture ;

– la simple appréciation des tendances inflationnistes ne peut se faire sur la base d'un indice simple, car, dans les évolutions de prix, il y a des hausses qui ne sont que très temporaires (comme certains produits aux prix administrés, ou les matières premières) et contre lesquelles les banques centrales ne doivent pas « surréagir », car leur objectif est de lutter contre l'inflation tendancielle dite « sous-jacente », ou ***core inflation*** ;

– la régulation monétaire passe par la variation du taux à court terme ou par des opérations d'open market sur les titres courts (sauf exceptions), alors que le taux déterminant pour les interactions réelles est le taux long, lequel est fixé largement par les anticipations des opérateurs financiers et les marchés de capitaux, et ne réagit que partiellement aux variations des taux à court terme ;

– les autorités monétaires pilotent principalement des données psychologiques, les anticipations des agents économiques qui obéissent à une rationalité particulière, autant sinon plus que des données physiques ;

– la vitesse de circulation de la monnaie comme le rapport entre la base monétaire, quantité de monnaie émise et contrôlée par les banques centrales, et la masse monétaire, sont partout mal connus et instables ; cela a amené les banques centrales à renoncer aux objectifs monétaires quantitatifs.

Face à ces difficultés concrètes et aux limites réelles de l'instrument monétaire, les deux points de vue extrêmes ne paraissent pas satisfaisants, ni d'un côté la politique totalement discrétionnaire des « néo-keynésiens », ni de l'autre une politique « automatique » de croissance de la masse monétaire ou de modification des taux d'intérêt. C'est le débat dit « *rules versus discretion* »[1], valable pour toute politique économique, mais particulièrement la politique monétaire.

En particulier, le taux d'intérêt doit tenir compte de la position dans le cycle, être élevé graduellement quand l'inflation augmente au-dessus du taux d'inflation visé, abaissé dans l'hypothèse inverse, et également quand le taux de croissance passe en dessous du taux de croissance potentielle. La **« règle de Taylor[2] »** la plus simple propose un exemple de formulation algébrique de ces idées :

Taux effectif d'intérêt
=
taux d'intérêt d'équilibre
+ 1/2 (inflation effective – inflation tendancielle visée)
+ 1/2 (croissance effective – croissance potentielle)

1. P. von zur Muehlen, « Activist vs. Non-activist Monetary Policy : Optimal Rules under Extreme Uncertainty », Federal Reserve Board, janvier 2001.

2. J. Taylor, *The Taylor Rule*, Federal Reserve Bank of Saint-Louis ; et J. Taylor, *Macroeconomic Policy in a World Economy*, Norton, 1993.

Le taux d'intérêt d'équilibre est compatible avec le taux de croissance tendancielle : il peut résulter d'un choix normatif de politique monétaire, à partir d'une évaluation économétrique. Par exemple, si, cas d'école, le taux de croissance potentielle est de 2,5 % et le taux d'inflation tendancielle visée de 1,5 %, un taux d'intérêt nominal tendanciel de 3 % est légèrement permissif en moyenne période. Si le taux d'inflation constaté est de 3 % alors que le taux de croissance est de 4 %, la banque centrale, appliquant la règle de Taylor, devra alors pratiquer un taux d'intérêt de 4,5 % ; si les taux d'inflation et de croissance baissent respectivement à 2 % et 1 %, le taux d'intérêt devra être de 2,5 %.

La bonne connaissance de la règle monétaire par les agents économiques ainsi que la constance de son application dans le temps sont un facteur de réussite : les agents économiques ont tendance à intégrer les prévisions de la banque centrale dans leurs propres prévisions de croissance et d'investissement, dans la mesure où les modèles et analyses sont connus, accentuant ainsi l'efficacité de l'action de la banque centrale.

Puisque l'application stricte d'une règle monétaire, qui devrait en toute rigueur être basée sur les prévisions de croissance et d'inflation, pose des problèmes majeurs aussi bien théoriques que pratiques, un grand nombre d'économistes ont cherché, au cours des années 1980, une solution intermédiaire, adaptée à des situations d'informations toujours plus riches et variées [1], mais imparfaites, tenant compte des apports de la théorie des anticipations rationnelles.

Ces solutions intermédiaires sont élaborées sur la base de stratégies **« de conduite »**, qui permettent de **stabiliser les anticipations d'inflation des agents économiques** à des niveaux meilleurs que s'il n'y avait pas de règle. Les banques centrales affirment aujourd'hui ne pas suivre une règle monétaire précise, mais des estimations assez concordantes, établies sur les trois dernières décennies, montrent qu'elles se sont fortement inspirées de l'esprit de la règle de Taylor dans leurs choix de politique monétaire. Les décisions

1. B. Bernanke, J. Boivin, « Monetary Policy in a Data-rich Environment », communication au colloque « Monetary Policy under Incomplete Information », Gerzensee, Suisse, octobre 2000.

des banquiers centraux tendent aujourd'hui à appliquer les techniques de management du risque face à l'ensemble des états futurs possibles de l'économie et aux conséquences des différentes décisions envisageables de politique monétaire[1] ; ainsi, on ne cherche plus la décision optimale résultant d'une approche linéaire basée sur une prévision unique, mais des décisions « robustes » et surtout crédibles dans la durée.

IV. LA POLITIQUE MONÉTAIRE EN PRATIQUE DANS LES PAYS DU G7

1. Des techniques en profonde évolution

Les techniques d'intervention de la politique monétaire ont donc profondément changé depuis une vingtaine d'années, en raison de la transformation et de la mondialisation des marchés financiers. La politique monétaire a d'abord été très **« quantitative »**, par la fixation de normes globales d'évolution du crédit, dont l'exacerbation a été la politique monétariste des années 1979-1982 aux États-Unis ou au Royaume-Uni, ou de normes individuelles pour chaque banque, comme l'encadrement du crédit français. On est passé depuis lors à un *fine tuning,* des taux d'intérêt et de change et des effets d'annonce, autant pour peser sur les anticipations des opérateurs que pour faire jouer les mécanismes de transmission monétaires sur l'économie « réelle ». L'importance accrue accordée à la stabilité des prix a aussi amené les gouvernements des pays avancés à adapter le cadre de mise en œuvre de la politique monétaire. Les banques centrales ont acquis une grande indépendance dans la poursuite de leurs objectifs en cette matière. La création de la Banque centrale européenne (BCE), les modifications de statuts de la Banque d'Angleterre et de celle du Japon correspondent à ces changements profonds avec, à la fin des années 1990, des lois désignant explicitement la **stabilité des prix** comme l'objectif de la

1. A. Greenspan, « Reflections on Central Banking », symposium de la Federal Reserve Bank of Kansas City, Jackson Hole, Wyoming, 26 août 2005.

Objectifs 2004 des grandes banques centrales

	Masse monétaire	Taux d'inflation
BCE	4,5(M3)	2 % environ à moyen terme
Fed	–	–
Royaume-Uni	–	2 %
Canada	–	1 à 3
Japon	sans objet[1]	–

politique de la banque centrale. La loi sur la Réserve fédérale des États-Unis maintient toutefois le double objectif de stabilité des prix et de plein-emploi, mais les autorités monétaires des États-Unis ont toujours souligné l'importance de la maîtrise de l'inflation.

Les banques centrales interviennent sur l'évolution des taux d'intérêt et de la masse monétaire au moyen d'une **gamme très large d'instruments variés**, afin de régler la liquidité de l'économie, de piloter les taux d'intérêt et de donner des signaux aux opérateurs des marchés[2]. Le type d'intervention le plus connu est l'*open market*, qui consiste à faire des « achats » ou des « ventes » de monnaie centrale par appels d'offres auprès des banques, à des taux d'intérêt qui permettent de régulariser le marché au niveau des objectifs visés.

Les stratégies sont axées sur différentes cibles : le taux d'inflation, le taux de change et le taux de croissance de la masse monétaire. L'affichage de cibles d'expansion monétaire n'est plus une obligation dans aucun pays[3]. La BCE adopte une « valeur de référence » annuelle pour la croissance d'un agrégat monétaire large

1. Au Japon, pays en déflation, l'objectif actuel est encore plutôt de recréer de l'inflation, mais la Banque centrale n'a pas quantifié cet objectif ; par ailleurs les taux de création monétaire sont élevés, mais inefficaces en raison de la « trappe à liquidité ».

2. Voir dans cette leçon, page 436, l'encadré sur les techniques d'intervention de la Banque centrale européenne, qui donne un exemple de cette gamme d'instruments.

3. Aux États-Unis où des fourchettes annuelles d'évolution de la masse monétaire sont fixées en application de la loi, cette obligation est tombée en désuétude, compte tenu de l'instabilité des vitesses de circulation.

dans la zone euro, mais lui donne désormais moins d'importance. L'objectif de la stabilité des prix est devenu une cible souvent explicite : au Royaume-Uni, c'est le gouvernement qui précise les termes de la stabilité des prix, par un taux d'inflation fixé en 2005 à 2 %, et il se réserve le droit de le modifier. La BCE a adopté par elle-même une définition d'une « inflation voisine de 2 % ».

En général, l'indépendance des banques centrales a entraîné un accroissement de leur responsabilité. Elles doivent rendre des comptes réguliers de leurs actes : par exemple, pour la Banque d'Angleterre, le gouverneur doit écrire une lettre ouverte au chancelier de l'Échiquier pour expliquer les déviations de plus de 1 % par rapport à la cible et les mesures envisagées pour les corriger, le cas échéant. Le président de la Fed doit se présenter deux fois l'an devant le Congrès. Il y a également une recherche de transparence : outre les publications officielles et les discours pour expliquer les politiques suivies, beaucoup d'entre elles publient leurs prévisions à court terme sur la croissance et l'inflation ; la Banque d'Angleterre y ajoute des données sur l'orientation des taux d'intérêt. La difficulté est de donner à ces prévisions une valeur d'engagement de la banque centrale.

2. Le « *golden age* » de la croissance et du pilotage monétaire : la politique monétaire américaine à l'ère Greenspan-Clinton

La Federal Reserve, qui a fait l'objet d'une nouvelle législation en 1978, a pour objectifs légaux « l'emploi maximum, la stabilité des prix et la modération des taux d'intérêt à long terme ». Le comité de l'*open market* se réunit tous les mois environ, et décide du niveau des réserves obligatoires, de la politique et des taux des interventions sur le marché, qui se font par des prises en pension de bons du Trésor américains à trois mois, et exceptionnellement par des achats d'effets à l'escompte. **La Fed a toujours fait preuve d'une grande capacité d'innovation face à l'inflation et à la croissance** : placé devant une poussée inflationniste en 1979, le nouveau responsable, Paul Volcker, a appliqué les médecines monétaristes les plus rigoureuses, faisant grimper les taux d'intérêt à près de 20 %, mais avec un résultat efficace en termes de taux d'inflation, tombé de 9 %, en 1980, à 4 %, en 1983, au prix d'une forte croissance du chômage.

L'inflation vaincue, la Fed est progressivement revenue à un pilotage plus souple des taux permettant le retour de la croissance tout en poursuivant la désinflation. Elle est aujourd'hui la plus pragmatique des banques centrales. **Alan Greenspan,** qui a laissé ses fonctions début 2006 à Ben Bernanke, professeur à Princeton, en aura été la figure emblématique pendant cinq mandats et près de vingt ans : nommé à sa tête en 1987, il n'a pas hésité à réagir énergiquement devant le risque de récession après le krach boursier de 1987, puis à pratiquer une politique monétaire de soutien à la croissance, et enfin à répondre rapidement au ralentissement de l'activité à partir de 2000. Le taux de référence des fonds fédéraux a été spectaculairement réduit, à plusieurs reprises en 2001, suite au retournement de la croissance ; après les attaques terroristes, qui ont entraîné une plus forte demande de liquidités, la Fed a également procédé à des injections massives de liquidités durant plusieurs semaines afin que le système financier puisse continuer de fonctionner. La Réserve fédérale a abaissé le taux de référence des fonds fédéraux, en le ramenant à 1 % entre juillet 2003 et juin 2004, c'est-à-dire à un niveau négatif en termes réels et le plus bas depuis 1961. Depuis, et face au risque de surchauffe, elle procède, à l'inverse, à un relèvement des taux graduel et régulier ; chaque relèvement, de 1/4 de point, est prévisible pour ne pas heurter les marchés et la croissance. À la fin 2005, le taux était ainsi remonté à 4,25 %.

Différentes études réalisées sur la politique monétaire ont montré que la Fed avait, *grosso modo*, appliqué une règle de Taylor, notamment depuis l'arrivée de Greenspan, mais avec des coefficients plus élevés pour le différentiel d'inflation que pour celui de l'écart de croissance, et supérieurs à 0,5 pour chacun[1]. De plus, la politique a été, au regard de l'application de cette règle, plutôt permissive jusqu'en 1994, et ensuite restrictive tant en termes de taux que de masse monétaire jusqu'en 1997, et enfin mitigée à la fin de

1. D'après les estimations de J. Taylor lui-même et celles de M. Woodford dans *Interest and Prices : Foundations of a Theory of Monetary Policy*, Princeton University Press, 2003.

la décennie ; la politique monétaire est redevenue accommodante depuis les fortes baisses des taux consécutives au retournement boursier de 2000[1], et jusqu'en 2005.

La politique monétaire suivie par Alan Greenspan, accompagnée par une politique budgétaire de résorption des déficits menée par l'administration Clinton, apparaît comme un *policy-mix* macroéconomique efficace jusqu'en 1999-2000. Sans objectif quantitatif affiché pour l'inflation ou la croissance, avec un gradualisme dans l'action, en s'efforçant de ne pas surprendre les marchés grâce à une communication très élaborée, cette stratégie s'est avérée favorable à la croissance. Il est encore trop tôt pour savoir si Alan Greenspan a inventé une nouvelle forme plus efficace de politique monétaire, ou si c'est l'entrée dans un nouveau cycle d'innovations qui est à l'origine des gains de productivité et de la longueur du cycle de croissance de la décennie 1990 : au milieu d'un ensemble de circonstances favorables, et peut-être avec un peu de chance, la politique conduite a connu une réussite exceptionnelle.

Il y a cependant un débat[2] aux États-Unis pour déterminer si une politique de restriction monétaire plus précoce aurait pu éviter ou limiter la formation de la bulle spéculative et les surinvestissements du secteur des NTIC à la fin des années 1990. Alan Greenspan, qui avait pourtant été le premier à dénoncer l'exubérance irrationnelle des marchés dès 1996, a dû affronter ensuite une polémique : il a répondu, sans totalement convaincre, à ces critiques, lors du célèbre séminaire économique de Jackson Hole en août 2002.

1. « Les conditions monétaires et financières courantes et passées dans la zone euro et aux États-Unis », Direction générale du Trésor et de la politique économique, juin 2005.

2. S. Cecchetti et S. Wadhwani, Intervention au colloque de la Fed de Chicago, avril 2002.

V. COMMENT AMÉLIORER LA POLITIQUE MONÉTAIRE EN EUROPE ?

Aujourd'hui, le défi de la Banque centrale européenne est, comme celui des autres autorités monétaires, de favoriser la croissance et sa stabilité. **Il s'agit d'éviter les deux écueils majeurs de l'inflation et des ralentissements**, sous le regard permanent des marchés financiers et des opinions publiques. Cela signifie une capacité d'analyse et de réponse aux chocs exogènes, mais aussi une bonne coordination avec les politiques budgétaires nationales, ce qui est un défi spécifique à la zone euro.

Les statuts de la Banque centrale européenne prévoient un **système européen** composé des banques centrales des États signataires du traité de Maastricht, et dirigé par les organes de décision de la BCE : un conseil des gouverneurs, formé des gouverneurs des banques des États membres, et un directoire désigné d'un commun accord par les chefs d'État et de gouvernement de la zone euro. Ces instances décident la politique monétaire, sans pouvoir recevoir d'instructions des États membres ou des institutions communautaires. Un dialogue institutionnel est prévu puisque le président de la BCE participe aux réunions du conseil Ecofin, et, à l'inverse, le président en titre de ce conseil participe aux réunions du conseil de la BCE, sans voix délibérative.

1. Les objectifs de la BCE

La BCE a comme premier objectif légal de maintenir la stabilité des prix ; sous réserve de celui-ci, elle doit apporter son soutien aux politiques gérées par l'Union. La notion de stabilité des prix ne doit pas être entendue à la lettre d'une inflation zéro, compte tenu des inconvénients qui résulteraient d'un objectif aussi drastique, comme on le verra plus loin : la BCE considère que la stabilité des prix correspond à une cible d'inflation **proche de 2 %**, sur moyenne période, avec un niveau de croissance de référence de la masse monétaire européenne M3 de 4,5 %. M3 a été l'agrégat monétaire choisi comme précurseur, en principe, de l'évolution

Les différents instruments d'intervention de la Banque centrale européenne sont analogues à ceux des autres grandes banques centrales, même si chacune a ses particularités : mises en « pension » et prêts garantis, opérations fermes, émission de certificats de dette, *swaps* de change, et reprise de liquidités en blanc. Les conditions de ces opérations peuvent résulter des taux demandés par chacune des banques retenues dans l'appel d'offres, ou être fixées par avance par la Banque centrale. En permanence, la Banque centrale peut prendre en pension des titres figurant sur une liste d'éligibilité, dont les effets négociables publics, pour une durée de 24 heures, au titre de la « facilité de prêt marginal », à un taux fixé qui représente ainsi le taux plafond du marché monétaire puisque toute banque sait qu'elle pourra obtenir des liquidités à ce taux, si elle n'arrive pas à alimenter sa trésorerie à un prix moins élevé. De même, la Banque centrale accorde une « facilité de dépôt » permanente aux banques commerciales, à un taux également fixé, qui représente ainsi le taux plancher du marché, car toute banque sait qu'elle pourra placer ses excédents de trésorerie à ce taux, si elle ne trouve pas mieux sur le marché.

Ainsi, le taux de refinancement du marché européen fluctue légèrement autour de son **taux de base** (appelé Refi) que confirme ou modifie le conseil des gouverneurs de la BCE à l'occasion de chacune de ses réunions, à l'intérieur d'une fourchette formée par le taux des dépôts et le taux de prêt marginal. Les banques centrales peuvent également, pour la régulation monétaire, faire varier les coefficients de **réserves obligatoires**, comptes ouverts à la Banque centrale par les banques commerciales en proportion des dépôts : ces comptes privent les banques d'une partie de leurs ressources et contribuent là encore à limiter leurs activités de prêt. Quand la Banque centrale décide d'augmenter le taux des réserves obligatoires (fixé aujourd'hui en zone euro à 2 % d'une partie du passif liquide des banques), les banques sont obligées d'accroître le montant des sommes versées sur leur compte auprès de la Banque centrale, ce qui a par ailleurs pour effet de réduire l'effet multiplicateur de la monnaie centrale.

future des prix. Le suivi de la masse monétaire est complété par celui d'une large gamme d'indicateurs économiques et financiers, car les prix peuvent s'écarter dans le court terme de la trajectoire prévue par la croissance monétaire.

2. La politique de la BCE

La politique monétaire de la BCE a été plutôt accommodante depuis la mise en place de la monnaie unique, tant en termes de taux d'intérêt que de taux d'évolution de M3, puisque le taux de croissance de M3 est resté constamment voisin de 5 % à 6 % : cette politique, associée à des politiques budgétaires rigoureuses des États, a permis, en 1998-1999, d'accompagner le redémarrage de la croissance dans la zone euro, avec toutefois un décalage significatif de cycle par rapport aux États-Unis. On peut voir sur le tableau ci-dessous la manière dont a opéré la BCE depuis sa création, avec une première phase de politique monétaire d'accompagnement de la croissance, entre la création de l'euro et le début de l'année 2000, puis une période de politique plus restrictive jusqu'à l'inversion de 2001 ; la politique monétaire a été ensuite relativement accommodante, si on l'analyse à l'aide d'une règle de Taylor. Compte tenu de l'incertitude sur les paramètres de la règle de Taylor, il est d'ailleurs plus pertinent de se référer à une bande d'incertitude qu'à des estimations uniques des taux optimaux. La hausse des taux, portés de 2 % à 2,25 % en décembre 2005, est venue rompre une longue période de stabilité : fortement critiquée par les gouvernements, son impact économique dépendra en fait de l'évolution des taux longs sur les marchés.

Règle de Taylor et taux à trois mois

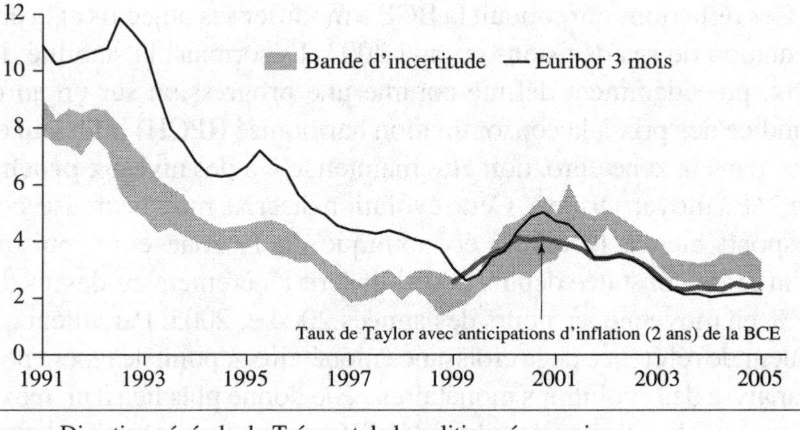

Source : Direction générale du Trésor et de la politique économique

Le resserrement monétaire de la fin du printemps 1999, lié à une vision peut-être trop restrictive du taux de croissance potentielle, et le retard mis à baisser les taux après le retournement de la conjoncture en 2001, par rapport à la réactivité plus grande de la FED, ont amené certains observateurs à s'interroger sur les conditions d'application par la BCE de ses objectifs institutionnels.

La question se pose en effet de la gestion conjointe de l'objectif principal et des objectifs « secondaires », comme la croissance et le taux de change.

L'objectif premier de la maîtrise de l'inflation renvoie aux niveaux effectifs d'inflation à viser. S'il faut chercher l'inflation la plus réduite, pourquoi pas l'inflation zéro ? L'expérience montre qu'un niveau minimum d'inflation est nécessaire. On a tendance à surestimer la réalité de l'inflation en période de progrès rapides dans la qualité des produits comme aujourd'hui. Avec un objectif d'inflation zéro, on risquerait une déflation de fait avec une cible d'inflation trop faible. De plus le coût social de la recherche d'un taux zéro. compte tenu de la rigidité nominale des salaires – est très élevé, beaucoup plus que pour passer de 4 % à 2 %, alors que l'avantage économique d'une inflation zéro par rapport à une inflation faible et stable est nul. Enfin un taux d'inflation zéro fait perdre sa marge de manœuvre à la politique monétaire pour relancer l'économie, en cas de besoin, par une baisse des taux d'intérêt, car ceux-ci ne peuvent pas être négatifs. Les taux trop proches de zéro font tomber l'économie dans un risque de « trappe à liquidité », comme cela a été le cas au Japon au cours de la décennie 1990.

Ces réflexions ont conduit la BCE à modifier ses objectifs et la présentation de ses décisions en mai 2003. Désormais, la stabilité des prix, précédemment définie comme une progression sur un an de l'indice des prix à la consommation harmonisé (IPCH) **inférieure** à 2 % dans la zone euro, doit être maintenue « à des niveaux **proches** de 2 % à moyen terme ». Cette évolution discrète mais heureuse, correspond bien à la réalité économique de la zone euro, puisque l'inflation constatée depuis 2003 s'inscrit légèrement au-dessus des 2 %, en moyenne, au cours des années 2004 et 2005. Par ailleurs, la valeur de référence de la croissance monétaire, « point de repère pour l'analyse des évolutions monétaires », ne donne plus lieu à un réexamen annuel, mais à une analyse détaillée des causes de son évolution.

La maîtrise de l'inflation n'est pas un objectif que l'on doit atteindre indépendamment de toute autre considération, en particulier la recherche d'un taux de change acceptable et du taux de croissance le meilleur possible, qui sont les objectifs « seconds » de la politique monétaire. S'agissant du pilotage de la **croissance**, la BCE s'appuie implicitement sur les *output gaps*, écarts de croissance par rapport aux taux de croissance potentielle de la zone euro : les estimations récentes de ce taux de croissance potentielle sont passées de 2-3 %, sur la décennie passée, pourtant période de fortes restrictions monétaires et budgétaires, à moins de 2 % depuis quelques années. Cette question est probablement une des plus inquiétantes de la situation économique de la zone euro ; l'efficacité concurrentielle du marché intérieur européen, l'impact des nouvelles technologies sur la croissance des taux de productivité, et celui de la flexibilité à améliorer des marchés du travail tardent visiblement à porter leurs fruits, principalement dans les pays d'origine de l'Europe des 6. Une utilisation trop rigide du taux de croissance potentielle estimé sur les données récentes peut, au demeurant, amener à une politique monétaire trop restrictive et à une croissance inférieure à ce qui est réellement possible : en effet si le banquier central a adopté un taux de croissance potentielle trop bas, il aura tendance à fixer les taux d'intérêt à un niveau trop élevé. C'est l'application directe de la règle de Taylor ; mais s'il pratique une politique de taux plus élevée, les taux de croissance effective s'avéreront plus faibles que ceux qu'il aurait obtenus avec une référence de taux de croissance potentielle plus élevée. Il y a ainsi un réel effet autoréalisateur de la politique monétaire ; il est probablement léger, mais bien réel. L'expérience réussie de la Fed sur la période 1995-2000 a été celle d'une prise graduelle de risques basée sur une anticipation raisonnable d'une baisse du Nairu et d'une hausse des capacités de croissance non inflationniste de l'économie américaine.

3. Le taux de change de l'euro

La politique de change en zone euro reste théoriquement de la compétence du conseil des ministres, le conseil Ecofin, s'agissant tant de la conclusion d'accords formels de change avec des pays tiers que de la définition des orientations générales de la politique de change. **En l'absence de directives depuis 1999, la BCE dispose en pratique d'une marge propre de décision**, mais n'a jamais explicité de principes de gestion et de parités avec d'autres monnaies, qui auraient pu guider sa conduite en cas de choc économique. Le taux de change dollar-euro est une contrainte forte de la politique monétaire européenne, car un niveau relatif trop élevé du dollar altère la crédibilité de l'euro et renforce les risques d'inflation importée ; à l'opposé, un euro trop fort grève les possibilités d'exportation de la zone euro. Les nombreuses estimations faites du lien entre le taux de change euro-dollar font apparaître qu'une baisse du dollar de 10 % par rapport à l'euro entraîne une perte de taux de croissance du PIB dans une fourchette de 0,4 à 3/4 de point la première année et de 0,4 point la deuxième année, et un total pluriannuel de 1,5 points [1]. Mais l'inflation diminuerait d'environ 1 % à terme.

La faiblesse initiale de l'euro en 1999-2000, passé en dix-huit mois de 1,15 dollar à 0,82 dollar, a suscité une recherche active d'explications. Elle a posé en particulier la question de la coordination des politiques budgétaires des États et de la politique monétaire de la BCE et, d'une manière implicite, celle de la crédibilité de la Banque centrale. Ce débat a pollué les relations entre la Banque centrale européenne et les milieux politiques et financiers, qui ont été alors enclins à imputer la faiblesse de l'euro à des maladresses de gestion et de communication de la BCE. Les commentateurs, encore peu habitués aux formes modernes de gouvernance économique, focalisent trop facilement les insatisfactions de l'opinion face à la réduction trop lente du chômage en Europe sur la BCE. Son premier président après 1999, Wim Duisenberg, a longtemps été le bouc émissaire des europessimistes, décrit comme une sorte d'intégriste d'un monétarisme un peu dépassé, au contraire d'un Alan Greenspan présenté comme le gourou de la nouvelle croissance américaine. Jean-Claude Trichet, qui lui a succédé depuis 2003 après avoir été un des pères de la désinflation compétitive en France, doit faire face également à des commentaires aussi expéditifs.

1. Par exemple, T. Dalsgaard *et alii*, « Standard Shocks in the OCDE Interlink Model », OCDE, document de travail, septembre 2001, et C. Taylor, D. Willem te Velde, « Balance of Payments Prospects in EMU », NIESR, Londres, janvier 2001.

Les fluctuations de l'euro par rapport au dollar[1]

Pourquoi l'euro, présenté à l'origine comme une monnaie forte, a-t-il ensuite baissé fortement pour se réapprécier depuis le 1er janvier 2002, et retomber légèrement en 2005 ?

Évolution du taux de change de l'euro

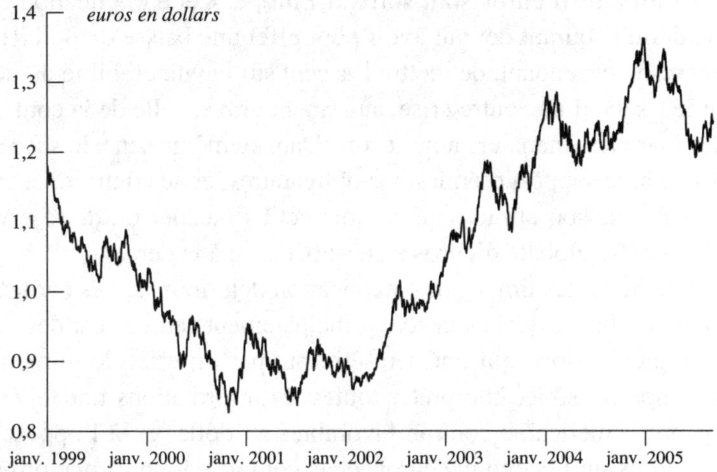

Source : FED

L'euro avait régulièrement baissé face au dollar pour atteindre un bas historique de 0,82 dollar en séance, le 25 octobre 2000, mais aussi face au Yen et à la Livre sterling. Il y a donc eu un problème spécifique à l'euro dont l'explication reste encore une énigme.

Les différentiels de taux entre les États-Unis et la zone euro, comme les déséquilibres de la balance des paiements courants des États-Unis auraient dû normalement entraîner l'effet inverse.

La faiblesse relative de l'euro a été souvent attribuée au fort différentiel de croissance anticipée entre les zones européenne et américaine. Ce différentiel, à l'origine conjoncturel (retard du cycle de croissance), est devenu en grande partie structurel : les investisseurs internationaux ont craint à l'époque que l'Europe se révèle peu adaptée à la nouvelle

1. Voir également la leçon 17, page 529.

économie. Elle peut aussi s'expliquer par la déficience politique de l'Europe. L'explication souvent mise en avant, tient à l'énorme masse de capitaux investis aux États-Unis (notamment européens ou en provenance des pays de l'Est qui détenaient leurs avoirs en marks et ont préféré les convertir en dollars plutôt qu'en euros). Ce déséquilibre de la balance des capitaux ne fait que refléter le déficit courant américain et la nécessité de son financement : en 1999, 130 milliards de dollars sont venus s'investir aux États-Unis (flux d'investissement direct étranger) et 147 milliards d'euros sont sortis d'Europe. Cette explication omet que le déficit courant devrait avoir pour effet une baisse du dollar ; son intérêt reste, cependant, de mettre l'accent sur la vulnérabilité du dollar et sur le risque d'une autre crise, autrement grave, celle de la confiance sur les marchés financiers américains. Dans le même sens, le succès de l'euro comme support d'émissions obligataires, et au contraire la croissance lente de son attractivité comme actif financier ou de réserve, a fait que l'offre globale d'euros a été supérieure à la demande.

On touche ici les limites de l'explication déterministe des évolutions des taux de change. Celles-ci sont principalement causées par des variations d'anticipations qui ont peut-être pu, par un effet de mimétisme bien compréhensible, interpréter toutes les informations nouvelles sur l'économie américaine comme favorables au dollar et, à l'opposé, les informations sur l'économie européenne comme des confirmations supplémentaires de leurs anticipations négatives sur l'euro. Le retournement boursier américain a marqué un coup d'arrêt à ce que l'on pourrait alors considérer comme une « bulle » de taux de change ; d'autant plus les changes constatés sur les marchés s'éloignaient fortement des fourchettes des taux de changes d'équilibre calculés par les experts. L'effet de rappel vers la remontée des cours a été aussi fort que la baisse, et accentué probablement par le changement majeur de la politique budgétaire américaine au début du mandat de George W. Bush.

La question de la soutenabilité de la dette américaine a préoccupé de plus en plus les investisseurs qui ont perdu une partie de leur confiance, qu'on pensait jusqu'alors inaltérable, envers le dollar. La faiblesse du dollar offre cependant une situation particulièrement favorable pour les exportations américaines mais la forte demande interne souffre de ce même taux de change.

L'inélasticité, et pour même l'augmentation, de la demande de pétrole dramatise encore un peu plus le déficit de la balance commerciale. On assiste alors beaucoup plus à une dépréciation du dollar qu'à une appréciation de l'euro.

Le plus haut historique de la devise européenne est enregistré fin décembre 2004 alors que la situation budgétaire des États-Unis s'est encore dégradée. Les raisons de ce retournement de tendance doivent donc être cherchées ailleurs. Malgré leurs problèmes budgétaires, les États-Unis profitent d'un taux de croissance beaucoup plus fort que la moyenne de la zone euro et attirent donc davantage les investisseurs. On peut supposer que les marchés ont tout simplement cessé de spéculer à la baisse sur le dollar en atteignant le seuil psychologique d'un euro à 1,35 dollar. La dépréciation de l'euro ne serait alors qu'un simple retour « rationnel » à un taux de change plus « normal » (le taux de change d'équilibre se situe à 1,10-1,20 dollar).

4. La crédibilité de la BCE et les interrogations économiques en Europe

Dans le cadre de sa mise en place, la BCE a dû faire face à de multiples contraintes : asseoir sa crédibilité au regard de la poursuite de son objectif principal de lutte contre l'inflation ; intégrer des conjonctures nationales diverses, au niveau des décisions techniques à prendre ; voir ces décisions comprises et acceptées par des opinions publiques aux sensibilités différentes face à l'inflation et au chômage. Malgré des débats légitimes sur les décisions de la BCE, les premières années de fonctionnement ont été plutôt encourageantes. Certes, il est apparu nécessaire de renforcer la transparence de l'action des autorités monétaires, d'abord pour satisfaire l'exigence démocratique, ensuite parce que c'est un élément essentiel de l'efficacité de l'action des autorités monétaires, qui ont pour but d'orienter les anticipations.

Mais l'essentiel est encore à venir : c'est **l'amélioration indispensable de la coordination affichée et effective entre la BCE et les gouvernements**, y compris pour que ceux-ci assument pleinement leurs responsabilités budgétaires. Une meilleure explicitation de la fonction d'arbitrage entre les objectifs de stabilité des prix et de croissance risquerait d'être difficile à élaborer et à faire comprendre aux marchés, voire à l'opinion publique ; par contre, on ne peut pas exclure, à l'expérience, de renforcer la légitimité de la BCE, en confiant la responsabilité des cibles annuelles d'inflation au conseil des ministres de l'euro, comme cela est le cas au Royaume-Uni, ou même de références de croissance potentielle. Lors des débats préparatoires à la signature du traité de Maastricht, la mise en place d'un véritable « gouvernement économique » de l'Europe avait été souhaitée par la France et Pierre Bérégovoy. Le refus, alors opposé par l'Allemagne, l'avait été dans un contexte très différent de la conjoncture des années présentes.

En effet, l'euro est aujourd'hui, en Europe, l'objet d'interrogations d'un type nouveau ; il est en quelque sorte la victime médiatique de son succès technique. Tout d'abord, les tergiversations passées du Royaume-Uni pour intégrer la zone monétaire, le point mort, pour d'autres raisons, dans lequel s'ancrent la Suède et le Danemark, et la réussite économique actuelle de ces trois pays, confirment l'idée qu'il peut y avoir une vie sans l'euro, alors que l'ensemble des membres de l'eurozone pensait que l'entrée dans l'euro était nécessaire. On pensait, un peu vite, que les premiers succès techniques de l'euro emporteraient l'adhésion des récalcitrants.

Les propos le plus souvent excessifs sur les inconvénients de l'euro, entendus aussi bien en France qu'en Allemagne, sont à l'évidence le révélateur d'un malaise amplifié par le vote du 29 mai 2005 en France, mais bien réel autant en Allemagne qu'en Italie. La panne de croissance en Europe continentale est trop rapidement mise au débit de la monnaie unique, coupable d'entretenir le chômage par une rigueur monétaire supposée. Dans ce débat, les différences de croissance et de taux de chômage dans la zone – les petits pays ayant des résultats apparemment meilleurs que les plus importants –, sont présentées comme preuve du caractère « sous-optimal » de la zone. La question prend encore plus d'acuité quand on considère la perspective d'entrée dans l'euro, dès 2007, de nouveaux membres venant des pays de l'Europe de l'Est, déjà présentés comme des facteurs de risque pour le modèle social de la

« vieille Europe »[1]. Au point que certains leaders, et non des moindres, commencent à évoquer, et pour l'instant seulement dans des contextes électoraux, la perspective d'un retour en arrière dans l'Europe monétaire de l'avant-Maastricht.

Le positionnement international de l'euro contribue également à ces interrogations. Il est certain que la gestion du taux de change de l'euro doit évoluer avec le développement de la monnaie européenne comme instrument de compte et de réserve international : entre une sensibilité médiatique parfois exagérée sur le niveau de l'euro, l'impression, entre 1999 et 2001 d'un *benign neglect,* puis la vision excessive d'un euro trop fort, il y a donc une place pour une communication active en direction des marchés et des opinions publiques.

La Banque centrale européenne est donc, par son exceptionnelle indépendance, placée seule face à elle-même dans ce qui apparaît comme une crise d'adolescence des opinions publiques européennes. Elle doit être porteuse d'un message d'une croissance plus forte, en complément et pas seulement comme conséquence de l'impératif perçu comme trop catégorique de la stabilité des prix. Comme il est peu probable que soit remises sur le chantier les parties utiles du traité de Maastricht, après le refus du projet de Constitution européenne, le poids de cette réappropriation démocratique de l'euro repose maintenant principalement sur les épaules de Jean-Claude Trichet : ayant définitivement gagné ses galons de super-banquier central, il aura à exprimer ses réels talents politiques.

1. L'adoption, à terme, de la monnaie unique fait partie des exigences prévues par le traité et les nouveaux États membres doivent introduire l'euro dès qu'ils auront rempli les conditions requises. L'Estonie, la Lituanie et la Slovénie, ayant rejoint le mécanisme de change de deuxième phase en 2004, peuvent donc rejoindre la zone euro à partir de 2007, s'ils respectent les critères de convergence.

LEÇON 15

LES POLITIQUES BUDGÉTAIRES ET LE PACTE DE STABILITÉ ET DE CROISSANCE

I. UNE VULGATE KEYNÉSIENNE AUX APPLICATIONS VARIÉES

L'impulsion budgétaire est considérée traditionnellement comme un instrument majeur de la politique contracyclique. « Relancez, relancez, il en restera toujours quelque chose, pour peu qu'il y ait du chômage ou des capacités de production inemployées », car un accroissement de la dépense publique est supposé entraîner un effet expansionniste sur la production. Cette politique est également séduisante et populaire en termes électoraux, car elle permet aux États d'affirmer leur capacité à contrôler globalement l'activité économique, et de distribuer des mannes plus ou moins ciblées. Elle va dans le sens de la justice sociale, puisque les relances les plus efficaces passent par l'injection de pouvoir d'achat aux ménages à faibles revenus. La vulgate keynésienne indique que, si les recettes fiscales restent inchangées, le déficit budgétaire étant égal à l'intégralité de la dépense nouvelle, l'effet multiplicateur est maximal ; les résultats sont analogues avec une baisse des impôts, si les recettes baissent plus vite que les dépenses.

Un des archétypes d'école est le ***tax-cut*** **de Kennedy**, élu au moment où l'économie américaine sortait de la récession de la deuxième moitié de la décennie 1950-1960 ; un plan de consolidation de la reprise a été élaboré, avec des incitations fiscales à l'investissement (amortissements accélérés, crédits d'impôts). Il a permis une période de croissance régulière, sur une moyenne de 4,5 % à 5 % par an, une baisse significative du chômage, tombé de 7 % en 1960 à 4 % vers la fin de la décennie, avec une inflation restée faible. Cette période dorée prendra fin avec les déficits budgétaires considérables dus à la guerre du Vietnam et les mesures restrictives prises pour les compenser.

Un autre cas bien connu est **la politique de *stop and go* pratiquée par les gouvernements britanniques préthatchériens** : c'est la succession de phases de croissance impulsées par la dépense publique et de freinage brutal de celle-ci, suivies de ralentissement économique, avec une tendance à l'accroissement relatif du chômage, et une nouvelle phase de relance budgétaire. L'insuffisante capacité de réponse de l'offre intérieure débouchait alors sur des soldes extérieurs négatifs, un affaiblissement de la livre et une nouvelle correction : c'est le cycle britannique des années 1960-1970.

Dernier exemple, et non le moindre, **la politique de relance budgétaire et de l'investissement public de 1981 en France** : pour sortir de la crise du deuxième choc pétrolier et de la politique d'austérité conduite depuis 1976, le premier gouvernement Mauroy nommé par François Mitterrand décide une augmentation des dépenses budgétaires de 27 %, un relèvement des prestations sociales et du salaire minimum. Cette relance débouche sur un taux de croissance de la France de 2,6 % alors que la moyenne de l'OCDE était aux alentours de 0. Mais les taux d'intérêt et les déficits augmentent fortement. Après un premier plan de blocage des prix et des salaires en juin 1982, l'importance persistante des déséquilibres place le gouvernement devant le choix de devoir sortir du système monétaire européen avec une politique protectionniste ou de conduire une politique de rigueur. La décision est prise, en 1983, de maintenir le franc dans le SME et, donc, de se rallier à sa défense et son accrochage au Mark. Les années suivantes ont vu en France un taux de croissance moins élevé que chez ses partenaires.

***

Mais depuis lors, tout se passe comme si les relances keynésiennes ne fonctionnaient plus comme avant.

En France, en 1992-1993, la politique de relance marquée choisie par les gouvernements successifs n'a pas donné les résultats escomptés. Sous l'effet de politiques différentes dans leur présentation (libre jeu des « stabilisateurs automatiques » pour Pierre Bérégovoy, « rebasage » des dépenses pour Édouard Balladur), le déficit budgétaire a connu des niveaux très élevés, – 6,0 % du PIB en 1993, – 5,5 % en 1994 et – 5,6 % en 1995, alors que les taux de croissance sont restés à des niveaux bas. Cette politique a été suivie d'une période de rigueur marquée.

Le Japon est un autre exemple d'une série de relances budgétaires qui n'ont pas atteint leur but : l'économie japonaise, modèle de développement industriel au cours de la décennie 1980-1990, a plongé dans la récession à la suite de l'éclatement de la bulle spéculative en 1990-1991. Le taux de croissance du PIB tombe à 0 ; la crise qui en est résultée, amplifiée par la récession mondiale, a enfoncé le Japon dans le marasme sur toute la décennie, avec un taux de croissance moyen de 1,1 % et une montée du chômage. La politique budgétaire s'est avérée inefficace, malgré son ampleur : le solde public a eu beau passer d'un excédent en 1992 à un déficit considérable – de 7,4 % à la fin de la décennie –, le taux de croissance de la masse monétaire est resté à un niveau bas, d'environ 3-4 % par an sur la décennie, et les taux d'intérêt sont descendus jusqu'à 0,6 % en 1996, 1997 et 1998, avant de se situer durablement autour de 0.

Ces résultats, inattendus à l'époque, marquent bien **le changement de paradigme de la politique budgétaire**. Dans cette leçon, nous allons examiner les raisons théoriques et empiriques pour lesquelles la vision keynésienne traditionnelle ne fonctionne plus, les engrenages de la dérive de l'endettement public qui apparaît pour les prochaines décennies comme l'enjeu public n° 1 et les politiques difficiles suivies au cours de cette dernière décennie pour réduire les déficits budgétaires et résorber l'endettement. Enfin, nous nous interrogerons sur ce que peuvent être les bonnes règles dans la gestion des finances publiques, et conclurons par le débat encore aigu en zone euro sur le fonctionnement et les limites du Pacte de stabilité budgétaire à cet égard.

II. LA FIN DE L'INTÉGRISME KEYNÉSIEN

La plupart des relances budgétaires ne se comportent plus en effet aussi simplement que prévu dans les manuels, avec un effet multiplicateur égal à $1/(1-c)$, sachant que c est la propension à consommer chère aux élèves de première année d'économie. Le modèle d'économie ouverte avait déjà conduit à un multiplicateur moindre, $1/(1-c+m)$, m représentant la propension à importer et la « fuite vers l'extérieur » de la relance. Le schéma théorique comporte d'autres limites importantes. Le premier effet, le plus connu à défaut d'être aujourd'hui le plus fort, est celui de l'inflation, qui guette une relance excessive. Si la conjoncture n'est pas caractéristique d'un creux de cycle, avec un taux de croissance nettement inférieur au taux de croissance potentielle et des tensions inflationnistes faibles, on risque de déboucher sur une augmentation de l'inflation et une dégradation des comptes publics et des comptes extérieurs. La conséquence en est la nécessité de corriger cette situation par un plan de rigueur dont les effets sur le taux de croissance et le chômage sont souvent plus importants que la situation qu'on voulait atténuer. Limite de l'effet d'éviction financière ensuite : l'augmentation de la demande effective, à masse monétaire inchangée, et l'incertitude sur la soutenabilité de la politique budgétaire entraînent une tension sur les taux d'intérêt. Les effets de cette hausse des taux d'intérêt sont négatifs sur l'investissement et la consommation, ce qui réduit l'effet multiplicateur.

L'effet d'« **équivalence ricardienne** [1] », enfin et surtout, est basé sur le fait que les modifications de la consommation des ménages ne résultent pas de l'application statique d'une propension à consommer mais d'une appréciation dynamique, faite par eux, des variations de leurs perspectives de revenus sur l'ensemble de leur cycle de vie. Par exemple, un des modèles utilisés par la Commission européenne comprend une composante relativement stable et

1. La formulation initiale de cette idée est de Ricardo, mais a été développée et mise sous sa forme actuelle par R. Barro, un des grands économistes « néo-classiques » actuels, dès 1974.

une composante conjoncturelle, dont les poids relatifs sont, par exemple, de 70 % et 30 %[1]. Les agents économiques savent que l'accroissement du déficit budgétaire se traduira par une augmentation de la dette et qu'il faudra bien rembourser celle-ci par des recettes fiscales futures. **Pour faire face à ce risque sur les impôts de demain, les ménages augmentent leur taux d'épargne aujourd'hui**, et la relance budgétaire se heurte donc à un affaiblissement du multiplicateur. À l'inverse, une politique de réduction de l'endettement public peut entraîner une baisse du taux d'épargne et une augmentation de la consommation privée, et ainsi contrebalancer l'effet d'une baisse de la demande publique.

L'expérience empirique confirme cette hypothèse, le plus souvent. L'épargne privée et l'épargne publique sont fortement corrélées entre elles d'une manière négative, en première approche. La compensation a pu être évaluée par l'OCDE à 50 % à court terme et à 70 % à long terme[2]. Cependant la relation causale fait intervenir différents canaux qui peuvent s'avérer indépendants de l'anticipation fiscale des ménages, comme des effets de richesse : les déficits budgétaires, en faisant augmenter les taux d'intérêt, contribuent à la baisse de la valorisation des patrimoines, qui entraîne une correction par une augmentation de l'épargne.

Le florilège des « erreurs de tir » de l'impulsion budgétaire est important et concerne tous les pays. Une étude du Cepii[3] a porté sur un certain nombre d'épisodes d'impulsions budgétaires majeures. Elle a mis en évidence que sept épisodes de restrictions budgétaires sur dix-neuf se sont avérés **« anti-keynésiens »**, avec des expansions au lieu de récessions, et six relances sur dix-huit se sont accompagnées de récessions, au lieu de croissances comme attendu.

Les multiplicateurs observés pour les relances budgétaires importantes, réalisées en général pour répondre à des conjonctures de ralentissement économique, sont très faibles pour les périodes obser-

1. R. Werner, « Le Modèle Quest II », DG2, Commission européenne, document de travail, octobre 1997.

2. « Comportement d'épargne et efficacité de la politique budgétaire », in *Perspectives économiques*, OCDE, 2004.

3. « The Cost of Fiscal Retrenchment Revisited : How Strong is the Evidence ? », Cepii, document de travail n° 96-16, 1996.

Les corrélations brutes entre les variations de l'épargne privée et les variations de l'épargne publique (1970-2003)

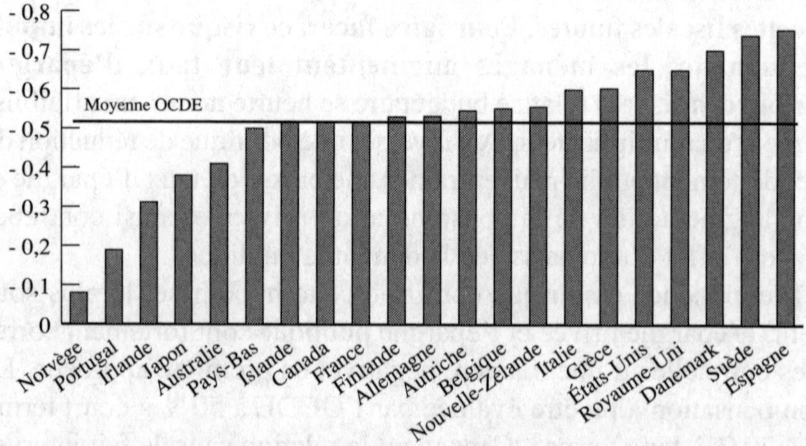

Source : OCDE, *Perspectives économiques*, 2004

vées : alors que la moyenne de l'impulsion budgétaire est de 1,9 % du PIB, après correction conjoncturelle pour tenir compte du contexte mondial de l'époque, la croissance additionnelle constatée est de 0,2 point de PIB, malgré, en général, un assouplissement marqué des conditions monétaires. Mais, de la même manière, les ajustements restrictifs de grande ampleur, engagés pour faire face à des déséquilibres majeurs des finances publiques, semblent avoir eu en moyenne un effet relativement faible sur la croissance : une augmentation moyenne du surplus budgétaire de 1,1 point de PIB n'a provoqué qu'une réduction de 0,1 point du taux de croissance corrigé, malgré un resserrement des conditions monétaires. On constate même un grand nombre d'utilisations procycliques de l'impulsion budgétaire, « anti-keynésiennes » : alors même que l'économie était déjà en phase de reprise, elles sont intervenues soit volontairement de la part notamment de gouvernements qui n'ont pas su résister à la pression de leurs opinions et à la tentation de *booster* leur économie à la veille d'échéances électorales, soit involontairement.

L'efficacité, limitée, des relances budgétaires, dépend en outre des catégories sociales concernées par l'augmentation de la dépense publique. Les **propensions marginales à consommer** sont en effet très variables suivant les couches de population bénéficiaires des augmentations de revenus et l'origine de celles-ci : par exemple, sur les données américaines[1], on enregistre des propensions de 1 pour les revenus de transferts sociaux, de 0,5 pour ceux du travail, en moyenne, de 0,4 pour les revenus de la propriété immobilière et de 0,03 pour ceux des titres. L'efficacité opérationnelle des relances budgétaires est également conditionnée par les **délais** qui séparent la décision d'augmentation des dépenses publiques et leur concrétisation auprès des entreprises, du fait des procédures parlementaires et de passations de marchés. L'accélération des procédures n'est pas toujours possible et peut entraîner un certain gaspillage[2] dans l'emploi des crédits publics; la solution parfois choisie de fonds d'action conjoncturelle, votés en toute hypothèse par le parlement mais utilisés seulement en fonction de la conjoncture, raccourcit un peu ces délais mais ne semble pas avoir représenté un progrès significatif, en raison de la modicité des montants budgétaires concernés.

Cette question du rôle de l'impulsion budgétaire dans la régulation conjoncturelle donne lieu naturellement à un vif débat aussi bien théorique que très opérationnel et à de très nombreux travaux. Tous ces éléments et les études empiriques modernes convergent pour renvoyer dos à dos les intégristes des deux camps et inciter à une grande circonspection face à la doctrine de la relance[3]. Les effets de la politique budgétaire seraient indéterminés et au mieux assez faibles si les déficits budgétaires ou les niveaux d'endettement sont déjà significatifs. Les multiples simulations faites à l'aide des modèles de prévision montrent le faible niveau des effets multiplicateurs à court terme. Une augmentation du budget de l'État, de 1 % du PIB, par exemple, dans un contexte de politique monétaire visant à la fois la limitation des effets d'éviction et

1. « A Guide to FRB Macroeconomic Model of the United States », Federal Reserve Board, octobre 1996.

2. Comme l'ont montré certains plans de relance au Japon.

3. Pour une présentation de l'ensemble des travaux disponibles, S. Capet, « The Efficiency of Fiscal Policies, a Survey of the Literature », CEPII, septembre 2004.

la stabilité de l'inflation, débouche, au maximum, sur une progression du taux de croissance de 0,5 à 0,6 au bout d'un an, pour la plupart des pays [1] ; certaines estimations donnent même des chiffres encore plus faibles, voire négatifs [2] sur la période la plus récente de 1980-2000. Les effets multiplicateurs effectifs peuvent être plus importants si les hypothèses sur les politiques monétaires sont plus permissives, privilégiant la régulation du PIB plutôt que la lutte contre l'inflation.

Au-delà de la vision mécaniste d'antan, l'arme budgétaire n'a pas pour autant disparu. Mais **elle n'est efficace que si elle est crédible**, d'une part en apparaissant comme **soutenable dans la durée** – c'est l'enjeu de la maîtrise de la dette publique –, d'autre part en étant utilisée **de façon symétrique au long du cycle**, en fonction de la conjoncture. Pour que les déficits puissent augmenter en bas de cycle, ils doivent être suffisamment réduits en haut de cycle. Keynes lui-même ne pensait pas autrement ; il eût sans doute été le premier à condamner la paresse un peu simpliste de certaines politiques « keynésiennes » des années 1970-1980.

III. LA NOUVELLE DONNE : LA LUTTE CONTRE LES DÉRIVES DE L'ENDETTEMENT

1. Les risques d'une spirale de la dette

Depuis le deuxième choc pétrolier, les soldes publics des principaux pays sont devenus fortement déficitaires du fait de l'effet « boule de neige » des déficits successifs et de l'augmentation des dépenses sociales ; l'endettement s'est fortement accru, comme le montre le schéma ci-contre.

1. Richardson *et alii*, Standard Shocks in the OECD Interlink Model, OCDE, septembre 2001.

2. R. Perotti, « Estimating the Effects of Fiscal Policy in OECD Countries », CEPR, juin 2002 ; voir également R. Hemming, S. Mahfouz, A. Schimmelpfennig, « Fiscal Policy and Economic Activity During Recessions in Advanced Economies », FMI, mai 2002 ; et A. J. Auerbach, « Is There a Role for Discretionary fiscal policy ? », University of California, Berkeley, septembre 2002.

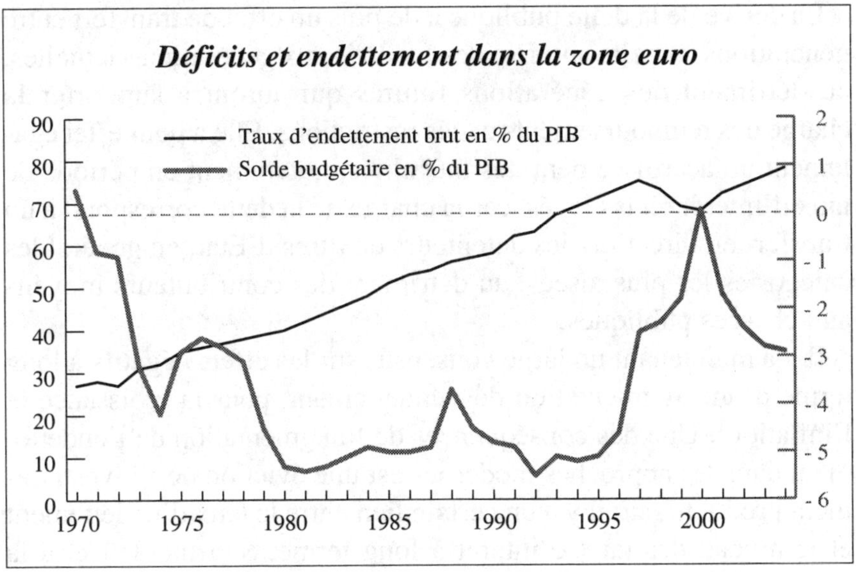

Source : OCDE
Taux d'endettement : échelle de gauche
Solde budgétaire : échelle de droite

La maîtrise de la dette publique est devenue un enjeu majeur de la politique budgétaire. La croissance du taux d'endettement, rapport entre l'endettement et le PIB, aggrave la charge de la dette – intérêts dus sur le capital – et rend la gestion des finances publiques délicate. L'évolution du **taux d'endettement** dépend de la différence entre, d'une part, le taux d'intérêt apparent de la dette, net du taux de croissance du PIB nominal, et, d'autre part, le ratio au PIB du solde primaire, qui est le solde budgétaire hors charge de la dette. La dette a donc tendance à s'auto-alimenter, car le ratio d'endettement augmente « naturellement » en situation de déficit budgétaire primaire dès que le taux d'intérêt apparent de la dette se situe au-dessus du taux de croissance nominale : c'était le cas de pratiquement tous les pays de la zone euro et de la France jusqu'en 1998. **Cet effet boule de neige de l'endettement est particulièrement coûteux pour les finances publiques** ; il réduit la marge de manœuvre du budget pour des actions publiques nouvelles et les possibilités de son utilisation comme instrument de régulation conjoncturelle.

La dérive de la dette publique a de plus un effet de transfert entre générations, car elle autorise des facilités aux générations actuelles, au détriment des générations futures qui auront à supporter la charge des remboursements et des restrictions. Elle a pour effet également un accroissement des inégalités, notamment en période de taux d'intérêt réels élevés, car la charge de la dette correspond à un transfert en direction des détenteurs de titres d'État, en général les catégories les plus aisées, au détriment des contributeurs moyens aux charges publiques.

Il y a maintenant un large consensus sur les effets négatifs à long terme d'une augmentation de l'endettement, pour la croissance et l'inflation[1]. Une des conséquences de l'augmentation de l'endettement dans les approches modernes est une éviction de l'investissement productif, car il y a un certain lien entre le taux d'endettement et le niveau des taux d'intérêt à long terme. Son incidence, à la longue, sur le capital productif, est à l'origine d'une réduction du taux de croissance potentielle. Il faut également tenir compte des effets possibles à long terme des dérives de l'endettement sur l'inflation. Avant l'indépendance des banques centrales, le financement partiellement monétaire de la dette se traduisait directement par un surcroît d'inflation, qui facilitait le remboursement d'une dette libellée en monnaie courante. Même dans les économies avancées où les déficits budgétaires ne sont plus financés par de l'émission monétaire directe, la politique des Banques centrales ne peut éviter une émission monétaire pour prévenir l'augmentation des taux d'intérêt causée par la demande accrue de financement de la part de l'État, même quand celle-ci se fait largement sur les marchés internationaux ; d'où des tensions inflationnistes supplémentaires, sur les biens et services comme sur les valeurs des actifs financiers et réels. Mieux encore, on ne peut pas exclure l'idée que les ménages puissent anticiper par avance les effets inflationnistes potentiels d'une dérive de l'endettement[2]. On pourrait ainsi compléter la célèbre affirmation de Friedmann, « l'inflation est partout et toujours un phénomène moné-

1. D. Elmendorf et G. Mankiw, « Government Debt », NBER, janvier 1998 ; J.-C. Prager, « Déficits et dette publique », in *Cahiers français*, n° 317, *Comprendre l'économie*, vol. 2, *Problèmes et débats contemporains*, 2003.

2. L. Christiano et T. Fitzgerald, « Understanding the Fiscal Theory of the Price Level », *Economic review*, Federal Reserve Bank of Cleveland, vol. 36, n° 2, 2000.

taire », par un adage plus moderne « l'inflation sera toujours et partout, à la longue, la résultante des faiblesses budgétaires ».

La réduction de l'endettement a été difficile et limitée, malgré le contexte de croissance favorable des périodes 1977-1981, 1987-1993, et la période récente 1997-1999, dans des contextes de déficit permanent et cumulatif. Pour la première fois depuis vingt ans, la spirale de la dette a cependant commencé à être inversée en France et dans la zone euro entre 1998 et 2001. À partir de 2002, la dérive de la dette a repris en France, en Allemagne et en Italie, impliquant de fortes tensions budgétaires et des difficultés à respecter les critères de convergence du Pacte de stabilité et de croissance. Pour reprendre la réduction du taux d'endettement, des années successives de redressement budgétaire, accompagnées de circonstances favorables, avec un taux nominal de croissance au moins aussi élevé que le taux d'intérêt moyen supporté par la dette publique, seront nécessaires. C'est à un tel impératif qu'appelle, en France, avec une grande vigueur le rapport remis par Michel Pébereau, fin 2005. Il propose un gel en valeur des dépenses publiques sans réduction du niveau global des prélèvements obligatoires pendant cinq ans, ainsi que d'affecter intégralement les recettes exceptionnelles au désendettement.

2. Endettement et vieillissement

La dérive de l'endettement devient plus cruciale encore dans les pays avancés en raison du vieillissement de la population et de ses conséquences sur le financement futur des dépenses de retraites et de santé ; **la pression potentielle supplémentaire sur la dépense publique, pour les deux décennies à venir, atteindra de 5 % à 10 % du PIB par an suivant les pays.** C'est, pour donner un ordre de grandeur, un effet nettement supérieur à celui du choc « récessif » de 1992-1993 en Europe, et pour une durée beaucoup plus longue.

La qualité du traitement anticipé de ces questions par les gouvernements concernés est un élément important de la crédibilité de la politique économique de la zone euro : des solutions insuffisantes pèseront à la longue sur la valeur de l'euro, rendant d'ailleurs les politiques de redressement budgétaire des pays de la zone encore plus difficiles. Par exemple [1], des calculs de simulation sommaire de la Commission faits sur la moyenne de la zone euro montrent que le simple maintien de l'équilibre budgétaire et du niveau d'endettement passera par des excédents primaires de plus de 5 % si le taux d'endettement de départ est supérieur à 100 %, ce qui serait le cas, dans les faits, si on tient compte, comme cela est nécessaire, des dettes liées aux retraites. C'est dire l'importance de l'effort reporté sur les générations futures si on ne traite pas le problème à temps, et le risque de leur faire assumer une dérive incontrôlable des déficits et de l'endettement public. L'équité intertemporelle exige donc non seulement de régler le plus rapidement possible la question des retraites et de l'équilibre financier des systèmes de santé, mais aussi de revenir à des taux d'endettement les plus faibles possibles.

3. La réduction de l'endettement : une tâche de longue haleine

Les politiques de réduction des déficits se présentent, en première approche keynésienne simple, comme un choc négatif de demande, susceptible de réduire le taux de croissance et d'augmenter le chômage. Cependant, la réduction de l'endettement public puis du taux de prélèvements obligatoires exerce un effet bénéfique sur les taux d'intérêt et la valeur des titres, favorise l'investissement et l'innovation et donc la croissance potentielle. Une telle politique s'analyse donc à moyen terme comme un choc d'offre positif. Ainsi, une étude de l'OCDE [2] avait étudié quinze épisodes de redressement des finances publiques, définis par une amélioration du solde structurel de plus de 3 %, dont d'ailleurs aucun n'était français. Elle a mis en évidence l'effet « ricardien », dans treize cas sur quinze : la baisse du taux d'épargne des ménages a permis de contrebalancer celle de la demande publique.

Le bon *policy-mix* suppose une coordination de fait entre les autorités gouvernementales, chargées de la politique budgétaire, et les autorités monétaires, même si elles sont indépendantes : cette étude montre que la période de redressement des finances publiques s'est

1. « Public Finance in the EMU », DG2, 2001.
2. *Perspectives économiques*, OCDE, juin 1996.

accompagnée d'une détente des taux d'intérêt dans trois quarts des cas. La réussite des politiques de désendettement est accélérée par sa crédibilité : on dispose d'études qui mettent en évidence la relation entre des formes « faibles » de gouvernement et la tendance à l'accroissement des ratios de la dette par rapport au PIB, ainsi que le fait que les gouvernements de courte durée ont de la difficulté également à réduire la dette. Ce n'est pas un hasard si, au sein de la zone euro, deux des États les plus endettés – Belgique et Italie – sont aussi ceux où le scrutin proportionnel est ou a été le plus influent et les coalitions gouvernementales les plus fragiles.

4. Le retour temporaire vers l'équilibre budgétaire dans le G7

C'est ainsi que, dans l'ensemble des pays avancés, la période des années 1990 a vu une inflexion dans les politiques budgétaires : la réduction des déficits est devenue un impératif, plus ou moins mis en pratique selon les États. En zone euro, la satisfaction des critères de Maastricht – déficit public inférieur à 3 % – pour permettre l'entrée des pays dans l'euro a contraint par sa simplicité même à de meilleures pratiques budgétaires.

Les États-Unis sont un exemple de politique réussie de réduction des déficits au cours de l'« ère d'or » Clinton-Greenspan. Cette politique n'a cependant pas été poursuivie lors des mandats de George W. Bush.

Au début des années 1990, la récession a été provoquée par un coup de frein monétaire de la Fed pour contrôler l'inflation développée au cours des années 1988-1990, qui s'est ajoutée à la baisse de la consommation due à la guerre du Golfe et à la diminution des crédits à l'économie, en raison des difficultés des banques américaines. Le budget fédéral avait atteint en 1992 des niveaux records de déficit de près de 5,9 % dus à l'héritage de la « relance Reagan » et à des taux d'intérêt élevés. Les États-Unis n'avaient pas pu contrôler la dépense publique, en dépit de la loi Gramm-Rudman qui avait mis en place un système automatique de réduction des dépenses : en cas de dépassement des plafonds lors du vote du budget, les dépenses devaient être automatiquement réduites à due proportion. Cette loi avait été facilement contournée : le budget initial était conforme aux prescriptions de la loi, mais les dépenses complémentaires étaient votées dans les budgets supplémentaires. La guerre du Golfe avait entraîné une aggravation du déficit, et fait monter le taux d'endettement à près de 75,8 % du PIB en 1993.

L'administration Clinton a pris des mesures successives de restrictions budgétaires visant un objectif de réduction du déficit à 2,5 % en 1998 : la loi dite « *Omnibus Budget Reconciliation Act* », qui a prévu une baisse immédiate des dépenses fédérales de 250 milliards de dollars pour 1993, suivie d'une limitation des dépenses de 500 milliards de dollars dans les cinq années suivantes, a été renforcée par le *Balanced Budget Act* de 1997 qui a prévu une nouvelle réduction des dépenses et l'équilibre budgétaire pour 2000. Cet objectif a été atteint par anticipation en 1998. La politique de réduction des déficits américains a été régulière et s'est effectuée avec des niveaux de croissance exceptionnels : le budget fédéral est passé d'un taux de déficit de près de 6 % du PIB à **un excédent de 0,3 % en 1998**, avec un taux de croissance annuel moyen de 4 %, et une réduction progressive de l'inflation, passée de 2,4 % à 1,2 % sur la même période de 1992 à 1998. La politique monétaire a permis, en jouant sur la baisse des taux d'intérêt, d'éviter les effets récessionnistes, puis de soutenir la croissance par les effets de richesse et la consommation intérieure ; le caractère très graduel de son application a favorisé une stabilisation positive des anticipations de croissance.

La politique de George W. Bush, à partir de 2000, est venue prendre le contre-pied de celle de son prédécesseur : le solde budgétaire est passé de +1,6 % en 2000 à -4,4 % en 2004, sous l'effet de fortes baisses d'impôts et d'une relance massive des dépenses publiques, en particulier militaires, au-delà des besoins directs des guerres d'Afghanistan et d'Irak. La recherche d'une croissance à court terme, indépendamment de sa soutenabilité, ne manque pas d'interroger les observateurs des deux côtés de l'Atlantique[1], et représente une cause majeure de fragilité de l'économie mondiale aujourd'hui.

1. « Thus, over the long term, the increasing resources needed will exert pressure on the federal budget that will make current fiscal policy unsustainable », conclusions de « The Budget and Economic Outlook : Fiscal Years 2006 to 2015 », The Congressional Budget Office, Congrès des États-Unis, 2005.

Le Japon a fait exception à cette politique générale de réduction des déficits. Alors que, de 1980 au début des années 1990, le taux de dépenses publiques restait constant aux alentours de 32 % du PIB, avec une réduction de l'endettement, qui avait atteint un maximum de 75 % du PIB en 1987, la conjoncture enregistrée depuis le krach boursier de 1990-1991 a conduit à des mesures réitérées de relance fiscale qui ont amené le déficit à un record de 7,5 % en 2000. L'échec des politiques de relance, dans un pays plongé dans une « trappe à liquidités », a rendu la dette encore plus difficile à assumer ; cependant la stabilisation du déficit à environ 6 % en 2004-2005, le succès du réformiste Koizumi aux élections législatives de 2005 et le timide redémarrage de l'économie japonaise apparaissent comme des éléments encourageants pour la soutenabilité de la politique budgétaire du pays.

Le gouvernement du **Canada** a également prévu de limiter la croissance des dépenses, avec le *Expenditure Control Act* de 1990 : après la flambée des dépenses, montées à 45,7 % du PIB en 1990, et 49,9 % en 1992, année où le déficit a atteint 9,1 % du PIB, l'excédent est revenu en 2000. La dette publique a diminué à 101,6 % du PIB en 2000-2001 après avoir atteint un sommet de 120 % en 1995-1996. Le gouvernement fédéral s'est donné un objectif de réduire le niveau d'endettement public à 25 % du PIB au cours des dix prochaines années.

Le souci de respecter les critères de Maastricht s'est traduit de 1994 à 1999 par des politiques budgétaires strictes dans les différents pays candidats à l'euro, en particulier la **France**, l'**Allemagne** et l'**Italie**. En vertu de l'article 121 du traité et du protocole annexé, la soutenabilité de la position financière s'apprécie par un déficit public inférieur à 3 % du PIB et un endettement tendant vers un maximum de 60 %. Depuis 2001, la situation budgétaire des trois grands pays de la zone euro s'est à nouveau fortement dégradée [1], comme on peut le voir sur le graphique de la page 462.

Le **Royaume-Uni**, bien qu'il ne se soit pas référé directement au Pacte de stabilité budgétaire, a également opté pour une politique de désendettement. L'adoption d'une loi de programmation financière, en 1998, a conduit à une règle d'or selon laquelle le gouver-

1. Voir ci-après, pages 468 et suivantes.

La réduction précaire des déficits en Europe (en pourcentage du PIB)

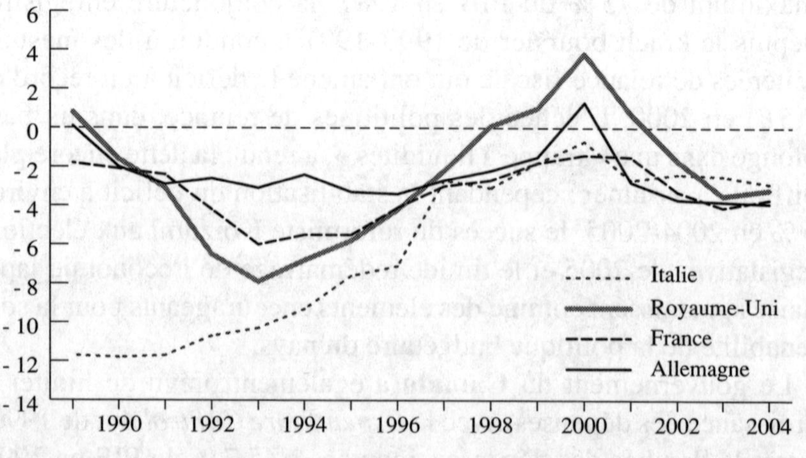

Source : OCDE

nement ne peut emprunter que pour l'investissement, avec un plafond d'endettement net de 40 % du PIB. Un plan de réduction du déficit budgétaire sur cinq ans qui a ramené le Royaume-Uni en situation d'excédent budgétaire en 2001. Pourtant, la politique de Tony Blair et de Gordon Brown – chancelier de l'Échiquier – se singularise en Europe par une progression soutenue des dépenses publiques et, depuis 2002, des impôts. Le bon élève européen connaît lui aussi une forte détérioration de ses déficits à partir de 2000, et est en voie de ne plus respecter aujourd'hui les critères du Pacte de stabilité et de croissance.

* * *

Les années 1960-1975 avaient été celles de gestions plus ou moins équilibrées des finances publiques ; les dépenses ont fortement augmenté au cours des années 1975-1985, sans que les recettes suivent, en raison des conséquences des chocs pétroliers et

Le redressement budgétaire dans les pays de l'OCDE prend fin en 2000

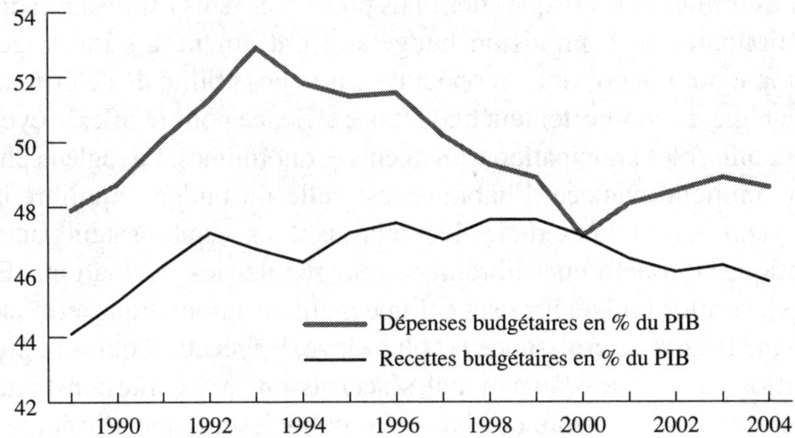

Source : OCDE

des politiques adoptées à cette époque. L'année 1995 a marqué l'inflexion dans l'effet de « ciseau » du déficit, et le retour global à l'équilibre a pu se produire en 2000. La politique temporaire de réduction des déficits avait été rendue possible par la croissance et facilitée par des taux d'intérêt bas, qui ont permis d'alléger la charge de la dette, par la progression plus faible de la dépense publique, grâce à des éléments variables suivant les pays (diminution des investissements, réduction des budgets de défense, réformes des administrations) et, dans certains cas, par les recettes de privatisations et de licences UMTS.

La conjoncture et les politiques budgétaires adoptées de 2001 à 2005 ont amené un retour en arrière, à la fois du fait de l'augmentation des dépenses et de la diminution relative des recettes.

IV. POUR OU CONTRE DES RÈGLES BUDGÉTAIRES ?

Les limites et les risques des biais politiques dans l'utilisation discrétionnaire de l'impulsion budgétaire ont amené à s'interroger, comme pour la politique monétaire, sur la possibilité de déterminer une règle de comportement budgétaire efficace pour réguler le cycle et stabiliser les anticipations des agents économiques. La règle la plus couramment avancée d'habitude est celle du budget équilibré en moyenne sur la durée du cycle, en laissant les « stabilisateurs automatiques » fonctionner librement pour réguler les fluctuations. En effet, le solde budgétaire est lié d'une manière automatique au cycle. Quand le taux de croissance est plus élevé, les recettes, qui sont proportionnelles au revenu national, s'accroissent, à fiscalité constante ; simultanément, certaines dépenses connaissent une diminution quand la conjoncture s'améliore, par exemple l'indemnisation du chômage et d'autres dépenses sociales.

Ce constat simple conduit d'abord les économistes à ne plus raisonner sur le solde budgétaire global, mais à distinguer ses parties structurelle et conjoncturelle. Le **solde structurel** est celui qui résulterait d'une croissance égale à la croissance potentielle ; le **solde conjoncturel**, par différence, est celui qui tient à l'écart actuel de croissance. Cette distinction est parfois délicate à chiffrer. Elle est néanmoins cardinale : une amélioration du solde global, si elle recouvre une dégradation du solde structurel (cas de la France en 1988-1990), peut signifier une dérive budgétaire.

Laisser jouer les stabilisateurs automatiques ?

Au cours du cycle, le solde budgétaire a donc tendance à se détériorer quand le taux de croissance est inférieur au taux de croissance tendancielle, et à s'améliorer mécaniquement en période de bonne conjoncture. En théorie, le budget peut donc exercer une influence stabilisatrice sur le cycle économique, en dehors de toute intervention discrétionnaire. Ces effets mécaniques, dits de « stabilisateurs automatiques », ne sont cependant pas suffisants pour réguler le cycle à eux seuls : les études empiriques montrent le caractère limité dans les faits de ces mécanismes auto-stabilisateurs, même si les évaluations des effets stabilisateurs doivent être abordées avec la même prudence que celles des effets multiplicateurs[1]. Le taux d'épargne des ménages peut en effet augmenter en période de baisse du taux de croissance, contrariant l'effet contracyclique attendu de l'augmentation mécanique du déficit public. C'est ce que l'on a pu observer, par exemple, en France au cours de la période 1990-1995[2].

Ces observations sont valables pour tous les pays. La FED a pu avancer que les stabilisateurs *« are quietly and modestly doing their thing »*[3]. Les évaluations des stabilisateurs automatiques sont incertaines et variées, et on considère que l'« amortissement » stabilisateur est, en toute hypothèse, inférieur à 30 % du choc d'origine pour la zone euro[4] : cela signifie qu'un choc de demande négatif dans la zone euro, par exemple de 1 point de PIB, ne se traduira en fait, en raison de l'effet mécanique de la hausse du déficit budgétaire qu'il entraîne, que par une baisse du taux de croissance légèrement inférieure, de 0,7 % à 0,9 % au lieu de 1 %. Ils sont aujourd'hui nettement inférieurs à ceux que l'on avait pu calculer au début de la décennie 1990, où on les avait estimés en moyenne à 40 %, voire à 70 % pour les États-Unis[5]. Les stabilisateurs sont plus faibles encore pour les « chocs d'offre ». Le seul jeu des stabilisateurs automatiques ne saurait donc représenter une règle budgétaire efficace.

D'autres idées ont été avancées pour les règles budgétaires. Olivier Blanchard, économiste français enseignant au MIT, a proposé de viser un ratio dette/PIB stable en sortie de cycle. Cet objectif est

1. « Public Finance in the EMU », rapport de la DG2, Commission européenne, 2001.

2. J.-P. Cotis *et alii*, « Les stabilisateurs automatiques sont-ils encore efficaces ? », Direction de la prévision, 1997.

3. « Automatic Fiscal Stabilizers : Quietly Doing their Thing », Fed, document de travail, 1999.

4. R. Barrell, A. Pina, « How Important Are Stabilizers in Euro Area », NSIER, mars 2002 ; également, A. Brunila, M. Buti, Jan in 't Veld, « Fiscal Policy in Europe : How Effective Are Automatic Stabilizers ? », Commission européenne, DG2, septembre 2002 ; R. Woods, « Fiscal Stabilization in the EU », cesIFO novembre 2004, présente une revue des estimations actuelles des stabilisateurs automatiques faites par différents auteurs.

5. W. Leibfritz *et alii*, 1994.

équivalent, dans son inspiration, à la recherche de la stabilité du solde structurel sur la longueur du cycle. Mais il n'apparaît pas suffisant pour inciter à la réduction structurelle de l'endettement si, au début du cycle, celui-ci atteint des niveaux considérés comme trop élevés. Il suppose en outre de bien connaître, *ex ante,* la position de l'économie dans le cycle pour fixer le déficit : or cette position n'est réellement connue que *ex post*.

Ces limites expliquent pourquoi on recommande souvent aujourd'hui la fixation d'une **norme d'accroissement de la dépense publique**, indépendante de la conjoncture. Elle permet de laisser jouer les stabilisateurs pour la partie recettes de l'État, avec un léger effet contracyclique. Une programmation pluriannuelle de la dépense publique, orientée autour d'une réduction du déficit, permet en outre une meilleure lisibilité de l'action publique et un contrôle plus efficace. Elle favorise la gestion rigoureuse dans le moyen terme de la dépense publique, en évitant les dépenses excessives durant les années fastes, ou les coupes restrictives (les fameuses « régulations budgétaires ») au cours des années creuses, et leurs effets procycliques.

C'est en partie cette approche qui est à l'origine des programmes pluriannuels décidés dans le cadre de l'application du Pacte de stabilité.

V. LE PACTE DE STABILITÉ ET DE CROISSANCE EN PRATIQUE ET EN QUESTION

1. Les principes du Pacte de stabilité et de croissance

La zone euro est devenue un cadre nouveau et original, où la politique monétaire est centralisée et la politique budgétaire décentralisée : la capacité d'une impulsion budgétaire directe au niveau européen est quasi nulle aujourd'hui. Le budget de l'Union est strictement limité, loin des dimensions de celui d'un État ordinaire : il ne permet d'assurer que des fonctions redistributives très partielles et aucune régulation économique globale, alors que les États disposent séparément de moyens encore puissants.

L'euro implique un cadre commun pour les politiques budgétaires nationales, car les déficits budgétaires donnent lieu à des emprunts dans la monnaie commune. L'endettement de chaque État est facilité, mais les conséquences en sont « mutualisées » à l'échelle européenne. Une augmentation excessive des déficits budgétaires peut donc se traduire par une montée des taux à long terme et du coût des emprunts en euros, et être défavorable à la croissance de l'ensemble de la zone.

C'est pourquoi le Pacte de stabilité et de croissance, conclu sur la demande pressante de l'Allemagne en 1996-1997, a fixé des règles du jeu destinées à discipliner voire à coordonner les gestions budgétaires des États après la mise en place de l'euro. Il a pour premier objectif d'institutionnaliser le fait qu'un pays ne peut s'endetter comme il le veut avec une monnaie dont il n'assume que très partiellement la responsabilité. **Le mécanisme prévoit des sanctions pour les États qui pratiqueraient des déficits excessifs** : ceux dont les déficits publics seront supérieurs à 3 % du PIB devront déposer une somme égale à 0,2 % du PIB (+ 0,1 % par point de PIB au-delà de 3 %). Celle-ci ne portera pas d'intérêt et sera transformée en amende si l'État ne rétablit pas l'équilibre de ses comptes dans un délai de deux ans, la somme déposée étant alors reversée au budget communautaire. Le préjudice porté par l'État déficitaire à ses partenaires serait ainsi compensé par une surcontribution au budget commun. Cette amende ne joue pas en cas de « circonstances exceptionnelles », comme une « grave récession économique » en principe de plus de 2 % du PIB, éventuellement de 0,75 %, réduction élargie, en 2004, à « un taux de croissance négatif ou une baisse cumulative de la production pendant une période prolongée de croissance très faible par rapport au potentiel de croissance ». Le Pacte de stabilité vise de plus à terme, dans son esprit, à **l'élimination des déficits budgétaires en moyenne sur le cycle**, afin tant de favoriser le désendettement à long terme que de permettre, à court terme, l'utilisation de relances discrétionnaires, en bas de cycle.

2. L'application concrète du pacte : les programmes nationaux

En application du traité de Maastricht et du Pacte de stabilité et de croissance, tous les États membres définissent désormais chaque année un programme de stabilité. Ce dernier donne lieu à un avis public de la Commission et est soumis à l'approbation du conseil des ministres : ce programme est une prévision budgétaire pluriannuelle qui indique les modalités prévues pour la gestion des finances publiques du pays. Les États membres ont, à ce titre, adopté des plans de réduction des prélèvements obligatoires et de l'endettement.

En **Allemagne**, le gouvernement avait présenté en décembre 2002 un programme reportant l'équilibre à 2006, sous condition d'une croissance moyenne de 2,25 % par an. Ce plan a été insuffisant, et l'Allemagne a franchi nettement le plafond de déficit, atteignant le chiffre de 3,9 % de déficit à la fin 2004. Le plan proposé par le nouveau gouvernement d'Angela Merkel à la fin 2005 prévoit le retour à un déficit de 3 % du PIB en 2007, moyennant un programme sévère d'économies budgétaires (dont 5 milliards dès 2006) et une augmentation de la TVA en 2007.

La **France** a actualisé sa stratégie de progression des dépenses publiques en 2002 au début de la nouvelle législature. La programmation de la loi de finances de 2003 tablait sur une hausse des dépenses publiques en volume de 1,4 % par an pour la période 2004-2006. Sur la base d'un déficit maintenu à 2,6 % du PIB en 2003, cela permettait, dans une hypothèse de 2,5 % de croissance du PIB, de ramener le déficit à 1 % et la dette publique à 56,5 % du PIB en 2006. Dans les faits, la faible croissance et la dérive du solde structurel par rapport aux prévisions d'origine empêcheront le retour sous la barre des 3 % de déficit en 2005 ou en 2006, malgré une prévision officielle de 2,9 %. La Commission envisageait d'ailleurs des déficits nettement plus élevés en 2005 et en 2006. La Loi de Finances de 2006 table au demeurant sur un taux de croissance de 2,25 % en 2006, chiffre supérieur au « consensus des économistes » et aux prévisions des organismes internationaux comme le FMI ou l'OCDE.

L'Allemagne et la France se voulaient les deux piliers de la zone euro et de l'Europe politique. Le moins que l'on puisse dire est que leur politique budgétaire n'a pas été en cohérence avec cet objectif, avec une priorité donnée jusqu'à fin 2005 à la baisse des impôts sans baisse des dépenses budgétaires. Leur crédibilité par rapport aux autres pays en a gravement et durablement souffert.

Pour autant, les programmes présentés avant le retournement conjoncturel de 2001 souffraient dès l'origine de plusieurs limites :

– présentés sur la base d'hypothèses économiques souvent optimistes, ils sont peu critiqués par les autres pays représentés à l'Ecofin, et jamais évalués *ex post* malgré des dérives annuelles importantes. La « surveillance par les pairs » ne joue donc pas ;

– ils ne comprennent pratiquement pas d'indication sur les **moyens** (réformes) au service des objectifs de finances publiques, ni sur les adaptations de politique budgétaire envisagées en cas de variation de conjoncture.

L'application des plans de retour à l'équilibre, prévue « au plus tard pour 2004 » lors du Sommet de Barcelone en mars 2002, a été ainsi différée et le Pacte de stabilité, réformé en mars 2005, après deux années de discussion difficile. L'Allemagne et la France ont en effet imposé des assouplissements tenant compte de leurs propres difficultés, contre la volonté de certains petits pays, les Pays-Bas notamment.

3. La réforme du Pacte de stabilité

Le pacte avait fixé, dans sa lettre, des « garde-fous » chiffrés et donné un cadre de discipline relatif pour la gestion des crises. À l'intérieur de ces garde-fous, ce dernier s'est avéré cependant un instrument insuffisant pour offrir une règle de conduite dans la gestion du cycle, en régime « de croisière ». En d'autres termes, le Pacte de stabilité et de croissance a été un mécanisme de contrôle « par les pairs » assez permissif à l'expérience, et non pas une norme de comportement budgétaire ; au demeurant, **le chiffre plafond de 3 % a été à la fois trop souple pour une politique de réduction rapide des déficits en haut de cycle, et trop dur en cas de choc récessif survenu au milieu du chemin**. De plus, l'application du pacte n'a pas intégré suffisamment la nécessité pour les différents pays européens de devoir assumer progressivement des charges supplémentaires en raison du vieillissement de la population, au titre des dépenses de santé et de retraite.

L'accord est général pour que la politique budgétaire puisse exercer une fonction contracyclique, au-delà des effets faibles des stabilisateurs automatiques. Mais la définition précise de la bonne règle de comportement a fait l'objet de longs débats, entre les partisans d'une grande souplesse, synonyme de la fin reconnue du Pacte, et les rigoristes, rencontrés dans les petits pays européens qui avaient fait des efforts considérables pour respecter la lettre du Traité.

La réforme adoptée *in fine* répond notamment aux deux critiques les plus souvent adressées au Pacte : le caractère trop mécanique de la limite des 3 % ainsi que le caractère asymétrique.

Les circonstances exceptionnelles de dépassement autorisé du déficit de 3 % sont élargies aux cas de croissance négative (alors qu'il fallait auparavant une récession de 0,75 % à 2 % du PIB). La Commission devra prendre en compte des facteurs « pertinents » pour apprécier le caractère excessif du déficit : l'effort de recherche, l'investissement public, et le niveau et la viabilité de la dette devront être pris en compte (encore que sur ce point aucun modèle de fonctionnement précis n'a été encore proposé). Les délais de procédure et de mise en œuvre des mesures de correction sont assouplis ; celui qui concerne la résorption des déficits peut être porté de deux à trois ans.

Les avancées les plus intéressantes concernent la définition de l'objectif budgétaire de moyen terme. Les périodes de haut de cycle ont été le plus souvent des moments de détente budgétaire, au cours desquelles la reconstitution des marges de manœuvre budgétaire n'a pas toujours été mise à profit pour réduire au maximum le déficit, alors que le Pacte prévoyait déjà un objectif d'équilibre budgétaire en moyenne de cycle. Après la réforme, les pays qui n'ont pas satisfait cet objectif doivent s'engager à une amélioration annuelle du solde structurel de 0,5 %. La France ne prend cependant pas ce chemin.

4. Une politique budgétaire de l'euro encore à inventer

La difficulté à résoudre est celle de la compatibilité à trouver entre **une stratégie à long terme de résorption des déficits et de réduction de l'endettement** à des niveaux soutenables (c'est-à-dire qui n'entraînent pas d'effet boule de neige et permettent de faire face au vieillissement), et **une capacité de gérer la conjoncture à court terme**. La technique du pacte, consistant à encadrer les marges de manœuvre discrétionnaires par des règles, a trouvé ses limites dans des circonstances comme celles d'aujourd'hui car ces règles sont contraires aux intérêts politiques de certains gouvernements et apparaissent comme artificielles à l'opinion publique. L'exemple américain sous l'administration Clinton, comme les constats faits dans l'étude du Cepii citée plus haut, sont cependant là pour montrer qu'une politique de rigueur budgétaire intelligente, continue dans le temps et bien expliquée à l'opinion peut exercer un effet positif sur le taux de croissance. Elle permet aussi de reconstituer les marges de manœuvre nécessaires face à un choc comme celui du 11 septembre 2001.

Théoriquement, on a maintenant, dans la zone euro, un dispositif plus rigoureux dans sa capacité à intégrer les problèmes à long terme posés par le vieillissement, et plus souple en même temps dans la latitude laissée au fil des années aux gouvernements, mais c'est à deux conditions fortes : que les gouvernements affichent des programmes crédibles à long terme et les respectent d'une manière pluriannuelle, et que le dispositif de « sanctions » éventuelles soit effectif.

La réforme du Pacte, aussi intelligente et équilibrée qu'elle puisse être, n'a pas manqué, ainsi, de susciter de nombreux commentaires. Les plus modérés sont en position d'attente sur la manière dont elle sera mise œuvre et saura résister aux événements. « Une mise en œuvre rigoureuse et persévérante des règles révisées favoriserait la discipline budgétaire et contribuerait à restaurer la crédibilité (bien altérée, *note des auteurs*) du dispositif budgétaire de l'UE ». Ce point de vue de la BCE doit être rapproché de positions plus brutales, comme celle de D. Gros, directeur du CEPS[1] et observateur

1. Center for European Policy Studies, basé à Bruxelles.

attentif du processus budgétaire de l'Union. Pour lui, la « pression des pairs » s'est avérée inefficace, et les dispositions arrêtées vont « couler le Pacte », parce que rien n'est prévu pour assurer que l'application du Pacte rénové sera meilleure dans le futur que dans le passé[1]. Dans le même sens, le célèbre institut IFO de Munich[2] interroge : « *Y a-t-il un futur pour le Pacte de stabilité* ? », considérant comme éminemment improbable un quelconque accord politique pour faire respecter correctement les clauses du Pacte réformé. Entre ces deux thèses opposées, celle de la condamnation sans appel du « pécheur institutionnel » et celle de la nécessaire confiance de la BCE en un dispositif amélioré, il y a place pour une vigilance accrue, en particulier un effort d'explication auprès des opinions publiques des pays les moins respectueux du Pacte, les plus gros de la classe : les dispositions du Pacte ne sont que des règles de bonne gestion que toute autorité budgétaire responsable se doit de pratiquer. Une telle approche reste conditionnée par un consensus politique. Toute règle budgétaire, même la mieux adaptée, trouve là ses limites : il est nécessaire que le mécanisme institutionnel, d'une part, et les explications des dirigeants nationaux, d'autre part, offrent des garanties de bonne application de la stratégie budgétaire à moyen terme. L'Europe manque aujourd'hui et de cette pédagogie politique, et de cette force institutionnelle.

À défaut d'une bonne application des dispositions de 2005, des idées nouvelles pourraient progressivement apparaître, analogues à celles qui ont conduit à l'indépendance des banques centrales au milieu des années 1980, face aux désordres inflationnistes constatés au cours de la décennie précédente. Cette approche pourrait être celle de la délégation de tout ou partie du pouvoir budgétaire à des autorités indépendantes, comme c'est le cas pour la monnaie, la concurrence, ou la régulation des services d'intérêt général. L'expérience des banques centrales, devenues indépendantes sur la base de l'évidence empirique que la lutte contre l'inflation était d'autant plus efficace que la banque centrale jouissait d'une autonomie à l'égard du politique, montre bien qu'une fonction par tra-

1. D. Gros *et alii*, « The Maastricht dog that lost its bark, How the stability Pact has lost its relevance », *International Economy*, Washington, hiver 2005.

2. *Report on the European economy*, European economic advisory group, CesIFO, 2005.

dition régalienne peut faire l'objet d'une innovation institutionnelle majeure. La question de la délégation budgétaire pose la double question du champ de la délégation et de la responsabilité démocratique de l'autorité délégataire. Les propositions faites, dans un débat riche[1], vont de la définition de la politique fiscale à la détermination des grandes masses budgétaires. Elles seraient une solution par défaut, avec un recul de la démocratie : la valeur attachée au vote de l'impôt et du budget est forte dans les pays où l'histoire s'identifie à la lutte pour le pouvoir des Parlements élus de lever l'impôt. Ces idées seraient pourtant amenées à cheminer, d'autant plus vite que les gouvernements risquent de s'avérer impuissants face à la possible crise de la dette des années 2010-2020[2].

1. On trouvera un état de ces débats dans le chapitre 3 du *Report on the European Economy* du European Economic Advisory Group du CESifo de Münich, 2003.
2. J-C Prager, « Déficits et dette publique », art. cit.

LEÇON 16

LA RÉGULATION CONJONCTURELLE ET LA CAPACITÉ INSTITUTIONNELLE DE L'EUROPE

I. LA TRADITION DU *POLICY-MIX* REMISE EN QUESTION

À la fin du XXe siècle, les communicants et leurs certitudes aussi simples qu'éphémères avaient remplacé, sur la scène des affaires, les économistes et leurs débats compliqués. Le bon docteur Greenspan avait redonné confiance en l'avenir ; le mystère de son verbe avait permis aux Américains de croire qu'ils étaient entrés dans un nouvel âge d'or, où le progrès serait continu, où il n'y aurait plus de récession. Les autres pays avancés n'avaient qu'à bien appliquer la recette des gourous de Wall Street, et acquérir le savoir-faire si facile en apparence de la *dream-team* qui conduisait l'économie américaine : la nouvelle économie était arrivée. Et voilà qu'une nouvelle fois les croyances collectives se sont effondrées. Le retournement, pourtant prédit en toutes lettres par des scientifiques d'autant plus clairvoyants qu'ils étaient discrets, s'est produit au-delà des attentes. La conjoncture a rappelé que l'économie est une science humaine, faite aussi d'irrationalités.

Le cycle des affaires est toujours bien là et la régulation conjoncturelle a encore de beaux jours devant elle. Les incertitudes et limites de la politique économique sont pourtant mieux connues et prises en charge par les autorités économiques ; mais elles donnent l'impression d'une impuissance de l'action publique. Cette situation suscite deux types de réactions : certains la refusent et cherchent en permanence à faire rêver au paradis perdu ; d'autres sous-estiment la réelle marge de manœuvre du politique. Les moyens d'action et le champ de la politique économique se sont renouvelés, mais sans remettre en cause fondamentalement le rôle de l'action publique dans la régulation conjoncturelle notamment, toujours aussi nécessaire ; elle doit toutefois réajuster ses techniques d'intervention pour renforcer son efficacité.

En particulier, **la prévention des à-coups violents de la conjoncture, des crises**, reste un enjeu majeur : on peut constater que, sur ce terrain, on ne commet plus les erreurs d'autrefois. La gestion des crises a changé, comme le montrent les exemples des deux crises boursières du « jeudi noir » du 24 octobre 1929 et du lundi 19 octobre 1987. La seconde a été plus violente que la première, et la propagation de la crise boursière a été, cette fois, instantanée sur les places européennes. Mais la différence avec 1929 est que la connaissance économique a fait des progrès et que la concertation internationale entre les grandes banques centrales est éprouvée. Les injections dosées de liquidités et la baisse, même légère, des taux d'intérêt, coordonnées entre les États-Unis, le Japon et la RFA, ont fait de ce qui s'était traduit soixante ans plus tôt par une crise profonde et durable, une sorte d'épiphénomène qui n'a pas entravé la croissance des années suivantes, au contraire même.

Le 11 septembre 2001, dès l'effondrement des deux tours du World Trade Center, de nombreux systèmes informatiques bancaires localisés dans le quartier de Wall Street à New York s'interrompent brutalement. Il en est de même pour l'ensemble des programmes de centralisation des trésoreries des banques et des paiements interbancaires automatisés que les banques sont obligées de reprendre partiellement à la hâte, avec des plans de sauvegarde « dégradés », ou tout simplement des traitements manuels. Ainsi, pendant plusieurs jours, les règlements sont ralentis ou différés, ce qui entraîne pour les établissements concernés le risque de rupture de liquidité. Une propagation à l'ensemble du système international étroitement interconnecté avec les établissements localisés à Wall Street provoquerait une rupture générale de liquidité de l'économie américaine et mondiale et une hausse brutale des taux d'intérêt, à un moment où la conjoncture internationale commence à se retourner.

La réaction de la Federal Reserve est immédiate, comme elle l'avait été en 1987, lors du « lundi noir » : des prêts sans limitations de quantités, aux taux d'escompte affichés, sont accordés aux banques, ce qui assure la liquidité du système. Les masses injectées chaque jour pendant cette semaine représentent environ dix fois les injections ordinaires sur le marché monétaire, et les taux de marché au jour le jour tombent d'ailleurs à des niveaux très bas ; la Banque centrale européenne, de son côté, procède également à des injections massives d'euros par appels d'offres et de dollars qu'elle se procure par *swaps* auprès des autres banques centrales. Ces sommes ainsi injectées, au-delà des besoins tendanciels de l'économie, seront résorbées au cours des semaines qui suivront. Ainsi les autorités monétaires ont évité par leur réactivité tout mouvement de panique et d'amplification monétaire de la crise. La Fed baisse à nouveau ses taux de 1 point en quinze jours, et un plan de relance des dépenses publiques d'environ 1 % du PIB est décidé par le gouvernement américain ; en Europe, la baisse des taux est plus modeste et les décisions budgétaires moins nettes en raison de la persistance structurelle des déficits.

II. LES CYCLES DE LA CROISSANCE DEPUIS 1970

Les cycles de la croissance sont une donnée essentielle de l'observation de l'évolution économique. On constate[1] une grande similitude, la quasi-synchronisation des cycles, de leur durée et forme générale, dans les cycles américains et européens. L'ampleur des fluctuations est semblable, même si la volatilité de l'économie américaine est plus importante jusqu'à la dernière décennie. Le deuxième élément marquant est la réduction de l'ampleur des cycles entre les années 1985 et 2000, que l'on peut constater sur le graphique de la page 478, qui décrit l'évolution du rapport entre

1. A.-M. Agresti, B. Mojon, « Some Stylised Facts on the Euro Area Business Cycle », BCE, décembre 2001 ; voir également *World Economic Outlook*, chapitre 2, « International Linkages, Three Perspectives », FMI, octobre 2001.

les écarts de croissance et le niveau de la production potentielle de la zone euro et des États-Unis depuis 1970. Le FMI, dans une analyse des cycles économiques depuis la fin du XIXe siècle, confirme ce diagnostic[1] : sur une longue période, on constate que les récessions s'atténuent et les expansions deviennent plus durables ; les récessions synchronisées sont un phénomène courant dans les différents pays et au fil des périodes. Il apparaît également que le rôle de l'investissement dans les récessions est à présent beaucoup plus important qu'il ne l'était à la fin du XIXe siècle.

Les cycles de la croissance aux États-Unis et en Europe : l'évolution des output gaps

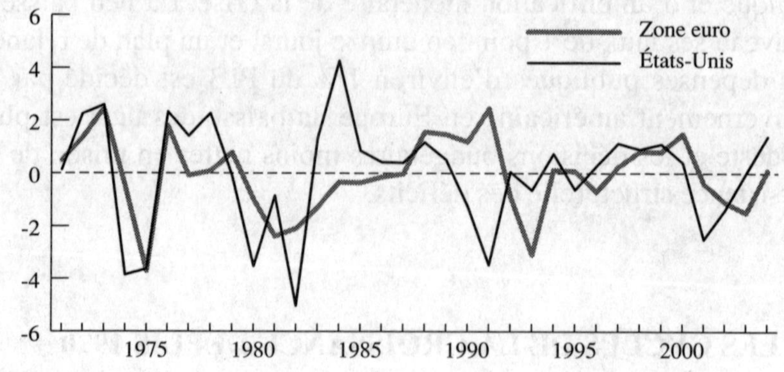

Sources : OCDE, calculs des auteurs

On note globalement, au cours des trente dernières années du XXe siècle et du début du XXIe siècle, de 1973 à 2005, cinq phases du cycle : la première est celle de la montée de l'inflation en raison de la priorité donnée par le *policy-mix* à la lutte contre le chômage notamment aux États-Unis. La seconde, à partir des années 1980, est celle de la lutte contre l'inflation, avec des *policy-mix* contraints et globalement restrictifs, la troisième, celle de l'assainissement ; la quatrième phase marque, au cours de la dernière décennie du

1. *World Economic Outlook*, chapitre 3, « Récessions et reprises », FMI, avril 2002.

XXe siècle, le retour à une croissance plus régulière et soutenue aux États-Unis, mais plus difficile en Europe. Le début du XXIe siècle est marqué par des déséquilibres : aux États-Unis, retour à la croissance qui atteint des niveaux élevés après une brève crise causée par le retournement boursier, mais avec de forts déficits ; quasi-stagnation en Europe continentale et encore au Japon.

Première phase : l'entre-deux-chocs

Le premier cycle concerne la **récession amorcée en 1973**, dont le point bas se situe en 1975, après le premier choc pétrolier qui a frappé les pays avancés en période de forte croissance inflationniste. Il a représenté une ponction équivalant à 1,5 % du PIB. Les pays avancés ne sont sortis de la crise qu'après quelques années, par des politiques variées, mais globalement d'inspiration keynésienne : relance budgétaire aboutissant à une croissance fortement inflationniste.

Deuxième phase : entre nationalisations et libéralismes

La période de reprise, avec des fortes tensions inflationnistes, a été violemment bloquée par le **deuxième choc pétrolier de 1979**, équivalant par son ampleur à celui de 1973, le baril passant de 12 dollars à 35-40 dollars, la ponction étant de l'ordre de 2 % du PIB mais plus étalée dans le temps. Il s'en est suivi une deuxième récession, provoquée d'abord par le choc d'offre de la hausse des prix du pétrole. Elle a été amplifiée par les politiques monétaristes restrictives aux États-Unis et au Royaume-Uni ; le creux se situe entre 1981 et 1983 suivant les pays. Si le choc pétrolier à l'origine de ce cycle est analogue au précédent, la réaction de politique économique des États a été radicalement différente, donnant la priorité à la désinflation.

• Aux **États-Unis**, le déficit budgétaire se creuse sous l'effet des mesures Reagan de réductions d'impôts et de l'augmentation des dépenses d'armement, à peine compensée par la réduction de certaines dépenses sociales en application du programme libéral. Ainsi commence le phénomène des « déficits jumeaux », ceux du budget et du commerce extérieur, en raison d'un taux d'épargne global insuffisant pour satisfaire les besoins de l'endettement public ; jointe à la détente sur les taux d'intérêt liée à l'attractivité retrouvée du dollar, cette politique favorise le redémarrage d'une croissance non inflationniste.

• L'application d'une politique d'inspiration libérale est également marquée au **Royaume-Uni**, avec l'arrivée au pouvoir de Margaret Thatcher en 1979 : la cure monétariste provoque une violente récession, accentuée par la montée de la livre en raison des taux d'intérêt très élevés et de la manne apportée par les découvertes pétrolières en mer du Nord. La restructuration parfois énergique du secteur industriel et la réduction de l'inflation permettent ensuite un redémarrage graduel de la croissance.

• Le **Japon** subit le second choc pétrolier à un moindre degré en raison d'une politique d'économies d'énergie très stricte entreprise depuis 1975 ; le niveau élevé de croissance est rendu possible par une politique monétaire permissive, associée à une réduction progressive du déficit budgétaire dans un contexte où la compétitivité de l'industrie et la montée du dollar permettent de tirer l'économie par les exportations.

• L'**Allemagne** subit également les effets du choc pétrolier. Le maintien de l'inflation à un bas niveau, une spécialisation internationale favorable et la mise en place, à partir de 1982, d'une politique de rigueur budgétaire lui permettent de retrouver ses grands équilibres à partir des années 1985-1986, mais avec un rythme de croissance affaibli par rapport à ses grands partenaires.

• La **France** va traverser le deuxième choc pétrolier à contre-cycle, puisqu'une politique de relance budgétaire est appliquée au lendemain de l'élection présidentielle de 1981, à contre-pied du plan Barre de 1976. Elle évite ainsi la plongée dans la récession que connaissent en 1982-1983 la plupart des grands pays de l'OCDE. En revanche, le maintien d'un niveau élevé d'inflation et les déséquilibres du budget et du commerce extérieur vont obliger les pouvoirs publics à marquer un coup d'arrêt violent, avec une politique de rigueur en deux temps : d'abord, dès juin 1982, le blocage des salaires et des prix, une dévaluation de près de 10 % du franc et des mesures de restrictions budgétaires ; puis, en mars 1983, la décision est prise de rester dans le système monétaire européen. La politique de désinflation compétitive va désormais s'appuyer sur la restauration des marges des entreprises par une limitation des augmentations des salaires minimaux, le commencement de la libéralisation des marchés et une politique du « franc stable », voire du « franc fort », selon ses critiques.

Troisième phase : les assainissements

La phase suivante, celle des **années 1985-1991**, est marquée par un contexte général de politiques d'assainissement et de tentatives de stabilisation du système monétaire international. L'économie américaine bénéficie d'un contre-choc pétrolier (le baril perd les deux tiers de sa valeur par rapport à son niveau maximum de 1979), en même temps que des effets de « l'atterrissage » du dollar et de la montée du yen à la suite des accords monétaires du Plaza en 1985 et du Louvre en 1987. Dans ce contexte, le krach d'octobre 1987 n'entraîne pas d'effet marqué sur la croissance mondiale, mais au contraire les injections de liquidités contribuent à soutenir la croissance. La croissance mondiale reprend jusqu'en 1989-1990.

La fin de la phase ascendante du cycle se produit dans le contexte de la chute du mur de Berlin, de politiques américaine et anglaise plus restrictives devant les dérèglements budgétaires, et de l'éclatement de la bulle spéculative de l'économie japonaise. C'est surtout l'environnement de la guerre du Golfe qui entraîne une chute de la consommation aux États-Unis à partir du deuxième trimestre 1990. Ce cycle s'est achevé avec un creux en 1991.

La politique de relance de l'économie allemande, après la réunification, du fait du taux de change choisi pour le Mark Est et des crédits injectés dans l'économie des Länder de l'Est a probablement retardé le retournement de la conjoncture mondiale. Il en est de même de l'augmentation des dépenses budgétaires et du relâchement de la politique monétaire américaine dès l'engagement des opérations militaires sur le terrain au Koweït.

Quatrième phase : les illusions

Le cycle suivant, des années 1991-1992 jusqu'au retournement conjoncturel de 2001, est caractérisé par la **croissance forte des États-Unis et la « croissance molle » en Europe continentale**, au moins durant la première partie de la décennie : la politique économique y a été marquée, jusqu'en 1997, par les contrecoups de l'unification allemande et la politique de rigueur suivie dans le cadre de l'application du traité de Maastricht. Cette période s'est terminée avec le retournement boursier de 2000-2001 initié aux États-Unis.

• Pour les **États-Unis**, il s'est agi dans un premier temps pour l'administration Clinton de définir les moyens d'un retour à l'équilibre budgétaire, dans le cadre d'une politique monétaire de soutien à la croissance et de la poursuite de la désinflation. C'est ainsi que l'économie américaine a connu une longue période de croissance soutenue, mais restant en deçà des risques de surchauffe et permettant le retour au plein-emploi. La conjonction, notamment à la fin de la décennie, de la bulle boursière et de niveaux de croissance exceptionnels, a amené la Fed à resserrer progressivement les taux d'intérêt à partir de la fin du printemps 1999, devant les risques de surchauffe de l'économie américaine. Elle a ainsi contribué à catalyser le retournement conjoncturel, marqué par l'éclatement de la bulle Internet à compter de mars 2000 et amplifié par les catastrophes du 11 septembre 2001.

• En revanche, la décennie a été celle du marasme au **Japon**, qui n'a pas réussi à sortir réellement des conséquences de la crise boursière des années 1990. Les plans de relance successifs ont fait dériver d'une manière considérable les finances publiques. La fragilité du système bancaire a conduit à une politique d'autolimitation des crédits : les créances douteuses du système bancaire japonais sont alors évaluées [1] à près du tiers du PIB, alors que les fonds propres des banques sont faibles. Une politique monétaire parfois incohérente dans le temps, mais surtout la perte de confiance profonde des Japonais eux-mêmes dans leur économie et dans leur système financier (l'épargne étant investie sur la place de New York) ont enfermé l'économie dans une sorte de trappe à liquidité [2] et de quasi-déflation. En 2001-2002, la politique monétaire a été assouplie avec des injections massives de liquidités dans le système bancaire, mais les crédits ont continué de régresser.

• **L'économie anglaise,** de son côté, a affiché une relative santé depuis la crise de change de septembre 1992 et la sortie du SME, avec une politique réussie de redressement des finances publiques. La

1. *The Economist du* 13 juillet 2002.

2. La « trappe à liquidité » est une situation de l'économie dans laquelle les ménages et les entreprises préfèrent garder leurs liquidités ou les placer à l'étranger plutôt que de les placer ou d'investir dans l'économie du pays considéré : une injection de monnaie et une baisse des taux d'intérêt ne sont pas efficaces et une politique de relance peut s'avérer insuffisante.

hausse de la livre a été compensée par la croissance mondiale et le redémarrage de l'économie continentale en 1997. Le Royaume-Uni a cependant été plus sensible à la crise financière de 1997-1998 que la zone euro, avec un léger décalage dans le temps. Depuis, le cycle britannique est mieux coordonné avec celui de la zone euro.

• La politique de rigueur suivie **en Allemagne et en France** pour préparer l'entrée dans l'euro a contribué à limiter les taux de croissance dans ces pays ; la conjoncture mondiale favorable de la fin de la décennie leur a toutefois permis, les objectifs de contrôle de l'inflation étant atteints, de bénéficier d'une politique de l'euro relativement permissive jusqu'au retournement de la politique de la Fed en 2001. La France, en particulier, a connu entre 1997 et 2001 le meilleur taux de croissance de l'emploi des quatre pays européens du G7, avec un taux de croissance du PIB et de la productivité générale des facteurs analogue à celui du Royaume-Uni : c'est un point positif, quoiqu'un peu oublié, du bilan de Lionel Jospin et Dominique Strauss-Kahn.

Cinquième phase : les temps des déséquilibres ?

Ce début du siècle se caractérise par une croissance élevée, mais également une forte incertitude : la soutenabilité d'une reprise soutenue au début par un *policy-mix* très agressif aux États-Unis, autoentretenue ensuite par une forte demande intérieure, au prix d'une dérive des endettements publics et privés. L'Europe continentale, à l'inverse, semble s'enfoncer dans la stagnation, sans perspective d'issue rapide. L'Asie continentale de l'Est apparaît comme la grande gagnante sur la scène commerciale et financière internationale ; ses excédents courants et la montée de ses réserves en devises lui assurent une puissance nouvelle et lui donnent maintenant, d'une certaine manière, une partie des clés de la stabilité mondiale.

• Les **États-Unis** ont beaucoup souffert de la crise en 2000-2001. La Fed s'est montrée, une nouvelle fois, extrêmement réactive et a pratiqué une baisse des taux d'intérêt nouvelle depuis vingt ans par son ampleur et sa rapidité[1], alors que, de son côté, le budget fédé-

1. Pour être complet, il faut souligner que Paul Volker avait, à deux reprises, laissé tomber les taux à court terme de plus de cinq points en un an, à plusieurs reprises, lors de la reprise en main anti-inflationniste de l'après 1979. Ces quatre ou

ral dépassait brutalement, à 4,4 % du PIB, le niveau élevé des déficits qu'il avait atteint au cours des mandats de Ronald Reagan et de George Bush. De son côté, la glissade du dollar permettait de retrouver la compétitivité-prix des exportations américaines. Le retour de la croissance a permis à la Fed de remonter progressivement ses taux aux premiers signes avant-coureurs de l'inflation, sans effet négatif sur la croissance pendant cette période de remontée des taux :

La réaction de Alan Greenspan au choc de 2000-2001 : les taux des « Fed funds »

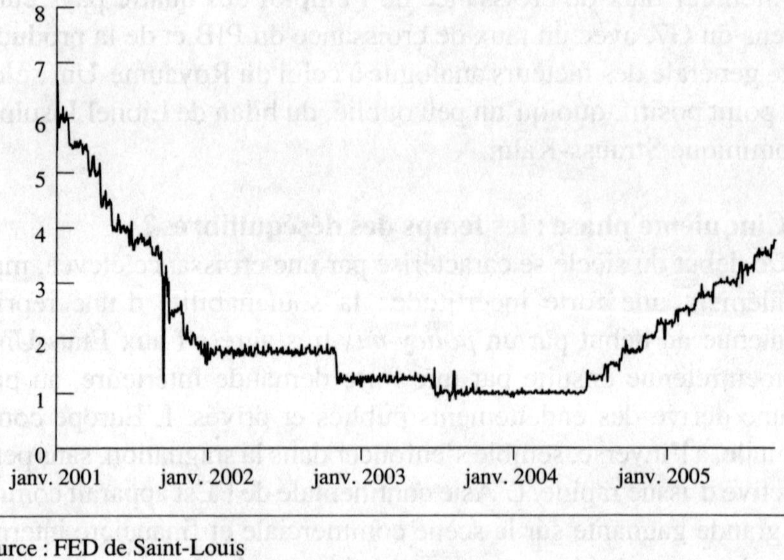

Source : FED de Saint-Louis

L'aggravation des déficits jumeaux américains – budgétaire et extérieur – pose cependant la question de la durabilité de la croissance constatée aujourd'hui, compte tenu de l'ampleur du besoin de financement des États-Unis qui atteint des niveaux records sous la

cinq « épisodes » de décrochage brutal des taux se sont produits entre 1980 et 1983, et un autre au deuxième semestre 1984. Mais il convient de rappeler que les taux d'intérêt étaient, dans la logique du pilotage monétariste, un « sous-produit » du contrôle de la masse monétaire.

pression de la demande interne. L'interrogation porte sur la nature de l'atterrissage du dollar. Cette question sera vue d'une manière plus détaillée dans la prochaine leçon, mais aucun engrenage n'est à exclure, même si le « hard landing » du dollar est une hypothèse moins probable que celle d'un contrôle en douceur. À défaut d'accords analogues à ceux du Plaza puis du Louvre en 1985 et 87, le cadre pourrait être celui d'un « soft-mix », fait comme en 2005 d'un minimum d'ajustement interne, d'une dépréciation molle du dollar, et de pressions protectionnistes sur la Chine : il est possible que ce « soft-landing » ne soit pas suffisant. Il est par contre certain que l'économie mondiale ne pourrait que se ressentir fortement de la réduction de la croissance américaine, en l'absence d'un autre moteur suffisamment puissant.

• Le **Royaume-Uni** a connu, au cours de cette période, un niveau de croissance supérieur à celui de la zone euro et plus proche de celui du grand frère anglo-saxon. En raison de la montée des tensions inflationnistes et notamment des prix de l'immobilier, le *policy-mix* s'apparente à celui d'une impulsion budgétaire forte (qui tend à s'atténuer depuis 2004), et d'une remontée progressive des taux. Le net ralentissement de la croissance en 2005, conséquence notamment de ce durcissement du *policy-mix*, attendue, rapproche le pays de la conjoncture de la zone euro.

• La **France** et **l'Allemagne** sont aujourd'hui les enfants malades de la zone euro, avec une Italie qui s'enlise dans la récession et les déficits. Les deux grands moteurs de la zone fonctionnent au ralenti depuis 2002. Chaque pays a ses faiblesses spécifiques : l'Allemagne, dont le potentiel industriel reste fort, comme en atteste son haut niveau d'exportation, se ressent d'une demande interne faible. La France souffre de sa difficulté à contrôler l'évolution de ses dépenses publiques et de la perte de compétitivité de ses produits, alors que sa demande intérieure reste le principal moteur de sa modeste croissance. Dans les deux pays, l'insuffisance des réformes structurelles est le sujet principal de préoccupation ; cependant, les réformes mises en œuvre par le chancelier Schröder dans le cadre de l'agenda 2010 en Allemagne, ainsi que les mesures du gouvernement de Angela Merkel, peuvent contribuer à catalyser le redémarrage attendu de l'économie du pays. Au contraire, en France, les conséquences des quelques améliorations engagées par le gouvernement depuis la réforme des retraites en 2003, comme le renforcement de l'efficacité des services de l'emploi, ne pourront porter leurs éventuels bénéfices que dans la durée. Cependant, le problème de la maîtrise des déficits budgétaires reste entier, et ainsi les pays continentaux n'ont pas pu pleinement utiliser l'arme budgétaire au moment du retournement de septembre 2001.

Les taux annuels moyens de croissance en Europe

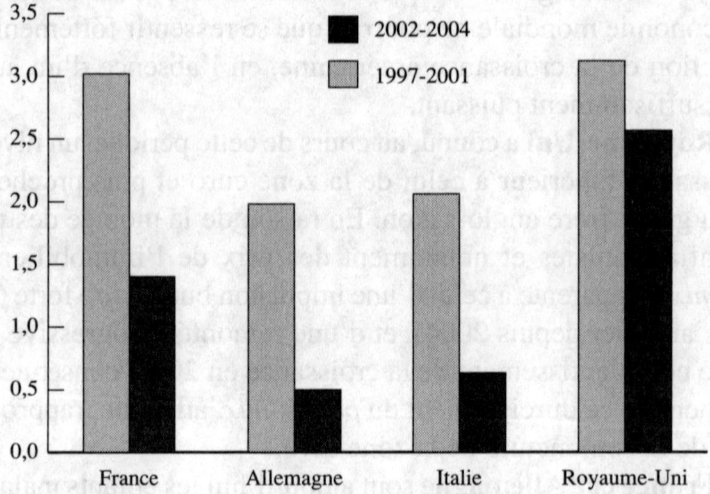

Source : OCDE

• Le PIB de l'**économie japonaise** a progressé de plus de 2 % en moyenne depuis 2002, principalement par la reprise de l'investissement des entreprises et les exportations. Cela représente une source d'espoir pour un pays enfoncé dans la déflation depuis une décennie, et peut apparaître comme le résultat des nombreuses réformes structurelles engagées. Force est cependant de constater que le cycle des affaires du pays est devenu particulièrement court depuis le début de la décennie 90, et la période récente de reprise peut s'inscrire dans cette séquence ; d'autant plus que des éléments déflationnistes restent marquants. Le pays connaît des niveaux d'endettement uniques dans les pays avancés (160 % du PIB) susceptibles, à tout le moins, d'altérer son potentiel de croissance.

Le Japon a toutefois renforcé sa compétitivité notamment en direction des autres pays asiatiques, en raison d'une spécialisation industrielle sur les produits les plus technologiques. C'est donc en fonction de la poursuite de la croissance en Asie que se confirmera la tendance positive des années 2003-2005.

L'ensemble des pays du G7 ont eu, sur la période 1980-2004, une ampleur analogue de leurs fluctuations, ce qui dénote, globalement, une capacité égale de stabilisation du cycle (sous la réserve formulée ci-dessus quant à la gestion de la crise japonaise et à la difficulté à sortir aujourd'hui du marasme en France et en Allemagne). **La France apparaît comme le pays dont les fluctuations du PIB et des composantes principales de la demande ont été les plus faibles**, alors que le taux de croissance moyen se situe correctement par rapport aux autres pays. Pour apprécier la qualité des politiques économiques, en première approche, on peut considérer que l'objectif majeur est un taux de croissance moyen le plus élevé possible sur longue période, associé à une inflation contrôlée et une certaine stabilité macroéconomique. Celle-ci se définit par une variabilité de la croissance et de l'inflation plutôt faibles. Il semble que les arbitrages de la politique économique française aient eu pour objectif principal la régulation de la croissance, au détriment pendant longtemps de la lutte contre l'inflation, par comparaison avec des pays comme le Japon ou l'Allemagne. Par contre, sur cette période 1980-2004, le Japon et les États-Unis ont une performance d'ensemble supérieure – altérée par la stagnation japonaise de la décennie 1990 –, avec les taux de croissance et d'inflation les meilleurs. L'Allemagne et le Royaume-Uni ont des préférences opposées, la première pour la lutte contre l'inflation au préjudice de la croissance, et le second pour la croissance plutôt que pour la lutte contre l'inflation. Le plus mauvais résultat, faible croissance et forte inflation, est le fait de l'Italie.

Les performances de la régulation macroéconomique 1980-2004

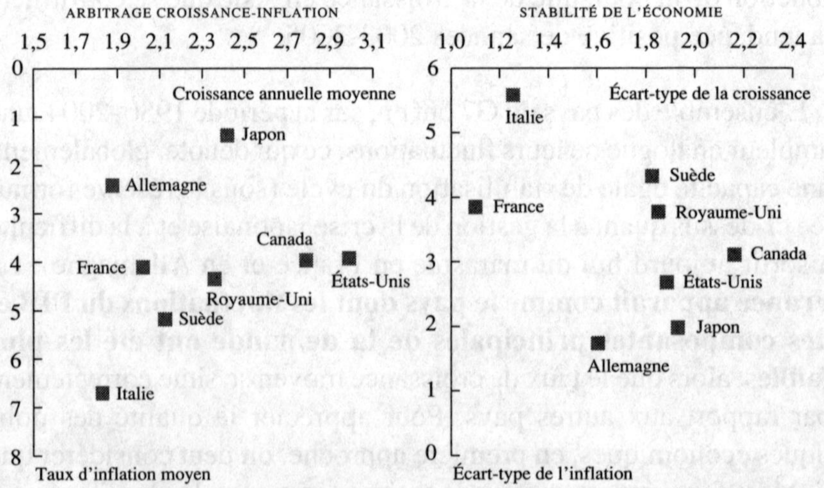

Sources : FMI et calculs des auteurs

III. QUELLES LOIS POUR LES CYCLES ÉCONOMIQUES AU DÉBUT DU XXIE SIÈCLE ?

1. La remise en cause des dilemmes traditionnels

La tradition de la politique conjoncturelle était basée sur le choix conjoint d'un certain dosage des politiques monétaire et budgétaire et du taux de change pour assurer, suivant les circonstances de la conjoncture, la réponse la plus adaptée aux déséquilibres économiques. Elle s'est longtemps appuyée sur une vision mécaniste de la vulgate keynésienne, formalisée dans le fameux **modèle IS-LM**, qui est la simplification faite par deux économistes britanniques, Hicks et Hansen, de la théorie de Keynes ; il est devenu la base enseignée dans tous les cours d'économie depuis plus de quarante ans[1]. Dans ce modèle, l'équilibre économique est déterminé par le niveau de la demande publique et les anticipations d'investissement des chefs d'entreprise. Enrichi par Mundell et Fleming pour tenir compte des échanges extérieurs, il a été affiné par tout ce que les économètres les plus savants ont pu ajouter et ce qu'ont autorisé le perfectionnement et le développement de la puissance de calcul des ordinateurs.

Selon cette approche, le cycle des affaires est lié, en premier lieu, aux **fluctuations de la demande globale**. L'économie fluctue autour de son taux de croissance potentielle, déterminé par les données structurelles de l'économie. Il y a une sorte d'état dynamique théorique de croissance équilibrée, où les taux d'inflation, de croissance, et de chômage sont stables et les meilleurs possibles. Il convient donc d'ajuster la demande publique et le *policy-mix* aux fluctuations de la demande intérieure et des investissements, qui dépendent des anticipations faites sur la croissance future, ainsi qu'à celles de la demande extérieure.

Traditionnellement, les gouvernements étaient confrontés à des contraintes fortes, le dilemme inflation-chômage, selon la célèbre « **courbe de Phillips**[2] » et la contrainte extérieure. La rigueur engagée dans tous les pays avancés pour réduire l'inflation, par un contrôle monétaire strict, les politiques budgétaires de réduction des déficits, la mise en place de politiques salariales modérées, ont permis de corriger des déséquilibres devenus trop criants.

La flexibilité des changes, à partir de 1973, ainsi que la création de l'euro en 1999 ont changé la nature et l'importance de la contrainte extérieure. Les politiques économiques s'inscrivent, depuis la deuxième partie de la décennie 1990-2000, dans un nouveau paradigme, où la politique monétaire, une fois l'inflation éradiquée dans le moyen terme, s'efforce de soutenir la croissance, par le pilotage des anticipations *ex ante*, et non plus *ex post* comme

1. On se réferera aux grands manuels existants, comme G. Mankiw, *Macroéconomie*, De Boeck, 2003 ; ou J. Pisani-Ferry, B. Cœuré, A. Bénassy-Quéré, P. Jacquet, *Politique économique*, De Boeck, 2004.

2. A.W. Phillips, économiste néo-zélandais, a publié un article fameux sur la relation entre le chômage et l'inflation au Royaume-Uni : « The Relationship Between Unemployment and the Rate of Change and Money Wages Rates in the United Kingdom 1861-1957 », *Economica*, 1958.

La théorie des cycles réels[1]

Pour être complet sur les analyses actuelles des fluctuations, il faut souligner les recherches qui portent sur **la théorie des cycles réels**. Le modèle des cycles réels est issu d'une analyse de caractère néoclassique, qui a pour but de montrer que les fluctuations prennent leur origine dans d'autres dimensions de la vie économique que les chocs de demande ou les décisions de politique économique. Il s'appuie sur une théorie avancée sur le plan mathématique, et postule que les fluctuations économiques sont le fruit des réactions rationnelles des agents économiques face à des chocs imprévisibles, **de caractère technologique**. Il serait contraire à l'optimum économique que de chercher à les réguler, puisqu'ils sont pour la dynamique économique l'extension du modèle walraso-parétien. L'économie réelle n'est pas un monde de concurrence pure et parfaite, tant s'en faut, et cette approche présente bien des points de discussion, notamment parce qu'elle repose sur l'hypothèse que les variations de productivité sont exogènes. Or on a montré que ces variations sont causées par les fluctuations du PIB.

Les différentes améliorations du modèle permettent cependant de lever partiellement ces obstacles théoriques et ouvrent des voies de recherche intéressantes. Les analyses empiriques faites à partir des deux approches du cycle – l'analyse néo-keynésienne, sur laquelle est fondée la dominante de la doctrine actuelle, et la théorie des cycles réels, dans ses versions récentes – sont assez semblables, ce qui est une marque de la convergence de l'analyse économique. L'intérêt de l'approche des cycles réels est méthodologique, et permet d'offrir, pour l'analyse des fluctuations, des fondements analogues à ceux de la théorie de la croissance à long terme.

Mais le fond de cette doctrine, basé sur les concepts de la théorie moderne de l'équilibre classique, est une sorte de non-interventionnisme. Puisque l'économie s'avère fonctionner d'une manière rationnelle, l'intervention des pouvoirs publics peut être contre-productive. Le débat est donc loin d'être clos entre les tenants d'une politique de régulation « active » et les partisans de l'inefficacité de la politique économique, fussent-ils minoritaires.

1. F. Kydland et E. Prescott, « Business Cycles : Real Facts and a Monetary Myth », *Federal Reserve Bank of Minneapolis Quarterly Review*, vol. 14, n° 2, 1990 ; on a déjà indiqué que les deux auteurs ont eu le prix Nobel en 2004 pour leurs travaux.

auparavant. À l'expérience, la « croissance sans l'inflation », ce vieux rêve des responsables économiques, s'avère désormais possible. L'indépendance donnée aux banques centrales dans la décennie précédente a modifié les termes de la définition de ce *policy-mix*, qui met en jeu deux acteurs relativement indépendants, la banque centrale et le gouvernement pour le budget.

2. Convergence et atténuation des cycles

La mondialisation des marchés financiers, leur influence sur l'économie réelle et les anticipations des agents économiques sont devenues des éléments majeurs des cycles conjoncturels. Un des principaux constats de ces dernières années est celui de la plus forte intensité des mécanismes de transmission internationale des conjonctures [1]. Les cycles de production sont devenus plus semblables, depuis le début des années 1990, du fait dans la zone euro de politiques convergentes autour de la réduction de l'inflation et des déficits budgétaires, et en général de la synchronisation marquée des marchés financiers et boursiers des différents pays. La plupart des récessions sont liées à des mouvements des marchés financiers [2]. Les anticipations des agents économiques résultent de l'information diffusée par les médias sur la conjoncture ; cette information a tendance à se mondialiser, ce qui est un autre facteur puissant à terme de coordination des conjonctures.

La multiplication des sources d'information et des commentaires sur l'activité économique tend à améliorer les anticipations des entrepreneurs sur le niveau futur d'activité et leurs investissements, comme celles des consommateurs. La « température » des agents économiques est prise en permanence : l'annonce de celle-ci et de ses variations au fil des semaines contribue à la réalisation de la situation économique future, au-delà des données conjoncturelles et des objectifs affichés de la politique économique. Les effets réels de la politique économique annoncée peuvent ne s'avérer que limités car **les anticipations ont un puissant effet « autoréalisateur »**. Ce constat est d'ailleurs un élément central du débat qui porte sur

1. *Perspectives économiques*, OCDE, juin 2002.
2. *World Economic Outlook*, FMI, mai 2002.

la nature des informations et prévisions sur lesquelles il convient de fonder les décisions de régulation conjoncturelle.

Pour autant, la qualité de la régulation conjoncturelle reste un élément essentiel pour assurer une croissance plus forte à long terme, ne serait-ce qu'en raison du rôle d'accélérateur de l'investissement, qui est un élément majeur du cycle puisque, à la fois, il est à l'origine des variations du PIB et il entraîne des conséquences durables sur celles-ci. Les périodes de creux de cycle, phases d'investissements plus faibles, sont préjudiciables au taux de croissance potentielle à long terme.

3. La régulation conjoncturelle est un art d'exécution

Les cycles économiques prennent ainsi leur origine dans un ensemble complexe de perturbations économiques, liées aux modifications des anticipations et des décisions des agents économiques, en raison :

– soit des facteurs « endogènes » à l'évolution économique, comme les variations des taux de croissance de la consommation privée, des données du commerce extérieur ou de l'investissement ;

– soit des conséquences des décisions de la politique économique, par exemple des variations des taux d'intérêt et des politiques budgétaires. On a pu constater que chaque cycle de l'économie américaine était précédé d'un choc monétaire : c'est la boutade de R. Dornbusch, qui disait que les périodes d'expansion ne mouraient jamais de mort naturelle dans leur lit, mais assassinées par la Fed[1] ;

– soit de facteurs exogènes ou aléatoires, comme des chocs de productivité.

Le débat de politique économique porte dès lors sur deux éléments essentiels :

– **l'analyse de la conjoncture** : comment peut-on évaluer, face aux conditions de tous les jours, et en dehors des situations exceptionnelles, les tendances de l'économie et les effets supposés dans le temps des instruments du *policy-mix ?* Est-il ou non nécessaire de

1. Cité dans le chapitre 3 du *World Economic Outlook*, FMI, 2002.

soutenir la croissance à court terme pour ne pas altérer le taux de croissance potentielle ? Les analyses s'appuient sur un ensemble d'indicateurs et de prévisions qui ne sont que très rarement concluants à 100 % : on trouvera à titre d'exemple, en encadré, les indicateurs utilisés par la Banque centrale européenne ;

– **le dosage dans l'utilisation des instruments de politique économique** : jusqu'où peut-on aller dans la croissance de la masse monétaire, la baisse des taux ou l'évolution des déficits ou des excédents ? Les règles monétaires, comme celles de Taylor, ou budgétaires, comme celles du Pacte de stabilité et de croissance dans la zone euro, permettent parfois de fixer des normes quantitatives d'action. Mais il faut bien reconnaître que, si les estimations économétriques permettent de valider ces règles sur les données passées, rien ne permet d'assurer qu'elles conserveront leur pertinence face à des conjonctures nouvelles, surtout en période de crise. C'est une des conséquences majeures de ce que l'économie n'est pas une science « dure » qui peut s'appuyer sur des expérimentations contrôlées.

Indicateurs de conjoncture de la BCE
(hors données monétaires) [1]

1. Indice des prix à la consommation harmonisé (IPCH).
2. Comptes nationaux trimestriels et annuels.
3. Comptes nationaux trimestriels et annuels par secteurs institutionnels.
4. Recettes et dépenses trimestrielles et annuelles des administrations publiques.
5. Statistiques conjoncturelles pour l'industrie (y compris l'immobilier et la construction).
6. Statistiques conjoncturelles du commerce de détail et des autres services.
7. Statistiques du marché du travail – emploi et chômage.
8. Statistiques du marché du travail – statistiques des rémunérations et des coûts de la main-d'œuvre.
9. Enquêtes de conjoncture.
10. Statistiques du commerce extérieur.

1. « Les besoins de la BCE dans le domaine des statistiques économiques générales », BCE, août 2000.

Les nombreux éléments d'incertitude, tant théoriques qu'empiriques, incitent à considérer que la régulation conjoncturelle est un art difficile. Pour éviter de commettre des erreurs répétées, il vaut mieux n'intervenir que d'une manière prudente.

Il ne s'agit pas de pousser la prudence jusqu'à une doctrine du « laisser-faire » et aux principes d'inefficacité de la politique économique, fussent-ils actualisés grâce aux modèles récents de la théorie des cycles réels. C'est plutôt une sorte de **« principe de précaution »** appliqué à l'action publique économique et à la régulation conjoncturelle qui s'impose aux dirigeants d'aujourd'hui. Les banques centrales, comme la Fed et la BCE, fondent donc leurs décisions sur une appréciation des différents risques envisageables et des conséquences de leurs décisions sur la réduction de ces risques.

IV. LA COORDINATION INTERNATIONALE DES POLITIQUES ÉCONOMIQUES

La mondialisation des marchés a révolutionné la conception traditionnelle de la politique économique. Les autorités publiques ne peuvent plus opérer indépendamment des actions poursuivies dans les autres pays : les échanges et mouvements internationaux ne sont plus la variable d'ajustement des politiques internes, ils sont le terreau même des politiques économiques nationales. La relance dans un seul pays, comme la France en 1981, présentait traditionnellement des risques importants, car elle pouvait ne profiter qu'aux autres. Cela obligeait déjà, dans un système moins mondialisé, à promouvoir des politiques coordonnées (rapport Mac Cracken, OCDE, 1977), même si un pays en excédent pouvait avoir à assumer des responsabilités particulières de « locomotive » dans la relance, celui-ci étant, comme l'Allemagne à l'époque du SME, réticent à le faire.

L'atténuation des effets de la politique budgétaire, en régime de changes flexibles[1], et des marges de manœuvre de la politique

1. Selon le modèle de Mundell-Fleming, le financement du déficit nécessite un afflux de capitaux extérieurs, qui entraîne en théorie une montée du taux de change et une baisse des exportations. Celle-ci réduit l'augmentation de la demande globale et freine les effets de la demande budgétaire sur la croissance.

Le dilemme du prisonnier ou la nécessité des jeux coopératifs

Dans cet encadré, il ne peut être offert qu'un petit aperçu de la théorie des jeux, une des branches les plus développées des mathématiques. Un des grands théoriciens en a été John Nash, mathématicien génial et déséquilibré à la fois.

Quand deux joueurs jouent à un jeu à somme nulle ou fixée, ce qui est gagné par l'un ne l'est pas par l'autre, comme au poker, et il n'est pas question de chercher une coopération dans le jeu. En économie, **les jeux sont à somme non nulle**, c'est-à-dire que le résultat d'ensemble peut dépendre des stratégies développées par les joueurs : chacun cherchera la plus bénéfique pour lui, mais les « couples » de stratégies peuvent s'avérer, selon les cas, soit gagnants pour tous les deux, soit perdants. Le jeu le plus simple et le plus connu de ce type est le dilemme du prisonnier : deux complices d'un même forfait sont tous deux interrogés séparément par le juge. Celui qui accepte de dénoncer l'autre est assuré d'une réduction de peine, celui qui aura été dénoncé sans avoir avoué aura une peine forte, mais, si personne n'avoue, les deux seront libérés. Si les deux complices ont une forte confiance l'un dans l'autre, personne ne parle et tous deux sont libérés. Mais cela suppose un processus préalable d'apprentissage mutuel. Si les complices ne se connaissent pas ou ne se font pas confiance, ils auront tous les deux tendance à avouer et ainsi seront punis tous les deux.

On peut transposer ce raisonnement à deux partenaires économiques dans une négociation : la confiance permettra des coûts de transaction faibles, par contre l'absence de confiance représentera un coût plus élevé, en frais d'avocats, d'assurances, d'expertises, de garanties…

S'agissant des « jeux de politique économique », on voit bien que, si deux pays coordonnent leur action, une relance commune sera bénéfique pour les deux. Sinon, l'action de l'un entraînera des réactions de l'autre, qui peuvent finir par des surenchères, comme les dévaluations pour relancer l'économie, ou l'attente que l'autre baisse les taux d'intérêt pour améliorer la rentrée de devises. **La crise de 1929 est l'exemple d'un jeu non coopératif** : l'Angleterre a commencé par dévaluer, reportant le problème sur les États-Unis qui l'ont fait à leur tour, mais plus tard… Il en a été de même en 1992-1993, avec la série de dévaluations en cascade du SME.

monétaire amène donc à chercher à optimiser les actions de politique économique à l'échelle internationale. **Les externalités positives ou négatives des politiques nationales sont importantes** : la concurrence fiscale sauvage est un des aspects les plus redoutables aujourd'hui dans la réduction des fonctions collectives à l'échelle mondiale, au risque de déstructurer des sociétés entières. De même, les comportements de « passager clandestin » en matière de respect des règles du commerce ou de l'investissement international peuvent déboucher sur des distorsions ou des mesures de rétorsion préjudiciables à l'ouverture internationale.

La régulation du cycle est elle aussi devenue un problème international par nature. Un équilibre non coopératif est sous-optimal par rapport à un jeu coordonné : c'est l'application du **« dilemme du prisonnier »** aux politiques de régulation conjoncturelle[1].

La difficulté majeure à ce stade est celle des asymétries entre les pays : les États-Unis exercent un *leadership* de fait sur l'économie mondiale et considèrent le plus souvent, avec quelques exceptions comme les accords du Plaza (1985) sur la baisse du dollar ou les années Clinton, qu'ils n'ont pas besoin d'une coordination internationale des politiques économiques. L'Europe au contraire, même avec la monnaie unique, ne paraît pas encore dotée d'un pouvoir autonome – comme l'a montré le relatif suivisme de la Banque centrale européenne au cours des années 2000-2001 –, ou d'entraînement économique suffisant sur la conjoncture mondiale, malgré son poids économique dominant dans les échanges internationaux. Le caractère paradoxal de cette situation a été mis en lumière par différents travaux[2] : les gains d'une éventuelle coordination monétaire entre l'Europe et les États-Unis semblent être plus importants pour les États-Unis, avec une meilleure stabilité du taux de croissance.

Il n'existe malheureusement pas aujourd'hui de coordination formelle des politiques macroéconomiques des grandes zones : États-Unis, Japon et zone euro ; il y a un dialogue régulier, principalement

1. P. Krugman, M. Obstfeld, *International Economics*, chapitre 19, annexe, Addisson Wesley, 2000.

2. R. Barrell, K. Dury, I. Hurst, « International Monetary Policy Coordination, an Evaluation of Cooperative Strategies Using a Large Econometric Model », NIESR, février 2000.

dans le cadre du **G7**, mais qui ne s'appuie pas sur des règles communes. On en est donc au degré le plus élémentaire dans la coordination des politiques économiques, celui où sont simplement échangées des informations sans méthode reconnue de décision et de règlement des divergences de politiques. Or l'efficacité de la politique économique est conditionnée par sa crédibilité. En s'inspirant de certains succès des décennies 1970 et 1980, comme le système monétaire européen ou le pilotage de la baisse du dollar après 1985, des solutions de renforcement progressif de la coordination sont nécessaires, favorisant la stabilisation des anticipations. Elles passent par une meilleure communication à l'égard des opérateurs économiques, consommateurs et entreprises, ou financiers. En un mot, **la coopération sur les politiques conjoncturelles n'est pas une simple formalité diplomatique, c'est une nécessité économique**.

V. QUEL *POLICY-MIX* EN EUROPE AUJOURD'HUI ? LE DILEMME DES 1 + 12 + 2 PRISONNIERS (BCE, ÉTATS, COMMISSION ET CONSEIL)

La nécessité de la coordination des politiques conjoncturelles est, à l'évidence, plus forte encore au sein de la zone euro. Son architecture institutionnelle met aujourd'hui en scène trois partenaires essentiels :

– une **institution fédérale indépendante**, la Banque centrale européenne,

– un groupe politique, **l'Euro-12 ou Eurogroupe**, créé à l'initiative de la France et de Dominique Strauss-Kahn en 1997. Réunissant les ministres des Finances des douze pays de l'euro et le président de la BCE, il a la vocation, à défaut de tous les moyens, d'être l'ébauche d'un gouvernement économique. Le prolongement institutionnel en est le conseil Ecofin désormais à vingt-cinq ;

– la **Commission**, qui a plutôt les attributions d'une administration de coordination entre les douze acteurs nationaux ayant gardé l'essentiel de leurs pouvoirs budgétaires, à l'intérieur des mécanismes du Pacte de stabilité et de croissance.

Cette articulation a fait ses preuves à l'évidence pour assurer l'entrée des pays dans l'euro, ainsi que le lancement réussi de l'euro financier en 1999 et fiduciaire en 2002. Il s'agissait d'appliquer une politique coordonnée autour d'objectifs simples et « motivants », notamment d'assurer le respect des critères de Maastricht pour entrer dans l'euro. En régime de croisière, la politique monétaire permet en théorie d'assurer la régulation conjoncturelle de l'ensemble de la zone euro, alors que la réponse aux chocs asymétriques doit être le fait des États concernés, avec leurs moyens budgétaires. Mais de la théorie à la pratique, il y a une grande distance, qui est celle des comportements concrets.

L'attelage ne permet pas facilement, en période de bonne conjoncture, d'assurer le meilleur taux de croissance envisageable à l'intérieur d'une politique efficace de réduction des déficits, faute d'un gendarme pour prémunir les États contre leurs faiblesses. L'Allemagne a longtemps joué ce rôle, mais ce n'est plus le cas. Symétriquement, en période de crise, comme en septembre 2001, la réaction rapide et à la hauteur des besoins n'a pas été possible, compte tenu des faibles marges de manœuvre budgétaires des États, de la lourdeur des mécanismes de discussion et de la coordination insuffisante entre l'ensemble des acteurs concernés.

Un effort significatif d'unification intérieure des structures économiques doit être accompli dans les prochaines années pour permettre à l'Europe d'être l'espace économique attendu. Il faudra également trouver la bonne mesure entre une homogénéisation totale sur la zone euro des variables majeures comme les taux de croissance ou d'inflation, et l'acceptation normale de différences dans les variations de productivité, de chômage, de croissance démographique, de rapidité des évolutions structurelles, et des taux de croissance potentielle. Il y a, après tout, des différences importantes sur ces variables entre les différents États des États-Unis. Toute une analyse de l'économie de la zone euro reste encore à construire à l'expérience, et les éléments d'analyse théorique disponibles aujourd'hui ne permettent pas de conclure d'une manière tranchée[1].

1. Un certain nombre de spécialistes du commerce extérieur ont tendance à considérer que la monnaie unique, au lieu de rapprocher les conjonctures, aura tendance à spécialiser les structures de production des pays et même des régions et renforcer le risque et les conséquences de chocs asymétriques ; on peut se demander si ce

Le Pacte de stabilité, ensuite, peut être lu de deux manières dans son application, et il a ouvert un débat au sein des gouvernements de l'Union. La première lecture, **« non active »** et proche de l'*Ordnungspolitik* des économistes allemands, considère que les institutions économiques sont spécialisées chacune dans son secteur – BCE pour la lutte contre l'inflation, États dans la politique budgétaire –, avec la règle de discipline qu'impose le Pacte de stabilité. En quelque sorte, il s'agit de l'application de règles de conduite dans la politique économique, particulièrement nécessaires en période de désinflation et de réduction des déficits pour crédibiliser les politiques économiques et ainsi favoriser leur réussite au moindre coût en pesant sur les anticipations des agents.

Dans la mesure où la politique de désinflation a réussi, et quand les « butoirs » du Pacte de stabilité se seront éloignés, une deuxième lecture, celle d'une politique **plus discrétionnaire** assortie d'une coordination pourra être possible. Elle doit être préférée, car elle est plus efficace dans la régulation fine du cycle conjoncturel. Cette vision, d'autant plus pertinente que les cycles conjoncturels des États seront mieux synchronisés, répartit les rôles d'une manière plus souple. Elle oblige à une coordination renforcée, au sein de l'Eurogroupe, pour partager les analyses et les diagnostics : la **BCE** doit garantir la stabilité des prix et, dans la mesure où cet objectif est satisfait, **soutenir la conjoncture de la zone euro dans son ensemble** ; elle participe ainsi aux objectifs généraux de croissance et d'emploi dans l'Union. Les **budgets nationaux**, de leur côté, doivent pouvoir répondre aux **différences de situation des États**, sans porter atteinte aux objectifs de lutte contre l'inflation, comme le garantit l'application du Pacte de stabilité.

Le Pacte de stabilité budgétaire présente en effet le risque d'une interprétation trop formelle susceptible de rendre la politique budgétaire procyclique, dès lors que, dans une période de moindre croissance de l'ensemble de la zone euro, la Banque centrale européenne appliquerait à la lettre son seul objectif de lutte contre

---

risque n'est pas secondaire par rapport aux conséquences naturelles de la concurrence internationale. Au contraire, en forçant les pays et régions à se spécialiser sur leurs secteurs les plus compétitifs, on leur permettrait ainsi de mieux résister aux évolutions qu'en gardant une diversification formée de secteurs moins compétitifs.

l'inflation. Le renforcement de la coordination de la politique monétaire et des politiques budgétaires des États dans la zone euro est donc nécessaire pour éviter les risques illustrés par le « dilemme du prisonnier », dans un jeu d'ensemble à somme non nulle. Les objectifs politiques fondamentaux des États sont la croissance et l'emploi alors que celui de la Banque centrale est la stabilité des prix : si les acteurs en cause coopèrent parfaitement, un *policy-mix* efficace est possible autour du taux de croissance potentielle et d'une inflation de référence. L'expérience depuis 2002 tend malheureusement à nous montrer l'inverse. Les acteurs pensent, chacun de leur côté, que les autres adopteront une politique « égoïste », craignant le comportement le pire de la part de leurs partenaires. Le résultat a toutes chances d'être à nouveau ce que les pays européens ont eu à affronter, au cours des années 1991-1993, après les politiques, d'une part, trop laxiste du gouvernement allemand au moment de la réunification et, d'autre part, trop rigoriste de la Bundesbank.

Cette coordination passe donc par des partenaires forts et mutuellement crédibles, c'est-à-dire capables de conduire dans la durée les politiques structurelles, monétaires, budgétaires constituant le ***policy-mix* européen optimal**. C'est d'abord une politique conjointe **d'augmentation du taux de croissance potentielle**, dans le sens du programme de réformes structurelles de Lisbonne ; pour la Banque centrale européenne, cela suppose la volonté de gérer la politique monétaire **en intégrant l'impératif de croissance** ; pour les États, c'est l'engagement durable à gérer les politiques budgétaires au plus près pour **réduire l'endettement** et reconstituer les marges de manœuvre nécessaires en cas de choc récessif. On l'a vu, les pays de l'Union européenne manquent d'un gendarme commun suffisamment fort pour les inciter à des politiques budgétaires efficaces pendant la période de croissance et suffisamment crédible pour peser auprès de la BCE en l'assurant de la pertinence de la pleine utilisation des possibilités du Pacte de stabilité sans risques majeurs pour l'inflation. L'Eurogroupe, et son prolongement formel qu'est le conseil Ecofin, sera peut-être un jour ce gendarme commun ; il ne l'a pas été jusqu'à présent. La Commission qui doit regagner une crédibilité fortement entamée par les épisodes malheureux depuis 2002, autour du Pacte de stabilité et de croissance, n'en a cependant pas été capable jusqu'à présent car elle demeure incapable de soutenir la croissance dans l'Union, du fait notamment de l'absence d'un budget fédéral efficace.

La difficulté vient du caractère novateur de la construction européenne : elle laisse les États sans référence historique valable. Une union monétaire à grande échelle accompagnée de pouvoirs nationaux forts et sans pouvoir politique central n'a pas de précédent. La dépolitisation de la fonction économique est peu probable car elle ne sera pas acceptée dans un monde qui conteste déjà la libéralisation. L'espoir reste dans la transformation de l'euro en symbole d'appartenance à une communauté de niveau supérieur. Pour paraphraser Habermas, l'instauration d'une sorte de « patriotisme institutionnel » pourrait créer les conditions politiques d'une progression majeure, au-delà des avancées difficilement gagnées dans le cadre de la construction traditionnelle de l'institution européenne.

CINQUIÈME PARTIE

LA RÉGULATION MONDIALE

Nous vivons aujourd'hui une transition entre deux ordres : un ordre occidental soigneusement construit et préparé à la fin de la Seconde Guerre mondiale, certes sous l'égide des États-Unis, mais avec des puissantes règles et organisations multilatérales, et un monde nouveau, encore à créer. Un monde où les États-Unis resteront l'hyperpuissance mondiale, à horizon humain, mais contestée comme puissance régulatrice du jeu mondial. Plus encore depuis la guerre d'Irak, l'Amérique a trop abusé de sa position dominante comme joueur pour prétendre aujourd'hui être totalement légitime dans une responsabilité d'arbitre, dans un contexte multipolaire.

Il faut apprendre à vivre dans un monde plus instable, plus complexe : les problèmes financiers internationaux, que nous verrons dans la leçon 17 de cette dernière partie, sont un formidable révélateur de cette nouvelle donne. Celle-ci mélange l'influence croissante des acteurs privés, la faiblesse de l'ordre international, et surtout les impatiences des habitants des pays émergents, maintenant exprimées avec force.

Il faut apprendre aussi à faire progresser l'organisation du monde : c'est un défi fantastique dans une planète « post-westphalienne », où les jeux des États et nations, des gouvernants, sont loin de conduire spontanément vers un ordre naturel. S'il est un domaine où la « main invisible » est impuissante, c'est bien celui de l'équilibre mondial et de la maîtrise du développement humain. À l'échelle mondiale, laisser faire « l'ordre naturel », même au nom des arguments les plus séduisants, revient à accepter de renforcer le pouvoir de la nation la plus puissante. C'est là qu'Aristote et Kant doivent venir au secours d'Adam Smith, de Keynes et de Schumpeter ; c'est là particulièrement que l'économie s'efface derrière la politique et retrouve sa place de champ d'action et de connaissance subordonnée au « souverain bien ». Dans notre dernière leçon, nous esquisserons quelques éléments pour poser les enjeux du développement et de l'environnement, et avancer des pistes, à la lumière des travaux de ces dernières années, sur la fameuse « gouvernance mondiale » : ce terme à la mode peut être porteur du meilleur, s'il dépasse le stade des discours, comme du pire, s'il ne reste qu'un alibi sémantique à l'inaction collective.

LEÇON 17

À LA RECHERCHE DE LA STABILITÉ DU SYSTÈME FINANCIER INTERNATIONAL

I. HARO SUR LE FMI ?

Michel Camdessus, ancien directeur général du FMI, avait coutume de présenter l'action de son institution comme conjuguant deux rôles très différents, celui d'architecte du système monétaire international et celui de pompier. On reproche toujours au pompier d'arriver trop tard, d'utiliser trop d'eau et de tout noyer, de casser les portes… Quant aux architectes, les critiques sont aussi sévères : les plans sont inadaptés, le coût de la maison trop important, la construction ne commence pas…

Tout cela résume bien les débats, qui ne datent pas d'aujourd'hui, sur l'institution créée à Bretton Woods. La complexité des idées se marie, de plus ou moins bonne foi, à l'ambition médiatique des protagonistes, pour faire des discussions sur le FMI un des sujets à la mode les plus controversés. On trouvera toujours un courant de pensée pour défendre les opinions même les plus saugrenues. Pour nombre de *congressmen* républicains aux États-Unis, le FMI apparaît comme un résidu public, interventionniste et incongru. En Europe, à l'inverse, l'action du FMI est présentée comme le vecteur d'une idéologie libérale, organisée par les pays riches. Le FMI aurait causé la dégradation des économies de beaucoup de pays en voie de développement, en imposant un modèle imprégné des expériences libérales : l'ajustement des économies au marché mondial, une régulation économique par les marchés et un rôle réduit des États ; la priorité à la libéralisation des échanges, à l'investissement des multinationales et aux privatisations; la diminution des dépenses budgétaires considérées comme improductives. Cette présentation de la doctrine du FMI est une schématisation un peu caricaturale des principes du **« consensus de Washington »**, présenté en 1989 par J. Williamson de l'université Harvard, et considéré comme le fruit d'un accord implicite entre le Trésor américain, le FMI et la Banque mondiale.

Dans le même sens, c'est l'accusation faite bruyamment par J. Stiglitz[1], celle d'un FMI vecteur d'un impérialisme colonial adapté à l'ère de la mondialisation, et propageant les idées du « fondamentalisme de marché ». Pour illustrer son propos, il reprend injustement l'image d'un « président indonésien, assis et humilié[2] », signant la lettre d'intention du FMI, sous le regard supposé triomphant du directeur général du FMI, « debout, regard sévère, les bras croisés ».

Le chemin est toujours étroit, à chaque intervention du FMI, entre une bienveillance complaisante à l'égard de l'inconséquence de dirigeants corrompus, démagogues, ayant entraîné en connaissance de cause leur peuple dans des gestions ruineuses surtout pour les plus pauvres, et une erreur d'appréciation sur la rigueur temporaire que peut supporter une population pour s'éviter des malheurs encore plus grands.

Certes, le fardeau de l'effort est souvent mal partagé entre les privilégiés et les plus pauvres. Mais on ne peut pas à la fois réclamer un meilleur contrôle de la mondialisation et refuser à une des rares instances supranationales existantes d'exercer pleinement ses attributions, selon des orientations décidées par les gouvernements élus qui composent son conseil d'administration. Il est tout à fait choquant de voir faire, à l'occasion de questions très controversées, des procès d'intention *ad hominem* à des membres d'une institution, et en particulier à son ancien dirigeant dont on connaît par ailleurs l'éthique personnelle, à moins qu'on recherche des effets

1. J. Stiglitz, *La Grande Désillusion*, page 71, Fayard, 2002.
2. Lequel ne passait pas pour une référence de moralité publique ; mais J. Stiglitz est un spécialiste des asymétries d'informations comme en l'espèce de jugements.

littéraires à des fins publicitaires[1]. C'est par contre l'exigence de la démocratie que de soumettre à la discussion collective ces questions difficiles sur les bonnes voies du développement, et de demander aux dirigeants de rendre compte des conséquences de leurs décisions. C'est parce qu'il y a un réel débat qu'il mérite d'être traité avec un minimum de sens des responsabilités.

Le pseudo-consensus de Washington a été d'ailleurs supplanté par un nouvel idéal, à l'occasion de la conférence tenue à Monterrey, au Mexique, en mars 2002, celui de relations quelque peu idylliques entre les pays industrialisés, les institutions internationales et les pays en développement. Dans un partenariat fondé sur une responsabilité partagée, chaque pays doit être responsable de son propre développement, mais en s'appuyant toujours sur le jeu du commerce international, l'investissement étranger, l'économie de marché avec un rôle affirmé de l'État, variable suivant les circonstances locales, dans le cadre d'une « bonne gouvernance ». La priorité est ainsi devenue la lutte contre la pauvreté. L'aide toujours aussi nécessaire ne serait plus acquise par principe et devrait se mériter à l'aune de son efficacité dans le cadre d'une sorte de pacte mutuel. Au-delà de ce qu'il faut bien qualifier de nouveau triomphe de la sémantique, des espoirs réels sont nés en particulier de la décision d'annulation de la dette des pays les plus pauvres, certes attendue depuis un bonne dizaine d'années : on y reviendra dans le prochain chapitre.

Cette leçon sera un aperçu des grandes questions financières internationales qui mettent le monde en émoi d'une manière récurrente : avant-hier l'Asie, hier l'Argentine et le Brésil, demain, qui sait ? Le dollar, comme au cours des années 1970 ? On verra d'abord la nature des problèmes financiers auxquels sont confrontés les pays émergents, un certain nombre d'exemples de crises financières internationales tirés de ces dernières années et, après une évaluation des principaux dysfonctionnements du système actuel, les voies d'amélioration possibles.

1. Il faut lire la réponse cinglante aux critiques sur la gestion du FMI faite en son temps par K. Rogoff, alors chef économiste du FMI, dans une « lettre ouverte » à J. Stiglitz, sur le site du Fonds.

II. LE FINANCEMENT DES PAYS ÉMERGENTS : UN PROBLÈME ENDÉMIQUE

Les problèmes financiers récurrents de la dernière décennie du XXe siècle auront été ceux des pays en développement. Un pays en croissance rapide connaît normalement un niveau d'investissements important, dépassant les ressources de l'épargne intérieure. Cela a été le cas des pays neufs du début du XXe siècle comme les États-Unis. Le financement extérieur est donc indispensable, même quand les niveaux d'épargne intérieure sont élevés, *a fortiori* quand le désir de rattrapage de niveau de vie de la population amène celle-ci à des taux de consommation importants.

Cet apport extérieur peut se faire sous forme d'**aide publique**, mais celle-ci tend à devenir insuffisante au regard des besoins des pays en croissance rapide : l'aide au développement n'a cessé de diminuer et représente aujourd'hui environ 0,25 % du PIB des pays riches, loin de l'objectif de 0,7 % traditionnellement affirmé. Les flux publics n'étaient plus que de 78,6 milliards de dollars en 2004, montant inférieur à celui des subventions accordées dans les grands pays avancés pour soutenir leur agriculture, au détriment de celle des pays en développement. Le financement extérieur se fait plus naturellement sous forme d'investissements directs des entreprises étrangères dans le pays considéré, ou sous forme de prêts bancaires ou obligataires. La dette du tiers-monde a mauvaise presse ; mais dans les pays émergents, elle peut être utile et nécessaire dans la mesure où les investissements financés sont rentables ou porteurs rapidement de productivité d'ensemble. Son niveau doit de plus rester compatible avec les possibilités de remboursement calculées d'une manière raisonnable, sur la base de taux de croissance anticipés réalistes.

Flux annuels nets de capitaux en direction des pays en développement, par type de flux, en milliards de dollars

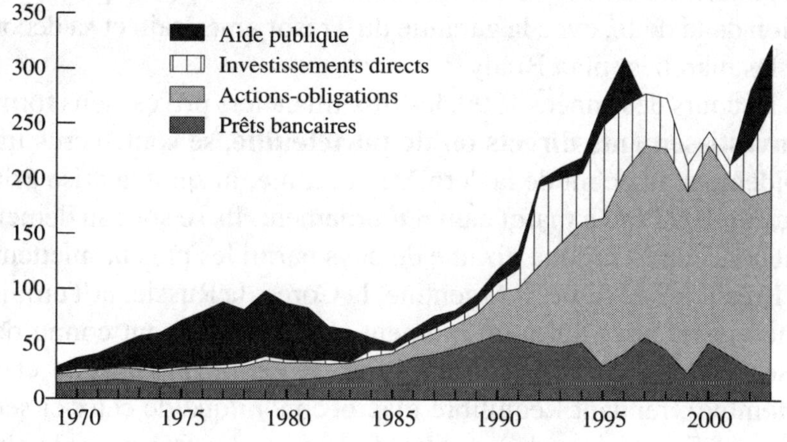

Sources : CNUCED et Banque mondiale, 2005

On voit nettement que le financement des investissements des pays en développement (PED) a connu, *grosso modo*, quatre périodes :

– les années 1970 ont vu une montée des **prêts bancaires**, le montant de la dette extérieure des pays en voie de développement étant passé de 130 milliards de dollars en 1973 à 600 milliards en 1980. Nombre de pays en développement rapide apparaissaient comme de nouveaux eldorados, et le système bancaire des pays développés leur avait prêté d'une manière euphorique, encouragé par les États des pays avancés ;

– l'explosion des taux d'intérêt du début des années 1980 a considérablement alourdi les charges annuelles d'intérêts des PED, en même temps que le ralentissement économique général réduisait leurs recettes budgétaires et d'exportation et contribuait à tarir les sources de financement. Le choc a été brutal pour de nombreux pays, dont les investissements s'avéraient moins intéressants qu'escompté, avec des crises violentes comme celle du Mexique (1982), malgré les remèdes élaborés par les organismes et pays prêteurs. Des solutions variées ont été mises au point : le rééchelonnement des remboursements dans le cadre du **Club de Paris** qui regroupe les prêteurs publics, du **Club de Londres** pour les prêteurs privés, l'allégement de la dette, soit par apport d'argent frais (plan Baker), sous la contrainte de plans d'ajustement structurels, soit par la titrisation de la dette, avec la garantie du Trésor américain et sa décote sur les marchés (plan Brady) ;

– au cours des années 1990, les flux financiers privés, sous forme d'**investissements directs ou de portefeuille**, se sont accrus très rapidement au début de la dernière décennie, jusqu'à la crise asiatique de 1997 qui a marqué un retournement. Ils se sont au demeurant concentrés sur une dizaine de pays parmi les plus prometteurs (le Brésil, le Mexique, l'Argentine, la Corée, la Russie, la Turquie, l'Indonésie, pays qui à un moment ou à un autre ont connu des crises violentes, ainsi que la Chine, le Chili, la Malaisie et la Colombie), rendant l'équilibre macroéconomique de ceux-ci sensible aux fluctuations des marchés financiers. La croissance la plus rapide a été celle des investissements directs des entreprises, principalement dans les pays asiatiques. En revanche, les crédits bancaires se sont alors taris ;

– les prêts bancaires ont fortement ré-augmenté à partir de 2001, pour atteindre leur plus haut niveau depuis les années 1970. Les investissements de portefeuille reviennent également à leur niveau historique. Les investissements directs se stabilisent mais se concentrent sur certaines régions, en particulier la Chine qui atteint le record de 55 milliards de dollars d'IDE en 2004 ; le Brésil connaît également une progression significative et a reçu 18 milliards de dollars d'IDE en 2004, de même que l'Inde, mais à un moindre degré, avec 5,3 milliards.

L'endettement global des pays en développement est estimé à près de 2 500 milliards de dollars environ en 2004[1]. Les crises financières sont dès lors liées à la faible capacité de remboursement de pays emprunteurs face à des marchés des titres des pays émergents particulièrement volatils, et à des taux d'intérêt élevés. Les pays sont fragilisés par un ratio élevé de la dette à court terme en devises internationales par rapport à leurs réserves, car les prêteurs sont de plus en plus réticents à s'engager à long terme. En période

1. *Global Stability Report*, FMI, 2005.

de crise, les réserves ne représentent plus qu'une faible fraction des dettes à court terme ; même encore en 2005, pour l'Argentine ou l'Indonésie, le ratio dette à court terme sur réserves est de l'ordre de l'unité.

L'assistance aux pays en développement ou en crise est ainsi devenue l'activité essentielle du FMI depuis 1982, et le début de la « crise de la dette » de ces pays : le FMI établit des diagnostics, donne des conseils, octroie des prêts destinés à l'ajustement structurel des économies et a encouragé des mesures de refinancement, rééchelonnement et allégement de leur dette, afin de favoriser leur redressement économique et financier.

Le **déclenchement d'une crise** est causé fondamentalement par des déséquilibres croissants des économies des pays concernés et provoqué par des modifications des données fondamentales de l'économie qui entraînent des retournements de perception des opérateurs. Ainsi, les crises de balances de paiements classiques se produisent quand la valeur d'une devise tend à se dégrader rapidement en raison de l'évolution de la balance extérieure. Cela fait dériver à la hausse tant les primes de risque demandées par les banques prêteuses que le montant des déficits publics et extérieurs en raison d'une charge d'intérêts trop forte. L'endettement est dès lors considéré par les opérateurs financiers comme disproportionné au regard des réserves de change.

Mais ces mouvements peuvent être catalysés ou amplifiés par des facteurs de la psychologie collective. Les marchés financiers, marchés d'anticipation soumis aux effets mimétiques sur la base d'informations souvent incomplètes et peu fiables, marchés à équilibres multiples, opèrent des **retournements d'anticipation** parfois rapides sur les capacités macroéconomiques des pays et sur la soutenabilité des politiques suivies. En fonction de crises politiques internes, dans des pays dont les systèmes politiques sont instables, ou de chutes conjoncturelles des exportations, la parité d'une devise peut être remise brutalement en question.

Ces crises sont aggravées par la **fragilité d'ensemble du système bancaire des PED** : une absence de prudence marque souvent la gestion de l'équilibre actif-passif des banques pendant les périodes de prospérité, c'est-à-dire quand le principal des ressources est assuré en devises extérieures à court terme, chères et instables, alors que les emplois se font en investissements longs et en monnaie locale : c'est ce que l'on appelle le phénomène de *currency mismatch,* ou désajustement des monnaies. La propagation des crises est ensuite amplifiée par la globalisation et l'instabilité intrinsèque des marchés financiers.

La crédibilité des réactions proposées par les autorités publiques concernées, banque centrale, gouvernement, organismes internationaux, est vitale. Le redressement de la situation passe toujours, à des degrés divers, par des plans d'austérité. Ces crises sont potentiellement des catastrophes humaines pour les populations des pays considérés, car elles se paient par des pertes de plusieurs dizaines de points de PIB, supportées en général par les parties les plus pauvres de la population.

III. LE FINANCEMENT DES PAYS ÉMERGENTS : LES GRANDES CRISES RÉCENTES

Les économies émergentes ont connu une décennie 1990 de crises et d'instabilité macroéconomique. On recense plus de soixante épisodes de retournement marqué des flux de capitaux dans les pays en développement entre 1970 et 2005, en augmentation par rapport à la période des changes fixes, où la donnée était de moins de vingt[1]. Ces crises ont amené les marchés financiers et les autorités monétaires des pays avancés à renforcer la vigilance sur les informations économiques et financières, car en général les crises ont démarré ou se sont amplifiées par le constat d'une situation plus instable que ce que l'on croyait ; l'attention est également plus grande sur la soutenabilité des politiques économiques, et plus de soin est apporté dans la recherche de solutions structurelles adaptées à chaque pays. Mais ces idées passent toutes, comme on le verra plus loin, par un renforcement du rôle du FMI.

1. M. Bordo, B. Eichengreen *et alii*, « Is the Crisis Problem Growing More Severe ? », *Economic Policy*, avril 2001.

1. La crise asiatique de 1997

Le miracle asiatique des années 1985-1996 est à l'époque considéré comme un modèle pour les pays émergents : les politiques industrielles des pays de la région sont présentées comme des stratégies intelligentes d'insertion dans l'économie de marché, et la pérennité de la croissance asiatique apparaît comme assurée, comme le montrent les éloges formulés à l'époque sur le modèle japonais. Ce sont les principaux pays d'accueil des placements et investissements étrangers : tout chef d'entreprise occidental qui se présente devant les analystes financiers est alors jugé par eux en fonction de sa stratégie asiatique, comme il le sera quelques années plus tard en fonction de sa « stratégie Internet » et maintenant de la Chine. Les rémunérations des placements sont potentiellement élevées, plus que celles offertes par les pays industrialisés.

L'afflux des capitaux a pour effet une augmentation des réserves de change des États et un gonflement du crédit intérieur et de la valeur des titres. Ces pays ont une gestion monétaire par des mécanismes d'arrimage au dollar qui offrent aux investisseurs internationaux la garantie de la stabilité de la monnaie et de l'occidentalisation de l'économie. Les rares voix qui s'élèvent pour appeler à la prudence sont traitées comme des empêcheurs de « financer en rond », comme Paul Krugman[1], qui met en lumière les faiblesses et limites du modèle, et notamment le fait que la croissance de ces pays n'est pas due à la croissance de la productivité mais simplement à un taux d'investissement élevé (la croissance par la « transpiration »).

La crise asiatique a démarré par des **attaques contre le baht, la monnaie thaïlandaise**, ancré au dollar, au début de 1997. La balance commerciale de ce pays s'était dégradée, en raison de la hausse du dollar et donc du baht, qui avait pénalisé les exportations. La hausse des prix intérieurs avait accentué de son côté la diminution de compétitivité des produits de ce pays. Dans le même temps, les éléments de fragilité du système bancaire sont apparus : révélation de créances douteuses, faible qualité des garanties prises pour

1. P. Krugman, « The Myth of Asia's Miracle », *Foreign Affairs*, 1994.

les prêts, principalement des actifs immobiliers survalorisés en raison de la bulle immobilière des années précédentes, fragilité systémique du système bancaire considéré comme protégé par la garantie publique. Ces éléments amènent les banques internationales à un retrait progressif et une augmentation des primes de risque demandées. La pression sur le baht devient irrésistible et conduit les autorités à laisser flotter la monnaie au début de juillet 1997.

La crise se propage rapidement dans la région par la **dévaluation compétitive de plusieurs monnaies de pays voisins** (Malaisie, Indonésie, Corée, Philippines). La crise financière a amplifié les difficultés des banques japonaises fortement engagées sur l'Asie du Sud-Est et bloqué le redressement de l'économie japonaise, dont le taux de croissance du PIB avait été de 1,5 % en moyenne depuis le début de la décennie, mais avait atteint 3,5 % en 1996. En revanche, la Chine a résisté à la tentation de dévaluer le yuan malgré les conséquences sur son commerce extérieur des dévaluations de ses partenaires ; cela a facilité l'arrêt de la propagation de la crise, tout en renforçant le poids de la Chine sur la scène financière internationale.

La crise en Asie a démarré comme une crise de balance des paiements classique mais a été amplifiée par la situation financière des économies asiatiques : le rôle des intermédiaires financiers a été déterminant dans la formation de la bulle spéculative qui s'est développée dans ces pays, car ceux-ci empruntaient en effet des sommes importantes en devises étrangères, notamment en dollars, qui étaient ensuite prêtées à des fins d'investissements spéculatifs. Ces institutions bénéficiaient généralement d'une garantie implicite de l'État, bien que n'étant que très peu encadrées et contrôlées dans leur politique de prêts. Enfin, le Japon, dont les instances publiques étaient déjà très endettées, a été dans l'incapacité d'exercer une fonction de régulation monétaire, malgré son niveau élevé de capacité de financement.

Le FMI va intervenir rapidement et d'une manière énergique en 1997, avec une aide financière directe de 35 milliards de dollars dans un premier temps, pour la Thaïlande puis l'Indonésie et la Corée, et la mobilisation de crédits complémentaires de 77 milliards de dollars d'autres sources multilatérales et bilatérales ; en 1998, ces aides seront complétées pour l'Indonésie, toujours en crise politique et financière grave. Ces aides ont permis de soutenir les politiques monétaires et d'enrayer les crises des changes, mais ont été assorties de programmes de restructuration des systèmes financiers. Leur effet a été assez rapide, puisque la Corée et la Thaïlande voyaient leur situation s'améliorer au cours du deuxième semestre 1998, avec des baisses marquées des taux d'intérêt et le retour à l'excédent des balances commerciales. En revanche, le flottement de la monnaie malaisienne, dès juillet 1997, et les mesures de restrictions budgétaires et de contrôle des changes permettront à ce pays d'éviter le recours au FMI en dépit de la violence des attaques spéculatives contre la monnaie de ce pays.

La nature de l'intervention du FMI dans la crise asiatique a donné lieu à un vif débat. La politique de restrictions monétaires et budgétaires demandée aurait eu un effet d'aggravation de la crise, alors qu'une politique associant aide et bas taux d'intérêt aurait restauré la confiance et évité l'accentuation de la crise et de la dépression. L'expérience de la politique japonaise montre cependant que des taux d'intérêt bas ne suffisent pas à inspirer la confiance dans des systèmes bancaires contestés, et par ailleurs il semble clair que des injections monétaires trop importantes, au plus fort de la crise, auraient probablement eu un effet inverse en donnant une prime à la spéculation. Il est vrai que les situations budgétaires de ces pays étaient correctes avant la crise ; on ne peut pas exclure qu'un assouplissement aurait pu entraîner un effet contracyclique [1], notamment en ce qui concerne, après la crise proprement dite, l'incidence du surcoût, de 2 % à 4 % du PIB, pour les finances publiques, dû au paiement des charges d'intérêt des prêts contractés au cours de la crise.

Dans tous ces pays, la croissance est d'ailleurs revenue rapidement, en raison de la reprise des exportations, stimulées par le flottement des devises des pays qui ont renoncé aux rigueurs de l'ancrage au dollar.

1. G.C. Corsetti *et alii*, « What Caused the Asian Crisis ? The Policy Debate », NBER, décembre 1998.

Le retour la croissance des pays de la crise asiatique de 1997 : moyenne 2000-2004

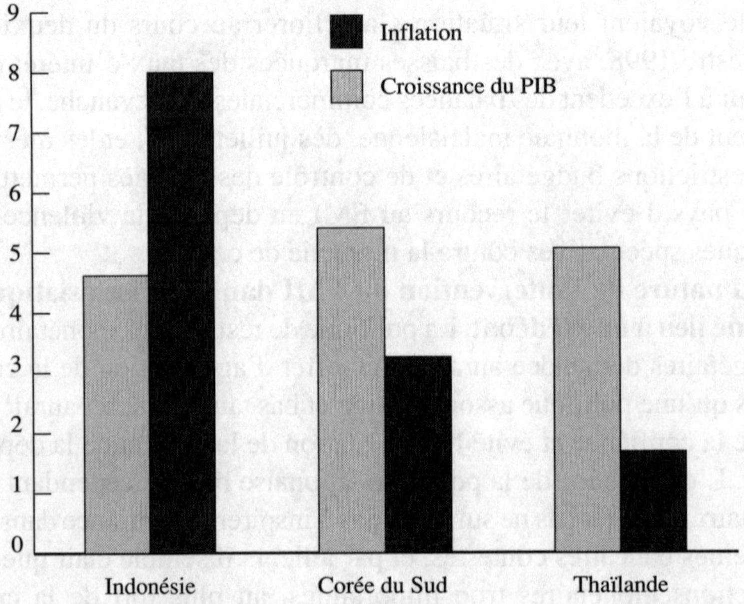

Source : FMI

2. La crise russe de 1998

La Russie avait également mis en place un plan de redressement destiné à lui assurer le soutien des investisseurs internationaux, après la crise asiatique de 1997 qui les avait rendus particulièrement circonspects à l'égard de tout marché émergent. Mais l'incapacité du gouvernement à mettre en œuvre un ensemble de réformes budgétaires et fiscales, à lutter avec efficacité contre la corruption et à éviter les fuites de capitaux, de nouvelles turbulences politiques et sociales intérieures, ajoutées à la baisse des prix du pétrole qui a affecté les rentrées de devises au premier semestre 1998, ont eu pour conséquence de nouvelles attaques spéculatives sur le rouble. Le pays est alors apparu comme le nouveau maillon faible de l'échiquier financier mondial. Après avoir tenté de défendre la valeur de la monnaie, comptant sur la qualité des fondamentaux économiques du pays (balance des paiements structurellement excédentaire, dette extérieure limitée, inflation faible...), la banque centrale a cédé à la pression et élargi les marges de fluctuation du rouble, le 17 août 1998. Elle a pris ensuite la décision de dévaluer, le cours du rouble passant rapidement de 6 à 20 roubles pour 1 dollar, de suspendre pour trois mois le remboursement de la dette en devises et d'instaurer un moratoire sur la dette intérieure.

À la différence de la crise asiatique de 1997, et de celles qui ont suivi (voir *infra*), **la crise russe a eu un important effet de contagion sur les marchés financiers des pays développés.** À compter de septembre 1998, se généralise, d'abord aux États-Unis puis en Europe, un phénomène de « **fuite vers la qualité** », de refuge vers les actifs à moindre risque : des actions vers les obligations et même vers les placements monétaires, des titres privés vers les titres publics – le *spread* de taux d'intérêt avec les obligations d'État s'accroît brutalement pour tous les emprunts des entreprises. La forte croissance économique américaine et la reprise européenne se trouvent un moment compromises, toutes les entreprises suspendent leurs plans d'investissement. En France, Dominique Strauss-Kahn parle du « trou d'air » ; celui-ci, partout, prend fin au bout de quelques mois du fait de la bonne résistance de la consommation des ménages et du bon *policy-mix* des politiques monétaires et budgétaires.

La Russie a pu conduire son redressement grâce à un ensemble de réformes qui ont permis de mieux assurer les recettes fiscales de l'État. Elle a surtout bénéficié d'une conjoncture exceptionnellement favorable, pour elle, des prix du pétrole[1] : les niveaux élevés et en augmentation de ces prix ont considérablement facilité la reconstitution des réserves de change et la réduction de l'endettement, un excédent budgétaire qui s'élève 5 % du PIB en 2004, le maintien

1. Les exportations quotidiennes de pétrole et de gaz représentent l'équivalent de 10 millions de barils jour, ce qui représente une masse de plus de 30 milliards de dollars, soit près de 5 points de PIB, pour une augmentation de 10 dollars par baril, si tous les contrats sont indexés sur le prix « spot » : c'est ainsi que les réserves en devises de la Russie sont passées de 50 milliards de dollars début 2003 à 150 à la fin de 2005.

du taux de change du rouble au-dessus de son plancher de 32 roubles par dollar atteint en 2002. La question majeure est celle de la compétitivité insuffisante du reste de l'activité, qui commence à souffrir d'une variante aggravée du « syndrome néerlandais » (« Dutch disease ») : le taux de change élevé du fait de la rente pétrolière réduit la compétitivité – prix du reste de l'économie dont les gains de productivité ne sont pas aussi rapides qu'une inflation de près de 10 % par an. De plus, les facilités budgétaires liées à cette rente ne poussent pas à l'amélioration de l'appareil public. Dans un pays où les inégalités et la pauvreté augmentent, et où, de plus, l'environnement juridique des affaires est encore loin des normes occidentales, on peut donc s'interroger sur les risques pour le pays d'une inversion – encore très hypothétique aujourd'hui – de la tendance à l'accroissement des prix du pétrole. Les problèmes à traiter restent importants, ceux de la répartition des pouvoirs entre les administrations locales et l'État, de l'environnement des entreprises privées, de la politique de la concurrence, notamment au sein du secteur de l'énergie.

3. La crise brésilienne

Le Brésil est devenu une des dix plus grandes puissances mondiales, au prix d'une concentration urbaine très importante, d'une augmentation des inégalités et d'une hyperinflation régulière depuis les années de l'après-guerre : les prix avaient été multipliés par 10 en 1992, 20 en 1993, 25 en 1994, et au total un « milliard de milliards » entre 1942 et 1994[1]. Le **« plan real »** a marqué un arrêt dans cette dérive : la hausse des prix était revenue à 20 % en 1997 et moins de 5 % en 1998. Ce plan est passé par un ancrage glissant au dollar, avec un rythme de dépréciation légèrement inférieur au taux d'inflation pour freiner celui-ci. Le Brésil a voulu ainsi éviter les fortes surévaluations tendancielles de la monnaie, qu'avaient connues les monnaies asiatiques, ou que va connaître l'Argentine, avec leurs inconvénients majeurs sur le solde extérieur.

La gestion macroéconomique était délicate : la croissance était moins élevée en raison de la demande extérieure légèrement péna-

1. Ramsès, *Les Grandes Tendances du monde,* IFRI, 1999.

lisée par une surévaluation même limitée et d'une demande publique contenue par une politique budgétaire restrictive. Mais, si le real a été attaqué comme la plupart des monnaies de la région après les crises asiatique et russe en 1998, la Banque centrale a pu résister jusqu'en octobre 1998, avec une politique de taux d'intérêt élevés. Devant l'ampleur des attaques et la montée des taux, qui ont atteint 50 % à la fin de l'année 1998, le gouvernement a décidé de **laisser flotter le real** le 15 janvier 1999, ce qui a entraîné une dépréciation face au dollar de 60 % en quelques semaines. Un plan d'austérité budgétaire a été associé à un plan de soutien international très important, de 18 milliards de dollars du FMI, complété par des contributions diverses de plus de 24 milliards. Cela a permis de stabiliser la situation et de ramener les taux d'intérêt nominaux à moins de 20 %.

Les objectifs de taux de change abandonnés, la politique monétaire s'est articulée autour de la lutte contre l'inflation. La Banque centrale a réussi à la faire progressivement baisser tout en réduisant lentement les taux d'intérêt nominaux. Elle a été depuis confrontée à la turbulence des marchés financiers à la suite des difficultés récurrentes de l'Argentine, elle-même touchée par la baisse du real. La dépréciation du real s'est alors accélérée. L'amélioration de la situation des finances publiques a en outre été difficile : pendant les années 1990, les dépenses publiques se sont accrues, avec d'importants déséquilibres réels du budget, masqués par l'inflation qui réduisait la valeur réelle des dépenses et gonflait au contraire les recettes en valeur nominale ; les efforts de redressement ont visé un excédent du budget primaire, atteint en 1999 et en 2000, grâce à la mise en place de contraintes budgétaires strictes au niveau des États fédérés.

Le pays a été confronté en 2001 à un repli de ses exportations dû à la conjoncture mondiale, et la chute rapide du real a été ensuite aggravée par l'approche de l'élection présidentielle d'octobre 2002. Le real est tombé à près de 4 pour 1 dollar, alors que les *spreads* sont montés à 15 points. La position fondamentale du pays a été cependant jugée comme « bonne » par le FMI, qui a assuré les autorités de son soutien et a accordé une nouvelle ligne de crédits de 30 milliards de dollars en août 2002, moyennant la poursuite de la discipline budgétaire après l'élection présidentielle de 2002. Ce contrat a été signé par le nouveau président élu au cours de l'hiver 2002. Il a été le cadre d'une politique de redressement considérée aujourd'hui comme réussie, en partie par l'action de Luis Ignacio Lula, responsable historique du parti des Travailleurs et dont l'élection avait été accueillie avec circonspection par les milieux internationaux. Lula, bien qu'affaibli par un scandale de financement politique, est devenu un symbole international et a gagné ses galons de gestionnaire rigoureux, qui, grâce à la confiance des travailleurs, a pu conduire une politique d'orthodoxie financière, associant les ingrédients classiques de l'austérité budgétaire, de la lutte contre l'inflation, de la réduction de la dette extérieure et de la confiance des marchés internationaux. Le taux de croissance redevient élevé, la dette publique est tombée de plus de 60 % en 2002 à 52 % en 2005 (du fait d'un déficit contenu en 2005 en dessous de 3 %) ; le ciblage de l'inflation est pratiqué par la banque centrale autour d'un objectif exigeant, aujourd'hui de 4,5 %, avec des marges de fluctuation de 2 points. Le real est maintenu à un niveau approximatif de 3 pour un dollar, et la dette extérieure a été réduite à 220 milliards, contre 240 en 2002. Le Brésil a renoncé, en 2005, à renouveler les accords d'emprunt auprès du FMI ; mieux, il a lancé en 2005 une émission obligataire internationale libellée en réals, témoignant ainsi du retour de la confiance, à cette date, des marchés financiers.

4. La crise turque

La Turquie est également le bon élève de la classe des pays qui ont connu de graves difficultés financières au début du XXIe siècle ; ses succès économiques lui permettent maintenant de postuler aux portes de l'Union Européenne, alors qu'elle était au bord de la faillite, il y a encore peu de temps.

La phase de croissance soutenue au cours de la décennie 1990, a été due à un taux d'investissement élevé, et une politique de soutien des demandes intérieure et extérieure grâce à une dévaluation continue. Les déséquilibres sont structurels et croissants : le déficit budgétaire est de 5 % en moyenne sur la période récente et le solde négatif de la balance courante est de près de 4 % du PIB. La progression de la masse monétaire, le niveau explosif de l'inflation, de

50 % à 60 % en moyenne par an, et des taux d'intérêt nominaux de 50 % à 100 % ont conduit les prêteurs internationaux à une grande prudence alors que l'endettement à court terme représente la moitié du financement extérieur.

Au début de l'année 2001, une nouvelle attaque sur la livre conduit, cette fois en accord avec le FMI, à laisser flotter la monnaie, qui a perdu la moitié de sa valeur entre février et juillet. Cette solution a permis de conserver un volant de réserves de change intactes. La Turquie s'est vue, avec un fort soutien américain, accorder en juin 2002 un prêt du FMI de 16 milliards de dollars sur trois ans qui s'ajoute à 20 milliards de dollars reçus en 1999, et facilitera le remboursement de la dette extérieure (équivalente à 120 % du PIB). En contrepartie, les institutions internationales ont demandé une **accélération des réformes structurelles**, dont le statut de la Banque centrale. Comme pour le Brésil, la politique de rigueur a porté ses fruits : le taux de croissance a été de 7 % en moyenne depuis 2002, la livre turque est stabilisée à 2 pour un dollar, le solde budgétaire se redresse progressivement, de 15 % du PIB en 2002 à 8 % en 2005 grâce à une politique stricte de réduction des dépenses publiques, et l'endettement extérieur ne représente plus que 56 % du PIB en 2005, contre près de 90 % au début du siècle. L'ouverture des négociations d'adhésion éventuelle à l'Union Européenne, décidée par le Conseil le 3 octobre 2005, peut contribuer à faire du pays une nouvelle frontière des investissements internationaux en Europe. Elle représente, à n'en pas douter, un encouragement, et maintenant une obligation, à poursuivre avec persévérance le programme de réformes accompli au cours de ces dernières années, et qui doit faire sortir le pays de l'ornière des déficits budgétaires.

5. La crise argentine

Au contraire du Brésil et de la Turquie, l'Argentine était le bon élève de la classe des pays émergents au cours de la dernière décennie ; elle s'est retrouvée en quelques mois au bord du gouffre politique et financier et ne s'en est pas significativement écartée malgré une croissance revenue.

Ce pays avait connu, au cours des années 1980, une hyperinflation dont la solution avait consisté à instaurer un *currency board,* ou caisse d'émission, avec un **arrimage fixe du peso au dollar, à la parité de 1 pour 1**, garanti par les réserves en dollars de la Banque centrale. Il avait à l'époque facilité l'inversion des anticipations des agents économiques face à l'inflation : celle-ci entraînait mécaniquement la baisse de la balance commerciale, des sorties de dollars et une baisse de la masse monétaire débouchant sur une désinflation.

Ce mécanisme, idéal sur le papier en période de croissance régulière, présente toutefois l'inconvénient d'une faible capacité d'adaptation aux chocs macroéconomiques, surtout en période d'instabilité conjoncturelle et dans un contexte de marchés financiers réactifs, comme cela a été le cas au moment de la crise asiatique. Cette dernière a entraîné des hausses des primes de risque, et par conséquent des charges d'intérêt plus élevées pour les banques et les finances publiques ; ainsi, en période de ralentissement d'activité, la pression déflationniste et récessive est accentuée par le mécanisme de *currency board*. La dette extérieure est ainsi montée à 150 milliards de dollars, malgré les 40 milliards de dollars encaissés par l'État en raison des privatisations, et alors que la fortune placée à l'étranger par les élites dirigeantes est estimée à 120 milliards de dollars. Le chômage est passé de 3 % à 20 %, l'extrême pauvreté est estimée à 5 millions d'individus, l'analphabétisme à 12 % ; la perte de pouvoir d'achat avoisine les 50 % en cinq ans.

En 2001, la volonté de maintenir le *currency board* a amené les autorités argentines à faire appel aux financements internationaux et à ceux du FMI, avec un programme d'austérité croissante, qui n'a convaincu ni les marchés ni les Argentins fortunés. Les **fuites de capitaux** ont été considérables – de l'ordre de 20 milliards de dollars – du fait de la perte de crédibilité du pays. La limitation des retraits bancaires, remède toujours désespéré, est intervenue alors que la majeure partie de ces fuites était intervenue.

Dans un contexte de crise politique et sociale, le Congrès argentin a approuvé, le 6 janvier 2002, la loi d'urgence conférant au président Duhalde des pouvoirs étendus afin de dévaluer le peso et d'appliquer des mesures protectionnistes. La dévaluation devait favoriser la reprise économique, qui demandait un certain temps, dans un contexte de ralentissement mondial. Mais la rue n'a pas attendu. Devant l'amplification des difficultés économiques et politiques, c'est un péroniste, Nestor Kirchner, qui a été élu par défaut en 2003. La politique suivie depuis cette date est celle d'une certaine rigueur budgétaire associée à un activisme extérieur. Elle a apporté indéniablement des résultats économiques positifs : la croissance du PIB a été de 9 % environ en 2003 et en 2004, de près de 6 % en 2005, le PIB se retrouve au niveau d'avant la crise et le peso a été stabilisé à un taux de 3 pour un dollar, valeur atteinte après le choc de l'hiver 2001. Mais cette performance a été obtenue au prix d'une grave tension avec le FMI et les investisseurs internationaux, qui n'apparaît pas soutenable dans la durée et laisse le pays fortement exposé en cas de nouvelles difficultés.

D'abord, pour alléger la charge de la dette, le gouvernement avait procédé, en 2002, à la conversion forcée en pesos des contrats libellés en dollars, au taux de 1 pour 1, ce qui était le taux de change avant la crise. De plus, il a proposé, au début de 2005, à ses créanciers extérieurs pour un stock de dettes d'environ 100 milliards de dollars (sur un total de dette extérieure d'environ 190 milliards), d'accepter un moratoire réduisant la valeur des créances à 35 % de leur montant d'origine : 76 % des créanciers (*ad valorem*) ont accepté cet échange qui permet à la dette de tomber à 120 milliards, mais les nombreux autres porteurs représentent une menace permanente pour les négociations internationales à venir. Au demeurant, cette action montre particulièrement, si besoin en était, la nécessité d'introduire des clauses collectives dans les emprunts obligataires, obligeant l'ensemble des créanciers à définir un règlement à ce genre de situation, bien évidemment en commun avec les autorités du pays concerné puisqu'il s'agit en fait de définir le partage de l'effort de redressement, entre le pays et ses créanciers extérieurs.

Le comportement brutal des autorités argentines à l'égard des sociétés étrangères concessionnaires de services publics est de nature à représenter un facteur supplémentaire de défiance des investisseurs internationaux ; d'ailleurs, la très forte diminution des investissements étrangers depuis 2003 traduit cette prudence internationale. Mais le danger le plus important pour l'avenir vient de l'intérieur : en effet, la croissance est venue d'une politique monétaire très avantageuse (avec des taux réels constamment négatifs et des taux de croissance de la masse monétaire de plus de 20 % par an). La stabilité du taux de change du peso à un haut niveau a été obtenue au prix d'interventions massives de la banque centrale sur les marchés des changes, rendues possibles par la reconstitution des excédents commerciaux. Les tensions inflationnistes sous-jacentes font courir un risque élevé sur la soutenabilité du change et donc sur l'économie générale de la politique de redressement définie par le pays.

* * *

Finalement, **le bilan de ces crises est pour le moins mitigé** : dans chaque pays, sauf en Amérique latine, l'incendie semble avoir été maîtrisé, mais au prix d'une énorme injection de liquidités internationales. La contagion aux pays développés et au système financier mondial a été évitée, à l'exception brève des suites de la crise russe à l'automne 1998. Deux limites essentielles demeurent cependant :
– dans chaque pays concerné, en Amérique latine plus qu'ailleurs, **l'acceptabilité politique des plans de redressement est plus qu'incertaine**, et en conséquence la soutenabilité des stratégies économiques et de la croissance ;
– **rien ne garantit contre l'explosion de nouvelles crises financières**, qui se sont multipliées dans les pays émergents depuis 1997.

Bref, le FMI, les États-Unis et l'ensemble des pays avancés ont été des pompiers relativement efficaces. Mais ils se sont montrés, jusqu'à présent, de mauvais architectes d'un système financier stable. En Asie, la flexibilité des économies a permis un rebond rapide, justifiant *a posteriori* l'intervention temporaire du Fonds. Ailleurs, aucun problème ne peut être considéré comme réglé durablement, sauf peut-être au Mexique.

IV. LES INCONVÉNIENTS DU SYSTÈME DE CHANGE ACTUEL

Le système de change est caractérisé, depuis le flottement de 1971-1973 et la généralisation de la liberté des mouvements de capitaux, par une forte sensibilité des taux de change aux flux de capitaux et une grande volatilité des marchés. Contrairement aux attentes initiales de ses promoteurs, **la flexibilité du change n'a pas favorisé naturellement un rééquilibrage des balances courantes**. Ainsi les États-Unis peuvent accumuler une dette extérieure considérable, avec le déficit structurel de leur balance courante à l'égard du reste du monde ; le « seigneurage » international, privilège du dollar, a été plutôt accentué. L'autonomie des politiques monétaires nationales reste très relative pour les pays autres que les États-Unis dans la mesure où les banques centrales doivent tenir compte de la forte réactivité des marchés. Une politique caractérisée de relance est devenue difficilement affichable, sauf circonstances exceptionnelles, car elle a tendance à faire fuir les capitaux et conduit en fait à une augmentation des primes de risque sur les taux d'intérêt.

Les gouvernements et les banques centrales ne peuvent exercer un contrôle partiel sur les taux de change que par un jeu, qui se doit d'être habile mais reste toujours incertain, d'effets d'annonces et d'interventions tangibles, afin de forger une crédibilité dans la durée. Cela vaut même dans le cas de pays dont la gestion macroéconomique est relativement saine ; l'expérience de la Banque centrale européenne a montré la difficulté de faire reconnaître une politique monétaire pourtant simple dans ses principes.

La spéculation est encouragée par l'importance des produits dérivés et amplifie les mouvements de change. La **volatilité** de ce système fait l'objet d'un débat : les nombreuses études[1] faites sur la volatilité financière de ces vingt dernières années, font apparaître une certaine stabilité, voire une tendance à la baisse pour les pays avancés. Elle constitue un facteur d'insécurité, qui certes n'a pas

1. *Global Stability Report*, FMI, septembre 2005.

entravé le développement des transactions et des investissements, mais confère une forte instabilité potentielle à l'ensemble du système bancaire et financier national. La flexibilité totale des changes transfère une large part du risque sur le système bancaire alors que celui-ci n'est probablement pas en mesure de l'assumer.

Il y a donc un débat sur la **balance avantages/inconvénients** de la financiarisation et de la mondialisation de l'économie : certes l'allocation du capital à l'échelle mondiale permet **une meilleure répartition des risques** que si celle-ci était cantonnée à l'intérieur de chaque pays. La diversification mondiale des portefeuilles financiers améliore la rentabilité des placements et réduit le coût des emprunts, augmente leur volume et la liquidité du marché. Elle favorise ainsi l'épargne et l'investissement. Le potentiel de croissance est plus élevé pour la plupart des pays que celui qu'autoriserait la seule épargne des résidents, pour les pays à fort déficit structurel d'épargne (Amérique latine, États-Unis) comme pour les pays à épargne forte, mais insuffisante au regard du taux d'investissement, comme en Asie.

Il est cependant impossible d'évaluer les avantages quantitatifs de la globalisation financière et de les comparer au **coût considérable** pour les pays et les populations frappés par les crises financières.

On est en tout état de cause loin de certains avantages décrits au moment des accords de la Jamaïque par les défenseurs des changes flexibles : autonomie des politiques monétaires, équilibre du système entre dollar et autres monnaies, gestion en souplesse et sans fièvre spéculative des ajustements, qui devaient devenir permanents et minimes, en fonction des évolutions graduelles des anticipations des opérateurs.

1. Les pistes possibles de réforme des systèmes de change

La question la plus importante aujourd'hui est celle du **régime de change des pays émergents** : le flottement généralisé y a de multiples inconvénients dont celui « d'accommoder », voire de favoriser l'inflation. À l'autre extrême, les systèmes de parités fixes, appuyés par un *currency board*, ont été très recommandés par le FMI il y a une décennie et ont permis de casser l'hyperinflation dans certains pays d'Amérique latine ou d'Europe orientale ; mais le drame argentin a plus que montré leurs limites. Ces systèmes ne sont soutenables que temporairement, à des conditions bien précises sur la répercussion des différentiels d'inflation sur les changes.

Il reste dès lors deux possibilités, aujourd'hui explorées : d'une part, l'abandon complet, non seulement d'une politique monétaire interne, mais aussi d'une monnaie nationale, et le passage à la « dollarisation » ou à l'« euroïsation » ; c'est un renoncement politique très fort. D'autre part, la recherche de régimes intermédiaires de type *crawling peg,* ou ancrage rampant, où la banque centrale pilote un change flexible mais non intégralement flottant, comme celui qui avait inspiré le plan real de 1994.

Le choix du régime de change est cependant difficilement séparable de la réflexion sur les **mouvements de capitaux** : le FMI était initialement favorable quasi inconditionnellement à la liberté de circulation des capitaux. Pour protéger des systèmes financiers fragiles de pressions spéculatives trop fortes, la doctrine a évolué depuis 1997-1998 ; il est reconnu que l'ouverture financière doit être progressive et accompagnée, selon l'exemple souvent cité du Chili. Il est admis aussi qu'en cas de crise, des clauses de sauvegarde ou de *standstill* (gel provisoire) puissent être envisagées.

Plus largement, le retour à un **système de changes fixes** à l'échelle mondiale ne semble pas possible aujourd'hui car il poserait des problèmes insurmontables. Le système monétaire international s'est profondément transformé et il est aujourd'hui caractérisé par la prépondérance des acteurs financiers privés. Les monnaies sont des actifs financiers à part entière, et les masses et les produits dérivés en mouvement quotidien sur les marchés financiers dépassent de très loin les possibilités d'intervention des banques centrales. Elles n'ont plus les moyens aujourd'hui de résister aux attaques spéculatives sur des parités fixes avec leurs réserves de change. Les sorties de capitaux en période de crise dépassent les possibilités des banques centrales, la dette extérieure à court terme des pays pouvant aller, selon les cas, jusqu'à quelques dizaines de points de PIB, alors que la valeur de l'ensemble des réserves officielles en devises des banques centrales représente le montant d'une journée moyenne de transactions sur les marchés des changes.

Les **zones cibles** sont une proposition intermédiaire : des zones de change étant définies autour de taux permettant d'équilibrer sur le moyen terme les balances courantes et les flux de capitaux financiers, les autorités monétaires sont supposées défendre conjointement le maintien de leur monnaie dans cette bande de fluctuation, susceptible *a priori* de réduire la volatilité des monnaies en modifiant les anticipations des opérateurs. Mais les modèles permettant de déterminer les zones cibles, et surtout leurs effets, sont complexes, et les travaux de validation empirique ont été décevants. En fait, la définition même de la zone cible, *a fortiori* si elle n'est pas jugée crédible sur les marchés, peut déclencher des attaques spéculatives concentrées contre une monnaie, visant à contraindre les autorités monétaires à « décaler » la zone cible. Ces attaques restent plus diffuses contre les devises délibérément flottantes. L'application délicate des accords du Louvre de 1987 en montre les difficultés, et les crises du SME en 1992 et 1993 en sont un exemple plus frappant encore.

À défaut de pouvoir s'orienter vers un système de cette nature, la **coopération monétaire permanente** est un moyen important d'encadrer les fluctuations des trois devises dominantes entre elles : le dollar, l'euro et le yen. Cette coopération n'existe que très partiellement et doit être renforcée, avec une certaine coordination des politiques économiques, pour éviter les crises de change brutales. Quel que soit le système de change visé, il est difficile en effet de le séparer de la coordination en amont des politiques économiques, monétaires et budgétaires : le taux de change n'en est en règle générale qu'une résultante.

2. Faut-il craindre une crise du dollar [1] ?

« Le dollar est notre monnaie, mais c'est votre problème. » Cette boutade prêtée à tous les secrétaires du Trésor américain marque bien la véritable nature de la question à laquelle doivent faire face en permanence les autorités monétaires des pays avancés. Contrairement aux prévisions faites au moment du lancement de l'euro, le

1. Voir également la leçon 14, page 440.

dollar reste la monnaie dominante de réserve, malgré ses déficits commerciaux endémiques. Monnaie de réserve internationale, il bénéficie donc à ce titre d'un avantage comparatif par rapport à toute autre devise. Les marchés suivent, dans leur réflexe face à cette monnaie, le vieil adage « *Dollar is as good as gold* » qui avait marqué le système de Bretton Woods.

Son histoire est émaillée de périodes de surévaluation, comme celle de 1982-1986 où la préoccupation principale des pays du G7 a été, par les accords du Plaza (1985) puis du Louvre (1987), de savoir gérer en commun l'atterrissage en douceur d'une monnaie dopée par une politique monétariste de forts taux d'intérêt. Dans des périodes de sous-évaluation durable, à l'inverse, le dollar a été utilisé comme une arme commerciale. Il y a eu enfin quelques crises majeures, comme celle de la fin des années 1960 qui a conduit à l'explosion du système de changes fixes basés sur l'étalon-dollar, remplacé par un système de changes variables basé sur un dollar-référence. Dès lors, le dollar pouvait être géré en fonction de considérations purement intérieures, sans que le pays ait à se soucier de ses responsabilités économiques internationales : c'est la politique du *benign neglect*.

Ce *benign neglect* prend une nouvelle actualité en 2005, face à un euro qui gagne, dans la difficulté certes, ses galons de monnaie de réserve internationale, et surtout devant la persistance des déficits commerciaux américains. Le débat est vif de part et d'autre de l'Atlantique ; aux États-Unis, la quasi-totalité des économistes considèrent que les limites de la fragilisation du système sont franchies. Les thèses en présence sont simples. D'un côté la constatation que la situation actuelle est volontiers acceptée par les pays asiatiques et notamment la Chine, qui ont intérêt à participer à une zone dollar de fait, où le dollar se maintenant à un niveau élevé en dépit de ses déficits ; ainsi leur développement est assuré par une demande extérieure et le recyclage des excédents. Le *benign neglect* repose sur une complicité de fait entre les autorités chinoises et américaines. Leurs sorts sont d'autant plus liés que les réserves de changes chinoises, et plus généralement de l'ensemble des pays asiatiques sont principalement en dollars. Toute fuite devant le dollar pénaliserait autant les banques centrales de ces pays que les Américains.

Mais la plupart des spécialistes des marchés financiers internationaux avancent d'autres types de raisonnement, tirés d'abord de l'expérience des crises. Ils considèrent que les crises financières les plus violentes ne sont jamais prévisibles, et qu'au contraire, elles sont précédées de périodes de myopie où tous les raisonnements tendent à confirmer la pérennisation de l'existant. Pour apprécier le risque de crise « systémique », il faut raisonner en termes de « fragilisation » du système financier international. Force est de constater, comme on l'a déjà vu dans cet ouvrage[1], que les ingrédients de la « fragilisation » sont réunis pour que la moindre étincelle, imprévisible au demeurant, puisse faire exploser la situation, comme en 1929.

Entre ces deux thèses, nous pensons, en l'état des marchés, qu'**une crise « dure » du dollar n'est pas l'hypothèse la plus probable** : une telle éventualité suppose l'existence d'autres catégories d'actifs financiers qui puissent servir rapidement d'actifs de substitution, avec des marchés profonds, liquides et de qualité équivalente, ce qui n'existe pas aujourd'hui. L'euro et les titres en euros ne sont pas encore suffisamment attractifs et unifiés – même si le marché obligataire en euros s'est beaucoup développé –, et le yen se débat dans une politique incertaine, pour quelques années encore.

Si une panique boursière se déclenchait dans le prolongement de scandales analogues à l'affaire Enron, avec des répercussions sur les autres titres libellés en dollars, la capacité de gestion de la Fed et l'intérêt même des créanciers internationaux et des autres grandes banques centrales provoqueraient sans doute une intervention coordonnée, analogue à celle du soutien à l'euro en septembre 2000 ; un dollar plutôt élevé correspond aux intérêts conjoints des exportateurs japonais et européens, des pays producteurs de pétrole et de Wall Street. **Cela n'exclut pas cependant la dépréciation « molle » du dollar** : la gestion en douceur et dans la durée d'une remontée de l'euro et surtout des monnaies asiatiques par le jeu naturel des marchés, ou, même si cette hypothèse souhaitable reste assez théorique aujourd'hui, dans le cadre d'un accord international sur la recherche de zones cibles monétaires.

1. Dans les leçons 4, 14 et 15 notamment.

V. QUELS AXES D'AMÉLIORATION POUR LE SYSTÈME FINANCIER INTERNATIONAL ?

Il y a donc aujourd'hui un débat sur la recherche d'une meilleure architecture financière internationale. Il s'agit de renforcer la stabilité des marchés financiers mondiaux et des économies nationales, par une meilleure surveillance des marchés et des opérateurs, la mise en place de moyens suffisants de prévention des dérèglements, l'efficacité dans le traitement des crises et la capacité des organes internationaux à soutenir une croissance durable.

Le FMI, perçu dans les opinions comme un organe de souveraineté monétaire supranationale, voit son action remise en cause : il apparaît comme la tutelle de nombreux pays en difficulté, mais sans disposer du pouvoir réglementaire et de supervision dévolu aux États. Il convient également, à cette occasion, de trouver l'équilibre entre, d'une part le niveau de régulation, c'est-à-dire de contraintes pesant sur les opérateurs et les États, et d'autre part les rigidités et les surcoûts qu'entraînent ces contraintes pour les systèmes bancaires, potentiellement préjudiciables à l'efficacité économique et à la croissance.

À défaut d'action concrète, un débat très riche est noué depuis quelques années. Il a connu quelques temps forts comme la discussion intervenue à l'occasion de la publication du rapport d'Alan Meltzer, demandé par le Congrès américain en 2000. Celui-ci proposait de limiter le FMI à un rôle de gestionnaire de crises, pour les pays non-membres de l'OCDE (excluant donc la Corée du Sud), ayant un PIB par habitant de moins de 4 000 dollars, avec un champ d'intervention bien distinct de celui de la Banque mondiale. Cette fonction de **prêteur en dernier ressort international** à l'intention des économies émergentes s'exercerait à l'aide de prêts à court terme, octroyés à des taux plus élevés que le marché, avec des garanties sur les actifs du pays emprunteur, sous réserve pour les pays de satisfaire à des conditions préalables très strictes en matière d'orthodoxie et de transparence financières. Les pays pouvant bénéficier du soutien du Fonds seraient caractérisés par un label spécifique donné sur la base d'une appréciation permanente par le Fonds de la soutenabilité de la

Le FMI et ses possibilités

Le Fonds monétaire international (FMI) a été créé à l'issue de la **Conférence de Bretton Woods**, en juillet 1944, sur le principe d'un système multilatéral de coopération économique. Formé officiellement le 27 décembre 1945, date à laquelle 29 pays ont ratifié ses statuts, le FMI compte actuellement 184 États membres, dont les droits de vote sont liés au montant de leur quote-part. Installé à Washington, il est traditionnellement dirigé par un Européen, aujourd'hui l'Espagnol Rodrigo de Rato.

Les ressources du FMI proviennent pour l'essentiel de la contribution liée à la **quote-part** apportée par chacun de ses États membres, calculée sur la base de diverses variables économiques (PIB, flux de commerce extérieur, réserves internationales), qui influence ensuite leurs relations financières et institutionnelles avec le FMI. Les quotes-parts permettent de calculer le montant de la souscription de chaque pays, le nombre de voix dont il dispose, et son plafond d'accès aux ressources financières du FMI. Le montant total des ressources du FMI est de 223 milliards de DTS (le DTS valant environ un dollar et demi) en 2005, dont 94,5 milliards sont considérés comme disponibles à cette date pour des interventions et 56 milliards sont effectivement utilisés ; il peut également emprunter auprès de ses membres jusqu'à un montant global de 34 milliards de DTS en vertu des nouveaux accords généraux d'emprunt de 1998.

Les principaux débiteurs du FMI en 2005
Encours des crédits au 30 avril 2005 en milliards de DTS

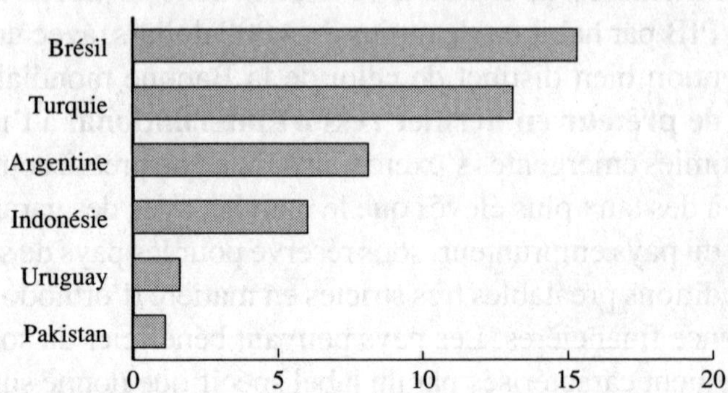

Cependant, les moyens d'intervention du FMI ne représentent qu'une faible partie des mouvements quotidiens sur le marché des changes ou des dettes extérieures à court terme des pays susceptibles de faire l'objet de déstabilisations spéculatives. Le montant des quotas du FMI représentait plus de 10 % des exportations mondiales en 1950 et moins de 5 % au cours de ces dernières années. **Le FMI assure aujourd'hui plusieurs fonctions**[1] : une assurance mutuelle entre pays face au risque de difficultés temporaires de balances des paiements, un émetteur potentiel de monnaie internationale, un banquier des pays en développement, un gardien de l'ordre financier international.

Le FMI intervient grâce à de multiples formes de crédit :

– le tirage dans la première tranche de 25 % du quota du pays, seulement soumis à des mesures « raisonnables » pour remédier aux difficultés de balance des paiements. Les tranches supérieures ne sont libérées que sur des critères de réalisations d'objectifs ;

– les **accords de confirmation** (*stand-by arrangements*), pour faire face à des difficultés conjoncturelles, sont soumis au respect de critères financiers précis et effectués à un rythme trimestriel, sur une durée de douze à dix-huit mois, avec des périodes de remboursement qui vont de trois ans et trois mois à cinq ans ;

– les **accords élargis** et le mécanisme élargi de crédit (*extended arrangements and extended fund facility,* EFF), face à des déficits structurels, ont des délais de remboursement de quatre à six ans et passent par un programme de réformes ;

– les accords de précaution sont des « labels » donnés par le FMI à des pays soucieux de renforcer, à titre préventif, la confiance de la communauté financière internationale, sans octroi de prêts ;

– la facilité de réserves supplémentaires (*supplementary reserve facility,* ou SRF) est une ligne d'intervention exceptionnelle en cas de besoins importants et soudains. Les taux d'intérêt sont majorés d'une commission progressive avec l'engagement du crédit ; le remboursement doit être effectué avant deux ans à compter du tirage ;

– la **facilité pour la réduction de la pauvreté** (*poverty reduction and growth facility*) est un prêt à 0,5 % remboursable sur dix ans avec différé de cinq ans, destiné aux pays les plus pauvres, dans le cadre de l'initiative conjointe des pays du G7 et de la Banque mondiale.

1. Aglietta, « The International Monetary Fund and the International Financial Architecture », Cepii, mai 2000.

politique suivie. Il proposait également d'annuler intégralement ses créances sur les pays endettés et très pauvres et de ne pas envisager de nouvelle augmentation des quotes-parts à moyen terme. Ce rapport a fait l'objet de vives contestations aussi bien aux États-Unis que de la part des pays européens et n'a pour l'instant pas donné de suites tangibles. Il en a été de même de la proposition d'Anne Krueger, numéro deux du FMI, de définir un droit nouveau de la faillite souveraine.

Ce sont ces **trois rôles potentiels du FMI** dans le déroulement d'une crise qu'il faut examiner successivement : superviseur, prêteur, voire juge des faillites des États.

1. La surveillance des marchés et des opérateurs pour une meilleure prévention des crises financières

Les États ont toujours exercé une surveillance de l'activité financière et bancaire : le contrôle a d'abord pour but de protéger les clients contre le risque de non-remboursement des dépôts. De plus les établissements financiers sont fortement liés entre eux par des prêts et dépôts mutuels : le risque est donc grand qu'en cas de difficultés graves d'un établissement, le problème se propage rapidement. **Les maladies financières sont toujours contagieuses.** Une altération de la confiance générale dans le système financier amène naturellement les déposants à retirer plus de liquidités, les prêteurs à réduire leurs risques et à limiter les prêts, induisant ainsi au minimum un choc de caractère récessif et, dans certains cas, une crise financière et économique.

L'ensemble de cette activité de contrôle est coordonné à l'échelle internationale par le **comité de Bâle**, dont le secrétariat est assuré par la Banque des règlements internationaux.

Le secteur des assurances est également très encadré par des règles prudentielles strictes destinées à garantir la capacité des compagnies à honorer leurs engagements en toutes circonstances.

Ces mécanismes de surveillance « classiques » restent cependant cloisonnés entre différents secteurs (banques, assurances, Bourses) et différentes autorités (organisations internationales, banques centrales, ministères des Finances de l'OCDE et hors OCDE). Les crises financières récentes se caractérisent au contraire par leur caractère global et « systémique ». De plus, certains acteurs financiers désormais essentiels comme les *hedge funds*, les fonds spéculatifs, ou les places *offshore* (paradis fiscaux et bancaires) n'ont pas de régulateurs. Ce constat a conduit, en 1999, à la création du **Forum de stabilité financière**. Installé à Bâle, présidé par le Britannique Andrew Crockett, directeur général de la Banque des règlements internationaux de 1994 à 2003 et, aujourd'hui, par l'Américain Roger W. Ferguson, il est composé de hauts fonctionnaires des ministères des Finances et des banques centrales, d'autorités de surveillance financière, ainsi que de représentants des institutions financières internationales concernées et des organes de contrôle. Il joue un rôle de système d'alerte préventif des crises financières. Il se réunit deux fois par an, au printemps et à l'automne, et fournit une évaluation des faiblesses du système financier mondial à l'aide de la définition de douze standards prioritaires. Il identifie et supervise les actions nécessaires pour surmonter ces vulnérabilités, en améliorant la coordination et l'échange d'informations.

Le comité de Bâle est parvenu à un nouvel accord en mai 2004, sur l'évaluation de l'adéquation des fonds propres aux principales composantes des risques bancaires. Il demande aux banques de renforcer leurs procédures de mesure et de gestion du risque, pour tenir compte des nouveaux risques liés aux produits dérivés, avec un renforcement des normes de fonds propres et un contrôle plus approfondi. Les États-Unis, fin 2005, ont annoncé leur réticence à mettre en œuvre ces dispositions de « Bâle II ».

Ces nouvelles dispositions illustrent ce que l'on pourrait appeler le **« dilemme du régulateur »** dans le domaine de la supervision bancaire :

– d'un côté, il est nécessaire de définir des normes complexes qui tiennent compte de la sophistication des instruments et de la diversification des acteurs, avec la volonté de les responsabiliser. Une approche fine de la réalité du risque de chaque débiteur (par exemple, la solvabilité du débiteur, la structure et l'échéance de la transaction ainsi que la concentration des prêts sur un même emprunteur ou groupe d'emprunteurs) suppose une capacité diversifiée d'appréciation des risques et une complexité plus grande dans la détermination du risque de crédit ;

Les règles prudentielles des banques

Les autorités chargées du contrôle bancaire ont édicté des règles professionnelles, qui imposent :

– des systèmes d'**assurances des dépôts** des particuliers ;

– la constitution de **réserves** liquides ;

– le contrôle permanent des comptes et de l'activité pour vérifier que la gestion ne comporte pas de risques inconsidérés ;

– des règles d'intervention éventuelle des banques centrales pour renflouer un établissement défaillant ;

– des **ratios prudentiels**, comme par exemple :

• le ratio de solvabilité entre les fonds propres et les engagements du bilan et du hors-bilan pondérés par classe de risque ;

• le risque sur un bénéficiaire donné ne peut dépasser un certain pourcentage des fonds propres ;

• le niveau de fonds propres doit atteindre un minimum pour couvrir l'éventuelle perte maximale de marché ;

• le ratio de position de change, qui fixe un maximum d'engagement sur chaque devise par rapport au montant des fonds propres ;

• le ratio de liquidité, qui oblige à couvrir un certain pourcentage des emplois de haut de bilan par des ressources permanentes.

– mais de l'autre, il faut garder suffisamment de souplesse, pour qu'en cas de crise l'application de ces règles ne soit pas un facteur de contagion en obligeant les banques à se séparer d'une manière trop brutale de leurs actifs douteux, avec un effet d'amplification ; c'est le risque de procyclicité de ratios trop détaillés et trop stricts.

La prévention des crises, devenue une priorité de l'action du FMI, passe par une connaissance la plus complète possible des situations effectives des banques et de leurs opérations, la promotion de normes reconnues, et l'information sur les données macroéconomiques et budgétaires des États. La collecte des données utiles est effectuée dans le monde par différents organismes : la Banque des règlements internationaux pour les statistiques bancaires et les données de comptabilité nationale sous l'égide de l'ONU. La collecte et le traitement de ces données demandent en général plusieurs mois, ce qui met toujours le thermomètre en retard par rapport à l'événement. Le FMI ne dispose pas de tous les moyens juridiques ou de coordination dans ce sens. La préparation des interventions du Fonds permet certes aux experts de cet organisme, dans le cadre de missions spécifiques dépêchées sur place, de réaliser des diagnostics en principe approfondis, mais en général dans des conditions tendues avec les autorités locales, avec des informations souvent biaisées, et dans l'urgence.

2. Comment traiter les crises ? Le FMI, prêteur en dernier ressort

Le FMI assure un rôle désormais stratégique dans le traitement des difficultés, en liaison avec d'autres intervenants publics (autres institutions financières internationales, Club de Paris, contributeurs bilatéraux) et avec les créanciers privés. Alors même que les flux de capitaux privés investis dans les économies émergentes sont supérieurs à ceux des capitaux publics depuis les années 1980, jusqu'où le FMI doit-il apporter les liquidités nécessaires en cas de crise ? Cette question est celle dite du « prêteur supranational en dernier ressort » : ses interventions doivent éviter d'accroître l'irresponsabilité des États et des banques commerciales concernés.

Le FMI est confronté en permanence, dans le règlement des crises, à une sorte de dilemme, celui du couple « privatisation ou nationalisation des profits-socialisation internationale des pertes ». La position des États emprunteurs répond à des objectifs intérieurs ; celle des investisseurs privés est de rechercher le maximum de revenus de leurs placements en prenant le minimum de risques : ils ont pu constater à l'expérience que la communauté internationale intervenait rapidement et avec des moyens puissants quand les répercussions éventuelles de la crise pouvaient être importantes sur les économies des pays développés, depuis les crises mexicaines de 1982 et 1994, où l'économie américaine était directement concernée. Les États comme les banques internationales ont tendance à prendre des risques supérieurs dès lors qu'ils savent que le FMI est susceptible d'intervenir et ainsi à amplifier la fragilité financière des pays concernés. L'**aléa moral** conceptualise ce type de comportement qui consiste à prendre le maximum de risques en sachant qu'on n'aura que faiblement à en supporter les conséquences.

Il est donc nécessaire de mettre en place des mécanismes impliquant l'engagement des États et du secteur privé dans la résolution des crises, selon le principe du **partage du fardeau** (*burden sharing*). L'octroi des crédits aux États doit rester assorti de prescriptions de politique économique, avec un échéancier dont le respect garantisse la capacité de remboursement du pays concerné, en lui donnant les meilleures chances d'éviter de nouvelles crises (principe de la conditionnalité). L'idée a été avancée d'un automatisme des clauses de conditionnalité des prêts du FMI, définies par avance ; c'est une solution séduisante, mais peu réaliste, pour limiter l'aléa moral. Quand il y a le feu, et un risque de propagation, les pompiers ne vérifient pas, avant d'intervenir, si les personnes concernées sont de bons citoyens, avec leurs impôts à jour. Et souvent, les dirigeants qui, dans les États concernés, auront profité des périodes de vaches grasses ne sont pas les mêmes que ceux qui auront à assumer les périodes d'austérité. La limitation des crédits, autre idée avancée, déjà peu envisageable dans le cas d'une crise qui reste confinée à un pays, n'est pas possible quand il y a un risque de contagion systémique.

Les conditions d'intervention – durée, taux d'intérêt pratiqués – peuvent être recentrées autour de la finalité d'une intervention de trésorerie en faveur de pays solvables, mais qui subissent une crise temporaire de liquidité : les durées peuvent être plus courtes en évitant les « abonnements » que connaissent certains pays, et les taux d'intérêt proportionnés à la durée ou aux montants relatifs accordés, et pénalisants en cas d'imprudences caractérisées des États concernés et des banques.

L'aléa moral à l'égard du **secteur privé** est plus difficile à réduire que celui qui intervient pour le secteur public. Une idée, d'ailleurs reprise récemment par le Trésor américain, est d'introduire, dans les contrats de prêts ou d'obligations, des clauses collectives qui, à condition que la totalité des créanciers privés soient d'accord par avance sur le principe, permettraient à une majorité qualifiée de « porteurs d'obligations » d'approuver un accord contraignant sur les modalités de remboursement de la dette. Ce principe existe en droit boursier français, avec le concept de « masse obligataire ». Un groupe de porteurs serait autorisé à négocier avec le débiteur, par exemple, sur une restructuration de cette dette, et ce au nom de l'ensemble des porteurs, comme cela se passe au Club de Paris pour les créanciers publics ou au Club de Londres pour les créanciers bancaires. Cependant, en l'absence de droit international reconnu dans ce domaine, les créanciers, pris isolément, veulent pouvoir conserver leur capacité à aller en justice contre les débiteurs pour récupérer le maximum de leur créance et d'ailleurs n'hésitent pas à le faire. Le FMI encourage désormais l'inscription de clauses collectives dans les contrats d'émissions obligataires souveraines de la part des pays émergents, avec un certain succès, car la majorité des émissions comprennent aujourd'hui de telles dispositions.

3. Un nouveau droit de la faillite souveraine ?

L'idée est de transposer pour les États et les crises financières internationales les méthodes existant dans la plupart des droits nationaux pour les entreprises, et qui ont fait leurs preuves. Il s'agit en quelque sorte d'instaurer un principe de **cessation de paiements temporaire** ; il permettrait, s'il est accepté par une instance reconnue à cette fin, de suspendre provisoirement les remboursements et toute action judiciaire susceptible d'être exercée par les créanciers, le temps de définir les modalités d'un plan de redressement accepté par l'ensemble des créanciers ou imposé par une instance judiciaire internationale. En d'autres termes, le FMI, ou un organisme indépendant fonctionnant sous son égide, pourrait, en cas de crise, imposer un moratoire comme le fait un juge des faillites : il interdirait aux créanciers du secteur privé de lancer des procès aux pays endettés durant les négociations de restructuration des dettes des pays concernés.

Ainsi serait créé un pouvoir supranational renforcé, une sorte de tribunal financier international. Ce droit permet au prêteur en dernier ressort d'opérer dans des conditions plus sereines, et de définir des plans de redressement plus efficaces pour la communauté internationale et les pays concernés. Cette idée, soutenue notamment par la Conférence des Nations unies sur le commerce et le développement, suppose, soit un traité international pour créer des règles internationales nouvelles et une instance spécialisée, soit, s'il s'agit de la réaliser dans le cadre du FMI, une modification de ses statuts, recueillant l'approbation de deux tiers des États et 85 % des droits de vote de l'assemblée générale du Fonds monétaire international. Un débat interne au Trésor américain a ainsi opposé le secrétaire, alors Paul O'Neill, favorable aux propositions du FMI pour limiter les engagements publics, et John Taylor, secrétaire adjoint au Trésor, qui considérait que l'introduction de clauses spécifiques dans les contrats de prêts ou d'obligations suffisait largement sans qu'il soit besoin de renforcer les pouvoirs d'une instance supranationale ; c'est cette dernière thèse que le FMI a finalement adoptée.

LEÇON 18

LES BIENS PUBLICS MONDIAUX ET LA GOUVERNANCE MONDIALE ÉCONOMIQUE

I. SORTIR DES INCANTATIONS FACE À LA MONDIALISATION

Renforcer la gouvernance mondiale et le développement durable pour faire face aux nouveaux enjeux planétaires, voilà la nouvelle psalmodie imposée de toute conférence internationale qui se respecte, de tout colloque sur la mondialisation, en un mot le « politiquement correct » des années 2000. Ces thèmes se déclinent dans les grand-messes de toute nature organisées sur cette question : de Rio à Johannesburg, en passant par Kyoto, Bali, Davos, Porto Alegre… le tour du monde est fait plusieurs fois par an par ses chantres, diplomates, ONG, chefs d'État, et on ne peut que rester perplexe devant les résultats médiocres de la plupart de ces rencontres. Le militant dévoué peut être déçu de voir la lenteur des progrès dans les décisions concrètes : la pile des discours et rapports prospectifs émaillés de bonnes intentions n'a d'équivalent que celle des bilans qui constatent, année après année, les retards pris dans la plupart des engagements généreux formulés dans les discours de solidarité planétaire et intergénérationnelle.

Il faut prendre un peu de recul, et ne pas jeter un regard trop critique sur la débauche de travail que ces conférences représentent pour les fonctionnaires concernés, d'énergie pour les militants et de papier pour la presse : c'est ce travail qui contribue à sensibiliser l'opinion publique mondiale.

Ces conférences constituent, au sens littéral du terme, la scène internationale : celle-ci est un lieu de rencontre entre des acteurs professionnels, soucieux de leurs intérêts stratégiques et économiques, devant un public quelquefois aussi enthousiaste et naïf que celui qui, au moment où Othello va tuer Desdémone, hurlerait à cette dernière de se sauver pour échapper à un destin écrit et répété depuis des siècles. Mais les acteurs ont besoin du public, et ce que celui-ci ressent finit par peser dans leur manière de jouer : peut-être, un jour, Othello ne tuera plus Desdémone parce que le public ne l'acceptera plus. C'est par l'éducation que vient le progrès humain, comme l'a voulu Condorcet[1]. Les débats, même stériles en l'apparence, sur la gouvernance mondiale finiront par la modeler, donnant ainsi satisfaction à ceux qui pensent que les idées orientent un peu l'histoire. L'utopie est nécessaire, si elle est éclairée par l'intelligence.

Cette dernière leçon va donc tenter une modeste confrontation entre l'utopie, les réalités et la raison, d'abord sur le concept de biens publics mondiaux, puis sur les difficiles questions du sous-développement et de l'environnement ; nous finirons par une description des insuffisances de la « machine » internationale face à ces défis.

II. LES PROBLÈMES ET LES BIENS PUBLICS MONDIAUX

1. Le concept de bien public mondial

Le concept de bien public a été élargi à l'échelle internationale pour donner une base analytique utile à la compréhension et au traitement de certains problèmes internationaux[2] : la paix est un bien public international « positif », et ses opposés, la guerre ou le terrorisme sont des « maux » publics internationaux, comme les grandes

1. « Il arrivera donc ce moment où le soleil n'éclairera plus sur la terre que des hommes libres, ne reconnaissant d'autre maître que leur raison. » Condorcet, « Esquisse… », 10e époque, Vrin, 1970.

2. Voir notamment J.-M. Severino et L. Tubiana, « La question des biens publics globaux », dans le rapport du CAE sur la gouvernance mondiale, 2002.

épidémies. Les biens publics, à l'opposé des biens privés, concernent la collectivité à des échelles géographiques variées, en fonction de leur impact territorial : il y a des biens publics locaux, comme une bibliothèque communale ou la police, des biens publics régionaux, comme les parcs naturels ou les universités, des biens publics nationaux, comme une chaîne de télévision ou la défense, et des biens publics internationaux, comme la paix ou la stabilité économique. On a vu, dans l'introduction de cet ouvrage, que la tendance naturelle du marché est de produire les biens publics à « externalités positives » d'une manière insuffisante, et de surproduire les biens publics à « externalités négatives », c'est-à-dire ceux dont la production comporte un désagrément, comme le bruit ou la pollution. Assurer la production des biens publics de la manière la plus efficace au niveau géographique approprié nécessite une action collective organisée, qui permette de prendre en compte correctement les effets externes : pour les biens publics locaux ou nationaux, les États ont depuis longtemps mis en place les dispositifs de gestion appropriés sur les plans juridique et économique.

Il convient désormais de faire de même pour les biens publics mondiaux : c'est l'enjeu de la gouvernance mondiale à inventer. Une caractéristique majeure de la plupart des biens publics mondiaux, par rapport aux biens publics locaux ou nationaux, est que **ce sont en général autant des stocks**[1] **que des flux**, dont les effets ont tendance à s'accumuler : le niveau de ressources halieutiques en mer est un « stock » qui peut se développer ou se réduire, la couche d'ozone est un « capital » dont la diminution peut avoir de graves conséquences. Ce type de problème ne s'impose donc à lui tout seul que très rarement, car on n'observe que de petites variations de stocks, souvent imperceptibles, qui conduisent progressivement à un changement qualitatif. Dans l'analyse de ces variations de stocks, les divergences légitimes entre experts ont tendance à dérouter les opinions publiques et à faire retarder les décisions politiques nécessaires. Il est toujours difficile de demander à une opinion publique de réaliser des efforts importants, et immédiats, au nom de problèmes encore hypothétiques, controversés et à long terme.

1. W. Nordhaus, « Biens globaux et changement climatique », texte de la conférence prononcée à l'IDEI de Toulouse en 1999.

2. Des exemples de grands enjeux de la planète

• La **paix** est le premier enjeu politique international : le *Projet de paix perpétuelle* de Kant, écrit en 1795, reste un des plus beaux textes théoriques sur la gouvernance mondiale, à la suite de ceux de Rousseau, en 1761, et même de l'abbé de Saint-Pierre[1], en 1712, écrits en réaction aux risques inhérents à l'ordre européen issu du traité de Westphalie. Ces questions sortent toutefois du cadre de cet ouvrage consacré aux dimensions économiques de la politique, même si des recherches un peu académiques sont effectuées pour traiter les relations internationales à l'aide de concepts économiques.

• La **prévention sanitaire** et le traitement des épidémies sont un bien public ancien dont le caractère mondial s'est affirmé au cours de ces dernières décennies, en raison de l'augmentation des mouvements de population, des voyages internationaux et de l'évolution des nouvelles sources de maladies. La coopération et l'aide internationales sont indispensables : les États peuvent rester réticents à signaler les épidémies de maladies infectieuses, les entreprises du secteur de la santé des pays avancés risquent de raisonner principalement en termes économiques. Le développement privé des soins de santé tend naturellement à creuser les inégalités de traitement à la fois dans les pays avancés et entre les pays.

• On pourrait étendre le raisonnement à la création, au traitement et à la diffusion de la **connaissance**, qui peut être considérée maintenant comme un bien public mondial, dont les conditions d'accès doivent être égales pour tous, compte tenu des effets externes importants de l'innovation. C'est le problème de l'éducation à tous les niveaux dans les pays les plus pauvres, de l'élargissement du patrimoine commun du savoir et donc de la juste définition des droits de propriété intellectuelle, qui, s'ils sont trop forts, entravent la diffusion de l'innovation. Dans le même sens, l'instrument majeur que peut représenter Internet pour améliorer l'accessibilité de tous à l'information et à la connaissance pose la question de la

1. J.-J. Rousseau, *Extrait sur le projet de paix perpétuelle* et *Jugement sur le projet de paix perpétuelle* ; et abbé de Saint-Pierre, *Projet pour rendre la paix perpétuelle en Europe*.

constitution d'un service universel, au sens propre du terme, des télécommunications mondiales et des nouvelles technologies de l'information.

• L'**environnement** fait partie des sujets sur lesquels les relations internationales se sont beaucoup développées au cours de ces dernières années. La protection de l'environnement concerne des questions délicates et controversées comme le changement climatique, la diversité biologique ou la protection de la couche d'ozone. Les négociations du protocole de Kyoto illustrent l'idée qu'un traité doit aller au-delà de l'expression commune de vœux pieux : il doit être fondé sur des bases économiques incontestables et contenir des dispositions qui incitent les acteurs à respecter les règles du jeu, y compris, si cela est possible, par des mécanismes de marché.

• L'**équité** à l'échelle mondiale est un bien public de base, au même titre que la sécurité ; c'est un constituant du lien social de l'humanité. L'histoire a montré que les dérèglements sur ce registre pouvaient être à l'origine de grandes ruptures politiques et économiques. L'équité à l'échelle mondiale n'est pas produite naturellement par le marché, au contraire. Ni par le jeu ordinaire des relations internationales. Elle a de fortes externalités positives : la lutte contre la pauvreté bénéficie aux pauvres, mais également au reste de la société, car elle renforce la paix, la stabilité, la santé, l'efficacité de l'économie (utilisation totale des ressources humaines), et la capacité innovatrice de l'humanité.

• La **stabilité macroéconomique** et le bon fonctionnement des marchés sont également des biens publics de base dans le cadre d'une économie mondialisée. Les fluctuations conjoncturelles des différents pays sont fortement liées entre elles et les crises peuvent se propager à la vitesse des fonctionnements des marchés financiers : cela requiert une régulation appropriée à l'échelle mondiale.

Cette liste n'a bien évidemment pas de prétention à l'exhaustivité ; elle est une simple introduction aux développements plus spécialisés qui vont suivre sur certains points.

3. Le développement durable

La croissance mondiale a permis d'apporter nombre de solutions à des problèmes considérés comme insurmontables, il y a encore une cinquantaine d'années. Nous n'avons plus désormais de raisons tangibles pour penser que la croissance de la production par tête puisse avoir des limites, à un horizon prévisible, comme le craignaient les membres malthusiens du Club de Rome du début des années 1970. Il est de moins en moins probable que les limites des ressources naturelles soient un handicap insurmontable à la poursuite de la croissance à un rythme élevé : le contenu matériel de la production diminue en valeur relative avec le temps et le revenu par tête, au profit de la production des services. Les techniques de fabrication de synthèse, réduisant l'appel aux ressources naturelles, ne cessent de permettre de créer des produits nouveaux. Les substitutions entre les ressources naturelles limitées et les ressources renouvelables par le jeu des prix relatifs favorisent la croissance sans atteinte à l'environnement.

Cependant, ces fantastiques progrès s'accompagnent en même temps de questions nouvelles, de fragilités inattendues et parfois inacceptables comme la rémanence de l'extrême pauvreté. On constate que le niveau relatif des émissions de pollution de nombreux pays augmente avec le temps et le revenu par tête, sans que l'on connaisse réellement bien les limites acceptables par les hommes.

Le développement durable correspond à cette interrogation, cette volonté de reprendre en main le destin de l'humanité. Il a été défini[1] comme « le mode de développement **qui répond aux besoins du présent sans compromettre la capacité des générations futures** de répondre aux leurs » ; il devient aujourd'hui une priorité des organisations internationales, depuis la Conférence de Rio en 1992, qui a visé à définir une stratégie internationale et partenariale susceptible de relever les défis lancés à l'homme et à son environnement par le développement économique. La Conférence de Rio a adopté un ensemble de principes de précaution, de prévention, de bonne ges-

1. Dans *Our Common Future*, Commission mondiale sur l'environnement et le développement, dite commission Brundtland, 1987.

tion économique des ressources, de responsabilité et de participation des populations à la prise en charge de leur destin. Elle a détaillé une liste de recommandations, dite « **Agenda 21** », agenda pour le XXIe siècle. Celui-ci définit des recommandations précises quoique un peu angéliques dans tous les secteurs d'activité et sur tous les thèmes prioritaires dans le domaine de l'environnement. Il a permis la conclusion de deux conventions majeures sur la biodiversité et sur le changement climatique. Le bilan dressé à Johannesburg en septembre 2002 a été insatisfaisant, dix ans après la Conférence. Les modes de régulation mondiale n'ont pas beaucoup changé. Mais la sensibilisation plus grande des opinions publiques internationales laisse penser que, dans la mesure où de nouvelles formes de gestion des affaires publiques mondiales sont susceptibles de se renforcer, la prise en compte des impératifs du développement durable par les acteurs économiques sera plus facile et plus efficace.

III. LE SOUS-DÉVELOPPEMENT ET LA PAUVRETÉ : COMMENT CONSTRUIRE UN DÉVELOPPEMENT SOLIDAIRE FACE AUX INÉGALITÉS PERSISTANTES ?

1. Le développement humain : des retards inacceptables

La part de la population qui souffre de la faim reste autour d'un tiers en Afrique, et les éléments de l'indicateur du développement humain de l'ONU montrent que plus de 1 milliard de personnes ne bénéficient pas[1] :

– d'une espérance de vie supérieure à 40 ans, car la propagation du sida dans toute l'Afrique ces dix dernières années réduit l'espérance de vie dans un nombre élevé de pays ;

– d'un accès minimum au savoir (un enfant sur sept dans le monde n'est pas scolarisé) ;

– du minimum acceptable des services de base, privés ou publics, comme l'eau.

1. Voir la leçon 7, p. 207.

On a, sur tous ces points, déjà pris du retard par rapport aux engagements chiffrés du Millénaire, pris en 2000 par la Communauté internationale pour fortement réduire la pauvreté au Sud d'ici 2015.

Pourquoi des trappes à sous-développement ?

Le problème le plus délicat auquel est confrontée la communauté internationale est ainsi le maintien dans un état de pauvreté profonde des pays les moins avancés. La théorie de la croissance, élaborée par Robert Solow et à sa suite par l'école de la croissance endogène[1], apporte un élément de réponse générale : la croissance est un processus d'accumulation de l'investissement et du capital humain. À l'expérience, elle dépend, outre de l'ouverture commerciale, qui est un facteur discriminant[2], de trois éléments essentiels :

– le **niveau d'épargne**. Si les taux d'épargne et d'investissement sont insuffisants pour simplement entretenir aussi bien le capital physique que le capital humain, il se produit une perte de capital et un cercle vicieux de la régression économique. Or les niveaux d'épargne requis aujourd'hui pour leur décollage sont des défis presque impossibles pour de nombreux pays sous-développés qui ont tendance aujourd'hui à rester enfermés dans de véritables trappes à pauvreté à l'échelle de pays entiers. Les pays d'Asie qui ont connu une croissance rapide au cours des dernières décennies sont des pays à forts taux d'épargne, souvent supérieurs à 30 % du revenu des ménages, à l'inverse des pays d'Amérique latine, d'Afrique ou d'ex-Europe centrale, où les taux d'épargne sont plus faibles, de 10 % à 20 % ;

– la **qualité des choix économiques et des investissements** est également un facteur essentiel. Des politiques de stabilité économique, avec une faible inflation et un secteur bancaire solide, sont favorables à l'épargne. La concentration de l'investissement sur des activités d'exportation de matières premières traditionnelles ou des activités tournées principalement vers le marché intérieur ont

1. Voir la leçon 13, page 376.

2. Voir le chapitre 1 de *Globalization, Poverty and Growth*, Banque mondiale, 2001.

conduit à des taux de croissance plus faibles, compte tenu de la dégradation permanente des termes de l'échange, ainsi que des politiques agricoles protectionnistes de nombreux pays industrialisés.

À l'inverse, les pays gagnants se sont spécialisés sur les segments porteurs des marchés mondiaux. La condition préalable est que les économies avancées aident les pays à faible revenu à intégrer l'économie mondiale, en laissant leurs exportations accéder pleinement au marché[1] : l'Union européenne a pris en 2001, sous l'impulsion de Pascal Lamy, une décision exemplaire en ce sens pour toutes les exportations des pays les moins avancés (PMA). On leur permet ainsi de passer du stade d'une spécialisation limitée aux produits de base à celui de la transformation de biens pour l'exportation. Ce type de stratégie, adopté par les « tigres » et « dragons » asiatiques, leur a donné des avantages comparatifs significatifs, en jouant sur les économies d'échelle possibles compte tenu de l'importance des marchés internationaux. Les économies d'échelle et la pression de la concurrence sont en effet plus faibles sur les produits à usage domestique.

– le **développement de l'éducation** puis du potentiel de recherche détermine la capacité à diffuser et utiliser l'innovation. Les pays en rattrapage ont connu pratiquement un doublement des taux de scolarisation dans le secondaire (aujourd'hui, près de deux tiers des tranches d'âges concernées sont scolarisés).

Ces éléments ne signifient pas qu'il y ait un modèle unique de développement. L'analyse économique, si elle peut amener à réfléchir et éviter des erreurs, ne peut offrir que des palettes de possibilités[2] : les gouvernants locaux doivent choisir leur voie, et surtout la mettre en application d'une manière cohérente et continue dans le temps.

1. Les négociations commerciales internationales, le rôle de l'OMC et les enjeux de la Conférence de Doha ont été traités dans la leçon 5, page 177. Ces données participent bien évidemment de la régulation mondiale.

2. *World Economic Outlook*, FMI, 2000.

2. Comment lutter contre la pauvreté des nations ? Aide au développement et annulation de la dette

Le total de l'**aide publique au développement** représente 78,6 milliards de dollars en 2004 dont un peu moins de 60 milliards en provenance des pays industrialisés, soit 0,25 % de leur revenu disponible, loin des 0,7 % invoqués par les Nations unies et du 1 % considéré comme un minimum au début des années 1970. Le pays le moins généreux en termes relatifs reste les États-Unis, avec 0,16 % en 2004, mais des décisions d'augmentations significatives ont été prises à la Conférence de Monterrey, au Mexique, en mars 2002, aussi bien par les États-Unis, que par l'Union européenne où le ratio devrait monter à 0,39 % du PIB en 2006. Mais l'expérience passée des bonnes intentions et les difficultés de l'Europe à financer l'élargissement ne peuvent que laisser sceptique.

Aide au développement 2004

	En milliards de dollars	**En % du PIB**
France	8,47	0,42
Royaume-Uni	7,84	0,36
Allemagne	7,50	0,28
Japon	8,86	0,19
États-Unis	19,00	0,16
Canada	2,54	0,26
Italie	2,48	0,15

Source : OCDE

Le problème, plus encore que le niveau de l'aide, est celui de son **efficacité**. Cela pose d'abord la question de son orientation géographique : ainsi seulement un cinquième de l'aide va aux pays les moins avancés (PMA), qui regroupent 49 pays et 10 % de la population mondiale, alors que cette aide contribue pour 20 % en moyenne à leur revenu national.

Il est de plus urgent d'adopter des politiques spécifiquement conçues pour lutter contre la pauvreté. L'aide ne peut être efficace dans un pays que si elle est bien utilisée et affectée aux services de base, entre autres, de santé, d'éducation et de protection sociale. La santé représente un investissement rentable, comme l'a mis en évidence une étude commandée par l'OMS[1]. Ces travaux réfutent la thèse selon laquelle l'amélioration des conditions sanitaires serait une conséquence du développement, et en font, au contraire, une condition préalable. L'aide publique au développement consacrée à la santé représente aujourd'hui une somme de 6 milliards de dollars par an. Elle devrait passer progressivement, selon l'OMS, sur les quinze prochaines années, à 38 milliards de dollars en 2015, avec un complément de 1 % à 2 % de leur PIB apporté par les pays intermédiaires (rappelons que les pays développés y consacrent en moyenne 9 % de leur PIB). Cet investissement serait rentable, puisque les gains économiques réalisés grâce à cet effort sont chiffrés par la même étude à 400 milliards de dollars tout en sauvant 8 millions de vies chaque année.

En parallèle, et pour les pays les plus en difficulté, plusieurs sommets du G7-G8, de Cologne (1999) à Gleneagles (2005, Tony Blair ayant fait de l'aide à l'Afrique sa priorité) ont visé une solution durable au problème de la **dette**. Depuis la première crise mexicaine de 1982, la communauté internationale s'était déjà fortement mobilisée pour rééchelonner – c'est-à-dire étaler dans le temps –, voire annuler, la dette bilatérale des pays en développement. La nouveauté de l'initiative PPTE (pays pauvres et très endettés) réside dans la prise en considération de **l'ensemble** de la dette publique de ces pays, y compris multilatérale, envers les institutions internationales, FMI et Banque mondiale. Un pays est considéré comme PPTE si son revenu moyen par habitant est inférieur à 785 dollars par an et que le stock de dette représente plus de 150 % des exportations et 250 % des recettes fiscales, son service de la dette étant supérieur à 20 % de ses exportations.

Sous la pression de l'opinion publique internationale, les propositions antérieures des différents pays créanciers ont fait l'objet d'améliorations. Elles ont abouti à une **annulation totale** des créances bilatérales d'aide publique au développement. En outre,

1. « Macroéconomie et santé, investir dans la santé pour le développement économique », OMS, décembre 2001.

pour 18 pays « PPTE », majoritairement africains, les assemblées annuelles du FMI et de la Banque mondiale ont décidé, en septembre 2005, l'annulation totale de leur dette **multilatérale**, ce qui est une grande nouveauté. Vingt autres pays pourraient suivre.

IV. LES DIFFICULTÉS DE LA PRISE EN COMPTE DE L'ENVIRONNEMENT

1. Un exemple : le changement climatique

L'effet de serre est un phénomène naturel, amplifié par l'évolution de la composition de l'atmosphère depuis le début de la révolution industrielle. La gamme des activités humaines à l'origine de l'aggravation de l'effet de serre est vaste : le CO_2 est responsable de plus de la moitié de l'effet de serre additionnel (d'origine humaine), la source principale d'émissions étant la combustion d'énergies fossiles du fait des transports, du chauffage et des procédés industriels. Mais d'autres causes sont significatives : déforestation, élevage, culture du riz, traitement des déchets, utilisation d'engrais. Les conséquences sur le climat, la géographie et les activités humaines sont difficilement prévisibles.

Depuis la fin du XIXe siècle, la Terre s'est réchauffée de 0,3 °C à 0,6 °C et on a assisté à une montée du niveau des océans de 10 cm à 25 cm. Toutes les analyses confirment l'effet notable des activités humaines sur ces variations.

D'après le rapport du Giec [1], d'ici à 2100, selon différents scénarios liés au développement de la société, le réchauffement pourrait atteindre de 1 °C à 3,5 °C et la mer monter de 15 cm à 95 cm (cela principalement sous l'effet d'une dilatation thermique de l'eau). La hausse des températures devrait provoquer des cycles hydrologiques plus vigoureux, des sécheresses et des inondations plus sévères, une augmentation des précipitations, un déséquilibre entre les espèces et

1. Groupe d'experts intergouvernemental sur l'évolution du climat, mis en place à la suite de la Convention de Vienne de 1985 et le protocole de Montréal de 1987, sous la double égide de l'ONU et de l'Organisation internationale de la météorologie.

un dépérissement des forêts, qui sont des « puits » de CO_2. Pour ce qui concerne l'Europe, les projections concluent plutôt à un réchauffement, accompagné d'une intensification des cycles hydrologiques, dont l'amplitude croîtrait dans la partie nord de l'Europe et diminuerait dans la partie sud. Ces prévisions ne préjugent pas de l'apparition d'effets de grande ampleur qui pourraient être liés par exemple à des bouleversements de la circulation océanique (inversion du Gulf Stream, selon certains). Le coût des dommages liés à une augmentation de 2,5 °C de la température est estimé à 1,5 %-2 % du PIB mondial, 1 % à 1,5 % du PIB pour les pays développés et supérieur à 2 % pour les pays en développement. Il faut relever cependant que toutes ces estimations sont jugées fragiles ou sont explicitement contestées par de nombreux scientifiques.

La convention signée à Rio de Janeiro en juin 1992, dans le cadre du Sommet de la Terre, est entrée en vigueur en mars 1994, avec pour objectif de **stabiliser les concentrations de gaz à effet de serre** dans l'atmosphère à un niveau qui empêche tout risque majeur pour le système climatique. Les pays développés, les pays en transition et l'Union européenne se sont engagés à stabiliser leurs émissions de gaz à effet de serre sur la période 1990-2000 au niveau des émissions de 1990 et à financer les coûts supportés par les pays en développement pour respecter leurs engagements. Les pays développés ont en conséquence souscrit des engagements quantitatifs à Kyoto (1997), avec des quotas nationaux d'émissions, assortis, après des négociations difficiles, d'une possibilité d'échange de ces droits. Le **protocole de Kyoto** a fixé des objectifs chiffrés, juridiquement contraignants, de réduction des émissions des pays développés : 5,2 % de réduction en moyenne à atteindre en 2008-2012 par rapport au niveau de 1990, grâce à un objectif national pour chaque pays.

Ces engagements de réduction correspondent à des efforts très disparates. Les échanges de droits laissent la possibilité de répartir différemment l'effort de réduction des émissions, sans pour autant renoncer à l'objectif global de réduction des pays développés. La Conférence de Bonn (juillet 2001) est parvenue à un accord sur les modalités qui présideront à la mise en œuvre de ces engagements. La ratification du protocole de Kyoto a été plus que délicate, en raison de l'opposition de principe des États-Unis et de la difficulté à accomplir, en période de ralentissement économique, l'effort industriel nécessaire ; elle est passée par une action diplomatique intense qui a débouché, à Johannesburg, sur l'engagement de la Russie et du Canada de ratifier le texte, entré en vigueur le 16 février 2005. Mais la question reste posée de l'application du protocole aux pays qui n'ont pas ratifié le texte et des sanctions en cas de non-respect des dispositions.

2. Quels instruments économiques pour une politique mondiale de l'environnement ?

La nécessité et la difficulté des évaluations

Les expertises dans le domaine de l'écologie sont difficiles car les conclusions des scientifiques, le plus souvent hypothétiques, font quelquefois mal la part du scientifique au sens strict, celle de leur légitime responsabilité morale envers l'humanité, voire celle du militant. Par exemple, l'épuisement des ressources prévu par le Club de Rome en 1971, dans le rapport sur les limites de la croissance, le catastrophisme démographique et alimentaire à l'échelle de la planète, avancé à la même époque, se sont révélés pour le moins exagérés. L'appréciation des risques liés à l'environnement est le lieu d'un phénomène de mimétisme et de conformisme qui peut avoir tendance à privilégier les extrêmes et à biaiser les décisions.

Les évaluations économiques sont cependant nécessaires pour hiérarchiser les problèmes : les calculs faits par le PNUE (Programme des Nations unies pour l'environnement) des coûts de l'application du protocole de Kyoto s'inscrivent dans une fourchette de 200 à 700 milliards de dollars et doivent, par exemple, être comparés aux moins de 60 milliards de dollars de l'aide annuelle au développement. La recherche de l'optimum économique demande donc de résoudre un double problème de cohérence dans les choix publics et d'asymétries d'information : les pouvoirs publics ne connaissent pas précisément les coûts effectifs de réduction de la pollution pour les entreprises (leurs déclarations seront toujours surestimées), ni les coûts réels de cette pollution pour les populations.

La diversité des instruments

Pour assurer le maintien ou l'amélioration de la qualité de l'environnement, l'action publique peut recourir à des réglementations ou à des systèmes de taxations.

On a souvent le réflexe de recourir d'abord à la **réglementation**, en limitant le volume d'émissions de chaque source ou en leur imposant des technologies particulières. L'approche réglementaire fixe une interdiction ou un plafond chiffré. Elle est bien adaptée, soit dans les situations où des normes absolues peuvent être proportionnées à la conséquence quantitative des pollutions, soit par application du principe de précaution. Avec quelques excès, celui-ci représente un principe de décision et d'action en situation d'incertitude sur les dommages liés à une action ou une activité.

La **fiscalité écologique** est plus efficace dans les autres cas, car elle permet de moduler et de répartir les efforts environnementaux en fonction d'un paramètre proportionnel à la production d'externalités. Elle incite à prendre des mesures de protection de l'environnement, notamment dans le cas d'agents économiques nombreux et que l'on souhaite affecter uniformément. Elle présente en théorie l'avantage dit du « double dividende », c'est-à-dire à la fois de réduire les pollutions et de dégager des ressources financières pour réaliser des investissements antipollution : il y a cependant quelque contradiction fiscale à attendre beaucoup de ressources d'une assiette qu'on veut par ailleurs réduire. Elle doit aussi s'inscrire à l'échelle internationale pour ne pas pénaliser les secteurs ouverts à la concurrence étrangère.

Les dispositifs de **permis d'émission négociables** sont adaptés à la lutte contre la pollution lorsque les sources de pollution sont dispersées dans l'espace et que les externalités négatives ne sont liées qu'à la quantité totale de polluant rejetée dans l'environnement et non à la localisation géographique des rejets. Un dispositif de permis d'émission négociables peut être mis en œuvre aux conditions suivantes :

– une limite maximale est fixée à la quantité totale de pollution, et le nombre total de permis délivrés doit respecter cette limite. Les agents économiques ne doivent pas émettre plus de polluants qu'ils ne possèdent de permis, ce qui suppose un dispositif de surveillance ;

– les permis sont répartis initialement entre les agents selon une règle fixée par l'autorité publique et les agents économiques sont autorisés à échanger des permis entre eux.

Les dispositifs de permis négociables limitent donc la quantité de pollution à un niveau prédéterminé et sont très proches des réglementations traditionnelles qui supposent que l'on puisse fixer des valeurs limites de rejet. D'un point de vue économique, le fait que les permis négociables puissent être échangés, à la différence des valeurs limites traditionnelles, permet de diminuer le coût global supporté par les acteurs économiques pour respecter l'objectif de dépollution. Il s'agit d'un instrument d'optimisation des investissements antipollution par rapport aux coûts, qui permet aussi d'atténuer les problèmes de compétitivité, puisque les permis peuvent être distribués gratuitement au départ.

La directive de 2003 prévoit que les échanges de quotas d'émissions concerne les quelque 12 000 établissements bénéficiaires d'une autorisation d'émettre des gaz à effet de serre. Elle crée des mécanismes de mutualisation et d'échanges, de gré à gré ou sur des marchés, organisés d'après le modèle des bourses de valeurs. Depuis le début 2005, des bourses d'échanges fonctionnent, à Londres, à Paris et en Europe du Nord.

3. La coopération internationale et ses limites

Les questions environnementales ont d'abord été traitées localement, suivant, en général, des normes fixées par les États. Mais avec le développement des problèmes transfrontaliers, des pollutions de caractère international, comme l'affaire du *Torrey Canyon* en 1967, et la prise en compte de problèmes globaux comme l'effet de serre ou la biodiversité, une approche globale s'est progressivement développée. Le Sommet de Rio a marqué une étape nouvelle dans la prise en compte de ces questions. **Trois conventions internationales**, en particulier, en sont issues – sur le climat, la désertification et la biodiversité –, et différents protocoles, celui de Kyoto sur la lutte contre l'effet de serre et le protocole de Carthagène sur les transferts d'OGM. Les accords multilatéraux sur l'environnement sont aujourd'hui au nombre d'environ 200[1].

1. D. Bureau *et alii*, « Gouvernance mondiale et environnement », dans le rapport du CAE précité (2002).

Cette architecture institutionnelle doit être améliorée, car elle n'est pas complète, dépend largement de la bonne volonté des États pour son application et souffre d'un défaut de sanctions. De plus la coordination entre les moyens internationaux est mal assurée : les règles de l'OMC n'autorisent pas les mesures discriminatoires, même susceptibles de s'appuyer sur des données environnementales. Un État membre de l'OMC ne saurait se voir imposer dans le cadre de l'OMC des mesures environnementales. Cette question de l'articulation des normes est centrale : certains accords multilatéraux d'environnement s'appuient sur des mesures de nature commerciale, en posant pour principes la surveillance, le consentement préalable, voire l'interdiction de circulation des produits (convention de Bâle sur les déchets dangereux, protocole de Carthagène sur la prévention des risques liés aux biotechnologies, ou protocole de Montréal relatif à la couche d'ozone). Ces accords sont en contradiction avec les principes de liberté de circulation et de la nation la plus favorisée. Les accords de Doha[1] ont à nouveau mis en évidence cette difficulté et prévoient une « fenêtre environnementale » dans les négociations à venir, mais sans introduire de principe de hiérarchie de normes. Nombreux sont ceux cependant qui souhaitent aller plus loin dans le rééquilibrage de l'architecture existante, avec la création d'une **Organisation mondiale de l'environnement** : il s'agit effectivement du « chaînon manquant » des différentes organisations internationales spécialisées.

V. LES INSUFFISANCES DE LA GOUVERNANCE MONDIALE ACTUELLE

1. Les problèmes théoriques de la gestion des biens publics mondiaux

Les biens publics mondiaux sont des biens dont la gestion demande des mécanismes doublement particuliers : en tant que biens publics, d'une part, par le fait, d'autre part, que les autorités de ges-

1. Voir la leçon 5, page 177.

tion collective ne s'imposent pas dans la tradition institutionnelle, comme c'est le cas des États pour les biens publics locaux ou nationaux. Les biens publics ont comme tendance fondamentale d'être produits en quantité insuffisante : pour les individus, la stratégie la plus économique, celle du « **passager clandestin** », consiste à laisser à d'autres le soin de déclarer leur intérêt pour le bien considéré, et à les laisser participer ainsi d'une manière plus importante au financement de la production de ce bien, afin d'en profiter gratuitement.

À l'échelle internationale, cette difficulté intrinsèque de l'action collective est aggravée par le fait que les externalités positives ou négatives ont un impact transfrontières. Le consentement à payer pour la préservation d'un bien public mondial varie considérablement d'un pays à l'autre, en fonction de la situation géographique, du niveau de développement, voire de la culture et de l'histoire. Le risque reste en permanence celui d'un cadre de relations non coopératives entre des États qui conservent, dans la communauté internationale d'aujourd'hui, les prérogatives juridiques sur leurs territoires respectifs. La question est ainsi posée de mettre en œuvre les mécanismes qui facilitent la coopération entre les États et les incitations et sanctions qui font qu'ils respectent spontanément, ou non, leurs engagements internationaux.

Le mode idéal de gestion des biens publics mondiaux serait celui d'une coopération parfaite entre les États, acceptant de mettre en place des **institutions efficaces**, spécialisées ou non. L'expérience de la construction européenne montre que la réalisation d'un tel objectif, utopique aujourd'hui, demande l'implication continue d'un groupe dominant d'acteurs, conscients de cette nécessité, acceptant de réaliser des concessions par rapport à leurs propres intérêts et disposant de moyens de pression suffisants sur les autres acteurs. Il convient également que cette « coopération » positive soit stable dans la durée, compte tenu des enjeux à très long terme des problèmes mondiaux. L'expérience des institutions internationales montre qu'une telle construction est possible quand le caractère positif des gains du « jeu » est suffisamment fort ; cela a été le cas, par exemple, pour la mise en place de l'OMC, dans le contexte pourtant difficile des années 1990-1995.

Pour beaucoup des biens publics mondiaux, la difficulté est accrue parce qu'il s'agit en fait d'un jeu à somme intertemporelle positive, mais négative à court terme comme c'est le cas de la protection de l'environnement. Le catalyseur d'une telle gageure ne peut être dans la plupart des cas que le « sens » donné à l'action collective, c'est-à-dire un ensemble de valeurs partagées sur des données essentielles du devenir humain et une appréciation commune des chemins à prendre. La construction de cet **intérêt général mondial**, de ce « bien commun universel »[1], est une des raisons fortes de la nécessité d'impliquer plus complètement les opinions publiques dans les mécanismes collectifs de décision.

2. Les lacunes de la coopération internationale actuelle

Le système mondial en vigueur aujourd'hui a été mis en place après 1945, avec des institutions multiples, sous une égide qui ne s'est jamais réellement affirmée, celle du **système des Nations unies** : l'ONU, qui repose sur le principe d'universalité, est dotée d'un instrument politique puissant, le Conseil de sécurité, qui comprend un nombre limité de grandes puissances et dispose d'un pouvoir de contrainte. La Charte des Nations unies affirme la nécessité d'une coopération internationale pour les problèmes d'ordre économique et social. Les grandes organisations internationales spécialisées dans un domaine d'activité s'inscrivent donc en principe dans un cadre d'ensemble. Les institutions de ce système international sont nombreuses : celles qui sont directement sous l'égide de l'ONU, comme le PNUD, Programme des Nations unies pour le développement, ou le PNUE, Programme des Nations unies pour l'environnement, sont aujourd'hui les plus faibles ; les **institutions spécialisées** disposant du statut d'organisation internationale autonome sont plus fortes, en premier lieu les « institutions de Bretton Woods » que sont le FMI[2], la Banque mondiale, chargée du financement du développement, mais aussi l'OIT (Organisation internationale du travail) et la toute dernière, l'OMC, dont on a vu la capacité montante d'arbitre dans le commerce international.

1. L'Église catholique, dont on critique parfois les retards en matière économique, avait pris en ce domaine quelques décennies d'avance avec l'encyclique *Pacem in Terris* publiée par Jean XXIII dès 1963. Le texte appelle explicitement à la création d'une « autorité publique de compétence universelle ».

2. Voir la leçon 17, page 505.

À la suite des problèmes posés, pour les pays les plus avancés, par le flottement des changes et le premier choc pétrolier, a été créé en 1974, à l'initiative de Valéry Giscard d'Estaing, le Groupe des Sept, le **G7**, qui rassemble les États-Unis, le Japon, le Canada, l'Allemagne, la France, le Royaume-Uni et l'Italie. Il s'est étendu, en 1997, à la Russie. C'est une instance de coordination, juridiquement **informelle**, entre les chefs d'État, qui s'exprime, après des préparations très structurées par les ministères des Affaires étrangères et des Finances, sur les principaux sujets d'actualité. Il représente jusqu'à présent le principal cadre de coordination des politiques économiques des pays concernés, hors institutions européennes. La coordination entre les organisations internationales, souvent nécessaire pour assurer la cohérence de l'action publique internationale, rencontre toutefois des difficultés permanentes, comme les conflits de normes entre l'OMC et les autres instances ou accords internationaux.

Finalement, les institutions mondiales sont très nombreuses et peu lisibles pour les citoyens : leurs fonctions réelles sont mal connues et leur légitimité est contestée. C'est ainsi qu'on a associé l'OMC à un progrès du libéralisme et à un recul de l'ordre juridique mondial, que la Banque mondiale et le FMI ont été souvent présentés comme les bras armés d'une nouvelle croisade libérale dans les pays en développement. Cette ignorance, volontaire ou non, des réalités internationales, et l'émergence d'une nouvelle symbolique « antimondialisation » sont probablement normales dans une période de transitions rapides. Les références traditionnelles s'estompent, des forces importantes et nouvelles, comme les organisations non gouvernementales ou les instances judiciaires internationales, se manifestent progressivement.

La difficulté, pour les biens publics internationaux modernes, est que, dans la plupart des cas, l'objet de la décision, la compétence des instances décisionnelles et les décisions elles-mêmes peuvent être contestés par nombre d'acteurs en cause, publics ou privés, à tous les stades de la procédure. Les visions et architectures juridiques classiques ne sont donc pas adaptées. C'est une donnée constante qu'un pays peut s'opposer à certaines décisions internationales, sans encourir d'autres risques que l'opprobre international. La gouvernance mondiale d'aujourd'hui est encore extrêmement instable.

3. Quelles orientations pour une amélioration de la gouvernance mondiale ?

La structuration progressive d'une gouvernance mondiale plus efficace ne peut pas s'appuyer sur des modèles ou des références dans l'histoire. Elle doit partir des besoins les plus manifestes que sont aujourd'hui, pour ce qui concerne le champ de ce livre, la maîtrise de l'environnement, le caractère équitable du commerce mondial, la lutte contre la pauvreté, la stabilisation du système financier international, le respect des droits sociaux à l'échelle de la planète.

La première idée, la plus séduisante, est la recherche d'une organisation supranationale de compétence générale sur le modèle du système ONU, à partir des États. C'est au moins la proposition d'un **« Conseil de sécurité économique »** faite, sous des formes diverses, par Michel Camdessus[1] et Jacques Delors, avec des membres permanents et des sièges « tournants » entre les États. Il conviendrait de plus d'aider les organisations non gouvernementales, de militants ou d'entreprises, à se structurer par la définition de critères de représentativité, et de les associer à cette forme de conseil mondial supranational. Celui-ci pourrait ainsi être le point de coordination, démocratique et reconnu, des différentes institutions internationales, renforcées et adaptées aux nouveaux problèmes posés par la globalisation. Il s'agit, pour le monde de l'après-guerre froide et de la globalisation, d'une **reconstruction aussi ambitieuse que celle de 1944-1945**, à partir d'une vision normative, comme celle qui avait alors conduit à créer l'ONU et le système de Bretton Woods.

Une autre idée, plus pragmatique, est de considérer que les champs et les organes de gouvernance sont déjà nombreux, certains fonctionnant d'une manière adaptée. La question est d'abord de **respecter la spécialisation des différentes organisations**, qui fonde la légitimité de leur mandat. Elle est ensuite de multiplier les liens entre elles, avec des règles communes et des instances d'arbitrage quand cela est utile (liens OMC-OIT, AME-OMC, OMC-

1. Voir M. Camdessus, M. Albert, J. Boissonnat, *Notre foi dans ce siècle*, Arléa, 2001.

Banque mondiale-Cnuced…), en créant au besoin un ou plusieurs organes de règlement des différends, comme c'est le cas de l'ORD à l'intérieur de l'OMC. Il faudrait enfin renforcer, quand cela paraît nécessaire, leurs pouvoirs et organiser leurs interfaces avec la société civile. On bâtirait ainsi une sorte de régulation d'ensemble et originale de ces gouvernances partielles, ce que le rapport du Conseil d'analyse économique de 2002 a appelé une « gouvernance hybride ».

En tout état de cause, entre le « chapeau politique » global et les réformes partielles, il faut être conscient que l'amélioration de la gouvernance mondiale peut prendre une génération, comme le montre la durée de la construction européenne. Raison de plus pour la commencer sans plus tarder. Elle doit en outre s'accompagner d'une redistribution des pouvoirs dans le monde, en faveur des **grandes puissances émergentes** – Chine, Inde et Brésil – et d'une **affirmation structurée de l'Union européenne** sur la scène internationale, comme un acteur unique en lieu et place des quatre sièges européens du G7 actuel. Celui-ci n'a plus de G7 que l'apparence, pour sauver les susceptibilités nationales : sa réalité économique et monétaire est celle d'un G3 (États-Unis, zone euro et Japon), au demeurant trop étroit face à la mondialisation. Cette reconstruction passe en partie par la genèse d'une opinion publique globale, dont le développement de mouvements militants internationaux – même si leur représentativité est inégale – est un élément précurseur. La constitution de réseaux d'expression et de débats, organisés ou non, est un début de démocratie globale, pour l'instant plus médiatique que réellement citoyenne : qu'il s'agisse des réunions internationales structurées, de groupes informels d'influence comme le forum de Davos, ou des mouvements de contestation et de leurs moments forts comme celui de Porto Alegre. Le mouvement Oxfam et le Jubilé 2000 ont ainsi exercé une pression non négligeable sur l'avancement des annulations de dettes.

VI. L'EUROPE, INSTRUMENT D'UNE GOUVERNANCE MONDIALE MULTILATÉRALE : DE LA PUISSANCE AMÉRICAINE À UN SYSTÈME GLOBAL

Construire la « régulation économique mondiale », gérer les biens publics internationaux, est pour la génération à venir une tâche aussi nécessaire que l'a été la construction européenne pour la génération précédente. Aussi nécessaire que la construction européenne, mais « complémentaire » ou « substituable » à celle-ci ? Au-delà des souverainistes dont le remède économique n'est guère crédible, ce débat plus implicite entre « internationalistes » et « européens » partage autant les responsables diplomatiques ou financiers en Europe. L'horizon de Bruxelles n'est-il pas bien étroit, face à l'appel de Washington, de Pékin, ou même de Dakar ou Kaboul ?

Trois raisons fortes, nous semble-t-il, plaident néanmoins pour que la régulation économique mondiale s'appuie sur la construction économique européenne, s'en nourrisse, plutôt que la remplace :

• le **réalisme** : il est plus facile de faire coopérer des ensembles régionaux, des « économies continents », que 150 à 200 États. C'est une tendance lourde en particulier dans le domaine commercial : les accords régionaux se multiplient, de l'Asean au Mercosur. Chacun des grands pays européens pris isolément pèse moins d'un quart de l'économie américaine, et moins d'un vingtième de l'économie mondiale ;

• le **projet** politique : sans nier leurs divergences internes, les Européens sont plutôt porteurs, face aux Américains, d'un projet de régulation du marché seul. Le modèle social européen de Bismarck et Beveridge, la forte tradition française et, à certains égards, britannique sur le système monétaire international, les liens avec les « oubliés » du développement (Afrique et Amérique latine) sont des atouts pour l'Europe. Et par définition même, un système multilatéral, équilibré, se construit mieux dans un monde multipolaire. L'Europe a vocation à être la « première puissance non impérialiste », selon le mot de Pascal Lamy.

• l'**expérience** institutionnelle : beaucoup des questions qui se posent à la régulation économique mondiale sont des questions qui se sont posées (ou se posent encore) à la construction européenne. Ses réponses depuis soixante ans intéressent, qu'il s'agisse des débats sur le « pilote politique de synthèse » ou plus encore, sur les piliers de l'Europe économique qui peuvent préfigurer des pôles de régulation mondiale :

– un pilier monétaire et macroéconomique avec l'euro et le marché unique financier ;

– un pilier commercial, complété de règles sur la concurrence ;

– un pilier « social », plus en devenir, y compris l'environnement, les règles sanitaires, etc.

Après la dernière guerre entre Européens, des hommes se sont levés – Schuman, Adenauer, De Gasperi. Pour répondre au besoin de paix et de prospérité, ils ont appelé aux États-Unis d'Europe. Leur utopie est devenue en partie réalité.

Aujourd'hui, face à la mondialisation, le besoin n'est pas moindre. L'ambition doit être aussi grande. Si l'on osait, et en élargissant pour finir au-delà du seul ordre économique, on paraphraserait ici le général de Gaulle. Il parlait, superbement, d'« un pacte vingt fois séculaire entre la grandeur de la France et la liberté du monde »[1]. Il y a, plus encore, un pacte vingt fois séculaire entre la grandeur de l'Europe et l'avenir du monde. Ce pacte, à nous de le respecter et de le construire.

1. *Mémoires d'espoir*.

CONCLUSION

À LA RECHERCHE DE LA RÉGULATION ÉCONOMIQUE

Au terme de ces *Dix-Huit Leçons*, revenons d'un mot sur notre constat initial : si la politique économique n'est pas morte, elle est sans conteste devenue plus difficile. Dans le passé, le débat de théorie économique opposait, selon des lignes simples, les classiques et les keynésiens, les partisans de l'offre et ceux de la demande. La gestion économique, quant à elle, offrait les certitudes heureuses de l'ingénieur, celles des enchaînements mécaniques : il fallait, selon les moments, un plan de relance ou un plan de refroidissement. Mais les deux chocs pétroliers ont été aux politiques keynésiennes ce que la crise de 1929 avait été aux politiques classiques : le combat de trop.

Depuis, nous avons appris les leçons d'autres échecs et de quelques succès : que les politiques non coopératives entre États ont un coût élevé – c'est par exemple le ralentissement de l'Europe après la mauvaise gestion de l'unité allemande et l'heureuse réaction par l'euro ; que les marchés financiers favorisent le dynamisme de l'économie, mais pas sa stabilité, contrairement aux espoirs théoriques des « Chicago Boys ». Ces dernières années, nous avons redécouvert que les cycles existaient : les périodes de croissance peuvent être prolongées par un heureux *policy-mix* monnaie-budget et la croissance de la productivité, comme aux États-Unis, mais les arbres tant économiques que financiers ne montent pas jusqu'au ciel.

Au-delà de la « crise » accusée autrefois, trois mutations profondes ont marqué le quart de siècle qui vient de s'écouler. On a suggéré dans ce livre que les « vingt piteuses », comme on les qualifie parfois à tort, ont été celles des « trois I », d'ailleurs liés entre eux :

– **interdépendance** associée à la mondialisation : la finance et l'investissement direct, plus l'internationalisation des services, plus l'émergence des grands pays d'Asie, créent un changement de nature et pas seulement de degré dans l'économie mondiale ;

– innovation : la nouvelle économie est bien là, différente de celle des rêves qui ont mal tourné. C'est l'économie des nouvelles technologies, de l'innovation et de l'entrepreneur, qui sont devenus les moteurs de la croissance. Et Schumpeter est son prophète ;

– inégalités : elles reviennent, un peu du fait de la mondialisation, beaucoup de l'évolution technique, surtout des hommes eux-mêmes. En même temps elles changent de nature par rapport à l'après-guerre. Au Nord, la Sécurité sociale gère mal les nouvelles inégalités de générations, d'origines, d'emplois, de savoir. Au Sud, le développement fait éclater les situations entre les « dragons » et les PMA, et aussi les solidarités.

Pour notre pays et ses voisins continentaux, s'y sont ajoutés, depuis la fin des années 1990, plusieurs facteurs de caractère fortement anxiogène :

– la **surpuissance américaine** : le foyer de l'innovation mondiale reste aussi le « régulateur asymétrique » de la conjoncture économique. Quand la croissance américaine va bien, l'Europe peut aller mal, comme entre 1992 et 1997 ou depuis 2002 ; quand les États-Unis vont plus mal, comme en 2001, l'Europe ne peut pas aller bien. Et George W. Bush doit nous inquiéter autant par l'ampleur de ses « déficits jumeaux » (budgétaire et extérieur) que par ses aventures irakiennes.

– **la montée de la Chine** : c'est bien plus que l'émergence des premiers dragons asiatiques il y a trente ans. C'est, par la taille de son « armée de réserve » paysanne, un raz-de-marée annoncé qui change les règles du jeu mondial. Nous nous voulions les champions du développement de l'ex-« tiers-monde », nous consommons chinois autant que les autres, et pourtant nous craignons les délocalisations plus encore que nos voisins.

– **l'indétermination européenne** : nous avons fait le marché unique et l'euro, c'est déjà beaucoup. Mais nous ne savons pas encore bien ce qu'est l'Europe aujourd'hui : un simple cadre de commerce et de stabilité, ou un instrument actif de promotion de projets et de croissance partagés ? Après l'échec du référendum français, c'est la première réponse qui semble s'imposer aux yeux de nos concitoyens, qui voient surtout en Bruxelles un lieu de surveillance des politiques nationales. Nous avons quitté un monde connu, sans nous décider à prendre pied sur un nouveau continent.

I. CONTRE L'IMPUISSANCE ÉCONOMIQUE

Entre angoisse des citoyens et sentiment d'impuissance des gouvernants, le cercle vicieux de la politique économique européenne s'installe. Au point qu'au milieu de cette décennie, l'espoir même d'une « reprise » semble disparu, et la croissance faible devenue l'habitude résignée. C'est l'heure de redire une conviction très forte : il n'y a ni « horreur économique » ni fatalité, en Europe et en France, pas plus qu'ailleurs. Et le réenchantement économique doit aujourd'hui partir de deux « angles morts » du constat dressé dans ces dix-huit leçons :

– comment la somme d'entreprises aussi fortes donne-t-elle une croissance aussi faible ? Les champions français ont changé et innové aussi vite que leurs concurrents étrangers, ont conquis l'Europe et le monde, ont des résultats en croissance « à deux chiffres »... La microéconomie apparaît très en avance sur la « macro » ;

– pourquoi le débat politique trouve-t-il ainsi peu d'espace entre simple gestion et utopie ? Les gouvernements se succèdent, selon une loi d'alternance implacable ; ils gèrent sans drame mais sans cap et sans durée. Et l'opposition du moment promet, à droite des baisses d'impôt fantasmatiques ou de solides mesures corporatistes, à gauche de fortes augmentations salariales ou le paradis perdu des protections réglementaires.

Ces deux « angles morts » montrent à nos yeux le champ d'action. Pour transformer le dynamisme des entreprises en croissance pour tous, il faut les réformes : dans l'État et ses priorités, dans la redistribution sociale voire fiscale, sur la rémunération des dirigeants... L'exigence de justice converge ici avec celle d'efficacité.

Et entre la gestion à vue et l'utopie nostalgique, il y a la régulation. De la « gouvernance d'entreprise » à la « gouvernance mondiale », le pilotage économique est devenu un art, relevant de l'esprit de finesse plus que de celui de géométrie. Le terme de **« régulation »**[1] vise l'ensemble des processus par lesquels les décisions collectives sont prises et mises en œuvre dans les domaines du développement économique et social, dans un contexte de coopération et de compromis entre les institutions publiques officielles et les multiples acteurs. La régulation est également le constat des limites de la conception traditionnelle de l'action publique[2], basée sur le fait que l'ensemble des citoyens éclairés par la raison peuvent, au terme de débats rationnels entre leurs représentants, maîtriser leur destin collectif d'une manière optimale. La régulation ambitionne, plus modestement, des décisions simplement robustes et satisfaisantes, qui résistent aux changements de conjoncture politique comme économique.

On est passé graduellement d'un modèle de société construite « par le haut », voire planifiée, à une sorte de modèle cybernétique du fonctionnement de la société. La « mécanique » économique d'hier était simple, au moins *ex post* ; **le système économique d'aujourd'hui se caractérise par sa complexité même**.

II. TROIS PRINCIPES DE RÉGULATION

Passer de la mécanique à la cybernétique dicte à la politique économique moderne au moins trois principes d'action pour qu'elle puisse réellement réguler le système :

• **gérer l'incertitude** : on a cru, trop vite, à la « fin de l'histoire », y compris économique, dans les années 1990. Raymond Aron écri-

1. Comme on l'a déjà indiqué dans la note figurant en bas de page 16, l'acception retenue ici de ce terme « régulation » est celle de pilotage, de *control* en anglais : elle est différente de celle des économistes de l'École de la régulation (illustrée en France par R. Boyer, M. Aglietta et J. Mistral), qui se rattache plus à une théorie de l'évolution économique. Le point commun est que, pour cette théorie, comme pour cet ouvrage, le système économique est une forme de cybernétique.

2. C'est celle des « Lumières », voir la citation de Condorcet, page 542.

vait déjà fort sagement au terme de ses *Dix-Huit Leçons sur la société industrielle* : « Toute prévision historique doit tenir compte de ce que l'on appellera la pluralité des déterminations ou la possibilité des rencontres et des accidents. Fort heureusement pour notre bien ou notre mal, je pense plutôt pour notre bien, nous ne pouvons pas prévoir l'avenir. » L'époque présente est celle du retour des incertitudes : le risk-management est devenu une technique de décision courante des grands banquiers centraux comme des entreprises. D'où l'arbitrage qui semble se dessiner entre la sécurité et la stabilité, vertus et aspirations cardinales en Europe, et l'acceptation américaine de la volatilité dès lors qu'elle favoriserait la croissance. Gérer l'incertitude implique en tout état de cause de respecter une sorte de « principe de précaution économique », en matière budgétaire par exemple, face aux nombreuses incertitudes qui nous attendent dans la prochaine décennie, et au risque le plus certain : celui du vieillissement démographique ;

• **gérer la pluralité des « claviers »** : il appartient de savoir jouer maintenant un registre pluriel. Le clavier **national** est d'abord celui des réformes structurelles. Paradoxalement, il a été souvent le moins utilisé en France alors qu'il est supposé être le mieux maîtrisé. Commençons par bien faire ce qui relève de la responsabilité domestique. Il faut, à cet égard, avoir l'obsession du *benchmarking* avec les pays avancés – ce livre s'y est efforcé –, quitte à choisir ensuite en toute connaissance de cause, sur la base de l'affirmation claire de nos préférences collectives.

Le clavier **européen** est, ou devrait être, celui de la politique conjoncturelle – monnaie et budget – et de la recherche des éléments de cadrage commun, pour forger un véritable modèle social nouveau. Notre ambition économique pourrait se résumer par une devise simple : « Vive l'Europe libre ! » Que l'ensemble européen puisse gagner, au moins, son autonomie par rapport à la conjoncture et la politique économique américaines. Ce qui était vrai avant le 29 mai le reste après : dans la mondialisation, nous ne nous en sortirons pas seuls. La France a plus que jamais besoin de l'Europe : c'est devenu plus difficile, ce n'est pas moins nécessaire.

Le clavier **international** est celui des « biens publics globaux ». Il concerne principalement, dans l'ordre économique, le commerce ouvert, la stabilité financière, et surtout le développement du Sud ;

aucun de ces biens n'est « naturel ». Tous appellent donc une régulation mondiale.

Jouer ces trois claviers prend du temps et exige de conduire des batailles d'influence. Mais il y a là un « axe de cohérence » indispensable à trouver, aussi bien dans l'action proprement dite que dans le discours. La politique de la France ne se fait pas à la corbeille, heureusement. Mais elle ne se fait pas non plus seulement à Paris : elle doit se mener tout autant à Bruxelles et à Francfort, siège de la BCE, ou à Washington, siège du FMI et de la Banque mondiale.

• **gérer la pluralité des acteurs :** autrefois, le roi était « empereur en son royaume » et les gouvernements étaient maîtres chez eux ; aujourd'hui, ils partagent le pouvoir partout. Sur aucun clavier, les États n'ont plus le monopole du jeu. Il faut donc réévaluer encore l'importance des autres acteurs économiques, des entrepreneurs, des ménages et de l'opinion, et plus généralement de la confiance. Cela suppose, de la part des États, des règles du jeu appropriées :

– la nécessité du dire autant que du faire : c'est plus que de la communication, c'est faire la pédagogie de la complexité du monde ;

– la nécessité de la conviction plus que de l'imposition, de l'incitation par des mécanismes de marché plus que de la procédure. Il faut savoir renoncer à l'apparence du pouvoir économique passé pour trouver l'efficacité de l'influence économique ;

– la nécessité du cap autant que des bords, de la stratégie autant que des mesures, de la cohérence dans le temps et dans l'espace. **Dans un monde si gravement « court-termiste », les États ont comme premier devoir d'être les gardiens des moyen et long termes.** L'instabilité des comportements, des marchés, des résultats économiques, est en partie la mesure du déficit de sens, de projet, de crédibilité, qu'il s'agisse des individus, des entreprises ou des États.

* * *

Dans ce monde complexe, notre conviction est finalement simple, et nous espérons l'avoir fait partager : l'économie de marché d'aujourd'hui, fût-elle mondialisée, n'appelle pas la renonciation des États, mais leur transformation. C'est le pari, pour l'Europe et par l'Europe, de la régulation économique.

Table des matières

PREMIÈRE PARTIE

Les marchés

DEUXIÈME PARTIE

Les ruptures

TROISIÈME PARTIE

Les réformes structurelles

CINQUIÈME PARTIE

La régulation mondiale

CONCLUSION

À la recherche de la régulation économique

RÉALISATION : CURSIVES À PARIS
IMPRESSION : NORMANDIE ROTO IMPRESSION S.A.S. À LONRAI
DÉPÔT LÉGAL : FÉVRIER 2006. N° 82274 (060107)
IMPRIMÉ EN FRANCE